海外中国
研究丛书

刘 东 主编

［日］森正夫 著

伍 跃 张学锋 等译

范金民 夏维中 审校

明代江南土地制度の研究

明代江南土地制度研究

江苏人民出版社

图书在版编目(CIP)数据

明代江南土地制度研究/[日]森正夫著;伍跃,
张学锋等译.--南京:江苏人民出版社,2014.10(2021.5重印)
(海外中国研究丛书/刘东主编)
ISBN 978-7-214-14069-2

Ⅰ.①明… Ⅱ.①森…②伍…③张… Ⅲ.①土地制
度-研究-华东地区-明代 Ⅳ.①F329.5

中国版本图书馆 CIP 数据核字(2014)第 234583 号

MINDAI KOUNAN TOCHISEIDO NO KENKYU
Copyright © Masao Mori 1988
Chinese translation rights in simplified characters arranged with Kyoto University Press through
Japan UNI Agency, Inc. , Tokyo
Simplified Chinese translation copyright © 2014 by Jiangsu People's Publishing, Ltd.
All rights reserved
江苏省版权局著作权合同登记:图字 10 - 2014 - 255

书　　　名	明代江南土地制度研究
著　　　者	[日]森正夫
译　　　者	伍 跃　张学锋　等
审　　　校	范金民　夏维中
责 任 编 辑	张惠玲　王保顶
装 帧 设 计	陈　婕
责 任 监 制	王　娟
出 版 发 行	江苏人民出版社
地　　　址	南京市湖南路 1 号 A 楼,邮编:210009
网　　　址	http://www.jspph.com
照　　　排	江苏凤凰制版有限公司
印　　　刷	苏州市越洋印刷有限公司
开　　　本	652 毫米×960 毫米　1/16
印　　　张	34　插页 4
字　　　数	460 千字
版　　　次	2014 年 12 月第 1 版
印　　　次	2021 年 5 月第 2 次印刷
标 准 书 号	ISBN 978-7-214-14069-2
定　　　价	98.00 元

(江苏人民出版社图书凡印装错误可向承印厂调换)

序"海外中国研究丛书"

　　中国曾经遗忘过世界,但世界却并未因此而遗忘中国。令人嗟讶的是,20世纪60年代以后,就在中国越来越闭锁的同时,世界各国的中国研究却得到了越来越富于成果的发展。而到了中国门户重开的今天,这种发展就把国内学界逼到了如此的窘境:我们不仅必须放眼海外去认识世界,还必须放眼海外来重新认识中国;不仅必须向国内读者迻译海外的西学,还必须向他们系统地介绍海外的中学。

　　这个系列不可避免地会加深我们150年以来一直怀有的危机感和失落感,因为单是它的学术水准也足以提醒我们,中国文明在现时代所面对的绝不再是某个粗蛮不文的、很快就将被自己同化的、马背上的战胜者,而是一个高度发展了的、必将对自己的根本价值取向大大触动的文明。可正因为这样,借别人的眼光去获得自知之明,又正是摆在我们面前的紧迫历史使命,因为只要不跳出自家的文化圈子去透过强烈的反差反观自身,中华文明就找不到进入其现代形态的入口。

　　当然，既是本着这样的目的，我们就不能只从各家学说中筛选那些我们可以或者乐于接受的东西，否则我们的"筛子"本身就可能使读者失去选择、挑剔和批判的广阔天地。我们的译介毕竟还只是初步的尝试，而我们所努力去做的，毕竟也只是和读者一起去反复思索这些奉献给大家的东西。

刘　东

《明代江南土地制度研究》中文版序

森正夫

一

　　此次承蒙南京大学历史系范金民教授、夏维中教授等中国友人的鼎力相助,以及南京大学历史系张学锋教授、大阪经济法科大学伍跃教授等八名中国学者悉心周到的翻译和校订,拙著《明代江南土地制度研究》(同朋舍出版,1988 年,京都大学学术出版会版权)得以译成中文,由江苏人民出版社刊行。作为日本学界的一名中国明清史研究者,我感到无上的荣幸,心里充满感慨和谢意。拙著篇幅巨大,原书除索引和各章提要外,正文就达 730 多页,出版绝非易事。范金民先生专程提笔解题,详尽介绍拙著的可取之处,令人感激不尽。这里,我再次向促成拙著中译本出版的相关人员表示衷心的感谢。

　　拙著出版于 1988 年,至今已过去了 26 个年头。其间,日中两国的明清史研究取得了长足发展,拙著所探讨的问题、使用的方法,以及在实证方面达到的水平,应该说出现了诸多问题。拙著中涉及到的研究课题,起于笔者 1958 年提交的本科毕业论文,历经了 1960 年的硕士学位论文,最终在 28 年后的 1988 年作为博士学位论文提交并付梓,这一段漫长时间内中国史研究,尤其是明清史研究的成果,在拙著中都有所吸收和反映。此外,我从1957年准备撰写毕业论文至今,尤其是从上世纪80年代初以日本明代经济史研究代表团的一员访问中国以来,一直在吸取中国学术界的相关成果。从这一点来说,拙著与上世纪50年代末到80年代末日中学界的研究成果以及研究方法之间有着密切的关联。值此2014年中译本出版之际,我本人想对自己的研究历程稍作回顾,从学术史的角度对拙著加以定位,聊供读者参考。此外,有关我的一些研究,还可参考《森正夫明清史论集》(汲古书院,2006年)第1卷《序言》,以及基于该书《序言》及《后记》所撰《民众叛乱、社会秩序与地域社会观点——兼论日本近40年的明清史研究》(见陈春声编集《历史人类学学刊》第五卷第二期,2007年10月)。下文涉及到的论文,则请参阅《森正夫明清史论集》第1—3卷。

二

我对明代江南土地制度的关心,开始于1957年,当时我还是京都大学文学部四年级的学生。当时,宫崎市定教授开设的史料讲读课,选定的文本是《清史列传》中的《李鸿章传》,我对其中"清末江南苏州、松江等地田赋税粮沉重,这是继承了明代在这一地区所设官田的租额"一节产生了疑问。我的疑问十分简单,就是按宫崎教授本人的学说,中国自10世纪的宋代以来就已经进入近世社会,而江南(长江下游南岸)这样全国最先进的地区,剥削如此沉重的土地制度为什么会得到朝廷的认可,这难道不令人匪夷所思吗?疑问还来自佐伯富教授推荐阅读的顾炎武《日知录》卷十《苏松二府田赋之重》中内容相近的一节。1960年至1961年发表的论文《关于明初江南的官田:苏州、松江二府的具体样貌(上)》、《关于明初江南的官田:苏州、松江二府的具体样貌(下)》,就是基于本科毕业论文和硕士学位论文写成的。为了解答上述问题,我在这篇长文中对14世纪后期,即明朝初期江南地区各府官田民田的面积、亩税粮额、徭役赋税等土地所有者所承担的实际负担,展开了最大限度的定量分析。我的中国明清史研究,就是以明初江南地区为对象,从税粮征收制度所体现的国家土地制度这个角度出发的。1963 年,我又先后发表了《16 世纪太湖周边地区的官田制度改革(上)》《16 世纪太湖周边地区的官田制度改革(下)》,以官田与民田并轨,即促使官田实际走向消亡的 16世纪的制度改革为对象展开了研究。1965 年发表的《15 世纪前期太湖周边地区的国家与农民》,对 15 世纪前期发生在江南的针对明初制度的改革过程展开了探讨。1966 年,我又发表了《15 世纪前期苏州府徭役劳动制的改革》,探讨了 15 世纪前期苏州府的税粮征收制度以及与国家土地制度紧密相关的徭役赋税制度。以上这一系列成果,可以说是我在展开明代江南土地制度研究的第一阶段中取得的。

三

从本科学习阶段开始,到以上这些论文发表的上世纪 50 年代至 60年代,是战后日本展开明清史研究并取得初步成就的时期。经众多学界前辈的努力,特别是在"商品生产"、"地主制"这些关键词的引导下,深入探讨了中国近代社会资本主义近代化的特征及其局限,发表了许多优秀的论文。以小山正明《明末清初的大土地所有制:特别是以江南地区为中心》(一)(二)(1957、1958 年)等为代表的一系列与地主土地所有制相关的研究也受到了关注,田中正俊的《民变、抗租奴变》(1961 年)等新成果也不断问世。中国的明清史研究领域,则围绕着资本主义萌芽问题展开了研究并引发了激烈的争论。1955 年,以郭沫若为团长,由翦伯赞等人组成的中国学术代表团访问日本,当时以中国明清史为重点的两国学术交流成果,后来收进了铃木俊、西岛定生所编《中国史的时代划分》一书中,1957 年由东京大学出版会刊行。1961 年,傅衣凌先生的论文集《明清农村社会经济》由生活·读书·新知三联书店出版,当时作为博士研究生的我主动承担了撰写书评的工作,从《明清之际的"奴变"和佃农解放运动》和《明清时代福建佃农风潮考证》两文中获得了许多新鲜的感受。进入上世纪 70 年代,日本的明清史研究领域,除之前关注的经济史、农民斗争史等主题外,又出现了一些新的研究视角。如重田德《乡绅统治的形成与构造》(1961 年)所提出的那样,不再将"地主"视为当时的统治阶层,而是将所谓的"乡绅"视为当时乡村的统治层,这样的尝试,将研究者的关注点引向了中国社会的"构造"及其"特殊性"这些问题上。重田德的研究成果在学术界产生了巨大的影响,小山正明也与之产生了共鸣。同时,战后学术界长期以来基于社会经济史学和社会发展阶段论的中国史研究方法,也受到了根本性的批判。最初的尝试是小林一美《抗租抗粮的另一面》(1973 年)等文,这些论文对中国历史上极具政治色彩以及宗教色彩的反叛给予了强烈的关注。在这样的研究风潮中,从上世纪 60 年后期,经 70 年代,直到 80 年代初,我自己的研究对象也暂时偏离了明代的江南官田。

1970 年,碰巧受命撰写日本中国明清史学界策划的"明清时期的土地制度"这一课题的相关论文。我觉得要想从全中国这个广阔的地域以及 500 余年这一漫长的时段上来宏观把握中国土地制度的全貌,是非常困难的。于是,我把自己在第一阶段通过税粮征收制度探讨国家土地制度的思路一时置之度外,着眼于明清时期的地主土地所有制。而且,关注的还不是地主土地所有制本身,而是佃户的抗租问题。通过对明清时期 500 年华中、华南地区的相关历史考察,阐述了作为农村直接生产者的佃户对土地权利的要求不断上升的过程,1971 年写成了《明清时期的土地制度》一文。从撰写这篇论文之前的 1967 年开始,直至 1975 年,围绕着清代江南灾荒时对农民救济、江西在青黄不接时对农民接济、明末清初江南地主在农业经营中与农民或奴仆结成的关系等问题,我首先对前人有关成果展开了探讨。1975 年至 1976 年,我受某学会邀请,介绍了当时日本学术界兴起的两种学说,一是因免役特权而发展起来的乡绅的土地所有,即"乡绅土地所有"论;另一是不单纯从经济角度,更多地关注作为政治社会学概念乡绅的存在形态,即"乡绅支配"论。对以上两种学说,我尝试着从学术史的角度展开讨论,并主张应该在中国社会传统的特征上加以留意。

从1973年到1983年的10年间,我基于南北地方志关于各地风俗的记载,开始关注包括士大夫与民众关系在内的明末社会关系的秩序,亦即秩序意识以及社会秩序的变动。目光所及不仅限于农村,也包括城市,不仅限于佃户,甚至还扩展到了奴仆、无赖和市民等,从如此多样性的主体出发,将关注点转向了明末清初的民众叛乱问题。如此,自己的研究领域也不再局限于经济史,还涉及到了社会史。

1980年,畏友明清史研究专家滨岛敦俊发出呼吁,希望能够召开一次超越大学、国籍以及不同学术观点、主题自由的研讨会,并首先在北海道札幌付诸了实施。我非常赞成这样的做法,并于次年在名古屋也召开了同样的研讨会。在这次会议上,从中国前近代史研究的基本视角,我提出了"地域社会"这一概念。对于这一概念,赞同与反对的声音都很激烈,1990年,岸本美绪对我提出的这一概念展开评论,纠正了其中的一些含糊不清的说明,将之称为"地域社会论"。

四

进入上世纪80年代后,我立足于"地域社会论"展开具体问题研究的同时,对以明代江南官田为中心的土地制度再一次展开了正式的研究。这不仅是十几年间在中国明清史的各种学习中再次激发了自己的兴趣,其间还有一些具体的机缘。

第一,1977年,台湾广文书局影印出版了长期以来只知书名而未见其书的顾炎武《官田始末考》。《官田始末考》的出版,不仅使作为江南官田研究的基本文献,即顾炎武《日知录》卷十《苏松二府田赋之重》的内容变得更容易理解,同时也为准确把握顾炎武关于佃户和自耕农的认识提供了明确的线索。

第二,1980年以后,在中国或通过其他各种形式,与中国的明清史学者之间的交流越来越多。1980年,我作为日本明清社会经济史代表团的一员访问了上海,受到了《明代的官田和民田》(1979年)的作者伍丹戈教授的热情接待。此后,随着伍教授《明代土地制度和赋役制度的发展》(1982年)的出版发行,我们之间的学术交流越发频繁。1983年4月至1984年1月,我在中国滞留了十个月之久,在上海复旦大学,有幸与经济系的伍丹戈教授、历史系樊树志教授展开了六个月的共同研究,集中探讨了江南官田及其相关课题。其间,我还有机会前往厦门、武汉、南京、北京的多所大学,并获许旁听了在无锡召开的明代经济史学术讨论会,参加了在昆明翟凯的第一次中国封建地主阶级学术讨论会。在昆明会议上,我有机会发表了自己关于明代江南官田及土地制度的研究心得,得到了与会代表的批评和指正。以上这些经历都成了我学术生涯中的珍贵体验。

第三,上世纪70年代的日本,檀上宽发表了《明王朝建国时期的轨迹:围绕洪武朝的疑狱案件与京师问题》(《东洋史研究》第37卷第3号,1978年。后载其著《明朝专制统治的历史性构造》,汲古书院,1995年),加深了我对明初洪武年间政治史的理解,获得了有可能阐述明代江南官田设置的背景知识。1971年,川胜守《张居正丈量政策的展开:尤其是关于明末江南地主制的发展》、西村元照《关于明后期的丈量政策》等,与明末江南土地制度的变动相关的研究成果相继发表,而土地制度的这些变动,又与16世纪江南税粮征收制度的改革密切相关。

第四,如前所述,这一时期,我自己在有关地主土地所有制的若干方面,以及农民对土地权利的申诉等研究上也取得了新的进展;对实现土地所有产生了重大影响的"地域"这一概念,以及作为社会、经济等各种关系的统一体"地域社会",也有了全新的认识。这些认识拓宽了我对土地制度研究的视野,考虑问题的方法也因此更加灵活多样。

从1958年在京都大学读研究生开始,到1964年在名古屋大学担任助教这一时期,我的内心,或许是受到了亚细亚生产方式学说中"全国规模的土地集中,即'国家土地所有'"这一概念的强烈影响,虽然意识中有所抗争,但在自己的研究中还是遵守了"国家土地所有制"(1963 年)、"国家对农民的统制"(1964 年)等表述方法,未能突破这些观念的束缚。1970 年以后,如前所述,随着研究经验的不断积累,通过与国内外明清史研究者的交流和学习,我从这些束缚中解放了出来。虽然面对的依然是明代江南官田、民田的问题,但出发点却不再是所谓的"国家土地所有制",而是有意识地从税粮征收制度出发来把握明代中国社会的土地制度。

五

1980 年,我在初次访华后很快就发表了《从〈官田始末考〉到〈苏松二府田赋之重〉:清初苏松地区的土地问题和顾炎武》,以顾炎武的两篇文章为线索,将自己的江南官田研究与地主佃户关系联系了起来,并且意识到了清代前期江南土地制度的问题所在。在来中国留学前的 1983 年3 月,首次将"税粮征税制度"一词用于论文题目,发表了《明代中叶江南税粮征收制度的改革:以苏州、松江二府为例》,该文对此前一直未能阐明的 15 世纪后期到 16 世纪前期江南税粮征收制度中存在的问题及最终的解决方法展开了详细的讨论。

回国后的 1986 年,我又发表了《关于明初的籍没田:江南官田形成的一个侧面》和《明初江南籍没田的形成》两文,将 14 世纪后期即明朝初年的政治形势重新纳入研究视野,探讨了明代江南官田形成的具体过程及历史意义。1988 年 3 月,我发表了《顾炎武官田论中的土地思想及其背景》,对顾炎武关于明代江南官田的认识进行了再一次的梳理,阐明顾炎武之所以强调官田为"国家所有",是因为在其思想深处对私人土地所有制的正当性有着明确的认同。此外,作为 1980 年以后一系列研究的先导,1978 年曾发表《元代浙西地区官田贫佃户的相关考察》一文,这可以说是明初江南官田的前史。1980 年左右开始的这一系列研究,可以说是我对明代江南土地制度研究的第二阶段。

1988 年 10 月,拙著《明代江南土地制度研究》日文版刊行,其中收录了 1957 年本科毕业论文到 1966 年所谓第一阶段的研究成果,以及 1980 年到 1988 年(含 1978 年关于浙西贫佃户的研究成果)所谓第二阶段研究的基本内容。书中所收的各篇,基本上能够有体系地涵盖了明代江南土地制度的各个方面。

拙著首先在序章中提起问题,并对相关问题展开了学术史回顾。第一章为《14 世纪后半期明代江南官田的形成》,第二章为《明初江南官田的存在形态》,这两章论述了 14 世纪后半期明朝建立后,在江南继承了 10 世纪以来宋元两代官田的基础上,设置了规模更大的官田,在全新的税粮征收制度下,与民田一起构成了新的土地制度。同时还涉及到了这项新的土地制度与税粮征收及徭役赋税的关联。

在第三章《15 世纪前半期江南官田的重组》中,论述了 15 世纪前期随着首都北迁而面临税粮征收制度陷入半瘫痪状态的明朝政府,是如何在随后的改革中,通过削减税粮的正额,将附加征收额定量化,以及整治相关的徭役赋税制度,克服税粮征收窘境,重建税粮征税制度的过程。

第四章《15 世纪中叶以后江南地区税粮征收制度的变革》,重点论述了 15 世纪中叶以降,江南地区税粮征收制度因正粮附加税额的内在不均等而再度出现动摇,以附加征收额的调整为中心,各府努力推行各具特色的改革措施,力图维持原有的制度。

第五章《16 世纪江南税粮征收制度的改革与官田的消亡》,叙述了江南各府依据自身的不同情况,克服了各种社会矛盾,在前后约 40 年间推行税粮制度改革的全过程。16 世纪 30 年代以后,江南各府基于自身历史条件的差异,先后展开了旨在完全消除税粮征收额的不均等,消除税粮户中大户小户间实际存在的税额差异的改革,这场改革一直持续到 16 世纪 70 年代。改革的结果是,一县之中,亩税粮额得以均一(均粮);一县之中,每石税粮中米谷与银两的缴纳比例得以均一(征一);一县之中,按田地一亩和人丁一人计算出来的徭役折纳银得以均一(人丁徭役一律征银)。官田与民田之间,官田与官田之间,民田与民田之间税粮征收额的不均等现象，至此完全消除。由此，官田实际上走向了消亡。各府依据自身的情况先后对田亩重新实行丈量，确保各府的税粮征收总额，税粮征收制度本身也得以安定。

撰写终章的线索来自顾炎武《天下郡国利病书》（手稿本，原编第六册，苏松）所收天启元年（1621），即17世纪前21年江南六府中苏州、松江、常州、镇江的田亩总面积、米谷、银两征收总额以及每亩的米谷、银两征收额。据此，阐述了迄止16世纪70年代所实施的税粮征收制度及与之相关的徭役赋税折银部分的改革，成为之后江南田赋（明代称税粮，清代称钱粮）征收体系的前提，清代则完全继承了这一体系。同时，生于明末万历四十一年（1613），卒于清初康熙二十一年（1882）的苏州府昆山县人顾炎武，对作为清代江南田赋额源头的明代江南田赋征收额展开了持续不断的批判，其真正目的，笔者认为，在于他竭力主张必须保护那些既佃种他人田地，又拥有部分私有土地的小农的生存基础。

六

1988年10月拙著日文版出版发行后，笔者在1988年发表了《宣德成化间苏州府的徭役赋课：读史鉴的有关记述》，1994年发表了《15世纪江南地区济农仓的相关资料》外，还先后发表了《与清"苏松浮粮"有关的各种动向》（1989年3月）、《周梦颜与"苏松浮粮"》（1990年3月）二文，将目光集中到了18世纪前期。所谓"浮粮"，指的是在固定田赋之外允许适当超征的那部分田粮，17世纪40年代清朝统治江南以来，"浮粮"的征收事宜一直都是悬而未决的问题。上述二文对清雍正二年（1725）和乾隆二年（1737）两次部分削减苏州、松江二府"浮粮"的过程进行了追踪，确认雍正二年的"浮粮"削减额，苏州府是地丁银30万两，松江府为15万两；乾隆二年二府的"浮粮"削减额则为20万两。

然而，迄今为止的研究，还没有能够涉及到清末江南"苏松浮粮"这一笔者求学时代就抱有的课题。如前所述，笔者当初对中国明清经济史研究产生浓厚兴趣,是因为读了《清史列传》中《李鸿章传》的相关内容,即同治二年(1863)两江总督曾国藩、江苏巡抚李鸿章重提"苏松浮粮"的问题。这一问题成为我展开明代江南官田研究的契机,但是,笔者最终还是没有能够解答明代江南土地制度改革给近代江南乃至近现代中国带来的影响。江南地区的小自耕农,如何才能确立并维持他们的土地所有权,这一顾炎武提出的课题又将走向何方? 20世纪是中国的大革命时代,根据1952年的一份统计,占据江南大部分区域的苏南地区,土地所有权归中农和贫农所有的部分,达到了土地总面积的50.51%。本书终章中涉及到了这一问题,然而,江南地区的小自耕农,他们是如何获得土地所有权的,其中又具有什么样的深刻意义,这一过程的解明,必须通过对18世纪中期以后的清代社会乃至20世纪的江南地区展开深入研究才能得以实现。而这样的研究,就必须超越本书所采用的实证法以及"地域社会论"的框架。

衷心期待从事明清史研究,尤其是对20世纪至今的学术史抱有兴趣的学界同仁,特别是赐读拙著中译本的中国同仁的批评和指正!

目　录

序 章

一

　　众所周知,在顾炎武的名著《日知录》卷十中,收录有《苏松二府田赋之重》一文,论述的中心是苏州、松江地区的田赋过重问题。顾炎武是苏州府昆山县人,在该县千墩镇南大街至今仍保留有他的故居。顾炎武生于明万历四十一年(1613),天启六年(1626)取得了生员资格,明朝灭亡后未出仕清廷,故于康熙二十一年(1682),享年70岁。《日知录》的32卷本首次刊行于他去世的13年后,即康熙三十四年(1695)。上述《苏松二府田赋之重》一文估计在当时已经广为人知。其实,顾炎武早在清朝入关后不久,即顺治十五年(1658)已经著有《官田始末考》,专论苏州、松江、常州、嘉兴、湖州"五府税粮所以偏重之故",由此可见这些地区在有明一代设置有大量官田。①

---

① 关于顾炎武的生平及《日知录》,请参考张穆《顾亭林先生年谱》(四卷本)、谢国桢《顾亭林先生学谱》(上海商务印书馆,1957年)、《日知录》32卷本卷首门人潘耒序等。关于《官田始末考》,请看看前引谢国桢书卷二《著述考》。1977年,台湾广文书局影印出版了该书抄本(计上卷8页、下卷21页,无序跋)。本书在终章分析了《日知录》中"苏松二府田赋之重"(转下页)

在明代掌管国家财政的户部系统的制度中，田赋被称为税粮。① 顾炎武将这两个名词混合使用，其实是同一对象。现代的中国史学家们惯称赋税。日本的明清史学者则通称田赋，并且在习惯上称明代的田赋为税粮，称清代的田赋为钱粮。包括明清鼎革在内的16—18世纪，通过从一条鞭法到摊丁入亩的一系列改革，简化了田赋的征收方式，田赋与徭役合并，基本上实现用银纳税。然而，关于田赋在这一系列改革前后的具体内容与性质，我们在尚未充分论证的情况下，通常将田赋视为王朝国家向土地所有者征收的土地税，或土地所有者因从事农业生产而须负担的农业税。

所谓官田，姑且不论其中包含的各种枝节问题，如果严格根据顾炎武的"苏松二府田赋之重"这一定义，是指那些区别于个人所有的民田，即"民自有"的土地，由"国家所有"的土地，即王朝国家直接所有的土地。早在16世纪之前已经设置有很多官田的上述诸府，通过16世纪的改革，其所有土地都被课以与官田同等的赋税。因此，17世纪的田赋已经变得甚为沉重。这就是顾炎武在分析之后得出的结论。

顾炎武提及的五府之中，苏州、常州两府相当于位于今日江苏省东南部的苏州市、常州市的中心地带（【译注：还应包括无锡市】），松江府大体相当于今上海市，嘉兴、湖州二府则是今天以嘉兴市、湖州市为中心的浙江省北部。上述五府和常州府西邻的镇江府，与13世纪后半期的浙西六郡基本重合，即南宋末期大量设置了国有土地——公田的地

（接上页）及《官田始末考》的内容和成稿过程，详细请参考拙稿《〈官田始末考〉从"苏松二府田赋之重"へ——清初苏松地方の土地问题と顾炎武》（《名古屋大学東洋史研究报告》第6号，1980年）。顾炎武故居照片展示在江苏省昆山市玉山镇亭林公园内顾炎武祠堂中。1988年4月6日，笔者访问千墩镇与顾炎武的后裔千墩中学校长顾雨时会面得知，校门南面的故居已于1984年被拆除，其一部分木材转移到中学里的纪念堂中。【译注：1990年代以后，当地政府斥资重建了顾炎武故居】

① 如洪武二十六年所制《诸司职掌》（《玄览堂丛书》本）户部·仓科·征收条目中第一标题为"税粮"。另外，同书户部·民科·州县条目第二标题是"田土"，如本书第一章第二节所述，征自官田和民田者均被称为"税粮"。"税粮"一词既是将"税"与"粮"这样两个文字集合为一个新的概念，也是因其源于两税法下的"夏税"和"秋粮"。

区。基于这一情况,本书将明代上述六府的所辖区域统称为"江南三角洲",即长江下游南岸的三角洲地带。卷首的地图显示明代六府的位置。

1946年,鳌宫谷英夫发表了战后日本明清社会经济史研究的开端之作《近世中国的赋役改革》一文。①,该文认为,在旧中国的"中央集权的官僚国家"中,"国家权力的集中与统一"首先形成于"因较高的农业生产性及运输的便利性可以获得较多农产品的经济地区"。"宋代以后,基本经济地区从华北平原转移至稻米主产地的长江三角洲"②。鳌宫谷英夫关于长江三角洲的认识在其后的研究中得到继承,学者或将其称作"基本经济地带"、"先进地带"。本书中则称作"江南三角洲"。众所周知,这一地域在经济上的先进性及重要性,即使在鸦片战争后的中国近代史中也是无可动摇的。

生活在17世纪的顾炎武用文字描绘了明末清初江南三角洲的真实画卷,诉说这一地区田赋过重,强调了削减田赋负担的必要性。

在战后日本明清史研究的初创期,研究者们十分重视顾炎武关于江南三角洲地区田赋负担过重的论述。

西岛定生的专著《中国经济史研究》刊行于1966,构成该书第三部分《商品生产的展开与其构造——中国初期棉业史的研究》的诸篇论文相继问世于1948—1949年,构成了战后日本明清时代史研究的基础和原点。其中第一章《16、17世纪中国农村工业考察》,首发于《历史学研究》137号。同年5月,《历史学研究》139号刊登了波多野善大的文章——《中国史的深入——关于西岛定生的研究成果》。该文认为西岛论文具有划时代的意义,并希冀研究的展开,提出了一些批评性意见。上述情况在1960年代以前是众所周知的。波多野提出这样一个问题,即为了打破"战前以来中国史研究方法的缺陷","中国史研究应该具有何种基

---

① 《近世中国における赋役改革》(一)、(二),载《历史评论》1卷2号、3号(1946年)。
② 请参看前揭鳌宫谷英夫《近世中国における赋役改革》(一)。

本方向"的问题。他认为,应该"关注中国史的发展与世界史的关联,由此把握中国史发展的特性"。对西岛的研究方法,即在对比欧洲中世纪末期"工业的农村化"与"近代产业资本的形成"的同时,分析同一时期"作为商品生产而发展起来的中国农村工业的性质",波多野首先表示赞成。

西岛在棉业研究中首先探讨了手工业商品生产,这一点成为1960年代以前明清时代史研究的中心课题。与此并行的另一课题是16世纪中叶到17世纪,即明末清初以后的地主土地所有。二者以1953年北村敬直的《农村工业与佃户制的展开》①为起点,被称为"商品生产与地主制",构成了研究史上的一个基本框架。以上既是波多野对西岛观点的评论,也是战后对研究地主土地所有必要性的最早言及。

西岛在前述论文中,认为"农村工业"的棉纺织业是"在小农经济条件下补贴家用的手段"。他从这一观念的出发点,做了如下论述:

> 以松江府为首的长江下游三角洲地带,水稻栽培过程中因"劳动力的绝大部分必须投入到灌溉作业中",所以"农家的经营面积被极度地零散化"。另一方面,南宋末期以来,官田大量出现,这些地区"田赋""被课以罕见的重税","官田在实际上逐渐消失,在生产者与政府之间孕育出地主阶级"。所有这些,导致了"直接生产者的负担更加严酷,地方的农业经营随之变得非常贫穷"。

西岛在1966年出版的著作中附上《补纪》,将自己过去的见解总结为"重赋基础上佃租负担的重压导致了小农经济的出现"。波多野对西岛观点的批判恰恰是围绕这个模式。西岛主张,国家向土地所有者课征的税粮(田赋),及土地所有者中的地主向直接生产者佃户课征的佃租,均是导致"直接生产者贫穷化"的因素。其中最大的因素是前者的过重,即"重赋"。但波多野对此提出质疑,他引用西岛使用的史料(《(崇祯)松

---

① 北村敬直:《農村工業と佃戸制——明清社会経済史の諸問題》(社会経済史学会編《戦後における社会経済史学の発達》,1955年)。

江府志》卷十《田赋三·徐文贞公与抚按均粮书》），认为与田赋相比，更应该关注"田主的田租甚至榨取了佃农的工钱"的问题。

1957 年佐伯有一关于学说史的讨论中继承了波多野的观点。[①]

佐伯有一的批评，源自他自身的理论需求。佐伯为了在中国社会寻找形成小商品生产的条件——即资本主义制度的起点，故而必须论证从农民阶级的分化中产生了雇佣劳动，进一步说必须明确封建时期的土地所有，以及地主制度问题、佃户和佃租的问题。佐伯还认为，西岛最终将问题聚焦于"田赋承担者＝小地主所有者"的"小农"问题。在这种认识之下，阶级对立的对象就成为专制国家与小农，从而忽视了代表封建土地所有的地主制问题，结果仅剩下所谓亚细亚生产方式的问题。

虽然有以上这样的批评，但自鉴宫谷英夫以来，战后日本的明清社会经济史研究，一直将江南三角洲视为当时的经济发达地区，并以之为主要研究对象，认为"重赋"的根本原因在于江南的官田。在探索 16—17 世纪，即明中叶至清初商品生产的前提条件的研究中，田中正俊、佐伯有一在 1955 年认为，江南官田是统一集权国家——明王朝的重要财政基础，官田每亩赋税额等于私租，明王朝通过高额的租税征收进行苛刻的政治掠夺，且从中可以窥见促进农民阶级分化的主要契机。[②] 1956 年，寺田隆信也表达了几乎相同的见解。[③]

在研究商品生产的发展与地主制土地所有的关系方面，北村敬直做出了开拓性的贡献。他主要关注明朝的官田政策。在上述西岛论文问世及波多野进行批评的 1949 年，北村以商品经济的发展为指标，主张明末清初只是过渡性时期，从乡居地主转化到城居地主过程中可以看出时代的性格特征。北村还认为，过渡期起点即明初的中国社会，"以商品经

[①] 佐伯有一：《日本の明清時代史研究における商品生産評価をめぐって—その学説史的展望》（铃木俊、西島定生編《中国史の時代区分》，东京大学出版会）。

[②] 田中正俊、佐伯有一：《十六七世紀の中国農村製糸·絹織物業》（《世界史講座》一《明清帝国時代の東アジア》，东洋经济新报社）。

[③] 寺田隆信：《明代蘇州平野の農家経済について》（《東洋史研究》16 卷 1 号）。

济为前提,重构于走向自然经济的过程之中",而且,由于明初朱元璋推行的官田政策,宋元时期的豪族地主制被重构为更高层次的地主制,即国家地主制。①

但是,就在发表了这一见解的翌年——1950 年,北村却否定了自己的明初地主制重构的理论。他认为,唐末宋初在专制国家基础上的土地私有制演变成为地主制,与专制国家政治机构同样,并没有在明初实现质和量的变化,导致地主制从宋代一直持续到清代。② 北村的见解之所以发生变化,一是他意识到朱元璋的官田政策主要集中施行于江南三角洲,未必在全国范围内得到普及。但更重要的是 1950 年古岛和雄研究成果的影响较大。③ 古岛以元末以前的大土地所有制形成为前提,认为元末农民起义的对象也许并不是地方的地主特权,起义中诞生的朱元璋政权,代表着与农民阶级立场相反的地主势力。古岛以此观点为依据,认为明初地方地主阶级的权力牢固,在此基础上建立里甲制。而且,他还认为"官田赐田"等是明朝中期以后商人地主的土地所有,而不包含当地具体的土地收益,将这一情况称为"城居地主的大土地所有"。他认为,旨在维持地主的水利设施为中心的徭役使小农阶层的再生产在"大地主土地所有"制下得以维持,并且构成了地主收租权的基础。根据古岛的见解,明初的官田政策并没有改变元末以前的大土地所有状态,官田作为城居地主的大土地所有形态之一,在农村土地所有关系构造中占有优势地位。在这之后,北村对朱元璋官田政策的评价明显低于以往的水平。

这样,战后的明清社会经济史研究者们开拓了新的研究领域,其他一些研究者也同样关注着明代江南官田问题。

---

① 北村敬直:《明末・清初における地主について》(《歴史学研究》142 号。后收录于大阪市立大学经济学会研究丛书二、1972 年版《清代社会经济史研究》)及注 10 中有对此论文的回顾。
② 北村敬直:《中国の地主と日本の地主》(《歴史評論》4 卷 2 号,后收录于前书的增补版)。
③ 古岛和雄:《明末長江デルタ地帯における地主経営》(《歴史研究》148 号,后收录于 1982 年版《中国近代社会史研究》)。

1952 年,宫崎市定发表《宋代以后的土地所有形态》。[①] 宫崎认为,随着"资本与经营"的分离,宋代以后土地所有权的变更速度加快,土地集中规模得到飞跃性的扩大,为抑制这种情况出台的是南宋的公田法。宫崎认为,"权力者的土地兼并发展得十分恶劣,以致任何政府都不得不进行干预,特别是新王朝成立后欲打造坚固的中央集权政府时期,为了防止军队供粮不足,政府自然会在国都附近设置官田。明代官田和清代旗地,不过是这种需要所导致的必然结果"。

爱宕松男于 1953 年提出另一种研究方法,即放弃从理论上演绎构建集权制国家诸项制度的性质,而是从政权的成立过程自身来阐明朱元璋政权的性格。[②] 爱宕注意到,朱元璋的出身地淮西属于经济落后地区,他的吴国政权为了建立自身的统治,采取了扩大江南官田的政策,没收大土地所有者的土地,征收高额私租。

如上所述,在西岛论文发表之后的 1950 年代的研究中,田中、佐伯、寺田等人力图阐明 16—17 世纪的商品发展,他们分析了直接从事农业生产的小农手中的剩余积累。他们的结论是,因为江南三角洲的官田被课以重税——即政治掠夺,导致剩余积累极为艰难。佐伯在 1955 年与田中一起提倡应该重视官田重税的影响,但在 1957 年又主张应注意地主的佃租征收,我们姑且称其为佐伯后论。

但是,波多野和佐伯后论中虽然提出了负担过重的问题,但其对象究竟是田赋还是佃租,抑或是两者的重合,实证和理论上都没能作出充分的阐明。事实上的结果是,在西岛"过重田赋"理论基础上形成的小民经营贫穷化的观点被后人继承。

另一方面,北村在其前论与后论,以及位于两者之间的古岛,都关注明初朱元璋设立的官田。他们认为,与小农经营条件下的剩余积蓄相比,朱元璋的官田政策在约束宋代以后大土地所有制发展方面具有某种

---

① 宫崎市定:《宋代以後の土地所有形体》(《東洋史研究》12 卷 2 号,后收录于 1964 年东洋史研究会编《アジア史研究》)。【译注:后收入《宫崎市定全集》第 11 卷,岩波书店,1992 年】
② 爱宕松男:《朱吴国と張吴国》(《文化》17—6)。

土地改革的性质。北村与古岛的观点,在探究官田形成的历史意义这一点上,与宫崎市定认为官田是宋代以后高度发展的专制国家对土地私有的限制的观点,以及爱宕松男主张朱元璋为中央集权在江南三角洲地区设置官田的主张,在出发点上是一致的。关于这一问题的讨论,与官田田赋的性质和意义密切相关,所以与波多野提出的问题并非毫无关联。北村、古岛、宫崎、爱宕的研究虽然极具成果,但关于明初官田的形成,尚未能够建立起一个源于实证基础上的宏观体系。

笔者于 1960 和 1961 年分别发表了论文《明初江南的官田——苏州、松江二府的具体状况》(上)(下)。[①] 我在论文中讨论了西岛定生、田中正俊、佐伯有一、寺田隆信等人关于明代江南官田每亩税负过重的观点,同时以苏州、松江两府为对象,主要分析了洪武、宣德年间,即14世纪中叶以后至 15 世纪前期江南官田的具体形态。我认为,这一时期江南官田每亩税负与民田相比的确较高,但与私租(佃租)的一般额度相比则明显较低。我重新分析了西岛所用的史料(何良俊《四友斋丛说》卷十四《史十一》),发现松江府下的私租率是收成的 53.3%—56.7%(西乡)和53.3%(东乡),接近明清时期私租税率的通常标准——占收成的大约 1/2,与其他地方并无大的差别。明初的这些地方,向国家缴纳官田税粮的官田承租者——纳粮户,既有小农,也有地主。在这个意义上说,明初江南官田围绕税粮的征收,并存着两种关系,即国家与直接生产者——农民阶级的关系,以及国家与地主以及作为直接生产者的农民阶级的关系。而且为了在税粮与徭役征收上保持官田与民田的均衡,国家采取了免除徭役中杂役等方法,借以维持包括农民和地主在内的官田承租者的经营和纳粮能力。

笔者试图运用定量分析的方法对明初苏州、松江两府为中心的官田存在形态进行实证性研究,提出不能一概而论地认为官田的田赋(指官田税粮)过重,而且田赋与佃租各自具有独特的性质。但如何把握二者

---

① 《東洋史研究》19 卷 3、4 号,1960、1961 年。本书第二章是在此论文基础上构成的。

之间的关联，尚是今后的研究课题。

1957 年东洋文库刊行了《明史食货志译注》，上卷中的田制部分由藤井宏负责，赋役部分由山根幸夫负责。这一成果代表了当时学术界所取得的最高成就，笔者作为初学者也从中受益匪浅。日后藤井宏在 1961 年出版的《亚洲历史事典》（平凡社）中负责撰写明代社会经济史条目，他对明代江南官田中国家、地主、富农、自作农、小农经济等关系作了阐述。

1961 年，关注 19 世纪中叶的村松祐次发表了《关于清代所谓苏松重税》①一文。村松运用清代官方文献，对 17 世纪后半叶至 19 世纪中叶，即清初康熙年间至清末同治年间（除 18 世纪乾隆年间的空白期之外）苏州、松江、太仓（明代太仓直隶州隶属于苏州府）等"重税"进行了定量分析。村松认为，江苏省特别是苏州地区，"与其课税面积相比承担着不合理的重税"，这些"清晰地反映在数字上"。

二

1966 年，西岛定生将中国初期棉业的相关研究收录于《中国经济史研究》，并附上详细《补记》，其中在介绍了从波多野至笔者的诸项见解之后，作了以下论述：

> 我绝非忽视地主佃户关系，而是提出"存在于孕育零散小农民的地主佃户农民关系基础的国家权力问题"、"其具体表现是重赋的问题"。"中国封建社会构成特征，是阶级构成性格被单纯归结为地主佃户关系，即处于与专制国家权力支配重合的状态，无论其形成过程的分析，或其解体过程的分析中，均不能将其归结为单一方面的问题"。因此，从"象征着国家统治的重赋与地主佃户关系的关系"这一角度，来讨论"过重田赋与零散小农"的关系，提出这一问题本身无疑是正确的。

① 《一橋論叢》45 卷第 6 号，1961 年。

西岛在《补记》中也反省自己过去的研究,坦率承认"没能有力把握""象征着国家统治的重赋与地主佃户关系之间的联系"。但他同时再次主张,探讨重赋与佃租关系这一课题的框架本身是正确的,也就是说,重赋带来了沉重的佃租负担,结果导致了零散小农的出现。他再次强调,上述情况是"中国封建社会构成的特征",也是"专制国家的统治关系"的存在依据。

当我们回溯战后日本的明清时代史研究时,不难看出西岛于1966年重提这一问题是极为自然的。1975年,我在《日本明清史研究中的乡绅论》①中提到,1960年代至1970年代的明清史研究中,赋役(田赋与徭役)制度史的研究日渐活跃,最终取代了1950年代以前共同的主题——探索鸦片战争以前中国社会中资本主义萌芽的问题。其中最受关注的问题之一是,拥有免除杂役特权的官僚及拥有科举资格者致力于占有土地,他们的社会影响力也随之增强。其结果导致了对乡绅阶层的一系列研究,并发展成为乡绅论。如果用比喻来形容,就是在乡绅研究中,学者们更加关注中国社会和历史的"特殊性"以及"构造"的问题,更注意对国家的研究,注意国家权力在社会构造中的定位问题。笔者在拙稿中,提及加深对中国社会的民族特质、民族固有性认识的必要性,同时也肯定了1960年代以后的明清史研究新方向的意义。虽然没有直接言及西岛对"专制的国家权力"和田赋征收问题的研究,但今日回头细看,还是与乡绅论有共通的视点。

西岛前引1966年的《补记》中,对批评进行反驳的同时也进行了自我批评。由于局限于抽象的理论层面,故无法感到其中孕育着将研究推向深入的新线索。但是,西岛还是为我们提示了几个重要问题,值得我们今天重新审视。

---

① 森正夫:《日本の明清時代史研究における郷紳論》(一)(二)(三)(《歴史評論》308、312、314号,1975年12月、1976年4月、1976年6月)。其中(一)由《はじめに》、《六十年代以降における問題意識の特徴》、《賦役制度史研究における〈郷紳的土地所有〉論》三部分组成。【译注:后收入《森正夫明清史論集》第1卷,汲古書院,2006年】

比如说,"中国封建的社会构成",句中"封建的"一词的含义是什么。另外社会构成的初期,具体又是指何时呢? 从这些点来看,在日本的明清史学者之间尚无共识。如笔者前面所述,中国社会和历史,必须从非常长远的视野来审视。研究明清时代的社会构成,也有必要追溯到战国、秦汉和唐宋变革时期。而且近代以前的中国社会构成,从来都是用日本史学方法去寻找并判断其封建性格。[1] 惭愧的是,笔者没有对此进行过深入研究。

关于专制国家问题,既然认定它是田赋徭役的课税主体,那无疑需要有更深一步的论证。西岛认为,既然是专制国家,那么必定具有所谓东方专制主义的某种共性。如果将这个标准套用在 10 世纪,即宋朝以后,势必引出诸如皇帝集权远甚于唐代之类的问题。日本学者在论及君主独裁取代贵族制时,至少应该关注社会生产力的发展和广大国土上各地域间的密切联系,并从为了解决中国社会中的公共课题这一视角来考察国家机能集中之需求。专制或独裁常常被混同于皇帝无限制、肆意地使用权力,这种情况在分析王朝的田赋和徭役形态的时候应该予以纠正。

在西岛的论文以及上述有关论点中,有我们自己也不甚明了就随意使用且尚未得到共识的史料用语。本文从一开始就言及的田赋就是其中之一。

在明清史研究领域,战后很快就有鳌宫谷英夫提出了新观点,小山正明在 1971 年发表了集大成式的研究成果[2],这些至今仍有重要价值。但是,关于田赋的内容和性质问题,依然没有深入的研究。在对田赋问题的研究方面,虽然已经有一些学者进行过实证研究,并提出了颇

---

[1] 此处言及的笔者对中国史的思考方式是极为幼稚没有成熟的,在公开发表的前揭《日本の明清时代史研究における郷紳论》中有所论述。
[2] 小山正明:《赋、役制度の变革》(岩波讲座《世界历史》12、中世 6,1971 年)。

有价值的观点。但与徭役制度研究的丰硕成果①相比,还有很大差距。还有重要的一点是,田赋是以土地为媒介的,徭役则是以土地和劳动力为媒介的,而至今为止没有人关注过上述两种国家征收方式的特性。相比之下,在徭役研究方面,已经明确了具体的徭役内容,以及徭役与国家地方行政机构、全国的交通通信和赋税运输体系之间的关系。正是因为徭役与国家的公共事业之间具有较强的关联性,所以学界比较注意对徭役问题的研究。② 与此相对,田赋方面则不同。学界尚未对谷物、棉布、绢丝等农产品,以及银、铜、钞等的征收方式和过程作出过明确的说明。此外,各县征收的农产品和货币根据被分为起运或存留的部分,必然会存放于特定的官仓。在这种情况下,如果将各地的情况加以分析整理,可以大致把握其主要用途,即宫廷杂费、官僚俸禄、军人饷银等等。但与此同时,必须明了相关国家机构和事务内容,乃至国家机构与社会全体再生产活动的关系。这项工作本身就是一项难度很大的体系作业。而且,即使对田赋性质的研究有所进步,那么与徭役同样,如果不能进一步深入分析国家的统治特征,就依然无法从本质上了解田赋和徭役问题。③

在 16—17 世纪,即明朝后半期,江南三角洲因重赋而导致佃租负担过重。笔者在提出这个观点时,会想起西岛曾经说过,日本的中国史研究中尚有很多难题有待解决。西岛认为,在思考这一时期江南三角洲的

---

① 代表性研究有《一条鞭法の一側面》(《和田博士還曆記念東洋史論叢》,讲谈社,1951 年),山根幸夫《明代徭役制度の展開》(东京女子大学学会、1980 年),注 18 小山正明的论文,川胜守《中国封建国家の支配構造—明清賦役制度の研究—》(东京大学出版会,1980 年),滨岛敦俊《明代江南農村社会の研究》(东京大学出版会、1982 年),岩见宏《明代徭役制度の研究》(同朋舍出版,1986 年)。

② 显示这一观点的论文有,宫崎市定《宋代州県制度の由来とその特色—とくに衙前の変遷について—》《史林》36 卷 2 号,1953 年。后收录于东洋史研究会编(1964 年《アジア史研究》第四册)【译注:后收入《宫崎市定全集》第 10 卷,岩波书店,1992 年】以及前引山根幸夫著作。

③ 关于田赋的研究,有民国时期陈登原《中国田赋史》(1936 年)、吴兆莘《中国税制史》(上)(下)(1937 年)等著作。虽然只是概论,但均是优秀的通史性研究。其中陈登原著作第一篇"前编"中对写作当时的田赋问题的关注引人深思,值得学习。

田赋和佃租的关系时,不应该忘记那些难题。无论如何,在以明末清初江南三角洲为中心而展开的战后明清史研究中,对田赋与佃租问题的研究属于相对落后的部分。

关于清末明初的地主制问题,北村敬直、古岛和雄和小山正明做过非常出色的研究。这些产生于1950年代的成果,至今仍是我们在考察地主佃户关系的基本内容时所必须参考的。1970年代西村元照对土地丈量问题的研究,以及1980年代出版的川胜守和滨岛敦俊的专著中,均有关于地主佃户关系问题的研究,并提示了贵重的史料。笔者自1970年代以来,也通过抗租问题分析过地主佃户关系,三木聪于1970年代末至1980年代期间发表了关于福建抗租的若干论文。① 通过以上这些研究,关于地主向佃户收取的佃租—私租问题,虽然尚不充分但已取得了一定的共识,尤其可以感到研究者们对这一问题抱有非常强烈的兴趣。然而在田赋研究方面,情况却有所不同。

对于明代田赋问题的研究,除了前述鹫宫谷英夫的论文之外,清水泰次侧重于对基础史料的解说②,小山正明侧重于对明代赋税和户等关系的分析③,并且从宏观角度概括地分析了明清时期的赋役制度。④ 在此之外,涉及田赋本身的研究还很少。关于18世纪,即清代中期以前田赋问题的实证研究,也只有宫崎一市探讨过田赋减免问题。⑤ 需要指出的是,笔者之所以关注田赋研究的重要性,并非是此类研究在数量上的

---

① 关于西村的研究参考注第5页注①,川胜、滨岛的著作参考上页注①。笔者关于抗租的论文有《明末の江南における〈救荒論〉と地主佃戸制度》(《高知大学学術研究報告》17、人文科学十四,1969年)和《明清時代の土地制度》(岩波讲座《世界歴史》12、中世6,1971年)【译注:后收入《森正夫明清史論集》第1卷,汲古书院,2006年】。谷川道雄、森正夫合编《中国民衆反乱史》(《東洋文庫》419、平凡社、1983年),4,明末—清Ⅱ,抗租。三木聪的研究有《明末の福建における保甲制》(《東洋学報》61卷1、2号,1979年)和《清代前期福建の抗租と国家権力》(《史学雑誌》91编8号,1982年)。

② 清水泰次:《中国近世社会経済史》(西野书店,1982年)。

③ 小山正明:《明代における税糧の科徴と戸則との関係》(千叶大学《文化科学紀要》7,1965年)。

④ 小山正明论文,第11页注②。

⑤ 宫崎一市:《清代初期の租税減免について—清代財政の一齣(2)》(《釧路論集》9,1977年)。

缺乏。而是因为田赋与农作物收入,即土地所有权的实现问题紧密相关,而土地所有在当时是最基本的生产手段。

国家征收的田赋,在中国社会的再生产构造中是如何流通的呢?关于这一问题的定位和论点,在前面论及徭役问题时已经涉及。前面曾经提及田赋性质问题尚未解决,其主要的着眼点就在于此。在这当中,同时还存在着一个不可忽视的课题,即田赋对于土地所有权的实现究竟产生了何种影响。

笔者认为,明代江南三角洲土地所有基础上劳动成果的获得,即土地所有权的实现主要存在于以下四个侧面:

第一是农业经营形态。第二是土地所有及其以之为基础的生产关系。第三是以上述要素为基盘的赋税制度。赋税制度在本质上反映着国家土地制度的一个侧面,即税制中的土地制度。第四是关于土地所有权的国家法制。这是法制中的土地制度,官田与民田的区别就来源于此。

1960 年代中期以前的日本明清社会经济史研究,主要关注从明初到明末清初期间长江以南地区,特别是江南三角洲地区。当时的研究对以上四个侧面是如何分析的呢?

第一,关于农业经营形态,学界基本上认为存在着两种形态,即以依靠家族劳动的直接生产者——小农的经营形态,和依靠他人劳动的地主经营形态。第二,关于土地所有以及生产关系,学界认为由地主和佃户的关系、地主中的乡居地主和佣工奴仆的关系以及自耕农民构成。而对第三点(赋税制度)和第四点(关于土地所有权的国家法制),研究者们尚未取得如前述两者那样的共识,故无法加以评价。但这种状况并非意味着没有做过任何研究。

从 1966 年至今已过去 20 年,其间围绕田赋和税粮问题的研究有不少著作问世。笔者也在 1960 和 1961 年以后持续着对江南官田问题的研究。

关于 1975 年之前的研究动向,笔者在《日本明清时代史研究中的乡

绅论》之一《60 年代以后问题意识的性质》、之二《赋役制度史研究中的
〈乡绅的土地所有论〉》中已有详细论述。其后的情况请参看滨岛敦俊
《明代江南农村社会的研究》。滨岛的研究除去关于明朝前半期里甲制
下维持水利功能的若干论文之外,主要集中在明后半期和清末。

　　1971 年以来,川胜守和西村元照对土地丈量问题进行了研究。① 西
村详细阐述 16 世纪 20—60 年代即嘉靖、隆庆年间各地的土地丈量,川
胜和西村二人都关注了 1580 年(万历八年)内阁首辅张居正主持的土地
丈量。他们二人根据丰富的史料,对张居正强势指导下进行的丈量,以
及清初的丈量事业进行了实证研究。除了战前清水泰次对苏州府相关
问题的研究之外②,对国家田赋征收对象土地的再测量和注册更新进
行研究本身尚属首次。他们二人都十分关心地主佃户关系的发展,并
进行了分析。也正是因为如此,国家通过登记土地强化税收与地主征
收的私租的关系问题再次被提出来。在进入 16 世纪以后,在张居正开
始丈量之前,江南三角洲以及全国一些地方已经开始了土地丈量。围
绕这些丈量,西村强调地主为了实现自身利益发挥了主导作用,另一
方面川胜则对此表示反对。虽然二人未能达成一致意见,但由于他们
提出了这一问题,并且着手发掘国家对佃户直接征税的史料,所以具
有较大的意义。

　　鹤见尚弘自 1967 年至 1981 年间,对康熙十五年(1676)苏州府长洲
县内一地区的丈量成果——鱼鳞图册——进行了细密的研究。他于
1969 年首次利用鱼鳞图册还原了田赋缴纳者,即地主、自作农、自作农兼

---

① 川胜守:《張居正丈量策の展開——特に、明末江南における地主側の発展について》《史学
雑誌》80 编 3 号、4 号,1971 年。后成为《中国封建国家の支配構造——明清賦役制度史の研
究》一书的第四章)。西村关于丈量的研究如下:《明後期の丈量について》《史林》54 卷 5
号、1971 年),《張居正の土地丈量》《東洋史研究》30 卷 1,2 号,1971 年),《清初の土地丈量
について—土地台帳と隠田をめぐる国家と郷紳の対抗関係を基軸として—》《東洋史研
究》30 卷 9 号,1974 年)。
② 清水泰次:《明の世宗朝に於ける蘇州地方の丈量》《東亜経済研究》26 卷 1 号,1941 年)。

佃户及佃户这一农村社会的阶级构成。① 1982 年,足立启二也在分析鱼鳞图册的基础上发表了《清代苏州府地主土地所有的展开》。②(补注)

1976 年,西村元照发表关于清初包揽的研究,从正面分析了生员、监生阶层包揽田赋缴纳的问题,首次说明了田赋缴纳制度的实质性构造。③

小林幸夫、夏井春喜、臼井佐知子等人对清末,即 19 世纪中叶太平天国前后的江苏、浙江两省的赋税负担及其征收制度的改革进行了研究,取得了很好的成果。④ 然而,包括前述村松祐次的研究在内,这些清末的研究成果与笔者从事的从明代田赋问题着手的研究工作之间,完全没有进行过交流。

笔者在 1960、1961 年发表论文之后,继续从事明代江南官田的研究,直至 1966 年又发表了西岛在《中国经济史研究》的补记中提及的相关论文,共计四篇,主要考察了以下对象⑤:

14 世纪后半叶—15 世纪前半叶江南官田的存在形态(1)

15 世纪前半叶官田赋税体制的危机与一系列赋税制度的综合性改革(3)

15 世纪前半叶与上述改革并行的徭役劳动制的改革(4)

16 世纪取消官田与民田的区别,各府赋税制度的改革及相关徭役劳

---

① 鹤见尚弘:《国立国会图书馆所藏康熙十五年丈量の長洲県魚鱗図册一本について》(《山崎宏先生退官記念東洋史論叢》,1967 年),《清初、蘇州府の魚鱗冊に関する一考察——長洲県、下二十五都正扇十九図魚鱗図册を中心として》(《社会経済史学》34 卷 5 号,1969 年),《康熙十五年丈量、蘇州府魚鱗図册の田土統計的考察》(《木村正雄博士退官記念東洋史論叢》1976 年),《再び康熙十五年丈量の蘇州府長洲県魚鱗図册に関する田土統計的考察》(《中島敏先生古稀記念論集》(下),1981 年)。

② 熊本大学:《文学部論叢》9 号、史学篇。

③ 《清代の包攬——私徴体制の確立、解禁から請負徴税制へ》(《東洋史研究》35 卷 3 号)。

④ 小林幸夫:《清初の浙江における賦税改革と折銭納税について》(《東洋学報》58 卷 1,2 号,1976 年)。夏井春喜:《"大戸""小戸"問題と均賦・減賦政策》(《中国近代史研究会通信》8 号、11 号,1978 年)。臼井佐知子:《太平天国前、蘇州府・松江府における賦税問題》(《社会経済史学》47 卷 2 号,1981 年),《同治四年(一八六五)、江蘇省における賦税改革》(《東洋史研究》45 卷 2 号,1986 年)。

⑤ 笔者对明代江南官田及相关问题的研究,请看本章附录,此处的号码与章末附录号码相同。

动制度改革（2）

此外，笔者在 1972 年分析了 13 世纪后半叶—14 世纪前半叶元代江南官田上缴纳税粮的贫穷佃户及其他诸阶层的存在形态（5），着手开始认识明代以前的情况。

1980 年，笔者以顾炎武的相关议论为中心进行了研究。出生于明末清初苏州府的顾炎武在《官田始末考》中强调了进行改革，解决重赋和高额私租问题的必要性，并且将这一问题的根源归结至宋代到明代江南官田的扩大。与此同时，笔者将顾炎武所关心的直接生产者的生计问题与拥护地主立场的黄中坚的观点进行对比研究（6）。

1983 年，笔者探讨了 15 世纪前半叶和 16 世纪的改革，以及其间苏、松两府赋税制度的变化，其中主要分析了税粮加耗的征收方式（7）。

1986 年，笔者考察了长期以来关心的问题，即 14 世纪后半期明代江南官田的形成过程（8、9）。

在上述论文中，笔者于 1963 年、1965 年发表的论文是 1966 年西岛《补记》以前的研究成果，在各自的写作时期抱有具体切实的问题意识，尝试探讨江南官田的史实。尽管问题意识自身还显得相对幼稚。在战后日本的研究史之中，虽然有几多曲折，但大致认为土地所有的问题主要表现在以私有土地为媒介的生产关系方面，特别是地主佃户关系方面。上述笔者的研究是对战后以来上述研究观点的批判为基础的。笔者欲阐明国家以赋税形式对私有土地进行控制的意义。

1963 年，在论述 16 世纪改革中取消官田民田的区别的时候，笔者也提及改革前后存在的赋税制度体现着国家对土地的支配控制。这里的"支配"概念虽然是非常暧昧的，但还是与国有土地有所区别，而且我认为国家对所有的土地都进行了一定程度的实际控制。不过，这里提出的国家土地支配概念并非建立在对改革过程的实证性研究基础之上。

1965 年，笔者研究了 15 世纪前半期进行的削减官田税负的综合性改革。当时，作为论文的前提，笔者认为，官田与民田都是个体农民家庭的私有对象。在此基础上，笔者认为，国家设置官田与民田的最终目的都是为了将农民固定在土地之上,以便直接获取其劳动所得。国家与农民之间不仅仅是单纯的专制国家与人民之间的政治关系,而且很明显地存在着与政治相联系的经济关系,从而形成了一种封建的生产关系。

这个见解是着眼于这样一点,即国家旨在通过相关改革强化对农民家庭的控制,从而保证国家的税收。但是笔者忽略了官田与民田在本质上的差异,虽然在一定程度上探索了地主向佃户征收地租的问题,却未能深入探讨其与赋税的关系。

如上所述,笔者在 1963 年和 1965 年试图分析国家对土地所有问题的干预,但是由于缺乏足够的实证性研究,结果导致了运用一个粗糙的概念去分析事物的一个侧面,具有一定的主观主义倾向,欠缺说服力。但不能否认的是,以上这些尝试性的研究在客观上说明了一个问题,即江南三角洲的全部可耕地被置于国家的税粮征管体制之下,从而保证了国家从农业领域获取税收,而且国家大量地设置官田,向官田征收着远高于民田的税粮。

笔者的研究表明,明代江南三角洲土地所有的实现与赋税制度紧密相关,在事实上作为国家土地制度发挥了作用。在另一方面,与笔者用粗糙生硬的概念来解释土地制度的研究相比,进入 20 世纪 70 年代以后,田中正俊、鹤见尚弘两人从地主佃户关系问题出发,对明代土地所有制的一系列难题进行了卓越的理论分析。比如鹤见在 1971 年根据明初江南官田设置的事实来讨论国家与官田的关系,认为"地主与佃户之间的生产关系已经作为社会通用概念而固定下来"[1]。另外,1972 年,田中正俊以地主佃户关系问题为基本出发点,认为以前很难定义其性质的自耕农在理论上属于一种带有过渡性质的存在。[2]

1975 年,高桥孝助研究了国家与土地所有制的关系问题。高桥在分析了康熙末年苏州府昆山县人周梦颜所著《苏松财赋考图说》之后认为,

---

[1] 鹤见尚弘:《明代における郷村支配》(岩波讲座《世界歴史》12,中世 6,1971 年)。
[2] 田中正俊:《中国の変革と封建制研究の課題(一)》(《歴史評論》271 号,1972 年)。

清初江南的重赋问题在实质上是建立"清朝专制统治"时不可欠缺的要素，必须考虑到自耕农及由"乡居地主、中小地主"等构成的小土地所有者的存在。① 他的具有独创性的研究试图提供新的视角和新的模式。

如上所述，在 1966 年西岛的《补论》发表以后，在日本研究明清时代田赋——税粮的学者中有不少人致力于开展新的实证研究，以及提出理论性的见解。笔者自身也以江南官田为对象进行了实证研究，并且尝试建立关于田赋征收问题的新概念。然而，作为明代中国社会中土地所有问题的重要组成部分，对田赋问题的研究不仅没有涵括整个中国，甚至未能包括整个江南三角洲地区。造成这种情况的原因之一是，田赋是向土地所有者课税的观点在中国史上，特别是 10 世纪宋代以后被认为是一个不言自明之事。而从根本上来说，就像学界在批判西岛观点时所指出的那样，在实现土地所有问题上最受重视的往往是地主与佃户的关系问题。笔者在 1967—1971 年之间的研究就主要集中于地主与佃户的关系问题。另外一点就是，在分析田赋本质的时候，经常会受到专制国家性质本身这一难题的困扰和影响。

以上概述了 1966 年西岛的《补论》发表以后日本学界对明清时代田赋研究的大致状况。其中主要涉及了明末清初田赋的实证研究、围绕明清时期官田和自耕农的理论分析。这些研究工作与以下研究具有某种程度的关联，即 1950 年代以前的关于明末清初田赋和佃租关系的西岛的研究及批评意见，以及围绕明初官田的主张等一系列理论上的探讨。笔者在 1960 年代开始进行的关于明代江南官田的个案研究，虽然起因于对 1950 年代研究的反思，但是却未能解决那些疑问。另外，1950 年代的先行研究与包括笔者在内的 1960 年代以后的个案研究和建议之间的关联尚未得到很好的解决。为了考察田赋——税粮，即明代中国社会中决定土地所有实现的这两项基本要素的关系，包括笔者数篇论文在内的

---

① 《清朝専制支配の成立と"小土地所有者"——清初の江南における"重賦"問題を素材にした場合》（《歴史学研究》421 号）。

研究力图运用史实对理论进行检验,在实证上必须再次明确其意义所在。

为了使这种检验和定位成为可能,研究者都应该关注明代田赋赋税制度的形态和性质问题。换言之,这种意识的缺乏导致以往某些优秀的研究成果未能被充分利用。本书最直接的目标是,在笔者以及上述所有研究的基础上,对14世纪至17世纪前半期明代江南三角洲地区的赋税制度进行实证研究。

三

笔者在本书中致力于达成以下目的,即在诸先行研究的基础上,阐明包括官田在内的明代江南的赋税制度的形成过程,追寻制度中显现的国家土地制度的形成过程,考察同一时期的土地所有状况。

本书将按照历史发展顺序探索以下问题,明代初年包括宋元以来的既存官田和新设官田在内的赋税制度的形成,这一制度在15世纪30年代以后逐渐发生变化,到了16世纪30年代至70年代为了维持赋税制度废止了官田与民田的区别。

从10世纪即宋代以后江南三角洲的发展历史来看,明代是在这一地区最大规模设置官田并使之完全消失的时代,也使官田从设置之初就被纳入一般性的赋税体系的时代。因此,明代江南三角洲的赋税制度随着官田的消长有着极为鲜明的变化。这样,我们得以将赋税制度的形成和发展变化限定在某一区域之内,并且按照时间顺序对其进行全面观察。换句话说,正是因为明代江南三角洲赋税制度在当时全国的制度体系中极具特色,使我们有可能将其视为是随着历史的发展而形成和变化的。

如上所述,明代江南三角洲的官田广泛设置于江南三角洲这一经济先进地区的事实,对税粮的征收和土地所有都带来很大影响。因此,在明代朝廷或地方官,以及在野文人之间经常展开就明代江南三角洲的官田、税粮和土地所有等课题进行讨论。本文开始部分提到了顾炎武的《苏松二府田赋之重》，这一议论发自明朝遗民之口，具有很高的史料价值。也正是因为如此，所以在很多文献中引用了顾炎武的上述见解。因为类似的史料相对比较丰富，所以使本书有可能进行开创性的研究。在引用这些史料时需要留意这样一点，即这类资料原本是有意识地写给他人阅读的文章。而且此类文献的数量也不是很多，论述的中心也仅限于税粮。但是，如果我们对史料进行有机的结合分析，可以从中得到许多线索。另外，尽管数量不多，但还存在着这样一些史料，他们反映着地主征收的私租与赋税之间的关系。

本书也是对地域史问题的尝试性研究。

1982 年，滨岛敦俊在其著作《明代江南农村社会的研究》中，以明代前半期至清初江南三角洲的自然条件为出发点，研究了水利问题。水利本是由里甲制及其主导者——乡居地主们管理的，具有某种共同体的性质。滨岛研究了乡村水利因国家权力的介入而得以维持的变化过程。滨岛在这一研究成果的基础上，进一步分析了明后期至清初实施的均田均役法，揭示了地主佃户制土地所有——其代表是具有徭役优免特权的乡绅阶层——的发展变化，以及国家权力对其进行限制的过程。这是关于江南三角洲历史研究的一个尝试。①

宫崎市定在 1954 指出，为了能够对中国这一巨大的研究对象进行整体观察，必须选择最具有时代特征的地域以及该时代特有的史料。在这个意义上，宫崎认为，明代以苏松两府为中心的江南三角洲地区在研究上具有重要意义，同时应该关注地方志、小说和随笔等史料。②

如上所述，笔者在 1960 年将明代江南及其赋税制度作为研究对象以来，一直尊重时间顺序这一历史学的基本要素，并且以追寻事物在一定地区的内在关联为基本思维方式，探讨了明初至清初江南三角洲地区

---

① 前揭滨岛敦俊《明代江南農村社会の研究》。
② 宫崎市定：《明代蘇松地方の士大夫と民衆》《史林》37 卷 2 号，1957 年，后收录于《アジア史研究》第 4 册》【译注：后收入《宫崎市定全集》第 13 卷，汲古书院，1992 年】。

的历史发展。笔者在研究中(这些研究已经收录在本书中)始终关注以下两个方面,既滨岛对地域史研究的尝试,以及宫崎所说的从江南这一特殊地区出发认识整个中国。

本书研究的中心内容是对明代江南三角洲地区的赋税制度进行实证研究,笔者在从事以上研究的同时,也关注着以下的问题。这一问题与本书的目的有关,在某种程度上奠定了笔者的研究基础。

笔者关心的问题,虽然受到日本战后以社会经济史研究为代表的明清史研究,特别是以西岛为首的1950年以前的先行研究的影响,但是始终未涉及到当时学界的中心课题。

西岛和波多野、佐伯(有一)等人围绕着重赋问题展开争论,其最终目的在于摸索16和17世纪江南三角洲地区从事家庭手工业的小农形成剩余积累的条件,从而分析中国前近代社会中是否具有形成资本主义的可能性及其可能的进程。另一方面,在战后以明清时期地主土地所有制下生产关系为对象的研究中,小山正明在仔细分析史料的基础上发表了优秀的研究成果,即《明末清初的地主——以江南三角洲地带为中心》(一)(二)。[①] 该研究也是旨在探讨这一时期作为小农的剩余积蓄情况,他认为,佃户在再生产过程中逐渐趋于自立。这一观点至今仍然具有很大的影响。小山研究的最终目的在于,在承认商品生产的发展反映了历史发展进程的前提下,论证封建式生产关系在中国的形成相对较晚。

对于在宋代以后至鸦片战争以前的中国历史,笔者尤其关注的是明代中期至清初。其原因在于,这一时期中国的商品生产与货币经济取得了历史性的发展,导致了社会的激烈变动。在这一点上,笔者与诸先学并无二致。笔者还有一个强烈的愿望,这就是研究贯穿于唐宋变革后的中国社会各阶层(从经济活动至国家权力)和各领域,并且影响其活动的共通原理,以及其得以存在的社会构造。同时想探讨如下

----

① 《史学雑誌》66编12号、67编1号,1957、58年。

问题,即上述原理和构造所规定的人类活动进行的基本空间是否能被称为地域社会。

　　本书在上述意图之下,欲从赋税制度的视角,阐明明代江南三角洲国家土地制度的固有形态。在此基础上,对 17 世纪后半叶顾炎武提出的"苏松两府田赋之重"问题进行反思。

四

　　在以上的篇幅中,笔者根据日本国内的研究状况言及了本书的课题与研究内容。关于明代江南官田问题,虽然有一些颇有见地的研究,但缺少专门性的论述,对明代赋税制度也缺乏基础性的共识。这些情况如实地反映了日本学界的研究状况。与此相比,中国在解放后的 1950 年代末至 60 年代初,及 80 年代前后到今天出现过几篇专论。笔者自 1960 年代以来在从事江南官田问题的研究中,从这些论文中得到启发,并且促使进一步的思考。我觉得,介绍一下这些研究,可以使读者对本书研究方法的立场观点有更加清晰明确的了解。下面根据本书的研究顺序介绍几篇论文。

　　周良霄《明代苏松地区的官田与重赋问题》(《历史研究》1957 年第 10 期),是 1940 年代中期以后关于明代江南官田研究的第一篇论文。该论文对以苏州、松江两府为首的江南官田作出了正确的阐释,讨论了其从形成到与民田合并时期的诸种问题,而且介绍和使用了笔者也常常引用的一些史料,如宣德年间苏州府知府况钟的《况太守集》、顾炎武辑《天下郡国利病书》中的地方志、顾炎武《日知录》卷十《苏松二府田赋之重》等。从 1957 年春天开始,笔者在写作毕业论文之际受到前述《日知录》史料的启发,加之接触到周氏的论文,使问题意识更加明确。虽然计算的结果不尽一致,但还是学到了计算官田与民田的每亩平均征收额,以及比较每亩私租负担的方法。周氏论文的特色在于,他提出明代江南官田的历史实际上就是围绕土地所有权问题的朝廷与各地地主的斗争史。

陈恒力编著的《补农书研究》(中华书局,1958 年)在 1960 年前后传入日本,该书的附录四是论文《明代苏松嘉湖地区农业经济的若干变化》。该文研究的主题是《补农书》的舞台嘉兴府,以及整个江南三角洲地区农业生产中的富农经营及其与官田的关系。所谓富农,是指没有官僚身份的平民地主。陈恒力认为,正是因为当时设置有大量官田、而且是"赋役不均"的时代,所以富农才得以扩大农业经营的规模。富农们收容了大批大量从官田逃亡的劳动力,利用了因逃亡造成的被荒废的官田,并且利用逃税积累了资金。而官民田税粮征收额的统一以及一条鞭法的改革,抑制了富农势力的成长。

在上述研究发表之后大约 20 年,伍丹戈在 1979 年发表了《明代的官田和民田》(《中华文史论丛》1979 年第 1 期)。伍丹戈后来在 1982年又出版了《明代土地制度和赋役制度的发展》(福建人民出版社)。该书论述了如下问题:一、明代的官田和民田;二、明代的均田、均粮运动的由来及周忱的赋税改革;三、明代的均田、均粮运动的发展;四、明代均田、均粮运动的历史意义。这是中日两国学术界研究明代江南官田赋税制度问题最初的专著。伍丹戈该书的实质内容是,明代全国官田及江南官田的存在形态,15 世纪前半期周忱推行的赋税制度的综合改革,15 世纪中叶以后实施的附加税粮——加耗征收制度的改革,16 世纪的均粮改革与统一官民田税则。这与笔者 1960 年以后发表的四篇论文的研究内容有所重合,与本书研究也有很多共同点。关于共同点的具体事例将如下述。总而言之,伍丹戈认为国家的土地制度同时也是赋税制度,故可以通过赋税制度对国家的土地制度进行研究分析。此外,在关注赋税制度和徭役制度的关系方面,伍丹戈与笔者的见解也十分近似。

例如,伍丹戈认为,"中国封建社会的赋役制度是同土地制度密切地联系在一起的。一般地说,土地制度的性质决定赋役制度的性质,因而赋役制度的变革也就反映了土地制度的变革"。

　　除此之外，伍丹戈在文章中还表达了"赋税制度与土地制度的关系"。由此可以看出他十分关注赋税制度问题。

　　伍丹戈该书的基本研究方法是将明代江南官田视为"封建国家土地所有制"，即认定官田体现着封建国家对土地的所有制。他曾经指出，"明代的洪武、永乐两朝是封建朝廷企图保持封建国家土地所有制（虽然该所有制已经是局部的）以及与地租与赋税不分的田赋制度的一个最后也是最顽固的时代"。

　　由此可见，伍丹戈关注着封建国家土地所有制的理论规定与现实中官田状况的乖离，认为明代江南官田是经过三国、六朝以及隋唐时期形成的国家土地所有制的终极形态。伍丹戈在书中着重论述了从15世纪前半期周忱的改革至16世纪官田消亡的历史过程，并对官田进行以上定位，认为封建国家土地所有制在这一时期趋于崩溃，得出了"出现了取代国家封建土地所有制的地主土地所有制，以及基于国家权力的租税制度"的结论。

　　在本书中，笔者关注明代江南三角洲的府（以及直隶州）、县（以及散州）等地方行政区域的动向，以及王朝国家统治体制下中央与地方的关联，运用微观分析的方法进行研究。同时还将关注地域社会的问题，因为各种社会关系是在某一具体地域被整合，被关注，并且被分成不同层次。而伍丹戈在著作中主要关注各个府的地域特征，在此基础上进行研究，而对江南三角洲的具体情况着墨不多。伍丹戈主要是在上述理论框架中，对制度在明代的发展变化进行宏观分析。

　　关于土地在赋税制度和所有权制度中的定位问题，笔者认为前者属于税制中的土地制度，后者属于法制中的土地制度，重点关注两者的联系及差异，其中特别是土地在赋税制度中的存在。与此相对，伍丹戈论著认为前者是赋役制度或赋税制度，后者是土地制度，他关注两者之间的关联，尤其侧重于关于土地制度的有关规定。这种研究重点的不同源于以下情况。

　　笔者在本书中认为，宋代以后前近代中国社会固有的土地私有制日趋巩固,赋税制度形成于这一基础之上。国家为了控制土地私有制度的发展规模,于是在江南地区设置了官田。而且明代江南官田制度中存在着复杂的社会关系,与私有土地同样被置于国家的赋税制度之中。

伍丹戈在书中无疑也认为民间的"私人"(个人)所有与"封建朝廷"(国家)所有是并存的。而且他认为明代官田即使理论上是国家所有物,但实际中并没有得到完全的实现。如前所述,伍丹戈认为明代江南官田是宋代以来长期延续的封建国家土地所有制最后一束光芒,由此对江南官田进行定位。由此可见,伍丹戈的论述与笔者的研究虽然在理论上立场互异,但是全书中贯穿着经济史学家特有的扎实的理论,根植于财政学造诣使伍丹戈研究的定量分析格外敏锐。在此意义上可以说,伍丹戈该书对笔者的研究主题来讲是不可或缺的基础性研究。

本书第四章在言及加耗问题时使用了表格,笔者曾就此问题于1982年4月在上海向当时尚健在的伍丹戈求教,受到了很大的启发。

伍丹戈著作刊行第二年,即1983年11月,明代经济史学术讨论会在江苏省无锡市召开。会议收到了10篇关于江南官田的论文。其中7篇讨论的对象是明初官田,另有3篇研究的是其他时期。同年10月,在成都召开的中国社会经济史学术讨论会上也收到了一篇关于官田问题的论文。笔者在《与中国历史学界共处的十个月》一文中就上述论文作了详细介绍。[①] 其中,樊树志在向无锡会议提交的《明代江南官田与重赋之面面观》[②]中提出了与伍丹戈完全对立的见解。樊树志认为,江南官田平均每亩税负,远远高于其他地区民田的每亩税负。他同时还认为,江南官田平均每亩税负相对低于当地学田——官田传统形式之一——的负担,而且江南农业、手工业以及商业相对发达,故官田税负具有某种

---

① 《中国歷史学界との十ヶ月》(《名古屋大学文学部研究论集》98、史学3,1985年)34—35页【译注:后收入《森正夫明清史论集》第2卷,汲古书院,2006年】。在无锡市举行的学术研讨会论文中,洪诏《明初的迁徙富户与粮长制》发表在1984年《中国社会经济史研究》第1期。
② 本论文收录于中国社会科学院历史研究所明史研究室编《明史研究论丛》第四辑(1985年)。

"合理性与必然性"，对当地纳税人来说并非重负。樊树志的结论是，由于伍丹戈过于强调官田的所有制形式，故认为官田国有土地，官田每亩税负不是租税而是地租。本书第二章对江南官田每亩税负问题的定量分析，与樊氏见解的前半部分有共通之处。但我们必须同时考虑到这样一个问题，即官田每亩税负的实际负担并非一成不变，而这一变化势必对土地所有的实现产生巨大影响。樊氏认为江南官田的税负具有某种"合理性与必然性"，但是这一点似乎忽视了官田在法制上属于国有土地这一形式的意义，以及明初江南官田的扩大发生在元末动乱之后的这一历史事实。问题的关键在于，我们应该将江南官田视为历史的产物。①

韦庆远向成都会议提交了《明初"江南赋税畸重"原因辨析》，在中国史研究方面提出了崭新的观点。韦庆远认为明初的时间范围是洪武元年(1368)至宣德十年(1435)，并在详细分析了这一时期的政治形势之后，得出了以下三个结论。第一，朱元璋加重江南租税的起因是为了报复当地的士兵和百姓的说法与史实不符；第二，江南地区官田比重之高、租税之重有其悠久的历史背景；第三，明初"江南租税畸重"，与国家政治形势及财政需要紧密相关。虽然某些观点有必要进一步探讨（例如，朱元璋没收了明朝成立之前与其对抗的富民的土地等），但韦氏对政治形势和发展过程进行了详细分析，并认为明代江南官田是历史产物的观点是值得尊重的。

关注官田，以及官田与民田的关系，大力专注研究明代江南三角洲土地所有问题，并发表了大量学术成果的是林金树。1983年无锡会议上林氏提交了《明初苏松自耕农的数量极其作用》，1985年发表了《论明代江南官田的性质及私有化》（《晋阳学刊》1985年第5期），1987年发表了《明代中后期的土地兼并》（《中国史研究》1987年第2期）和《明代江南民

---

① 关于伍丹戈、樊树志与森正夫之间就明代江南官田问题所持有的观点及其讨论，请参看拙稿《中国歴史学界との十ヶ月》第二部《復旦大学における共同研究会に関する覚書》、资料编资料1《关于森正夫与伍丹戈、樊树志合作研究的计划》、资料2《中日学者共同探讨明清史》（《复旦学报》社会科学版1984年第二期）。三人于1983年4月—8月、1984年1月共计六个月间，在复旦大学召开《中国明代土地制度の研究》共同研讨会，真诚地讨论并交换意见。

补注山本英史《清初における包攬の展開》（《東洋学報》第59卷1、2合并号，1977年）。

田的数量和科则》(《中国社会经济史研究》1987 年第 3 期)等。从整体来说,他的研究是将伍丹戈的论点更加具体化与丰满化。

以上是中国学界对明代江南官田的相关研究,全部是基于史实进行分析的专论和专著。中国学界进行研究的特征之一是,我们可以根据史料检证研究成果。笔者由此深感加强与中国学界交流的必要性。另外,梁方仲于 1935 年发表《近代田赋史中的一种奇异制度及其原因》(《史地周刊》第 23 期)一文,尚未拜读。

附录:笔者已发表各篇论文与本书章节的相关关系

构成本书基本骨架的是笔者以往发表的数篇论文。除附录外,此次收入本书时对各篇论文的主旨未加修订,只是根据本书的叙述需要,重新调整章节的顺序,特别是编号为第(1)、(2)、(3)、(6)、(7)的各篇论文。在此无法将改变之处一一列出,祈求读者谅解。另外,附篇的两篇论文只是修改其中对史料的错误解释,其他部分均保持原状。

(1) 明初江南の官田について——蘇州・松江二府におけるその具體像(上)(下),《東洋史研究》19 卷 3—4 号,1960—1961,本书第二章。

(2) 16 世紀太湖周邊地帯における官田制度の改革(上)(下),《東洋史研究》22 卷 1—2 号,1963,本书第四章第三节,第五章。

(3) 15 世紀前半太湖周辺地帯における国家と農民,《名古屋大学文学部研究論集》38,1965 年,本书第三章。

(4) 15 世紀前半蘇州府における徭役労働制の改革,《名古屋大学文学部研究論集》41,1966 年,本书附篇 2。

(5) 元代淅西地方の官田の貧難佃戸に関する一検討,《名古屋大学文学部研究論集》56,1972 年,本书附篇 1。

(6) 《官田始末考》から"蘇松二府田賦之重"へ——清初蘇松地方の土地問題と顧炎武,《名古屋大学东洋史研究报告》第 6 号,1980 年,本书序章和终章。

(7) 明中葉江南デルタにおける税糧徴収制度の改革——蘇州・松江二府の場合,小野和子编《明清時代の政治と社会》,京都大学人文科学研究所,1983 年,本书第四章。

（8）明初江南における籍没田の形成,《名古屋大学文学部研究論集》95,1986 年,本书第一章。

（9）明初の籍没田について——江南官田形成過程の一側面,《東方學報》京都 58,1986 年,本书第一章。

第一章　14世纪后半期江南官田的形成

如表 1 所示,在明代的赋役黄册和朝廷的相关统计中,官田在明代江南三角洲的土地面积中占了很大比重。根据不同史料的记载,苏州、松江、嘉兴、湖州、常州及镇江六府登录在册的全部土地面积为 30 万顷 2 536 亩(1 顷约合 580 公亩),其中官田占 13 万顷 6 206 亩,比率达到 45.02%,民田占 16 万顷 6 330 亩,相当于 54.97%。其中苏州府高达 62.98%[①],松江府更高达 84.52%。[②] 由于明代继承了两税法的传统,夏季征收夏税,秋季征收秋粮,故朝廷向每亩(1 亩约合 5.8 公亩)在册土地征收的租税被统称为税粮。在水稻产区,税粮征收规定中没有夏税,只有以糙米表示的秋粮。这些是税粮中的基础部分。特别是在同时提及民田的时候,为了区别于民粮或民田粮,通常将从官田征收的部分称为官粮或官田粮。宣德五年,苏州府全部秋粮中官粮占 95.47%[③],根据《(正德)松江府志》卷七《田赋中》的统计,这一比率为 94.16%。[④] 根据

---

① 参考第二章第一节 Ⅱ。
② 根据第二章表 2 所示《(正德)松江府志》卷七《田赋中》所载《各项田土并税粮科则》。另请参看第二章第 110 页注①。
③《况太守集》卷七《请减秋粮奏》(宣德五年七月二十六日)。
④ 同注释②。

明初洪武二十六年（1393）制定的《诸司职掌》记载,苏州府额定秋粮为274万6 999石,松江府为111万2 400石,分别占全国总额2 742万6 999石的11.11％和4.5％,合计15.61％。① 由此可见,江南官田在明王朝的税粮收入中占有十分重要的地位。

表1　明代江南三角洲地区官田的比重

地　区	地　目	面积（顷）	官民田比重（%）	史　料
苏州府	官田	60 094	62.98	《正德姑苏志》卷十五《田赋》。第二章注④。
	民田	35 323	37.02	
松江府	官田	39 856	84.52	《（正德）明会典》卷十九《户部四·州县二·田土》
	民田	7 300	15.48	
嘉兴府	官田	10 240	26.82	《（嘉靖）嘉兴府图记》卷八《物土》
	民田	27 938	73.18	
湖州府	官田	6 619	24.26	《（嘉靖）浙江通志》卷十七《贡赋志》
	民田	20 668	74.54	
常州府	官田	9 041	14.64	同松江府
	民田	52 736	85.36	
镇江府	官田	10 356	31.65	同松江府
	民田	22 365	68.35	
六府总计	＊官田	136 206	45.02	根据以上史料数据计算
	民田	166 330	54.98	

＊相当于宋代浙西六郡公田总数约35 000顷的3.98倍（假定宋代与明代的田土面积统计单位是相同的）

江南官田是如何形成的呢?

清代晚期的同治二年（1863）,两江总督曾国藩、江苏巡抚李鸿章联

①《诸司职掌·户部·仓科·征收·税粮》。全国统计及其中苏州、松江两府所占的百分比,计算来自梁方仲《明代粮长制度》(上海人民出版社,1957年)第56页《明洪武二十六年全国分区秋粮实征收数——其百分比》。梁方仲使用的是《（万历）大明会典》卷二十四《会计一·税粮一》转载的《诸司职掌》中的数值。

名上奏，请求削减当时苏州、松江两府与太仓州，即明代苏州、松江两府境内由漕运上缴给朝廷的实物田赋。他们认为"赋额独重，则由沿袭前代官田租额也"。这里，关于明代官田，并没有使用代表租税的"赋"字，而是使用表示地租的"租"字，可见他们认为官田作为国有土地负担的课税相当于地租。至于"赋额独重"的问题，上奏中是这样表述的①：

> 考宋绍熙中，朱子行经界法，吴粮每亩五升耳。厥后籍蔡京、韩侂胄等庄为官田，又贾似道广买公田。元代续加官田。明祖平张士诚，又没入诸豪族田，皆据租籍收粮（《江苏省减赋全案》【译注：《江苏省减赋全案》原名《江苏减赋全案》】）。

曾国藩、李鸿章的奏折是由苏州府吴县乡绅冯桂芬执笔的。在直至19世纪中叶为止的明清两代，江南三角洲人士关于官田问题的认识，基本包括在由冯桂芬起草的上述奏折中。例如，《（正德）松江府志》卷七《田赋中》宣德五年（1430）条下收录的松江府人士杜宗桓《上巡抚侍郎周忱书》，万历十四年（1586）苏州府常熟县出身的少壮官僚（右春坊右庶子兼翰林侍读）赵用贤的《议平江南粮役疏》②，明末清初苏州府昆山县顾炎武《官田始末考》及《日知录》中记载的《苏松二府田赋之重》③，等等。但是，到目前为止的研究尚未解决如下课题，即通过具体事例来检证上述关于明代江南官田形成过程的传统认识是否符合史实，并在此基础上说明江南官田形成的意义。本章将主要讨论这一问题。

明代江南官田的来源有三。第一，明朝继承的宋元官田，这些土地

---

① 刘郇膏等撰，同治五年（1866）刊《江苏省减赋全案》，全9页。同治二年五月十一日上奏。该上奏文收录于《显志堂稿》卷九第2至10页，题为《请减苏松太浮粮疏》。如序章中所言，村松祐次在《清代のいわゆる〈蘇松の重賦〉について》（《一橋論叢》45卷6号、1961年）中，以上述史料为基础文献，对清代苏州、松江两府的"重赋"问题做了周密详细的论证。

② 赵用贤：《松石斋集》卷二《奏疏二·议平江南粮役疏》。

③ 顾炎武：《官田始末考》，二卷。1977年台湾广文书局影印本。另见《日知录》卷一○《苏松二府田赋之重》。请参看笔者《〈官田始末考〉から〈蘇松二府田賦之重〉へ——清初蘇松地方の土地問題と顧炎武》（《名古屋大学東洋史研究報告》6号、1980年）。【译注：该文在修订后构成了本书的序章和终章。原文收入《森正夫明清史論集》，汲古書院，2006年】

从明初开始被称为官田。第二,朱元璋统治时期即洪武年间收归国有的土地,包括籍没田、抄没田或没官田。第三,元末战乱时期被遗弃的无主土地,明朝成立后收归国有。藤井宏认为此种土地即《明史》卷七十七《食货一·田制》中所说的断入官田。[①] 明代江南三角洲地区官田比重相对较高,估计是因为包括了以上三种类型的土地。明代文献中关于江南官田形成过程的史料不甚丰富,而且主要集中于上述第一和第二种情况,关于第三种情况的记载相对较少。由于史料方面的这种局限性,导致我们难以准确了解明初的情况,但至少可以确定第一、第二种情况与明代江南官田的形成有密切关联。下面将以这两种情况为中心,探索洪武元年至末年明代江南官田的形成过程。[②]

一、关于元代官田的继承问题

江南地区的官田源于宋代,在元代得到继承和发展,以后又被明朝全盘接受。

吴元年(1367)九月,朱元璋攻陷张士诚的最后据点平江路城(明代苏州府城)。[③] 次年即1368年正月,朱元璋建立了中央集权统一国家——明王朝。[④] 根据《明实录》洪武元年正月甲申条记载,明朝政府为了征收税粮,在张士诚势力的根据地,即浙西——江南地区进行了土地调查与登记:

> 诏遣周铸等一百六十四人往浙西核实田亩。谓中书省臣曰,兵

---

① 和田清编:《明史食货志释注》(东洋文库、1957年)的《田制》部分(藤井宏执笔)。
② 本章分为三个时期,即洪武前期(元年——十二年)、洪武中期(十三年——二十二年)、洪武后期(二十三年——三十一年)。划分上述各个时期的代表性事件是,洪武元年明朝开国,洪武十三年中书左丞相胡惟庸之狱与废除中书省,洪武二十三年韩国公李善长案和吉安侯陆仲亨等的公田还公。官田的形成时期与上述时期划分基本相同。上述时代区分与孙正容《朱元璋系年要录》(浙江人民出版社,1983年)完全一致。
③ 《明实录》吴元年九月丁巳。
④ 《明实录》洪武元年正月乙亥。

革之余,郡县版籍多亡,田赋之制,不能无增损。征敛失中,则百姓咨怨。今欲经理以清其源,无使过制以病吾民。

杨维桢为躲避张士诚的招募移居松江府,他在明初遇到朝廷派来的济宁路教授成彦明,并留有如下记载:

> 洪武元年春,遣使,行天下经理田土事,而成君在选中。分履淞之三十八都二百一十五图。阅岁终,鱼鳞图籍成。父老咸喜其清明果决,竿尺有准,版帐不欺(《东维子文集》卷一《送经理官成教授序》)。

由此可见,土地调查被称为"经理",其间使用的测量工具是"竿尺",而调查的结果是绘制了每块土地的形状,编制了"鱼鳞图册"。

《明实录》中也记载了这种土地调查方式,而其最终目的在于征收税粮。这一点在杨维桢《送华亭县主簿张侯明善序》中也有明确的记载:

> 今逢圣明统有南北,首立司农,经理土亩,慎选守令,申以农事。所重在于国赋也(《东维子文集》卷三)。

如此看来,此次土地普查并不是单纯的面积测量,而是为了征税,还确认了各片土地的类别和每亩税负。史料中言及的司农司,设立于苏州陷落之前的吴元年七月至洪武元年八月之间。[①] 在苏州陷落后的第二个月,司农司丞杭仲玉于吴元年十月已经先于周铸在松江府开始"经理"。杨维桢代"冯县尹"起草了送别杭仲玉归京序,其中提到了当时已经进行了旨在确定每亩税额的土地类别调查:

> 元年冬十月,大司农丞杭公仲玉,奉命来淞,经理田亩。功成册上,无漏无溢。……抑余有告于仲玉者,主上新收浙地,官民田土,夙有成籍。然佃人租额,岁为地主有增无减。阡陌日荒,庄佃日贫至于今。……归觐主上,主上问吴民疾苦,倘有以言之,三吴之农幸

---

① 《明实录》吴元年七年辛丑,洪武元年八月丁丑。

矣(《东维子文集》卷二《又代冯县尹送[杭仲玉]序》)。

　　杨维桢说,自朱元璋占领浙西以来,已经编制了旨在用于对官田、民田课税的土地账簿。在新王朝致力于完善税粮征收体系的同时,佃户们依然在地主的剥削下苦不堪言。关于杭氏在当地的活动,杨维桢在《送司农丞杭公还京诗序》中称其"出使吴松,经理僧道故官田土"。

　　嘉靖三十九年(1560)刊《(嘉靖)宁波府志》卷二十四《田赋书》中,记载了浙西——江南三角洲东部——宁波府下的僧田(寺庙所有)和道田(道观所有)。① 故官,意为昔日的官僚。据此可知,杭仲玉的"经理"对象除原有的官田和民田外,还包括了僧田、道田以及故元朝官僚的私有土地。《田赋书》还记载道,"且当圣代开国之际,犹不能改前朝之官僧等则之制"。估计在江南地区也和上述宁波府的情况一样,承袭了元代官田和僧道田的起科等则。但是,江南三角洲地区的明代地方志中没有关于"僧田"和"道田"的记载。关于宁波府的"民僧道田",在后面还会论述。估计这些田土在明初曾被归入民田。

　　如上所述,吴元年十月至洪武元年间在松江府进行的"经理",实际上是明朝对课税田土的再度测量和确认。其确认的内容包括,元朝时期的土地种类,与之相应的起科等则,以及以秋粮表示的每亩税额等等。"经理"时调查了元朝官僚的私有土地,这无疑是为了将其籍没后变为官田作准备。②

　　早在朱元璋的势力进入江南地区之前,控制这一地区的张士诚政权全盘继承了元朝的赋税制度。杨维桢在送别松江府提控案牍李实的《送提控案牍李君秩满序》(《东维子文集》卷三)说:

　　　　官民僧道及海涂土田之赋,加旧十六。户口徭役,狱讼听断,营

---

① "田始占于寺,曰僧田。始占于观,曰道田。始入于官,佃之民而官收其租,曰官田。今此三田,皆散于编氓而户占之矣。即如广德湖之官田,远自宋熙宁间,官收其租,以为公费。今之税额,即当时之租额也。易而胜国,又易而国朝,乃其额则因之宋之佃租,以为税法。"

② 参考本章第三节Ⅰ·3。

造供亿,亦倍蓰于曩时。

虽然"倍蓰于曩时",即大幅增收"户口徭役"的过程和方法尚不明了,但可以确定元代的赋税制度本身沿用至张士诚统治时期,后又被明朝所继承。

根据杨维桢的上述记载,我们可以看出,明朝政府在调查官僚所有土地之外,还继承了承担赋税的、既有的官田民田的土地分类。正如植松正在研究元代文献之后所指出的那样,元朝政府在继承了南宋末期设置于江南的大量公田和其他官田的基础上,设置了自己的官田,但是并未成立相应的管理机构,而是由地方官府用两税法征收税粮。① 杨维桢言及的明朝初期的江南官田,就是原封不动地接受了元代地方官府管理下的部分官田。除此之外,元朝政府还没收了朱清、张瑄、朱国珍、管明等松江府大地主们的土地,交由地方官府以外的管理机构,如江淮财赋都总管府、江浙财赋府、稻田提领所、拨赐庄等管理。② 目前没有资料显示这一部分土地在"经理"时受到何种处置。宣德五年(1430),当削减官田每亩税负的诏令发布之后,松江府人杜宗桓很快上书巡抚周忱,其中提到③:

> 迨其季年,张士诚又并诸拨属财赋府,与夫营围沙职僧道站役等田粮。

可见,属于财赋府的土地曾被张士诚政权收为己有。这些土地在日

---

① 植松正:《元初江南における徴税体制について》(《東洋史研究》33卷1号,1974年)。
② 《(正德)松江府志》卷六《田赋上》。该书在记载了至正十五年(1355)的田土和税粮数目后,附有编者顾清的按语。云:"按,是时苗税公田外,复有江淮财赋都总管府领故宋后妃田,以供太后。江浙财赋府领籍没朱[清]张[瑄]田,以供中宫。稻田提领所领籍没朱[国珍]管[明]田,以赐丞相脱脱。拨赐庄领宋亲王及新籍明庆妙行二寺田,以赐影堂寺院,诸王近臣(夹住略)。又有起科白云宗僧人田粮。皆不系府县元额,其数莫考。"关于籍没朱清、张瑄、朱国珍、管明等地主土地,以及籍没田的管理机构问题,请参看植松正《元代江南の豪民朱清、張瑄について——その誅殺と財産官没をめぐって》(《東洋史研究》27卷3号,1968年)及注释16所引植松正论文。
③ 《(正德)松江府志》卷七《田赋中》,宣德五年二月二十一日官田税粮减额条附。

后又成为明朝政府管辖之下的官田。在本章第五节中,将根据《(嘉靖)宁波府志》卷十一《物土志·则壤》的记载,探讨洪武年间的起科等则,其中之一的鄞县鄞塘乡起科等则下记载道,"江浙财赋官田,每亩科正米五斗四升六合"(参照表3)。我们由此可以推测,元代松江府曾经有数种不属于地方官府管辖的国有地。这些土地也与由地方官府管辖的官田一样,在洪武元年前后经过"经理"注册,成为明朝的官田。

1385 年,朱元璋刊行并颁布了《御制大诰》正编。在该书《五府州免粮第十二》(【译注:原文为《五府州免粮第十二》】)中,朱元璋说明了明代官田的构成要素。关于这一点,《天下郡国利病书》手稿本原编第八册《江宁庐安·高淳县志·清丈官民田粮原由》引用了《御制大诰》的记载(另请参考东洋文库藏《皇明制书》本《御制大诰》的相关记载):

> 应天等五府,是为兴王之地,久被差徭,时将夏税秋粮,除元宋入官之田,及我朝没官之田,民田全免。官田若是全免,民难消受,所以减半征收。

上述"五府"包括了江南三角洲的广大地区,明朝政府在对民田实施全额免除的同时,对官田实施了"减半征收"的措施。这里所说的官田包括有"宋元入官之田"与"我朝没官之田"。由此可见,宋元两代的官田在最终都成为明朝政府管辖下的官田。在洪武十八年时,明朝政府的籍没田土所占比重趋于增加。如《皇明制书》本《御制大诰》在上文之后,还有如下一段文字:"其应天等五府州县数十万[亩]没官田地"。

明初洪武年间在江南地区新设置的官田中,还有属于上述第三类型的部分,即在元末战乱中被放弃的无主田地。《(崇祯)松江府志》卷八《田赋一》中收录有《查官田民田粮重故》一文,其中提到的"因兵燹后遗下土地无主者",就是指这类土地:

> 国初,有因兵燹后遗下土田无主者,有籍没张士诚者,有籍没土豪虐民得罪者,此之谓官田。

如上所述,《明史·食货志》所说"断入官田",就是指此类新设官田。

与"籍没田"和"抄没田"不同,现在没有可供判断此类官田面积的统计资料,故难以复原它的数量和比重。

《(洪武)苏州府志》卷十《税赋·田亩》中,将当时苏州府的土地分为官田土、民田土、抄没田三种类型,在各县起科等则的官田项下,记录了横跨四县(当时苏州府共辖七个县)的"开耕田"。我认为,"开耕田"或许就是上述第三类型,即由元末的无主土地转化而来的官田。

从洪武末年至永乐宣德年间,即 14 世纪末至 15 世纪前期,江南三角洲地区的地方政府一直备受因逃亡或户绝而出现的无主田问题的困扰。[①] 永乐二年,此类无主田占到了苏州府全部土地的 5%。从所有制、税制、地域的土地所有关系等角度来看,这些无主田与元末战乱后出现的无主田都是值得日后进行深入研究的对象。本书第二章会涉及这一点。

由此可见,明代继承了宋元两代设置于江南三角洲地区的官田。在确认了这一问题之后,本章将主要探讨以下问题,即明朝政府在 14 世纪后期,即洪武年间通过没收个人财产而设立的官田。这就是《(崇祯)松江府志》中提到的"有籍没张士诚者"和"有籍没土豪虐民得罪者"。这些类型的官田具有某种独特的性质,我们通过回溯这些官田被纳入明朝土地制度和赋税制度的过程,可以探寻明代江南官田形成过程本身所具有的本质意义。

---

① 《明实录》洪武二十七年二月癸未:"免松江府华亭县荒田租税。先是,上以民间多荒芜田土,有司仍征其赋税,民甚苦之。命户部榜谕天下郡县,凡土田荒芜者,以实奏报。于是华亭县言流民七百二十户,该征税麦丝绵租米四千一百二十余石。诏核实免之。"。另见《明实录》永乐二年二月甲申:"除直隶苏州府昆山等六县户绝田四千七百九十七顷九十一亩有奇税粮。"由此可知,江南三角洲的中心区域——松江府华亭县的荒芜土地,及苏州府昆山等六县的户绝面积达到了相当的数字。苏州府户绝田面积占当时苏州府全部在册田地95 417顷的 5%。关于宣德年间的苏州、松江两府的逃亡户绝田地的扩大,请参看第三章第三节及第五节。

二、籍没田与赋税制度

籍没是指政府没收登记在册的私人财产。抄札与抄劄的抄都指没收，札与劄同音，且都是拔去的意思。两字连用是指没收家产。抄没也是同义。荻生徂徕在《明律国字解》中解释"籍没"与"抄劄"时，使用了当时日语中表示没收财产与领地意思的"けっしょ"（"阙所"或"缺所"）。

《明实录》中首次言及明朝政府没收私人土地是洪武四年（1371）五月乙亥条。该条下记载了"免两浙秋粮"的诏旨，其核心内容是，"其今年秋粮，及没官田租，俱与蠲免"。在两税法下，一般的官田和民田在秋季需要负担"秋粮"，亦即租税。相比之下，政府向没官田征收的是"没官田租"，这就是说，向作为国有土地的没官田征收的是地租。同年八月丙戌，户部就上述"免两浙秋粮"问题向皇帝请示，得到了批准：

> 户部奏，今年两浙秋粮及没官田租既已蠲免，而所赐公侯田粮，多没官租，亦宜照例免征。其公侯岁禄别给之。制可。

两浙，特别是浙西地区没官田的一部分是赏赐给公、侯等明朝开国功臣们的公田。这部分没官田的佃户，即公侯的佃户直接向公侯们缴纳田租。因此，公侯们考虑到自身的利益，很可能不满上述洪武四年五月免除秋粮的命令。户部的上奏就是为了防范于未然。

从以上两条史料中可以看出，当时明朝政府在两浙，即江苏南部与浙江北部推行籍没政策。在五年之后，《明实录》洪武九年（1376）三月己卯条记载了朱元璋的诏令，该诏令宣布免除河南、福建、江西、浙江、北平、湖广及直隶的扬州、淮安、池州、安庆、徽州五府的税粮。值得注意的是，浙西即江南三角洲地区的苏州、松江以及当时隶属于直隶的嘉兴、湖州等四府不在免除税粮的范围之内。在该诏书中，还有以下值得注意的内容：

> 其有上年核出,欺隐不报官田地人民,及各处应有入官田地私
> 租,不在蠲免之例。

这就是说,当时在江南三角洲以外的广大地域,也存在着相当数量
的被籍没入官的土地。这些土地上,普遍地存在着租佃关系,地主直接
向佃户收取私租。这些私租按照一定的标准在日后被换算成没官田租。
这种情况即便在未能成为蠲免对象的江南三角洲地区也是相同的。在
发布上述诏书两年前的洪武七年五月,明朝政府在江南地区开始籍没民
田,并且征收高额"租税"。请看原文:

> 上以苏、松、嘉、湖四府近年所籍之田租税太重,特令户部计其
> 数,如亩税七斗五升者除其半,以甦民力。

洪武十三年(1380)正月,发生了中书省左丞相胡惟庸谋反事件。此
后,明朝的国家制度发生了巨大的变化。在此之前,明朝政府在江南地
区已经开始实施对民田的籍没。关于这一点,在《(洪武)苏州府志》卷十
《赋税·田亩》条目中记载了各类土地的面积:

> 本朝计拨本府所辖六县及崇明[县]新隶
> 共有田土　　　　67 490 顷
> 内该
> 　官田土　　29 906 顷 7 亩(约占 44%)
> 　民田土　　20 945 顷 51 亩(约占 31%)
> 　抄没田土　16 638 顷 40 亩(约占 25%)

在这里,不仅明确区分了"官田土"和"民田土",并且独立设立了"抄
没田土"一项,其面积占全部土地面积的约 25%。紧接着上述数据,该书
写道:

> 各县俱有起科等则,亦任土所宜而作贡也。

在以下的内容中还会提到,苏州府所属各县条下都分别记载了官田
土、民田土和抄没田土的面积和起科等则。

然而值得关注的是,同书卷十《税赋·税粮》条下关于"秋粮"的记载:

> 本朝自吴元年克取本府,夏税秋粮岁赋,俱有定籍,莫胜于斯。……
>
> 粮计　正耗　　　二一四六八三零石
>
> 黄豆　正耗　　　二七八一石
>
> 花椒　　　　　　八斤七两五钱
>
> 皆输于冬
>
> (作者注:秋粮和黄豆项下省略了石以下单位。崇明县之外没有黄豆和花椒)

由此可见,该书的记载与《明实录》洪武四年五月、八月的记录不同,"秋粮"与"没官田租"并没有分开记录。秋季根据起科等则征自官田土、民田土和抄没田土的农作物,一律被置于"秋粮"之下。这意味着,除去公侯赐田的部分之外,向抄没田土和没官田课征税粮是由府县衙门根据两税法的规定进行的。《(洪武)苏州府志》卷十《赋税·田亩》分别记载了各类田土的面积,我们从此可以看出,明朝政府在切实地推行抄没政策,这些抄没田与官田土和民田土一起构成了"本府所辖六县及崇明县新隶"土地的一部分,而不是置身于府县的管辖之外。

这样,我们看到洪武年间前期被明朝政府籍没的土地,在赋税制度上与官田和民田之间有着上述的异同点。

这些被籍没的土地是陆续增加的。元代以来,府县衙门在两税法的框架之下对包含官田和民田在内的所有土地进行统一管理和征税。根据前引《(洪武)苏州府志》的记载,这种情况在洪武前期以苏州府、松江府为中心的江南地区已经十分显著,根据《明实录》洪武九年三月己卯条显示,在明朝国内的其他地区也有类似情况,只是规模有所不同。

在洪武十三年(1380)正月清除了胡惟庸之后,明朝政府废除了中书省,改由皇帝直接管辖六部。① 这一措施使权力更加集中于皇帝手中,正式形成了明朝的中央集权专制统治体制。② 在一年后的洪武十四年(1381)年正月,明朝政府命令全国所有府县编制赋役黄册,并且决定建立以每里一百一十户为基础的里甲制。明朝政府设置里甲制的目的在于,确立中央集权统一国家的经济社会基础,亦即广义上的物质基础。在以有效征收税粮和征发徭役为目的的新体制下,洪武前期形成的明朝国家对土地的控制以及税收政策是否发生了某种变化呢?

《明实录》洪武十四年正月丙辰条称,"是月,命天下郡县编赋役黄册"云云,简要地记载了编制里甲的基本情况。除此之外,没有能够直接了解赋役黄册具体内容的史料。③ 关于编制赋役黄册的具体程序、赋役黄册的形式以及登记人丁等问题,可以参看《(万历)大明会典·户部七·户口二·黄册》中记载的洪武二十四年(1391)年的户部"奏准"。关于赋役黄册中土地所有及税粮征收问题的具体规定,可以参看洪武二十三年(1390)中央户部官制改革后形成的《户部职掌》,该文献收录在洪武二十六年(1393)制定的《诸司职掌》之中。《玄览堂丛书》和《皇明制书》中均全文收录了《诸司职掌》。另外,《(正德)大明会典》和《(万历)大明会典》也在相关条目之下引用了《户部职掌》的内容。在对上述各种版本进行比对之后,我认为《玄览堂丛书》本应该是相对原始的史料。《玄览堂丛书》本《户部职掌》在《民科·州县·田土》条下,分三个部分记载了有关赋役黄册的基本规定:

> 一、凡各州县田土,必须开豁各户若干及条段四至。系官田者,
> 照依官田则例起科,系民田者,照依民田则例征敛。务要编入黄册,
> 以凭征收税粮。如有出卖,其买者听令增收,卖者即当过割,不许洒

---

① 《明实录》洪武十三年正月甲午、戊戌、己亥各条。
② 关于胡惟庸之狱,请参看檀上宽《明王朝成立期の軌跡——洪武朝の疑獄事件と京師問題をめぐって》(《東洋史研究》37卷3号,1978年),这是近年来杰出的研究成果。
③ 韦庆远:《明代黄册制度》(中华书局,1961年)中仅仅言及了《明实录》中的资料。此外,在《明书》卷十八《赋役志》中还有很多详细的资料。

派诡寄。犯者律有常宪。其民间开垦荒田，从其自首。首实三年后，官为收科，仍仰所在官司每岁开报本部，以凭稽考。

　　二、凡公侯禄米，各有等第。皆于浙西苏、松等府官田内拨赐、其佃户仍于有司掌差。

　　三、凡民间有犯法律、该籍没其家者，田土合拘收入官。本部书填勘合，类行各布政司府州县，将犯人户下田土房屋，召人佃赁，照依没官则例收科。仍将佃户姓名及田地顷亩，房屋间数，同该科税粮赁钱数目，开报合干上司，转达本部知数。

在上述《诸司职掌》的史料一中，位于行政体系末端的州县所辖土地被区分为官田和民田两大系统，规定适用各自不同的起科则例。在赋役黄册中以里为单位，登记了官田与民田的所有者、条段、四至。而且向官田和民田征收的赋税都被称为"税粮"。

《明实录》洪武十一年九月戊寅条记载了如下事例："以应天府上元县官民田为司菜局蔬圃，官田除租，民田给其值"。由此可见，虽然在当时的法律上明确规定官田属于国有土地，民田是私有土地，但在赋役黄册登记土地和征收税粮政策方面，两者有很明显的共同之处。

上述的史料二是关于公侯禄米由浙西苏松等府官田负担的规定。即使是为公侯们提供禄米的佃户也被置于地方行政机构的管理之下，也要和其他农民同样地负担里甲正役。在前述洪武二十四年户部上奏中规定，"其有全种官田人户，亦编入图内轮当"。可见，官田佃户和其他佃户同样，都要被一体编入里甲服役。

上述的史料三是关于没收犯罪者土地和房屋的规定。如本章第四节所述，《诸司职掌·刑部职掌·都官·抄劄》条中根据刑法的规定，明确地使用了"抄劄"一词。另一方面，在刑部的部分言及由户部管理三类"田土"之一的"籍没"这一点本身，就显示出洪武年间籍没是十分普遍的，而且在财政收入上占有非常重要的位置。

明朝政府将籍没的罪犯土地与房屋借给他人，并根据没官则例课税。值得注意的是,向籍没土地课征的不是"地租",而是"税粮"——与官田和民田同样。根据上述史料一中的规定,税粮由府州县衙门根据两税法征收,其根据就是赋役黄册。因此,向籍没的土地课征"税粮",此举意味着这些土地也与官田和民田一样——处在相同的征管体制之下。前文中根据对《(洪武)苏州府志》的分析作出的推断在此得到了印证。

根据《诸司职掌·户部职掌》的规定,全国的土地被分为三种类型,即官田、民田、没官田(籍没田或抄没田),政府按照相关则例向这些不同类型的土地课征税粮。《(洪武)苏州府志》根据上述规定,按官田、民田、抄没田等项目记载了所属各县的土地。《诸司职掌》成书于洪武二十六年,其中关于土地问题的相关规定,与洪武十四年和二十四年编制的赋役黄册中对土地的定位以及行政措施是否毫无关联呢?

上述史料二,即公侯禄米由浙西苏松等府官田供给的规定,与洪武前期多次实施的赐田密切相关。但是到了洪武二十三年以后,明朝政府开始从公侯手中回收赐田(请参看《明实录》洪武二十三年四月丙申、洪武二十五年八月己未、甲戌)。笔者认为,《诸司职掌·户部职掌·州县·田土》条中的主要内容形成于洪武十四年第一次编制赋役黄册时,它实际上是洪武前期明朝土地政策被体系化的结果。[森案:洪武年间的时代区分见注10,并请参考下节1]

假如这一推测不错,那么还有必要进一步分析《户部职掌》中关于土地的相关规定。在洪武十四年第一次编制赋役黄册之后,明朝政府在整个洪武年间都推行着籍没土地的政策,那么,这些成为国有土地的籍没田是否被并入了同为国有土地的官田之中呢? 一般来说,籍没田基本上属于官田,但在征收税粮方面又与普通的官田有所区别,这一点一直延续到洪武年间以后。

早在洪武十四年,即赋役黄册制度化以及首次编制之前,籍没田就已经被认为是官田的一个组成部分。例如,徽州府成为朱元璋的势力范围是在明朝成立之前的元代至正十七年(1357),这一地区在至正二十五年(1365)推行了全面的赋税改革,即所谓的"乙巳年改科"。其结果出现了三类"官田",即① "自前元以前没官者"的"旧官田土",② "钦免五分则"的田土[森案:即"国初没官,后钦免其半者"],③ "以后年份没官而未以闻者"的"全征"田土,并且分别适用于各自的起科则例。① 关于洪武十四年以后的情况,可以参看《御制大诰·正编·五府州免粮第十二》。在这一史料中,朱元璋将"宋元入官田地"与"我朝籍没之田"均归入"官田",以区别于民田。

《明实录》在洪武十四年之后,将每年的户口、田土、税收的统计数字系于十二月条下。洪武十四年十二月庚辰条后首次记载了全国的土地,即"天下官民田计三百六十六万七千七百一十五四顷十九亩",但没有籍没(抄没田)一项。根据前引《(洪武)苏州府志》的田土统计项下的记载可知,抄没田占总数的25%。我们很难想象如此比例的抄没田未被纳入全国的统计之中。我认为,籍没田(抄没田)被计入到了官田的面积之中。

洪武十四年二月,朱元璋下令调查全国官田。《明实录》只简单地记载为,"命户部核实天下官田"②。我认为,明朝首次进行的官田调查不可能将籍没田排除在外,明朝政府试图以当年正月宣布编制赋役黄册为契机,对国初以来的籍没田进行彻底调查,以便将其纳入国家的税粮征收体系之中。

但是,籍没田在此后曾经区别于官田。例如,洪武十四年十月,明朝政府宣布免除应天、太平、广德、镇江、宁国等五府州秋粮。③ 免除的具体方式是前述《御制大诰·正编·五府州免粮第十二》中所记载的,即民田全免,官田半免。洪武十五年四月,明朝政府又宣布免除浙江、江西、河南、山东、直隶(即以后的南直隶)地区当年的夏税秋粮,同样采取了民田全免、官田半免的方式。关于这一蠲免令的详细内容收录在《皇明诏令》

①《(弘治)徽州府志》卷三《食货二·财赋·军需徭役附》,第43页b面第2至8行夹注。
②《明实录》洪武十四年二月庚申。
③《明实录》洪武十四年十月丙寅。

卷二《量免江西等省田租诏》中,其中有如下规定:

> 抄劄田土今年税粮,照依官田减半入官。不为常例。

可见,"抄劄田土"不等于官田,尽管同样可以享受和官田同样的"减半"规定,但是"不为常例"。

如实反映洪武年间官田与籍没田(抄没田)区别的,是苏州府知府况钟的上奏。宣德五年(1430)至七年(1432)之间,明朝政府宣布减轻全国官田的每亩税负,况钟当时在苏州府将这一命令付诸实施。[①] 况钟在上奏中说:

> 照得本府七县官民田每亩科米不等,共该秋粮二百七十七万九千一百九石有零,内民田粮一十五万三千一百九十四石零,官田粮二百六十二万五千九百一十五石零。宣德五年二月钦奉敕谕……钦此。钦遵。行各县,照例减扣官粮七十二万一千二百三石九斗零,已经造册具奏,及将实征开除外,续奉户部驳回称:"洪武初年古额官田系起科已定,不在减除之例;洪武年间抄没官田照依敕谕内事理减除。"臣冒昧奏请,不论古额与抄没官田,应照依宣德五年诏款,概与减除。续奉部勘合,着确查实在前项应免数目,分别具奏。行据长洲等县申,取勘到应免实数,造备文册赍送户部外,谨开坐奏闻。计开:
>
> 长洲等七县该减扣官粮七十二万一千二百三石九斗二升五合,内古额官田减三十四万五千八百六十七石六斗四升零,抄没官田减三十七万五千三百三十六石三斗零(《况太守集》卷八《核减浮粮实数覆奏》,宣德七年三月初七日)。

况钟在上奏中,首先列举了府下"官田粮"和"民田粮"的总额,并说明根据宣德五年敕谕应该削减 72 万余石的"官田粮",其中 34 万 5 千余石应减自"古额官田",37 万 5 千余石应减自"抄没官田"。此时上距洪武

---

① 参照第三章第五节。

末年仅有30余年。我认为，况钟的上述表达如实地反映了洪武年间的状况，即"古额官田"和"抄没官田"都被包括在官田之内。关于"古额官田"与"抄没官田"的区别，况钟在另一上奏中曾经这样提到：

今奉行在户部驳查，开称："洪武初年古额官田起科已定，不在开除之例"，止令将洪武年间抄没官田粮减除。查洪武年间抄没官田起科多者，每亩不过三四斗，农民可胜。其所不胜者，正在古额官田（《况太守集》卷八《再请减秋粮及抛荒粮抽取船只奏》，宣德五年闰十二月初三日）。

由此可见，"古额官田"指"洪武初年"时"起科已定"的官田，"抄没官田"是指"洪武年间抄没"的官田，其适用起科等则与"古额官田"不同。况钟认为，古额官田的每亩税负与抄没官田不同，前者令农民有沉重之感，而后者则属于可以承受的水平——每亩三至四斗。另外，户部认为，洪武初年已经确定的古额官田每亩税负是不可更改的，而洪武年间抄没官田的每亩税负是可以调整的。这种观点反映出，上述两类官田在性质上的区别。

这样，《户部职掌·田土》条所说的"照依官田则例起科"者，应该就是古额官田，而"照依没官则例起科"者则相当于抄没官田。如果根据朱元璋在《御制大诰·正编》的分类，前者是"宋元入官田地"，后者是"我朝籍没之田"。

通过以上的分析，我们对朱元璋在元代末年陆续建立起自己的地方政权之后，以及明朝创立初期税粮征收制度初具之后，籍没田或抄没田的定位问题有了一定的了解。这些被称为籍没田或抄没田的土地，在制度上属于国有土地，也是官田的构成部分之一。但是它与继承自宋元的明朝官田相比，还是具有其独特的一面。

目前，我们很少可以看到记载松江府在洪武—宣德时期的官田以及每亩税负的资料。不过，与苏州知府况钟一起，为解决官田问题作出了很大努力的南直隶巡抚周忱，在考虑减轻松江府下官田每亩税负时，认为必须重视"古额官田"的问题：

> 华亭、上海旧有官田税粮二万七千九百余石，俱是古额，科粮太
> 重，乞依民田起科，庶征收易完（《明实录》宣德六年三月戊辰）。

我们由此可以看出，松江府下的抄没官田与古额官田之间也是有区别的。

三、明初江南籍没田的形成

Ⅰ　洪武元年前后

1

洪武年间，明朝政府实施的对民间土地的籍没是以哪些社会阶层为对象的呢，推行这一政策的起因何在？籍没本身是如何展开的呢？

建文四年（1402）六月，方孝孺被燕王朱棣在应天府施以磔刑。在此之前不久，方孝孺为浦江义门郑氏一族的郑湜撰写了墓表。方孝孺在开篇伊始写道①：

> 太祖高皇帝以神武雄断治海内，疾兼并之俗，在位三十年间，大
> 家富民多以踰制失道亡其宗。

方孝孺认为，正是由于朱元璋对"兼并之俗"的不满，故在洪武年间有很多"大家富民"的宗族被瓦解。洪武三年二月，朱元璋在召见全国富民之前，下令根据"田税"多寡调查富民的分布状况，结果发现富民大量集中于浙西即江南地区，其中苏州府年间纳税额从 100 石到 3800 石的富民有 554 户，是江南地区的典型。② 我认为，方孝孺所称"大家富民多以踰制失道亡其宗"的情况主要指江南地区。苏州府吴江县人吴宽生活在宣德十年（1435）至弘治十七年（1504）之间，他在为生活于洪武年间的

---

① 方孝孺：《逊志斋集》卷二十二《故中顺大夫福建布政司左参议郑公墓表》。
②《明实录》洪武三年二月庚午。参照本节Ⅱ·1、第二章第三节。

同乡莫辕所写的传记中,回顾了江南地区的历史①:

> 宋兴,钱氏纳土,赖其臣湛其籍于水,更定赋法,休养生息。至
> 于有元,极矣。民既习见故俗,而元政更弛,赋更薄,得以其利自私,
> 服食官室,僭拟踰制,卒之徒足以资寇兵而已。皇明受命,政令一
> 新,豪民巨族,划削殆尽。盖所以鉴往弊而矫之也。

吴宽认为,元代"豪民巨族"的过度奢侈导致元末出现了"寇兵",是
明朝才将这些"寇兵"彻底镇压。明朝在令"大家富民"趋于"亡宗",大力
"划削""豪民巨族"之时,其有效的手段之一就是籍没他们的土地。苏州
府吴江县人史鉴生活于宣德九年(1434)至弘治九年(1496)间,他也持有
类似于方孝孺、吴宽的观点②:

> 浸淫至于元季,上弛下纵。兼并之家,占田多者数千顷,少者千
> 余顷。皆隶役齐民,僭侈不道。本朝任法为治,而其徒犹蹈前辙不
> 知自检,往往罹罪罟,则戮其孥,籍其家,没入其田,令民佃之,皆验
> 私租以为税之多寡。

方孝孺生活于洪武年间,吴宽和史鉴则出生于洪武年间之后,但是
他们的上述言论中有一个共同的认识,即明朝政府在洪武年间对富民
阶层,即"大家富民"、"豪民巨族"和"兼并之家"进行了严厉镇压,其手
段之一就是大力推进籍没。为了全面理解洪武年间实施的籍没,以下
通过上述方、吴、史三人的言论,对富民阶层相对集中的江南地区实施
的籍没进行具体分析。以下按洪武元年前后、洪武中期和洪武后期的
顺序分别叙述。

2

宣德五年(1430),松江府上海县人杜宗桓向南直隶巡抚周忱提出
《上巡抚侍郎周忱书》,其中说,"国初籍没土豪田租,有因为张氏义兵而

---

① 吴宽:《匏翁家藏集》卷五十八《莫处士传》。
② 史鉴:《西村集》卷五《侍御刘公愍灾序》。

籍人者,有因虐民得罪而籍入者"①。前者的典型就是被当时的读书人称作"大姓"或"豪民"的松江府上海县人钱鹤皋。②

元末至正二十六年(1366)八月,朱元璋开始进攻张士诚政权的经济核心地区,即浙西——江南地区。至正二十七年(吴元年)三月,朱元璋已经将张士诚政权孤立于平江路城。此时,朱元璋军队的总指挥官徐达为建筑应天府城的城郭,向已经占领的各府下令按照土地所有面积征收砖瓦。当时,钱鹤皋利用松江府华亭、上海两县人的不满,率众抵抗朱元璋的军队。③ 上海县诸翟镇的乡镇志《(康熙)紫隄村小志》(卷首有康熙五十七年《辨言》,以下略称《小志》)及《(咸丰)紫隄村志》(卷首有咸丰六年《自序》,以下略称《村志》),虽均编修于后世,但因为当地是钱鹤皋的老家,所以还是留有关于他的重要记载:

> 钱鹤皋,松江上海人,世居邑之西境。原系五季吴越王裔,累叶富饶甲远迩。祖父及大伦皆倜傥仗义,筑梁立庙,不少怪惜。今村东南诸石桥,多其所建也。鹤皋才气过人,承守世业,日益恢大。十里中一切田宇,无他姓参杂。性好侠,务立功,敬礼贤士,一时知名者多归之(《小志》卷前《人物·钱鹤皋》)。

我们由"十里中一切田宇,无他姓参杂"可知,钱鹤皋拥有居家周边的土地,成为远近闻名的大地主。家资巨万的他除了结交名士之外,还斥资建造别墅,其中有用白色石料修砌的池塘(《村志》卷三《古迹》),还捐资兴建桥梁和寺庙。详细情况请参看《小志》卷二《桥梁》和《村志》卷四《庙院》中的相关记载。钱鹤皋是在地主佃户关系的基础上,实现其大

---

① 《(正德)松江府志》卷七《田赋中》。
② 元末明初文人杨维桢于洪武元年著《祝大夫碑》(《(嘉靖)上海县志》卷八《文志下》)中云及"大姓钱者"。同时代的文人陆居仁在所撰《何润传》(《(崇祯)松江府志》卷四十一《笃行》)中称"海滨豪民钱鹤皋"。
③ 关于钱鹤皋抗击朱元璋军队的过程,请参看拙稿《14世纪後半浙西地方の地主制に関する覚書》(《名古屋大学文学部研究論集》44,1967年)。【译注:该文收入《森正夫明清史論集》第1卷,汲古書院,2006年】

土地所有的：

> 罗德甫，村北陆家巷人，与同里翟仁暨诸某皆为钱鹤皋将。三
> 人并奇勇，旧系钱鹤皋佃户。诸尤骁猛，每岁完租，辄用三石箬二，
> 满贮谷米，肩至钱所，众吐舌咄异。鹤皋起义，遂用为将。（《小志》
> 卷前《人物·钱鹤皋》）

钱鹤皋与佃户罗、翟、诸各姓，以及其他"众"之间的关系是建立在收
取地租基础上的地主和佃户的关系，同时也存在牢固的人身依附关系。
钱鹤皋就是利用人身依附关系控制地域社会的土豪地主。①

钱鹤皋支持张士诚奉元朝为正统。至正十八年（1358）十月，元朝政
府授张士诚太尉爵，钱氏也被封行省左丞（《小志》卷前《人物·钱鹤
皋》）。徐达下令提供砖瓦的命令一出，各府不堪重负，导致人心不稳。
徐达开始攻打平江路城时，钱鹤皋"散家财召集乡勇，刻期赴援"（《小志》
卷前《人物·钱鹤皋》）。《小志》的作者称，"按鹤皋以元民授元爵，则不
悖于元者，斯附之矣"，借以彰显钱鹤皋忠实于元朝。笔者认为，将钱鹤
皋的起义定位于元朝和张士诚与朱元璋集团对抗这一模式有失片面，根
植于地域社会的富民自身的利害关系也是导致钱鹤皋起兵的重要原因
之一。但同时也必须承认，从当时政治军事情况来看，钱鹤皋起兵确实
起到了支持张士诚对抗朱元璋的"义兵"的作用。

钱鹤皋所部在与朱元璋军队的战斗中失败，"鹤皋与翟帅及〔张〕思
廉等俱被执，槛送金陵，死之。……家遭籍没，举族易姓遁免"（《小志》卷
前《人物·钱鹤皋》）。

钱鹤皋和部将等在被擒后送往应天处死，其"家遭籍没"。其族人为
了免于籍没，故在易姓之后逃亡。这也许意味着有人收留了钱鹤皋的同
族之人。关于钱的部下也是佃户的罗德甫、翟仁、诸某等，史料中有如下
记载，"钱既败没，罗等并受抄籍"（《小志》卷前《人物·钱鹤皋》）。由此

_____

① 参考上页注③内容。

可以判断,钱鹤皋的土地、房屋等不动产均遭籍没。

明朝开国之后的洪武初年,明朝政府也为消除钱鹤皋起兵的负面影响煞费苦心。《明实录》洪武三年十二月戊午条记载,"初鹤皋作乱伏诛,其党株连不已。至是,复逮至百五十四人,法皆当死"。朱元璋虽将这145人视为"胁从者",在免去死罪后流放兰州。但根据《明实录》的记载可以知道,在钱鹤皋"伏诛"之后三年,依然有因株连被捕之人。吴元年钱鹤皋起兵时,华亭县的民众遥相呼应,府下从事盐业生产的劳动者也积极参加。另外,这一起兵对苏州府嘉定县、嘉兴府、湖州府也有很大影响。[①] 我推测,以松江府为中心,明朝政府籍没了相当数量的钱鹤皋起兵参与者的土地和房屋,以及其家族的财产。钱鹤皋起兵发生于元末各地方政权抵御朱元璋势力的最后阶段。在此之前的元至正十七年(1357),朱元璋在控制了徽州府之后,已经在当地实施过田土没官。[②] 明朝政府对松江府下钱鹤皋等"为张氏义兵者"的籍没,集中地反映了明朝政府对昔日张士诚根据地——即浙西的江南地区和浙东的北部为首的各地抵抗势力的籍没。

3

张士诚政权灭亡后的第二个月,即吴元年(1367)十月,朱明政权将苏州富民移往其起兵之地的濠州,即南直隶凤阳府临淮县。《明实录》同月乙巳条称,"徙苏州富民,实濠州"。实质上,第二年,即洪武元年正月明朝开国之后,明朝政府继续在苏州府和松江府实行徙民政策,并且籍没被迁徙对象——富民——持有的土地。

《南吴旧话录》卷十九《旷达·顾思聪》项下记载其祖先元末明初人士顾德辉的三编传记。其一引自《列朝诗集》,内容如下:

　　[顾]德辉,字仲瑛,别名阿瑛,昆山人。年三十,始折节读书。淮张辟之,断发庐墓,自称金粟道人。至正之年,仲瑛封武略将军、

① 参考第50页注③。
②《(弘治)徽州府志》卷三《食货二·财赋·国朝》。

飞骑尉、钱塘县男。洪武年,元故官例徙[徙]临濠。二年三月卒,年六十。

武略将军是元代武职散官的位阶之一,县男是没有实际官职的爵位。估计飞骑尉也是此类名誉性的称号。顾德辉因享有这些称号,故被归入"元故官","例徙临濠"。

顾德辉的传记之二引自杨君谦的《苏谈》:

> 顾阿瑛[德辉],在元末为昆山大家。其亭馆盖有三十六处,每处皆有春帖一对。阿瑛手题也。……后阿瑛遭乱,财尽散去,遂削发为在家僧。

由此可知,顾德辉在元末动乱以前是苏州府昆山县身家丰厚的"大家"。从以下引自《语林》的传记之三可以看出,顾德辉收集古董、兴建别墅、招待文人雅聚,是元末江南一带著名的富人:

> 顾仲瑛,轻财好客。购古法书名画、彝鼎秘玩,筑别墅于茜泾西,题曰玉山佳处,日夕与客置酒赋诗。一时名士,若杨廉夫、柯九思、张伯雨辈咸主其家。园池之盛,图史之富甲一时。才情妙丽,风流文雅,著称东南。

吴宽在《跋桃源雅集记》中,将顾德辉的活动置于元末江南富人的动向中进行考察,并且具体言及了顾德辉的迁徙经过。①

> 元之季,吴中多富室,争以奢侈相高。然好文而喜客者,皆莫若顾玉山。百余年来,吴中尚能道其盛。……玉山在国初,以其子元臣为元故官,从诏旨徙居中都,于是一时富室或徙或死,声销景灭,荡然无存。

这里值得注意的有以下三点。第一,顾德辉被认为是"争以奢侈相高"的"吴中""富室"之一,即元代江南地区这一社会阶层中的一员,而且

---

① 吴宽:《匏翁家藏集》卷五十一。

因"好文而喜客"受到较高的评价。第二,顾德辉本人并未仕元,而是因其子出仕元朝,他循例受封,故被明朝人视作"元故官"。前述各项官阶应该就是封赠而来。第三,"国初"将"元故官"及其家族徙往中都凤阳府时,"吴中"地区出现了凄惨的情景,即"富室或徙或死,声销景灭,荡然无存"。富裕阶层的社会势力受到决定性的打击。在上述史料中,虽没有明言明朝政府籍没了那些被强制"徙居"的"吴中""富室"的财产,但其中也暗含着存在籍没的可能性。关于这一问题,在后文中还会言及。

同一时期,在松江府也实施了向南直隶凤阳府的强制移居江南地区富民的政策。嘉兴府崇德县人贝琼于洪武六年任应天府国子学助教,八年转任中都国子监,十一年致仕后去世。他留下了两篇关于松江府的珍贵史料,其中之一是《归耕处记》。① 该文开篇伊始写道:

> 吴大姓谢伯礼氏,由云间徙临淮之东园,筑室若干楹,题曰归耕处。

谢伯礼身为"吴大姓",被从松江府迁徙到凤阳府临淮县的东园。贝琼在文中写道,他见到谢伯礼是在后者从"二千里外"迁徙到东园"十年"之后。由此可知谢伯礼是在洪武元年前后迁居至此的。关于松江府"大姓"谢伯礼在元末的情况,贝琼有如下记述:

> 初,余游九峰三泖间,尝爱其俗务本而好学,故无不耕之民,无不食之地。而诸谢雄盖一邑,比古之秦阳。时伯礼自松江别驾归,亦耦田夫野老于陇上,不以为耻焉。盖耕而仕也,进而行吾道,仕而耕也,退而求吾志,出处一致也。

从"三泖"可知,谢伯礼应为松江府华亭县人。贝琼将谢姓宗族比作汉人秦阳,即属于世代务农起家的农民,其势力在县内首屈一指。贝琼最初听闻谢伯礼之人是在元末动乱以前,当时谢伯礼辞去松江府通判之

---

① 贝琼:《清江贝先生文集》卷二十五。

职,归隐林下。谢伯礼之所以被称为"大姓谢伯礼氏",是因为他与其他谢姓宗族一样拥有不少土地,并且亲自进行农业生产。值得关注的是,他曾经担任过原籍所在地——松江府——的通判,可见元代并没有如同明代那样严格的回避制度,文人可以在原籍所在地担任要职。这样,谢伯礼在洪武初年被迁徙至凤阳府除了因为其自身是"大姓"之外,也因为是"元故官"。

贝琼在《沧州一曲志》①中描写了元末"华亭大姓邵文博氏"的庭园。该庭院位于住居之东,因池中有巨石仿造的传说中的岛屿沧州而得名。贝琼曾担任过邵文博之子邵麟的塾师,故参加过在该庭园中举行的宴会。贝琼从洪武八年起开始在中都凤阳府国子监任职,他遇到了七年前从华亭县迁徙至凤阳府临淮县东屯的邵麟。言谈之下,得知邵文博已死,庭园也成了废墟。贝琼在文中追忆了往时的情况:

> 后值兵变,余挈家南还檇李(崇德县),回思其所,犹历历在目。每称东南之雄于赀者非一,而能有林壑之趣,莫若[邵]文博焉。

贝琼认为,邵文博在"雄于赀者"当中唯一的有"林壑之趣"之人。至于邵文博究竟是否属于"元故官",贝琼并未言及。

明朝政府在迁徙富民的同时对"元故官"进行了籍没。根据《明实录》的记载,在将苏州富民强制移住濠州(凤阳府)的同时,从吴元年十月开始,松江府在两个月中对"元故官"的土地进行了调查。曾经是顾德辉座上客的文人杨维桢在吴元年十月,写了两篇文章送给奉命前来松江府"经理"此事的司农司丞杭中玉。其中一篇是前面引述过的《送司农丞杭公还京诗序》②,其中提到:

> 出使吴松,经理僧道故官田土,曾无苛察徽侥,以话言为期会,讫不刑一箠而事集于两月之间。

---

① 贝琼:《清江贝先生文集》卷二十六。
② 杨维桢:《东维子文集》卷二。关于"经理",请参看本章第一节。

　　根据杨维桢《又代冯县尹送［杭仲玉］序》①的记载，明朝政府交给杭仲玉的基本任务是"经理田赋"，即调查课税对象的田土。而且，在"经理"的基础上，将所有"官民田土"登记入册。如上述史料中所载，僧田、道田、故官田都是"经理"的对象，而且作为需要进行特别调查的项目受到重视。吴元年十月开始的对元朝"故官田土"的调查，是为洪武元年将"元故官"强制移住凤阳府之后付诸实施的籍没作准备。

　　强制移住"元故官"于凤阳府是为了籍没其所有的土地。关于这一问题，还有如下史料可以作为旁证。洪武元年正月，正值进行强制移住之时，明朝政府颁布了《大明令》。其中的《刑令》内有关于惩处受贿里长的规定：

> 　　凡江南府分里长犯赃罪至徒者，除湖广行省所辖府分及九江、南康、池州等府依律徒役外，其余去处里长，依律断讫，将本人见种田土没官，连同居共爨家小，迁徙江北地面住坐，照依所没田地顷亩数目，拨付荒田，为业耕种。

　　文中的"江南"指元朝时的"腹里"地区，即广义上的长江以南地区。除湖广，以及九江、南康和池州府外，江南地区受贿里长所受惩罚是"将本人见种田土没官"，并将全家"迁徙江北"，给予其与没官田土等额的荒田，令其"耕种"。我估计，这种方式也适用于其他被强制移住的"元故官"和富民。在现实中，"大姓谢伯礼"在辞去"松江别驾（松江府同知）"后回到华亭县务农，在被强制移住到凤阳府后仍然务农，即"获田吾田而不失为农者五十年"（贝琼《归耕处记》）。与此同时，华亭县大姓邵文博家在被强制移住之后，其子邵麟也务农为生。邵麟曾说，"去乡里七年，固不得守丘墓为戚近。筑室平岗之下，独与母居。艺其地，有秀可撷，渔于川，有鲜可食"。可见，"大姓"在被强制移住后，可以从政府得到一份土地。而他们在江南的故土地则根据《大明令》的规定，在实施"经理"后

---

① 杨维桢：《东维子文集》卷二。

被政府籍没。

我们从《大明令》的上述规定,以及吴元年十月在江南三角洲苏州、松江地区开始实施的强制移住中可以看出以下两点:第一,强制移住的对象不仅有"大姓"和"大家",而且也包括有广义的富民阶层;第二,强制移住的理由不仅有政治性的——"元故官",也有经济性的——受贿。

元代,担任里正主首之役的主要是乡居地主中的富裕阶层,国家要求他们,"为朝廷惠养小户,办纳官粮,应当杂役"[①]。我认为,《大明令》中言及的洪武元年时的里长也属于乡居地主中的富裕阶层,他们也同样被国家课以类似于元代的里正和主首相同的任务,并且是维系地域社会的重要力量。他们构成了元末明初富民阶层的基础部分。明朝政府实施的强制移住也波及这一阶层。

明朝政府在《大明令》中,将里长与犯罪官僚相提并论。这是因为里长们在负责征发赋役时,往往接受来自大小地主的贿赂金钱和各种各样的要求。如果将强制移住视作对上述行为的惩罚的话,那么波及的范围将非常广泛。

通过上述的分析,我们可以看出明朝初年以江南富民为对象的强制移住有如下特征。第一,强制移住实施于吴元年十月和洪武元年,甚至有可能延长到洪武二年。第二,实施的对象地区既有苏州府,也有松江府。第三,强制移住的对象是那些享有丰富财产的富民和富室。其中还包括很多权势之家,如"昆山大家"(顾德辉)、"华亭大姓"(谢伯礼)、"华亭大姓邵文博"。吴宽在提到苏州府长洲县"邑大姓吾氏"时说,"国初,吾既远徙"[②]。构成富民阶层基础的里长等也是强制移住的对象。第四,这些富民中不乏远离农业,享受"林壑之趣"和"好文而喜客"之人。此外,在富民和里长之中也有像谢伯礼那样居住于农村,亲自从事农业生产的人。第五,有些富民本人或子孙是"元故官",这些人在强制移住对

[①] 见本书附录一《元代浙西地方の官田の貧難佃戶に関する一検討》(原载《名古屋大学文学部研究論集》56,1972年)。

[②] 吴宽:《匏翁家藏集》卷六十五《陈处士墓志铭》。

象中占了很大比重。第六，江南地区实施的强制移住伴随着资产的籍没，那些被强制移住的富民因籍没丧失了原有社会的社会关系和经济基础。

富民阶层在元代的江南地区享有一定的社会影响力，他们因朱元璋统治初期实施的强制移住徙民受到了很大的打击。

朱元璋在吴元年九月攻陷平江路城之后，开始籍没张士诚政权官僚的私产。顾炎武就此指出①：

> 至张士诚据吴之日，其所署平章太尉等官，皆出于负贩小人，无不志在良田美宅。一时买献之产，遍于平江。而一入版图，亦按其租簿没入之。

虽然我们不知道顾炎武上述言论的根据何在，但他指出的内容符合当时的历史情况。苏州、松江两府的"元故官"属于朱元璋政权的敌对势力，明朝政府出于政治上的理由将他们作为强制移住和籍没的对象。例如，对钱鹤皋等"张氏义兵"进行籍没的原因，就在于他们是政治上的敌人。由于同样的理由，明朝政府也有必要对元张士诚政权官僚进行籍没。但是不应忘记，明朝初年在江南地区进行籍没和强制移住的对象，除了钱鹤皋的佃户以外，主要是这一时期特有的社会阶层——富民。另外还需留意的是，在元代江南大土地所有者中，如松江府下沙场瞿霆发不仅拥有民田，还拥有为数众多的官田（详见附录一）。这样，洪武元年对江南富民进行的籍没不仅针对他们的民田，同样还针对他们从国家借佃而来的官田。

Ⅱ 洪武前期

1

如上所述，朱元璋于洪武三年二月在国都应天府召见了全国富民。

---

① 顾炎武：《日知录》卷十《苏松二府田赋之重》。

关于此举的动机,《明实录》中有如下记载①:

> 富民多豪强,故元时,此辈欺凌小民,武断乡曲,人受其害。

朱元璋认为,问题不在于富民自身,而在于他们从元代开始就是压迫民众和地方社会的"豪强"。

从朱元璋对身为"豪强"的富民展开的严厉指责中可以看出,曾经身为农民军一员的他对元末社会有着切身感受。朱元璋的这一见解表明,在解决了主要的政治课题——打倒张士诚政权和建立明朝——之后,他将致力于解决元末以来的社会矛盾。在此基础上,朱元璋决定处理富民中的"豪强"问题。他在接见富民时表示:

> 至是,诸郡富民至,入见。上谕之,曰:汝等居田里,安享富税者,汝知之乎? 古人有言,民生有欲,无主乃乱。使天下一日无主,则强凌弱,众暴寡,富者不得自安,贫者不能自存矣。今朕为尔主,立法定制,使富者得以保其富,贫者得以全其生。尔等当循分守法,能守法则能保身矣。毋凌弱,毋吞贫,毋虐小,毋欺老,孝敬父兄,和睦亲族,周给贫乏,逊顺乡里。如此则为良民,若效昔之所为,非良民矣。

朱元璋在此强调的是,君主作为独立于富者和贫者之上的调停者和立法者的正当性,要求富者和贫者均要恪守法律。上述言论的核心部分是,朱元璋要求富民们在地域(乡里)、同族(亲族)和家族(父兄)等方面作出表率。并且警告他们,"能守法则能保身矣",暗示会采用诛杀和籍没等残酷手段处置违法者。

洪武四年九月,朱元璋在"以良民治良民"的方针下,决定以缴纳税粮一万石为单位,选定"田土多者"为粮长,由他们代替地方官征税。②洪武八年十一月,朱元璋认为"有恒产者有恒心,今郡县富民多有素行

---

① 《明实录》洪武四年九月丁丑。
② 《明实录》洪武三年二月庚午。

端洁,通达时务者",命令户部"第民租之上者,下其姓名于各道,俾按察司及分巡监察御史核其素行以闻"①。这些措施的前提是,明朝政府承认了富民属于中国社会的统治阶层。这一时期处于明朝开国的洪武元年(1368)与洪武十三年发生胡惟庸谋反事件之间,明朝政府在此期间采取了相对缓和的富民政策,在某种程度上鼓励他们真心归附明朝。

2

但是,这一时期的江南地区富民阶层始终无法抹去对明初以来采取的籍没和强制移住政策的恐惧。贝琼的《金陵集》中收录了洪武六年至八年担任应天府国子学助教时所写的文章,其中《横塘农诗序》中记载的苏州府嘉定县横塘人秦文刚的言论如实地表明了这一点②:

> 姑苏控江引湖,地美而宜稻,由是业者恒足焉。其属邑嘉定之横塘,有秦君文刚,隐于农者也,自号横塘农。而农之言曰……吾生长田间,自吾祖至于吾六世,未尝一日而去农。方农祥司春,父子毕出,耕之欲勤,播之欲时。……苟力之不齐,而责其报之丰,治之不早而冀其成之速,恶可得耶?故吾之知农为深,而人之不为农者,亦莫知吾之知农也。

秦文刚世代务农,劝他出仕的人称他"治田之暇,卧牛背,读古人书"。由此可见他是拥有一定土地和一定积蓄的乡居地主。秦文刚本人说:

> 又曰,吾视三吴巨姓,享农之利而不亲其劳,数年之中,既盈而覆,或死或徙,无一存者。吾以业农独全,岁给贡赋外,则击鲜酿酒,合族人乡党,酌而相劳。荣辱得丧,举不得挠吾中矣。

我们由此可知,在洪武六年至八年期间,那些"享农之利而不亲其

---

① 《明实录》洪武四年九月丁丑。
② 贝琼:《清江贝先生文集》卷一十九《金陵集》。

劳"的"三吴巨姓""既盈而覆,或死或徙,无一存者"。而秦文刚本人却不受那些"享农之利而不亲其劳"的"荣辱得丧"的影响,"以业农独全,岁给贡赋外,则击鲜酿酒,合族人乡党,酌而相劳"。秦文刚虽然没有具体说明"三吴巨姓"的"或死或徙"是在何时,但我觉得,贝琼本人和读者们都会认为是在吴元年至洪武初年。"享农之利而不亲其劳"的"三吴巨姓"的身影与那些被强制移住凤阳府的富民、大姓非常相似。作为乡居地主和读书人的秦文刚,应该属于下层富民,他与洪武前期江南地区的其他富民阶层享有类似的生活经验。

包括上述贝琼记录的洪武六年至八年期间的事例在内,记载洪武三年朱元璋接见富民至洪武十二年期间在江南地区实施籍没的史料非常少,值得关注的是《明实录》洪武七年五月癸巳的记载:

> 上以苏、松、嘉、湖四府近年所籍之田,租税太重,特令户部计其数,如亩税七斗五升者,除其半,以甦民力。

我们由此处的"近年所籍之田"可以了解到,明朝政府承认在洪武七年以前进行过籍没。这一史料披露了明朝政府对江南地区官田首次实施的减税措施,作为减税对象的"近年所籍之田"中当然包括有洪武元年前后被集中籍没的土地。不过,我们从这条史料中仍然很难把握洪武元年以后籍没的具体情况。

顾炎武曾经提到明朝政府对苏州府富民沈万三(秀)的籍没。根据中国学者陈兆弘的研究,该项籍没始于洪武二年至六年建设国都应天府之际,当时沈万三自己提出捐献资金。[1] 但是清水泰次认为,根据《沈万三说话考》介绍的诸多资料[2]和《(光绪)周庄镇志》——周庄是沈万三的故乡,陈兆弘关注过这一史料——的记载,关于沈万三被籍没的原因依然有很多疑团。根据檀上宽的研究,在洪武九年发生的空印案中,许多

---

① 陈兆弘:《明初巨富沈万三致富和衰落——读沈伯熙墓志铭》(1983 年 11 月,明代经济史学术讨论会提交论文)。
② 清水泰次:《沈万三说話考》(《史观》41,1951 年)。

江南出身的地方官被诛或被流放。① 洪武十年,苏州知府金炯上书朱元璋,建议平均官田和民田的税负。朱元璋在调查之后得知,金炯故乡嘉兴府下税负较重的官田多于民田。为此,朱元璋于大怒之下将金炯处刑。周良霄于 1957 年介绍的这一事件使人感到了空印案发生前后的政治氛围②,但是却没有提到籍没的问题。

通过以上分析,我认为,在洪武前期,即洪武三年至十二年期间江南地区除去个别的事例之外,没有进行过大规模的籍没。

但是,如上述《户部职掌》中记载的那样,在洪武年间中期以后籍没田在国家籍账中被区别于宋元官田,这些区别至少持续到 15 世纪前半期的宣德年间。

我认为,洪武中期以后依然将洪武初年以后的籍没田区别于宋元官田的做法,显示出洪武前期籍没的规模之大,同时也显示中后期也陆续进行过以富民为对象的土地籍没。

Ⅲ 洪武中·后期

1

洪武十三年(1380)废中书省,皇帝开始直辖六部。③ 此后,皇帝权力被高度集中,确立了明朝集权统一国家统治体制。在洪武十三年至洪武二十二年的洪武中期,明朝国家机构为了适应皇权的强化,也进行了改革。与此同时,为了安定国家的物质基础,创立了里甲制。在洪武二十三年至三十一年的洪武后期,朱元璋为使直系子孙能够有效地掌握皇权,在削减同辈功臣势力的同时,为充实国家机构的各项机能,调整了官制和法制。众所周知,洪武中后期以后的上述政治进程,伴随着一系列

---

① 前揭第 42 页注②檀上宽论文。
② 周良霄:《明代苏松地区的官田与重赋问题》(《历史研究》1957 年第 10 期)66 页。周良霄根据《古今图书集成·职方典》卷六百八十七《苏州府部纪事》中关于洪武十年的记载介绍了这一事件。根据《天下郡国利病书》手稿本原编第六册《苏松》的记载,金炯应为江南三角洲南部的嘉兴府之人(第 57 页 a 面)。
③《明实录》洪武十三年正月癸卯。

的政治案件。近年来，檀上宽研究了上述政治进程和政治案件之间的关联，指出每一次政治案件都是明朝政府对地方支配阶层的镇压。① 檀上宽列举过以下的史实。

如前所述，洪武九年空印案已经诛杀和流放了许多江南出身的地方官。洪武十三年，中书左丞相胡惟庸案连坐者达到1.5万人，其中包括有很多江南地区的土豪和大地主。洪武十八年，户部侍郎郭桓案中，朱元璋诛杀了六部尚书以下所有中央官僚，全国各省的官吏和一般平民的死者达数万人。与中央官僚和地主等关系密切的地方官也遭到了镇压。洪武二十三年，韩国公李善长案发，连坐者达1.5万人。受到此案牵连的功臣"在江南地区拥有大量土地，属于新兴的大地主"。洪武二十六年，受凉国公蓝玉案连坐者也达1.5万人。②

另外，我认为还发生过可以被称作"图册之狱"的政治案件。洪武二十年二月，浙江布政使司及直隶苏州等府县向朱元璋呈报了鱼鳞图册。③在洪武十九年编制鱼鳞图册的过程中，明朝政府借口有"大家"向负责监管该项事务的国子监生行贿，故对他们进行了镇压。④

如上所述，明朝政府在洪武中期及后期，继承了洪武元年的政策，对富民进行第二次大规模的镇压，其主要的矛头还是指向江南地区。所以，我们可以预测，明朝政府在这一期间对江南地区富民依然进行着大规模的籍没。尽管缺少了解籍没个案的详细史料，但我们可以根据各个政治案件探讨不同时期的籍没进程。

2

洪武十三年正月初二日，御史中丞涂节以谋反告发中书左丞相胡惟庸、御史大夫陈宁等。在仅仅四天后的正月初六日，两人与告密者都被

---

① 同第42页注②。
② 关于被朱元璋诛杀的具体人数，最具权威性的资料是《皇明诏令》卷三《宥胡蓝党人诏》（洪武二十六年九月初十日）。笔者在此基础上，承蒙檀上宽的指教，还参考《明史纪事本末》卷十三《胡蓝之狱》、《明史》卷三百八《胡惟庸传》及卷九四《刑法志二》的记载。
③《明实录》洪武二十二年二月戊子。
④ 方孝孺：《逊志斋集》卷二十二《贞义处士郑君墓表》。

诛杀。① 但是,这次谋反事件并没有就此结束,而是对中央和地方产生了很大影响。方孝孺为悼念郑湜的堂兄郑濂,撰有《采令子郑处士墓碣》②,梁方仲③和檀上宽④都曾经关注过这一史料。该史料中记载了胡惟庸案时期浙西(江南)、浙东地区的一些情况:

> 处士为学,通大义。美髯长身,貌和而气淳。家以田赋多,推择为粮长。屡以事入觐,太祖高皇帝识之。后妄人诬其家与权臣通财,时严通财党与之诛,犯者不问实不实,必死而覆其家。处士与从弟湜两人争先就吏,上独怜之曰,我知郑义门无是也,人诬之耳。……当是时,浙东西巨室故家多以罪倾其宗,而处士家数千指特完,盖忠信之报云。

方孝孺在为郑湜撰写的《故中顺大夫福建布政司左参议郑公墓表》⑤中称,"洪武十四年,奸人诬告其家以交通贼臣"。郑家被诬告是胡惟庸案发后的第二年,当时明朝政府正在大举取缔向"权臣"胡惟庸行贿结党。其中,一些如同郑濂一样,因"家以田赋多,推择为粮长"的"浙东西巨室故家多以罪倾其宗",估计其中相当部分是因为交通胡惟庸所致。这些人不仅"必死",而且被"覆其家"或"倾其宗"。"覆"和"倾"表示其家族和宗族的生存基础被破坏或被削弱,具体意味着财产或所有者本人被国家籍没。如本章第四节及第五节中指出的那样,洪武后期形成的法律规定中,"谋反大逆"者和"奸党"也属于被籍没的对象。

以上论述中值得关注的是,虽然明朝政府在表面上是为了剪除胡惟庸的党羽,但在实际运用上却是"犯者不问实不实,必死而覆其家"。江南地区的富民阶层经历过洪武元年前后的严酷镇压,在那之后依然维持

---

① 《明实录》洪武十三年正月甲午、戊戌。
② 《逊志斋集》卷二十二。
③ 梁方仲:《明代粮长制度》(上海人民出版社,1957年),第一章·二"设立粮长的目的"。
④ 第 50 页注③论文及檀上宽《元明交替の理念と现实——義門鄭氏を手がかりとして》(《史林》65 卷 2 号,1980 年)。
⑤ 前揭方孝孺:《故中顺大夫福建布政司左参议郑公墓表》。

着相当程度的土地所有。但是,在胡惟庸案发生之后,他们再次受到了巨大的打击。

3

洪武十八年,郭桓案发。这一事件一直持续到洪武十九年。在此期间,明朝政府严厉镇压了江南地区的富民阶层,其中特别是担任粮长的富民。

洪武十八年十月,朱元璋颁布了《御制大诰》的正编。其中在《郭桓造罪第四十九》、《五府州免税粮第十二》、《卖放浙西秋粮第二十三》、《重科马草第四十二》等编中,具体记述了郭桓的罪行,在该书的后序中也指斥郭桓为"罪魁"。《明史》卷九十四《刑法志二》中,将正编和洪武十九年十一月颁布的《御制大诰》的续编和三篇统称为"三诰",并对郭桓案有如下记载:

> 凡"三诰"所列凌迟、枭示、种诛者,无虑千百,弃市以下万数。……其推原中外贪墨所起,以六曹为罪魁,郭桓为诛首。郭桓者,户部侍郎也。帝疑北平二司官吏李彧、赵全德等与桓为奸利,自六部左右侍郎下皆死,赃七百万,词连直省诸官吏,系死者数万人。核赃所寄借遍天下,民中人之家大抵皆破。

由"民中人之家大抵皆破"可知,当时的镇压是非常残酷的。《明史》作者认为,因为籍没而丧失了财产的,不仅有田连阡陌的富民阶层,也有中小地主和自作农等阶层。朱元璋在上述"三诰"中列举的罪犯除了中央和地方官僚之外,还有胥吏、皂隶、巡拦、农民、手工业者、逃亡军户和逃犯等,几乎覆盖了所有的社会阶层。以农村社会为例,《御制大诰·三编·臣民倚法为奸第一》中,就开列了江南地区很多县的粮长、里长、甲首和佃户等,这些人身上恰好体现着土地的占有关系。朱元璋在这里关注的是,明朝成立十八年间形成的明朝政府与社会之间,以及社会各阶层之间的矛盾。

"三诰"中均有关于粮长的记载,《御制大诰·续编》和《御制大诰·

三编》中关于粮长"虐民"和"害民"的记录尤其多。如前所述,朱元璋在洪武三年接见富民,表示了对富民阶层与地域社会的重视。到了洪武十八年和十九年,朱元璋仍然关注着以粮长为代表的富民阶层与地域社会的关系。洪武十八年,明朝政府恢复了洪武十五年废止的粮长制①,将都——元代乡村的基础单位——细分为数个区,相应设置了一定数量的粮长。② 当时,朱元璋要求粮长们发挥指导作用,让那些占地数十亩以上到百顷的地主在承担徭役和缴纳税粮时不可"靠损小民",不得令"细民艰辛":

> 今民有数千亩、万亩,或百亩、数十顷、数十亩者,每每交结有司,不当正差。此等之家……往往不应正役,于差靠损小民,于税粮洒派他人。买田不过割,中间恃势,移坵换段,诡寄他人。又包荒不便,亦是细民艰辛。你众粮长令此等之人,使复为正,毋害下民(《御制大诰·正编·开谕粮长第六十二》)。

可见,朱元璋对于那些在富民阶层中占据要位、压迫"小民"和"细民"的粮长采取了严厉的措施。③

如《御制大诰·续编》中的一系列条目中,记载了吴江县粮长张镠孙④、嘉定县粮长金仲芳⑤、上海县粮长瞿仲亮⑥、某县粮长邨阿仍⑦等,在征收和运送税粮时肆意课征,虐民害民,造成民不聊生。朱元璋以严

---

① 关于洪武十五年革罢粮长,请参看《(正德)大明会典》卷三十七《户部二十二·仓科·征收一·税粮》。关于洪武十八年复设粮长,请参看《明实录》洪武十八年七月癸丑。
② 小山正明:《明代の糧長——とくに明前半期の江南を中心として》(《東洋史研究》27卷4号,1968年)。
③ 关于粮长阶层自身的财富规模,请参看《御制大诰·三编·王子信害民第二十五》记载了曾短期担任过粮长的松江府王子信的供述:"本人田地广有,佃户极多。若将一年分受私租本分自用,计其人口,丰衣美食,十年不能用尽。洪武四年,验户点充粮长。……呜呼!如此富豪,以巨富论之,王子信非上上,必居中上,不居下下。"
④《御制大诰》续编《粮长妄告叔舅第二十》。
⑤《御制大诰》续编《粮长金仲芳等科钦第二十一》。
⑥《御制大诰》续编《粮长瞿仲亮害民第二十二》。
⑦《御制大诰》续编《粮长邨阿仍害民第四十七》。

刑处置了他们。例如,邾阿仍在征收和运送定额税粮时,违法另设 12 种名目,试图在定额的 1 万石之外,再收取米 3.7 万石、钞 1.12 万贯。结果,他管辖地区内的民众不得不抵押房屋、屋瓦、衣服和布匹,甚至抵押了"锅灶、水车、农具",卖掉牲畜来缴税。为此,瞿仲亮和邾阿仍被处死,财产被籍没。金仲芳估计也受到了同样的处分。张镠孙则因告发叔父被问以"灭绝纲常"之罪,被处以枭刑。在《御制大诰·三编》中,还有关于吴县粮长于友本①、吴江县粮长陆和仲②的相关条目,他们均被指斥为胡惟庸的党羽,被处以死刑和籍没。关于陆和仲一案,朱元璋注意的是他所造成的"民患"。洪武十八年发生了水灾,负责当年粮长之责的陆和仲受命调查灾情,但是他和其他数百余名粮长一样,没有亲自前赴灾区,将受灾情况蒙混报告,结果使得真正的灾民得不到救济。在这种情况下,陆和仲自然不会有好下场。

如上所述,根据《御制大诰》各篇的记载,我们了解到明朝政府利用郭桓案,对负责统括江南地区富民的各"区"粮长进行了持续性严厉镇压,籍没他们的财产。明朝政府对不法粮长进行镇压的理由是,他们借履行国家的财政职能——征收和运送税粮、调查农作物受灾情况——之机舞弊"害民"。此外,就在郭桓案发生的同一年即洪武十八年,明朝政府恢复了粮长制。我们不能否定,对不法粮长进行严厉镇压的目的之一是旨在巩固粮长制的基础。我认为,对这种经常性的经济犯罪实施如此广泛的诛杀和籍没是值得关注的。洪武元年颁行的《大明令》中规定,对于犯有受贿等不法行为的里长,课以没收土地的处罚。但是,《御制大诰》中记载的处罚情况的严厉程度,远远超过了《大明令》的规定。

与此相关联的还有一点,明朝政府不仅以籍没等严厉措施镇压粮长——富民阶层的核心——的不法行为,而且以同样手段对付富民阶层

---

① 《御制大诰》三编《臣民倚法为奸第一》之第十八项。
② 《御制大诰》三编《陆和仲胡党第八》。

中一般性的犯罪行为。

富民阶层——粮长的母体——为了逃避纳税和徭役,普遍使用了非法手段。请看《明实录》洪武二十年二月戊子条的记载:

> 两浙富民畏避徭役,往往以田产诡托亲邻佃仆,谓之铁脚诡寄,久之相习成风。

朱元璋对这种"铁脚诡寄"的非法行为没有采用诛杀的手段,而是课以籍没。如《御制大诰·正编·诡寄田粮第三十九》记载:

> 将自己田地移坵换段,诡寄他人及洒派等项,事发到官,全家抄没。若不如此,靠损小民。

这里所说的"诡寄",是指将自己所有的土地登记在他人的名下。"洒派"是诡寄的一种方式,即将自己的土地在形式上分成许多小块土地,并且登记在他人名义之下,这些都是为了逃避按照土地面积承担的徭役。另外,"包荒"是指将可供耕作的田地登录为无法耕作的荒田,利用里甲制度下关于连坐包赔的规定,将负担转嫁给甲内的其他人户。《御制大诰·续编·洒派包荒第四十五》记录有朱元璋关于取缔这两项非法行为,即"洒派"和"包荒"的指示。朱元璋认为,这些非法行为都是"富家"中的"奸顽富豪之家"收买"贪官污吏及造册书算人等"的结果,命令没收他们的土地。

陈兆弘在关于沈万三家谱的论文中,介绍了一篇替遭到镇压的富民阶层鸣冤的史料。① 这就是《故沈伯熙墓志铭》。该墓志铭出土于清代道光年间,收录于沈氏故乡,即苏州府周庄镇的地方志——《(光绪)周庄镇志》卷三《冢墓》。沈伯熙是沈万三之子沈旺的第二子:

> 洪武十九年春,兄至以户役故,缧绁赴秋官。时伯熙亦获戾京师,适与兄同系狱。入则抱其兄,同泣曰:吾兄素羸不堪事,今乃至

---

① 参考第 61 页注①。

于斯耶？继而伯熙先出，遂得疾甚，药莫疗，竟以其年五月二十一日卒于京，春秋四十。

关于沈伯熙之父沈旺，同书卷六《杂记》云，"万三之子，籍没后，其家漏资尚富"。估计其兄因资产被选充"户役"，即粮长，在郭桓案时被下狱。虽然无法得知沈伯熙兄弟的家产是否被籍没，但这一事例说明，除了收录在《御制大诰》中的案件之外，还有很多对粮长们的镇压。

洪武十九年，发生了图册之狱。① 这个事件是围绕征收税粮和征发徭役的基础——鱼鳞图册发生的。负责编制鱼鳞图册的粮长受到严惩。洪武十四年，浙江浦江县郑濂之弟郑洧曾经充任粮长，他的墓表上有如下记载②：

> 洪武十九年，诏天下度田，绘疆畛为图，命太学生涖其役。太学生有以贿败者，蔓连大家，多坐死。处士兄濂，时主家政，当逮京师。处士奋曰：吾家以义名，吾先曾祖弟昆坐诬罪，争先死维扬狱。吾兄老矣，吾可不代吾兄而使之就吏乎？遂诣理［森：大理寺］自诬服，死金陵。

史料中没有说明郑氏兄弟以及同样被处以死刑的"大家"是否被籍没。但是，根据史料记载，在浙江宁波府鄞县鄞塘乡洪武年间没官田的起科等则中，有"为图册事官田"；同县手界乡也有同样的"图册事官田"③。因此，我认为，明朝政府在洪武十九年至二十年兴图册之狱，在将违法者处以死刑的同时也进行了籍没。

4

洪武后期发生了李善长和蓝玉两次大案。洪武二十三年（1390）五

---

① 参考本章第三节Ⅲ·1。
② 前揭方孝孺：《贞义处士郑君墓表》。
③ 《（嘉靖）宁波府志》卷十一《物土志·则壤》。参考本章第五节。

月,韩国公李善长、吉安侯陆仲亨被命自尽①,连坐者达 1.5 万人②。同月,魏国公以下六国公和永平侯以下十侯被命归乡。③ 在此之前的同年四月,明朝政府没收了吉安侯陆仲亨及临江侯陈德的"旧赐公田"④。两年后的洪武二十五年八月,江夏侯周德兴伏诛,公田被回收。⑤ 魏国公以下八位公侯的"旧赐公田"也被回收。⑥

位至公、侯功臣的"公田"源于明朝政府赏赐的"浙西苏松等府官田",其佃户向公侯家缴纳"公侯禄米"。檀上宽认为,此举使公侯们在江南地区拥有大量土地,成为新兴的大地主。⑦ 但是,他们主要居住于国都应天府(南京),区别于世代居住在江南、对当地社会享有影响力的富民。由于史料的局限,我们目前无法知道土著的江南富民与李善长案有哪些关联,又受到了怎样的影响。

事发一年之后的洪武二十四年七月,朱元璋仿汉高祖徙"天下富豪"于关中的政策,命令地方官调查"丁产殷富者",将"天下富民"5 300 户强制移住于国都应天府。⑧ 在这次强制移住的对象中,包括了很多苏州府的富民。吴宽《伊氏重修族谱序》⑨中有如下记载:

> 夫自国初,仿汉徙闾右之制,谪发天下之人,又用以填实京师。至永乐间,复多从驾北迁。当是时,苏人以富庶被谪发者,盖数倍于他郡。

---

① 《明实录》洪武二十三年五月乙卯。
② 参考第 63 页注②。
③ 《明实录》洪武二十三年四月丙申。
④ 《明实录》洪武二十三年五月甲午。
⑤ 《明实录》洪武二十五年八月己未。
⑥ 《明实录》洪武二十五年八月甲戌。
⑦ 关于公侯禄米的缴纳方法,见《御制大诰》三编《公侯佃户第三》,另参考第 42 页注②檀上宽论文。
⑧ 《明实录》洪武二十四年七月庚子。关于洪武年间明朝政府向南京的徙民政策,参考夫马进《明代南京的都市行政》(中村贤二郎编《前近代における都市と社会層》,京都大学人文科学研究所,1980 年)。
⑨ 吴宽:《匏翁家藏集》卷二十四。

此外,吴宽记载的被强制移住到国都应天府的富民还有苏州府城的尹氏①、苏州府吴县的韩氏②、同府长洲县的徐氏③、同府昆山县的周氏及虞氏④和杭州府钱塘县的倪氏⑤等。

明朝政府在洪武二十四年七月推行的强制移住富民于南京的措施,对江南富民的生活和土地管理经营带来很大的打击。洪武初年,明朝政府在推行强制移住时,籍没了移住对象的土地。但是,没有资料表明,此时的强制移住也曾经籍没过土地等家产。我认为,富民们可能是将家产处理之后前往南京的。另外,关于这些被强制移住的"丁产殷富者"是否与李善长案有关,目前尚不清楚。

5

与李善长案同样,蓝玉案的连坐者也达1.5万人。其中也存在着对江南富民的诛杀和籍没。根据《(光绪)周庄镇志》记载,当时的周庄镇人沈万三的孙女婿顾学文就被吴江县同里镇人鸿胪寺序班陈某诬告为蓝党,其结局十分凄惨⑥:

> 及蓝玉事发,序班从旁诬奏学文与蓝玉通谋。诏捕获,严讯。词连妻父及其仇七十二家,相转援引,并及处士张畴,侍郎莫礼,员外郎张谨,主事李鼎、崔龄、徐衍等,不可胜数。党祸大起,至五六年始息。梁亦为父所逼令缢死。按《吴江县志》载,洪武三十一年二月,学文坐胡蓝党祸,连[沈]万三曾孙德金并顾氏一门,同日凌迟,莫礼亦坐诛。

在此之前,顾学文见陈某的儿媳梁氏"有国色,知书善吟",与之有

---

① 吴宽:《匏翁家藏集》卷二四。
② 同上书,卷六十九《韩夫人墓志铭》。
③ 同上书,卷七十二《耕隐翁墓表》。
④ 同上书,卷六十八《虞母邹宜人墓志铭》。
⑤ 同上书,卷五十九《倪文毅公家传》。
⑥ 《(光绪)周庄镇志》卷六《杂记》。最初言及此项资料的是第61页注①所引陈兆弘论文。

染。陈某怀恨在心,故"诬奏学文与蓝玉通谋"①。在这一事件中,侍郎莫礼被牵连处死。吴宽在为其族人、苏州府吴江县文人莫辕撰写的传记——《莫处士传》中记载了当时的情况②:

> 时莫氏以赀产甲邑中,所与通婚姻,皆极一时富家。处士窃独忧之。每指同姓隶洱海卫者一人曰:是吾族也。人莫测其意。后党祸起,芝翁与其子侍郎公相继死于法,余谪戍幽闭,一家无能免者。而处士卒以尝附册籍免,人始谓其智。

我们从此可以看出,因连坐并被诛杀了两人的莫家在吴江县"以赀产甲邑中",莫辕本人在事发之前就已经抱有强烈的危机感。虽然以上两篇史料都没有直接言及籍没,但我认为,与蓝玉一起"谋反大逆"之人及其"奸党",如第四节所述,在洪武后期的法制之下属于籍没的对象。而且如第四节介绍的宁波府的事例那样,相关各家都会成为被籍没的对象。

我们从莫氏一族的遭遇可以看出,在这次事件中,成为诛杀和籍没对象的都是"富家"。这一事件发生本身,是中央政治事件与地方豪强势力之间存在着的各种复杂关系发生作用的结果。我们尚未发现在这一时期出现过富民对小民进行虐待和压迫的具体事件。明朝政府曾经标榜,要惩处包括粮长和富民在内的害民之人。可是,我们在这些时间看到的不是惩处那些虐待小民的富民,而是对富民进行露骨的镇压。这应该是洪武后期政治的特征之一。

如上所述,在洪武中期(特别是洪武十三年、十四年、十八年、二十年)和洪武后期(特别是洪武二十六年),明朝政府运用籍没等手段对江南地区的富民进行了严酷的镇压。但反映这一时期江南地区籍没的具体事例的相关资料却十分有限。为了弥补这一点,我们有必要分析洪武末年关于籍没的法律规定,即洪武二十六年(1393)制定的《诸司职掌·

---

① 《(光绪)周庄镇志》卷六《杂记》。最初言及此项资料的是第61页注①所引陈兆弘论文。
② 吴宽:《匏翁家藏集》卷五十八。

刑部・都官科・抄劄》、洪武三十三年(1397)最终修订的《大明律》中的相关条目等。另外,还要参照江南三角洲周边地区的地方志记录。因为其中保存了很多关于起科等则的史料,这与江南地区的地方志中很少记载洪武年间特别是中后期籍没问题的情况成鲜明对比。例如,嘉靖三十九年(1560)序刊《宁波府志》卷十一《物土志・则壤》中,记载了洪武年间的起科等则,其中有"粮长没官改正田"、"党逆事官田"、"鱼鳞图册事田"、"图册事官田"、"蓝玉党事官田"等名目,反映了洪武中后期籍没过程的内容。笔者在下一节中将分析这些史料。

四、籍没的相关法规

如上所述,除去源自元末战乱中出现的无主地转化而来的官田之外,籍没田(抄没田)在赋税制度上具有独自的特征,是构成明代江南新设官田的主要部分。应该关注的是,我们从洪武年间制定关于籍没的刑法规定中,可以看出籍没田达到相当比重的原因。这些法律规定中包括了很多关于籍没的规定,其涵盖范围上起洪武九年(1376)空印案,下至洪武二十六年(1393)蓝玉案。当然,籍没这一严厉处置的实施并不仅限于这一期间。以下,将通过分析刑法的相关规定,探寻籍没的具体内容。不过,朱元璋势力从一地方政权到建立明朝过程中对敌对势力进行的籍没不在讨论范围之内。

在洪武二十六年(1393)制定的《诸司职掌・刑部职掌・都官科・抄劄》项下,以"抄札"表述了关于籍没的规定。首先,关于抄劄(籍没)手续有如下规定:

> 凡本部各子部,凡问拟犯该奸党等项合抄劄者,明白具本,开写某人所犯、合依某律、该某罪,财产人口合抄入官。牒发大理寺,审录平允,回报各部。备由,开写犯人乡贯住址,明白案呈本部,具手本赴内府刑科填批,差人前去抄劄。

由于中国的私有制在近代以前相对发达,故无论出于何种政治或社

73

会的需要,在实施对私有财产的籍没时,都必须在制度上有成文法的明文规定。关于成为抄劄对象的家族成员、动产及不动产的处理方法有如下规定:

> 成丁男子如法枷柤,同抄到人口、金银细软、马骡驴羊,差人解部,如前该库进纳。粗重什物,变卖价钞,牛只农具入官。并田地房屋召人佃赁,照例当差。

由此可见,籍没的对象是该家族的全部人口(包括成年男子在内的全体家族成员和奴仆)以及作为生产生活手段的所有动产和不动产,是一种十分苛酷的掠夺,其目的无疑是旨在使该家族彻底瓦解。相比之下,洪武元年制定的《大明令·刑令》中只规定:"凡犯籍没者,除反叛外,其余罪犯,只没田产孳畜。"可见,明朝的国家权力在实施籍没时的残酷程度是逐渐增加的。作为基本生产手段的土地是籍没的重要一环,这一点在第二节中已有介绍,其相关规定见《户部职掌·民科·州县·田土》。

根据"律令"(即当时通行的《大明律》和洪武元年制定的《大明令》)和"大诰"(即《御制大诰》正编、续编、三编)规定,应该适用抄劄刑罚的犯罪如下(括号中的内容是笔者的标注)[1]:

> 律令:奸党、谋反大逆、奸党[2]、造伪钞＊、杀一家三人、采生拆割人为首
>
> 大诰:揽纳户＊(正编·籍没揽纳户第三十七)、安保过付(正编·安保过付第三十八)、诡寄田粮＊(正编·诡寄田粮第三十九)、民人经该不解物(续编·民拿经该不解物第五十五)、洒派包荒田土＊(续编·洒派包荒第四十五)、倚法为奸＊＊(三编·臣民倚法为奸第一)、空引偷单(三

---

[1]《诸司职掌·刑部职掌·都官科·抄劄》中收录了很多洪武后期关于籍没的规定。本文引用原文中带"※"者均与经济犯罪有关,"※※"则是包含经济犯罪的事件。宁波府与蓝玉案相关的籍没事例,请见下节。

[2]《玄览堂丛书》本和《皇明制书》本都重复出现"奸党"项,应为衍字,姑照录。

编·空引偷单第五）、黥刺在逃（三编·逃囚第十六）、官
吏长解卖囚（三编·官吏长押卖囚第十九）、寰中士夫不
为君用（三编·苏州人材第十三【译注：原作排陷大臣
四十？】）

如上所述，根据洪武元年制定的《大明令·刑令》的规定，籍没的对
象包括有"谋反叛逆"等罪犯，在《刑部职掌》中列举了13种重大的政治
犯罪，即"奸党"、"谋反大逆"等，其中标有"＊"的是关于征收税粮和征发
徭役方面的犯罪行为。

根据《大诰》的解释，标有"＊＊"的"倚法为奸"包括如下犯罪，即滞
纳税粮、不应徭役、不纳地租、借粮不还等。

在上述几种经济犯罪之中，除了犯有余罪的"倚法为奸"之外，通常
不会处以死刑，这一点不同于胡惟庸案下的"奸党"和"谋反大逆"。但以
下这一点是值得关注的，即对经济罪犯处以与"谋反大逆"罪犯同等的严
厉刑罚——籍没。其中，"诡寄田粮"和"洒派包荒田土"的处罚对象都是
富民阶层。

关于"诡寄田粮"，《御制大诰·正编·诡寄田粮第三十九》规定："将
自己田地移坵换段，诡寄他人及洒派等项，事发到官，全家抄没。若不如
此，靠损小民。"此处没有言及众所周知的"靠损小民"之人。《明实录》洪
武二十年二月戊子条指出，"两浙富民畏避徭役，往往以田产诡托亲邻佃
仆，谓之铁脚诡寄"。可见，"靠损小民"的就是那些"富民"。

关于"洒派包荒田土"，《御制大诰·续编·洒派包荒第四十五》中
规定：

民间洒派包荒诡寄移坵换段，这等俱是奸顽豪富之家，将次没
福受用财赋田产，以自己科差，洒派细民。境内本无积年荒田，此等
豪猾，买嘱贪官污吏及造册书算人等。其贪官污吏受豪猾之财，当
科粮之际，作包荒名色，征纳小户。书算手受财，将田洒派，移坵换
段，作诡寄名色，以此靠损小民。此诰续出，所在富家当体朕意，将

田归于己名,照例当差。倘不体朕意,所在被害人户及乡间鲠直豪杰会议,将倚恃豪杰之家,捉拿赴京。连家迁发化外,将前项田土给赏被扰群民。的不虚示。

"洒派"是指将自己的土地以"细民"的名义分散登录在籍账之上,借以逃避按照土地面积编派的徭役。"包荒"是指将自己的土地在籍账上登录为无须纳税的荒田,利用里甲制下连坐赔偿的规定,将原本由自己负担的税粮转嫁给甲内的其他人户。这些都是"奸顽豪富之家"贿买"贪官污吏及造册书算人等"的结果。

我们通过以上对洪武后期对籍没的相关规定可以看出,籍没的处罚对象在洪武年间扩大到经济罪犯。明朝政府运用这一严厉手段,整肃富民阶层在缴纳税粮和负担徭役时的不法行为。我认为,明朝政府借此将胡蓝之狱等政治案件的整肃范围扩大到地方。以"洒派包荒"为例,如果可以说明地方的"奸顽富豪之家"贿买"贪官污吏",而"贪官污吏"又与中央高官之间有某种联系的话,就可以相对容易地将中央的政治案件与地方社会联系在一起。比如,浙东和浙西的"巨室故家"被牵扯进胡惟庸案[1],其原因估计是源自地方上经济罪犯的供词。另一方面,明朝政府在打击"诡寄田粮"和"洒派包荒"——扩大土地所有的常用手段——时也开始使用籍没,不管是否有政治案件的背景,都会使富民阶层对"法禁"抱有恐惧心理,对大规模土地扩张进行一定程度上的自我约束。在洪武三十年(1397)颁布的《大明律》中,关系到土地所有的犯罪被归纳为"诡寄田粮"和"洒派包荒"两项(见该书卷五《户律二·田宅》):

> 凡欺隐田粮,脱漏版籍者,一亩至五亩,笞四十,每五亩,加一等,罪止杖一百。其田入官,所隐税粮依数征纳。

> 若将田土移坵换段,那移等则,以高作下,减瞒粮额,及诡寄田粮,影射差役,并受寄者,罪亦如之。其田改正,收科当差。

---

[1] 方孝孺:《逊志斋集》卷二十二《采苓子郑处士墓碣》。参考本章第三节Ⅲ·2。

由此可见,关系到土地所有的犯罪主要有:(1) 隐瞒税额和土地面积;(2) 任意变更土地的位置和起科等则、将土地寄于他人名下以逃避徭役和从他人处接受土地。根据《大明律》的规定,(1) 的犯罪将被处以籍没,(2) 的犯罪则要求恢复土地的原有名义和税额,并对当事者处以杖刑。前者的籍没仅限于土地,对后者则不实行籍没。与《刑部职掌》中的处罚规定相比,《大明律》的处罚显得相对宽松。尽管如此,我们从这里可以看出,明朝政府在洪武年间以严刑立法打击富民阶层借"靠损小民"维持并扩大自身土地占有的行为。

五、起科等则中籍没的痕迹

洪武末年关于籍没的法规如上所述,惩治的对象从政治案件到经济犯罪,范围非常广泛。如第一节所述,洪武十二年苏州府的抄没田土已占府内田土的 1/4。官田占苏州府全部田土的约 63%,松江府则达到 82%—85%。以上述田土统计为线索,我们可以推测该两府在洪武年间籍没田所占的比重应该更高(请见下章)。如果能够证明田土统计所反映出来的籍没田的数量与前面分析的法规之间的关联,我们就可以更加客观具体地认识洪武年间实施籍没的过程。遗憾的是,由于缺乏资料,我们尚无法说明以苏州松江两府为首的江南地区实施的各种籍没与各县田土类别及起科等则的关系。另一方面,关于江南地区的周边地域,我们可以参看的史料有《(嘉靖)宁波府志》卷十一《物土志·则壤》(参见第一节)、《(弘治)徽州府志》卷三《食货二·财赋》(参见第二节)、《(嘉靖)山阴县志》卷三《民赋志·粮则》等三种。这些地方志记录了洪武年间(《(嘉靖)宁波府志》、《(嘉靖)山阴县志》)或之前的朱元璋割据政权时代(《(弘治)徽州府志》)的乡一级的起科等则,从这些起科等则可以清晰地了解到籍没的经过。下面根据《(嘉靖)宁波府志》的记载探寻洪武年间籍没的情况。

表2 明初宁波府奉化县松林乡起科等则表
(《(嘉靖)宁波府志》卷十一《物土志·则壤》)

起科等则名		每亩科正米额 (单位:斗。勺以下省略)	起科等则名		每亩科正米额 (单位:斗。勺以下省略)
民田	一等	0.59	经社田	三等	1.88
	二等	0.47		四等	1.79
	三等	0.34	官员职田		3.38
	四等	0.23	升科田	一等	2.0
	五等	0.11		二等	2.0
海涂田	上等	2.56		三等	2.0
	中等	1.76		四等	2.0
	下等	0.96		五等	2.0
	一等	3.2	僧旧有田		0.63
	二等	3.2	儒学地租钞		360文
	三等	2.2	学房基地钞		79文
	四等	1.2	系官基地租钞		40文
蛤㽱田		0.31	职租地钞		40文
粮长没官改正田	一等	3.99	涂地钞		7文
	二等	3.99	山钞		8文
	三等	3.86	河钞		8文
	四等	2.74	蚶涂钞		8文
粮长没官田	二等	2.79	官房基地钞		70文
	三等	2.91	十七都儒学平地科钞		8钱
	四等	3.75	升科平地斜地		2.07
为事没官田	二等	3.5	为事没官地租麦		2.5
	二等*	3.08	为事没官改正地麦		3.0
盗盐没官田		2.47	粮长没官改正平地麦		3.0
*原文如此。疑误。					

《(嘉靖)宁波府志》在《则壤》条下记载了所辖鄞、慈谿、奉化、定海、象山五县的官田、抄没田、僧道田和民田的起科等则,除慈溪县外的其他四县均是以乡为单位的。书中对于官田和抄没田起科等则的设定经过有简洁的说明。表2是奉化县松林乡的起科等则,表3是鄞县手界乡、丰乐乡、鄞塘乡和句章乡的起科等则。《则壤》条下记载了各县田、地、山、荡、河涂等类土地的总面积。以"田"的部分为例,官田项下包括了官田和抄没田,每亩税负很少,僧道田与民田一起归入"民僧道田"项下。

宁波府的官田和官地少于属于民田、民地的民僧道田和民僧道地。例如,在鄞县只占全部田地的14.4%①,这一点与江南地区苏州府、松江府的情况不同。值得注意的是,《(嘉靖)宁波府志》卷二十四《田赋书》中有如下记载:"国初,田粮皆有定数。自洪武以来,凡几造黄册矣。然今之粮皆洪武初年之粮。"由此可见,书中记载的各乡起科等则反映着洪武年间的情况,有助于我们思考江南地区的情况。该书还称,"且当圣朝开国之际,犹未能改前朝官僧等则之制"。该书的《则壤》条下包括了继承自元代的官田、僧田和道田。例如,表2中奉化县松林乡的"官员职田"就是元代特有而明代所无的地目。② 表3中鄞县手界乡、丰乐乡、鄞塘乡和句章乡下的"广慧院田"或"广慧院官田"是始创于宋代的官田,其收入用于维持救济孤贫的广慧院。③ 鄞县鄞塘乡的"乡曲义庄官田"设立于南宋淳熙年间,用于救济"不善营生"之士人。④ 此外,表3中鄞县鄞塘乡的"江浙财赋官田"显然是属于元代江浙财赋府的官田。明代宁波府的"官田"(含官田和抄没田)较之元代官田有较大幅度的增加,相比之下,民田和"民僧道田"(含元代属于官田范畴的僧田和道田)的面积却比元代民

---

① 根据《(嘉靖)宁波府志》卷十一《物土志·则壤》中关于鄞县的记载项算出。
②《(延祐)四明志》卷十二《赋役考》。"职田标拨各官,九十九顷三十九亩五分。"据此可以确认当时曾向官僚"标拨"职田。《(延祐)四明志》纂修于元延祐七年(1320)。
③《(大德)昌国州图志》卷三《叙赋·广慧院田土》。该书纂修于元大德二年(1298)。
④《(延祐)四明志》卷十四《学校考下·本路乡曲义田庄》。

田仅有小幅增加甚至减少。例如,官田的增加幅度在鄞县是 1.79 倍,在奉化县是 1.4 倍,而"民僧道田"在鄞县的增加幅度仅是 1.17 倍,在奉化县则是 0.92 倍。[①] 我认为,《(嘉靖)宁波府志》的《则壤》条下收录的记载有起科等则的没官、抄劄和抄没等土地中,固然包括有元代籍没的部分,但更多的应该是明代洪武年间籍没的土地。

最能说明洪武年间籍没土地的根据之一是,表 2 中奉化县松林乡下的七例"粮长没官田"和"粮长没官改正田"。例如,"粮长没官改正田一等。每亩科米三斗九升九合六勺八抄八撮"。洪武十八年至十九年,朱元璋颁布了共三编的《御制大诰》,以严厉的措施打击粮长的不法行为。这些在前述《大诰续编》和《大诰三编》中有很多记载。我认为,上述七例没官田应该与这一时期的背景有密切关系。

表 3 抄录了鄞县十二乡中的手界乡、丰乐乡、鄞塘乡和句章乡的起科等则。以下扼要叙述表中未收录的其他八乡,以及府下其他四县的起科等则,并分析其特征。

第 3 表 明初宁波府鄞县手界、丰乐、鄞塘、句章等乡起科等则表
(《(嘉靖)宁波府志》卷十一《物土志·则壤》)

乡 名	地 目	起科等则:每亩科正米额 (单位:斗。勺以下省略)
手界乡	民田	0.37
	没官田	6.97
	广惠院田一则	7.82
	一则	5.47
	拨赐还田一则	5.06
	一则	3.13
	修城仓田	3.38

[①] 关于明代和元代鄞县、奉化县各类土地面积的比较,主要参考了如下史料,即至正二年(1342)修《四明续志》(《(至正)四明续志》)卷六《赋役·田土》,及《(嘉靖)宁波府志》卷十一《物土志·则壤》。

乡　名	地　目	起科等则:每亩科正米额 （单位:斗。勺以下省略）
手界乡	仓官事产田	2.80
	府学仓田一则	3.09
	一则	1.62
	浮桥局田	3.01
	经社田	2.63
	税课司巡栏事田	3.65
	乡曲义庄田	3.25
	党逆事田	3.07
	盐法事田	2.31
	图册事田	3.71
	私通高丽事田	2.71
	不应事没田	3.07
	抄劄人匠事没田	2.71
	为事没田一则	3.73
	一则	2.71
	斗级事没田	2.31
	军吏事没田	3.07
	重租民田一则	2.70
	一则	1.00
	一则	2.20
	僧旧田	0.62
	僧续田	0.50
	诡寄事田	3.07
	税课事田	3.65
	祛除民害事田	3.07
	广惠院官田	4.43

续表

乡 名	地 目	起科等则:每亩科正米额 (单位:斗。勺以下省略)
手界乡	修城仓官田	2.73
	盐法事官田	2.91
	浮桥局官田	1.87
	乡曲浮拜官田	1.57
	经社官田	1.70
	陈惟延官田	2.76
手界乡(续)	任仲恩官田	1.32
	倪绍继官田＊	1.80
	斗级事李轩官田	2.31
	蓝党事官田	2.90
	甬东书院官田	1.90
	起盖公廨事官田	1.73
	余仁没官田	2.03
	江涂官田	1.00
	夏仲儒官田	4.67
	张锡官田	2.87
	图册事官田	1.98
	增科官田	2.34
	重租官田	4.40
	仓官事产官田	3.20
	府学仓官田	2.13
丰乐乡	民田	0.46
	没官田	2.89
	广惠院田	6.90
	广惠院官田	6.99
	浮桥局官田	2.89

乡　名	地　目	起科等则:每亩科正米额（单位:斗。勺以下省略）
丰乐乡	斗级事官田	2.21
	卢义官田	3.71
	梁心广官田	3.13
	王信之官田	2.71
	税课事官田	3.41
	吏役事官田	4.94
	甬东书院官田	2.31
	王道长官田	3.23
	董清官田	2.78
	盐法事官田	2.53
	王子辉官田	3.13
	经社官田	1.08
	仇敬良官田	2.45
	柳延官地	1.86
鄞塘乡	民田	0.38
	没官田	1.84
	抄没官田	2.68
	广惠院官田	7.20
	经社官田	2.69
	卢义官田	3.66
	为事官田	3.08
	盐法事官田	2.32
	浮桥局官田	2.64
鄞塘乡(续)	陈道六为事官田	3.08
	屠庄官田	1.92
	县学仓官田	3.38
	乡曲义庄官田	1.84

乡 名	地 目	起科等则:每亩科正米额 (单位:斗。勺以下省略)
鄞塘乡(续)	甬东桃源书院官田	1.60
	为图册事官田	3.09
	盐法事官田	2.38
	古没官田	4.32
	夏仲儒官田	3.13
	顾敬为税课事官田	3.71
	王伯常官田	2.32
	俞得余官田	3.08
	徐亚六官田	2.30
	为赃银事官田	2.08
	东湖书院官田	1.54
	江浙财赋官田	5.46
	倪绍继官田	4.32
	江涂官田	1.30
	府学仓官田	2.31
	张振官田	2.72
	李性逸官田	2.72
	沈中一官田	2.72
	拨赐还官田	3.75
	应希畴官田	2.32
	陈鲁仲官田	2.64
	鲁斋书院官田	2.09
	宝它寺中等官田	3.03
句章乡	民田	0.58
	没官田	6.27
	广惠院田	7.13
	民(屠?)庄官田一则	7.13

续表

乡 名	地 目	起科等则:每亩科正米额 (单位:斗。勺以下省略)
鄞塘乡	一则	4.99
	府仓职田	3.73
	官河涂地	1.24
	没官地	3.61
	僧续田(照依本乡民田科则)	0.58
	僧旧田	0.71
	官员职田	3.38
	广惠院官田	4.99
	吴本立没官田	2.46
	桃源书院官田	1.60
	修城仓官田一则	3.60
句章乡(续)	一则	3.63
	抄没道续官田	3.13
	抄没官田一则	3.13
	一则	3.73
	一则	2.79
	义没官田	3.53
	浮桥局官田	2.79
	盐法事没官田	1.70
	道续民田	0.58
	经社官田一则	2.85
	一则	3.70
	葛志没官僧田	3.66
	兰秀没官田	1.40
	江涂下等官田	0.96
	江涂中等官田一则	2.56
	一则	1.76

乡　名	地　目	起科等则:每亩科正米额 (单位:斗。勺以下省略)
句章乡(续)	周彦真没官田一则	3.79
	一则	2.79
	蒋辅进没官田	3.70
	府学仓官田	2.91
	府仓官田	1.96
	剡山书院官田一则	3.38
	一则	3.56
	查理入没僧续官田	2.88
	胡公学没官田一则	3.87
	一则	3.13
	赵庆没官田	3.13
	何得太没官田	2.88
	董吾没官田	3.26
	唐友七没官田	2.54
	朱与恺没官田	3.33
	拨赐还没官田一则	2.88
	一则	3.79
	张秀才没官田	2.80
	河涂下等官田	1.88
	董玉渊吴彿观官田	3.13
	抄札没官田	2.88
	江涂上等田	2.56
	上等官田	3.65
	卢义没官田	3.95
	拨赐还田	4.37
	拨赐还官田一则	3.15
	斗级为事没官田一则	3.14
	一则	3.61

乡　名	地　目	起科等则:每亩科正米额 (单位:斗。勺以下省略)
句章乡(续)	课钞事拨还官田	2.88
	张演宗官田	3.75
	陈均保没官田	3.39
	汪中没官田	3.21
＊根据同一史料显示,该县通远乡下有"倪绍继没官田"。		

除手界乡、丰乐乡和鄞塘乡之外,鄞县其他乡与慈谿、奉化两县的起科等则中多有"为事没田"(手界乡)或"为事"的字样。"为事"亦即犯罪,"事"字所指亦为违法行为。但是,仅依靠这些并不能知道导致籍没的犯罪内容。但如"盐法事田"之类的记载,可以在某种程度上推测"事"的内容。诸如某某事田、某某事官田等起科等则的特征之一是,反映了洪武中期以后政治过程中的籍没。手界乡有 1 例(见表 3)、阳堂乡和翔凤乡有 2 例记载了"党逆事由"或"党逆事官田",可见籍没的理由是与胡惟庸之狱有关的谋逆之罪,"蓝党事官田"(手界乡)则是蓝玉案发之后的籍没田。

另一个特征是,有很多籍没属于经济犯罪的结果。"诡寄事田"(手界乡、丰乐乡)就是典型事例。"图册事田"和"图册事官田"(手界乡),"为图册事官田"(鄞塘乡),应该是前述洪武十九年编造鱼鳞图册时镇压"大家"的不法行为的结果。还有一些因违反赋役规定被没收的田地,如"斗级事李轩官田"(手界乡)和"斗级为事没官田"(句章乡),"税课司巡栏事田"(手界乡),"课钞事拨还官田"(句章乡)。"盐法事田"(手界乡)、"盐法事官田"(鄞塘乡 2 例)、"盐法事没官田"(句章乡)、"照旧增科盐法事官田"和"原科事盐法事官田"(翔凤乡)、"盐法事没田"(手界乡)等,都是因违反官盐专卖制度被籍没的田地。但是,《诸司职掌·刑部职掌》和《大明律》中并没有关于上述事例的籍没规定。估计是源于对某一特定事件的处罚规定。

在有"为事"和"事"字样的起科等则之外,各乡还有很多记载了具体姓名的"某某没官田"和"某某官田"的起科等则。例如,丰乐乡的"卢义官田"、"梁心广官田"、"王信之官田"、"王道长官田"、"董清官田"、"王子辉官田"、"仇敬良官田"和"柳延官地"等。句章乡有"吴本立没官田"、"葛志没官僧田"、"兰秀没官田"、"周彦真没官田"、"胡公学没官田"、"赵庆没官田"、"何得大没官田"、"唐有七没官田"、"朱与恺没官田"和"张秀才没官田"等14例。以鄞塘乡的"倪绍继官田"和通远乡的"倪绍继没官田",两者都是从倪绍继处籍没的田地。有些记载则更加详细,如"处决重囚抄劄史靖可田"(手界乡)。以上讨论的起科等则中,包括着一些无法确认籍没年代的部分——因为它们在字面上没有反映出明代特有的制度称谓和政治事件。但是,明代宁波府官田较之元代有大幅增加,故我认为冠有人名的"没官田"和"官田"的大部分是被明朝政府籍没的。自然,那些没有冠以人名"没官田"和"抄没官田"也会有此类情况。只有"古没官田"(鄞塘乡)明显是指宋元时代的没官田。从姓名来看,上述"何得大没官田"和"唐有七没官田"(句章乡)应该不是籍没自士大夫的田地,而是来自庶民的田地。所以,我认为,富民阶层中除士大夫外还有一般民众。

尽管《(嘉靖)宁波府志》收录的起科等则是浙东的地方性史料,但通过它可以了解明初洪武年间江南地区——浙西的籍没过程及其特征,从而客观地分析籍没的问题。

小结

洪武年间,明朝政府在江南地区实施的对民间土地的籍没,究竟有何种结局呢?

籍没的对象是富民阶层,当时的政治需要成为直接的诱因。这就是说,籍没是随着历史的起伏而逐步推进的,它经历了朱元璋创立自己的政治势力、消灭张士诚与元代政权、完善和维护皇帝集权的国家机器等一系列政治事件。仅就苏州府而言,洪武二十四年至明中叶的在册田土面积平均在 95 000 顷①至 98 000 顷②之间，其中籍没田在洪武前期之末已达到 16 638 顷。根据笔者的计算，包括因元末动乱荒废的官田在内，洪武末年苏州府的官田面积大约为 30 000 顷。③

笔者赞同宫崎市定和韦庆远的观点④，即洪武时期籍没富民田土的政策，与明朝政府在巩固权力时期所面对的财政需求有密切关系。但是问题在于，明朝政府在解决财政问题时，为何没用采用其他的方法，而是籍没富人土地？为何明朝政府在继承了宋元两朝的官田之后，仍然继续采取这种方式呢？

笔者认为，明朝政府籍没富民田地这一事实自身说明了，元代以来江南地区地域社会中富民的经济社会力量非常强大，明朝不得不正面去对抗这股势力。明朝政府采取籍没政策有如下两个政治方面的原因。

第一，明朝政府时常对政治上并无大问题的富民进行籍没。比如在被认作是胡惟庸党羽而处以连坐的富民中，实际上有些人纯属冤枉。即便有些人与某项政治事件有所关联，但也未必是事件中的主角。例如，被移住和籍没的元朝"故官"中，并不一定都是政治上的敌对者。

第二，除了因政治事件籍没富民土地之外，经济上的不法行为也是籍没的理由之一。洪武年间颁行的《大明令》就规定，受贿的里长土地会被没官。在洪武年间的中后期，在注册田土、缴纳税粮、承担徭役等经济问题上有不法行为的富民，也是籍没的对象。

从以上两点可以看出，明朝政府在洪武年间始终推行以江南富民为

---

① 根据第二章第一节 Ⅱ。藤井宏《明代田土统计に关する一考察》(《東洋学報》30 卷 3—4 号和 31 卷 1 号，1944—47 年)认为，明代苏州府土地面积以《姑苏志》卷十五《田赋》的所载最为可信。即官田地 60 094 顷，民田地 35 323 顷，共计 95 417 顷。
② 《诸司职掌·户部职掌·民科·州县·田土》作"苏州府田土计九万八千五百六顷七十一亩"。
③ 参考第二章第一节 Ⅱ。
④ 宫崎市定：《宋代以後の土地所有形体》(《東洋史研究》12 卷 2 号，1952 年。后收入《アジア史研究》4，东洋史研究会，1964 年)。【译注：后收入《宫崎市定全集》第 11 卷，岩波书店，1992 年】韦庆远：《明初"江南赋税畸重"原因辨析》(1983 年 10 月中国社会经济史学术讨论会提交论文)。

对象的田土籍没政策，这一点与元代以来地域社会中存在的矛盾有密切关联。矛盾之一是，富民土地所有与佃农农业经营之间的生产关系，即地主佃户关系。司农丞杭仲玉在吴元年十月完成"经理"松江府田土的任务，返回应天府复命之际，杨维桢代"冯县尹"写下赠别之文，其中说：

> 抑余有告于仲玉者，主上新收浙地，官民田土，夙有成籍。然佃人租额，岁为地主有增无减，阡陌日荒，庄佃日贫，至于今，盖穷极无所措手足矣。农丞之秩，上亚大卿而司吾庶土之生者，归觐主上，主上问吴氏疾苦，倘有以言之，三吴之农幸矣。

杨维桢所说"佃人租额，岁为地主有增无减"，"庄佃"则"日贫至于今"，反映出地主经济势力的发展。这不一定是当时所有地主对佃户的态度。如第三节所述钱鹤皋与佃户的关系，双方主观上关系良好，也看不出有什么矛盾。但杨维桢所说的情况应该具有一定的普遍意义。朱元璋在洪武三年称，"富民多豪强。故元时，此辈欺凌小民，武断乡曲，人受其害"。这一点与杨维桢指出的情况应该有很大关联。第三节介绍的方孝孺、吴宽及史鉴等人言论也基本上与朱元璋的观点一致。

朱元璋并非从最初就认为，"豪强"型富民与地域社会小民之间的矛盾是由地主佃户关系直接引起的。他绝不是要改变这种生产关系。从《御制大诰》各篇中表述的各种见解来看，他并没有批判地主佃户关系本身。但朱元璋通过多次实施的籍没政策，开始着手处理元代以来地主佃户关系中被积蓄的矛盾，特别是土地所有不均问题。

朱元璋认识到"乡里"中豪强即富民与小民的关系，与杨维桢所说的"地主"与"庄佃"的关系有密切联系，而这两种类型的关系又相对具有各自的独特之处。朱元璋也从前者角度注意到地域社会中富民与小民的关系。他对富民或与富民有紧密关系的士大夫进行过严厉的批判。根据《资世通训·士用章》中的记载，朱元璋曾说："名士者，坐视市村。"

总而言之，在明代的江南官田中，洪武年间的籍没田明显是元代以来地方社会经济矛盾的产物。朱元璋的"官田政策"是否属于主动解决社会经济矛盾的政策,是战后北村敬直和古岛和雄争论的焦点。但两人的争论基本停留在理论层面上,我们应该从洪武年间籍没的实施和籍没田土的扩大入手,同时关注有关元代江南地域的研究,从而尽可能全面细致地解决这一课题。

在以下两个方面,洪武年间江南地区的籍没田及其主要部分——明代江南官田的形成与上述课题也有着密切关系。

第一,洪武年间因籍没而新设的官田的税粮每亩税负具有何种特征。第二,明朝籍没富民土地以后,是哪些阶层经营新设的官田且缴纳税粮的。这两个问题属于明初江南官田存在形态问题,笔者将在下一章进行详细论述。

第二章　明初江南官田的存在形态

导言

如上一章所见,明初在江南三角洲设置了大量的官田。官田给农村社会带来了怎样的影响呢? 也就是说,官田的存在对农业经营的应有状态、土地所有关系、农民的阶层构成产生了何种影响呢? 在本章,以官田比重较高的苏州、松江二府为中心,从国家税粮征收制度的侧面,探讨明代江南官田的存在形态,藉此试着考察上面提出的问题。徭役征发制度与税粮征收制度有着密切的联系,本章也会论及它和江南官田制度的关联。

一、官田的系统、每亩税负、面积

Ⅰ　对《(洪武)苏州府志》起科等则表的分析

官田的每亩税负构成了官田存在形态的核心。从洪武前期到洪武中期的过渡阶段,在《(洪武)苏州府志》卷十《税赋·田亩》项下,除了前一章中引用的部分外,也有关于苏州府各县籍账中各类土地的面积、起科等则及官定税负额的详细记载(参照卷首书影)。表 1 就是根据原文对此类数据的整理。这一记载向我们展示了有效的线索。

各县田土一项中相同的土地种类虽然有官田、功臣还官田、开耕田、民田和抄没田五种,但在开头的一府总计部分只记载了官田、民田和抄没田三大类土地项目的面积。功臣还官田和开耕田被列在官田项下。

在特别记载了功臣还官田面积的吴县和长洲县,如果不把功臣还官田作为官田项下的项目从计算中排除掉的话,一县的总额就会产生错误。因而,这三项可以被认为是基本的土地类别。

上述五个土地类别下面记载了很多起科等则。例如吴江县官田项下的记载:

> 官田四千五百九顷七十亩三分三厘九毫八丝。一则七斗三升,
> 一则六斗三升,一则五斗三升,一则四斗三升,一则二斗三升,一则
> 三斗三升,一则二斗,一则一斗三升,一则五升,一则三升,一则
> 一升。

遗憾的是,正如吴江县官田一样,仅仅记载了起科等则,而没有记载与之相对应的各类土地面积,亦即我们看不到各类起科等则土地的比重。因而,要像根据《(正德)松江府志》卷七《田赋中》制作的表 2 那样,断定不同土地种类的百分比、特别是体现各类官田特征的标准征收额的百分比是不可能的。但是,各类土地起科等则的分布各具特征。参考第一章已经介绍过的宣德年间苏州知府况钟的文集《况太守集》所收的上奏、其他地方志中的记载,笔者尝试揭示这一特征。为了论述方便,根据《(洪武)苏州府志》的记载顺序,按照抄没田、民田、官田的顺序进行讨论。

抄没田 在《(洪武)苏州府志》中籍没田被记作抄没田。抄没田在各县均被分为原额田与今科田两大类。在第一章第二节中引用过的《况太守集》卷八《再请减秋粮抛荒粮抽取船只奏》中记载,况钟再三上奏请求将苏州府下抛荒田土中官田部分照民田起科,招人承佃。户部驳回他的

上奏时说：

> 如系洪武初以前古额官田,不许减科,仍照旧额纳粮。若系洪武年间抄没官田,分豁原额并今减科粮数,明白保结完报。

据此可知,抄没实施于洪武年间。而且,抄没田中据原额所定税粮与依据某种标准减科的税粮也被明确地区分开来。这一"原额"或许是指,洪武七年颁布减租例(参照本章小结)以前,明朝政府最初设定抄没田的起科等则时的征收额。无论如何,以下特征是很重要的。

表 1　洪武初年苏州府各土地种类起科等则表

■ 本朝计拨本府所辖六县及崇明新隶共有田土　　67 490 顷 00 亩
　　　　　　　　　　　　　　　内该官田土　　29 906 顷 07 亩
　　　　　　　　　　　　　　　　　民田土　　20 945 顷 51 亩
　　　　　　　　　　　　　　　　抄没田土　　16 638 顷 40 亩

■ 各县具有起科等则,亦任土所宜而做贡也。

县　名	地　目	面　积	起科等则(单位:石)
长洲县田土		11 138.00	
	官田	5 039.63	原科　0.73　0.63　0.53　0.43　0.33 0.23　0.13　0.2　0.05　0.03
	功臣还官田	218.28	0.435　0.3　0.2　0.25
	开耕田		0.4
	民田	3 645.45	0.26　0.23　0.16　0.13　0.05　0.03
	抄没田土原额田	229.08	0.73　0.63　0.51　0.43　0.4
	今科田	2 224.78	0.35　0.33　0.25　0.23　0.13　0.05 0.03
吴县田土		4 383.45	
	官田	2 274.39	元科　0.73　0.63　0.53　0.43　0.33 0.23　0.2　0.13　0.05　0.03　0.01
	功臣还官田	63.96	0.43　0.36　0.35　0.34　0.33　0.32 0.3　0.29　0.28　0.25　0.23　0.22 0.21 一则二斗之上　0.2　0.18

县 名	地 目	面 积	起科等则(单位:石)
吴县 田土	开耕田	·	0.4
	民田	1 468.33	0.23 0.13 0.05 0.03 0.01
	抄没田原额田	32.23	0.73 0.63 0.53 0.43
	今科田	608.49	0.35 0.33 0.3 0.26 0.24 0.23 0.21 0.13 0.05 0.03
吴江县 田土		11 253.76	
	官田	4 509.70	0.73 0.63 0.53 0.43 0.33 0.23 0.2 0.13 0.05 0.03 0.01
	民田	5 307.05	0.52 0.33 0.23 0.13 0.05 0.03
	抄没田原额田	512.73	0.73 0.63 0.53 0.43
	今科田	924.36	0.35
嘉定县 田土		14 186.72	
	官田	6 380.88	0.73 0.63 0.53 0.43 0.32 0.23 0.13 0.05
	民田	3 855.70	0.53 0.43 0.33 0.23 0.13 0.06
	抄没原额田	3.78	0.73 0.53 0.43
	今科田	3 946.34	0.35 0.34 0.33 0.32 0.31 0.3 自二斗九升每一则减一升下至五升计 二十五则
昆山县 田土		12 541.43	
	官田	6 878.25	原科 0.73 0.63 0.53 0.5 0.43 0.33 0.3 0.23 0.2 0.13 0.1 0.05 0.03
	功臣还官田		0.4 0.31 0.25 0.21 0.05
	开耕田		0.73 0.4
	民田	1 953.22	0.23 0.13 0.05 0.03
	抄没田	3 709.95	
	原额田		0.73 0.65 0.63 0.55 0.53 0.45 0.43
	今科田		自二斗五升每则递减一升凡三十则

续表

县 名	地 目	面 积	起科等则(单位:石)
常熟县		11 725.02	·
	官田	3 629.39	
	元科田		0.73　0.63　0.53　0.43　0.33　0.3　0.23　0.13　0.05　0.03
	开耕田		0.4
	功臣还官田		1.63　0.57　0.38　0.37　0.36　0.35　0.34　0.3　0.28　0.25
	民田	3 705.58	0.23　0.13　0.05　0.03
	抄没田	4 390.04	
	原额田		0.72　0.63　0.53　0.43　0.4
	今科田		自三斗五升每则递减一升至八升凡二十八则　0.06　0.05　0.03
崇明县田地		2 260.63	省略
	官田	1 193.80	
	民田	1 010.15	
	抄没田	56.67	

［说明］
- 本表据《(洪武)苏州府志》卷九《税赋·田亩》编制。
- 单位为"顷",省略"分"以下面积单位。
- 除了反映微妙的差别,故保留了原文中不可缺少的部分字句,其余省略。而且,崇明县的官田、抄没田项下,除了与其他各县相同的科则记录外,还有特别详细的附注,在此省略。但是该附注中包含着与本文论题相关的非常重要的问题,有必要重新讨论。
- 只有长洲县、吴县记载了功臣还官田的面积,这与各县的田土总数无关,即功臣还官田是被包含在官田面积之中的。
- 订正了原文中的明显错误,恕不出注。
- 表前标有■的内容是原文所附说明。

表 2　《(正德)松江府志》所载松江府税粮科则分布表

每亩科则	面积(顷)	占官田总面积的百分比	占官民田总面积的百分比	税粮额(石)	占官民田总税粮额百分比
官田					
合计	32 488.38		81.54	748 752	94.16
0.1斗以上	47.24	0.15	0.12	50	0.01
0.2	3.30	0.01	0.01	7	——
0.3	959.21	2.95	2.41	3 108	0.39
0.4	2.17	0.01	0.01	94	0.01
0.5	3 485.85	10.73	10.73	18 393	2.31
0.6	17.04	0.05	0.05	112	0.01
0.7	10.83	0.03	0.03	82	0.01
0.8	25.97	0.08	0.08	227	0.03
0.9	9.10	0.03	0.03	87	0.01
1斗以上	7 710.00	23.73	23.73	97 717	12.29
2	9 962.02	30.66	30.66	239 716	30.14
3	7 449.43	22.93	22.93	250 221	31.46
4	1 426.04	4.93	4.39	62 019	7.80
5	1 048.67	3.23	3.23	52 726	6.63
6	130.68	0.40	0.40	8 311	1.05
7	196.34	0.60	0.60	155 25	1.95
8	2.61	0.01	0.01	219	0.03
9	0.50	——	——	50	0.01
1石以上	0.52	——	——	69	0.01
2	1	——	——	4	——
3	1	——	——	4	——
4	0.22	——	——	1	

续表

每亩科则	面积(顷)	占民田总面积的百分比	占官民田总面积的百分比	税粮额(石)	占官民田总税粮额的百分比
合计	7 356.91		18.46	46 493	5.84
0.006 3 斗	0.083	——		0.002 8	——
1 升以上	0.20			0.219 3	
2	68.62	0.93	0.17	146	0.02
3	637.25	8.66	1.60	2 065	0.26
4	55.00	0.75	0.14	236	0.03
5	5 409.20	73.53	13.58	28 918	3.64
6	0.63	0.01		4	
7	0.38	0.01		2	
8	7.68	0.10	0.02	62	0.01
9	0.25	——		2	
1 斗以上	994.81	13.52	2.50	11 303	1.42
2	178.42	2.43	0.45	3 613	0.46
3	4.39	0.06	0.01	136	0.02
4	0.02	——	——	0.993	——

民 田

[说明]
• 本表根据《(正德)松江府志》卷七《田赋中·各项田土并税粮科则》编制。
• 原文标题虽为"税粮科则",但没有关于"税"的记载,仅使用了表示秋粮的"粮"。而且均记述为"某某斗以上起科田",可见"科则"是"起科等则"的略语。
• 表的标题中记载了官田和民田。但在原文中,例如述及官田的时候,在总计部分作"官田地山池涂荡三万二千四百八十八顷云云",在细目部分作"一升起科田"、"一斗以上起科田",等,可见此时的"田"是作为官田税粮的征收对象的"田地山池涂荡"的略称。
• 省略"分"以下面积。

第一，在长州县、吴县和嘉定县，今科田的面积占压倒多数，仅有少量原额田；在吴江县今科田接近原额田的两倍。在未分别记载两者面积的常熟、昆山两县，似乎也可以认为存在着这一倾向。第二，各县无一例外，原额田起科等则的范围是 7 斗 3 升以下至 4 斗 3 升、4 斗。这在"官田"的科则分布中位于中间值之上，属于相当的重额。与此相对，今科田自上限 3 斗 3 升至 3 升，均为在笔者推算的洪武二十四年苏州府官田每亩平均征收额 4 斗 3 升 6 合 9 勺余（参照下一节及表 4）以下的轻额。而且就今科田而言，在常熟县，自 3 斗 5 升开始，每则递减 1 升，直至 8 升，共计 28 则。如果再加上 6 升、5 升、3 升 3 则，共有 31 则；在昆山县有 30 则，在嘉定县也是自 3 斗 5 升以下有 32 则，每亩征收额的种类纷繁多样。虽然也可以认为这与三县直接与长江毗邻有关，但是，为什么与官田、抄没原额田、民田的起科等则相比，今科田的起科等则特别高呢？非常粗略地说，可以总结出以下特征作为结论：

抄没原额田　面积小　每亩税负　7.3 升—4 斗
抄没今科田　面积大　每亩税负　3.5 斗—3 斗

民田《（正德）姑苏志》卷十五《田赋》根据表 1 所使用的《（洪武）苏州府志》的记载，介绍了"国朝洪武初"官田、民田、抄没田的起科等则。但是由于该书省略过多，以致完全无视各县的分布情况，将全苏州府的起科等则一起排列。在这种情况下，前文所示的官田与民田的差异看起来几乎不存在了。

但是，每亩税负 5 斗 3 升的民田，在吴江县和嘉定县各有一则，嘉定县还有 4 斗 3 升和 3 斗 3 升的民田各一则。嘉定县上述三则土地在同县民田面积中所占比率虽尚不清楚，但至少这种情况并不能代表整个苏州府的。除此之外，其余各县的官民田科则主要是在 2 斗 6 升以下，例如 5 升、3 升、1 升，分别有 7 则、6 则、5 则和 4 则。与官田、抄没原额田的上限相比，这些官民田的科则明显偏低，即便与抄没今科田的起科等则相比，也是属于较低的水平（参照下表）。

民田（斗）	官田（斗）
	7.3
	6.3
5.3	5.3
4.3	4.3
3.3	3.3
2.6	
2.3	2.3
1.6	
	1.0
1.3	1.3
0.5	0.5
0.3	0.3
0.1	0.1

民田科则基本上是 2 斗 6 升以下为主的情况，与宣德年间苏州知府况钟所说"民田粮一十五万三千一百七十四石零，每田一亩科米五升至二斗六升"（《况太守集》卷七《请清军及旧欠折钞奏》）的见解几乎完全一致。将上述结果与洪武二十四年时苏州府民田平均征收率 4 升 3 合 3 勺余（推测值，请参照下一节和第四表）的情况结合起来考虑，2 斗 3 升、1 斗 6 升、1 斗 3 升和 1 斗的起科等则可以被视为例外。我们不妨认为，多数民田的起科等则在 5 升和 3 升左右。

官田被区别于抄没田的官田在起科等则方面有什么特征呢？

（a）国初田土分官民，中又各分高下等则，盖悉仍宋元旧制……

吴元年本府抄报伪吴版籍内，有功臣还官田及官田原科若干者，此可证矣。(《(天启)海盐县图经》卷五《食货篇·二上·田土》)。

(b) 以上五十都官民田数,俱宋元时分制。至国朝田额,或开垦,或抄没,或三等分田,甚为近古。今为掩匿。姑存田额,以备参考。(《(弘治)常熟县志》卷六《乡都·田土》)。

在说明《抄没田》的时候,我们曾经引用过宣德年间户部对况钟上奏的反驳意见。将上述史料与户部的反驳意见结合在一起考虑,我们可以确认这样一点,即上述史料(a)(b)中所说的"官田"应该是与"抄没官田"不同系统的"古额官田"。如果假定史料(a)中"官田原科若干者"的"原科"就是《(洪武)苏州府志》在《官田》项下记载的长洲、昆山的"原科",以及吴县、常熟县的"元科"的话,那么就可以认定《(洪武)苏州府志》的《官田》是属于史料(a)的"宋元旧制"或(b)的"宋元时分制"的系统的,正是古额的宋元官田。《(洪武)苏州府志》记载的官田起科等则上限为7斗3升,下限为3升,共有十则。各县的情况基本相同。居中的起科等则3斗3升与抄没今科田的上限持平,比民田起科等则的实际上限重1斗。如第一章所言,宣德时期苏州知府况钟认为,恰恰是因为古额官田税重,故加重了农民的负担。而且,清人黄卬在《锡金识小录》卷一《备参》中认为,"大抵官买田至重,籍没田次之。"前述官田的起科等则与黄卬的见解有相通之处。

但是,在《(洪武)苏州府志》记载的官田的起科等则中存在着每亩3斗3升至3升的轻额部分。这是怎么回事呢?我认为,这反映了宋元时代的官田中存在着每亩税负较轻的部分。例如,《(洪武)苏州府志》卷十《税赋·田亩》中记载了宋代官田系统的"田则",即每亩税负,其中就有4斗、3斗(围田),3斗、2斗(沙田),2斗(成田),4斗、3斗、2斗(官田)等轻额部分。而且职田每亩税负的下限是6升3合5勺,没官田每亩税负的下限也不过是二斗。此外,我们还应考虑到如下问题。

如前一章所说,《(洪武)苏州府志》所载了长洲、吴、昆山、常熟四县下有每亩税负4斗(四县皆然)和7斗3升(仅昆山县)的"开耕田"。这应该是与前引《(弘治)常熟县志》所称"国朝田额"中"开垦田"、《(光绪)石门县志》卷三《田赋》所载《吴元年则例》中每亩税负4斗的"开垦田"是相同的。国家将因户口断绝、所有者逃亡等而产生的无主荒废田土纳入自己的管辖,确立了大约每亩4斗的征收额,招募承佃者从事开垦,故名"开耕田"或"开垦田"。元末战乱之后,在以苏州府为首的江南三角洲此种田土即藤井宏所谓的断入官田有一定数量的存在,在洪武十二年时候,构成了"官田"的一个部分。[1]

　　顺便提一下,在《(洪武)苏州府志》记载的各县起科等则中,"官田"项下与"开耕"并列的还有"功臣还官田"这一地目。其面积在长洲县为218顷28亩有余,在吴县为63顷96亩余,合计282顷24亩。据此推断,常熟、昆山两县的官田面积所占全府官田总面积的比率较低。即便如此,各县"功臣还官田"的税负征收额几乎全都在每亩3斗8升以下,属于轻额官田。作为重额官田的象征,亦即爱宕松男所注意的每亩1石6斗3升的起科等则[2]仅存在于常熟县。不仅如此,由于它仅是该县十六种起科等则之一,故我们很难将其视为普遍存在的情况。而且,假如史料(a)所言无误,那么"功臣"将田土"还官"的时期大约应在明代以前。因为明朝政府收回赐予功臣田地的事情始于洪武二十五年(1392)[3],这距撰写《(洪武)苏州府志》序文的洪武十二年已经过去了十多年。

　　根据以上对《(洪武)苏州府志》所载起科等则的考察,我们基本了解了洪武十二年时各类官民田地每亩税负的特征。

　　但是,还有一个重要问题。如表1所示,《(洪武)苏州府志》记载的起科等则,各县下的各类土地的起科等则通常在每亩7斗3升至3升之

---

① 根据藤井宏的看法,断入官田多形成于张士诚灭亡之后的苏州、松江、嘉兴和湖州四府。参见前揭和田清编《明史食货志译注》上《田制》(执笔者为藤井宏)。
② 前揭爱宕松男《朱吴国と張吴国》。
③ 清水泰次:《明代庄田考》(《東洋学報》16—4),并参考第一章第三节·Ⅲ·4。

间,各等则之间按照上下差约为1斗顺序排列,嘉定、昆山、常熟三县的抄没今科田的起科等则按照上下差1升的顺序排列。这显然是着眼于征税的规定。起科等则的此种形态,反映了苏州府下每亩税负的基准额大致形成于洪武十二年——《(洪武)苏州府志》基本告成——之前的某一时间。

此外,关于明初抄没田每亩税负的问题,宣德五年(1430)时松江府人杜宗恒认为"一依租额起粮"(《(正德)松江府志》卷七田赋中),弘治二、三年(1489—1990)时苏州府吴江县人史鉴认为是"皆验私租以为税之多寡"(《西村集》卷五《侍御刘公愍灾书》)。可见该类田土的起科等则是以被籍没之前的私租额为基础的。但是,私租额并非原封不动地变为税粮额,而是根据一定规则被列入起科等则的。

Ⅱ 不同系统的面积和每亩税粮征收额

如上所见,属于不同系统的官田的每亩税负是各不相同的,并且与民田存在着显著的差异。那么,洪武年间,属于不同系统的、税负各不相同的官田各自占有何种比重呢?尽管很难对此进行定量化的考察,但我们用以下的方法或许可以得出一个比较接近史实的答案。如第一章所示,我们利用《(洪武)苏州府志》可以知道洪武十二年时苏州府三大类土地的面积及比例(由于省略了亩以下的数字,故与原史料的数字稍有出入):

官田土	29 906 顷	44.33%
民田土	20 945 顷	31.03%
抄没田土	16 638 顷	24.65%
合 计	67 489 顷	

这一珍贵的统计反映的是洪武前期的情况。考虑到此后的籍没和开垦,我们有必要将其与洪武后期的统计进行比较。遗憾的是,成书于洪武二十六年(1393)三月之前的《诸司职掌·户部职掌》中记载的

田土统计,虽被认为是洪武二十四年(1391)明朝第二次编造赋役黄册的结果,但是并未区分官田、民田等各类土地的面积。就苏州府而言,仅记载了一府的合计田土面积为98506顷71亩。但幸运的是,现存明代第二部苏州府地方志——正德元年(1506)刊行的《(正德)姑苏志》卷十五《田赋·田地》收录了官田和民田的面积。藤井宏认为,这一数字可视作明代苏州府的基本数值。① 以下的数字是藤井宏研究修订后结果:

官田地等项	60 094 顷	62.98%
民田地等项	35 323 顷	37.02%
合计	95 417 顷	

上述合计95 417顷的数字接近《诸司职掌》中记载的98 506顷71亩。这样,《(洪武)苏州府志》的67 489顷和《(正德)姑苏志》的95 417顷之间,有27 927顷属于增加的部分,这一数字反映了洪武十二年到洪武二十四年之间因籍没(抄没)和开垦增加的田土,是值得关注的。其中,民田的数量没有增加。与《(洪武)苏州府志》所载官田土和抄没田土的合计额46 544顷相比,《(正德)姑苏志》所载的官田地为60 094顷,多出了13 550顷。如笔者在本节Ⅰ中所推测的,《(洪武)苏州府志》所载的"官田土"数字是将户绝无主田地断入官田系统中已登记部分与宋元官田之和。为方便起见,以下统称"宋元官田",并且假定宋元官田的面积

_____

① 参见藤井宏《明代田土統計に関する一考察》(《東洋学報》30—3、4,31—1. 1944—1947年)。而且,本文的数值是根据藤井宏的见解进行修正的结果。《(正德)姑苏志》载"弘治十六年一州七县实征官民抄没田地山荡等项共九万四千八百顷有奇。官田、抄没等项六万五千三顷有奇。民田等项三万四千六百九十七顷有奇。"藤井宏根据该史料双行夹注中记载的各州县数值,进行了重新统计。这是有根据的补正。如果根据上述原文,本文的表述也应是"官田·抄没等项"或"民田等项"。而原文中双行夹注中则作"某县官田地等项、民田地等项",故从夹注。又,本文在统计苏州府和松江府的田土时,除受到藤井宏的很多启发之外,也多有藤井宏未曾述及的部分。最近,中国学者顾诚发表了《明前期耕地数新探》(《中国社会科学》1986年第4期),开始对起自藤井宏的关于明代田土统计的学说进行了重新考察。我个人认为,藤井宏关于苏州府、松江府田土统计问题的看法仍是值得信赖的。

不会继续增加。另一方面,洪武十二年以后增加的 13 550 顷官田应该是洪武十二年后被籍没的田土与户绝无主田即断入官田部分的总和。我们以上述情况为前提,可以推测出洪武二十四年时各类土地的面积和比例如下:

宋元官田　　　　　　29 906 顷　　　31.34％

抄没及断入官田　　　30 188 顷　　　31.64％

民田　　　　　　　　35 323 顷　　　37.02％

其中,如前所述,宋元官田中应该已经包含了洪武十二年之前被登入籍账的断入官田部分,这样实际上抄没官田和断入官田所占比例应该大于上面计算出的 31.64％。不过即便按照不加修正的数值即最小的估算值,截至洪武二十四年,新产生的抄没官田和断入官田的数额仍与被高估了的宋元官田数额相同,将近占了苏州府田土的 1/3。这些新的官田在数额上超过了明以前的宋元官田是确定无疑的了。

在 I 中,我们根据《(洪武)苏州府志》的记载,分析了各类田土的起科等则。在此基础上,我们要具体地分析各类田土与每亩税负之间的关系。首先,与田土面积的情况相同,《诸司职掌·户部职掌》记载的苏州府秋粮总数 2 746 990 石应该是洪武二十四年第二次攒造黄册的结果,这一数字在宣德五年时为 2 779 109 石(《况太守集》卷七《请减秋粮奏》,宣德五年七月二十六日)。后者包括了"官田粮" 2 625 915 石(95.47％)和"民田粮" 153 174 石(4.53％)。将它们分别除以洪武二十四年的官田面积(宋元＋抄没＋断入)和民田面积,我们可以得出当时的每亩平均税负,即官田为 4 斗 3 升 6 合 9 勺,民田为 4 升 3 合 3 勺,并将其记入下文的表 4。现在,我们通过 I 中引用的文献可以确认,在官田之中,宋元官田的税率较高。

表3 宣德五年(1430)官田税粮减额诏敕发布前后松江府秋粮征收额的变化(附加
税部分除外)

如本表所示,宣德五年的减税规定确实付诸实行。不知是否因松江府内地势、土壤质量互异所致,赤米的比重相当可观,而且混杂有豆类等杂收。又,本表仅包含秋粮,不包含夏税。

种类 年份	永乐十年 (1412)(石)	宣德七年 (1432)(石)	减税额(石)	减税率(%)
杭米	826 231.95	636 701.17	189 530.78	22.94
糯米	1 265.70	934.49	331.21	26.17
赤米	280 279.57	217 588.95	62 690.62	23.87
黄豆	86 690.53	73 102.03	13 588.50	15.67
斑豆	9 537.25	7 941.56	1 595.69	16.73
绿豆	32.78	27.32	5.46	16.66
赤谷	879.67	715.12	164.55	18.71
合计	1 204 917.45	937 010.64	267 906.81	22.23

《(正德)松江府志》卷七《田赋中》。请参看注(8)。表中省略了合、勺等单位。

我们在Ⅰ部分中已经知道,虽然抄没原额田的面积少于今减科田,但其每亩税负也多在4斗至6斗,乃至7斗以上。这样,将包括这些高税率的税粮在内的262万余石均摊下去的结果,可知每亩税负为4斗3升。这一事实提示了一个重要问题,即在其余两种土地类别中,除去根据Ⅰ部分已经确知每亩税负在3斗5升以下的抄没今减科田外,最后一种土地类别即户绝无主的断入官田的税负应该是在每亩四斗左右。这样,在Ⅰ部分中,将这一断入官田比定为一则4斗的"开耕田"也就有了现实性。根据以上考察,洪武二十四年(1391)时苏州府官田项下各类田地的面积、每亩税负以及民田的数据如下:

宋元官田　　　　　31.34%*　　　　每亩基本税负为4至8斗,另有3斗以下者
　　　　　　　　　　　　　　　　　　　(*事实上,比这一数值低很多)

抄没及断入官田　31.64%**　　　　(**事实上,比这一数值高很多)

抄没原额田（小范围）	每亩税负 4 至 7 斗
抄没今减科田（广范围）	每亩税负 4 斗以下
断入官田	每亩税负 5 斗以下
民田　37.02%	每亩税负 5 升以下（另有若干以斗为单位者）

我们据此明确了以下情况，即苏州府在洪武年间，除了税率较高的宋元官田（亦称古额官田）之外，还存在着新设置的抄没、断入两个系统的近额官田，其数量远远多于古额官田，即便按最低数值估计也与古额官田持平。近额官田大部分的每亩税负在 3 斗至 5 斗之间，其面积至少相当于苏州府全部田土面积的 1/3，甚至有可能占到四成以上。

关于洪武到宣德前期（1368—1430 年前后）松江府官田的情况，缺少类似于《（洪武）苏州府志》那样全面且直接地记载各类官田和每亩税负关系的史料。不过，松江府存在着十分珍贵的史料，它记录了宣德后期至正德七年（1430 年前后—1512）税粮科则，而这恰是苏州府所缺乏的。这就是《（正德）松江府志》卷七《田赋中》记载的松江府的"税粮科则"，详情请参见表 2。该史料反映了正德七年之前的情况，而这恰恰关系到下一章将要讨论的宣德七年减轻官田每亩税负的改革，这个改革是根据宣德五年诏敕实行的。关于表 2，请一定参考注（8）

以下，让我们根据表 2 来看一下松江府官田的每亩税负的分布。[①]在此，每亩税负在 1 至 4 斗的田土占官田总面积的 77.32%，属于官田的基本部分。在民田方面，每亩税负在 5 至 6 升的田土占了民田总面积的73.53%，也属于民田的基本部分。官田每亩 1 至 4 斗的税负，确实相当于民田每亩 5 至 6 升税负的 2 至 6 倍以上。所谓宋元官田即古额官田相对税负较低，故属于其他系统的官田。包括根据宣德五年减税诏敕降

[①] 关于《（正德）松江府志》的税粮科则表。该书中有以"附记各项田土并税粮科则"为标题的一系列记录。其中，在卷七《田赋》中载有"总书王奎故纸册载，不著年月"的税粮科则表，笔者在计算了比率之后，将其转载入表 2。根据这个税粮科则表的说明，可以明了以下情况。据"总书王奎故纸册"，官民田地的总计 44 073 顷 6 亩余（实际 44 072 顷 80 亩余），包（转下页）

低的每亩官田税负的结果在内①,松江府的平均减税率为22.23%。我们利用数值,可以复原表2中每亩税负1至4斗的在洪武年间至宣德前期的税负额。② 这就是说,表2中每亩税负1至2斗的原额税负在1斗2升9合以上,而3至4斗者的原额税负当在3斗8升9合以上。如上所述,在每亩平均税负相对高于松江府的苏州府,近额官田的税负为3斗或4斗。这样,松江府下每亩税负"1斗2升9合以上"和"3斗8升9合以上"的数字,虽然其下限远远低于苏州府的平均值,但其上限却接近了苏州府的最高值。此种数值上的差异,反映的明显是近额官田的税负水

(接上页)括前面税粮科则表中开列的"见在有征"的官民田地山池涂荡39 845余顷和"逃绝抛荒抄出海塘坍湖坍泖坍江仓基召佃累陪寄庄告申等项田地"4 227顷80余亩。另外,《(正德)大明会典》卷十九载弘治十五年松江府官民田土总计为47 156顷62亩,藤井宏在前揭论文中将其视为明代松江府的基本数值,表1中也引用了这一数据。它十分接近上面提到的"正德六年户总科数"47 204余顷。在与"正德六年户总科数"进行比较时,前述"总书王奎故纸册"的数值少了3130顷。但是,"总书王奎故纸册"的数值与"正德五年岁报"相比只少了4顷4亩。

如果存在着这样的情况,那么就很难利用表2即王奎的统计来了解田土面积的绝对数量。但是,王奎的统计还是可以用来了解松江府官民田每亩税负的分布状况的。在现存江南三角洲地区的明代地方志中,保留有类似记载的文献仅有注释(8)所引用的《(正德)华亭县志》。在这个意义上来说,它是非常珍贵的数据。还有,根据《明会典》可知,官田占总面积的比率为84.52%,这与府志所载王奎统计的81.54%相比,没有太大的差异。

"总书王奎故纸册"的统计没有记载年份。我们将其作为宣德中期减轻官田税负之后的统计是根据以下的理由。

在《(正德)松江府志·田赋中》,从洪武二十四年起,几乎每隔十年都要记载"官民田地山池涂荡"的合计面积和夏税·秋粮的税粮额。这明确显示了该记录为每十年一次编造赋役黄册的结果。其中,永乐十年(1412年)的统计数字最为接近宣德五年减轻官田每亩税负以前的统计,宣德七年(1432年)的统计数字最为接近减税之后的数值。兹将这两者中构成税粮主体的秋粮部分整理为表3。

然而,上述"总书王奎故纸册"的秋粮统计中,转载于表2的"见在有征"部分与未转载的"概县包陪"部分的合计,即被记载为"通共"的数值为939 570石。这一数值如表3所示,明显地接近减税之后宣德七年的数值。可以推测,担任总书的王奎为正德期间或者接近于正德期间的人物,但或许因为不言自明的缘故,没有关于他的专门记载。《(正德)松江府志》所载统计的下限是弘治十五年(1502年),该年秋粮额为939 265余石,我们可以认为这十分接近四年之后正德年间的情况。因此,我们不妨将"总书王奎故纸册"的内容看作宣德中期至正德年间的记录。

① 关于明朝在宣德五年至七年减轻官田每亩税负的问题,请参考第三章第五节Ⅰ。

② 表2所示各阶段的每亩税粮征收额中,我们可以复原宣德五年减税前的每亩税负,这是根据22.23%的平均减税率计算得出的。详细内容请参考第110页注①。

平。附带指出一点，原史料中未述及夏税，仅记载了秋粮。

此外，前面曾经言及，宣德七年三月南直隶巡抚周忱在谈到松江府华亭、上海两县时指出，比近额官田负担更重的古额官田的税粮总额是 27 900 余石。表 2 中官田每亩税负 6 斗以上的高税率部分的税粮合计额为 24 183 石，根据前述的平均减税率，可以知道洪武年间至宣德年间前期税粮总额约为 31 405 石。这是包含了周忱所说的古额官田税粮额的数值。每亩税负 6 斗以上的复原值是 7 斗 7 升 9 合以上，属于相当高的税率。这一点恰好可以成为古额官田负担沉重的佐证。我们可以认为，周忱所谓的古额官田是被包括在表 2 中减税之后每亩税负 6 斗以上的官田之中的。此外，6 斗以上的部分仅相当于官田总面积的 1.1% 和官民田总面积的 0.83%。这就是说，表 2 中每亩税负为 1 至 4 斗的官田虽然意味着要向国家交纳比民田更重的税粮，但与每亩税负 6 斗以上的古额官田相比，仍然属于负担相对较轻的部分——明代新设置的近额官田，即属于抄没、断入两个系统的土地。明代松江府官田的基本部分是每亩税负在 1 至 4 斗之间的田土，它们占表 2 官民田总面积中 63.05%。

表 4　苏松地区官民田秋粮每亩平均税负

地区名	土地种类名	每亩平均税负(斗)	年　　代
苏州府下各县	官田	4.369	洪武年间—宣德前期
	民田	0.433	
松江府下各县	官田	2.973	洪武年间—宣德前期(推算原额)
	官田	2.305	宣德后期—正德年间(假定民田的分期与官田相同)
	民田	0.639	
松江府华亭县	官田	3.181	洪武年间—宣德前期(推算原额)

续表

地区名	土地种类名	每亩平均税负（斗）	年　　代
松江府华亭县	官田	2.466	宣德后期—正德年间（假定民田的分期与官田相同）
	民田	0.716	
松江府上海县	官田	2.607	洪武年间—宣德前期（推算原额）
	官田	2.021	宣德后期—正德年间（假定民田的分期与官田相同）
	民田	0.500	
关于本表的计算根据，请参看第二章第一节Ⅱ及本章注(8)。			

　　另一方面，将表 2 的官民田税粮除以各自的面积，得出官田每亩平均税负 2 斗 3 升 5 勺，民田每亩平均税负为 6 升 3 合 2 勺。[①] 这些都是反映宣德后期（1430 年代前期）至正德年间（1506—1521）税负水平的数值。而且，以其中官田的数值和表 3 中减税率为基础，可以推算出在减

---

① 关于松江府宣德后期至正德期的每亩平均税负的计算与洪武至宣德前半期的每亩平均税负的复原。

　　如表 4 所示，计算松江府华亭、上海两县每亩平均税负，是以下面的情况为前提的。即《（正德）华亭县志》卷六《田赋上》所载"附记各项土并税粮科则"的内容，与前引《（正德）松江府志》所载"附记各项土并税粮科则"的内容属于同一系统，府志所载华亭县田、地、山、池、涂、荡的各种面积与县志所载数值完全一致。同时，该"附记各项土并税粮科则"的统计，不只是对田的统计，也包括了地、山、池、涂、荡等。无论在原文中，还是在对其整理所得的表 2 中，在记载每亩征收额的部分，都如"〇〇以上起科田"一样仅仅使用了田字，而实际上包括了自田至荡的各类。具体地讲，只要从府志中减去华亭县相应项目的数值，就可以得出上海县在同一项目之下的数值。为了复原洪武至宣德间松江府华亭县、上海县各自的每亩平均税负，笔者进行了以下工作。表 3 中所示永乐十年（1412）和宣德七年（1432）的秋粮差额，也就是秋粮项下的粳米、糯米、赤米、黄豆、斑豆、绿豆、赤谷合计额之差为 267 906 余石，接近宣德五年下令减税总额 30 万 2 855 余石（粮米麦豆谷合计额）在扣除夏税之后（大麦和小麦）的数值——289 417 余石［上述数字均出自《（正德）松江府志》卷七《田赋中》］。可见，上述差额就是根据宣德五年（1430 年）诏敕，在数年后于苏松等地下调官田每亩税负的结果。我们利用比较永乐十年和宣德七年的秋粮额的表 3 的数值，可知实行了 22.23% 的减额。秋粮中虽然也包括了民田粮，但该下调是专以官田的重额部分为对象的，而且因民田面积非常小，粮额也少，所以我们不妨将 22.23% 直接看作官田粮的减税率。因此，我们可以认为，当时松江府官田每亩平均税负也减少了 22.23%。很明显，表 2 中的官田粮额，如前所述为宣德下调后的数额。据此计算出每亩平均税负的数值相当于为下调之前亦即洪武至宣德前期数值的 77.77%。因此，在将表 2 的每亩平均税负额乘以 1.28 的话，则可以复原得到洪武至宣德前期的数值。

税之前、即洪武年间(1368—1398)到宣德前期(1420 年代后期)的松江府官田每亩秋粮的平均税负为 2 斗 9 升 7 合 3 勺(秋粮)。而且,在《(正德)华亭县志》卷六《田赋上》中收录了与府志相同形式的税粮科则。我们利用这一史料,也可计算出宣德时官田的每亩税负减轻后及在此之前的华亭、上海两县官田的每亩平均税负。其具体数字请参看表 4。该表显示,在洪武年间到宣德前期,华亭县官田每亩税负为 3 斗 1 升 8 合 1 勺,上海县则是 2 斗 6 升 7 勺。这些每亩平均税负的数字虽不能直接被看作科则分布的中间值,但如果将反映宣德后期到正德年间情况的表 3 和前文的分析结合起来考虑的话,我认为这个数值是接近中间值的,并且反映出明代松江府官田实际状态的一个侧面。松江府 81.54%(表 2)或84.52%(第一章表 1)的田土不是作为民田,而是作为官田被登记在册的,此种情况即便与接近 63% 的田土是官田(第一章表 1)的苏州相比,也是很特殊的。这些每亩平均税负的数字显示出始终存在着某种特殊的情况。

二、官田和徭役的减免

虽然苏松地方官田的每亩税负额通常被认为是体现了官田性质的唯一指标,但是,使官田农业经营得以继续的,不仅是当地因为官田每亩税负高于税粮且低于私租。[①] 下面,从官田与徭役——维持官田农业的条件——之间关系的角度出发,考察苏松地方官田制度的具体情况。

首先应该注意的基本问题是,明朝政府免除或减轻了官田负担的杂役。在明初即 14 世纪后半期以后的中国,对于农民阶层来说,最沉重的负担依然是由里甲正役和杂役构成的徭役。

负担里甲正役是明代官田的承佃户,即下一章将要言及的官田纳粮

---

① 关于这一点,请参考本章第三节。

户的义务。洪武二十四年,户部就攒造黄册的规定问题上奏,获得批准。该规定中称"其有全种官田人户,亦编入图内轮当"。这就是说,那些没有依法拥有土地而完全靠耕种官田的人户也被纳入里甲组织,必须承担里甲正役。当然,拥有私有土地即民田,又从事官田经营的人户也必须担当里甲正役。

杂役方面的情况则有所不同,耕种官田之人可以享受免除或减轻的待遇。遗憾的是,在明朝行政法规集成——正德和万历两个版本的《大明会典》中均找不到正式规定,也许从未存在整齐划一的措施。记录这种规定的主要是两三种文集和明代地方志中有关田赋或徭役的部分。尽管各自表述不同,但仍然可以证明确实存在过该种政策。我认为,关于这一问题的研究尚不充分。有人认为,杂役的课征依据是人丁和私有土地,故课征对象应该是土地私有者,包括农村的地主、自耕农或半自耕农。相比之下,官田乃是国家所有,承担官田税粮者是国家的佃户,故官田不是杂役的课征依据,官田税粮的交纳者也就不是杂役的课征对象。另有人将官田和民田同等视之,因此他们实际上认为官田是杂役的课征依据,官田税粮交纳者属于杂役的课征对象。洪武十八年(1385)以后,杂役是以根据"丁粮多寡、事产厚薄"确定的户则——"三等九则"——为基准征派的。[1] 我们必须注意到藤井宏所指出的如下情况,在长江以南那样田土生产力相对于人丁劳动力更为重要的地方,由于田地是所有资产中最为明确的不动产,故田土自明初以来就是非常重要的编役基准之一。[2] 对明朝政府来说,为了维持交通通信和地方行政,必须依靠由杂役提供的劳动力和经费。在上述意义上,我认为,明朝政府在编审时,自然不会忽视在江南占有很大比重的官田。

在另一方面,对作为官田税粮负担者兼国有土地承佃者的农民而言,情况又如何呢?官田的每亩税负低于私租,但却高于民田。民田以

---

① 山根幸夫:《十六世紀中国における賦役労働制の改革》(《史学雑誌》60 卷 11 号,1951 年)。
　后收入山根幸夫《明代徭役制度の展開》(東京女子大学学会,1966 年)。
② 前揭藤井宏《一條鞭法の一側面》。岩见宏:《明代徭役制度の研究》(同朋舎出版,1986 年)。

"升"来确定每亩税负的基本单位,而官田则以"斗"来确定每亩税负的基本单位。在此基础上,明朝政府还向官田耕作者派发杂役,这无疑是相当沉重的负担。在这种情况下,政府既然要积极地推进官田政策,确保作为实物租税的税粮收入,那么就必须采取某种措施,以便可以从耕种官田的农民那里获得安定的税粮收入。正是出于此种考虑,明朝政府或者没有将官田作为征发(编审、金差或赋课)杂役的基准,或者在考虑杂役的征发基准时减轻了官田的负担率。

然而,如果说15世纪前期的宣德年间至16世纪的正德年间和嘉靖年间是明朝政府利用杂役来强化政府和官僚统治的"役的时代",那么可以将明朝初年称为"税的时代",在这一时期,明朝政府为了巩固中央集权的财政基础,希望获得尽可能多的实物租税。在这个意义上,减免杂役本身也是政府为了从农民阶层更多、更快地获取农产品而采取的临时措施之一。同时,由于明朝政府视官僚、军户、匠户和灶户之人为某种特殊的役夫,故不向他们征派杂役,这一做法与上述减免官田杂役有着相同之处。可以推测,在所谓"全种官田人户"中的最贫困阶层实际上无法负担杂役。尽管如此,减免杂役从以下方面来看是非常重要的。即,以苏松地区为代表,即使到了明代中期以后,在每亩税负存在着较大差异的地区根深蒂固地保留着上述做法。此种事实告诉我们,当时国家对农民征发赋役时不能不保持一定的平衡,极言之,就是"税重则役轻,税轻则役重"。我们至少可以认为,上述观点作为一种理念贯穿在制度之中。如第五章所述,以嘉靖十六年(1537年)苏州府知府王仪实施的改革即所谓的"均粮""征一"为契机,从16世纪前期开始到16世纪中期前后,在江南三角洲同步进行着赋税和徭役的改革。从上述观点来看,赋役改革同时进行是极其自然的,这表明赋役两者的征派方法在嘉靖年间以前就存在某种密切的关联。在官田较多且土地生产率较高的特殊地区,税和役的平衡问题特别受到关注。这一点对理解国家权力在当代中国社会的表现形式提供了启示,值得进一步研究。

> 邑之田有官田。田所入，以供官府盈诎之需，但不缺国赋而不服杂徭者也。(《天下郡国利病书》原编第七册《常镇·靖江县志》)

> 官产者，逃绝人户暨抄没等项入籍于官者也。……而杂徭不兴焉。(《(万历)上元县志》卷二《田赋》)

这是两条极具代表性的资料，是在与苏松地区毗邻、同属官田地带的南直隶常州府及明初国都应天府地区免除官田杂役的实例。确定户则的目的在于，为了以户为单位征发杂役。从这一点来看，减免"全种官田人户"的杂役负担，仅仅存在于官田所占比例较小的县，如浙东的金华府等处。

> 祖宗时，凡全户佃种官田者，皆免其徭役。(《(正德)兰溪县志》卷一《田赋志》)

我们从地方志的记述中可以看出，在里甲制度建立(洪武十四年，1381年)以前征派杂役的过程。

> 置各处水马站及递运所·急递铺。……马有上中下三等，验民田粮出备。大率上马一匹、粮一百石、中马八十石、下马六十石。如一户粮数不及百石者，许众户合粮并为一夫。(《明实录》洪武元年正月庚子)

> 诏计均工夫役。初中书省议，民田每顷出一丁为夫，名曰均工役。民咸便之。(《明实录》洪武八年三月壬戌)。

以此可见，用于运输、通信、土木工程的劳动力均是以"民田"为对象征派的，官田则不在其中。而位于江南三角洲中心的苏州和松江两府的情形如何呢？嘉靖二十一年(1542)前后去世的松江府华亭县人陆深在《溪山余话》(《说郛》续第十八所收)中写道：

> 今东南之田有二则。曰官田，曰民田。然官田未必尽重，而民田未必尽轻也。……惟编审差徭，则官田轻而民田重。故受田之家亦尝校论官民之则。

他指出,嘉靖年间的"东南"即时期江南地区在编审"差徭"时,轻官田而重民田。这在当时是带有相当普遍性的常识,说明了嘉靖年间依然存在官田也要负担一定程度杂役的政策——尽管享有减免。如第一节Ⅰ中所说明的那样,苏松地区的官田很多,难以全面免除或减轻杂役。尽管如此,在嘉靖时期,还是存在着这样的认识。在明初,杂役的项目数量以及实质负担要少于后代,在农村内部的土地所有关系也比后代稳定。可以认为,从明初起至嘉靖年间,苏松地区以官田为对象实施了减免杂役负担的政策。

前引《明实录》洪武元年正月癸巳及洪武八年三月壬戌两条史料中的"民田粮"和"民田",除了田地的法律意义之外,也可以解释为"老百姓的田粮"或"老百姓的田地"。然而,正如在本章第三节以及第三章第二节中所详述的那样,我们可以明白地看到,从建文到永乐初年,在向南直隶镇江、常州、苏州和松江四府,浙江布政司所属杭州等六府纳粮户征派马差时,就存在着不将官田作为征派对象的政策。以下事例间接地表明,当时存在过减免官田负担杂役的政策。洪武三十一年(1398)以前作为官田登记的常熟县 275 顷 64 田地被当作屯田收归政府。该屯田在永乐八年(1410)屯军被裁撤后向民间开放。宣德七年(1432 年),该县的粮长和里长们就屯田的处理问题有如下说明:

> 蒙户部勘合札付,承准中军都督府照会。该本卫申开,各军名下田地,草木盘结,难以成熟。退还有司,召人承佃,照民田例起科。本县已将前项田亩照数召佃成熟,至今二十余年,二次造册,应当水马驿站重难差役。(《况太守集》卷八《请军田仍照例民佃奏》)

这就是说,该官田从军管状态退回到地方衙门的管辖之下,由当地政府募人耕作,降低了每亩税负,按照民田起科,在其后的两次编造黄册时,被征派了水马驿站等繁重的杂役。通过这段史料的主要内容可以看出,一般不向官田摊派这种繁重的杂役劳动。但是,如果官田负担与民田相同水平的税粮时,则就向其征派繁重的杂役。该事例实际上发生在苏松地区,而该地区的官田已经是负担较轻杂役的对象。虽然尚缺乏洪武年间的此类资料,但我们仍可以认为,明初以来,在苏松地区,不论官田面积大小,这是一种旨在减轻耕种官田农民的徭役负担,从而维持其经营的方法。注释①有助于我们通过16世纪正德、嘉靖年间的松江府

---

① 均徭法是明代杂役实施方法中最初的改革。该法是将原来非定期科派的杂役,改为与里甲正役相同的十年一次定期科派,科派时以均徭册上的户则顺序为主,再参考田土(或者税粮)的多寡。这一改革至迟在15世纪后期的弘治元年(1488)以前,被推广于全国(见山根幸夫前揭论文。此外,请参考本书附录二的拙论)。在包括苏松地区在内的长江以南地区,田土作为杂役编审基准的性质一直受到重视,而且越发明显。可以想像,在此情况下如何处理作为减免对象的官田自然成为问题。即是否将官田作为编审的基础? 如果是,那么是否完全与民田相同? 还是实行递减换算? 作为最直接的问题,在官田面积占80%以上的松江府,以及官田所占比率低于松江府,但同属重要官田地区的嘉兴府和常州府,在均徭法实施后的正德至嘉靖年间(1522—1565),"官田和民田均作为杂役编审的基准、或者作为直接对象,两者之间通过官轻民重加以区别"的情况在史料中得到具体的证明。

　　A. 近岁均徭并计丁产,甲首亦计田出钱。……而均徭官田亩取银四分,民田亩六分,甲首民田取分五厘,官田亩一分。皆十岁一轮,亩岁为钱四五文而止。尤未重也(松江府华亭县人顾清的《傍秋亭杂记》卷上。森案,根据文后记载,我们可以确定这是正德十一年[1516年]以前的规定)。

　　B. 而况均徭之编,五升田亩出银五钱,五斗田亩仅出银三分乎(华亭县人徐阶《世经堂集》卷二十二《与抚按论均粮》。该文撰于隆庆三年[1569]松江府统一官田民田科则之前的嘉靖二十五年。请参考第五章第四节Ⅵ)。

　　C. 嘉善土贡在该年里甲,而均徭则在先五年者。其一斗至五升及无耗田以每亩计,二斗至三斗者以半亩计,四斗至五斗者以二分计。此田差法也(《(正德)嘉善县志》卷三《土贡》。森案,这可能是当时的惯例。此外,根据《(嘉靖)嘉兴府图记》卷八《物土》的记载,嘉善县属于嘉兴府中官田比例最高的地区,官田为2770顷73亩余,占地总数的46.94%,民田为3132顷27亩余,占53.0%)。

　　D. 常州府于嘉靖十四年(1535)改革了科派杂役的方法,武进县知县马汝彰在该县创立了十段法,其编审基准为"官田一千三百九十六顷六十三亩七分,每五亩折民田一亩"(《(万历)常州府志》卷六《钱谷三·征输》)。

　　可见,A为《官2》比《民3》,B为《5斗田0.6》比《5升田10》,C为《5斗田1》比《5升田5》,D为《官1》比《民5》。这样的比例,在作为杂役编审基准或对象的田土中,官田或高额田的负担,相对于民田或轻额田,进行了递减换算。我觉得有必要深入研究以下问题,即上述诸例在表达方式上的细微差别的问题,较之前人研究(山根前揭论文)早很多的时期松江(转下页)

和嘉兴府的地方志史料,进一步了解南直隶、浙江东部、江西、湖广、福建等江南三角洲周边官田分布地区的相关规定。

　　此外,为了维持经营,政府还必须采取夏麦折色征收的措施。《况太守集》卷九《再请夏税折布奏》(宣德七年九月)中收录了在长洲等县担任

（接上页）府就将均徭银摊入田土的问题;在里甲银中,只要将田土作为直接对象,就存在着官民田间差异的问题,以及有关杂役制度以及整个徭役劳动体系自身的关联问题。在这里,我们通过均徭法实施后的具体事例,可以确认在洪武年间,为了保障官田的经营,明朝政府采取了减免杂役的政策。

　　下面,我们选择若干事例,来考察一下在官田大大少于民田,杂役劳动项目与实质负担加重后,上述减免杂役政策依然保持着生命力的浙东、福建、江西、湖广等江南三角洲周边地区的情况。

　　E. 丁田正差,以人为丁,以田准十五亩为丁。至黄仁山始视差法,准十亩为丁。此略从轻民之意也。……官田旧以税重,凡丁差皆不及[原注。今定海仍然],今则半民田矣(《(嘉靖)宁波府志》卷二十四《田赋书》)。

　　F. 然官田有折银无力役,民田有重役无轻赍,以此较之,无甚差别(《(万历)绍兴府志》卷十四《田赋・翁大立余姚量田记》)。

　　G. 民田苦徭役重累,官田有折解而无徭役(《天下郡国利病书》原编第十六册《福建・泉州府新志・田土》)。

　　H. 均徭额编银共计二万一千六百五十四两有奇。其法以人丁、民粮兼派,每人丁二丁折民粮一石。惟吉水以官粮兼派,安福以沙米兼派,皆以二石折民粮一石。驿传额派银一万三千六百八十二两有奇,俱以民粮单派,不及丁。安福则更以沙米折民粮如前。民兵编银三万五千五百二十两有奇,以人丁、民粮兼派如里甲。惟吉水以官粮二石、人丁一丁,安福以沙米二石、人丁一丁各折民粮一石(《(万历)吉安府志》卷十三《户赋志》)。

　　I. 秋粮官民米十六万四千六百九十四斗九升二勺。内二斗以上起科官米一万八百三十三石八斗五升二合九勺一抄,又江夏县展城包砌米三十九石七斗一升七合,俱全免派差,止纳京库。又一斗以上起科官米一万一千一百七十二石九斗二升三合六勺,俱折半当差,止纳京库并练兵粮饷、显承二卫月粮。又一斗以下起科官民米十四万二千五百八十三石四斗五升六合六勺玖抄(《(万历)湖广总志》卷二十二《贡赋二・武昌府》)。森案,未说明一斗以下项目与"差"的关系。即,该项目完全被作为"差"＝杂役劳动的对象。

　　E为浙江东部的宁波府的事例,F为同为浙江东部的绍兴府的事例。根据相关资料,可知这均是在嘉靖四十四年(1565年)浙江实施一条鞭法前夕的情况。G虽然年代不清,但是明确反映了明代福建泉州府下官田、民田各自与杂役的关系。H反映了万历十三年江西吉安府在编审杂役时,原则上将民粮即民田粮作为基准,而在官田、沙田较多的地区,与其他地方的民田相比降低的税负,并将官粮和沙米也作为编审基准。I表明,在万历三十一年前后,湖广武昌府对官田米2斗以上的均不摊派杂役,对1斗以上的按照1斗以下的1/2减半赋课,对1斗以下的,无论是官米民米,均一体科派杂役。E以下的资料,说明在不同地区,虽然在具体方法上存在各种差异,而在基本方向上是一致的,间接地可以证明苏松地区杂役劳动与官田的关系这一本文主题。

粮长和老人徐璿的申诉：

> 各县田地低洼，粮额浩大。洪武年间，人民布种官田，别无远运。年岁成熟，止够纳粮。每遇春夏饥歉之日，全赖二麦接济。秋粮征收本色，夏麦每一石二斗折布一匹。民得织布纳官，存麦济饥。

由此可见，明朝政府为了保证可以按照规定的每亩税负征收秋粮，故认可了夏税的折纳，使农民得以保有余粮，从而维持能够经营。我们在会典中也可以看到类似的政策，如洪武年间在规定对官田粮实施折纳和征收草料时，将官田视作民田之半。[1]

但是，对于维持经营来说，有一个不可忽视的决定性条件，那就是官田粮的运输距离。众所周知，不论是实物的谷类，还是折纳物，在纳税时必然伴随着将其运送到指定官仓的义务。前面引用的长洲等县粮长和老人的申诉中言及洪武年间"别无远运"，但是从永乐迁都开始，随着政治中心的转移，这一情况发生了巨大变化，开始了向北京以及江北地方的"远运"。正如上述申诉中所说，"又与各处民粮一般拨派远运，加耗对支"。这导致了官田税粮的负担者还要负担"远运"劳力和经费，从而对经营造成了影响。[2] 官田体制是以将官田的主要部分放在明初洪武年间的国都南京周边地区这样一个地理条件作为重要杠杆的。

---

[1] 据《万历》大明会典》记载，洪武年间有命令将各地的官田粮折算成金银、棉苎布等（卷二十八《会计四·京粮》）。洪武十八年特别指定将两浙及京畿官田的税粮折成钞、金、银、棉布、绢等征收，并对不同物品规定了不同的换算率（卷二十九《征收》）。这两个事例与本文所举事例在想法上略有不同，它是将秋粮米谷本身进行折纳。这一方面是为了确保实物租税，另一方面也可从中看出政府和官僚对征收可以作为重要公私财源的银、布、绢等的渴求。但是，正如折算征收的项目中包含有钞这一事实所象征的那样，在维持承佃官田农民的经营这一想法下，有时会采取这样的措施，这从永乐十三年以后拖欠税粮激增时期实施了各种轻赍折收的事实中（杜宗桓《上巡抚侍郎周忱书》、《（正德）松江府志》卷七《田赋中》）可以得到佐证。关于草料，同书卷二十九《征收》云，"洪武二十三年，官田每顷草料七包半，民田加倍，俱起运赴京，定场交纳"。可以看出对官田是有所照顾的。

[2] 明确记载此间经过的史料中，有关于官民田税粮一般情况的记载，如《（天启）海盐县图经》卷五《食货篇二上·税粮》："国初江南正赋，止有两税，而转输之费，俱不入额。盖其时奠鼎金陵，地近易达，故即之以运纳借之民力，不称厉也。迨改宅幽燕，道理艰阻，小民远运抵京，正粮一石，率用米至于三石。财殚立罢，势须厘改。"

以上提示的诸项条件，即便是为了维持官田经营的必要条件，但也绝非充分的条件。① 只是由于这些条件存在于洪武年间，故负担官田税粮的农民的经营还是比较稳定的。况钟在收录于《况太守集》卷七的《治农官改兼催粮官奏》（宣德五年十一月）中称："臣到任以来，询问民情，据里老王仲仁等言，洪武年间无官治，农粮无拖欠。"我们从前引长洲等县粮长老人徐璿等的报告中，也可以间接地了解到当时的情况。

三、关于承佃官田与纳税的方式

明代，在以苏松地区为中心的江南，向政府缴纳官田税粮的人在农村社会中属于什么阶层呢？ 从明代之前的元代至明初，再从明初经过明代中期，到明清鼎革期，在社会经济结构变动的过程中，交纳官田税粮的阶层发生了怎样的变化呢？ 如果无视伴随着时代发展的农村内部状况的变化，而将其抽象化，直接使用法制上的概念，一般性地将其界定为均质的国家的承佃户，也就是官佃户，则在历史上毫无意义。本节将从经营的角度研究法制意义上的官田承佃者，也就是税制意义上的官田税粮交纳者的存在形态在明初的特色，同时也将涉及所有的层面。这将有助于我们清楚地理解明初以官田体制为媒介的国家和苏松地区农民的关系。

在元代，以苏松二府为中心的浙西地区在继承了宋代官田的同时，加上新籍没的田地，维持了官田的经营。《（正德）松江府志》卷十八《水利三》记载了元大德二年（1298）前后的一份奏折，其中记录了当时的状况。关于其中提到的"浙西官田数多，俱系贫难佃户种纳"的问题，请参考本书附篇《论元代浙西地区的官田贫佃户》。② 在元代，这些官田多由

---

① 例如，在里甲制下，里长、塘长等必须承担从事征运税粮和兴修水利工程的正役，这会对承佃官田的农民经营产生不利影响。为了维持官田的经营，这些都是不可忽视的问题。此类问题在本文言及的范围之外还有许多。

② 请参考附篇一，原题《对元代浙西地方の官田贫难佃户に关する一检讨》，原载《名古屋大学文学部研究论集》56，1972 年。

被称作"贫难佃户"的那些经营规模零散、难以维持再生产的贫困农民来耕作、纳粮的。但是,另一方面,富裕的主户层负担着官田税粮。他们拥有超过自己家族经营规模以上的土地,其中也包括官田。就他们自己保有的官田而言,他们是官田的第一承佃人。他们借给"贫难佃户"粮食,通过修筑围岸等活动完善其经营条件,还负担了国家向农村社会征派的各种徭役。进而还出现了像松江府下沙人瞿霆发这样拥有民田 2700 顷,并承佃官田 7300 顷的特大地主。他们除了具有很强的地域性外,还从超过自己家族经营规模以上的广大的土地获取收益。①

明代的官田上也有很多类似于元代贫困佃户的农民层在耕作和纳粮,有关当时的一些资料,基本上认为"官田悉贫民所种"。例如,景泰五年(1454 年)的进士、成弘两朝名宦丘濬主张开放淮南一带的湖荡,用以发展水田。他在奏折中说:

> 俱如江南之制,民之无力者,给以食,田成之后,依官田以起科;民之有力者,计其庸,田成之后,依民田以出税。(《大学衍义补》卷三十五《制国用·屯营之田》)

同时代人林俊②、嘉靖十一年(1532 年)时任刑科给事中的徐俊民③等,虽然未明确指出具体的时期和地点,但也同样在议论中将官田与贫民结合在一起。由这些官僚的理念可以窥见当时的社会常识,例如:

> A. 抚按江西给事中朱肇事言,江西十三府官田租重,十倍民田。······官田悉贫民所种。(《明实录》永乐二年十月辛未)
>
> B. 应天府所属江宁等县官田减半税粮,多系贫难人户耕种办纳。(《周文襄公年谱》宣德六年)
>
> C. 诏巡抚直隶侍郎李敏,均定应天等府州官民田。先是,正统

---

① 杨瑀:《山居新语》(《知不足斋丛书》本)。《(正德)松江府志》卷二十八《人物二·名臣》。请参考附篇一拙稿。
② 林俊:《务政本以足国用疏》,《皇明经世文编》卷八十六。
③ 《明实录》嘉靖十一年二月戊戌条载"刑科给事中徐俊民疏请更定田赋"。

中,户部会官议,令江南小户官田改为民田起科,而量改大户民田为官田,以备其数。①(《明实录》景泰四年五月庚申)

　　D. 田未没入之时,小民于土豪处还租,朝往暮回而已。后变私租为官粮,乃于各仓送纳。(《(正德)松江府志》卷七《田赋中·杜宗桓·上巡抚侍郎周忱书》)

　　史料 A 所指为江西,史料 B 和 C 根据相关资料可知为南直隶西部的应天府,史料 D 所指为上一章中言及的松江府。这些史料表明,被称作贫民、贫难人户、小户、小民是官田税粮的交纳者,即官田的承佃人。他们在从明初至正统、景泰年间的华中、华南地区分布得很广。我认为,在以苏松两府为中心的江南三角洲地区,自己耕作官田且负责交纳官田税粮的小农阶层中有很多人应该属于上述史料 D 所言及的形式,即在洪武元年前后开始的大规模籍没中从地主佃户转变成官田佃户的人们。此类官田佃户的户数,在经历了籍没之后,应该超过元代官田中贫难佃户的户数。

---

① 根据《明实录》后续部分记载,将小户的官田每亩税负变为民田的每亩税负,将大户的民田每亩税负变为官田的每亩税负,以使小户和大户的负担均等的提议最后未能实现。请参考第四章第一节。但是,根据《(万历)宁国府志》卷八《食货志》、《(万历)江浦县志》卷六《赋役志》、《(万历)上元县志》卷二《田赋》等的记载,这一措施在日后成为减轻官田负担的方法被付诸实施。《(万历)宁国府志》中有如下记载:"洪武初,宁国与应天诸郡,高皇帝追念存恤,尽蠲民田租,复其世世。惟宋元以来没入官田,稍征其半。故夏麦秋粮,并赋诸官田。以其起存皆本色,故耗米差多。"
　　可见,自洪武年间起,宁国府的民田被免除了所有税粮,官田则被减半征收,此举对民田经营十分有利。上述《(万历)上元县志》提到洪武十八年以来应天等五府州采取了上述政策。《明实录》洪武十八年三月己亥记载了对应天、太平、宁国、镇江、广德、滁、和等七个府州实施了蠲免的情况。《御制大诰·正编·五府州免粮第十二》中,详细记载上述七个府州中除了滁、和以外的五个府州采取了《(万历)宁国府志》中记载的措施。在万历《大明会典》卷二十九《征收》中有如下记载:"[洪武]二十四年令应天、太平、宁国、镇江、广德五处官田税粮,自后减半征收。"
　　我推测,这是包括对民田的规定在内制度化的结果。根据这种特殊情况,从宣德年间开始减少官田耗米,并将每亩的若干负担转嫁给民田。成化年间以来,地方官们积极地将其制度化。万历《大明会典》卷十七《户部四·田土》记载,根据弘治二年(1489 年)命令整理得到的各地负担率规定为:"令应天府上元等七县官田粮每石减耗米二斗五升,民田每亩劝出米二升。……宁国府宣城等六县官田粮每石减耗米三斗,民田每亩劝出米一升。"

在原来意义上,贫民和贫难人户是以经济力的强弱为标准,属于与富民等相对而言的一般性称呼。而小民及小户,一方面是根据上述经济标准,另一方面则根据社会地位的差别,是作为与大户等相对而言的一种称呼。被王朝国家统治着的普通百姓也被称作小民。因此,这一连串的称呼本身,不是与土地所有以及经营方式相对应的概念,尤其是小户或者小民这样的称呼,是以自佃户、自耕农兼佃户、自耕农乃至中小地主的广大人群为对象的。然而,与丘濬的官田和"民之无力者"相对应,杜宗桓将明初成为负担官粮的农民即昔日土豪的佃户称作小民。考虑到元代与官田相关的三种阶层中,占多数的贫难佃户是经营规模零散的农民等情况时,我认为在 14 世纪后期至 15 世纪前期的明初,那些被称作贫民、贫难人户、小民和小户的阶层中包括了许多从事小规模经营的直接生产者——农民。

然而,在对比本章第一节Ⅰ中所示苏松二府官田面积比、宣德中期(1430)官田减负前苏松二府官田每亩平均税负以及官田各系统的相互关系时,自然会提出下面这样简单的问题,即官田占一府田地总面积的约 63%(苏州府)和 81%—84%(松江府),从整体上来说,由劳动力及财力相对匮乏的阶层直接耕种和纳粮是否可能呢? 我们不能不注意到这些地区的单位面积劳动量投入极大。[1] 换个角度来看,拥有占田土总面积约 36% 强或 18%—15% 的民田、税负较轻(每亩约 5 升)的阶层,在财力有余裕的情况下是否会完全放弃获取官田以及从官田获得剩余生产物的打算呢? 他们将民田租给佃户耕作时,即使按相对保守的估算,私租收入还是会在每亩 8 斗(参照表 5)的水平上。当他们自己经营时,其米谷的收获量最低在每亩 1 石 5 斗左右。这就是说,他们只需将租佃收

---

[1] 在《况太守集》卷八《丁少粮多请免远运奏》(宣德六年三月)中,有如下记载:"本府所属长州等县重租官粮二百六十五万五千九百三十五石零,民粮一十五万三千一百七十四石,俱系水乡圩田。……农民当秋冬修筑圩岸,春夏车水出圩,营办粪壤滋肥,方得收成有获。……今春作,农务方兴,各圩积水渺茫,必有幼男妇女踏车,晓夜不息。"虽然表达有些抽象,但据此我们可以略知一二。另请参考第三章第五节Ⅰ。

入的 1/16、自营收入的 1/30 交纳给国家。这样,无论民田所有面积大小,应该存在着民田所有者经营官田的必然性。

表5　苏松地区每亩收获量·私租额的参考资料

地区名称		收获量(石)	私租*(石)	年　代	史　料
苏州府	府内平均值	1.0以上—3.0以下	0.8/0.9—1.2/1.3	明末清初	《日知录》卷十《苏松二府田赋之重》
	吴江县		1.0—1.8	弘治	《(弘治)吴江县志》卷五《风俗》
			0.8—1.8	嘉靖	《(嘉靖)吴江县志》卷十三《风俗》
	震泽县(原吴江县震泽镇)	0.5—1.8		乾隆	《(乾隆)震泽县志》卷二十五《生业》
	常熟县	上农　2.0		嘉靖	《(嘉靖)常熟县志》卷二《食货志》
		中农 1.0以上			
		下农　1.0			
松江府	府内平均值	西乡 2.5—3.0	1.6,1.7	嘉靖	《四友斋丛说》卷十四《史十》
		东乡 1.5	0.7		
	华亭县·青浦县**	1.5—2.0	1.0—1.5/1.6	康熙	《阅世编》卷一
	上海县		上 1.2	康熙	《阅世编》卷一
			中 0.8/0.9		
			下 0.6		
湖州府乌程县		2.0		崇祯	《(崇祯)乌程县志》卷三《赋役》

*指民间地主和佃户关系中的地租。

**嘉靖二十一年(1542年),始割松江府下华亭、上海两县之地置青浦县,后废。万历元年(1573)再置后未废。因此,在表2至表4依据的《(正德)松江府志》和《(正德)华亭县志》在编纂时,松江府下仅有华亭、上海两县。

现在,我们根据表5,将当时苏州府的每亩米谷收获量的平均值假定为2石。表4用秋粮表示的洪武至宣德前期官田税粮每亩平均征收额约为4.5斗,相当于上述每亩收获量假定额的22.5%。如果假定收获量为 1 石 5 斗,则相当于 30%。同样,我们根据表 5,将苏州府每亩平均私租额与收获量的比例假定为 50%。松江府西乡华亭县在洪武至宣德前期官田税粮每亩平均税负约为 3.2 斗(表 4 记载为 3.181 斗),该数值相当于西乡收获量下限 2.5 石(表 5)的 12.8%。若将收获量假定为 2 石,则为 16%。该府东乡上海县官田平均税负约为 2.6 斗(表 4 作 2.607 斗),占东乡收获量 1.5 石的 17.3%。另外,史料作者明确意识到表 5 中松江府西乡和东乡的收获量与私租额之间的关系。如果我们准确地阅读该史料时,可知私租的收租率或地租率是比较高的。在西乡为 53.3%—56.7%,在东乡为 53.3%。① 前面计算得出的"官田每亩平均

---

① 西嶋定生前揭《中国初期棉业の成立とその构造》中讲到,"宋末以来的田赋增额,其结果是使占松江府农民大部分的佃户、特别是东乡的佃户极度零散化,仅依靠耕种稻米而维持生计变得愈加困难"。其内在的逻辑是,由于该地区田赋过重,以致地主不得不从佃户手中收取高于其他地方的地租。佐伯有一也在前述《明帝国をめぐる東アジア世界》一文中表达了相同的观点,认为由于官田税负是以原有地租为标准的,故"地主当然要提高地租额,否则就无利可图"。我们再来看一下作为西嶋论据的何良俊《四友斋丛说》卷十四《史十》的资料:

　　盖各处之田,虽有肥瘠不同,然未有如松江之高下悬绝者。夫东西之两乡,不但土有肥瘠,西乡田低水平,易于车戽,夫妻二人可种二十五亩,稍勤者可致三十亩。且土肥获多,每亩收三石者不论,只说二石五斗,每岁可得米七八十石矣。故取租有一石六七斗者。东乡田高岸陡,车皆直竖,无异于汲水,水稍不到,苗尽稿死。每遇旱岁,车声彻夜不休,夫妻二人,极力耕种止可五亩。若年岁丰熟,每亩收一石五斗。故取租多者八斗,少者只黄豆四五斗。

围绕私租率来解读这段史料,就是西乡水利条件好,土地肥沃,而东乡却相反。因此,相对最高收获量"三石"而言,西乡"一石六七斗"的地租属于地租的上限。而东乡"八斗"的地租,当收获量仅为"一石五斗"时,就明显属于重租了。根据这些条件计算收租率时,西乡为 53.3%—56.7%(16—17/30 石),东乡为 53.3%(8/15 石),基本接近我们考察过的明清时期地租率平均的标准,即收获量的 1/2(加藤繁《中国经济史概要》第三节《土地制度》,弘文堂,1944 年)。如果是这样,前面引用资料中松江府东西乡的租米额,可以被认为是以东西乡的收获量除以上述平均比率而得出的。因此,不能将东西乡佃户的困窘状况完全归于"田赋过重"。但是,由于国家的官田设置,地主在地租中作了区别,他们又是如何具体应对与佃户之间的关系呢?有关这一点,还存在着很多值得探讨的课题。

　　例如,第五章第四节 V 介绍了该时期松江府士大夫徐宗鲁的看法。他的观点是,当税额高时,即使私租额低,佃户也不愿缔结契约;而税额低时,即使私租额高,佃户也愿意缔结契约。税粮轻重的确影响了佃户的经营。不过,其影响方式并非直接加重私租。请参考第五章注释(41)。

　　顾炎武在《官田始末考》以及《苏松二府田赋之重》(《日知录》)中,也指出了税粮轻重与私租的关系。有关顾炎武的观点,在本书总结部分有所涉及,这从一个侧面反映了明末时期催督税粮的方法造成了私租负担加重。

税负与收获量的比例"低于"私租对收获量的比例",即在苏州府是27.5%(假定收获量为2石)或20.0%(假定收获量为1.5石),在松江府为40.5%—37.3%(西乡,假定地租率为53.3%)和36%(东乡,假定地租率为53.3%时)。由此可知,自明初以来,尽管与民田相比存在很大差异,将官田纳入地主经营的可能性是存在的,而且"官田税粮即官租"与"私租即所谓地租"在性质上有着很大的不同。① 从这样的官田税粮平均税负、其与收获量的比率以及其与私租的比例等数值来说,民田所有人是完全有可能将经营扩大到官田的。我们将上述这些问题进行定量考察后可以发现,在明初的江南三角洲农村社会中,在存在着自己缴纳官田税粮的小农阶层的同时,也存在着不仅经营民田,同时还存在着将官田登记在自己的名下,或者使用奴仆及雇工经营,或者委托给佃户耕种,自己缴纳官田税粮的地主阶层。

在《况太守集》卷八《丁少粮多请免远运奏》(宣德六年三月八日)中,当时的苏州府知府况钟这样写道:

> 为民情事。窃照本府所属长洲等县重租官粮二百六十五万五千九百三十五石零,民粮一十五万三千一百七十四石零,俱系水乡圩田。洪武年间,验丁授田。每户税粮,多者四五十石,少者亦不下十石。

况钟在这里指出,上述粮额中源自洪武年间"验丁授田"而来的部分,其结果是造成"每户税粮"有"多者四五十石"的情况。关于"验丁授田",当时的巡抚周忱也在给中央政府户部诸官僚的书信中言及该府太仓地区的情况:

> 忱尝以太仓一城之户口考之,洪武年间见丁授田十六亩,二十

---

① 关于官田粮与私租在性质和征收量方面的区别,《(万历)武进县志》卷三《钱谷一·额赋》对隆庆二年(1568)该县均粮(请参考第五章第四节Ⅲ)有如下记载:"凡为民间平田佃种者,率完租米一石,官田重至七斗。其高低民田佃种者,率完租七八斗,官田轻至四斗。其视佃民田者,已属轻额矣。"

四年黄册原额六十七里八千九百八十六户。① (《皇明经世文编》卷二十二《与行在户部诸公书》)【译注：二十二原文作"十二"】

尽管周忱的表达方式与况钟不同,但是他们陈述的是相同的事实。况钟在其他上奏中引用的昆山县申文中也提到,在洪武年间根据同知宋信的建议实施了"验丁授田"的政策。② 可见,同时代的史料可以证明确实实施过"验丁授田"政策。因此,即便我们无法判明该政策的实施程度,但根据本章第一节Ⅰ推定的当时占全部田土 31.64% 的是明代新设官田的规模来看,可以推测这个政策的实施范围是相当广泛的。也就是说,估计这一政策是针对全部农民阶层(自免于抄没的原有地主阶层的残存部分开始,直至被作为抄没对象的地主们过去的佃户阶层)的,根据其户下的丁力即成年男子人数(亦即现有耕作能力)为基准分配田土,而其大部分是作为官田登记的。

我们不妨尝试着进一步探讨当时该政策与农民各阶层的关联。前引况钟上奏中称"每户税粮多者四五十石、少者亦不下十石"。姑且以 50 石除以接近当时苏州府官田每亩平均税负的 4.5 斗,则为约 111 亩;如果是 10 石,按照同样方法计算得约 22 亩。我认为,在当时的江南三角洲地区,拥有耕作 110 亩左右土地能力的农户,要么以户内丁的形式拥有众多劳动力,要么以某种形式利用自己家族以外的劳动力。这已经无法将其看做单纯的贫弱小民。根据何良俊《四友斋丛说》卷十三的记载,在 16 世纪的嘉靖年间,在附近的松江府西乡水利条件较好的地方,一对夫妻可耕作的面积为 25 亩。③ 这样,即便经营 111 亩田土之人本人也参加耕作,也应该属于使用他人劳动的地主阶层。另一方面,最低保有田

_____

① 有关该内容请参考第三章第四节。
②《况太守集》卷九《请禁妄动实封及冒军籍冒船户金充粮长不符定例奏》中有如下记载:"一件,影射军籍事。据昆山县申,自洪武年间同知宋信建言验丁授田以来,有等狡猾奸民,欲脱漏户口、躲避粮差者,往往用财买求附近太仓、镇海、苏州并淮安、大河等卫官旗军吏人等,冒认军人亲属,不分乡贯,捏作女婿、义男等项,书填勘合,勾求本县。县亦不审勘来历,朦胧解卫。"
③ 请参考第 124 页注①引何良俊的《四友斋丛说》卷十四《史十》。

土 22 亩之人,比照周忱所述的太仓地区一丁 16 亩的基准,我认为是全种官田户的夫妻。此外,有关"验丁授田",当然还需要注意前面提及的丘濬关于"民之有力者"在"田成之后,依民田以出税"的见解。然而,从苏松地区明初官田的庞大规模及其与私租相区分的每亩平均税负来推断,我认为所授之田基本都是官田。总而言之,明初洪武年间,苏州府内被称作小民、贫民的小农主要是全种官田户。同时,在负担官田税粮者之中还包括有地主阶层。

明初,该地区的农民阶层有了进一步的分化。在建立官田的过程中,从大土地所有者那里没收田土(如第一章中所述,史料中表述为"籍没"、"抄没"和"抄札"),始于明朝政权建立之初。关于洪武元年前后首次大规模籍没田土不久的洪武三年,浙西地区特别是苏州府的情况,《明实录》中有值得关注的如下记载:

> 先是上问户部,天下民孰富,产孰优。户部臣对曰,以田税之多寡较之,惟浙西多富民巨室。以苏州一府计之,民岁输粮一百石已上至四百石者四百九十户,五百石至千石者五十六户,千石至二千石者六户,二千石至三千八百石者二户,计五百五十四户,岁输粮十五万一百八十四石。(《明实录》洪武三年三月庚午)

《(洪武)苏州府志》卷十《户口》载的苏州府户数为 473 862 户,同书卷十五《田亩》所载秋粮总额为正耗 2 146 830 多石。藤井宏利用上述数据进行计算后认为,上述富民 554 户占当时整个苏州府户数的 0.13%多,这些仅及全体户数 1/1 000 的农户,缴纳的税粮却为总额的 7%以上,将近一成。[1] 正如藤井宏指出的那样,太祖朱元璋根据这种农民阶层的两极分化情况,在洪武初年将建设国都的均工夫役,派给了南直隶的应天等十八府州以及江西的饶州、九江、南康三府时,"恐役及贫民"采取

―――――――――

[1] 前揭藤井宏《一條鞭法の一側面》。

了"验田出夫"的方针①,对"田多丁少"者,命以"以佃人充夫"②。正如我们在第一章详细分析的那样,自洪武元年前后,在江南实施大规模籍没富民田土的政策,增设官田,是以前述户部调查后得知元代以来土地集中于富民和阶级分化深入的情况为前提的。梁方仲根据《明实录》洪武四年九月丁丑的记录指出,粮长制度在设立之初体现了明政府如下的意图,即在对威胁到自身政权的富民巨室通过上述籍没田土、徙民政策加以消除的同时,鼓励存留下来的普通地主阶层参与到政权中来,对他们采取怀柔政策,利用他们从事税粮运输。③ 然而,即使这种阶级分化本身可以通过政治手段加以调整和缓和,却不具备将其完全消除的客观条件。

所谓"验丁授田"是根据阶级分化以及地主阶层的存在这一现实而推行的政策。这是通过官田粮作为主体,以四五十石至十石的不均等分布的税粮交纳额的形式来表达的。洪武三十五年(建文四年,1402 年),明朝政府下令向属于重要官田地区的南直隶镇江、常州、苏州和松江四府,以及浙江布政司所属杭州等六府的农民追加佥点到江北买马当站的杂役,这一命令在永乐初年付诸实施。④ 但是,我们未能发现有以下的人承担该项杂役,即(a)本来被指定承担该役的、民田粮税额在 300 石—500 石以上的"大家富民",(b)如果(a)已经在承担该杂役,而没有其他符合该标准的人家时,被指定共同承担该役的那些缴纳 10 石以上民粮的人家。这样,由大户负担的官田粮、民粮税额 10 石以下农家负担的官粮

---

① 《明实录》洪武元年二月乙丑。

② 《明实录》洪武三年七月辛卯。有关均工夫役,见山根幸夫《明代徭役制度の展開》第一章第一节、藤井宏《明初における均工夫と税糧との関係》(東洋学報)44 卷 4 号,1962 年)。关于笔者对明初地主佃户关系与均工夫役的关联,请见拙稿《十四世紀後半浙西地方の地主制に関する覚書》(《名古屋大学文学部研究論集》44,1967 年)。【译注:该文收入《森正夫明清史論集》第 1 卷,汲古書院,2006 年】

③ 前揭梁方仲《明代粮长制度》。

④ 有关到北方买马当站的徭役,《况太守集》卷七《请免借马及派买物料奏》记载的苏州府嘉定等县申文中引用了兵部的如下建议,并称在得到永乐批准后实施:"先于南直隶镇江、常州、苏州、松江四府,浙江等布政所属杭州等六府人民,除当站外,于未当站人户内,有民粮五百石以上富实大户之家,借买上马一匹,四百石以上买中马一匹,三百石以上买下马一匹。如本户粮数不及,许于十石以上之家辏当一匹,发北方驿分暂且走递,所在士民贴力养马。"

部分以及完全不负担民粮负担的农家的官粮部分,成为打破最初规定的杂役金点对象。《(万历)常州府志》对此有以下记载:

> 时因民粮不敷,又将大小人户官粮编凑。每匹马有编贴四五十家。多至二三百家。(卷六《钱谷三·征输》正统二年)

《(万历)常州府志》的记载不仅限于常州府,也涉及前面提到的宣德年间南直隶巡抚周忱在江南实施的一系列财政改革。宣德五年(1430年)十一月前后,苏州府嘉定等县的知县们在向苏州知府况钟的报告提及相同的情况:

> 除钦遵坐派本府县马二百四十余匹,因民无粮五百石及十石以上大户,止有小户民粮金点不敷。当蒙差来郎中崔恂呈部,将重租官粮,尽数辏买解部,分拨山东等处铜城等驿走递,到今二十八年。[①]（《况太守集》卷七《请免借马及派买物料奏》)。

这些资料明确表明,在15世纪初期,即紧接着洪武的建文至永乐初年期间,耕种官田并负担赋役的主要是那些被称作"大户"和"小户"的各农民阶层。松江府的情况因资料限制而较少被言及,但是从松江府拥有的官田面积比率大于苏州府这一点来考虑,我认为,其情况与苏州府是基本一致的。在苏松两府之南的嘉兴府也是主要的官田地区之一,根据前引洪武朝苏州知府金炯在其家乡嘉兴府所拥有的田土中官田多于民田的情况(第一章第三节),似乎也存在着类似的情况。

明初洪武年间,苏州和松江两府的官田无疑是由农村社会的不同阶层耕种和承担赋税的。令人遗憾的是,由于缺乏足够的史料,我们尚不清楚不同阶层耕种的官田的数量。但是,我们可将不同官田系统每亩税负作为线索,参考本书引用的各种资料以及附录一关于元代江南官田的

---

① 打破当初的规定,对所有重租官粮交纳者定下某种基准,让几户合买一匹马,充当走递。这真实地反映出在明初确实存在不将官粮作为杂役劳动的对象的原则。实际上,这种全免原则(而不是减轻原则)很难在苏松地区全面适用。

拙论,推测各阶层与官田的关系。我们姑且以苏州府不同官田系统的每亩税负为分析对象。

官田中的重额部分(A)是宋元系统及抄没原额系统(每亩税负4斗—8斗),其中有相当部分继承着旧日的耕作关系,或是被抄没之前的民田时代的耕作关系,即由被称作贫民、小民、小户的阶层(均可比定为小规模经营的直接生产者的农民)来耕作和纳税。(B)属于抄没今减科系统(每亩税负4斗以下)以及户绝无主的断入系统(每亩税负5斗以下)的官田,在数量上是超过了前者(A)。抄没今减科系统的耕种,还是延续着抄没以前的耕作关系,其相当部分是由被称作贫民、小民、小户的阶层耕作和纳税。当然,这些阶层中,也可能会有兼营每亩税负较低的民田与官田的农户。不过,我认为在这些农户的经营中,官田已经成为基本部分。作为一般倾向,他们中可能包含着许多全种官田户阶层。同时,使用他人劳动的地主即便是经营规模较大,其民田部分与前代相比已经很少了。甚至包括交纳500石以上民田粮的一部分大地主在内,他们手中掌握的上述(B)系统的官田增加了很多。也就是说,他们中的一部分人,不但拥有民田,还占有许多平均税负约为3斗—5斗或低于该税负标准的低额官田。在经营方式上,他们在家内依靠家族成员或奴仆、佣工等劳动力,或者将生产委托给佃户。极而言之,只有以上述形式将官田置于名下,才能够成为地主。将生产委托给佃户时,为了向政府缴纳官田粮税,租米(地租)收入应该少于民田部分。但是,在这些明初洪武年间的地主中,已经很少有如下规模的大地主。例如,元代松江府瞿霆发除拥有2700顷民田之外,还承佃着7300顷官田。松江府钱鹤皋"十里中一切田宇,无他姓参杂"。这样的人物在明初可能已经为数不多了。我认为,许多大地主是在洪武年间的籍没中走向没落的。洪武三年,户部呈报的苏州府554户"富民巨室"中,应该包括有在其后被籍没的对象。洪武年间,拥有官田的地主在存在形态上虽未必与元代相同,但估计一户地主所拥有民田和官田普遍地减少了。

以上对小农和地主这两个阶层与两大类四个系统官田——A类的(1)宋元官田和(2)抄没原额田,B类的(3)抄没今科田和(4)断入官田——之间关系的详细分析,是旨在准确理解史料含义而进行的一种参考性尝试。在经过如此尝试之后,我们利用前引史料可以再次确认,洪武年间以苏州、松江两府为中心的江南三角洲地区的官田,既有由小农保有的,也有由尚未成为籍没对象的地主保有的。我们通过这种情况可以了解到,洪武年间明朝政府以该地区的农村社会为对象,强有力地推进了以下相互关联的两项政策。

第一,对富民(即元代以来江南地区的大土地所有者和强大的地主阶层)严加控制,并将曾以佃户身份向地主交纳私租的小农转变为向国家缴纳官田税粮的纳税人。概括地说,不妨称作是一种培养特殊形态的自耕农的政策。在第一章也提到过这一点,我们在本章还将继续分析。第二,在当时的中国,从具有较高农业生产力的地区征收尽可能多的税粮,这也可以直接表述为税粮增收政策。官田是由小农和地主这两个阶层(实际上,人们认为在这两个阶层中存在着比较复杂的分化和结合的关系)来承佃的,也就是说,政府动员了当时可以用于农业的所有社会力量,这充分体现了第二个特征。明代江南官田税粮的每亩平均税负具有"重于民田税粮,而低于民田私租"的性质,这一点对从上述两个阶层征收更多的税粮起到了非常大的作用。首先,明朝国家通过籍没将元代大地主的土地转为官田,直接将元代曾经是佃户的广大小农掌握在手中。明朝国家为了从官田中获得更多的税粮,与地主所有时代相比,大大提高了每亩税负。但是,为了维持小农经营的稳定,所以没有将每亩税负提高到私租的程度。另外,为了获得更多的税粮,还需要有效地利用尚未被籍没的地主阶层的力量,让他们经营官田。让地主阶层从使用奴仆和佣工的劳役中获得收入,允许他们雇用佃户并收取私租,在此基础上从地主那里获得官田税粮的收入。同时,为了让他们能够进行剩余积蓄,还必须将每亩税负控制在一定限度之内。减免官田杂役的政策,对于以全种官田户为中心的小农来说,是维持他们经营的保障。同时,对于将官田与民田都纳入自己的经营范围,或者将其租佃出去的地主阶层来说,也具有相同的意义。

不论从量上还是从质上来说,由农村社会的主要构成者——小农阶层和地主阶层——承佃官田的做法,与由构成地方行政体系,即布政使司—府(直隶州)—县(散州)为基础的里甲组织来管理官田、征收税粮的做法有着密切的关联。以苏松两府为中心,在大量的官田与民田错综设置,由小农与地主这两个阶层共同承佃官田的地区,与其设置专门的官田管理和征税机构,不如自然灵活地运用与全国其他地区相同的里甲组织。我在第一章第二节中指出,官田、民田以及作为官田一个分支的籍没田(抄没田)均被登记到赋役黄册中,交纳税粮。而攒造和管理赋役黄册、征收税粮的机构正是里甲组织。如前引洪武二十四年的户部上奏中所说,"其有全种官田人户,亦编入图内轮当"。可见当时以苏松两府为首的江南三角洲地区,有很多依靠"全种官田"为生的农民,这也非常形象地表明了官田与里甲组织是不可分离的。在洪武十四年里甲制度作为全国统一的制度正式确立以前,粮长制度也与里甲制度一样,在江南三角洲官田中起到了税粮管理和征收机构的作用。①

---

① 有关管理官田和征收官田税粮的机构,已经在第一章第二节介绍过了。在这里,将其与相关的一两个事项一起重新概括一下。

　　宋代嘉定年间(1208—1224)设置了管理"籍没权倖者"和"围田湖田之在官者"的"安边所",在江浙六郡设置了用来管理景定四年(1263)以来通过买田设立的公田的四个官田所"分司"(《续文献统考》卷六《田赋考·官田》)。元代设立了"江淮等处财赋都总管府"(《元史》卷三十九《百官志五》)、"江浙等处财赋总管府"(《元史》卷三十八《百官志四》)和"稻田提领所"(《正德松江府志》卷六《田赋上》)。我们在明代找不到这种些独立于州县之外、专门管理监督官田的机构。南直隶应天府设置具有都御史衔的"总理粮储兼巡抚",即"所谓南台",是在宣德五年(1430)周忱上任以后(《南畿志》卷三《命官志》)。其职掌是监督南直隶及此后浙江的部分地区的官田,负责与税粮有关的事务。但是,它并不是专门对官田进行管理和监督的衙门。洪武十四年(1381)里甲制实施以来,明代官田与民田一样由里甲直接管理,通过里甲,与县—府—布政使司—户部系统联系在一起。关于这一点,我们在第一章第二节中,引用洪武二十六年制定的《诸司职掌·户部职掌》进行了说明。官田和民田尽管起科则不同,但却都通过里长、甲首,作为里甲正役的一个项目被登记在各里纂造的赋役黄册中。同时,里长和甲首作为里甲正役的项目之一,向官田和民田课征税粮。在里甲制以前,在拥有大量官田的南直隶、浙江、江西、湖广和福建设置了专门负责征收和运送税粮的粮长制度,其中也可观察到相同的做法。《南京户部志》卷十八《事例》记载称,"洪武四年令。……又御制《规戒录》一本,给与粮长,令其遵守,量地仓分远近,分豁官民田亩收纳"。由此可见,尽管命令"分豁官民田亩收纳",但实际上是将征收的责任归于同一位来自民间的粮长。

　　此外,官田的佃户与民田所有者同样被置于一个行政系统之下,被赋予相同的资格。正如我们在第一章第二节中根据《户部职掌》及洪武二十四年户部奏准所说明的那样,(转下页)

在元代,江南官田中相当大的部分已经被置于一般地方行政组织及其系统中的乡村行政组织的管理之下。但是,在当时的江南官田中,还有一些是处于专门官署管理之下的。① 将官田全面置于里甲这样的乡村行政组织之下,是明初洪武年间的一个特色。

那么,承担官田经营的人与官田的所有人又是怎样一种关系呢? 从严格的法制角度讲,从国家借用作为国有农业用地的官田,向国家缴纳定额的劳动生产物,这被称作承佃——承担佃作,负担地租。作为借用土地、缴纳生产物的主体,承佃人这一称呼应该是合适的。收录在《(正德)松江府志》卷三《水利下·治绩》中元代中书省的上奏中,将"种纳"官田的主体称作"贫难佃户"②,这实际上就是根据官田作为国有土地的法律性质而使用的称呼。③ 对官田这一法律性质的更为明确的表述,见《大明律·户律·田宅·盗耕种官民田》中的规定。对于非法耕作他人土地所获得的收入,如果是民田,则归还给其"主",即所有人;如果是官田,则归还给国家。④《(万历)武进县志》的编撰者、该县人唐鹤征也极力强调了官田的这一性质:

(接上页)"全种官田人户"和民田所有者一样,必须承担每十年轮换一次的里甲正役。而且,通过这些规定可以推测,政府对官田实施减免杂役的措施,并不否定政府向官田承佃户科派徭役的权利。

还有一个与官田的管理相关的不可忽视的问题。在《户部职掌》中,没有区别官田和民田,除了规定在买卖时需要变更赋役黄册的登记之外,官田在买卖、严格地讲是官田的佃权或承佃权在买卖时,并没有与民田进行区别规定。《(万历)上元县志》卷二《田赋》中称,"其更佃实同田。第契券则书承佃而已"(本章第二节中所引内容的后续部分)。可见,官田的买卖在事实上是自由的。高桥芳郎在其《宋代官田の所謂佃権について——その実体と歴史的位置》(《史朋》第 5 号。1976 年)一文中,对宋代官田中的"立价交佃"与民田所有者的所有权买卖事实上性质相同这一问题进行了论证。官田买卖中的这一惯例自然也延续到了明代。

① 请参考第一章第二节。
② 请参考附篇一。
③ 第一章第二节中,根据《明实录》洪武十一年九月戊寅的记载,说明了官民田的法律地位。
④ 在《大明律》正文中,有如下记载:"凡盗耕种他人田者,一亩以下,笞三十,每五亩加一等。罪止仗八十。荒田减一等。强[耕]者,各加一等。系官者,各又加二等。花利归官主。"

此外,在《大明律集解附例》的《盗耕种官民田》的撰注中,有如下记载:"然犹并追所得花利,属官者归官,属民者归主。故田归官主。"

　　不知官田者，抄没入官，朝廷之田也。民间止是佃种，未尝纳价。其每年上纳，止系官租，原非税粮。(《(万历)武进县志》卷三《钱谷一·额赋》)

　　可是，如上所述，苏州和松江两府的民田比重极低，而官田比重却很高，官田税粮主要是由构成农村社会的小农和地主负担的。然而，在官田与民田的每亩税负之间，在官田本身的每亩税负之间，均存在着不均等现象，而官田税粮的每亩税负的平均水平与民间私租(地租)又明显不同。[①] 如果我们正视这一事实就会明白，如果机械地把承佃这一法制上的概念直接套用到洪武年间的江南官田，尤其是苏州、松江两府的官田上，会是很牵强的。

　　在税制方面，无论是官田还是民田，无论由哪一户承佃，均被登记在该里的赋役黄册上，从而负担税粮。在徭役方面，无论是"全种官田"的纳粮人户，还是拥有一些民田的人户，都同样被编入里甲组织。尽管官田可以循例减免杂役，但必须无条件负担正役。

　　如上所述，如果将以苏州、松江两府为中心的官田经营主体、官田在税制上的位置、全种官田户在里甲组织中的作用等探讨过的诸项内容重

---

① 明初以来抄没入官的官田税粮即官租中，确实一般存在被称为"租"(即地租)的高额税粮。例如，《明实录》洪熙元年闰七月丁巳条有如下记载："如吴江昆山民田，旧亩税五升，小民佃种富室田，亩出私租一石。后因没入官，以私租减二斗。是十分而取其八也。拨赐公侯驸马等项田，每亩旧租输一石。后因事故还官，又如私租例尽取之。且十分而取其八，民犹不堪。况尽取乎。"[森案：第三章第一节第 146 页注②也依据本史料]。

　　在洪熙元年(1425)的记录中，苏州府吴江县和昆山县的抄没官田租额为每亩 8 斗(相当于私租的 80%)、公侯驸马的还官田为每亩 1 石(相当于私租的 100%)，存在着高额地租的情况。松江府的情况也是一样，杜宗桓在《上巡抚侍郎周忱书》(《(正德)松江府志》卷七《田赋中》)中说："国初籍没土豪私租，有因为张氏义兵而籍人者，有因虐民得罪而籍人者。有司不体圣心，将籍人田地，一依租额起粮，每亩四五斗、七八斗至一石以上。"

　　可见他认为存在着高额税粮。这种高额税粮的例子在第 2 表中的苏州府、第 3 表中的松江府也可以找到。同时，在第 1 表中，还可以找到 1 斗左右的轻则官田。将税额平均的做法尽管会减少或抹杀对象之间的多样性，但可以显示出对象中出现频率最多的情况。前述苏州府的吴江、昆山两县的事例和松江府的事例，都发生在 1425 年至 1435 年，即洪熙至宣德年间，反映出苏松两府地域社会税粮征收中存在着严重的问题。关于这一点，我们将在下一章进行考察。但是，从本章对官田平均每亩税负的考察来看，不妨视作例外。

新思考,那么可以明确地说,官田具有作为个别家族私有土地的性质,而官田承佃人具有作为私有土地所有人的性质。

《(天启)平湖县志》卷十《风俗三十四》《氏族》中收录了洪武三年(1370)孙氏户帖,由此可以明确显示官田作为私有对象的性质:

> 一户孙真一。住松江府华亭县胥浦乡五保坐字围,民户。计家四口:男子成丁二口,本身年二十五岁,表弟夏亚哥年三十三岁;妇女二口,大一口,妻谢二娘,年二十三岁,小一口,女奴某,年五岁。事产:草屋一间一厦,官田一十九亩八分二厘。

孙真一属于典型的"全种官田户",其名下的官田 19 亩多作为该户事产,登记在户帖(在赋役黄册制定以前,户帖是征收税粮、科派的基本籍帐)上。法律上应为国有土地的官田,成为孙真一名下的事产。这样,孙真一户就具有了自耕农的性质。

清代编纂的《钦定续文献通考》在卷六《田赋考》的官田项中,列举了明代江南三角洲官田的土地种类:

> 明初官田,皆宋元时入官田地。厥后有还官田、没官田、断入官田、学田、皇庄、牧马草场、城壖苜蓿地、牲地,园陵坟地,公占隙地,诸王、公主、勋戚大臣、内监、寺观赐乞庄田、百官职田、边臣养廉田,军、民、商屯田。通谓之官田。

随后附有值得玩味的说明:

> 臣等谨按,《明史·食货志》所列官田之目如此。其云没官田、断入官田者,盖多指苏松嘉湖言之。名为官田,实为民田耳。东南财赋重地,沃壤厚敛,皆出于此。未可与皇庄、牧地诸在官之田并论也。

学田以下的土地种类,包括有皇庄、庄田、各种屯田等实际上已经成为私人营利对象的土地,都是作为国有土地进行设立和管理的。与此相对,苏州、松江、嘉兴、湖州四府的没官田、断入官田属于我们分析过的比较特殊的土地种类。其特性可以定为"名为官田、实为民田耳"。

应该注意以下两点。第一,明代江南官田并非与私有民田毫无二致的田土,正如《钦定续文献通考》所指出的那样,是国家"沃壤厚敛"的手段,必须承担较昔日私有民田更重的税粮。第二,明代江南官田的新设部分是通过对民间大地主所有土地的籍没形成的,并由众多的小农和地主负责耕作和纳税。《钦定续文献通考》的作者并未提到这样一点,即包括江南三角洲官田在内,明代官田在税制上体现着私人土地所有的性质。同样,该书作者也未提及江南三角洲官田在法律上还具有国有土地的性质。尽管我们认为该书作者在认识上存在偏差,但是后世的上述说明,可以为明代官田具有私有土地性质的分析结果提供旁证。同时我们需要确认,在"名为官田、实为民田"这一尖锐的指摘中被抽象化的上述两点,构成了15、16世纪江南官田改革的前提条件。

小结

本章以明初洪武年间苏州、松江两府为中心对江南官田的存在形态进行了考察,这是以前面关于官田系统、面积、每亩法定税负额三者的定量分析、针对减免官田杂役政策的分析等为基础的。从洪武年间苏松两府最为普通的官田事例来看,官田税粮无论对依靠自己劳动纳粮的小农来说,还是对以自身劳动为主、但也依靠他人劳动而交纳税粮的地主来说,持续、稳定地负担这些税粮并不是不可能的。这两个阶层均是官田的承担者,也是事实上的所有主体,这就是我们通过这项考察而得到的认识。

但是,在计算作为该项分析核心的官田每亩平均税负时,我们以洪武后期的田土登记面积和洪武二十四年关于秋粮征收总额的统计为基础,对统计数据不完备的部分,灵活采用了与其有着明确关联的后来的各种统计进行补充。因此,必须考虑到以下几点,即洪武年间被抄没官田的每亩税负至多不过3至4斗(这是宣德期苏州府知府况钟的说法),

与本章计算得到的洪武至宣德间苏州府官田每亩平均税负为 4 斗 3 升 6
合 9 勺之间，的确有着相近之处。需要说明的是，本章计算后得出的数
据反映了经历了洪武七年、洪武十三年、洪武二十一年共三次削减官田
每亩税负之后的水平。

现在，我们将《明实录》中记载的三次减税命令①的年月、对象地区、
土地种类、削减额的相关内容整理如下：

第一次　洪武七年五月　苏松嘉湖四府近年所籍之田　7.5 斗→
3.75 斗

第二次　洪武十三年三月　苏松嘉湖四府重租粮额　7.5 斗/
4.4 斗→6 斗/3.2 斗。

4.3 斗/3.6 斗→3 斗。0.5 斗以下→无变更。

第三次　洪武二十一年五月　两浙·京畿及江西官田　现状→
两浙·京畿 4 斗、江西 3 斗。

首先，《(洪武)苏州府志》中记载的各县起科等则表中的"抄没今科
田"，是否就是宣德期苏州府知府况钟的上奏中所引户部意见中的"抄没
今减科田"呢（本章第一节Ⅰ）。这个"今减"可能就是指上述洪武七年的
第一次减税。

这样，洪武年间三次发布减税命令，并不意味着中央的命令在地方
未得到实施。有关洪武和永乐年间的法令实施情况，通常认为是"国法

①　根据《明实录》的记载，洪武年间减免官田的命令共发布了三次，其具体情况为：
1. 上以苏松嘉湖四府近年所籍之田租税太重，特令户部计其数，如亩税七斗五升者，除
其半，以甦民力。（《明实录》洪武七年五月癸巳）
2. 命户部减苏松嘉湖四府重租粮额。上谓之曰：天地生物，所以养民，上之取民，不可尽
其利。夫民犹树也，树利土以生，民利食以养。养民而尽其利，犹种树去其土也。比年苏松
各郡之民衣食不给，皆为重租所困。民困于重租而官不知恤。……于是旧额田亩科七斗五
升至四斗四升者，减十之二，四斗三升至三斗六升者，俱止征三斗五升，以下仍旧。自今年为
始，通行改科。（《明实录》洪武十三年三月壬辰）
3. 南昌府丰城县民言，农民佃官田一亩，岁输租五斗，诚为太重，愿减额以惠小民。户部
定议，一亩输四斗。上曰，两浙及京畿土壤饶沃者，输四斗。江西郡县地土颇硗瘠，止令输三
斗，著为令。（《明实录》洪武二十一年五月戊戌）

森严"(《(万历)武进县志》卷四《钱谷二·征输》)。籍没在洪武年间实施了多次,而因随之形成新官田的规模也逐步扩大。与其相对应,明朝政府也在摸索适当的征税标准,尽管出现过每亩税负6斗的高税率(第二次减税),但以后逐步确定在3至4斗或4至5斗之间。

如前所述,明朝洪武年间,实施了通过在江南地区增设官田以增收税粮的政策,但这一政策还存在着与维持农业生产力相矛盾的一面。因此,明太祖朱元璋本人在洪武七年第一次减税时认为,"苏松嘉湖四府近年所籍之田租税太重"。洪武十三年,他"减苏松嘉湖四府重租粮额"时指出,"比年苏松各郡之民衣食不给,皆为重租所困"。

本章指出,持续、稳定地负担官田税粮的征收体制,就是这样在洪武年间,在不断摸索每亩税负、减免杂役的过程中形成的。但是,这一征收体制,在运用上绝非简而易举,它在以苏松两府为中心的江南三角洲农村社会中不断孕育出紧张的局面。

官田占据了先进地区苏松二府田土的绝大部分,由包括地主阶层在内的大部分农民承佃纳粮。在这里,为了使问题更加明确,我们姑且以亩产2石为基准,故6斗官田的30%,5斗官田的20%,4.5斗官田(接近苏州府的平均税负)的22.5%,4斗官田的20%,3斗官田(接近松江府的平均征收率)的15%要用于纳税。尽管官田每亩税负明显低于与平均税负50%的私租,但与民田相比,比苏州府平均税负还多6合左右的5升民田的征税率为2.5%,比松江府平均税负征收率少3合多的6升民田为3%,7升民田为3.5%,1斗民田为5%。由此可见,官田与民田之间在每亩税负方面存在着较大的差距。尽管存在着持续、稳定地从官田获得税收的可能性,但却加大了税粮交纳者的成本支出——小农从自家生产物收入中支付,地主阶层从获得的私租收入中支付。尤其是地主阶层还需要在粮长制和里甲制之下,负责征收和运送将占官田粮90%以上的秋粮,并且通过承担圩长、塘长等徭役以维持包括官田在内的众多水乡圩田。尽管减免官田杂役的措施充分发挥了作用,但是对于被编入里甲、"轮当"正役的小农来说,类似前面提到的正役仍然是一个不小的负担。以苏州、松江两府为中心的江南三角洲官田税粮征收体制,在洪武年间尽管情势紧张,还是保持了相对的稳定状态。但是,洪武年间从未出现过导致该体制面临着巨大危机的外部挑战。这些外部挑战中最大的,就是随着永乐年间的国都北迁,大大延长税粮的运输距离,运输劳动以及粮米损耗等附加性支出因之大大增加,结果导致每亩的实际税负显著增大。洪熙、宣德年间(1426—1435 年),拖欠税粮、逃亡成为非常严重的问题,困扰着已经远离江南三角洲的明朝权力中枢。此时,地域社会内部和官田承佃者内部,新的社会矛盾也在加深。这就是大户和小民之间的矛盾。对这些 15 世纪前期的问题将在下一章中考察。

第三章　15 世纪前期的江南官田改革

导言

　　洪武年间(1368—1398),在以苏州、松江两府为中心的江南三角洲,形成了以征收官田税粮为主要特征的体制——即所谓的官田体制。洪熙、宣德年间(1425—1435),明朝政府意识到官田体制面临着崩溃的危机。为了维持这一体制,明朝政府实施官田的改革,在保留官田的前提下暂时克服了危机。这一危机属于何种性质的危机? 明朝又是通过怎样的改革克服这一危机的呢? 这是本章将要研究的课题。下面,我们将自宣德五年(1430)以来担任了 20 年南直隶巡抚(负责管理江南三角洲)的周忱,及在同一年开始担任了 13 年苏州知府的况钟所实施的政策,与洪熙元年(1425)以来明朝政府对该地的政策动向结合在一起,对这一问题进行考察。

　　虽然与这个课题相关的同时代以及邻近时期的文献资料并不丰富,但是我们仍然可以通过这些资料得知,在当时江南三角洲农村社会中,以下两个关系极为重要。

　　第一是国家与作为官田税粮交纳者的农村社会广大成员之间的关系,

这是一种建立在以征收官田税粮为主的国家赋税制度上的关系。宣德七年，担任苏州府长洲县粮长和老人的徐璿在回忆洪武年间的情况时说：

> 洪武年间，人民佃种官田，别无远运。年岁成熟，止勾纳粮。

（参照第二章第二节）

宣德六年，苏州知府况钟在申请免除远运税粮负担的上奏中预测，在免除之后，"庶农民得以耕种办粮，实为民便"（《况太守集》卷八《丁少粮多请免远运奏》）。

另外，宣德五年八月，况钟在《遵旨会议奏》中引用的户部上奏中有如下记载：

> 各处纳粮人户，昔日殷富，目今消乏，昔日贫乏，目今殷实，未免不均。（《况太守集》卷七）

以上史料将国家税粮的负担者称作"人民"、"农民"或者"纳粮人户"。在这些词语中，"人民"为传统上儒教的政治理念，"农民"是与作为社会分工的农业相关联的，而"纳粮人户"则关系到税粮征收制度，它们即使指同一对象，却带有不同色彩。周忱、况钟在他们留下的上奏及带有公文性质的书信中，经常使用"农民"。这意味着，在当时人的思考中，该词语非常有用。"农民"这一词语，既是一个绝佳的同时代概念，如前一章使用过的那样，也可以作为今天的分析工具。"人民"亦同样在今天的研究上具有意义。

在本章中，我们在洪熙、宣德年间江南三角洲农村社会的广大成员直接交纳税粮这一推测的基础上，将"纳粮人户"简称为"纳粮户"，将上述关系表述为国家与纳粮户的关系。就里甲制而言，纳粮户，包括"全种官田人户"在内，被登记到以里为单位编成的赋役黄册上，当然也就是构成里甲组织的里长户及甲首户。

在前一章里，我们确认了作为法制上国有土地的官田，在税制上却具有私有土地的性质。这样，官田与民田一样是农村社会成员的私有对象，他们和国家之间当然也就存在官田税粮的征收关系。

在前一章里,我们假定官田税粮交纳者是由小农和地主这两个阶层构成的。但这两个阶层与国家的关系均属于纳粮户,毫无二致。

这样,在洪熙、宣德年间江南三角洲农村社会中,国家与纳粮户的关系建立在如下一种体制的基础之上,即官田税粮比重高于民田税粮比重。前述官田体制就是这样的体制。

而且,可以认为国家与纳粮户的关系是将农村社会中几乎所有成员都囊括在内的一种关系。例如,在洪武十九年十一月颁布的《御制大诰·三篇·陆和仲胡党第八》(陆和仲为苏州府吴江县粮长,请参照第一章)中有如下记载。洪武十八年发生水灾时,作为国家救济对象,皇帝朱元璋仅重视"无产之家、佃户人等"。对此,当地行政当局提出了以下意见:"据各户所申,人各有田不多,皆非无田之户。"

"田"中包括了官田和民田。从洪武三年户帖将官田也登记各户"事产"这一点来看,在上述意见中,官田的保有者也被看作"有田"的主体了。这样,上述意见说明,纯粹的"无产之家、佃户人等"不过是朱元璋个人的观念而已,在现实中几乎是没有的,所有人户均拥有一定程度的土地。约半个世纪后的洪熙、宣德年间,这种情况基本没有变化。几乎所有人户都需要交纳对其"所有"土地课征的官田、民田税粮,故可以认为所有人户均处于国家与纳粮户关系之中。

第二是在农村地域社会中成员相互之间的关系,亦即纳粮户之间的关系。这种关系伴随着社会地位及势力的差异。

例如,南直隶巡抚周忱于景泰元年(1450)在《上执政书》中,回忆了宣德五年(1430)他赴任时的情况,即使同为税粮交纳者,"大户及巾靴游谈之士"逃避了交纳加耗的负担,将其转嫁给了"椎髻秉耒良善小民"(本章第五节Ⅳ)。他将纳税者分为"大户及巾靴游谈之士"和"椎髻秉耒良善小民"两个阶层,且指出了前者对后者的压迫和强制关系。而且,周忱在《上执政书》后续部分,将围绕加耗负担的社会关系简洁地表述为"大户"和"小户"的关系。

宣德五年,苏州府知府况钟详细记述了"豪横粮里"对"小民"的掠夺和压迫的情况(本章第三节)。在明朝官方记录《明实录》中多次指出,洪熙、宣德年间(1425—1435)江南三角洲一带的"粮长"、"有力大户"、"土豪"对"小民"施以横暴(本章第一节)。此外,根据小山正明的研究,明初粮长带着粮长头巾,穿着一般只允许官僚穿的皂靴,出入官厅。周忱所说的"巾靴"也许是指粮长阶层。

本来,这样将地域社会的成员分为"大户及巾靴游谈之士"、"有力大户"、"土豪"、豪横粮里、粮长与小民、小户,强调前者对后者的压迫和加害关系,是巡抚、知府及中央高官从执政者的角度,对当时地域社会中社会地位以及社会差别进行大体把握的结果,概念本身尚有不少有待澄清的部分。正如大户和小民的关系那样,它不一定是构成地域社会的基础,但有时可能会令人联想为包括地域中心的县城在内的广阔区域内的社会关系。同时,粮长、里长和小民之间的关系是建立在以粮区和里为单位的农村社会行政区划的基础之上。此外,作为"明代社会的身分序列",小山正明提出了"官僚、粮长层——里长户——一般农民"的认识,在与粮长户的对比中,他强调了里长户作为中间阶层的特点(前揭《明代の糧長について——とくに前半期の江南デルタを中心にして》)。如他所言,粮长和里长之间也存在着差别。

尽管如此,大户、粮里等与小民这两大阶层的划分及前者对后者的剥削关系,在同时代的文献资料中频频出现,这说明此种阶层划分和阶层间的关系,在当时的地域社会中是人人目睹,并且是有事实根据的。

这里,有必要留意的是当时的文献。例如,时任苏州知府况钟在关于"兴革利弊"的一系列奏疏(见《况太守集》卷七至九)中,频繁引用了粮里长、粮里人、粮里、粮里老人、里老、里老民人、民人、粮长、老人里长、耆民老人等就地域社会利益问题提出的建言。粮长以区为单位,里长以里为单位,他们既是国家编发的徭役,也负责以征税为主的诸种行政事务。同时,在由众多小民构成的地域社会中,他们还是利益的代表者。

在上述机能正常发挥的同时,还有很多证明大户和粮长剥削小民的记录,由此可以看出当时地域社会中纳粮户之间的关系。

为了慎重起见,我们在这里需要确认,即在纳粮户内部存在着大户、粮长、里长等与小民、小户等在经济基础上的差异,以及双方在经济上的关联。根据周忱对大户和小民的叙述,我认为,小民在一定程度上就是第二章中分析的小农——直接生产者;另一方面,与这些小民形成鲜明对比的是,大户的经济基础主要是由依靠他人劳动而实现的地主土地所有。尽管如此,周忱所指出的大户对小户的剥削,与依靠地主佃户关系的私租征收是完全不同的,其中心就是前述大户将加耗转嫁给小民。如果站在战后我们使用的以地主佃户关系为主轴的农村社会阶级划分的观点来看,大户与小民的这种关系,并不是地主与佃户的关系,而是地主与自耕农的关系。

当然,对大户和小民关系的这种认定,并非否定当时江南三角洲农村社会中存在着地主和佃户的关系。关于地主所有官田生产的一部分是由佃户承担的这一点,笔者已就洪武年间的情况作了推测。宣德十年(1435)五月,刑科给事中年富在上疏中使用"江南"一词说明长江以南的情况,"江南小民佃富人之田,岁输其租"(《明实录》宣德十年五月乙未)。

他以概论的形式,阐述了地主和佃户关系的普及情况。有文献资料反映,在15世纪后期的苏松地区,地主佃户关系已经完全形成。关于这些资料,将在第五章中进行深入探讨。周忱所说的大户与小民之间,实际上就包括着地主佃户关系。

然而,正如周忱所述,为数众多的"椎髻秉耒良善小民"作为直接生产者,将官田以自家"事产"的形式登记在赋役黄册上,交纳官田税粮。当然,如果他们也是民田的所有者时,还需要交纳民田税粮。这种情况,对于地主而言也是一样。国家与纳粮户的关系普遍存在。因此,在15世纪前期的江南三角洲,完全可能存在着下面的情况,即一户小农既是需要向国家交纳官田或民田税粮的纳粮户,同时也是需要向作为地主的大户交纳私租的佃户。我们有必要重视这种双重存在形态之一,即此前被我们忽视的、作为国家纳粮户侧面。在15世纪的文献中,均如16世纪的相关文献叙述的那样,从地主的角度出发,将交纳税粮和私租收入联系在一起。持有这种看法的,并不仅仅是笔者。我认为,在官田和民田中,被小农登记为自家"事产"纳税的土地仍占相当的比重。

让我们重新回到当时江南三角洲农村社会的第二个关系即纳粮户之间的关系上来。洪武年间以来,以粮长制和里甲制为基础的粮长、里长的活动一直持续着,故我们也可以把这种关系称为粮里和小民关系。不过,也可以忠实地按照周忱的观点视为大户和小民的关系。后者在某种程度上超越了里甲制的框架。

所谓官田体制的危机,就是国家与纳粮户关系的危机。明朝政府在意识到这一危机的同时,也判断这一危机发生的背景源于纳粮户内部,即粮里和小民关系或大户和小户关系的矛盾深化。

一、明朝国家对江南三角洲纳粮户统治的动摇

明朝政府意识到了开国以来对作为重要财政基础的江南三角洲[①]纳粮户统治的动摇,开始了一系列相应的改革。这些改革始于洪熙元年(1425)。同年5月,仁宗死后宣宗即位。[②] 从宣德元年(1426)至宣德十年(1435)年一月宣宗死去[③]的十年时间里,这一改革始终在进行着。在这一期间,明朝政府将改革的重点都放在了本地区。

洪熙元年正月,仁宗派遣广西右布政使周干、按察使胡概、参政叶春三人,巡视应天、镇江等八府,调查"民之利病"。[④] 此时,具有对江南三角洲地区纳粮户统治形态进行再探讨的意图,这一点在命令调查的勅谕中已有所明示:

---

① 15世纪末人丘濬《大学衍义补》卷二十四《制国用·经制之义》中云:"臣按,东南,财赋之渊薮也。自唐宋以来,国计咸仰于是。其在今日,尤为切要重地。韩愈谓,赋出天下,而江南居十九。以今观之,浙东西又居江南十九,而苏松常嘉湖五郡,又居两浙十九也。……自宣德正统以来,每择任有心计重臣,巡抚其地,以司其岁入,盖以此地朝廷国计所资故也。"
②《明实录》洪熙元年五月辛巳。
③《明实录》宣德十年正月乙亥。
④《明实录》洪熙元年正月己亥。

朕祗奉鸿图,君临兆庶,惓惓夙夜,康济为心。而南方诸郡,尤厪念虑。诚以民众地远,情难上通。今特命尔等巡视应天、镇江、常州、苏州、松江、湖州、杭州、嘉兴八府。其军民安否何似,何弊当去,何利当建,审求其故,具以实闻。

同年七月,周干等人巡视苏州、常州、嘉兴、湖州等府"民瘼"后向朝廷奏报。① 报告的主题是"苏州等处人民多有逃亡者",他引述"耆老"的话介绍了导致"人民"逃亡的原因是,"由官府弊政困民,及粮长弓兵害民所致",并说"臣等覆勘,信如所言"。此处的"官府弊政",主要是指与官田税粮征收有关的问题。比如,在苏州府的吴江县和昆山县,没官田、公侯还官田的税粮为每亩 8 斗或 1 石。前者是将没官前的私租 1 石减去 2 斗,后者是延续着向公侯、驸马等赐田当时的私租标准,即每亩 1 石。② 又如,在杭州府仁和县和海宁县、苏州府昆山县"自永乐十二年以来,海水沦陷官民田一千九百三十余顷,逮今十有余年,犹征其租。田没于海,租从何出?"在常州府无锡等县,"洪武中,没入公侯田庄,其农具、车、牛给付耕佃人,用纳税。经今年久,牛皆死,农具及车皆腐朽已尽,而有司犹责税如故。"这些被视为"此民之所以逃"的原因。

所谓粮长害民,是指粮长在征收税粮时对小民进行榨取。周干称,"近者,常、镇、苏、松、湖、杭等府无籍之徒营充粮长,专搭兊小民以肥私己。征收之时,于各里内置立仓囤,私造六样斗斛而倍量之,又立样米、抬斛米之名以巧取之。约收民五倍,却以平斗正数付与小民运赴京仓输纳,沿途费用,所存无几。及其不完,着令赔纳,至有亡身破产者。连年逋负,倘遇恩免,利归粮长,小民全不沾恩。积习成风,以为得计"。

周干所说的弓兵害民主要指以下情况。在常、镇、苏、松、嘉、湖、杭诸府,"弓兵不由府县佥充,多是有力大户令义男家人营谋充当,专一在

---

① 《明实录》洪熙元年闰七月丁巳。以下叙述均来自周干上奏。
② 像这种延续私租标准的情况在官田中为数很少,可以认为是非常特殊的事例。关于当时苏州府官田每亩平均税负,请参考第二章第一节Ⅱ以及第 134 页注①。此种特殊事例恰恰反映了当时官田制度中的矛盾。请参考本章第五节Ⅰ。

乡设计害民,占据田产,骗要子女,稍有不从,辄加以拒捕、私盐之名,各执兵仗,围绕其家,擒获以多桨快船装送司监收,挟制官吏,莫敢谁何,必厌其意乃已。不然即声言起解赴京,中途绝饮食,或戕害致死。小民畏之,甚于豺虎"。周干在列举了上述情况之后说,"此粮长弓兵所以害民而致逃亡之事也"。他还提出了解决方案:

> 必命有司将没官之田及公侯还官田租,俱照彼处官田起科,亩税六斗。海水沦陷田地与农具、车、牛无存者,悉除其税。如此,则田地无抛荒之患,官府无暴横之征,而细民得以安生矣。
>
> 乞禁约粮长,不许置立仓囤、私造大样斗斛。止是催征,毋得包收揽纳。巡检司弓兵从府县佥充,将佥过姓名榜示,以革其弊。……如此,则粮无侵渔之弊,豪强无暴虐之毒,而细民安业矣。此事虽小而为害实大。

周干又指出导致"人民"逃亡的理由不仅仅是以上两点。还有"豪强兼并,游惰无赖之徒为民害者尤重。众究其所以,亦由府县多不得人"。于是建议,"乞敕所司慎选贤才,授守令之任,抚字存恤,仍命在廷大臣一员往来巡抚,务去凶顽,扶植良善,而后治效可兴也"。宣宗命吏部尚书蹇义,"与户部、兵部同议行之"。同年八月,吏部尚书蹇义将向宣宗报告了商议的结果,建议接受周干的提案。宣宗接受了这一意见,任命与周干同去巡视的广西按察使胡概为大理寺卿,任命四川参政叶春"巡抚"南直隶及浙江诸府。[①] 宣宗赋予他们与此前一个月同样的任务。[②] 从前后的情况来看,周干报告中所说的逃亡"人民"应该就是周忱所说的"椎髻秉耒良善小民"。

> 凡官吏粮里及公差官员,有贪刻虐害军民,及土豪恃强侵欺小民者,悉皆奏来。应合擒问者,即擒问,不伏者,量调所在卫所官军

---

① 《明实录》洪熙元年八月癸未。
② 《明实录》洪熙元年八月丁亥。

擒解。务除凶恶,以安良民。其各处农务水利,悉从提督。尔等恪遵朕命,必廉必公,必勤必慎,庶称委任之重。

实际上,就在周干等人开始"巡视"之前,明朝政府从永乐年间开始,派遣通政司左通政岳福赴苏州、松江、嘉兴和湖州诸府,担任"治水及都督农事"之职。周干在报告中指出,岳福病弱,难堪其任。次年即宣德元年(1426)四月,岳福在被召回之后奉命辞官还乡。① 此时,担任大理寺卿的胡概与叶春一起奉派常驻江南,他们被赋予了更大的权力,其中包括揭发各地官吏、粮长、里长和土豪②等压迫小民的行为。我认为,这一命令旨在严格控制各地的势要之家,禁止他们压迫小民,阻止"人民"的逃亡。

胡概忠实地履行了宣宗交办的任务,在各地镇压"土豪恃强侵欺小民者"。在松江,他将"土豪及亡赖虐民者械送京师"(《明实录》宣德元年正月壬子)。在镇江府溧阳县,"民史英父子恃富暴横,殴杀其乡人,乃贿有司,诬为劫盗,又执其家属禁锢之"。胡概"廉察得实,械送英父子并受贿者二十余人"(《明实录》宣德元年七月乙巳)。他还建议将"侵盗秋粮"的"湖州粮长"问以"斩罪"(《明实录》宣德二年四月丁丑)。宣德三年,他将嘉兴府海盐县的"强贼平康之党三百人"逮捕后械送京师(《明实录》宣德三年十二月丙申)。宣德四年五月,根据他的建议,常州府"豪民"王昶和储用敏被械送京师后处斩(《明实录》宣德四年五月辛亥)。同年九月,在苏州府和常州府"奸盗杀人,夺人妻女田宅,侵盗官粮"的"土豪"被械送京师(《明实录》宣德四年九月丙辰)。胡概去世后,《明实录》的小传中说,"概初奉命,巡视苏常诸郡民瘼,锄豪强,剪奸黠,无所顾避"(《明实录》宣德九年十月甲寅)。关于叶春,《明实录》有如下记载:

---

① 《明实录》宣德元年四月丙子。
② 府州县处于国家权力和地域社会的结合部,其行政本身势必与当地的土豪、粮长、里长等阶层相结合。当时,这些阶层的"害民"行为非常突出,成为地方行政中的严重问题。

上命大理寺卿熊概[森案:胡概原从母姓,晚年改回熊姓]、锦衣卫指挥任启及春巡抚苏常及浙西诸郡,察捕强豪以安善良。春虽行事于其乡,能持公道。(《明实录》宣德八年六月己酉)

这些记述如实地说明他们履行敕命时采取的方法。

也许是因为胡概等人镇压"豪强"的力度较大,故行在都察院曾经"劾奏"他们"所至作威福,发兵护送,且纵兵扰民"[1]。土豪中有人诬告胡概"受罪人黄金五百两"[2]。宣宗不为所动。宣德三年七月,宣宗"敕大理寺卿胡概曰","屡有小人诬构尔过,悉斥不听",要求他一如既往,尽心竭力地履行任务,"必使为恶者知警于公法,为善者获安于田里"[3]。同年十二月,宣宗加派行在锦衣卫指挥任启、参政叶春、监察御史赖瑛和太监刘宁等前往镇、常、苏、松、嘉、湖等府,与胡概一起"巡视军民利病,珍除凶恶,以安良善",将那些"为军民之害者","不问军民官吏,即擒捕,连家属拨官军防护解京"[4]。

正如前述周干报告中指出的那样,明朝政府对江南地方"豪民"的镇压政策无疑是为铲除当地粮长及有力大户等对小民的迫害。我们从周干等人如此严厉地执行明朝政府的命令中看出,"豪民"阶层在当时的地域社会中所拥有的强大势力。[5]

---

[1]《明实录》宣德二年四月癸亥。

[2]《明实录》宣德九年十月甲寅。

[3]《明实录》宣德三年七月己未。

[4]《明实录》宣德三年十二月丁酉。

[5] 关于江南三角洲这一阶层的动向将在第三节中进行叙述。这里略举一例。宣德三年(1428)十月,监察御史张循理等弹劾都察院掌院事兼左都御史刘观和其子刘辐等贪污。这一案件是该阶层动向的集中体现。当胡概连续逮捕各府最凶恶之徒时,这些人向都察院掌握实权的刘观及其子刘辐等行贿,试图免除死罪,放其逃亡。刑部郎中许维、御史严暄、李纶以及办事官姚景彰、杨大旺等皆与刘观合谋逃脱重罪。"观尝为嘉兴知府,郡民豪富者咸通货赂。及为都御史,曲庇□郡,豪强得逞,小民受抑。时郡豪民冯本、张谨等及常州王昶、松江蔡琳、陈庄等以杀人及强夺人妻女,侵盗官粮等事,罪皆当死。观受黄白金,动以千数,罗绮不可数计,阴庇佑之,或援轻例赎罪,或纵其逃逸得免。"而且据说李纶与刘观之子刘辐"受海盐县豪民白金一百五十两,黄金五两,文绮二十余匹"。见《明实录》宣德三年十月己卯、宣德四年七月庚午、宣德五年闰十二月癸丑。

而且,当时"豪民"阶层采取镇压政策的初衷是国家为了阻止"人民"逃亡。防止"人民"逃亡的再次发生,是周干上奏的核心。江南地区的"人民"逃亡之所以得到重视,是国家非常关心作为纳粮户的小农能够稳定在里甲制下的地域社会中,让他们的劳动力附着于土地之上,从而维持来自这一地区的税粮收入。

我们再从另一个角度来分析明朝政府的这一政策。宣德元年(1426)七月,宣宗命户部尚书夏原吉等,"山东诸郡奏,今岁农事已悉知之,苏、松、嘉、湖未知雨旸如何,卿其遣人驰往视之"。行在户部主事马健奉命与胡概一同去苏、松、嘉、湖、常、镇、杭诸府巡视农事。宣宗在收到马健奏报之后对夏原吉说,"国家粮饷取给诸郡,常恐不熟,故前令人往视",表达了他对江南的中心——江南三角洲地区税粮征收问题的关切。① 宣德三年六月,户部主事孙冕奉同样的命令巡视了"苏、松、嘉、湖、杭诸郡"②。在此之前的宣德二年四月,明朝政府决定"增置苏、松、嘉、湖、杭、常六府并属县官一员,专督农务"。采取这一措施的起因是巡抚官大理寺卿胡概的如下上奏③:

> 六府地广,田圩低洼,租粮浩大。正佐官常以公事离职,率委属官权署,农务废弛。请依永乐中例,增官专职,庶不废事。

如上所述,洪熙元年(1425)以来,明朝政府为了加强对江南纳粮户的统治,采取了把握实情和利用镇压政策调整当地社会关系的方法。明朝政府对于纳粮户的逃亡和税粮征收机能部分损坏的情况所实施的具

①《明实录》宣德元年七月壬寅、九月己酉。明朝政府在永乐元年(1403)至永乐二年(1404)之间,派遣户部尚书夏原吉前往苏、松、嘉、湖等江南三角洲诸府,进行了大规模的治水工程。见《明实录》中的相关记载。《明史纪事本末》卷二五《治水江南》有总结性的记述。此项治水事业与宣宗对地方问题的认识是共通的。但是,永乐初年治水事业,在仅仅30年后的宣德七年(1432)已经基本上失去了作用。除上述史料外,请参考《况太守集》卷九《修浚田圩及江湖水利奏》。
②《明实录》宣德三年六月辛丑。
③《明实录》宣德二年四月庚申。

体改革,始于宣德五年(1430)的宽恤诏的颁布。① 这个由 11 个项目构成
的诏敕的第 10 项是减免官田税粮,这是自洪武二十一年(1388)以来,时
隔 40 余年施行的官田减租令。这项命令适用于全国所有的"各处旧额
官田"。但是,在江南三角洲地区集中设置了官田,围绕这一地区官田税
粮的征收,国家与纳粮户之间的矛盾在当时已经相当严重。这一点在上
述周干的奏报中已说明。从这个意义上说,作为国家对江南纳粮户统治
方式改革的时机,宣德五年的官田减租令有着非常重要的意义。宣德五
年三月,明朝政府升大理寺卿熊概[森案:即胡概]为南京都察院右都御
使,四川布政司右参政叶春为行在刑部右侍郎。② 我认为,随着政策的进
一步实施,当时需要对官员人事进行调整。

当年五月,"行在吏部奏郡守阙九员"。在此之前,宣宗"闻除郡守悉
由资格,多不称任,甚至有贪黩暴刻者"。于是,"上命行在六部、都察院
堂上官,举京官之廉能者擢用之"③。结果,明朝政府选了九名京官担任
知府,其中包括位于江南三角洲的重要官田地区的苏州、松江、常州、杭
州等四府,以及西安、武昌、吉安、建昌、温州等五府。这是自洪熙元年以
来,明朝政府采取的重视江南地区的一系列政策的产物,是一个值得注
意的事实。当时由礼部郎中被选为苏州知府况钟的传记中(载《明况太
守龙冈公治苏政绩全集》,即《况太守集》卷一《列传》有如下记载④:

> (宣德)五年,朝议天下九大郡,繁剧难治,苏州尤甚。税粮甲于
> 他省,民困吏奸,积逋日益。每差京官督催,累岁不能如额数,而流
> 亡倍多。乃诏六部都察院,各保举郎中御史之廉能有为、才堪牧民
> 者知九郡事。礼部胡尚书公滢暨吏部尚书蹇公义,交章荐公[森案:
> 况钟]。时三杨当国,首辅西杨[森案:杨士奇],尤秉知人鉴。凡所
> 识拔,悉为名臣,然性严,不轻于接物。公受知最深,遂奏,拔公任苏

---

① 《明实录》宣德五年二月癸巳。
② 《明实录》宣德五年三月戊辰。
③ 《明实录》宣德五年五月癸亥。
④ "赐敕书"以下的部分是对所有人的指示。

州。赐敕书,假便宜行事,章奏径达御前。复赐钞千贯为路费,驰驿之任。盖重其行,不以常格相待也。

我们由此可以看出,明朝政府在当时试图强化对全国重要地区的统治,与其说是对况钟的称赞,不如说是明朝政府对苏州府的重视。况钟原籍江西,与当时被称为"三杨"之一首辅杨士奇谊属同乡,关系密切,与湖北籍的杨溥是朋友。此外,同属"三杨"的杨荣也是江西人,后面将要提及的周忱也是江西人。可见,位居权力中枢的"三杨"将最可信赖的同乡派往苏州。① 关于与苏州府存在同样问题的松江府、常州府等,也采用了这样的任命方式。这些措施具有极其重要的意义,即打破常规,导致况钟等人长期在任。从宣德五年起,苏州知府况钟任职至正统七年(1442),在任期间长达 13 年。此外,松江知府赵豫任职至正统九年(1444),在任 15 年②,常州知府莫愚任职至正统八年(1443),在任 14 年。③

此外,在宣德五年九月,宣宗派遣"行在户部臣"举荐的周忱等六位重臣,以"总督税粮"的身份前往江西、浙江、湖广、河南、山西、北直隶、山东和南直隶苏松等府州县。这 6 六人分别被升为行在六部侍郎,"分命总督"。宣宗命令他们,"遇有诉讼,重则付布政司、按察司及巡按监察御史究治,轻则量情责罚,或付郡县治之。若有包揽侵欺及盗卖者,审问明白,解送京师。敢有沮挠粮事者,皆具实奏闻。但有便民事理,亦宜具奏"。一般认为,这些措施的出台标志着巡抚制度开始登场。但是我们应该注意的是,上述任务的中心在于强化税粮征收的管理体制。因为在宣宗给周忱等人的敕谕中明确指出,"今命尔往总督税粮。区画得宜,使人不敢劳困,输不后期,尤须抚恤人民,扶植良善"④。可见,明朝政府考虑的首要问题是"税粮"。

---

① 吴晗:《况钟与周忱》,收录于《春天集》(作家出版社,1961 年)。
②《(崇祯)松江府志》卷二十一《国朝名宦》。
③《(万历)常州府志》卷九上《职官二》。
④《明实录》宣德五年九月丙午。

明朝国家已经明确表示要强化全国主要六个地区(其中有四个位于长江流域)的税粮征收体制。其中,洪熙元年(1425)以来,明朝政府所重视的,派人前往包括江南三角洲地区的中心——包括苏松等府在内的南直隶地区——"总督税粮",就是其中重要的一环。[①]《明史》卷一百五十三《周忱传》中称:

> 帝以天下财赋多不理,而江南为甚,苏州一郡积逋至八百万石,思得才力重臣往厘之,乃用大学士杨荣荐,迁忱工部右侍郎巡抚江南诸府,总督税粮。

早在永乐年间,周忱在征税方面的才能已经开始受到关注,太宗对其寄予厚望,以致在吏部名簿中在周忱名下特意标注有"留著别用"[②]。如上所述,当时掌管国政的江西官僚们选择他们最信赖的周忱出任南直隶巡抚。[③] 此后的正统六年(1441 年)四月,周忱因"练达老成,克称委任",被命兼任浙江嘉兴、湖州二府的巡抚。这样,他从宣德五年(1430)至景泰二年(1451)的大约 20 年间,一直负责管理着江南三角洲的中心地区。

明朝政府在其认识所及的范围内,于 15 世纪 20 年代后期起,开始

---

① 《明史纪事本末》卷二十八《仁宣致治》。吴廷燮撰《明督抚年表》(二十五史补编本)中,以洪熙元年任命胡概巡抚苏、松、嘉、湖等府为巡抚制度的开端。

② 《周文襄公年谱》永乐二十二年(1424)。关于本年谱请参考本章末的附记。

③ 该巡抚在吴廷燮《明督抚年表》中被分类在"应天"项下。例如,"令应天巡抚丁汝夔等赈应天等十一府饥民"(《明实录》嘉靖二十四年三月壬午)。16 世纪以后,在实际的制度上,"应天巡抚"和"巡抚应天"的称呼被固定下来。考虑到南直隶长江以北部分在"凤阳巡抚"的管辖下,"南直隶巡抚"的称呼可能会误导读者。尽管如此,本书中将使用"南直隶巡抚"的称呼,而不采用"应天巡抚"的称呼。正如本节中所指出的那样,这一职位从诞生之时开始,就已经同以苏州府、松江府为中心的江南三角洲有着紧密的关系。所以,用"应天巡抚"的称呼有失妥当。另外一个理由是,直到 16 世纪初的大约 70 多年的时间里,我们从制度上能够看出"南直隶巡抚"这一称呼相对更加符合实际情况。《明督抚年表》及《明实录》中有如下记载。例如,在创设时作"升……越府长史周忱为工部右侍郎,总督税粮。……忱(巡抚)南直隶苏松等府县"(《明实录》宣德五年九月丙午),之后还有"升巡抚南直隶行在工部右侍郎周忱为工部左侍郎,仍理前事"(《明实录》正统五年八月癸酉),"升巡抚南直隶户部右侍郎李敏为户部尚书,仍任巡抚"(《明实录》景泰五年八月乙酉)。16 世纪初,史料中有"户部议覆巡抚南直隶副都御使彭礼奏……"的记录(《明实录》弘治十六年十月甲寅)。

重新完善对江南纳粮户的统治方式。如上所述,这一改革基本上是按照洪熙元年周干在上奏中提出的方案进行的。周干奏报的主题是解决纳粮户中的小民阶层的逃亡问题。周忱于宣德五年被委以"总督税粮"的重任,此举反映出洪熙元年以后普遍发生了拖欠税粮的情况。毋庸置疑,能否把纳粮户掌握在国家体制中直接关系到能否有效地征收税粮。在这个意义上,周干的上奏与赋予给周忱的任务是密不可分的。在以后各章中,将具体分析明朝政府是如何加强对江南三角洲纳粮户的控制的。

二、国家对纳粮户的各项征收

在长江中下游江南三角洲地区的纳粮户主要生产米、麦,他们将自己的劳动成果所得,或他人的劳动所得(有时是以劳力形式)通过税粮和徭役等形式交纳给国家。自 1425 年至 1435 年的洪熙、宣德年间,这种状况是怎样的呢? 宣德五年(1430)五月开始担任苏州知府的况钟,在截止至宣德八年为止的大约三年间,多次向宣宗报告了当地的情况。值得注意的是,况钟本人在上奏中用"农民"和"人民"称呼纳粮户①:

> 查得本府七县该粮二百七十七万九千一百九石零,内官田粮二百六十二万五千九百十五石零,每田一亩科米不等,有一斗二升至三石止。民粮十五万三千一百九十四石零,每田一亩科米五升至二

---

① 在本节中,笔者摘录况钟文集《明况太守龙冈公治苏政绩全集》(略称《况太守集》)卷八—十《兴革利弊奏》中收录的一些上奏的精华部分,在忠实原文的基础上,为了便于读者理解,进行了一些调整和补充,并且译成口语。"粮老"徐璇的"状告"和乡贡进士薄实的上书也作了同样处理。况钟上奏中常常引用所辖各县的报告和当地"民"人的申诉。笔者对原文中较长的部分作了适当的归纳。问中用[]号注出的部分是笔者的案语。关于本文集,可参考本章末的附记。【译注:作者在本节为说明纳粮户的情况,引用了《况太守集》中的大量史料。其中,因行文需要有将同一奏章分段引用的情况。考虑到本书主要面向熟谙汉语的专业读者,翻译时作了如下处理。第一,根据作者在原书注释中的详细标引,还原了被译成口语的史料原文。作者的案语则置于史料后。第二,适当删去了作者在文中为当代日本读者所作的解释性文字(如:芒种,相当于新历 6 月 6 日、7 日前后)。以上情况,敬请读者原谅。】

斗六升止。①［森案：官田粮与民田粮之比为 95 比 5。负担上述税粮的田土总额为 95 417 顷，其中官田 60 094 顷，占 63％，民田 35 323 顷，占 37％。官田每亩平均税负为 4 斗 3 升 6 合 9 勺余。当然，这其中包括周干奏报的每亩税负 8 斗至 1 石的重租部分。民田平均税负为 4 升 3 合 3 勺余。②］

查洪武年间抄没官田起科多者，每亩不过三四斗，农民可胜其所，不胜者正在古额官田。③［森案：古额官田主要部分的平均税负为每亩 4 至 8 斗。］

窃照本府所属长洲等县，重租官粮……俱系水乡圩田。

每田一圩多则六七千亩，少则三四千亩。四围高筑圩岸，圩内各分岸塎。④

洪武年间，验丁授田。每户税粮多者四五十石，少者亦不下十石。⑤

农民当秋冬修筑圩岸，春夏车水出圩，营办粪壤滋肥，方得收获有成。稍或妨误，非但官粮拖欠，口食亦且不给。近年以来，户部因见本府粮额浩大，派拨远运数多，逢闸阻滞，农民经年往复在路，送纳上年粮米。及至归家，下年秋粮又当起程，以此不得及时耕种。⑥

……取勘到本府实在人户三十六万九千二百五十二户，宣德五年派拨北京、临清、徐州等处远运白粮米一百五十余万，大约每夫运

---

① 况钟诸上奏中的苏州府秋粮征收总额，其中提到的官田粮额、民田粮额的数值虽有若干异同，但基本上表示相同的基准。特别是在此列举的宣德五年七月二十六日《诸减秋粮奏》的数值，在其他一些上奏中也被引用。

② 关于官田、民田的面积，以及用秋粮替代的表示每亩平均税粮征收额的数值可参考本书第二章。每亩平均税粮征收额的对收获量、对私租额的比例，以及农民家庭的财产、经营面积及其他府的情况也请参考第二章。

③ 洪武年间的抄没官田与其之前的官田之间的对照部分，根据卷八《再请减秋粮及抛荒粮、抽取船只奏》宣德五年十二月三日。此外参考本书第二章。

④ 关于圩田的两段史料分别引自《况太守集》卷八《丁少粮多请免远运奏》，宣德六年三月八日；以及卷九《修浚田圩及江湖水利奏》，宣德七年六月二日。

⑤⑥ 注释④之《丁少粮多请免远运奏》。

粮一十石,共用人夫一十五万,计每户须出一人。其余该运南京衙门白粮俸禄等米并淮安等仓粮米,又该用七八万人。人户中单丁者,一身运粮,则一户之田粮谁任? 别项杂泛差使,比于别处,尤为重繁。今春作农务方兴,各圩积水渺茫,比有幼男妇女踏车,晓夜不息。不得及时翻耕,下年若便照旧拨派,委的难以出办。切思远运粮米,当验人力多寡,不可以粮数多寡为论。粮少人多,远运众擎易举。粮多人少,出办艰难,岂能多胜远运? [森案:虽然明朝政府对耕种官田者有减免杂役的措施,但由于苏州府等处官田比重较大,且地处要冲,对杂役的需要量很大。所以,减免官田杂役的措施在实际上难以兑现。请参考第二章第二节。]

递年远运数多,该用船只、车脚等项费用浩大,运粮人夫经年不得种田,以致民贫。①

苏州府下的纳粮户在这样的环境中想要维持自己的经营,即使是在尚无远运的洪武年间,亦非易事。宣德七年,"长洲等县粮老徐璇"等人"状告":

各县田地低洼,粮额浩大。洪武年间,人民布种官田,别无远运,年岁成熟,止勾纳粮。每遇春夏饥饿之日,全赖二麦接济。秋粮征收本色,夏麦一石二斗折布一匹,民得织布纳官,存麦接济。②

宣德中期,常州县三十九都的乡贡生薄实,上书况钟,言及苏州府纳粮户的日常生活③:

---

① 上页注④之《丁少粮多请免远运奏》及卷七《遵旨会议奏》,宣德五年八月四日。
② 卷九《再请夏税折布奏》,宣德七年九月十五日。曾在第二章第二节也引用过。
③ 《况太守集》卷十四《听纳·乡贡进士薄实上太守书》。【译注:作者将此条史料系于"宣德中年,1430 年前后"。该上书的编者序言云:"宣德七年,公被旨夺情起复。时苏民旧弊未能尽除,值公解任后,新弊复炽。公乐于采察民情,进言者多。而薄生此书,言之倍为切至。公得之,袭如其言而施行恐后焉。"薄实在上书中言及,"今幸明府复任,无不举手加额"云云。按同书卷首《况太守年谱》载:况钟于宣德六年丁母忧,例当解任回籍。"当地耆民三万余人乞夺情起复,奉旨准复任。"宣德七年,复任。据此,可知薄实上书事应系于宣德七年,即1432 年】

　　古者三年耕，余一年之积。今终岁勤动，无宿白之储。民苦远漕之艰，加增之重。纳粮之后，糠粃无余者，十室而九。幸而圣天子在上，年谷屡登，民犹困苦若是。

　　正是因为"民"家无余粮，所以一旦发生灾害，立刻会出现饥馑。宣德七年（1432），吴江等四县的"低洼田园"因连绵大雨被水淹没，这部分的秋粮 295 392 石难以征收。结果，很快出现了"人民缺食"的情况，并使得"乡都农民多无种谷"①。据况钟记载，宣德八年（1433）发生旱灾时的状况如下：

　　　　看得本府所属长洲等七县，自去年冬月直至今春，雨泽不降，湖荡河渠尽皆浅涩，湖水不通，人民车戽水浆，以下种子。不期四月初旬以来，愈加亢旱，又兼东南风昼夜不息，小麦结穗将熟者，各被吹摆落地。高阜去处，秧苗具各干死。人民缺食，不能措办种谷。蒙钦差行在工部左侍郎周忱督遣治农官，着落粮长、粮头劝借种谷，于吴塘等河近水去处，总种秧苗，欲候得雨翻耕，分给人民插莳。后至五月初十日，虽曾略得微雨，入地不满二寸，旋复天晴风急，半日之间，又成赤地。

　　　　常年插莳，具在芒种节前。今芒种以前无水，不得种莳。芒种后半月间，低洼近水去处，虽曾车戽插秧，缘河港已干，人力困乏，不得周遍，亦难接续车救。其高阜田地，俱未翻耕，即日夏至节令又过六日，尚无雨泽。②

　　　　贫民自十二月以来，求讨豆饼、糟糠食用，即今采取野草充饥，人所共见。③

　　此外，我们从况钟的上奏还可以了解到，纳粮户除了交纳官田税粮

---

① 《况太守集》卷九《水灾请蠲奏》，宣德七年八月二十五日。此外，卷十三《条谕下·备米赈济偏灾榜示》，宣德七年八月十九日；《预备散给谷种示》，宣德八年二月初一日。
② 《况太守集》卷九《题明旱灾奏》，宣德八年五月十五日；《续题旱灾奏》，宣德八年六月初三日。
③ 《况太守集》卷九《赈济饥民事》，宣德九年三月十日。

和"远运"之外，还有如下各种负担：

《修造备倭船只》

① 查得苏州、太仓、镇海三卫，吴江、崇明二守御千户厅，捕倭船四十二只，连年被驾船官军呈称遭风损坏等项。径申该府转奉工部勘合，着落本府七县造办前船……

② 据长洲等县顾容等状告：本府坐派直隶苏州等卫所捕倭船只木料，各卫累差百户李让等带领旗军，到县坐催，为因本处不系出产，用价买到木植送纳，故作不堪，刁蹬百端，不收本色。每名排年里长勒要银两、布绢，若或迟慢，被其捆打扑捉。小民惊慌无措，不免将农具、牲口、锅釜准折，实为民害。今思捕倭船只不过三四百料，且如长、吴二县排年里长计该一万余名，每名要银三钱，共该银三千两。造船一只作何费用？却将船只拖延，经年不造。①

《抽取漕运用船只》

查得先该平江伯陈瑄奏准不为常例，于各处州县起运粮数，淮安纳粮者，每粮二千石抽船一只[森案：客商之船]；徐州纳粮者，二千六百石抽船一只；临清纳粮者，三千石抽船一只。俱要二百料[森案：1料＝200平方尺×7尺]匾浅船只。查本府各县，宣德四年坐派临清一百万石，徐州粮四十五万石，该抽船只五百六只。……每只用价米三百石，共该米十五万一千八百石。买船与官军运粮……②

《买马当站》

据本府嘉定等县申，查得洪武三十五年十月内奉兵部勘合差郎中崔恂开照，江北各处马驿近因大军经过，人民阔散，马匹不存，虽已差人分投各处整点取拨邻近卫所马匹摆递，及行苏州等府并浙江

---

① 卷七《备倭船及开浚河道奏》，宣德五年十月九日。【译注：作者为了便于读者理解，将此条史料作了重新整合，调整了前后顺序。按照史料原有顺序，则②＝顾荣等的"状告"应该置于①＝况钟的"查得"之前】

② 《况太守集》卷八《再请减秋粮及抛荒粮抽取船只奏》，宣德五年闰十二月三日。【译注：作者为了便于读者理解，将"买船与官军运粮"改置于"该抽船只五百六只"之后】

布政司,勾取原签市民并粮仚人户买马发驿走递,不敷。又兼各处军卫之马不可久占,江北原仚市民未能复业,及钦奉诏书内一款,由东北平、河南府州县人民有被兵不能种田者,并免三年差税。钦此。今照北方原仚土民若候苏息三年后,著令买马当站,岂不失误走递?今议得先于南直隶、镇江、常州、苏州、松江四府、浙江布政司所属杭州等六府人民,除当站外,于未当站人户内有民粮五百石以上富贵大户之家借买上马一匹,四百石以上买中马一匹,三百石以上买下马一匹。如本户粮数不及,许于十石以上之家辏当一匹。发北方驿分暂且走递。所在土民贴力养马,候土民复业三年后,仍令仚发各驿替回。不许将畸零小民一概奏辏点。奉太宗文皇帝圣旨,北京百姓是艰难,买马不得,且借南方百姓买马当着。过三百后,都教上民买马,替他马回来。钦此。除钦遵,坐派本府县马二百四十余匹,因民无粮五百石及十石以上大户,止有小户,民粮仚点不敷。当蒙差来郎中崔恂呈部,将重租官粮尽数辏买解部,分拨山东等处铜城等驿走递,到今二十八年。节因马匹倒死,原编人户多有死绝充军消废,连年勾扰不绝,小民重额官粮远运北京、临清、徐州等仓交纳,委的艰难。[1]

《科派物料》

奉到工部等部勘合,坐派铜铁、金箔、颜料、油蜡、牲口等项数多,着将本府官田粮照依别省布政司民粮,一体科派。[2]

[森案:据宣德五年二月敕谕减免重租官田税粮 721 000 石之后,苏州府税粮实征总额为 2 058 000 石]内民田粮十五万三千一百零[森案:重租官粮 1 904 908 石]。每亩起科不一[森案:一斗三升

---

① 《况太守集》卷七《请免借马及派买物料奏》,宣德五年十一月。笔者归纳概括了原史料的要点,请参考第二章第二、三节。【译注:通行本《况太守集》(江苏人民出版社 1983 年标点本)所载该奏有阙文。作者参考的是日本京都大学文学部图书馆所藏清道光六年刊本】

② 同上注上奏及《况太守集》卷八《再请免抛荒粮及夏税科派奏》,宣德六年二月。请参考本章附篇。

至三石]。……今部派本府采办物料与浙江同,愈见民难。

《买办布匹》①

据长洲等县民人沈多福等连名状告:"去年[森案:宣德六年]奉行在工部勘合及钦差王宪、范禄等到府坐买阔白三梭棉布七百匹。王宪等因见本府地无出产,每布一匹逼价银三两,著仰多福等敛收。又复煎销亏折,各行赔闭辏数完足。共银二千一百两,赍送王宪等处交收,自带往直隶松江府出产地面织造去讫。今年内使王宪等仍复到来,征收各县布价银两……"

《夏税折布》②

据长洲等县粮老徐璇等状告:"……至宣德四年,户部勘合,征收夏麦,若本色不敷,抵斗折米,以此不得接济,无力车水种田。又与各处民粮一般拨派远运,加耗对支。上年[森案:宣德六年]被水薄收,又兼各项军需颜料差重并繁多,民贫缺食,即目十室九空,取树皮野草不能充饥,等候麦熟接济。"

《抛荒田土之税粮》③

永乐二十八年八月内钦奉诏书,内一款:"民间应有事故,人户抛荒田土,有司即与从实取勘开报,以凭覆实豁除。另行召人承佃,中间如系官田,即照民田例起科。钦此。"洪熙元年七月钦奉诏书,内一款:"官民田地旧佃种人户,或全家死亡,或丁力消耗,以致抛荒,有司即与召人耕种,官田照民田起科,如果无人耕种者,该纳税粮,从实取勘开除,毋得洒派抛荒,重为民害。钦此。"亲遵。行据昆山等县申,取勘到事故、身死、充军等项,并丁力消耗,人户名下递年抛荒,无征税粮;田亩及沿河、傍海崩塌不存田地数目,在官覆勘是实,造册申缴户部。续奉驳回:"分豁原额改科粮数,通汇造册缴

---

① 《况太守集》卷八《请免苛征折布奏》,宣德七年三月十九日。
② 《况太守集》卷九《再请夏税折布奏》,宣德七年九月十五日。
③ 《况太守集》卷八《再请减秋粮及抛荒粮抽取船只奏》。原作"永乐二十八年",误,应为二十二年。

报。"依奉行属,取勘明白,造册申缴该部。又奉驳回:"丁力消耗,人户田亩仍令照额税粮。如系洪武初以前古额官田,不许减科,仍照旧额纳粮;若系洪武年间抄没官田,分豁原额,并今减科粮数,明白保结完报。"行据各县申,除古额官田照旧办粮外,取勘到全家死绝人户一万三千四百七十二户,遗下抛荒抄没改科官田地、滩、涂、荡二千九百八十二顷一十一亩,照依民田起科,该减除秋粮十四万九千五百一十石零。造册保结于今年十月十五日申缴该部,未奉明降。臣窃照前项抛荒、崩塌不存田地二次取勘造册缴部,经今五年之上,未蒙开除税粮。递年著令现在人户包纳,中间多有不肯赔纳。该管粮里洒派逼令包赔,以致词讼繁兴,人民逃窜。前项税粮虽存虚额,连年拖欠,官不得用,民受其害。

《抛荒田土之税粮(续)》①

又据本府抚民经历陈惟海呈:"诣昆山等县踏勘前项崩塌田粮,递年拖欠人户葛阿伴等,将男女家产变卖赔纳不足,因此逃亡数多。蒙圣恩,除授抚民官员,招抚流民复业。缘原田崩塌,税粮未除,别无新涨荒田拨与,生理无处存活。"

况钟曾多次在上奏中强调了以上情形,这几乎成了一种固定的表达。比如,前述《请减秋粮奏》(《况太守集》卷七,宣德五年七月二十六日)中概括地说道:

各县人民,委因官田粮重,递年远运,该用船只、脚钱等项费用浩大,北京粮每石用过米四石,其运粮人夫经年不得种田及买办军需颜料等件繁多,以致民贫外窜。

此外,在《请清军及旧欠折钞奏》(《况太守集》卷七,宣德五年十月初六日)中也有类似的描述:

民贫逃窜,及死亡户绝抛荒,以致拖欠。由催征紧急,不免虚申

①《况太守集》卷八《再请免抛荒粮及夏税科派奏》。

起运。

从况钟的上奏可知,明朝政府要求苏州府下纳粮户负担的主要是,以实物缴纳的重租官田的税粮,以及永乐以后增加的与远运有关的各项劳役以及相关费用。此外,还要求当地纳粮户以折银的形式,提供包括军需和颜料等在内的物料,负责修造船只(属于里甲正役)以及购买江北驿站用马和充当驿夫(属于杂役系统)等等。对于那些因抛荒无法征收的税粮,户部依然要求由该管里甲必须保证税粮原额①,不许有丝毫更改。这些称为对纳粮户的重压。况钟认为正是由于这种税粮征收政策,导致了纳粮户逃离里甲,成为税粮征收中的一个严重问题。

况钟正是以上述形式痛陈,在目前的情况下无法保证向纳粮户征收税粮和科派徭役。

三、纳粮户之间的矛盾:粮里、大户和小民

如上所述,由于国家的赋役负担十分沉重,致使在江南三角洲地区的苏州府纳粮户难以维持生活,最终导致赋役制度自身出现危机。明朝政府为了维持向纳粮户科派赋役,其需要面对的不仅仅是赋役制度自身的问题。明朝政府还必须面对一个对其来说是非常重要的问题,即地域社会中纳粮户之间的相互关系,因为每年的赋役科派都建立在这一关系的基础之上。前引洪熙元年周干的奏报中已经指出了,在纳粮户中被称为粮长户和有力大户的阶层威胁着小农阶层的生活,而且十分严重。在这里,我们再一次对周干的奏报进行详细分析。

根据明朝官方编纂的《明实录》记载,洪熙元年(1425)至宣德六年(1431)期间,粮长和有力大户在征发赋役过程中的所作所为常常成为众

---

① 《况太守集》卷八《再请减秋粮及抛荒粮抽取船只奏》在"一件抛荒田土事"项之后有注:"亦部驳。"

矢之的。①《明实录》的记载与周干的奏报一样，多次指出粮长、豪富人户、富民和豪强奸猾人户等在征收税粮时"不输"和"侵用不纳"的行为。此外，这些人还欺压小民、贫民、平民和细民。他们以征收税粮、购买军需物资、制造官府必需品为借口，向纳粮户征收过量的各种物品，或者从中榨取肥私。这些都是十分普遍的现象。还有，值得关注的是以苏松诸府为首的江南三角洲诸府的纳粮户，他们在向北京以及江北诸仓运送税粮时，"富民赂有司率得近地，而贫民多运北京"（注①—b）。然而，这些只不过是在摊派徭役时"纵富役贫"（注①—g）现象中的冰山一角。浙江的嘉兴、湖州两府和杭州府海宁县的闲吏、粮长之中"有隐占小民为奴，侵其田地，不输税粮者"，出现了"有因欠负，逼取其妻女为婢妾者"（注①—a）

---

① 以下均引自《明实录》。

    a. 浙江布政司右参议戴同吉言五事。……五曰，立劝惩之法。……比年以来，浙江所属人民谲诈好讼，而嘉、湖、海宁闲吏粮长为尤甚。有隐占小民为奴，侵其田地，不输税粮。有征其税丝粮草，侵用不纳官者。有假造作，横敛无度者。有因欠负，逼取其妻女为婢妾者。民之受害，无所控诉。或诉于郡县，官吏恐怕其罗织生事，莫敢言其非（洪熙元年十月丙戌）。

    b. 行在大理寺卿虞谦卒。……为都御史。……又命督两浙苏松诸郡运赋，输南北京及徐州淮安。先是，富民赂有司，率得近地，而贫民多运北京（宣德二年三月壬子）。〔森案：此史料为记载虞谦死亡时的小传，其情况可追溯到永乐年间洪熙帝监国之时。〕

    c. 谕行在户部尚书夏原吉等曰，设立粮长，本欲便利小民，协助官府。昨日大理寺卿奏，湖州粮长侵盗秋粮，皆拟斩罪。朕为之恻然。有司编立之际，不择良善，纵容此辈，得以为奸（宣德二年四月丁丑）。

    d. 南京太仆寺少卿吕升……又言，江南粮长之设，专督粮赋。近时永充粮长，恃其富豪，肆为亡赖，交结有司，承揽军需买办，往往移已收粮米别用，辄假风涛漂流为词，重复追征，深为民患（宣德四年十二月乙酉）。

    e. 南京都察院右金都御史严升卒。……仁宗皇帝嗣位……奉命清理军务。苏州诸郡旧俗，豪猾肆奸诬平民为兵者多……（宣德五年十一月丙辰）。

    f. 南京监察御史李安言，各处粮长皆殷实之家，以永充之故，习为豪横，威制小民，妄意征求。有折收金银段匹者，每石征二三石者，有准折子女畜产者。任情费用，或纵恣酒色，或辗转贩贸，营私有余，输官不足。稽其递年税粮，完者无几（宣德五年闰十二月壬寅）。

    g. 监察御史张政言，洪武间设粮长，专办税粮。近见浙江嘉湖直隶苏松等府粮长兼预有司诸务，徭役则纵富役贫，科征则以一取十，词讼则颠倒是非，税粮则征敛无度，甚至役使良善，怒视里甲，作奸犯科，民受其害，乞为禁治，命行在户部禁约（宣德六年四月癸亥）。

    h. 浙江右参议彭璟言……璟又奏，豪富人民每遇编充里役，多隐匿丁粮，规避徭役。质朴之民，皆首实。有司贪贿，更不穷究。由是徭役不均，细民失业。乞令有司，从公推点相应人户充役，违者论罪。从之（宣德六年五月庚午）。

的情况。正如南京监察御史李安所说,各处粮长中"习于豪横,威制小民,妄意征求。有折收金银段匹者,每石征二三石者,有准折①子女畜产者"(注①—f)。这些说明,那些被称为"皆殷实之家"的粮长户依仗"永充"的权威,在地域社会的社会关系中有加重对小民进行压迫和掠夺的倾向(注①—f)。以上一系列"害民"现象在监察御史张政关于浙江嘉兴、湖州、南直隶的苏州、松江等府粮长的上奏中有如下概括②:

> 洪武间设粮长,专办税粮。近见浙江嘉湖直隶苏松等府粮长,兼预有司诸务,徭役则纵富役贫,科征则以一取十,词讼则颠倒是非,税粮则征敛无度,甚至役使良善,怒视里甲,作奸犯科,民受其害,乞为禁治。

关于粮长、里长和大户们在地域社会中的所作所为,苏州知府况钟在宣德五年九月二十日的《通禁苏民积弊榜示》(《况太守集》卷十二,条谕上)、宣德七年四月十日的《严革诸弊榜示》(《况太守集》卷十二,条谕上)中,对苏州府下地域社会的情况有十分生动的表述:

> 一、逃移人户,即便招抚复业。如有仍前窝藏在家,不发还乡,许令粮老亲邻指实姓名居址告官,照依钦定榜例议拟。如有粮里人等,将复业人户,汇算递年粮债、复逼往逃者,从重治罪(《通禁苏民积弊榜示》)。
>
> 一、招回复业人户,该当粮里并土豪大户,多有不照钦依傍例存恤,一概科差,及盘算先年债负,勒要准折田产子女③,以致不能存活。榜示之后,尽数给还,毋执虚钱。实契所欠私债,候其复业成家,年月虽深,不过一本一利,明白算还。敢有仍前陷害,致难安业,许被害之人指实陈告,以凭窜问不恕(《严革诸弊榜示》)。

---

① 关于准折,请参考本页注释③与下页注释①。
② 请见上页注①—g。
③ 准折的"准",在下条之《通禁苏民积弊榜示》也多次使用,原义为彼此扣除,此处指以土地和家庭成员抵偿债务。

一、有等倚法为奸豪横粮里及革役粮长、圩长、老人，以催征税粮、买办军需颜料等项为由，科敛小民，财物以一科十，无措者至准折子女①，或作佣工，逼民逃窜，强种田地，不纳税粮，贻累里甲亲邻赔纳者，许被害之人告官，从重治罪(据《通禁苏民积弊榜示》)。

上述"逼民逃窜，强种田地，不纳税粮，贻累里甲亲邻赔纳者"所指的恐怕是如下现象(《况太守集》卷九《请禁词讼牵连越控奏》，宣德七年十二月二十六日)：

苏松二府词讼，多因秋粮而起。盖属县田地，税粮额重，人民逃绝数多。势豪大户之兼并者，佃(佃原书作佔)种他人田地，动至数十百顷，常年不肯纳粮。

关于苏州府下七县担任过粮长的大户充当圩长、圩老一职的情况，况钟在宣德五年十月二十日的《革除圩长示》(《况太守集》)卷十二《条谕上》)中有如下记载②：

访得所属长洲等七县，先该钦差大理寺卿胡(概)，将各县(役过)粮长，每区设立总圩长、圩老六名，通该一千六百七十二名，并小圩长，与同粮里，提督农务，相兼催办税粮。近年以来，公然接受状词，挟制粮里，而本等差役不当，户内税粮不纳，又行包揽小户粮草，入己放债，盖房造船，买马娶妾费用，以致连年拖欠，负累官府。甚至役使小民，在家种田，摇船出入。生事害民，非止一端[森案：括弧中文字为作者所加]。

---

① 大意与前述(《严革诸弊榜示》)的准折相同，此处指用于抵偿滞纳的税粮和其他国课。

② 圩长、圩老是担任过粮长大户。请参看《况太守集》卷十一《遵旨辨明诬陷奏》(宣德七年二月二十八日)中的如下记载："访得侍郎成均所管本府七县治农官，设立圩长、圩老九千余名，俱系役过粮长大户。"此处云"九千余名"估计是正文中 1672 名总圩长、圩老与小圩长的合计数字。但是，本文引用的《革役圩长示》中总圩长等的设立始于洪熙元年至宣德五年三月间担任当地巡抚的胡概[森案：当时的巡抚虽为常驻，但尚未被制度化]。另一方面在上引《遵旨辨明诬陷奏》中，该职的设立又被系于宣德五年四月，认为最初是由奉命专管苏松等地农务的南京署刑部侍郎成均创始的(《明实录》宣德五年四月戊寅)。况钟所言前后不一的理由不详。

通过《明实录》和况钟的条谕、上奏，我们可以看出在地域社会内部发生的如下事态：

第一，税粮的督促、征收和运送，军需物料和颜料的买办等诸项事务，是以里甲正役的形式由以下诸类人物构成的社会阶层负责的，即豪横粮里，革役粮长、圩长、老人，由役过的粮长大户选充的总圩长、圩老，势豪大户的兼并者、土豪大户、粮里和里长户等等。这一阶层在履行上述职役的过程中，对同属纳粮户的小民阶层施以额外征收，从中榨取牟利。[1]

第二，纳粮户中的粮里、大户阶层在从事上述诸项公务时，以代纳税粮等各类赋税为名，"勒要准折田产子女"。除此之外，如本章第五节Ⅶ将要说明的那样，他们还利用当时农村社会中的债务关系，以要求担保的形式占有小民阶层的资产。[2]

第三，粮里和大户阶层开始以非正规的买卖手续，利用以不变更赋役黄册上的登记形式的方法积聚土地，让"准折"的小民子女和征发而来的小民耕种，从而非法扩大自身的经济基础。

由此可见，作为承担江南三角洲官田税粮主体的纳粮户的小民阶层，不仅不能保留必要的谋生手段——生产物，甚至逐渐失去了生产手段——劳动力和以官田为主的土地。而且，这种情况愈发严重。

在洪武、宣德年间，由于以下两个原因，明朝政府开始注意到粮里、大户阶层对同属纳粮户的小民阶层进行各种掠夺的情况日益恶化。

首先，特别是在江南三角洲的官田地区，粮长阶层在税粮方面原本负有很大的责任，但是到此时粮长们已经难以履行职务了。苏州知府况钟在宣德九年五月上奏中，说明了担任粮长职务所需的条件。我们由此可以看出，以科派徭役形式佥发粮长是十分困难的：

---

[1] 从况钟的条谕和上奏中，还可以看出粮长户等内部存在着相互矛盾。亦即通称为殷实之家的粮长户本身也发生着分化。本文将无力论及这一问题。

[2] 本章第五节Ⅶ。

　　一件,佥替粮长事。查得,先奉户部勘合,仰各粮多殷实服众大户永充粮长。近查,长洲等县税粮不完。究其所以,盖因下等水乡艰难区分,原无殷实大户,俱系一般小民,编充粮长,不能服众。似此秋粮难完。前件如蒙准言,乞敕该部,行移本府属县查勘,但有此等艰难区分粮长,保勘明白,即于附近邻境区内,拣选替殷实服众大户佥替,庶人民信服,税粮办集。为此谨奏。(《况太守集》卷九《请禁妄动实封及冒军籍冒船户佥充粮长不符定例诸奏》)。

在水利条件很差、收获量也很少的“下等水乡”之中,由于没有“殷实服众大户”,只能佥派“一般小民”充当粮长,故“不能服众”,以致“秋粮难完”。这说明担当粮长者必须有一定的财富和以其为基础的社会声望。粮长和里长一样,在现实中为了向纳粮户下层——小民阶层——征收税粮,他们自身必须承担相当程度的费用。

　　从明朝迁都北京前后开始,运交税粮的距离被延长了。粮长原本已经在履行职务中必须承受种种负担,而在这种情况下还要负担各种激增的运输等相关成本。为了解决这一问题,粮长们开始将这些成本负担转嫁给其管辖下的纳粮户,向他们进行额外征收。有关税粮运送中粮长负担的增加和向农民科敛发生的关联,星斌夫曾经有过十分准确的说明。[1]

　　我们通过前述《明实录》的史料和况钟在条谕和上奏中的描述,可以了解到以粮长为首的粮里和大户阶层通过非法手段掠夺属于小民阶层的土地及家庭劳动力的情况。其中,他们如此做的目的之一就是为了尽一切可能扩大自己的财富。在14世纪后期的洪武年间,明朝政府通过籍没土地,沉重地打击了被称为大家富民、豪门巨族、兼并之家的社会阶层。这一点正如三位士大夫在15世纪时回顾的那样[森案:请参看第一章]。毋庸置疑,洪武年间设立的粮长制和里甲制本身,就是以一定数量的、拥有相当的土地等财富的富人为前提的。结果,在洪熙、宣德年间,

---

[1] 星斌夫:《明代漕運の研究》(日本学术振兴会,1963年)第三章。

以及明代社会真正开始积累财富的时代,却出现了以上的种种情况。与这种粮里和大户阶层的新动向相关联,城市中也开始出现"富民"、"缙绅乡官"的阶层。

苏州知府况钟,将府内各县住民的居住区域大致分为城区(即"在城市镇、人烟辏集之处")和乡村(即"乡都人民散住不一"①)。况钟特别要求城市居民应严戒奢侈:

> 城市者,乡民之望;节俭者,裕财之源。苏郡素称富丽之地。然税粮浩大,采办殷繁。又复田地低洼,水则淹没,旱年立致枯槁。比户流亡,招难尽复。乃访得城市富民奢侈太甚,缙绅大族亦复有然。锦绣铺张,梨园燕饮,率以为常。而丧嫁二事,尤为浮荡之大者。不惟有逾品制,实乃暴殄天物,召灾致咎,未有不由乎此。……榜示之后,各崇俭朴,留有余之财,以防不足。而在缙绅乡官,尤宜以身作则,助官化民,共臻醇古,永革敝俗。(《况太守集》卷十二《条谕上·戒奢侈榜示》)

> 该地习于奢侈,城市尤甚。有等子弟,专习为奇巧工作,已足以妨农业、害女功。更有等浮荡子弟,全然不务生理。或则穷日极夜开场赌博;或则戏房妓室,鲜衣怒马,摇酤撒赖;或则擎鹰斗雀,引类呼群,勾惹恶少,恣行为非;或则特能识字,交结蠹胥,代人做状,扛帮词讼。种种不法,身犯国宪。当识体察得,皆是俊秀子弟,强半出绅士之家。(《况太守集》卷十三《条谕下·绅士约束子弟示》)

在前一条史料中,况钟指斥了居住在苏州府城(亦即长洲县和吴县的县城)等府内各县县城和市镇中的"富民"、"缙绅大族"和"缙绅乡官"过着奢侈的生活;在后一条史料中,况钟则痛斥在城市中游手好闲者多

① 《况太守集》卷十二《条谕上·严贼盗禁示》(宣德七年五月十八日):"今后各县,在城市镇人烟辏集之处,原设巡警铺座,即仰官吏,严加修理,每铺一百户,设铺长五名,置立木牌。……若乡都人民散住不一,难设铺座。着令当年里长甲首照依前例巡视,家至户到,周知出入……"

是出身于与缙绅大族同样的绅士家庭的子弟。这些情况说明，早在乡绅阶层拥有对地域社会巨大影响力的 16 世纪之前，住居在城市中的官僚们从 15 世纪开始就已经在聚敛财富。这里所说的富民的"财富"，既有源于商业活动者，也有源于为宦所得者。总而言之，他们都是所谓的城居地主，他们的活动根植于地主土地所有制的基盘之上。特别是对于上述绅士家庭的子弟们来说，这一点是毫无疑问的。《周文襄公年谱》在宣德八年十月条下记载了苏州府的如下情况：

> 时苏州一府勘报，缺食饥民计一百一十万户，大小三百余万口，所储之米，不能周瞻。附郭豪右兼并之家，大以为利，而南亩之农民，馁殍者多。

与况钟表述的"富民"和"缙绅大族"等形成对照，这里用了"附郭豪右兼并之家"的表达。总而言之是出现了一批居住在城市之中，享有巨大的社会势力和大量土地的社会基层。

前述的豪横粮里、役过的粮长大户、土豪大户等，从职务和文献资料中可以看出，他们主要居住于农村，直接参与农业经营，即使用他人的劳动力耕种自己的土地。① 在这一点上，居住于城市的富民、缙绅大族与他们不同，是寄生的。不过，乡居地主与城居地主均属于形成于元末以前的豪民巨族和当土豪富民没落时开始积累财富的新兴地主阶层。至于更加抽象的名词，即概括地称具有较高社会地位和较大势力的人为大户、巾靴游谈之士、有力大户、大户等，也许是对以上两者的统称。应该注意的是，我们对 15 世纪前期苏州府下城居人口及其土地所有额不可作过高的估计。这是因为，苏州府吴江县人史鉴（1434—1496）曾经对宣德年间（1426—1435）和弘治三至六年（1490—1493）所做的令人感兴趣

---

① 小山正明在前述《明代の糧長について―とくに前半期の江南デルタを中心にして―》》中认为，包括宣德年间在内，粮长是 14—15 世纪江南三角洲统治阶层的核心，农村行政以"区"为单位，除了负担征收税粮和摊派徭役之外，还要负责调停、裁判和劝农等事务，甚至还要负责服饰、车船以及意识形态等广泛范围的问题。这些对本节的研究很有帮助。

的比较,证明了"城郭之民"或"城郭之民之田之粮"在宣德年间相对较少[森案:请参看第五章]。重要的问题在于,这两部分人早在明朝政府决定向他们编派杂派之前[森案:请参看本章第二节],已经开始通过货币流通与商品经济的发展聚敛财富。

这样,由于不断抬头的大户阶层拒绝承担税粮的加耗,结果导致加耗被转嫁给小民阶层。在这种情况下,包括加耗在内的赋役负担的加重,对纳粮户中小民阶层的生活构成了严重的威胁。

四、纳粮户与国家的赋役政策

在 14 世纪后期的洪武年间,江南三角洲地区的纳粮户虽然生活窘迫,但是必须承担官田的税粮。进入 15 世纪以后,随着国家各种赋役的剧增,洪熙、宣德年间的纳粮户又是如何对应国家赋役的呢?

在上一节中已经提到,纳粮户中的粮里和大户阶层,其中特别是粮长,对小民的要求更加苛刻。就在同一期间,苏州府下的小民们也曾以暴力反抗过粮长们的督催。

宣德五年十二月二日,况钟在一则上奏中报告了如下情况:

> 又据长洲县二十六都韦寿安告,有兄弟韦恕充粮长。因上司催粮紧急,本年十一月二十八日前去本区观音堂拘唤欠粮里甲人户,办粮点船。至晚,有众恶凶徒,不计其数,各执枪棒,将兄弟韦恕、韦忠、韦恂三人俱各杀死。等词,到府。(《况太守集》卷十《举劾官员奏疏·伙杀办公人命奏》)

可见,由于地方衙门"催粮紧急",故粮长兄弟三人为督促辖区内"欠粮里甲人户"从速交纳,并制定输送船只前往观音堂,却被"众恶凶徒"杀害。在同一上奏还记载了另外一起粮长被杀事件:

> 近据嘉定县申,该沈氏告,有夫黄贞,先充粮长。今年九月二十七日夜,有男子一百五十余人,持杖执火围屋,将夫杀死,搬抢家财。

上奏中没有说明"男子一百五十余人"杀害粮长黄贞的理由。但是，这一起牵涉到"男子一百五十余人"的事件估计是该区内的纳粮户共谋将粮长杀害的事件。

苏州、松江位居江南三角洲的中心，在其周边各府也发生过多起纳粮户的反抗事件。周忱于宣德六年三月上奏，提到了常州府、镇江府及应天府和广德州的农民对国家地方行政机构州县衙门的反抗：

> 巡抚直隶侍郎周忱奏。广德州及溧阳[森案：属镇江府]、溧水[森案：属应天府]、宜兴[森案：属常州府]三县，边湖近山，民多顽犷。有司催征税粮，勾摄公务，多抗拒不服，甚至聚众劫掠。近有被获者，其财物以万计。又得其伪造各卫仓及宜兴等县印一十七颗。盖用私造文书，侵欺税粮。州县官吏，或柔懦无能，或受其财赂，反被挟制，不能究治。民之刁诈者愈多（《明实录》宣德六年三月丁亥）。

我们从这种反抗中可以看出，纳粮户们在土豪的统领之下，利用地理上的条件，采用了集团组织的形式。在这里，我们看不到纳粮户中的粮里、大户阶层和小民阶层之间的对立。这种反抗实际上是进行抗税斗争地区的所有纳粮户的一个缩影。宣德九年五月，地处常州府要地的无锡县县衙受到"贼五千余人"的袭击：

> 常州府无锡县申。贼众五千余人，鸣锣为号，各执凶器，打开本县禁门，将贼犯贾忠等劫去。贾忠等又聚众劫掠，夺利港巡检印信烧毁，杀死人民王信等（《周文襄公年谱》宣德九年五月）。

这一资料虽然没有说清"人民王信"究属何人，也没有说明劫掠的内容。但是，这一行动明显是针对享有征派赋役权限的县衙门的武装敌对行为，而且参加的"贼众"达"五千余人"。所以，我认为，这种集体性的行为在某种程度上代表了纳粮户的全体利益。

然而，在洪熙、宣德年间，江南三角洲地区的纳粮户在国家赋役负担剧增时表现出的最普遍的反映，就是周干在洪熙元年奏报中所说的逃亡。如本文指出的那样,逃亡意味着他们逃离地域社会——他们从事农业生产和维持家族生活的基盘。逃亡还有远走他乡之意,但是从纳粮户与国家的关系而言,逃亡就是为了逃避其所属的里甲组织,以及国家通过里甲组织科派的税粮和徭役。从本章的角度来看,逃亡就是他们放弃国家纳粮户的身份。

特别是对于受到粮长和大户阶层勒索或转嫁加耗的小民阶层来说,逃亡是他们在这一时期的生存手段。这样说的理由是,这一时期的逃亡者在统计上已经达到相当大的数量。况钟宣德七年的一份上奏中说,"苏松二府词讼多因秋粮而起,该属县田地税粮额重,人民逃绝数多。豪势大户之兼并者,占种他人田地,动至数百十顷,常年不肯纳粮"①。

根据况钟记载,宣德五年七月时"本府所管七县人户"为 474 263②,宣德六年三月时"本府实在人户"为 369 252 户。③ 这里的"所管"和"实在"之间大约相差 10 万户,这是因人户逃亡所致,亦或是调查方法不同,目前不得而知。但是,苏州府根据宣德六年户部"招回逃户"的指令,在当年"招抚复业"的逃民达 37 993 户。④ 相对于同年三月的"实在"人户数的 369 252 户来说,实际上的逃亡户至少有 1/10。同时,在宣德五年闰十二月,包括逃户在内,苏州府的"全家死绝等项人户"为13 472 户,被抛弃"抄没改科官田地滩涂荡"达 2 982.11 顷。⑤ 宣德年间中叶,松江府人杜宗桓在前述《上巡抚侍郎周忱书》⑥中指出:

> 独苏松二府之民,则因赋重而流移失所者多矣。今之粮重去处,每里有逃去一半上下者。

这些问题,对于国家和纳粮户来说,都是十分严重的。同样,对于苏

① 《况太守集》卷九《请禁词讼牵连越控奏》,宣德七年十二月二十六日。
② 《况太守集》卷七《请添设官员十六缺奏》,宣德五年七月初三日。
③ 《况太守集》卷八《丁少粮多请免远运奏》,宣德六年三月初八日。
④ 《况太守集》卷八《招回逃户实数奏》,宣德七年三月十九日。
⑤ 《况太守集》卷八《再请减秋粮及抛荒粮抽取船只奏》,宣德五年闰十二月初三日。
⑥ 《(正德)松江府志》卷七《田赋中》。

州知府况钟和江南三角洲官田地区其他各府的知府和知县来说,纳粮户
的逃亡直接成为影响到征缴税粮的重大问题。而对于负责苏、松、常三
府的巡抚南直隶总督税粮的周忱而言则更是如此。周忱在《与行在户部
诸公书》中讲述的是从宣德七年到宣德十年(1435)前后为止的情况。①
《皇明经世文编》在收录这一史料时,标有副题——"苏松户口",可见该
史料的中心是苏州府和松江府的逃亡人户问题。

以下,我们利用这一文献②分析一下位于江南三角洲官田地区中心
的苏松两府纳粮户对国家赋役政策的反应。与此同时,还将分析担任总
督税粮的周忱对统治农民问题的思考。周忱在《与行在户部诸公书》开
头部分写道:

> 伏闻治民之道,在于禁惰游以一其志,劝耕稼以敦其业。盖惰
> 游禁则土著固,而避劳就逸者无所容。耕稼劝则农业崇,而弃本逐
> 末者不得纵。由是赋役可均,而国用可足。不然,则户口耗而赋役
> 不可得而均,地利削而国用不可得而给。先王制六乡六遂之法,以
> 维持其民,而均其土地者,正谓此也。

周忱始终从中国传统王朝国家——其基盘是农业生产——的一名
官僚的角度出发,主张应该让农民的劳动力稳定在土地上,以便他们专
心务农,从而在发展农业的基础上,均等地负担赋役,保证国家财政的稳
定。这一立场表明了周忱具有典型农本思想。他的出发点在于,国家应
该如何确实地控制农民的劳动力。

但是,他所面对的"苏松之民"逃亡问题绝非一朝一夕可以解决的单

---

① 《皇明经世文编》卷二十二。
② 以下列举《与行在户部诸公书》的全文,共分十一段,以(A)至(K)的符号标出。正文中在相
　应史料后标注有相同符号。【译注:作者在正文中使用的是史料的日语译文,其中有一些是
　作者为了日本读者便于理解而加入的解释性文字,同时在译文后相应标有(A)至(K)的符
　号。同时,为了便于读者参考起见,作者将原史料分为11个段落抄录于注释之中,并在相应
　段落后标有(A)至(K)的符号,以便读者检寻。今将作者置于注释部分的史料原文移置正文
　中,并删去(A)至(K)的符号】

纯的问题。周忱当时列举了以太仓卫城为中心的太仓地区(以后升格为州)户口减少的例子:

> 忱曾以太仓一城之户口考之,洪武年间见丁授田十六亩,二十四年黄册原额六十七里,八千九百八十六户。今宣德七年造册,止有一十里,一千五百六十九户[森案:为洪武年间的 17.5%]。核实又止有见户七百三十八户[森案:为洪武年间的 8.2%]。其余又皆逃绝虚报之数。户虽耗而原授之田俱在。夫以七百三十八户,而当洪武年间八千九百八十六户之税粮,欲望其输纳足备而不逃去,其可得乎? 忱恐数岁之后,见户皆去而渐至于无征矣。

我估计这是非常极端的例子。如上所述,户口的减少趋势不仅存在于太仓地区,而在苏松两府也是带有普遍性的问题。周忱在这里指出的是里甲制度下缴纳税粮的赔纳规定,即现存人户必须包赔逃亡人户的税粮,亦即前述的抛荒田粮。正是因为当时行在户部的中央官僚固执地坚持赔纳抛荒田粮的规定,结果促使越来越多的人户逃亡。

但是,周忱感到了苏松人民的逃亡现象与其他地方有些不同,这个情况增强了他的危机意识。他称:

> 迩者,皇上念天下人民有因饥窘逃移者,累降敕旨,设抚民之官,颁宽恤之条,命天下郡邑招而抚之。诸公颁布奉行,克谨无怠,天下之民,感戴宏恩,扶老携幼,竞返桑梓。

但是,苏松地区却并非如此:

> 惟独苏松之民尚有远年窜匿,未尽复其原额,而田地至今尚有荒芜者。岂忧恤犹未至乎? 凡招回复业之民,既蒙蠲其税粮,复其徭役,室庐食用之乏者,官与赈给,牛具种子之缺者,官与借贷。朝廷之恩,至矣,尽矣。如此而犹不复业者,亦必有其说焉。盖苏松之逃民,其始也,皆因艰窘,不得已而逋逃,及其后也,见流寓者之胜于土著,故相煽成风,接踵而去,不复再怀乡土。四民之中,农民尤甚。

何以言之？天下之农民固劳矣，而苏松之民比于天下，其劳又加倍焉。天下之农民固贫矣，而苏松之农民比于天下，其贫又加甚焉。天下之民常怀土而重迁，苏松之民则尝轻其乡而乐于转徙。天下之民出其乡则无所容其身，苏松之民出其乡则足以售其巧。

正如况钟所说的那样，苏州府的农民并不一定认为"朝廷之恩，至矣，尽矣"。在对待返乡逃户的问题上，"朝廷之恩"很容易被忽视。所在地粮长和里长将"朝廷之恩"截留在自己之处，依然向他们科派原本应该免除的税粮和徭役，甚至要求他们偿还债务［森案：请参看本章第三节］。我们在此姑且承认同周忱所说的"朝廷之恩"，对他的理论进行进一步的分析。

农民在苏松的逃民中占多数。周忱认为，苏松地区的农民与全国的农民相比，劳动投入量最多，其贫穷程度亦最甚。在这种情况下，苏松的农民"轻其乡而乐于转徙"的倾向，其原因是"苏松之民出其乡则足以售其巧"，即有谋生的手段。在这一点上，周忱已经认识到了问题的核心。

周忱具体追寻"苏松逃民"中占大多数的逃亡农民的去处，列举了"七弊"，即：

忱尝历询其弊，盖有七焉。何谓七弊？一曰大户包荫，二曰豪匠冒合，三曰船居浮荡，四曰军囚牵引，五曰屯营隐占，六曰邻境蔽匿，七曰僧道招诱。

周忱随后逐项叙述了"七弊"的内容，指出"南亩之农夫"变得日益减、衰、削、消、耗、寡、挟的实际情况。①

第一，"其所谓大户包荫者"。

其豪富之家，或以私债准折人丁，或以威力强夺人子，赐之姓而

---

① 以下，笔者将根据周忱的原文对"七弊"的内容作一概要性的介绍。只有一处参考补充了相关资料，详见下页注①。

目为义男者有之，更其名而命为仆隶者有之。凡此之人，既得为其役属，不复更其粮差，甘心依附，莫敢谁何。由是豪家之役属日增，而南亩之农夫日以减矣。

第二，"其所谓豪匠冒合者"。

苏松人匠，业聚两京。乡里之逃避粮差者，往往携其家眷，相依同住。或创造房居，或开张铺店，冒作义男女婿，代与领牌上工。在南京者，应天府不知其名；在北京者，顺天府亦无其籍。粉壁题监局之名，木牌称高手之作。一户当匠而冒合数户者有之，一人上工而隐蔽数人者有之。兵马司不敢问，左右邻不复疑。由是豪匠之生计日盛，而南亩之农民日以衰矣。

第三，"其所谓船居浮荡者"。

苏松五湖三泖积水之乡，海洋海套，无有涯岸，载舟者莫知踪迹。近年以来，又因各处关隘废弛，流移之人，挈家于舟，以买卖办课为名，冒给邻境文引及河泊由贴，往来于南北二京、湖广、河南、淮安等处〔森案：临清、仪真以及各地的人口密集处和河川交汇处①〕停泊，脱免粮差。长子老孙，不识乡里，暖衣饱食，陶然无忧。乡都之里甲无处根寻，外处之巡司不复诘问。由是船居之丁口日蕃，而南亩之农夫日以削矣。

第四，"其所谓军囚牵引者"。

苏松奇技工巧者多，所至之处，屠沽贩卖，莫不能之。故其为事之人充军于中外卫所者，辄诱乡里贫民为之余丁，摆站于各处河岸者，又招乡里之小户为之使唤。作富户于北京者，有一家数处之开张；为民种田于河间等处者，一人有数丁之子侄。且如淮安二卫，苏州充军者不过数名，今者填街塞巷，开铺买卖，皆军人之家属矣。仪

---

① 《况太守集》卷九《请禁妄动实封及冒军籍冒船户金充粮长不符定例奏》。

真一驿,苏州摆站者不过数家。今者连栟接栋,造楼居住者,皆囚人之户丁矣。官府不问其来历,里胥莫究其所从。由是军囚之生计日盛,而南亩之农夫日以消矣。

第五,"其所谓屯营隐占者"。

太仓镇海金山等卫、青村南汇吴松江等所,棋列于苏松之境,皆为边海城池。官旗犯罪,例不调伍。因有所恃,愈肆豪强。遂使避役奸氓,转相依附。或入屯堡而为之佈种,或入军营而给其使令,或窜名而冒顶军伍,或更姓而假作余丁。遗下粮差,负累乡里。为有司者,常欲挨究矣。文书数数行移,卫所坚然不答。为里甲者,常欲根寻矣。足迹稍稍及门,已遭官旗之毒手。由是屯营之藏聚日多,而南亩之农夫日以耗矣。

第六,"其所谓邻境蔽匿者"。

近年有司,多不得人,教导无方,禁令废弛。遂使蚩蚩之民,流移转徙。居东乡而藏于西乡者有焉,在彼县而匿于此县者有焉。畏粮重者,必就无粮之乡;畏差勤者,必投无差之处。舍瘠土而就膏腴者有之,营新居而弃旧业者有之。倏往倏来,无有定志。官府之勾摄者,因越境而有所不行;乡村之讥察者,每容情而有所不问。由是邻境之客户日众,而南亩之农夫日以寡矣。

第七,"其所谓僧道招诱者"。

天下之寺观,莫甚于苏松。故苏松之僧道,弥满于四海。有名器者,因保举而为住持;初出家者,因游方而称掛衲。名山巨刹,在处有之。故其乡里游惰之民,率皆相依而为之执役。眉目清秀者,称为行童;年记强壮者,称为善友。假服缁黄,伪持锡钵。或合伴而修建斋醮,或沿街而化缘财物。南北二京及各处镇市,如此等辈,莫非苏松之人。以一人住持而为之服役者,常有数十人;以一人出家而与之帮闲者,常有三五辈。由是僧道之徒侣日广,而南亩之农夫以挟矣。

周忱就以上"七弊"概括如下：

> 凡此七者，特举其大略。而天下郡县，未必此弊俱无。纵使有之，亦未必有如是之甚。此等之人，善作巧伪，变乱版图。户口则捏他故而脱漏，田粮则挟他名而诡报。惰游已久，安肯复归田里从事耕稼？况其缺乏税额，累累如配见在之户。其中颇有智能者，见其得计，亦思舍畎亩、弃耒耜而效其所为。惟愚呆无用之人，方肯始终从事于农业。然坐受其弊，亦岂无避免之心乎？凡天下之事，不可有一人之侥幸。苟有一人侥幸而获免，则必有一人不幸而受其弊。苏松侥幸之人如此其多，则不幸而受其弊者，从可知矣。是宜土著之农夫日减月除，而无有底止矣。

况钟希望中央户部的官僚能够通过前文中列举的太仓地区户口剧减的事例，认识到纳粮户逃亡问题的严重性。逃亡者留下的税粮被摊派到尚未逃亡的人户身上。未逃亡的人户中，有才智者率先放弃劳动而出逃。接着，除农业劳动外别无所长的人群中，也会出现逃亡的征兆。周忱借此说明，最终很可能导致所有纳粮户的逃亡。

周忱认为，事态之所以会发展到如此严重的地步，完全是国家没有采取及时的对策。身为"总督税粮"的周忱出于肩负的职责，要求户部官僚采取特别措施，以解决苏松地区的逃亡问题：

> 是皆惰逃不禁，耕稼不劝，故奸民得以避劳就逸，弃本逐末，如前之所云者。诚宜立法以捡制之。抚民之官固未易以招之也。愚以钝驽之才，滥叨重寄，昼夜劳心，莫知所措。伏望该部列位卿相与在朝公卿大臣，详加讲究，明白奏请，将苏松等府逃移人户不拘通例，别立一法以清理而捡制之。庶几户口可增，田亩可辟，税粮可完。忱事出激切，不觉覼缕之至，惟冀详察而恕其狂妄，幸甚。

使用通常的招抚流民的方法已经无法有效地解决苏松地区的农民逃亡问题。周忱之所以如此强调苏松地区纳粮户逃亡的问题，主要是因为小民阶层的逃亡十分严重，而导致小民阶层逃亡的原因主要是大户阶层向他们转嫁加耗负担。但是,他们除了耕种官田并向国家缴纳税粮之外,还有其他的生存技能,故不容易解决这一阶层的逃亡问题。

横田整三曾经引用过《明史·食货志·户口》中概述的《与行在户部诸公书》,他认为,"除去一些特殊的项目之外,实际上全国各地都发生了周忱所谈到的现象"①。的确如横田所指出的那样,宣德年间是明代户口统计数值最低的时期。永乐中期以后,明朝政府废除了为防止逃亡而采取的徙民政策,结果流民在全国急剧增加。横田还认为,面对这种情况的明朝政府在宣德三年(1428)四月,以宣宗敕谕的形式废除了形式上的原籍主义[森案:但非全面废除]②,在全国采用了以确保税粮征收为目的的居住地主义。宣德六年三月,兼行在户部事礼部尚书胡濙等就"攒造黄册"问题上奏,其中谈到了解决纳粮户逃亡问题的对策。③ 在这一上奏中,"除去一些特殊的项目之外",基本上包括了周忱所谈到的各种流民问题。我认为,周忱在宣德七年后将上述书简送呈"行在户部诸公"时,不可能不知道胡濙等人在宣德六年三月的上奏。周忱自己就说过,"天下郡县,未必此弊俱无"。他只是认为,即便其他地区也有这些弊端,但是与苏松地区相比,"未必有如是之甚"。因此,周忱认为有必要强调苏松地区农民对国家的态度以及纳粮户逃亡的特殊性。

我认为,"苏松之民出其乡则足以售其巧"的现象具有如下背景,即 10 世纪以后以苏松地区为中心的江南三角洲在生产、分工和交换方面相对发达,成为了中国社会的先进地区。④ 正是因为这样,所以出现了周忱所说的情况,即"苏松之民比于天下,其劳又加倍焉。……苏松之农民比于天下,其贫又加甚焉"。而且,在连结南北两大消费地带——北京和江南的、用于运送税粮的大运河沿线有临清、淮安、仪真等城市,这些城市构成了当

---

① 横田整三:《明代に於ける戸口の移動現象について》(《東洋学報》26—1、2,1938—1939 年)。
②《明实录》宣德三年四月辛酉。
③《明实录》宣德六年三月丙子。除了周忱在《与行在户部诸公书》中列举的"船居浮荡者"和"僧道招诱者"之外,其他各项在胡濙等的上奏中均有谈及。
④ 这些不过是相对而言的,当时尚不具备商品生产的基础。

时中国的中心市场。① 在这些城市中已经有很多从苏松地区逃亡而来的纳粮户,他们利用乡亲的关系招引其他苏松之民,为他们提供"足以售其巧"的条件。因此,苏松的逃亡农民一部分游离于农业,在上述地区开始依靠手工业或商业维持生活。这是苏松农民逃亡的问题点之一。

在另一方面,受周忱所列举的"七弊"中的四弊,即"大户包荫"、"军囚牵引"、"屯营隐占"和"邻境蔽匿"的影响而逃亡的农民只是为了躲避国家的赋役,他们依然从事着农业劳动。"大户包荫"是指大户利用社会力量之间的差异和债务关系,对同属纳粮户的小民进行控制,小民则通过成为向大户提供劳动力的义男和仆奴等方式,摆脱了以纳粮户的身份负担国家赋役的义务。如周忱所说的"为民种田于河间等处者"和"或入屯堡而为之佈种,或入军营而给其使令"之人,都属于被"包荫"于大户的义男和仆奴。因此,除了上述依靠手工业和商业施展"奇技工巧"的问题之外,置身于国家赋役制度之外的非农业劳动力的动向,也是值得关注的问题。② 正如本章第三节所述,我认为各地大户阶层对农业劳动力的要求在当时具有相当大的影响。

当时,明朝国家的法定货币是宝钞和铜钱,而民间流通的却是较之更可靠的白银,苏、松地区已经在孕育着秋粮缴纳方式的变革,即以折银代替本色。③ 另外,始于洪武年间的农村家庭手工业——棉布生产——

---

① 此处所说的"市场"指近代以前的中国社会中特殊的市场,并不具备全国性商品生产方面的基础。古岛和雄在《明末長江デルタにおける地主經營》(前述)中曾就中国专制王朝下"国内市场"的特性特征问题作过富有启发性的说明:"因此,生产力的发展未使剩余生产物的积累回归到土地所有者,而是随着征收赋税过程中的从中谋利,进入到流通过程中。这是中国早期商品流通相对发达的主要原因,中央集权式的权力机构也对这种国内市场的形成产生着影响。"

② 梁方仲在《明代粮长制度》中论述过周忱在《与行在户部诸公书》中言及的这两个问题。

③ 关于在地大户阶层积累白银以及官僚利用国家机构搜刮白银的问题,请参看本章第一——三节。田中正俊·佐伯有一《十五世紀における福建の農民叛乱(1)》(《歷史学研究》167号,1954年)中曾经指出,明朝政府通过流通宝钞从民间获得白银,结果成了白银的最大持有者。这种情况出现的前提是白银在"民间"的流通,即田中等人所说的都市商人的白银经济及与其密切相关的地主大户阶层保有白银。兹以如下史料为证(《明实录》洪熙元年正月庚寅):"上以钞法不通,民间交易用金银布帛,命户部尚书夏原吉等会群臣,议革其弊。"
关于这一时期国家回收白银的问题,请参考本章第五节Ⅴ。

也日趋普及，以棉布折纳夏税的大小麦已成惯例。此后不久，以棉布折纳秋粮的情况也将登场[森案：请参看本章第五节Ⅴ]。白银的流通和始于棉织业的农村家庭手工业的商品生产在明朝后半期有了显著的发展，其前提条件应该出现于 15 世纪前期。

在当时苏松地区的农村社会中，家庭手工业与农业同属小农经营。①其承担者应该是未曾逃亡的勤苦农民，即周忱所说的"愚呆无用之人"。货币流通和农村家庭手工业并没有导致农村社会的结构发生很大的改变。但是，国内市场的存在[森案：参看本节中的相关叙述]、当地以及周边的屯营对农业劳动力的需求[森案：参看本章第三节]、城市的奢侈生活[森案：参看本章第三节和本节]等等，成为引诱苏松地区纳粮户的农民离开地域社会的重要原因。笔者在前一节中分析的粮里、大户阶层对财富的渴求也与这些原因的存在有关。

周忱在信中列举了苏松地区各种日渐深刻的问题。由于这些问题的存在，在国家税收加重的情况下，更逼使苏松地区的纳粮户，尤其是苦于负担不均的小民阶层趋于逃亡。于是，严重的逃亡问题沉重地打击了明朝国家的统治。

五、明朝国家税粮征收制度的综合改革

明朝国家迫切需要在江南三角洲官田地区实施赋税征收制度的改革。受明朝政府派遣巡抚南直隶、总督税粮的周忱以及以苏州知府况钟为首的各府知府，为完成赋税征收制度的改革，实施了一系列的具体政策。其中包括阻止纳粮户、尤其是小民阶层的逃亡，使他们稳定在该地区的官田之上——这些官田无疑是登记在赋役黄册中的。通过对税粮征收制度进行综合改革，从而维持该地区以秋粮为中心的税收总量。

---

① 西嶋定生：《中国初期棉業の形成とその構造》《オリエンタリカ》二，1949 年，后收录于《中国経済史研究》第三部《商品生産の展開とその構造》。

Ⅰ 削减官田每亩税负

官田的每亩平均税负虽然不及民间私租的 50％，但其整体水平却高于民间私租。所以，周忱等人的政策始于削减官田秋粮的每亩税负。明朝政府在江南三角洲地区设置了许多官田，尤其是在苏松二府，官田面积约占该处田土总面积的 60％—80％，征自官田的税粮占了该处税粮的绝大部分。[①] 从永乐年间开始，随着国都北迁，这一地区的纳粮户还需要负担税粮远运以及各种相关费用。如本章第二节所述[②]，官田纳粮户的实际负担日趋沉重，甚至需要承担昔日无需负担的杂役。

在洪熙和宣德年间（1425—1435），是明朝田赋征收年平均值相对较高、国库相对比较充盈的时期。[③] 但是，这一时期同时也是拥有大量官田的江南三角洲地区各府大量拖欠税粮的时期。

苏州府于宣德五年（1430）十二月报告称，自永乐二十年（1422）至洪熙元年（1425）的四年间，该府的拖欠秋粮为"三百九十二万石有奇"。宣德元年（1426）至宣德四年（1429）之间，苏州府的拖欠秋粮为"七百六十万石有奇"[④]。周忱景泰元年（1450）曾指出[⑤]：

> 忱自宣德五年以右侍郎巡抚江南、总督税粮，时有苏松等道监察御史王宪等查出，苏州一府宣德元年分拖欠秋粮一百六十五万五千一百四十二石。自宣德元年至七年，通计拖欠税粮米麦七百九十三万六千九百九十石。松江、常州等府莫不皆然。都察院有册可照。

如果以洪武二十四年（1391）至宣德五年（1430）前后苏州府每年秋

---

① 参考第二章及本章第二节。
② 参考第二章及第五章第四节 Ⅲ。
③ 前述梁方仲《明代粮长制度》。
④《明实录》宣德五年闰十二月辛丑。
⑤《周文襄公年谱》景泰元年《上执政书》。

粮额270万余石计算的话①,七年之间拖欠的将近800万石,相当于三年的税粮。我们从洪武二十六年制定的《诸司职掌》中可以得知,苏州府的秋粮额相当于全国总额的11.1％②,可见拖欠税粮给财政收入带来很大的负面影响。

根据《诸司职掌》的记载,松江府的秋粮额为111万2400石,相当于全国总额的4.5％(与苏州府相加后则为15.6％)。永乐十年(1412)的秋粮额为120万4917石。可见,当地每年的秋粮总额大约在110—120万石的水平上。③　不过,当地在实际征收中未能达到上述定额。松江府人杜宗桓在《上巡抚侍郎周忱书》(估计写于宣德后期的1430—1435年之间)中称④:

> 自永乐十三年至十九年,七年之间所免税粮不下数百万石。永乐二十年至宣德三年,又复七年,拖欠、折收轻赍亦不下数百万石。折收之后,两奉诏书、敕谕,自宣德七年以前,拖欠粮草、盐粮、屯种子粒、税丝、门摊课钞悉皆停征。前后一十八年间,蠲免、折收、停征至不可算。由此观之,徒有重税之名,殊无重税之实。

我认为,苏松两府的拖欠税粮很可能主要是被拖欠的官田税粮。根据周忱的报告,这种状况在苏松两府之外,还出现在常州府和不属于他管辖的浙江。官田税粮占当地税粮总额60％的湖州府和嘉兴府的情况,应该与江南三角洲地区各府是十分相似的。⑤　我判断,明朝政府是在充分意识到以苏松两府为中心的江南三角洲的这种状况之后,才发布了本章第一节提及的宣德五年二月的宽恤诏。该诏书的内容之一就是降低官田每亩秋粮税负的20％或30％:

---

① 参考第二章第一节Ⅱ。
② 参考第一章中的导言。
③ 参考第一章中的导言及第二章第三表。
④ 《(正德)松江府志》卷七《田赋中》。
⑤ 参考第四章第三节。严格地说为56％。估计嘉兴府的情况也相去不远。

　　　　各处旧额官田起科不一,租粮既重,农民弗胜。自今年为始,每
　　田一亩,旧额纳粮自一斗至四斗者,各减十分之二;自四斗一升至一
　　石以上者,减十分之三,永为定例。(《明实录》宣德五年二月癸巳)

　　苏州府开始实施该减额令是在宣德七年(1432)。当时,该府官田秋
粮为 262 万 5 915 石,在减免了 27.46%[森案:即 72 万 1 203 石]之后,
尚存秋粮 190 万 4 712 石。而且,该府官民田地的秋粮总额从 277 万
9 109 石降至 205 万 7 906 石。① 我们据此可以算出,官田的每亩税负从
4 斗 3 升 6 合 9 勺降至 3 斗 1 升 6 合 9 勺,降低了 1 斗 2 升,相当于
27.46%。②

　　松江府也实施了该措施,被减免的秋粮为 26 万 7 906 余石③,相当
于减额 22.2%。我们由此可以算出,官田每亩平均税负 2 斗 9 升 7 合
3 勺降至 2 斗 3 升 5 勺。④

　　但是,这一措施并没有解决所有的问题。在《上巡抚侍郎周忱书》
中,杜宗桓指出,在减额 20%—30%之后,松江府的税粮总额仍然高达
102 万 9 000 余石,还有进一步减轻的空间。倘若无法减轻税粮总额,那
么至少希望能够统一官田的每亩税负,从而消除官田每亩税负上轻重不
一的现象。⑤ 虽然说这一措施尚不充分,但是我们应该注意到以下的事
实,即在宣德五年二月宽恤诏发布之后,各地当局并非仅仅实施了减轻
官田税粮 20%—30%的措施。以苏州府为例,该处执行宣德五年二月宽

---

① 根据《况太守集》卷七《请减秋粮奏》(宣德五年七月二十六日)及卷八《核减浮粮实数奏》(宣
　德七年三月七日)算出。
② 计算每亩平均税负时的面积问题请参考本书第二章。
③ 根据《(正德)松江府志》卷七《田赋中》的相关记载算出。另请参考第二章第一节第三表及注
　释 8。
④ 如下文所示,杜宗桓认为减额后为 102 万 9 000 余石,这应该是包括了一部分夏税的数字。
　[森案:请参考本节第 218 页注③]。至于以米谷为主体、构成税粮基本部分的秋粮,在减免
　之前的永乐十年(1412)时总额为 120 万 4 917 余石,宣德七年(1432)减至 93 万 7 010 余石。
　两者相差 26 万 7 906 余石。这一数字与宽恤诏实施后减少的秋粮额 28 万 9 417 余石属于同
　一系列的数值。从上述永乐十年和宣德七年的秋粮总额之差可知,削减率为 22.23%。关于
　每亩税负从 2 斗 9 升 7 合 3 勺减至 2 斗 3 升 5 勺的计算依据,请参考第二章第一节注释 8。
⑤ 本书第五章小结部分也论及了杜宗桓的这一要求。

恤诏的过程,也是该府减免抛荒田土的滞纳税粮,以及减免征收税粮过程中各种额外负担的过程。我认为,通过这些措施的实施,在一定程度上缓解国家与纳粮户之间在征收税粮问题上的各种深刻矛盾。以下,我尝试着根据《况太守集》的史料还原这一过程。①

□宣德五年七月二十六日《请减秋粮奏》②

查得本府七县该粮二百七十七万九千一百九石零……今奉行在户部勘合,照依上年事例坐派本府宣德五年北京白粮五万七千九百一十五石,临清粮[森案:现山东省临清县。(译注:今山东省临清市)]一百六万一千一百九十二石,徐州[森案:现江苏省徐州市,当时位于黄河沿岸]粮十五万石,淮安等卫粮[森案:淮安现为江苏省淮安县(译注:今江苏省淮安市),当时离黄河很近]十五万石,南京粮七十四万五千六百二石零,存留本处粮三十万七千五百六十六石零。

臣等窃照,各县人民委因官田粮重,递年远运,该用船只脚钱等项费用浩大……其运粮人夫经年不得种田……等件繁多,以致贫民外窜。

除钦遵扣减本府粮七十二万一千二十六石有零,现行造册进缴外,所有该前粮未蒙开除,一概坐派,民困委实难堪。如蒙准奏,乞敕该部将钦减官粮于原派临清粮内除豁,军民不胜感激天恩之至。

□宣德五年八月八日《遵旨会议奏》③

今该会议,合无将重租官粮尽数于本府并附近苏州、太仓、镇海及淮安等卫仓,缴纳民田轻粮。内照户部现坐,运纳北京白熟粮六

---

① 因在第五节Ⅲ中还将述及这一问题,故详细引用相关史料。关于将史料原文译成日语的方法,与第二节相同。【译注:作者在将史料原文删节重组之后,译成了通俗易懂的现代日语。考虑到本书中文译本的读者情况,根据《况太守集》的相关记载,恢复了史料原文】
②③《况太守集》卷七《兴革利弊奏》。

万三千五百六十七石五斗,加三征收,于顺便水次听候浙江都司并苏州等卫所运粮官军初运船只经过领运,一次赴北京仓库交收……余粮八万九千六百六石零,纳户自运南京仓交纳。

如此则民力得苏,农务不失,粮无转收之费,民无拖欠之罪,其利益无穷。

□ 宣德五年十月初六日《请清军及旧欠折钞奏》①

……今岁人民所种田禾虽已丰收,止勾本年秋粮起运,若并追从前拖欠,不无逼民逃窜。如蒙准奏,乞将本府宣德元年至宣德四年拖欠税粮照依洪熙元年以前事例,折收钞贯,则民得苏息,粮无拖欠。又且钞法流通,实为民便。

□ 宣德五年闰十二月初三日《再请减秋粮及抛荒粮抽取船只奏》②

宣德五年二月二十日钦奉敕谕……臣已查得本府各县官粮科米最重,应照依恩例,共减除七十二万一千余石,奏明造册缴部讫。……人民不胜欢忻感戴。

今奉行在户部驳查,开称:"洪武初年古额官田起科已定,不在开除之例。"止令将洪武年间抄没官田减除。

查洪武年间抄没官田起科多者,每亩不过三四斗,农民可胜其所,不胜者正在古额官田。伏睹敕谕,明开古额官田。今本部驳查不准古额官田,前后不一,人民惊恐,莫知适从。若不遵依不减,仍照旧额征粮,不惟有违恩命,抑且失信于民。如蒙准奏,乞敕大臣及该部计议,不分古额古额官田,钦遵敕谕,概行减免。

□ 宣德七年三月初七日《核减浮粮实数覆奏》③

……续奉户部驳回,称:"洪武年间古额官田系起科已定,不在减除之例;洪武年间抄没官田照依敕谕内事理减除。"臣冒昧奏请,

①②③《况太守集》卷七《兴革利弊奏》。

不论古额与抄没官田，应照依宣德五年诏款，概与减除。续奉部勘合着确查实在前项应免数目，分别具奏。行据长洲等县申，取勘到应免实数，备造文册赍送户部外，谨开坐奏闻。计开：

长洲等七县扣减该官粮七十二万一千二百零三石九斗二升五合，内古额官田减三十四万五千九百六十七石六斗四升零，抄没官田减三十七万五千三百三十六石三斗零。

□ 宣德七年十一月《钦减浮粮及抛荒粮并免抽船只谢恩奏》①

窃照本年三月，奉行在户部勘合，为宽恤事。钦奉敕谕内事理，自宣德七年为始，但系官田，不分古额抄没，悉依宣德五年二月二十日敕书恩例，减免本府粮额七十二万一千二百零三石九斗有奇。

从此民皆乐业，户庆安全，永祝皇祚于无疆。臣谨据七县绅士在籍副都御使吴讷等、乡耆粮里老人陈昭贤等一万四千二百七名呈请，代谢天恩。臣等率领望阙叩头谢恩……

在根据诏敕减免荒废崩塌土地和新垦土地的税粮方面，与一般官田税粮的问题一样，户部以"古额官田"问题为借口迟迟不予同意。关于这一过程，请参看本章第二节中的记述。根据上述况钟在宣德七年十一月的上奏可知，户部最终在宣德七年三月以文书形式表示了同意。与此同时，还免除了"每年派买船米十五万一千八百石"。此外，户部曾经强烈反对的将"宣德元年至宣德四年拖欠税粮"760 余万石以"折收钞贯"形式补欠的提案，最终也在这一过程中获得了批准。②

由此可见，围绕着减免江南三角洲地区官田税粮 20％—30％的问题，从提案到最终付诸实施，在明朝国家机构内部经历了两年以上的长时间对立。这一减免，是明朝政府为了回避内部的矛盾对立而采取的一

---

① 《况太守集》卷八《兴革利弊奏》。
② 《况太守集》卷七《请清军及旧欠折钞奏》（宣德五年十月六日）的末尾注有"俱准行"。

次重大让步。① 此类对立还表现为其他方式。

如上所述,针对况钟申请以"钞贯"和"布绢"等折纳"本府宣德元年至宣德四年拖欠税粮",户部在宣德五年闰十二月以"不足国家用度"为由表示反对,并且要求"严限催征,并逮问其官吏"②。后来,在宣德六年三月,总督税粮周忱认为松江府"古额科粮太重,乞依民田起科",户部认为"忱欲变乱成法,沽名要誉,请罪之"③。我们从宣德七年三月初二日宣宗的谈话中可以看出当时的背景④:

> 上退朝,御左顺门,谓尚书胡滢曰:朕昨以官田赋重,百姓苦之,诏减十之三,以苏民力。尝闻外间有言,朝廷每下诏蠲除租赋,而户部皆不准,甚者文移戒约有司,有勿以诏书为辞之语。若果然,则是废格诏令,壅遏恩泽,不使下流,其咎若何。今减租之令,务在必行。

就在宣宗作出上述发言的前一天,即三月初一日,宣宗发布敕谕,其中言及减免官田税粮的问题,明朝政府内部关于这一问题的对立遂告中止⑤:

> 近年百姓税粮,远运艰难。官田粮重,艰难尤甚。自宣德七年为始,但系官田塘地税粮,不分古额、近额,悉依宣德五年二月二十二日敕谕恩例减免。中外该管官司,不许故违。

位于国家权力机构顶点的宣宗依照洪熙元年以来,尤其是从强化宣德五年二月以来的方针的角度,再三发布了敕谕。我认为,宣宗在宣德七年三月初一日的敕谕中提及"不分古额、近额",这一点反映出前述况钟的不懈努力。同时,况钟在上述《钦减浮粮及抛荒粮并免抽船只谢恩

---

① 《明实录》宣德十年一月丁酉条在关于宣宗崩逝的纪事中写道:"上在位十有一年……闻江南细民困弊,询厥所由,知自宋元来,官田租额过重,量与减除。"这无疑是实录作者为了将"皇帝之仁爱"传布于后世而写下的。但在这短短的一句话中,记载了"减除"官田租额的问题,恰恰此事在国家赋税制度与控制纳粮户的统治政策方面的重要性。

② 《明实录》宣德五年闰十二月辛丑。

③ 《明实录》宣德六年三月戊申【译注:宣德六年三月乙丑朔,无戊申。检《明实录》,知应为戊辰】。请参考第一章第二节。

④ 《明实录》宣德七年三月辛酉。

⑤ 《明实录》宣德七年三月庚申朔。

奏》中详细提及府内"七县绅士"和"乡耆粮里〔森案:粮里即负责征税派役的粮长和里长〕老人〔森案:老人负责教化和维持秩序〕"的"谢恩",虽说此举乃是理所当然,却也表明况钟的行动影响了地域社会的统治阶层。实际上,那些闻知按照宣德五年"敕书恩例"减免税粮后"欢喜感激"之人,或对户部所言古额官田"不在开除之例"而感到"惊恐"的"人民",不仅包括有可以通过减免官田税粮获益的、属于大户阶层的乡耆、粮里和老人,占多数的应该是小民阶层。宣宗强调减免官田税粮的根本原因在于,江南三角洲地区的多数纳粮户对急剧增加的赋税负担表示不满。周良霄、吴晗曾经提到昆剧《十五贯》中描写的深受人民敬仰和爱戴的况钟和周忱的形象①,我们从其中可以感到当时江南三角洲地域社会中纳粮户的舆论倾向。

这样,减免官田税粮政策在几经反复之后最终得以实施。我们通过苏州府纳粮户在这一过程前后的变化可以看出,宣德年间减免官田税粮每亩税负20%—30%的政策确实起到了一定的作用,即导致了其后包括苏州府在内的整个南直隶地区的税粮征收得以相对顺利(本节Ⅳ)。

在本节的Ⅲ、Ⅳ中,我将详细介绍迁都之后税粮运送状况的变化,以及与之伴随的劳役与实物负担加重的情况。当时,尽管大刀阔斧地实施了合理化,但是支出依然是有增无减。在征收税粮时,通常还要加收60%—70%的"加耗"。减免后苏州府官田每亩平均税负为3斗1升多,松江府为2斗3升多。但是,如果包括"加耗"的话,税粮额还是相对较高。尤其是在官田中超过每亩平均税负部分的状况非常严重。故况钟、周忱等人在此后依然为削减官田每亩税负而努力。

《况太守集》卷二《列传》中有如下记载:

> (正统元年)三月,公协同周忱奏准。本府秋粮每亩四斗以上者,减作二斗七升;二斗七升以上至四斗者,减作二斗一升;一斗至

---

① 周良霄:《明代苏松地区的官田与重赋问题》(《历史研究》1957年10期)。吴晗:《况钟与周忱》《春天集》,作家出版社,1961年)。

二斗者,减作一斗。共减八十余万石。重额官粮,经两次减免,民益感恩。

根据《明实录》正统元年闰六月丁卯条记载,"行在户部奏浙江、直隶苏松等处减除税粮数目",详细开列了"官田准民田起科"的每亩税负。这一史料中记载的将官田起科标准降至民田起科标准的数值,与上述况钟传记史料中记载的减免额度完全一样。这说明,明朝政府确实还曾考虑过再次降低官田的每亩平均税负。不过,根据周忱在《上执政书》[森案:见《周文襄公年谱》]中的记述,苏州府在宣德八年(1433)至正统十四年(1449)的17年间,每年缴纳的正规税粮额为200余万石。该数目与宣德七年实施减免后的190余万石相去不远。因此,我认为,明朝政府在宣德七年后再次减免官田税负的可能性不大。宣德年间,官田每亩税负下调了20%—30%。因为明朝政府希图保留官田,维持宣德年间的税粮征收水准。所以,明朝政府将这一水准一直维持了大约一个世纪,直到16世纪前期。在官田和民田之间每亩税负不均、官田相互之间每亩税负不均以及纳粮户内部大户阶层和小户阶层之间的矛盾日趋激化的情况下,官田之所以能够保持如此的生命力,就是因为税粮征收制度的改革并未仅仅停留在减免税额之上,而是进行了综合性的改革,其中尤其是为尽力保护纳粮户中小民阶层的利益而作了各种努力。以下我们将对此进行考察。

Ⅱ 恢复对抛荒遗弃田地征税以及重组里甲组织——综核田粮制的实施

在周忱上任的宣德五年(1430)前后,纳粮户或逃或亡,劳动力不是消耗殆尽,就是被强迫充军,尤其是逃亡导致无法征收税粮。户部官僚们重视来自官田地区的庞大税粮收入,自永乐二十二年(1424)以来,消极对待太宗、宣宗多次发布的免除抛荒田地税粮的诏敕。但是,如第二节及本节Ⅰ中所述,户部也不得不直接面对这样一个事实,即强制要求补纳拖欠税粮会引起新的逃亡。结果,苏州府终于在宣德七年免除了拖欠的税粮。但是,仅仅免除抛荒田地的拖欠税粮,明朝政府依然不能确保将纳粮户的劳动力稳定在土地上,从而向他们征收税粮。据《周文襄公年谱》记载,"总督税粮"的周忱面对着抛荒田地的问题①:

> 先是,苏松等府所属事故人户遗下田地,有抛荒无人耕种纳粮者,有被大户占种不肯纳粮者,有粮长本名并亲属伴当耕种不纳税粮者。此等田粮,递年俱着小户包纳。不才粮长假此为由,倍征掊尅于民。奸巧刁民亦得假此为词,因而拖赖粮米。善良小户只得加倍包纳。虽遭横敛,不敢控诉。由是狱讼繁兴,人们逃窜。

由此可见,在当地不仅存在着明朝政府在免除抛荒田地税粮问题上的拖延,有些抛荒田地是被大户和粮长"占种"而"不肯纳粮者"、或"不纳税粮者"。结果,"此等田粮,递年俱着小户包纳"。"不才粮长"以此为借口,"倍征掊尅于民"。另一方面,"奸巧刁民"则以粮长的这种行为为理由,"拖赖粮米"。其结果,导致了"善良小户只得加倍包纳"。在苏松二府,还出现了"势豪大户兼并者"占有多达数十百亩逃亡抛荒田地而不纳税的情况。前文中曾经多次指出[森案:本章第三节、第四节],位于苏州府以西的常州府也是一样。《(万历)常州府志》卷六《钱谷三·征输》有如下记载:

> 苏常诸府流民弃田为豪猾侵据,贻累细民,代供税赋。

周忱在到任后第二年的宣德六年,设立了名为"综核田粮"[森案:《周文襄公年谱》]或"综核田粮法"[森案:《(万历)常州府志》卷六《钱谷三·征输》]的制度,以便应对此类问题。据《周文襄公年谱》记载,我们可以了解其大致内容②:

1. 公设法取勘,于每里量田粮多寡,拣选殷实之家,或五名,或

---

① 《周文襄公年谱》宣德六年(1431),"按部至苏州综核田粮"项下。
② 以下,补充了部分词语,对原文进行了试译。【译注:作者为了便于日本读者的理解,在翻译史料的过程中补入了一些解释性的内容,并在注 32 征引了史料原文。在此次翻译过程中,根据作者原文中的段落区分,将注 32 征引的史料原文移至正文。】

十名,或十四五名,充当田甲,均匀分管见在并事故人户。[森案:田甲也是分管人户的单位]

2. 但田甲内有事故[森案:此处所言事故指逃亡]人户田地抛荒,就于甲内,出力布种,办纳本年税粮。根寻其人复业,给还耕种。

3. 其或事故人户田地被本甲及别里别甲内大户并督长亲属伴当占种者,亦仰田甲挨究明白,或收回耕种,或着落追纳税粮。

4. 如有田甲不行用心提督,致将本甲内事故人户田地仍前荒芜,就着本甲均追粮米入官。

5. 本县备写勘合由帖,每甲给与一纸。春夏提督耕布,秋成凭此催征税粮送纳。

6. 粮头就于各田中推选,定拨远运并附近仓分,亦验各甲粮数多寡均派。由是田无抛荒占种之患,粮免包纳横敛之忧。①

在《(万历)常州府志》卷六《钱谷三·征输》中则对此有十分简洁的记载:

令每里选强力者五人或十人充田甲,分主弃田,耕之而输其赋。

《周文襄公年谱》的记载称,由于实施了综核田粮制,"田无抛荒占种之患,粮免包纳横敛之忧"。当然,我们不能把田土抛荒、大户等对抛荒田土的占种,以及包赔抛荒田土拖欠税粮等问题的解决都归功于综核田粮制。我们应该看到,正是因为实施了免除抛荒田土的拖欠税粮,以及本章各节所述解决逃亡问题的各项政策,所以才取得了一定的成果。在这里,我们应该注意综核田粮制的内容,特别是2中所表现出的政府试图控制所有纳粮户劳动力的强烈意图。周忱在逃亡人户复业之前,一方面极力控制尚未逃亡的劳动力,从而确保征税,防止土地的荒废,为农民复业创造条件;另一方面,设法找回逃亡人户,当他们复业之后,立刻设法将该户的劳动力稳定在土地上。这就是说,当时

① 关于这一制度的史料原文载《周文襄公年谱》宣德六年(1431)"按部至苏州综核田粮"项下。

采取了以政府控制纳粮户劳动力为前提的、努力维持国家税收的办法。据说,宣德七年三月时复业的苏州府逃亡人户达到 37 993 户①[森案:一说为 36 670 户②或 36 700③]。这些成果的取得还有一个重要的条件,就是常州府知府莫愚,以及与周忱密切合作的苏州知府况钟④和松江知府赵豫⑤在宣德五年至宣德六年期间采取的禁止各地大户向复业农民追债的措施。

　　但是,我们还需要进一步弄清楚综核田粮制管理纳粮户的特征及其与里甲制的关系。

　　我认为,综核田粮制的特征是:

　　○ 各里依税粮多寡选定数目不一的"殷实之家"为"田甲",令其负责管理见在人户及事故人户。

　　○ 在理论上,田甲管理事故人户的田土也包括了对现在人户田土的管理。因此,通过不定数的田甲进行分担管理,可以将里内的农民家族与其田土分割成几个单位。

　　○ 恢复抛荒田地的生产效率,以此完善吸引逃亡人户回归的条件,从而达到召回逃亡人户的目的,这些当然都是以田甲为单位的。除此之外,包括生产恢复后抛荒田地的税粮在内的所有的征税和交纳、负责运送税粮的粮头的选定、远运和近运税粮目的地的派定等等,都以田甲为单位。

---

① 《况太守集》卷八《招回逃户实数奏》(宣德七年三月十九日)。

② 《况太守集》卷八《列传中》。【译注:作者原文如此。经检江苏人民出版社 1983 年标点本《况太守集》,该段记录出自该书卷二《太守列传编年卷中·列传》】

③ 《况太守集》卷四《张太史赠太守况公前传》。标题下注有"宣德九年"。张太史即况钟同时代之人张洪,时为"行在致仕翰林院修撰、秩务郎同修国史"。

④ 有关况钟、赵豫、莫愚和周忱之间的合作,请看《明史》卷一百五十三《周忱传》。关于况钟与周忱的密切合作,请看《况太守集》卷二《列传》以及《况太守集》中的相关记载。此外,在《皇明名臣言行录》卷二《况钟》和《皇明名臣言行录新编》卷三十《况钟》也有记载。况钟禁止向逃户追债,严格地讲要求临时中止行使债权和禁止获取高额利息的命令,请参考本章第三节引用的《况太守集》卷十二《通禁苏民积弊榜示》和《严革诸弊榜示》。

⑤ 有关赵豫和周忱的合作,以及赵豫命令在三年之内停止追债的问题,除上述资料以外,请参考《(崇祯)松江府志》卷三十一《国朝名臣宦绩》和《明实录》(宣德六年五月戊子)。

在应该称作"田甲制"的体制形成过程中,除了在税粮征收和运送方面灵活运用既存里甲制中的里长——甲首间的区别之外,还存在着重组里甲制度的倾向。第一,取代原来的由 10 名里长在 10 年之内轮当一次里长的方式。根据该里的实际情况,设置"五名"至"十四五名"非轮流制的田甲。第二,取代原有由 1 名里长统管大约 110 户纳粮户的方式,改由"五名"至"十四五名"的田甲分别管理里内一定数目的纳粮户和一定面积的土地。以 110 户为一里、11 户为一甲的里甲制本身,包含着对纳粮户的管理,但是没有包括对土地的管理。在"田甲制"下,不拘泥于 10 户的户数,而是动员那些具有"服众"能力的"殷实之家",以相对小于里甲制度下的单位,确实地控制纳粮户的劳动力和土地。第三,粮区是里甲的上级单位,各区约有 3 名永充粮长。在田甲制下,征税是在官府的监督下由田甲承担,运送税粮则由以田甲单位选出的粮头承担,政府通过这种方法限制永充粮长与农民的直接接触。

我们在与江南三角洲官田地区相邻的、同样设有相当数量官田的应天府实施分催税粮制中,也可以看到与上述重组相类似的部分。分催税粮制与综核田粮制一样,也是在宣德六年由周忱实施的。

自明初以来,应天、镇江、宁国等府的官田税粮"减半征收"已成定制。① 但是,在这些地方,如应天府也出现了与江南三角洲地区相同的情况。《周文襄公年谱》宣德六年条有如下记载:

> 先是,应天府所属江宁等县官田减半税粮,多系贫难人户耕种办纳,于内逃绝无征数多。供应田粮及兑军僧运,加耗繁重。该年里甲催办,陪纳不前。每遇役过一次,无不消之。非惟靠损人难,亦且耽误粮饷。

据该年谱记载,周忱为了打开这种局面,建立了被称作"分催税粮"的制度。② 其内容为:

① 请参考本书第二章第 121 页注①。
②《周文襄公年谱》宣德六年"分催税粮"项。

1. 将各图十年里长，各自分管本名下甲首十名并带管人户若干名。①

2. 一应税粮，每年均作十串，催征送纳。

3. 若有本甲人户逃绝、田地荒芜者，就仰率领一甲人户，均力布种，陪纳上仓。及兑运之际，赴催粮官处比较。

4. 仍令各县官吏，岁遇收征税粮之时，每里先给由帖十纸，将分管人户税粮数目填写，付与十年里长执照。着落依期催征，完日销缴。

由是该催里甲陪纳得以轻省，十串催征税粮亦得易完。

由此可见，分催税粮制与上述综核田粮制不同。综核田粮制采取的是以各里"殷实之家"为田甲分工管理里内的人户及田地的方法，而分催税粮制则是灵活运用既存里甲制下的 10 名里长。即让里长们分工管理登记在自己名下的甲首户和带管户，以"十串"作为纳税单位。从里甲制的本质来说，一名里长每年轮流承包里内 110 多户的征税义务，而分催税粮制则是将该义务以每年非轮流的方式缩小在 10 余户的单位之内。在这一点上，我认为分催税粮制可以说与综核田粮制具有相通之处，即都试图以缩小责任范围的原则对里甲制进行重组。而且，在同样以小于里甲制的单位承担恢复抛荒田地生产的义务方面，两者之间也有相同之处。②

---

① 1—4 的史料原文如下所示。【译注：作者为了便于日本读者的理解，在翻译史料的过程中补入了一些解释性的内容，并在注 40 征引了史料原文。在此次翻译过程中，根据作者原文中的段落区分，在正文中恢复了史料原文。故删去本注原附史料原文】

② 关于周忱实施综核田粮制的资料，目前只有两条，以上考察也远不充分。周忱等人在当时不仅实施了关于税额、加耗、税率、征收方式等本章其他各节所述的各项政策，同时还实施了对纳粮户劳动力的控制、土地所有的管理、徭役劳动的组织整备等方面的政策。所有这些，都显示了综核田粮制的期望目标。例如，在土地所有的管理问题方面，有关周忱进行土地丈量和造册的史料，散见于《皇明经世文编》卷二一四钱薇《均赋书与郡伯》、《(嘉靖)昆山县志》卷十五《集文》杨侯《清理田赋记》、《(康熙)苏州府志》卷二十三《田赋一》等。今后，结合本书附篇二《15世纪前期苏州府徭役制度的改革》中所提及的周忱等人的徭役劳动政策问题，还需要进行进一步的研究。

Ⅲ 税粮远运制度的改革——兑运法的制定

如第二章及本章第一节所述,江南三角洲官田地区的税粮运送,特别是长距离的远运,从人与物的两个方面连续地、大量地对纳粮户进行了剥夺。对于纳粮户以逃亡形式的反抗,明朝政府不得不进行税粮运送体制方面的改革。

在这里,我们首先需要概观一下既存的税粮运送体制,也就是说官田地区的纳粮户漕运制度发展过程中的历史状况。

在永乐十九年(1421)决定迁都之前,北京已经成为实质上的国都。在北方与蒙古族的战争、向南海派遣郑和率领的船队,特别是伴随国家机构膨胀而来的北京地区消费呈增长趋势,国家为此加大了对江南税粮的需求。永乐九年(1411),随着会通河的竣工,大运河宣告开通。再进一步的疏浚之后,永乐十三年(1415)开始了大运河的漕运。在这一年建立的漕运制度即所谓的支运法中,南直隶的苏州、松江、常州、镇江,浙江的嘉兴、杭州各府等江南三角洲官田地区的纳粮户,被课以将税粮运送到江北淮安水次仓的劳役。农民的运送距离比从前增加了许多。不久,在永乐十九年,由于与蒙古族阿鲁台的战争,运军被调往前线。结果,原来由运军负责的从淮安、徐州等各水次仓向北京和通州转运税粮的劳役被转嫁给了纳粮户。同时,由于军饷的增加,需要紧急征集代替运军向北方运送税粮的人员。从这时开始,江南三角洲官田地区的农民承担了向遥远的北京及其附近的通州和河西务等仓库运送税粮的劳役。结果,支运法下由运军负责的税粮运送法,反而变成从属性的措施。当与蒙古族的战争在洪熙元年(1425)结束之后,事态又发生了变化。宣德四年(1429),为使江南地区的纳粮户能够安定地从事农业劳动,明朝政府再次修订了支运法。[①]

[①] 以上叙述参考了星斌夫《明代漕運の研究》(日本学术振兴会,1963 年)第五章、《大運河——中國の漕運》(近藤出版社,1971 年)第五章以及《明实录》的相关记载。

按照重新修订过的支运法，"苏、松、宁国、池州、庐州、安庆、广德民运粮……贮徐州仓"，包括嘉兴、湖州、杭州三府在内，"江西、湖广、浙江民运粮……贮淮安仓"，"应天、镇江、常州、太平、淮安、扬州、凤阳及滁、和二州民运粮……贮临清仓"①。但是，上述正式规定并未被遵守。我们可以从本节Ⅰ中引用的苏州知府况钟的上奏中可以了解到当时的具体情况。宣德五年（1430），苏州府的农民除了负责向徐州、淮安和南京运送税粮之外，还要承担向位于徐州和北京之间的临清仓运送 100 多万石税粮，以及向北京运送 5 万多石税粮的义务。农民在承担运送税粮的劳役时不仅要付出体力，同时还必须自己解决运送过程中所需"船只脚钱等项费用"，也就是购买或租赁船只的费用、运输中所需的旅费和补充运输和保管时出现损耗的"耗米"②。根据史料记载，从苏州府向北京运送税粮 1 石所需费用为 4 石③，从嘉兴府海盐县向北京运送税粮 1 石所需费用为 3 石④，从浙江绍兴府山阴县向北京运送税粮 1 石的成本为 3 石。⑤ 这些记录反映出从江南向遥远的北京运送时所需要的费用，同样，向临清、徐州、淮安、南京运送税粮时也要付出额外的费用。松江府人杜宗桓在《上巡抚侍郎周忱书》中，记载了小民向各仓纳粮的情况⑥：

> 远涉江湖，动经岁月。有二三石纳一石者，有四五石纳一石者，有遇风波盗贼者，以致累年拖欠不足。

从永乐十三年（1415）开始通过运河向北京运送税粮起，直至宣德五年（1430），前后大约有 15 年。其中特别是永乐十九年（1421）之后的大

① 正德《大明会典》卷二十五《漕运》。
② 前述星斌夫《明代漕運の研究》第五章。《况太守集》卷七《请减秋粮奏》（宣德五年七月二十六日）中有如下记载："各县人民委因官田粮重，递年远运，该用船只、脚钱等项费用浩大，北京粮每石用过米四石，……以致民贫外窜。"同书卷八《再请减秋粮及抛荒粮抽取船只奏》中有如下记载："各县低洼水乡，钱粮繁多，每年装运本处船只不敷，雇觅客商船只运送。"在本节Ⅳ中，对纳粮户负担的这些费用有详细记载。
③ 同上注。
④《（天启）海盐县图经》卷五《食货上》。
⑤《明实录》宣德四年六月辛巳。
⑥《（正德）松江府志》卷七《田赋中》。

约 10 年之间,运送税粮的各项劳役以及随之而来的成本负担,导致江南三角洲官田地区用于再生产劳动的基础被逐渐削弱了。

如在本章第二节所述,宣德五年,苏州知府况钟赴任之后,立即意识到了这些与运送税粮有关的矛盾。① 收录在《况太守集》卷八的《丁少粮多请免远运奏》中有如下记载:

> 切思远运粮米当验人力多寡,不可以粮数多寡为论。粮少人多,远运众擎易举;粮多人少,出办艰难。岂能多胜远运。

他认为,苏州府"粮多人少",故"出办艰难",难以负担远运的劳役。在该上奏的最后,他指出,"庶农民得以耕种办粮,实为民便",希望免除苏州府纳粮户的远运劳役。他的本意在于,只有将纳粮户的劳动力与土地结合在一起,进行生产劳动,才能创造缴纳税粮的条件。如本节Ⅰ中所述,况钟在申请减免官田每亩税负的上奏中,曾经三次提出应免除农民远运劳役以及相关负担的具体改革方案。这就是本节Ⅰ中引用的宣德五年七月《请减秋粮奏》和宣德五年八月《遵旨会议奏》,以及上述宣德六年三月的《丁少粮多请免远运奏》。其中,在《遵旨会议奏》中,况钟提出了最彻底的改革方案,即:(1)全面废除官田税粮的远运,改为运往距离较近的苏州、镇海以及淮安等卫所;(2)"民田轻粮"中的"熟白米"采用"加三征收"的方式,运送"顺便水次"之后,再交由"运粮官军"运往"北京仓库交收";(3)民田的"余粮"则由"纳户自运南京仓交纳"。

当况钟提出上述改革方案之后,明朝政府在宣德五年七月至宣德六年三月间,以改支运法为兑运法的形式,进行了漕运制度的改革。兑运法是漕运总兵官陈瑄在宣德六年六月上奏中提出的方案。② 宣宗要求行在户部及陈瑄对该案及相关的漕运制度改革方案"计议可否",同时要求

---

① 请参考本章第二节及本节Ⅰ。
②《明实录》宣德六年六月乙卯。

他们对"兑运粮加耗"的问题"更议以闻"①。同年十月,宣宗批准了行在户部制定的《官军兑运民粮加耗则例》,兑运法开始实施。② 陈瑄在宣德六年六月的上奏中,就兑运法的基本框架有如下表述:

> 江南之民运粮赴临清、淮安、徐州上仓,往返将近一年,有误生理。而湖广、江西、浙江及苏、松、安庆等官军,每岁以船至淮安载粮。若令江南民粮对拨附近卫所官军,运载至京,仍令部运官会计,给予路费、耗米,则军民两便。

陈瑄认为支运法破坏了纳粮户的生活活动,故提议以兑运法取代支远法,即江南纳粮户按照规定在税粮之外交纳路费和耗米,将税粮交给附近的卫所官军,再由他们将税粮运到北京及指定的仓库。明朝政府完全采纳了陈瑄的方案。实施过程中所需的路费和耗米等费用被统一归入"加耗"项下,以每石税粮为单位加征一定数目的"加耗"。当年十月的《官军兑运民粮加耗则例》中对"加耗"有如下规定:

> 湖广八斗,江西、浙江七斗,南直隶六斗,北直隶五斗。

这就是按照从各地向北方起运税粮的距离规定的加耗标准。

兑运法实施后,原则上废除了远运。正是远运剥夺了纳粮户为"出办"税粮而从事生产的时间,并要求纳粮户承担数目不等的运输成本。这样,兑运法恢复了农民的劳动力与土地相结合以进行生产的条件。兑运法最初实施时,纳粮户需要以每石税粮为单位缴纳定额的加耗,日后则逐渐改为按照每年税额缴纳一定比例的加耗。在兑运法实施以前,负责征税的粮里大户一直按照习惯向小民任意加征。加耗定额制为减轻小农阶层的负担创造了条件。但是,由纳粮户负担的远运劳役虽然改变了形态,却依然存在。

宣德五年八月,明朝政府曾经制定过在距北京较近的济宁以北、真

---

① 《明实录》宣德六年九月癸亥。
② 《明实录》宣德六年十月丙子。

定以南的近河之地征用 10 万军民进行屯田的大规模计划,但这一计划
在最终未能实现。星斌夫以此为线索,认为实施兑运法的主要原因是
"伴随着国力发展需要向京师运送更多的漕粮",而次要原因则是"由于
漕运量的增大给负担民运的农民带来生活上的负面影响"①。只要国家
财政建立在国家对纳粮户的统治的基础之上,星斌夫上述涉及了兑运法
不同侧面的分析是值得肯定的。(在这一点上)当时担任漕运最高负责
人的陈瑄对实施兑运法的观点,以及他提出的解决兑运法实施过程中各
种问题的解决方法,与苏州知府况钟的见解有着相同之处,这一点是值
得我们注意的。周忱曾在永乐十七年和永乐二十年两次担任漕运任务,
在永乐十七年时受到嘉奖。② 我认为,当时存在着一个以周忱为中心的,
况钟与周忱③以及陈瑄与周忱④之间的密切合作关系。我推测,这是负
责征税的况钟与负责漕运的陈瑄,在制定政策方案上的协调与合作。即
使我们忽略他们之间存在过协调与合作,也可以看出兑运法是在江南三
角洲官田地区征税制度与纳粮户管理方式改革的一环,是根据纳粮户在
生产劳动中所处的状况提出的。我认为,况钟在多次上奏中陈明的内容
在基本精神上与陈瑄就兑运法问题的上奏是一致的。

  但是,在宣德六年实施了兑运法之后,并没有完全免除纳粮户的远

---

① 前述星斌夫《明代漕運の研究》第一章。

② 《周文襄公年谱》永乐十七年条:"公年三十九,奉命趱运粮储。时北京新建太仓成,命公趱运
  南北直隶粮储。公廉以律己,宽以济民,不亟不徐,常赋自集。尚书蹇公、学士杨公叹赏曰:
  人谓催科无善政,不施鞭朴,惟周忱一人而已。诚可嘉也。"

    又,永乐二十年条:"公年四十二,董漕运还京。"

③ 《况太守集》卷二:"公[况钟]与忱[周忱]同受知西杨[杨荣],称至契。凡利民之举,同志协
  谋,而事无掣肘患矣。"

    又,《明史》卷一百五十三《周忱传》:"遇长吏有能,如况钟及松江知府赵豫、常州知府莫
  愚、同知赵泰辈,则推心于咨划,务尽其长,故事无不举。"

④ 《周文襄公年谱》宣德八年:"十二月还京,初九日过淮安,祭故柱国平江恭襄候陈公[陈瑄]。
  其文曰:呜呼! 公之器重,超出乎众人之表。……忱末学无似,德非位卑,辱忘年而托契,常
  与进而不遗。每缪畅乎论议,必更仆而移时,谓知己之胸臆,非凡人之可窥。转般有法,公欲
  与我规划,而同为海运。有录,公欲属我编次而序之。事未及就,言犹在耳。别仅两月,而公
  奄及于大期。"

    可见,周忱与陈瑄关系密切,而且经常在一起议论漕运问题。

运劳役。在决定实施兑运法,亦即实施加耗则例时还有如下规定(《明实录》宣德六年十月丙子条):

> 民有运至淮安兑与军运者,止加四斗。如有兑运不尽,令民运赴原定官仓交纳,不愿兑者听自运。

可见,在兑运法实施之初,已经预想到难以全面推广。事实上,日后设立于苏、松、常三府的济农仓储备米粮,正是为了"或有起运远仓,中途遭风失盗,纳欠还回者,亦于此米内,给借赔纳"[1]。这一措施恰恰可以说明,仍然存在着由纳粮户承担的远运劳役。如星斌夫所说,应该运往北京的白粮,"虽然逐渐由民运改为军运,但是依然保留着民运的方式"[2]。包括地方志在内,明代的公私文书中经常提及白粮是漕运中最困难的问题。以宣德八年时的苏州府为例,"临清广积仓等粮米"、"扬州至淮安兑军趱运粮米"、"南京各衙门俸米并公侯禄米"和"南京各卫所仓粮米"等仍须由纳粮户运送。在《况太守集》卷十三《条谕》收录了宣德八年九月二十日的《设立纲运薄式示》中,有关于上述各仓米的"领运则例"[3]。

---

① 请参考本节Ⅶ。
② 前揭星斌夫《明代漕運の研究》第一章。
③ 该史料十分重要,谨摘引其中一部分。
　　设立纲运簿式示(宣德八年九月二十日)
　　为宣德八年秋粮事。准本府知府况关奉钦差行在工部右侍郎周札付,照得上年起运秋粮皆有加赠起程,及至到仓,又皆亏欠不足。询问粮长纳户,往往诈称官攒、斗级人等求索使用,盘费、耗折数多,以致纳数挂欠。官府欲要追究,缘无凭稽考,难以定夺。今年依敕书事理,设法区划。于水次仓囤总收,现数发运。各运加耗关给起程,再行量加附余,以备亏欠。仰置立纲运文簿,每船给以一扇前去,遇有前项耗费使用,著令即于附于余数内支用,逐一填写文簿,回还查考定夺。如无支用,仰即将余米载回还官,不许借端侵蚀。奉此,移关到府,照式施行。所有文簿,须至出给者。
　　计开领运则例
　　一、南京各衙门并公侯禄米(中略)。
　　一、南京各衙仓粮米(中略)。
　　一、临清广积仓粮米。每正粮一石,领去米一石七斗。内正米一石,斛面两尖一斗,盘折米一升五合,芦席米一升五合,上岸车脚米五升,进仓外脚钱米一升,裹脚钱米一升,盘沙剥浅米一斗五升,筛飏米七升,神福三升,预备米二斗五升。以上正耗米一石四斗五升。不用及用不及数,载还官查考定夺。
　　一、扬州至淮安兑军趱运粮米。每正粮一石,领去米一石七斗五升。内正米一(转下页)

Ⅳ　加耗负担的定额与定率——均征加耗法的实施

宣德六年十月，根据户部的《官军兑运民粮加耗例》，兑运法开始实施。如本节Ⅲ所述，明朝政府希望通过规定每石税粮加耗的定额，从而确定各纳粮户纳税总量的定率。这种方法在客观上是试图减少在既存社会关系中存在的居中榨取。但是，在税粮以远运为主的十几年间，江南三角洲官田地区的地域社会中，除了漕运的劳役之外，围绕着加耗的负担问题的矛盾不断加剧。在这种情况下，明朝政府制定了上述则例，希望将劳役逐渐转变为经济负担的形式，但未能立刻奏效。值得注意的是，如同笔者在本节Ⅰ中指出的那样，在每亩额定税负及一府额定税负总量的问题之外，上述地区出现税粮大量拖欠的原因之一在于加耗负担不均。周忱对宣德五年上任面对的巨额欠税有如下记述：

> 忱于此时，无计可为。询问父老，皆云：苏松民俗，大户不出加耗，以致小户连年纳欠，节被追扰。（《周文襄公年谱》景泰元年（1450）《上执政书》①）

我在本章的序文中也曾经引用过该史料中充满感情色彩的如下部分：

> 忱自宣德五年以［森案：工部］右侍郎巡抚江南，总督税粮。见得

（接上页）石，斛面两尖一斗，加耗米四斗五升，神福一升，芦席米一升五合，盘折并筛飏亏折米二升五合，预备米一斗五升。桶面以下若有增添，于此支用，明白注数，载回还官。若官吏旗军人等分外需求使用，亦仰注数，回还查考定夺。一县、区粮长、粮头、纳户等运，一本于仓场领运，平米若干，内该载预备米若干及实纳过正粮米若干，俱要明白开列，以凭查考。无违。

① 周忱《上执政书》收录于《周文襄公年谱》景泰元年（1450）四月项下，全文1566字。该书简应该是寄呈当时内阁中的陈循、苗衷、高谷、俞纲四人中的一人。本节将会提到，南直隶镇江府溧阳县的"民人"彭守学在当年状告在当地担任了21年巡抚的周忱长年实施的加耗政策。在《上执政书》中，周忱概括地叙述了自己迄今为止的征税政策及其成果，反驳了彭守学的指责。该书简是本部分的基础资料，兹将该全文以英文字母符号分成八个部分，标点后转载如下。文内《上执政书》后标有［A］、［B］者即为下引史料中的相应段落。【译注：作者在本部分以周忱《上执政书》为基础史料，并将其按日本东洋史学的传统方法进行训读，然后再加以解释性文字后翻译成现代日语。此次翻译，将正文中日语的训读和译文全部还原成史料原文。同时，删去作者在日文版中标注的英文字母，以及注释部分征引的史料原文】（转下页）

各府税粮，自洪武、永乐以来，例多拖欠，以待蠲免。大户及巾靴游谈之士，皆不肯纳粮，纵纳亦非白粮，且无加耗，不肯远运。况其请求干谒、刁挟营生之计，皆待粮而出。椎髻秉耒良善小民，被其驱迫，连年征扰而粮终不完。时由苏松等道监察御史王宪等查出，苏州一府宣德元年拖欠秋粮一百六十五万五千一百四十二石。自宣德元年至七年，通计拖欠税粮米麦七百九十三万六千九百九十石。松江、常州等府莫不皆然。都察院有册可照。（《上执政书》）

由此可见，周忱认为地域社会的纳粮户之间存在着大户与小民之间的对立关系。这一对立尤其突出地表现在征税和征税时的加耗问题上。其结果导致了周忱需要面对无法征税的情况。这样，肩负"总督税粮"任务的周忱试图通过实施新的加耗征收方法以打开局面：

今欲总督税粮，若不稽考民间加耗，使大小人户一例出纳，则税粮马草终不可完。盖纳粮之有加耗，非但苏松等府有之，别处亦皆有之。别处民淳议和，出办不用稽考。苏松等府刁讼繁多，若不稽考，则豪强占奸，贫弱受累。（《上执政书》）

所谓"稽考民间加耗"，就是对加耗的征收方法进行调查和修订。根据《（正德）松江府志》的记载，周忱从宣德六年起，在两年间试行了新的加耗征收方法，确认该方法可以解决欠税问题。随后，周忱在宣德八年

（接上页）在《（正德）江阴县志》卷一四《大事记》、《（万历）武进县志》卷三《钱谷·额赋》和《（万历）常州府志》卷六《钱谷三·征输》等史料中在谈及加耗问题时，也有与《上执政书》类似的记载。《周文襄公年谱》初刻本（已佚）有天顺二年（1458）序，估计该书已经收录有《上执政书》。总而言之，16世纪初至17世纪初常州府的地方官及士大夫们肯定了周忱的政策和事迹。另请参考本章末附记。

正式实施了新的加耗征收方法。① 周忱在宣德五年上任后，一方面致力于掌握加耗中存在的问题，另一方面与况钟一起试图废止由纳粮户承担的税粮远运，并参与制定了宣德六年颁布的兑运法的制定［森案：见本节Ⅲ］。后来，通过兑运法的加耗则例确定了加耗的征收率后，江南三角洲官田地区开始推行新的加耗征收方法。

据《上执政书》记载，新的加耗征收法的中心内容为：

> 遂于宣德八年，比照钦奉宣宗皇帝敕书事理，从长设法区划，将苏州等府税粮，各连加耗并船脚、使用等米，一总见数，征收拨运。又将其衬仓芦席并作囤稻草，取勘见数。似此，正耗税粮起运，方有归著。

《明实录》景泰二年六月丙子条的记载比《上执政书》更加明确：

> 忱自陈云……臣遂于宣德八年春赴京，议将加耗并远运脚费、衬仓作囤芦席稻草，悉令大小人户自纳。本年税粮，方得完足。

周忱将"税粮"、"加耗"、"船脚"和"使用"的"一总见数，征收拨运"，同时，将"衬仓芦席并作囤稻草，取勘见数"后征收。这样，向长江以北各仓远运的税粮以及所需的各种运输成本都被定量计算，与税粮一起征收。

在松江府，新的加耗征收制度与同时实施的以银或棉布折纳税粮［森案：请参考本节Ⅴ］被统称为加耗折征例。在常州府，则被称作均征加耗法。② 在新的制度下，加耗的概念变得更为宽泛。即，根据秋粮起科等则征收的正课被称为正粮或者正米，而加耗则不仅包括原有定义下的

---

① 顾清纂《(正德)松江府志》付梓于正德七年，书中对周忱给予了很高的评价。该书卷七《田赋中》云："(宣德)八年，巡抚侍郎周忱奏定加耗折征例。洪武永乐中，税粮额重，积欠数多〈原注：五年定拨起运米四十三万九千，实纳止六万六千有奇〉。每正粮一石，征平米至二石而犹不足。忱至，尽劾宿弊，设法通融。二年后，逋欠悉完。至是定例。"
　　这里使用的"平米"一词是该书编纂时的用语。而周忱在当时使用的是"税粮"和"加耗"的合计额。
②《(正德)松江府志》卷七《田赋中》，《(万历)武进县志》卷三《钱谷·赋额》以及《(万历)常州府志》卷六《钱谷三·征输》。

自然损耗部分,也包括了运送税粮过程中的所有运输成本。

根据以下实例,我认为加耗数额是由以县为单位,统计运送税粮过程中所需的各种运输成本决定的。这就是说,各县是以正粮 1 石＋加耗 α 斗的形式征收税粮的。各县在此基础上,根据各纳粮户的正粮总额,以上述比率计算出加耗的总额。例如,某县将加耗定为 6 斗时,该县内缴纳正粮 10 石的人户,还要另外缴纳加耗 6 石,合计纳入 16 石。此后,江南三角洲各府县为了简单地表示正粮和加耗的总额,通常将上述的 α 称作平米。我认为,这种称呼包含着平衡加耗负担的意思。我们从以下的事例可以看到,苏州府嘉定县将新的加耗征收制度称为平米法的原因就在于此。

加耗,即平米的定额究竟是多少呢?《(万历)嘉定县志》卷五《田赋·平米所始》中记载:

> 文襄公精思民事,于是创为平米法,官民田皆划一加耗。初年正米一石,加耗米七斗,计输将远近之费为支拨。支拨之余者,存积县仓,曰余米。次年余米多,正米一石,减加耗为六斗。又次年,余米益多,减加耗为五斗。最后令县各立仓贮余米,曰济农仓。数年之间,仓米大饶。凡陂塘堰圩之役,计口而给食者,于是取之;江河之运,不幸遭风涛亡失者,得以假借;农时犁牛种食,不能自给,及水旱之灾,辄用以赈。诸条约甚具,平米所始。

这一被称作平米法的制度,在开始实施第一年,按照每正米 1 石征收加耗 7 斗的比率征收。如果在承办当年运送费用之外有剩余,则将次年的加耗降至 6 斗。如果仍有剩余,则再将加耗降至 5 斗。可见,加耗额并非一成不变。

据《(正德)松江府志》卷七《田赋中》记载,在宣德八年巡抚侍郎周忱奏定加耗折征例时,府下华亭和上海两县的平米征收额如下:

> 一、加耗。华亭县,有征正粮,每石征平米一石七斗。上海县,有征正粮,每石征平米一石九斗。凡夏税麦豆、丝棉、户口食盐、马

草、义役、军需、颜料、逃绝积荒田粮、起运脚耗悉于此支拨。其后视岁丰凶及会计多寡,或减或加,率不出比数。[原注:名臣录,每石加六斗至五斗止。]

可见,华亭县每正粮1石征平米1石7斗,上海县每正粮1石征平米1石9斗。不过,根据上述记载,我认为在征收时会根据每年的具体情况对征收额进行调整。

但是,在上述平米法和加耗折征例中,还有关于加耗问题以外的规定。前者指在支出了"输将远近之费"之后将余米贮存于济农仓[森案:请参看本节Ⅶ],用于"陂塘堰圩之役"等所需的费用。后者指除"起运脚耗"之外,还要负担"夏税麦豆、丝棉、户口食盐、马草、义役、军需、颜料、逃绝积荒田粮"等项支出。这种情况表明,周忱在执行上述政策的过程中,除了采取了利用盈余减轻加耗的措施之外,还对盈余部分进行灵活运用,借以减轻纳粮户的其他各项负担。周忱自己在《上执政书》中也说,这是根据苏州府常熟县知县郭南的建议制定的政策,并获得了户部批准:

> 且因常熟知县郭南建言,奏准户部勘合,许令加耗余剩粮米存留,赈济饥民,或与大小人户包纳夏税马草农桑丝绢等项。(《上执政书》)

另外,苏州知府况钟也在告示中,以传达周忱指示的形式,以加耗的盈余部分代纳夏税:

> 为宣德九年夏税事。蒙钦差工部右侍郎周发放去年照依敕书事理,设法区划,总收秋粮。除拨纳各仓正粮完足外,今查得各船运夫载回剩米数多,提集合属管粮官计议,就与大小人户折纳今年夏税丝绢、小麦等项。著令民人,尽力务农。其应办秋粮,粮长不许重行催征科扰,违者究治。特示。(《况太守集》卷十三《运回剩米折纳物料示》,宣德九年三月二十六日)

我们从景泰元年四月周忱的《上执政书》①、《明实录》景泰二年六月丙子条载周忱的自陈②和《(万历)嘉定县志》和《(正德)松江府志》的上述史料中可以概括地看出，"余剩加耗"（《上执政书》："忱因思，正粮送纳在官，加耗听民自用，无愧于心，听其浮议。自宣德八年为始，至正统十四年止，通计一十七年，每年完过正粮四百余万，皆有通关锁缴。苏州一府，未立法之先，每年欠粮一百余万，皆幸蠲免。既立法之后，每年完粮二百余万，又得余剩加耗别用。况各年加耗系有司官吏粮里人等各自掌管支销，何由作弊。忱恃以公心完粮，谤议虽多，不复顾忌。正统十四年六月，遇蒙赦宥，凡正统十三年以前拖欠税粮马草，俱得蠲免。而苏松等府，升合无欠，不沾蠲免恩例，下民方归咎于忱。然忱以公心完粮，听其自然。乃因罢闲官彭守学建言，当案者偏信平日谤议之言，呈部差官前来查究。因宣德八年至正统十四年正粮皆完，欲将一十七年额例用过加耗船脚钱及芦席稻草等项折算一百余万，著要民间追征，重加罪责。"）和"余米"（《(万历)嘉定县志》）的用途是十分广泛的。包括有（1）折纳夏税的小麦、绢丝、真棉、豆等；（2）折纳户口食盐；（3）折纳马草；（4）折纳军需物资、颜料、绢匹属于里甲正役范畴的各种物料；（5）补偿税粮运送过程中的各种意外损失；（6）修缮衙门、学校以及桥闸；（7）救济灾荒；（8）青黄不接时借给农民的粮种等项目，几乎网罗与纳粮户的生计密切相关的几乎所有项目。如上所述，加耗如果出现盈余，则可以根据巡抚的判断逐步下调征收比率。我认为，将加耗转用于上述"官民公用"（《上执政书》），是在不妨碍下调征收比率的范围内进行的。即便将与济农仓有关的上述（5）（7）（8）项除外，转用"余剩加耗"在周忱在任的大约 20 年

---

① 《上执政书》中提到，"赦前［森案：正统十四年六月大赦之前］额外加耗芦席等项"被"用以造囤收粮、衬船纳草、修桥造闸、盖公廨、修学校、买纸箚，虽有妄费使用之名，然皆官民公用，得免科敛"。这些即为加耗的其他用途。

② "行之数年，余粮积出渐多，芦席稻草并易钱入官。臣见各府或遇赈济饥荒、补纳遭风失盗粮米、买办纳官丝绢、修理舍廨庙学、攒造文册及水旱祈祷、管粮官无马骑坐，俱科于民。于是将所余粮及所易钱随时支用。有赈贷未还、遇赦宥免者，有估计时值、低昂不一者。缘奉宣宗皇帝并太上皇帝敕谕，许臣便宜行事。以此支用，不复具闻。"

间里也逐渐成为惯例,在相当程度上起到了削减纳粮户支出的作用。在周忱死后不到 50 年的弘治十一年(1498)编纂的《皇明名臣言行录》卷一《周忱》项下对余米有如下叙述:

> 凡官府织造、供应、军需之类,尽出于所积余米。盖民赋岁一石五斗之外,漠然不见他役之及,而官府无复科率之扰。

周忱自己也认为,包括有以上内容的新的加耗征收制度,直至他离任为止的将近 20 年间取得了巨大的成果。他在《上执政书》中这样写道:

> 自宣德八年为始,各府县方得完粮。

> 自宣德八年为始,至正统十四年止,通计一十七年,每年完过正粮四百余万,皆有通关销缴。苏州一府,未立法之先,每年欠粮一百余万,皆幸蠲免。既立法之后,每年完粮二百余万,又得余剩加耗别用。

前引《皇明名臣言行录》卷一《周忱》项下还有如下记载:

> 征输皆有常度,贡赋未尝不稽欠,且有赢余。

《皇明名臣言行录》卷二《况钟》项下记载了况钟与巡抚周忱共同致力于研究征税方法:

> 此法既立,不惟二十余年积弊不戮一人而尽除,其惠利之及于贫困,亦无穷矣。

虽然属于作者的美誉之词,但是从中也可以看出他们的改革确实取得了一定的成果。

这一改革的成果从一个侧面表明,远运劳役消耗了纳粮户的再生产能力,特别是小民阶层的负担远远超过大户阶层。加耗相当于正粮 1 石的 60%、有的县甚至多达 90%,这一比率确实是比较大。我们在下一章中可以看到,尤其是对于那些负担官田重税的小民阶层来说,上述的加耗负担依然是非常重的。尽管如此,我们也必须看到,这种方式在当时之所以取得成果，是与其他政策一起推行的结果。例如，通过折征例［森案：请参看本节Ⅴ］减轻了官田重税以及贫穷纳粮户的实质负担，并通过设置济农仓向小民阶层提供以粮食为主的低息贷款等。我认为，通过向每石正粮课以定额的加耗、向纳粮户纳税总额课以定率的加耗，导致大户阶层也和小户阶层一样公平地负担加耗，其效果是非常大的。这样一来，大户阶层就无法将加耗负担转嫁给小民阶层了。

此外，由于实施了转用"余剩加耗"的政策，加耗还被用于充当夏税、军需、颜料等赋役负担以及地方的公共性支出。这种措施在一定程度上减轻了纳粮户的负担，使农民得以将自己的精力和劳力集中于农业生产。

但是，正因为取得了这样的成果，周忱的加耗例以及转用"余剩加耗"的政策令他在担任南直隶巡抚的20年间曾两次被人告发。[1] 第一次是在正统十年（1445），据周忱本人说，告状的是"刁民尹宗礼等"[2]。尹宗礼以"税粮马草不应征收船钱加耗"为由，状告周忱。在此之前的正统七年（1442），尹宗礼就曾状告周忱"沮坏良法"。针对尹宗礼的告发，周忱进行了反驳，保证了包括加耗例在内的税粮征收政策得以顺利实施。景

---

[1] 《明史》卷一百五十三《周忱传》对周忱正统十年（1445）和景泰元年（1450）两次受人告发以及景泰二年周忱辞官的过程有详细记载。同时，在《上执政书》、《明实录》正统十年八月丙寅条、景泰二年五月庚申条、景泰二年六月丙子条，以及收录于《（乾隆）吴江县志》卷十二《田赋·额征》中的苏州府吴江县处士史鉴论及征税制度的文章中亦有记载。在下一章中将详细分析围绕着加耗政策对周忱的告发，也将涉及史鉴的文章。

[2] 《明实录》正统十年八月丙寅条："巡抚直隶工部左侍郎周忱奏，臣奉敕总督税粮，从长设法区划。数年以来，粮颇易完，民亦称便。近被刁民尹宗礼等沮坏良法，今又妄奏税粮马草不应征收船钱加耗，要将文卷簿籍查算，及将囤户书手提问。若从其言，民将深被其害，而臣之政令沮矣。伏乞敕旨差官，遍历乡村，询察民情。正统六年以前粮草盐课有无完足，人民有无安生，自七年宗礼沮坏以后各项拖欠若干，人民客商有无劳困艰难。则奸邪之情，自然显著。上命户部移文原差官及巡按直隶监察御史从公查究，所司果有妄征侵剋情弊，如律罪之不贷。尹宗礼等刁顽奸诈，锦衣卫其逮治之。"

泰元年(1450),江宁府溧阳县的"民人"彭守学状告周忱。① 彭守学认为,周忱"将加耗并远运脚费、衬仓作囤芦席稻草,悉令大小户自纳",导致"过征,妄费钱粮"。中央政府为此派人前往当地核查。结果,周忱在景泰二年八月被命令"致仕"。

如同下一章中将要提到的那样,第二次告发周忱有一些具体的诱因。但在当时,上述两次状告周忱的根本原因都是、大户阶层不满周忱的加耗政策。因为他们和小户一样,都要按照纳税额缴纳一定比率的加耗。本部分多次引用的《上执政书》就是年届七十高龄的周忱在第二次被告发时写下的自辩,他以全力进行了反驳,其基调是保护小民阶层和对大户阶层的批判。

例如,由于巡抚的管区较广,以致周忱无法一一前往保管"余剩加耗"的粮仓进行盘查。大户阶层正是抓住了周忱的这一弱点,来主张自己的利益。

> 所有余剩加耗,在于各该府县乡村市镇置仓,令各仓委官,囤户粮里各自掌管收支。忱因地方广阔,不得周徧,有一年一次巡历到彼者,有二年一次方得到彼者,止是稽考数目,不能详慎出纳,以致向之不肯纳粮、不出加耗、并无由干谒、无由刁挟群不逞之徒,更相谤议,腾沸口舌,以为所收加耗,皆是通同下人,互相侵透。然小民加耗,比于往日减省多矣,莫不欢欣。彼群不逞之徒,不问出纳而生议论。(《上执政书》)

他在《上执政书》中还回顾了自宣德八年(1433)加耗例实施至他被告发前一年的正统十四年(1449)的 17 年间的情况,其中尤其谈到了"巾靴游谈之士"和"小民"对加耗例的不同反应:

---

① 《明实录》景泰二年六月丙子条下记载了周忱的自陈,其中说:"今因民人彭守学奏,户部差官勘出前项过征妄费钱粮,致被十三道[森案:监察御史]纠劾,实臣出纳不谨,罪重丘山,死有余辜。……诏以忱年老,置不问。"根据《明史》卷一百五十三《周忱传》记载,彭守学为溧阳县籍。

仰惟阁下以至公之心，至明之见，伏望详察。忱之稽考加耗，致
人之毁，果为完粮乎？果为侵欺乎？果为公乎？果为私乎？未考加
耗之先，苏州一府，每年欠粮一百余万。既考加耗之后，额量二百余
万，升合俱完。一十七年之久，小民无怨。止是巾靴游谈之士，腾沸
口舌。忱虽得谤，自信不回。（《上执政书》）

周忱亲自主导制定并实施了加耗例，同时运用了"余剩加耗"。在周
忱去职数年之后，历代的南直隶巡抚都曾试图对加耗例进行某种修订，
直至 16 世纪 30 年代改革赋税征收制度为止，松江府沿用了大约 100 年，
苏州府沿用了大约 50 年。这一期间的情况是我们在下一章中将要研究
的课题。在这一期间，如同宣德时期的加耗例一样，各地或者采用了以
税粮额为基准的定率征收方式，或者采用了以土地面积为基准的定额征
收方式。虽然这两种方法有所不同，但是都贯穿着周忱的基本理念，即
以某种公认的基准征收加耗。问题在于该基准是否妥当？以及如何设
定该基准。围绕着定率征收方式的大户阶层和小户阶层之间的利益冲
突，逐渐演变为围绕着定额征收方式的利益冲突。

V　以银、布代纳部分税粮——折征例的实施

宣德八年，周忱在江南三角洲官田地区推行加耗征收制度时，松江
府开始实施了加耗折征例，即以折色的银、布代纳一部分税粮的制度。
《（正德）松江府志》卷七《田赋中》对此有详细记载：

　　一、折征。金花银一两一钱、准平米四石六斗或四石四斗，每两
　　加车脚鞘匦银八厘。阔白三梭布一匹，准平米二石五斗或二石四斗
　　至二石，每匹加车脚船钱米二斗或二斗六升。（原注：布匹，长四丈，
　　阔二尺三寸。旧例匹重三斤，纳者率以纱粗验退。忱奏，不拘斤重，
　　止取长阔两端，织红纱，以防盗剪。至今行之）。阔白棉布一匹，准
　　平米一石或九斗八升，每匹加车脚船钱米一斗或一斗二升。已上于
　　重则官田上照粮均派。（原注：俗名轻赍）

白熟杭糯米,每一石准平米一石二斗。已上于轻则民田上照粮
均派。

为了消除重则官田和轻则民田之间在每亩税负额上存在的较大区
别,允许前者以棉布代纳税粮,对后者则要求以高品质的"白熟杭糯米"
缴纳税粮。《(正德)松江府志》的编者还为折纳作了注释,即"俗名轻
赍"。姑且不论折纳具有象征性意义还是实质性意义,从上述注释的字
面来看,此举便于运送,减轻了负担。

从16世纪30年代的嘉靖中期开始,税粮征收制度的重大改革在江
南三角洲官田地区正式开始推行。如我们将要在第五章中论述的那样,
除松江府之外,在苏州、常州、湖州和嘉兴各府,对金花银和白熟杭糯米
(也被称为白米、白粮)的处理都出现了问题。因此,在宣德八年至正统
三年之间,原属周忱管辖的南直隶苏、松、常三府和浙江的湖州、嘉兴等
"粮多府县"均陆续实施了折征例。此外,从以下记载可以看出,周忱还
在苏州府嘉定县、常州府武进和宜兴二县实施了以棉布代纳的方法:

> 周公见嘉定土薄民贫,而赋与旁邑等,思所以恤之,谓地产棉
> 花,而民习为布,奏令出官布二十万匹,匹当米一石。(《(万历)嘉定
> 县志》卷五《田赋·官布所始》)

> 宣德间,巡抚周忱独怜二县粮重,奏乞……官布八万匹,每匹折
> 米一石。(《(万历)武进县志》卷三《钱谷一·额赋》收嘉靖七年
> (1521)宜兴县知县丁谨疏)

由于"土薄民贫"或"粮重",故周忱决定对苏州府嘉定县和常州府的
武进、宜兴二县进行救济,采取了折纳的变通措施。在折纳方针上与松
江府的折征例相同,对税负较重的田地采取了银、布代纳的政策,而对税
负较轻的田土则要求以白粮代纳。《(万历)武进县志》卷三《钱谷一·额
赋》收录了嘉靖十六年(1537)常州知府应槚提出的如下方案:

> 前周文襄公立法,七斗至四斗,则纳金花官布轻赍折色;二斗一
> 斗,则纳白粮糙米重等本色。因田则轻重而为损益。

堀井一雄和鳌宫谷英夫分别在第二次世界大战的战前和战后,将以银、布折纳税粮视为"田赋银纳化"滥觞之举。战后,学者们曾指出,此举的出现始于官僚们对银钱的渴求。[①] 但是,即便如此,洪熙、宣德年间在江南三角洲官田地区的"重则官田"开始实施的代纳依然具有十分重要的意义。[②] 洪武年间以来,小农在当地纳粮户中占有很大比重,他们构成了不同于粮里以及大户阶层的小民阶层的基本部分。我在前一章已经指出,他们负担着官田中每亩税负较重的部分,即来自"重则官田"的税粮。值得注意的是,根据松江府的折征例,正是构成小民阶层主体的小农可以用银和布折纳"重则官田"的正粮和加耗。前述《(正德)松江府志》中记载了"重则官田"的折纳情况,但是却未言及那些纳粮户属于哪个阶层。在明代后期的资料中,对松江府和苏州府常熟县的情况有如下记载:

范濂(松江府华亭县籍)《云间据目抄》卷四《记赋役》

[文襄(周忱)]又请,极重官田、极贫下户,并从轻折。……计该府共得轻折米四十八万二千六百八十七石有奇。夫小民既蒙减额,又获轻赍,其恩渥矣。东南虽百世尸祝公,岂为过哉。

《(崇祯)常熟县志》卷三《赋役》

额之重者与户之下者,得以折纳金花银。金花,米石准二钱五分。

可见,前者是向"极重官田"和"极贫下户"施以"轻折"的恩典,而后者则是允许"额之重者与户之下者"可以用"金花银"代纳。现在,我们无法得知折征例中是否有关于"极贫下户"以及"户之下者"的规定。值得注意的是,周忱创立的济农仓是根据一定的资格向农民提供无息借贷

---

① 堀井一雄:《金花银の展開》(《東洋史研究》5卷2号,1940年)。鳌宫谷英夫:《近世中國における賦役改革》(一)、(二)《歴史評論》1卷2、3号,1946年)。田中正俊、佐伯有一:《十五世紀における福建の農民反乱》《歴史學研究》167号,1954年)。

② 岩见宏认为:"创设金花银的意图有二,其一是为了改善武官的待遇,其二是为了减轻耕种重则官田的农民的负担。"(《アジア歴史事典》第三卷金花银项。平凡社,1960年)

的。弘治十一年（1498）刊《皇明名臣言行录》的记载是，"于中下二等户内，验其种田多寡给杂之"［森案：请参照本节Ⅶ］。我认为，宣德年间在制度上或惯例上曾将纳粮户区分为中户和下户。《云间据目抄》以及《（崇祯）常熟县志》中对"极贫下户"以及"户之下者"的记载估计也有一定的根据。

根据《明实录》宣德七年正月戊子条记载的嘉兴知府齐政的上言，我认为，同属当时江南三角洲官田地区之一的嘉兴府下存在着户等，以及下户与官田之间的关系①：

> 嘉兴知府齐政言，嘉兴等县所征税粮，上中户令纳于行在光禄寺及临清、徐州、淮安；下户及官田重租，令纳本府及海宁、乍浦诸卫所。臣观，下户多贫，官田租重，屡有逋负，致军食不充。

下户是户等之一，而官田是田土之一类。因此，这里虽然是以等级区分表达，而在两者之间也有着重叠的部分。这样的表达方式，与《云间据目抄》以及《（崇祯）常熟县志》中关于折纳的记述十分相似。官田与下户之间有着密切的关联，在《（正德）松江府志》收录的折征例中对"重则官田"的折纳规定，可以说在实质上也指定了"极贫下户"和"户之下者"。

那么，如果"重则官田"的税粮主要是由"极贫下户"纳入的，而通过以银、布代纳，其负担是否减轻了呢？

第一，即便是远运，银、棉布与米谷相比纳税成本较低。松江府折征例规定，纳银时所需的运费和包装费相当于赋税的 0.8%，以布折纳时成本为赋税本身的 10%—13%，除此之外别无其他负担。这说明，在松江府折征例的规定中，本来每亩税负较低的"轻则民田"被课以白熟秔糯米，即白粮。能否确保这些上等白粮本身就是很大的负担，即使原则上

---

① 小山正明首先在《明代における税银の科徴と戸则との關係》（千叶大学文理学部：《文化科學紀要》7，1965 年）中首先引用了这一史料。小山对此的重视缘于他的如下见解，即"以基于秋粮内各项目的重轻而划分的户等为基准的科征税粮的方法……是明初制定的全国性原则"。

废除了纳粮户的远运,还是需要直接将白粮运往远在北京的官仓[森案:请参照本节Ⅲ]。白粮与银、布不同,缴纳时需要巨额的经费和大量劳力。在16世纪之初的正德十五年(1520),同属江南三角洲官田地区的浙江湖州府知府刘天和,曾经上疏抗议浙江省内改行实物缴纳制度,认为此举无视金花银的代纳制度。当时,与浙江省内其他府相比,该府官田粮比例较大,将金花银折纳改为实物缴纳的话,缴纳官米者也要和缴纳民米者同样以实物即白粮等纳税。刘天和认为:

> 原额官米二十六万七千一十石七斗二升二合,除折纳外,尚余米一十二万一千二百一十三石七斗二升二合。与民米一般通征本色,起运两京熟白粮税粮等项,以致下户贫民办纳不过,日就流移。(《(嘉靖)湖州府志》卷一《郡纪·[正德]十五年知府刘天和请均派京库折银》)

第二,以银两折纳秋粮米谷,在实施折征例当初,米和银两的兑换比例设定得高于实际价格,即"米低银贵"。这一点是我们应该注意的。成化七年至十二年(1471—1476),苏州府的"时价"是以1两银两兑换2石米左右,而1两金花银则可以兑换4石米[森案:请参照第四章第一节3]。我认为,在宣德八年(1432)实施折征例时,也曾经有过相同的情况。据《皇朝名臣言行录》卷七《周忱》[森案:如前引]记载,当周忱试图实施以银代纳时,官僚从南京户部领取的俸米可以按照如下比例折银:

> 当米贱时,一两可买粟米七八石。

这种状况大约发生在自实施折征例的宣德八年(1433)至明朝推行田赋折银的正统元年(1436)期间。《周文襄公年谱》收录了正统五年(1440)周忱的上奏,即《题籴俸粮以平南京米价》。其中说:

> 今江南水旱相继,田禾欠收,客商贩米者少。今年米价,每银一两尚可籴二石三石。而十月中旬,米价顿起。当此秋成,来年高贵,从可知矣。

可见,在因水灾和旱灾的影响,米价腾涌的当年十月之前,1两银相当于二三石米,这基本相当于成化七年至成化十二年时的"时价"。这样,在实施折征例时,金花银1两1钱可以兑换米4石6斗或者4石4斗[森案:1两相当于4石]的换算率,虽然与当时最低兑换率的银1两折米七八石相去甚远,但是与平时的1两2石相比,依然属于"米低银贵"。被允许以金花银折纳的"重则官田"上的纳粮户或"下户",只须缴纳较少的银两,即相当于缴纳了多额的米谷。

另外,对于以阔白三梭布1匹折米1石5斗或者2至2石4斗,以及以阔白棉布1匹折米1石或9斗8升这样的换算率,我们尚无法验证。但我估计,如同金花银一样,以布折米对于纳粮户来说也是相对有利的。

那么,既然当时的折银和折布明显对纳粮户有利,但对于负担"重则官田"税粮的农民来说,他们为了缴纳赋税是否可以相对容易地得到银或布呢?就棉布来说,这种可能性是存在的。众所周知,在20世纪40年代,西岛定生对明代松江府的棉布生产状况做了一系列研究。[1] 西岛定生根据《(正德)松江府志》中关于折征的记载,认为周忱"在推行金花银时,将阔白三梭布和阔白棉布以一定的比例均派于税负较重的官田","此举表明松江府生产的棉布成为固定的折色,并被确定为缴纳田赋的方式之一"。正是以成为"固定的折色"为契机,棉布生产发展成为"真正的商品生产"[2]。西岛定生预测了棉布生产作为商品生产的发展趋势,强调了该折征所具有的划时代意义。然而,正如西岛定生本人通过深入挖掘资料所从事的其他研究中介绍的那样,松江府的棉布生产在元代已有很大的发展,"该府乌泥泾镇出产的棉布远贩他乡"。西岛定生还提到明太祖朱元璋曾称"松江乃产布之地",命令以棉布30万匹折纳秋粮的事

[1] 西岛定生以《中国初期棉业の形成とその構造》(《オリエンタリカ》2,1949年)为首的四篇论文相继发表于1947至1949年之间。这些论文后被收录于《中国経済史研究》(东京大学出版会,1966年)第三部《商品生産の展開と構造——中国初期棉業の研究》中。
[2]《中国初期棉業の形成とその構造》。见《中国経済史研究》)第三部《商品生産の展開と構造——中国初期棉業の研究》之第三章。

例,他还引用了明初上海县人顾彧在竹枝词十三首中关于棉布纺织的[森案:下详]记载,认为明初松江府棉布生产"完成了从麻纺到棉纺的转化,并且成为以副业生产形式缴纳田赋的手段"。苏州府在洪武年间至宣德年间,棉布生产也已经成为缴纳赋税的手段之一。正如笔者在第二章第二节中指出的那样,苏州知府况钟在宣德七年九月的上奏中转述了"长洲等县粮老徐璇等状告",其中说,"洪武年间,人民布种官田,别无远运。年岁成熟,止够纳粮。每遇春夏饥歉之日,全赖二麦接济。秋粮征收本色,夏麦每一石二斗折布一匹。民得织布纳官,存麦济饥"。由此可见,在宣德八年实施折征之前,在松江和苏州二府的纳粮户中,棉布生产已经普遍成为家庭手工业的重要组成部分。因此我认为,当地已经完全具备了以棉布折纳秋粮的条件。

另一方面,纳入"重则官田"税粮的农民们又是如何获取银两的呢?关于这一问题我们尚未找到可以明确说明这一问题的史料。但是,我们从西岛定生介绍的明初上海县人顾彧所作的一首竹枝词中可以得到启迪:

> 平川多植木棉花,织布人家罢缉麻;
> 昨日官租科正急,街头多卖木棉纱。

[森案:原载《(万历)上海县志》卷一《风俗》。西岛定生在《中国初期棉业の形成とその構造》中首次向日本学界介绍了这一史料]

西岛定生认为,该诗的后两句叙述的是销售棉制品和购买谷米缴纳"官租"的过程。他认为,从事棉业生产并非仅仅是为了获得剩余,同时也是为了纳入税粮。通过向市场销售"木棉纱",从而获取货币。从我们前面分析的纳粮户为纳入税粮而普遍从事棉布生产的情况来看,他们完全有可能将棉布拿到市场上销售,换取银两,再用银两折纳税粮。在这种情况下,银两完全成为纳粮的手段之一。在这个意义上,只不过需要将棉布置换成货币而已。但是,作为纳粮手段的银两具有相对的优越性。这就是说,折银对于纳粮户具有一定的救济意义。而且,纳粮户为了纳入税粮,也可以出卖或典当自己生产的米谷。我认为,正是因为折银作为纳税手段具有一定的优越性,故纳粮户为获取银两很有可能出售用于缴纳秋粮的米谷。

从以上分析中可以看出,宣德八年制定折征例的目的,在于减轻官田每亩税负的实质负担,以及减轻纳粮户主要耕种官田、被称作极贫下户或下户阶层的实质负担。减轻实质负担有着客观的根据,同时也形成了纳粮户可以相对容易地获取银两以及棉布的历史条件。与官僚对银两的渴求不同,折征例具有减轻纳粮户税粮负担的一面。以江南三角洲官田地区实施折征例为开端,正统元年(1436)八月折银被推广于南直隶、浙江、江西、湖广、福建和江西六省①,明朝国家由此获得了巨额的银两。例如,正统七年(1442),明朝政府在国都北京建立了太仓银库,仅江西布政司在正统三年(1438)就向北京运送了 37 万两白银。②。根据前引《云间据目抄》卷四《记赋役》的记载,松江府在宣德八年(1433)以金花银、阔白布和三梭布折纳的税粮为"四十八万二千六百八十七石有奇",相当于当时松江府税粮额的 46.9%③、秋粮额的 52.4%④。后人邵吉甫在《苏松田赋考》卷一中记载了宣德八年周忱制定的折征例下附有双行小注,其中列举了苏松二府税粮折银额。当时,在苏州府的税粮总额中⑤,以金花银折纳者占 37.2%,与以棉布折纳者合计,折纳额占总额的 46.4%。据该资料显示,在当时松江府的秋粮总额中,以金花银折算者占 36.8%,加之以阔白布和三梭布折纳者,折纳额为总额的 59.0%。《苏松田赋考》所列举的折米额与《(正德)大明会典》卷二十四《会计二·

① 《明实录》正统元年八月庚辰。前揭堀井一雄《金花银の展开》。
② 见前揭堀井一雄《金花银の展开》。
③ 宣德七年松江府夏税及秋粮中谷物部分合计为 102 万 9055 石余。见《(正德)松江府志》卷七《田赋中》。
④ 请参考本章本节 I 第 184 页注②。
⑤ 请参考本章本节 I

转运项》列举的弘治十五年起运数目中的两府折米额基本一致。① 因此，《苏松田赋考》中双行小注的数值形成于宣德八年（1433）至弘治十五年（1502）之间的大约 70 年间。与《云间据目抄》的数值一样，它说明了 15 世纪 30 年代以来，明朝政府对银两的需求量不断加大。然而，从税粮征收制度的层面来看，国家对银两需求在此后大约 100 年，亦即直到 16 世纪 30 年代进行重大改革为止，造成了米和银两的换算率朝着不利于纳粮户的"米贱银贵"的方向变化。虽然有过以折银取代折布的动向，但是依然未能有效地维护纳粮户农家的经营。湖州知府刘天和在 16 世纪 20 年代，为了保护贫民和下户，对减少该府金花银折纳的政策表示了反对意见。这也是一个佐证。在江南三角洲各地，纳粮户中的大户阶层希

① 邵吉甫《苏松田赋考》卷一称："宣德八年，周忱奏定折征例。……[森案：以下为双行小注]苏州府，金花银一十九万一千二百〇六两有奇，准米七十六万四千八百二十六石有奇；棉布十九万匹，准米十九万石。松江府，金花银八万四千两有奇，准米麦三十四万四千六百石有奇；三棱布三万三千匹，准米六万六千石；棉布十四万匹，准米十四万二千石。"

　　《（正德）大明会典》卷二十四《户部九·会计二·转运项》有相似记载。应该注意，该项仅为京仓和边仓的起运额，而南京户部的起运额包括在其他项下。南京户部的起运额基本没有包括折纳部分。因此，这里所记载的应该都是折纳额。

　　　弘治十五年起运数目
　　　浙江布政司……
　　　　直隶苏州府
　　　　夏税
　　　　　京库麦三万石，每石折银二钱五分
　　　　秋粮
　　　　　……
　　　　京库阔白布十九万匹，准米十九万石
　　　　折银米七十六万六千石，每石折银二钱五分[森案：相当于 19 万 1 千 5 百两]
　　　　……
　　　　　折银草三十七万包，每包折银三分
　　　　直隶松江府
　　　　夏税
　　　　　京仓粮六万石，每石折银二钱五分
　　　　秋粮
　　　　　……
　　　　京库布十七万五千匹[森案：无准米数记载]
　　　　折银米二十八万石[森案：无折银率无记载]
　　　　折银草二十二万包，每包折银三分

219

望以金花银代纳,甚至为此采取了不正当的手段,这也表明了同样的情况。关于这些情况,我们将在下一章进行分析。在这 100 年间,明朝政府竭力获取银两收入的负面影响主要反映在徭役制度上。在这一时期,地方官们在征派徭役时往往直接要求折银。因此我认为,折征例在实施之后的大约 100 年间保护了小农的经营。

Ⅵ 税粮征收、起运及管理专用仓库的设立——水次仓的设置

宣德八年,周忱在江南三角洲官田地区南直隶部分的苏州、松江、常州三府,设立了水次仓。① 水次仓也被称为水次仓囤或水次仓场。所谓水次意为内河的港湾。

> 先是,各府秋粮当输者,粮长、里胥皆厚取于民,而不即输官,逋负者累岁。②

> 旧例不许团局收粮,粮长自征收。公曰,此负欠之由也。③

设立水次仓的重要目的就是为了改变这种状况。正如笔者在本章第一节和第二节中所指出的那样,粮长和里长等常常居中榨取纳粮户,结果造成了征收税粮时的困难。上引史料中所说的"里胥",是指里长以及辅助里长处理账目等事件之人。正如洪熙元年时周干在报告中所说,这种情况,在技术上是由于各县没有储存起运税粮的设施,粮长只能在各里自设仓库,或者是将税粮临时储藏在自己家中。④ 这样,税粮的管理被直接置于粮长个人的支配之下。

如笔者在本节Ⅶ中所指出的那样,周忱在宣德八年深切感受到应该

---

① 《(万历)常州府志》卷六《钱谷三·征输》,宣德八年立水次仓。《(崇祯)松江府志》卷十九《仓廪》所载胡俨《济农仓记》。《周文襄公年谱》附王直《济农仓记》。

② 《周文襄公年谱》附王直《济农仓记》。

③ 《皇明名臣言行录》卷一《周忱》。

④ 周干的报告请参考本章第一节。《皇明名臣言行录新编》卷六《周忱》中有如下记载:"旧例不许团局收粮,粮长家自征收。"

　　此外,根据明代资料编辑成书的《明史稿》列传三十七《周忱》和《明史》卷一百五十三《周忱传》中,则表述为:"诸县收粮无团局,粮长即家贮之。"

马上设立济农仓,从而进一步扩大米谷的储备规模。为了实现这一目的,他采用了各种方法。无论是周忱自己,还是《济农仓记》的作者王直,都认为水次仓的设立是建立济农仓的一个非常重要的条件。

如前所述,这一年恰逢正在制定加耗例,而加耗例的实施条件之一就是需要有储存设施,以便储藏从纳粮户手中征收而来的加耗米谷。

这样,为了防止粮长们的中间榨取,扩大米谷的存储规模,同时为了实施加耗例,在宣德八年设置了水次仓。周忱在为设立济农仓的上奏中这样写道①:

> 臣于宣德八年,征收秋粮之际,照依敕书事理,从长设法区划,将各府秋粮,置立水次仓囤,连加耗船脚,一总征收。

与加耗例同样,水次仓也有一定的试行期间。例如,在宣德八年以前,松江府的水次仓设置在"各乡要会处"。但是由于管理方式各异,宣德八年正式设置水次仓时,则在各县水次设置两处左右。华亭县的水次仓设置在府治东南五里的官绍塘和府治西五里古浦塘之南。上海县的水次仓设置在县西的唐行镇和另外一处水次。水次仓与济农仓往往比邻而设。②

根据《皇明名臣言行录》卷一《周忱》的记载,水次仓的管理方式如下:

> 遂令各县于水次置围编囤,聚于一处,推粮长一人总之,名曰总收。定与加耗总征平米上囤。每囤设粮头、囤户各一名管收。

《皇明名臣言行录新编》卷六《周忱》在上述文字之后作了补充:

---

① 《周文襄公年谱》宣德九年正月。另请参考本节Ⅶ。
② 《明史稿》列传三十七《周忱》、《明史》卷一百五十三《周忱传》记载为:"遂令诸县于水次置囤。"

另外,在《崇祯松江府志》卷十九《仓廪》对华亭县水次诸仓有以下记载:"水次仓二所,并周文襄于宣德八年间建。一在府东南五里官绍塘上,今废。一在府西五里古浦塘之南。先是于各乡要会处,分受民间委输,以革乡胥多取之弊。然统纪不一,及两仓成,遂尽废诸仓不用。"

　　每囤设粮头、囤户各一人主之,使相觉察。粮长惟职催并,官为
　　监收。

此外,《姑苏志》卷四二《官迹·周忱》除了与上述史料相类似的内容
之外,还有如下记载:

　　创置水次仓场。每岁算定各户秋粮、夏税、加耗则例,填注由帖
　　而分给之,俾户自持贴赴仓输注,不涉里胥。

《明史稿》列传三十七和《明史》卷一百五十三的《周忱传》中,将"粮
头"和"囤户"称作"辖收"。这也就是说,各有一名粮头和囤户以"辖收"
的身份直接管理仓场。粮长被任命为"总收",负责督促缴纳税粮。纳粮
户自持"由帖"前往仓场,在官员的监督下缴纳税粮。这种方式废止了由
粮长单独、直接地负责征管税粮的做法。① 根据记载,由于实施了这种管
理体制,纳粮户直接将税粮纳入水次仓,故"得免1/3"(苏州府、松江府)
甚至1/2(常州府)。②

　　由此可见,纳粮户"自持贴赴仓输注"的做法实现了设立水次仓的目
的之一,即阻止了粮长们居中榨取。但是,这并非只是依靠纳粮户"自持
贴赴仓输注"就能实现的。如果没有新的加耗征收制度,没有规定加耗
的定额,就无法彻底解决缴纳税粮时的居中榨取。由于加耗例的实施,
从汇总到各水次仓的该县正粮和加耗的总计中,减去应向各官仓运送的
税粮及必要经费,其剩余部分或用于减轻纳粮户的夏税及里甲正役等项
负担,或储藏于济农仓之中。周忱在关于设立济农仓的上奏中,叙述了

---

① 关于水次仓问题的史料可以互为补充。本章主要采用《明史稿》、《明史》、《周文襄公年谱》、
《皇明名臣言行录》和《皇明名臣言行录新编》中的史料。此外,《况太守集》卷二《列传》中对
水次仓的设立过程有如下记载:"先是,永乐间初建北京,运道艰难,粮长率以一征三,除正供
及车船僦费外,余羡尽私入其家,吏胥分润。公与忱协议,奏立仓于水次,令纳户竟自送仓,
又制立粮头,以分粮长之势,眼同收掌,相互觉察,而择人运解,其收时得免三分之一"。[森
案:原文作为三分之二。据《皇明名臣言行录》卷二《况钟》改]
② 关于苏州府水次仓,请参考上注及前引《周文襄公年谱》王直《济农仓记》。关于松江府水次
仓,请参考前引胡俨《济农仓记》。关于常州府水次仓,请参考前引《(万历)常州府志》卷六
《钱谷三·征输》的记载。

设立水次仓的意义,而《济农仓记》的作者们也认为水次仓的意义即在于此。因此,水次仓不仅仅是税粮的汇总之地。水次仓是对相关税粮的出入收纳进行严格管理的机构。首先,水次仓设有两个账簿。拨运簿记录应向各官仓运送的漕粮数目及所需经费。纲运簿记录各地农民为组团(纲)运输税粮的各类经费的预算和收支情况。他们将支出的金额记载在各个项目下,并将账簿带回,将副本交给管仓人员,以便证明费用的剩余或不足[森案:请参考本节Ⅲ以及本节的注释59。例如,"博(剥)浅等项费用"是在运河水浅河段雇用吃水较浅船舶的费用,等等]。此外,所有的余剩米谷都必须临时储备在水次仓。上引《皇明名臣言行录》卷一《周忱》中就水次仓的作用说道:

> 置立拨运文簿,支拨起运。加耗者,正粮一石收平米一石七斗。候起运之时,酌量支拨。如京、通等仓,远运正米一石,支与三石。临清、淮安、南京等仓,以次定支。置立纲运文簿,听其博(剥)船等项费用,填注回销。支拨羡余,存积在仓,号曰余米。次年余多,加六征收,又次年益多,令加五。除依前拨运外,犹有附余,令各县造仓一所,名曰济农。将递年拨运剩米运入,以备赈济。

正如本节Ⅲ中所叙述的那样,上文中的"余米"在周忱的《上执政书》(《周文襄公年谱》)中被称为"余剩加耗"等。而这些临时存储在水次仓的"余米"和"余剩加耗"在最终都被转入济农仓。周忱在《上执政书》谈到了对"余剩加耗"管理:

> 所有余剩加耗,在于各该府县乡村市镇置仓,令各仓委官、囤户、粮里各自掌管收支。

济农仓由"县官之廉公有威"和"民之贤者"[森案:请看本节Ⅶ],水次仓也应该是由他们管理的。此外,上文中所说的"各该府县乡村市镇"并非指府县内所有的"乡村市镇"。以松江府为例,是指与水次仓相邻的"乡村市镇"。

总而言之,水次仓因实施加耗例,储备"余剩加耗"以备济农仓之需而设立,最终成为周忱等实施重要政策的管理中心。

Ⅶ 救济仓库——济农仓——的设立

宣德七年(1432)以来,担任巡抚南直隶、总督税粮的周忱,在江南三角洲官田地区中属于南直隶的苏州、松江、常州三府,与担任各府知府的况钟、赵豫、莫愚等通力合作,努力推进了旨在救济农民的济农仓。宣德九年(1434)正月,周忱正式上奏申请设立救济仓,得到了宣宗的批准。在这里,我们有必要重新关注宣德五年(1430)以后周忱等人推行的各种政策之一的济农仓问题。①

据周忱所说,当时在苏州、松江和常州三府设立济农仓的动机如下:

> 苏、松、常三府所属,田地虽饶,农民甚苦。观其春耕夏耘,修筑圩岸,疏浚河道,车水救苗之际,类皆乏食。又其秋粮起运远仓,中途或有遭风失盗,以致纳欠,未免借贷于官豪之家,以偿官赋。所贷之债,倍利以酬。及至秋获,子粒全为债主所攘。未及输税,而饩粮已空。兼并之家日盛,农作之民日耗,不得已而弃其本业。以至膏

① 关于周忱在其管辖下的江南三角洲官田地区的苏、松、常三府设立济农仓的问题,有如下几种史料形成于当时。例如,郡人前史官张洪根据苏州知府况钟的指示撰写的《始末疏》,和况钟授意王直撰写的《济农仓记》(见《(崇祯)吴县志》卷十七《仓场》。后者又以《长洲县济农仓记》之题被收录于《周文襄公年谱》的附录,以下简称为王直《济农仓记》)。张洪应苏州府常熟县官吏、耆民、粮长、里胥之请所撰写的《常熟县济农仓记》(见《(嘉靖)常熟县志》卷十一《集文志》,本文后以附录形式收录于《周文襄公年谱》,以下简称为张洪《济农仓记》)。耆民杜宗桓按照松江府知府赵豫指示讲述了济农仓的设立始末,胡俨在此基础上撰写了《济农仓记》(见《(崇祯)松江府志》卷十九《仓廪》。以下简称为胡俨《济农仓记》)等等。这些均是根据设立济农仓的当事人——知府们的指示,或者根据当地统治阶层的记录,或者由当地出身的官僚(张洪为常熟县人,行在翰林院致仕修撰·承务郎·同修国史)而写。此外,在《周文襄公年谱》中,还收录有周忱在宣德九年正月十九日就设立济农仓问题的上奏。与这些史料相比,还有一些可资参考的后代史料。例如,《况太守集》卷二《列传中》和《(万历)常熟县志》卷六《钱谷三·征输》。这些史料的记述与上述三种《济农仓记》的内容基本吻合。《明实录》宣德七年八月辛亥条下有关于苏州府设立济农仓的记载,因形成时间较晚,不一定很准确。本章主要使用上述三种《济农仓记》、《周文襄公年谱》中周忱的上奏,以及《况太守集》、《(万历)常州府志》。另外,有关济农仓还有清水泰次的论文《予备仓と济农仓》(《东亚经济研究》6—2》,1922 年)。在本节,我们将在周忱的一系列政策中对济农仓问题进行重新定位。

腴之壤渐至荒莱，地利削而国赋亏矣。

根据王直和胡俨在各自《济农仓记》中的记载，时任苏州知府的况钟和时任松江府知府的赵豫向周忱报告了当地的情况，最终说服了周忱。例如，王直在《济农仓记》中是这样描述的：

> 苏之田赋，视天下诸郡为最重，而松江、常州次焉。然岂独地之腴哉？要皆以农力致之。其赋既重，而又困于有力之豪。于是农始弊矣。盖其用力劳而家则贫，耕耘之际，非有养不能也，故必举债于富家而陪纳其息。幸而有收，私债先迫取足而后及官租。农之得食者盖鲜，则又假贷以为生，卒至于倾产业、鬻男女。由是往往弃耒耜，游手为末作。田利减，租赋亏矣。

虽然上述两段史料的表达方式各有不同，但我们将两者对比之后，可以对济农仓问题有一个大致的了解。即，官僚们在当时最重视的是每年春夏之际高利贷给纳粮户造成的困难（王直《济农仓记》）。他们认为，正是因为"举债"于"兼并之家"，造成纳粮户的生产和生活陷入困境，最终导致税粮收入减少。我们在第二节中已经提到这一问题，而周忱则更加具体地指出，农民"春耕夏耘，修筑圩岸，疏浚河道，车水救苗之际，类皆乏食"，以致农民被迫向那些被称作官豪之家、兼并之家和富家等的大户阶层借贷米谷，"富人与之若投饵"（张洪《济农仓记》）。"及至秋获，子粒全为债主所攫。未及输税，而馂粮已空。"农民为了偿还被称作"倍利"的高利贷和纳税，不得不再去借贷，以致"债贫至困，如火销膏"（胡俨《济农仓记》），形成一种恶性循环。此外，"又其秋粮起运远仓，中途或有遭风失盗，以致纳欠，未免借贷于官豪之家，以偿官赋"。结果是，"兼并之家日盛，农作之民日耗"。留给这些"农作之民"最后的选择就是逃亡，也就是说放弃农业，寻求"末作"。由此可见，农民为了维持生产、纳税、漕运等只能去借高利贷，结果深深地陷入以春夏为起点的恶性循环之中。周忱等官僚们虽然可以在一定期间内限制债主向逃亡后复业的农民追讨债务［森案：请参看本节Ⅱ和第三节］，却不能取消既存的债务关系。

在这种情况下,可供官僚们选择的手段就只剩下由国家向农民发放米谷。因此,他们开始筹划设立济农仓。周忱与三府的知府们在灵活运用宣德五年以来实施的各项征税政策的同时,试图通过以下方式解决这个问题。①

在周忱等人上任后不久发现上述问题时,当地官仓中几乎已经颗粒无存。宣德七年秋天,苏州、松江、常州三府各地方均获丰收。宣宗命令使用官库中贮存宝钞进行平粜,同时要求富人放出积米,以备赈济和救荒之用。周忱及各位知府受命之后遂积极执行。在苏州府,将共计 29 万石谷物分贮于六县的仓库。即,平粜所得 3 万石,借自富人的 9 万石,漕运中推行加耗折征例节省的约 5 万石,以及利用综核田粮制从豪右非法耕作的绝户田征收的 12 万石。为了贮存这些谷物,据说各县共增设了 60 个粮仓。在松江府,也将 6 万石粮食分别存入两个粮仓。这些仓库均被称为济农仓,据说是得名于"农为天下本,苏松之农又为京邑之本"(张洪《济农仓记》)的意识。

宣德八年夏,江南大旱。苏州府饥民达 40 余万户 130 余万人,松江府的饥民为 20 余万户 50 余万人。周忱"尽发所储",使一部分农民免受饥荒(胡俨、王直《济农仓记》)。"困瘁者生气,出死力以挽桔槔,转川泽之流代为霖雨,枯槁者润泽,焦卷者始芃芃矣。"(张洪《济农仓记》)尽管如此,仍然"不足赡,田里多饿殍者(王直《济农仓记》),"附郭兼并豪右之家大以为利,南亩农民饿殍者多。"②总之,周忱认识到需要进一步扩大仓库积蓄,并开始设法实施。例如,旨在平均负担税粮加耗的均征加耗法就是在这一时期开始推行的。为了解决粮长居中榨取等问题,又新设了水次仓,以便统一收储根据均征加耗法收纳的税粮及加耗。周忱当时设想,可以将一定的余剩存留于水次仓。③ 周忱还建议改革"北京军俸"的

---

① 本文对设立济农仓过程的叙述依据的史料是注释 87 中除《明实录》以外的其他文献。
②《周文襄公年谱》宣德八年十月,设苏松常三府水次仓场。
③《况太守集》卷二《列传中》。此外,胡俨、王直和张洪在《济农仓记》中均强调了设立水次仓的意义。

发放方法，以便节省运输成本。"（苏州、松江、常州）三府当运粮一百万石贮南京仓，以为北京军职月俸，计其耗费，每至六斗致一石。公曰：彼能于南京受俸，独不可于此受乎？若请于此给之，既免劳民，且省耗费米六十万石，以入济农仓，农无患矣。"在况钟的强有力支持下，他顶住了反对意见①，在宣德八年十月至十二月间，"请于朝"，得到了批准。此举使"苏州省米四十余万石。益以各场积贮之赢及前所储，凡六十九万石有奇"。松江府也同样节省了 21 万余石。这样，自宣德五年以来，同时实施一系列的政策，在宣德八年末初步形成了米谷的储备体制。宣德九年正月十九日，周忱以从"兼并之家"的债务中拯救农民为目的，向宣宗上奏申请设立济农仓，并获得批准。在该上奏中，周忱说明了仓米的用途及建仓的目的〔森案：见后。王直与胡俨的《济农仓记》将上奏系于宣德八年冬，从内容来看与《周文襄公年谱》中的记载基本一致，故从后者，将上奏系于宣德九年正月十九日〕。在获得批准后，周忱命令苏州、松江、常州三府，扩建府下各县仓库，用于储存前项米谷。选拔"县官之廉公有威"和"民之贤者"，令其管理发放粮米的账簿，担任仓库出纳事务。同时指定在每年春夏之际支给米谷时，以下户为先，中户次之。并且规定必须在冬季返还米谷。据说，这些规定都是经周忱之手制定的。我们从下文中可以看到，返还的原则是"抵斗还官"，即不附加任何利息。②

　　根据《周文襄公年谱》的记载，周忱在上述上奏中就设立济农仓储备米谷的意图和具体用途有如下表示：

　　　　今欲于三府所属县分，各设济农仓一所，收贮前项耗米。遇后

---

① 王直在《济农仓记》中记载说，当周忱言及该建议时，"众皆难之，而况侯以为善，力赞其决。请于朝，从之"。我估计反对意见大约来自南直隶的高官阶层。

② 《况太守集》卷二《列传中》有以下记载："每值耕作时，给借贫民，各二石，秋成抵斗还官。"此处所云"二石"与后文所引《傍秋亭杂记》中记载的松江府的情况是一致的。此外，《皇明名臣言行录》卷一《周忱》云："其赈济农民，每岁插蒔之际，于中下二等户内，验其种田多寡给之，秋成随粮还官。"

青黄不接、车水救苗、人民缺食之际,支给赈济。或有起运远仓、中途遭风失盗、纳欠还回者,亦于此米内给借倍(陪)纳,秋成各令抵斗还官。若修筑圩岸、疏浚河道、人夫乏食者,验口支给食用,免致加倍举债,以为兼并之利。如此则农民有所存济,田野可辟,税粮易完,深为民便。

由此可见,设立济农仓的目的是解决春夏青黄不接时的"缺粮"和税粮运送途中的"陪纳",以及兴修水利工程时的"乏食"。而重点在于解决青黄不接时的"缺粮"问题。此外,周忱虽然没有特别指出,但是我们从济农仓设立过程本身可以看出,其主要目的还是解决应对自然灾害的储备问题。[①]

周忱设立济农仓,同时附之以其他相关政策,前后用了 13 年的时间。周忱在了解了自洪熙元年(1425)以来江南三角洲官田地区现状的基础上,为了维持对纳粮户的统治,以及确保税粮征收,从宣德五年(1430)起推行了一系列政策。济农仓就是这一系列政策的集大成。前引周忱上奏中所说的"民便",其内容当然是以纳粮户中的小民阶层与大户阶层的债务关系基础,使小民得以"存济",从而维持农业生产力,使"田野可辟",最终保证国家的"税粮易完"。周忱在《与行在户部诸公书》中称,"将苏松等府逃移人户,不拘通例,别立一法,以清理而捡制之"[森案:请参看本章第四节]。其所采取的措施之一,就是利用传统的储备仓制度实现明朝国家对纳粮户的统治。其表现形式,就是周忱于当时在自己辖区内设立的济农仓。济农仓的特点是,其救济的对象从以往对自然灾害及随之而来的米价飞涨,扩大到救济由春夏之交的"农饥"引起的债务问题。当然,为了使独立经营的农民能够常年稳定在地域社会中,在某种程度上保障他们赖以再生产的条件的济农仓,具有掩盖地域社会的现实和调和矛盾的机能,由此在客观上维持了地域社会的现状。关于这一点,田中正俊和佐伯有一已经有所论述。地主和佃户的关系也就是农

---

① 例如,宣德九年大旱时,苏州府"大发济农之米以赈贷"(王直《济农仓记》)。

民在当地生存的条件。但是，我们必须承认，在当时当地的历史和社会条件下，济农仓制度还包含着维持国家权力对纳粮户进行统治的一面。这不仅仅是周忱他们的主观意图，更主要的是一种客观现实。事实上，在宣德八年（1433）以后，到正统年间（1436 至 1449），江南三角洲官田地区的赋役制度相对比较稳定。正如周忱所说，苏州一府在宣德七年以前每年拖欠税粮达 100 多万石，而在宣德八年至正统十四年的 17 年间，每年完纳的税粮为 200 余万石〔森案：请参看本节Ⅳ〕。他认为这是实施了均征加耗法的成果。但这也是实施了包括济农仓制度在内的一系列政策的结果。在大约一个世纪之后，松江府华亭县人顾清在《傍秋亭杂记》上卷就济农仓与农民之间的关系有如下论述：

> 乡父老闲时多相聚，说前朝事。有陆璚者尝言，周文襄公为侍郎巡抚十九年，为尚书巡抚又二年，百姓不知有凶荒，朝廷不知有缺乏。或问其故，曰：当时济农仓米常数十万，一遇水旱，便奏闻免粮。奏上，无不准。所免之数，既以济农仓补完。所以民不知凶荒，朝廷不知有缺乏也。……又曰：每岁腊月征粮毕，新正十五后便有文书来放粮，曰此是百姓纳与朝廷余剩数，今还与百姓食用。种朝廷之田，秋间又纳朝廷税也。即放米，每户率二石，不曾有一石。时虽云抵斗还官，其实多不取。先祖言，吾家尝一次领黄豆六石，后升合不曾追。

据该书记载，顾清在成化十四年（1478）和弘治十五年（1502），两次确认过松江府济农仓中有大量储备。同时，顾清还在嘉靖年间（1522—1566）的随笔中写道：

> 济农仓积米之多，近日士大夫皆不信。

从《周文襄公年谱》的重刻者顾清的这篇随笔中，我们可以看到他作为士大夫的明确立场。他从士大夫的角度追慕周忱，这一点也反映在他引用的"乡父老"的回忆之中。我们从下一章可以看到，顾清并不否定大户阶层的利益，但从上文中可以看到他憧憬并关注着周忱生活的年代。同时，正如他引用的"乡父老"之言所说，在设立济农仓之初，周忱的政策意图就是让纳粮户"种朝廷之田，纳朝廷之税"，就是在客观上实现国家对纳粮户的直接控制。我认为，周忱生活的时代，是国家可以直接统治农民的时代，当时的小民阶层中有相当部分是承担官田税粮的纳粮户。

小结

宣德五年(1430)九月至景泰二年(1451)三月的 21 年间，周忱长期担任南直隶巡抚、总督税粮。他与同样自宣德五年五月开始，长期担任苏州府知府的况钟、松江府知府的赵豫和常州府知府的莫愚等通力合作，对江南三角洲官田地区的税粮征收制度实施了综合性改革，以期重建税粮征收体制。同时，还实施了对徭役赋课的改革。周忱自正统三年(1438)十一月起，除了南直隶以外，还兼管号称"浙西之粮多府县"的嘉兴、湖州、杭州三府。关于本章考察的税粮征收制度问题，周干奉命于洪熙元年(1425)调查了江南三角洲各府的实际情况。此后，洪熙至宣德五年(1425—1430)期间，明朝政府面对纳粮户逃离里甲组织以及拖欠巨额税粮等积重难返的问题，认识到江南三角洲官田地区的赋税制度处于半崩溃状态。在这种情况下，掌握着核心权力的江西出身的官僚被迫集中且长期派出和配置可资信赖和有能之人，着手进行了综合性的制度改革。

如前章所述，在以江南三角洲为中心的华中和华南地区，根据规定以糙米缴纳秋粮。在宣德五至九年(1430—1434)的五年间，周忱等相继实施了以恢复秋粮课征率为主的一系列改革，以期稳定税粮的征收。根据本章中探讨的内容，他们的改革有如下七个方面：

Ⅰ. 削减以秋粮表示的官田每亩税负。此举意味着削减赋役黄册记载的起科等则，属于下不为例的特殊措施。削减率在苏州府为秋粮总额的 27.4%，在松江府为 22.2%。同时，还推行了对所有拖欠税粮停止追征或允许代纳。此外，也削减了里甲正役中以实物或银两形式杂赋课。①

Ⅱ．制定了综核田粮制，以防止因纳粮户逃亡而放弃的土地荒废，并禁止粮长和大户非法占据抛荒土地。

Ⅲ．实施了兑运法，废止由纳粮户负担的远运，确定运送税粮所需各项经费。

Ⅳ．实施了根据田土每亩税负定率征收正粮以外其他各项附加负担的均征加耗法。

Ⅴ．实施了折征例，允许负担重则官田税粮的纳粮户以银折纳（即约米四石折银一两的金花银）或以棉布折纳，减轻了他们的实际负担；而负担轻则民田的纳粮户则要缴纳运往北京的精白杭米或糯米，加重了他们的实际负担。

Ⅵ．设置了为征收和起运正粮及加耗，以及保管其余剩部分的官仓——水次仓。

Ⅶ．设置了济农仓，用于储存米谷，以便解决春夏青黄不接时的"缺粮"和税粮运送途中的"陪纳"。

这些改革之间是密切相关的。改革Ⅰ减少了纳粮户负担的每亩税负，改革Ⅲ减少了自开始远运以来急剧增长的劳役负担并使各种经费的

---

① 目前我掌握的史料仅有《况太守集》中记载的苏州府免除杂派的相关情况。详细情况请参考本章第五节Ⅰ。

1.《况太守集》卷七《备倭船及开浚河道奏》及原注，宣德五年十月九日。申请免除造船所需购料银两和强征布匹。

2.《况太守集》卷八《再请减秋粮及抛荒粮抽取船只奏》，宣德五年闰十二月三日；同卷八《钦减浮粮及抛荒粮并免抽船只谢恩奏》，宣德七年十一月。申请免除调用漕运用船舶506只。

3.《况太守集》卷八《请免苛征折布奏》及原注，宣德七年三月十九日。申请免除摊派用于购买阔白三梭棉布700匹所需银两。

在上述杂派之外，况钟还申请免除北方买马当站之役并获得批准。见《况太守集》卷七《请免借马及派买物料奏》及原注，宣德五年十一月。正统二年，周忱也曾有过同样的申请（《周文襄公年谱》）。这说明，该役至少到正统二年时尚未被免除。以后，以缴纳义役马价米和折银代替了实际应役，一直延续到弘治年间为止。见《（正德）松江府志》卷六《徭役》。

负担相对固定,改革Ⅳ通过固定各项加耗的征收比率以控制加耗支出,改革Ⅴ通过以银、布代纳税粮减轻了纳粮户的实际负担。正粮和加耗被储存于Ⅵ的水次仓,其剩余部分被用于赋役或用于充实Ⅶ的济农仓的"基金"。改革Ⅱ防止了因纳粮户逃亡造成的税粮收入减少,以及令其他纳粮户代赔而造成的穷困化。另一方面,为了促进逃亡户的回归,完善了易于实施改革Ⅲ—Ⅶ的基础,等等。

由于上述改革的实施,周忱管辖下的江南三角洲官田地区各府多年积累的欠税问题得到解决。周忱在任的宣德八年(1433)至正统十四年(1449)的17年间,正额税粮400余万石全部收纳入仓。明朝政府和纳粮户之间的赋役征收关系也恢复了大致的稳定。当时,周忱和况钟得到了地域社会的高度评价。① 他们之所以能够得到普遍的爱戴,是因为他们在宣德后期推行的税粮征收制度的综合性改革是建立在详细调查的

---

① 地域社会对周忱和况钟的高度评价说明他们推行的一系列改革确实取得了成效。

关于苏州府以及江南三角洲的居民对南直隶巡抚周忱的高度评价,可以参看《周文襄公年谱》[森案:请参考章末附记]的附录。根据记载,苏州府城胥门外建有祭祀周忱与夏原吉的二尚书祠[森案:夏原吉任工部尚书,周忱晚年也曾兼任该职]。此外,在苏州和常州两府共有八所祭祀周忱的祠堂。其中有七所至少存在到光绪十五年(1889)。《皇朝名臣言行录》卷一《周忱》中对此也有很多记载。周忱因余剩加耗的用途再次被人告讦,直接导致了他以高龄和疾病为由辞官。关于周忱在景泰二年(1451)六月辞官后的状况,我们可以参考《明史》卷一百五十三《周忱》中的记载:"忱既被劾,帝命李敏代之,敕无轻易忱法。然自是户部括所积余米为公赋,储备萧然。其后吴大饥,道馑相望,课逋如故矣。民益思忱不已,即生祠处处祀之。景泰四年十月卒,谥文襄。"

苏州知府况钟的情况也是一样。况钟不仅受到苏州府,还受到了江南三角洲各府不同阶层民众的爱戴。正统七年(1442)况钟在知府任上去世。《况太守集》卷二《列传中》有十分感人的记载:"十二月卒于官,年六十岁,守苏计十三载云。郡民罢市,如哭私亲。七邑绅耆人等俱奔赴哭奠,邻郡松常嘉湖之民赴吊者络绎弗绝。次年春归枢之日,倾城出送,白衣冠两岸夹舟奠别。出苏之境,其奔程路祭者,略不断绝。"

该文献中还记载说,当地民众建立生祠,为况钟祈祷。虽然被他"闻而禁之,然竟不能止,至是而生祠之建渐广矣"。根据《况太守集》卷一《列传上》的记载,宣德六年三月,况钟因丁继母忧离任时,"民益思公弗置,作歌曰:况太守,民父母,众怀思,因去后,愿复来,养田叟。又有歌云:郡十齐说使君贤,只剪轻蒲为作鞭,兵仗不烦森画戟,歌谣曾唱是青天。吁嗟之声,溢于衢巷。"

吴晗在《况钟与周忱》中曾引用过这两首民谣,用以说明周忱和况钟广受民众爱戴。

基础之上①,并且确实取得了成效。

在明朝政府与江南三角洲官田地区纳粮户之间的赋役征收趋于稳定之后,这些改革使自永乐年间开始远运以来濒临崩溃的纳粮户中小民阶层的生存条件得到了改善。关于这一点,我们再次归纳上述一系列改革的作用。

在上述一系列的改革之中,将原来每亩 4 斗 1 升以上的税负降低了 30%(Ⅰ),允许重租官田纳粮户和下户可以银、布折征(Ⅴ),设立济农仓向下户和中户提供无息借贷(Ⅶ)等等,对于维护纳粮户中小民阶层的生存条件起到了很大的作用。对于小民阶层而言,某种程度上实现了每亩税负的均等化,这是具有划时代意义的改革。我估计,重则官田被大量地保存下来,其经营者应该主要是小农,或者在赋役制度上发挥着相当作用的下户。无论怎样理解,我认为小农在社会阶层中占有很大的比重。

作为纳粮户中的小民阶层维持生存经营的条件,除了以上的各项改革之外,还有不可忽略的其他几项改革。通过这些改革,从制度上限制了纳粮户中大户阶层对小民阶层的各种侵食。概括而言,手握征税大权的粮长和里长在征税过程中,经常采取不正当的手段,为自身及其所属的大户阶层谋利益,将负担转嫁给小民阶层。因此,他们就是改革的对象。从这个意义上来说,Ⅳ的均征加耗法是诸项改革的核心。

根据该法规定,以秋粮的正粮一石为基准,按县为单位征收若干斗,

---

① 周忱之所以能都取得上述成果,原因之一就是他进行了详细的调查,努力掌握各阶层纳粮户的想法。

　　周忱直接与农民接触,了解情况。"既久任江南,与官吏相习,若家人父子。每行村落,屏去驺从,与农夫饷妇相对,从容问所疾苦,为之商略处置。"见《明史》卷一百五十三《周忱传》。

　　周忱积极接触坐拥巨富的粮长阶层。"刘效,字以则,穿山人。父橄,以资被推,长乡赋。周侍郎忱理江南财赋,思得有干略者用之,令郭南白见橄等数人。周每寓鹤山书院,橄等每入见,不通谒,周卧榻上,与语家人。"见《(嘉靖)常熟县志》卷九《义侠志》。

　　根据该文献记载,刘效继其父刘橄就任粮长,成为拥有数十项土地的大地主。本资料 1964 年承小山正明所示。

即一定比率的加耗。这种方式在日后被称为论粮加耗。就当时的情况而言这是具有创新意义的改革政策,因为此举解决了以大户和小户的社会地位决定加耗多寡的问题。在该法之下,需要向县内的所有纳粮户明确每正粮一石应负担的加耗数目。这样,粮长不能再按照大户的意向而任意摊派加耗。

此外,每县在水次设有两处左右的水次仓(Ⅵ),该仓在官方的监督之下,负责税粮征收、起运和保管。由于实施了此项改革,改变了昔日粮长在自家或辖区各里私设仓库,挪用税粮的状况。

苏州府吴江县的处士史鉴(1433—1496)曾说,当时以县为单位规定了每石的加耗额,各县向纳粮户颁发"青由",即纳税通知单,而粮长则以"供单"报告所辖粮区的纳税额。史鉴认为这种征税方法"权归于上,粮长无容售其奸"①。

此外,Ⅱ的综核田粮制限制了粮长和大户占据逃亡户土地,Ⅶ的济农仓又分别限制了这些人借高利贷,对他们的非法收入进行限制。

关于宣德后期江南三角洲的官田地区,由周忱主导的改革与纳粮户之间的关系,我们还需要作进一步的归纳。

上述一系列改革的主要目的是维持纳粮户中小农阶层的经营。对于这一点,通过与本章第一节至第四节介绍的改革前小农阶层的处境也可以看出。不过,应该留意的是,这里所说的小农阶层是相对于地域社会中的大户阶层而言的,其中不仅包括作为直接生产者的小农,还包括雇用他人劳动进行一定规模经营的乡居地主。他们用于纳税的土地中无疑包括了那些使用佃户,收取私租的部分。因此,此处的小农在概念上并不排除地主。

官田每亩税负税被削减 20%—30%,兑运法改善了税粮的远运负担,加耗负担被固定在一定的比率之上,重额官田的税粮在折征例下可

---

① 《(乾隆)吴江县志》卷十二《田赋》,成化三年项。以及史鉴《西村集》卷五《书·论郡政利弊书——上太守孟公凌》。关于史鉴及这两篇文章可参考下一章第一节。

用银或布代纳,通过固定加耗比例和设立水次仓等措施,限制粮长居中榨取以及将大户阶层的负担转嫁给小农,并通过济农仓向包括中户在内的纳粮户提供无息贷款。

上述这些改革内容,同样大幅度改善了农村社会中乡居地主的经营条件。

改革对于纳粮户中的大户阶层究竟有怎样的影响呢? 如本章第五节Ⅳ所述,周忱在第二次因加耗例和余剩加耗转用政策被人告发时,曾经激烈地驳斥道,告状者正是那些在实施加耗例以前,既不纳税也不负担加耗,一味追求私利的大户阶层的利益代言人,他们对于受到小农欢迎的政策感到不满。如上所述,包括加耗例在内的诸项改革是以大户阶层及其一员——粮长户为对象的。其目的就是限制他们在税粮征收中的不正当行为,禁止他们非法占有土地和劳动力。而且,上述改革是通过制度对大户阶层和粮长户进行约束,对于他们合法的土地所有则不加限制。

史料中在表述当时农村社会中的大户阶层时,或者使用贬义表达,称作豪横粮里、粮里及土豪大户等,或者使用褒义表达,称为殷实服众大户。对于城居的大户阶层,虽然在数量上与后代相比尚属少数,史料中或批判性地称作附郭豪右兼并之家,或根据其存在形态表述为城市富民、缙绅大族、缙绅乡官、绅士等。乡居地主们在从事城镇商业活动的同时,也占有土地,并且以纳粮户身份负有纳税义务,并被期待着正常纳税。

对于根据一定比率征收加耗,大户阶层采取向政府告发周忱的方法进行抵制。由此可见这一改革使大户阶层在以往的征税方式和惯例下的不法谋利受到了很大打击。然而,有一点必须注意,上述一系列改革对大户阶层来说在客观上并非毫无利益。每亩税负的削减和税粮远运方式的改革减少了用于纳税的各种支出。这样,对于大户阶层来说,加耗例在下述情况下是相对有利的。这就是笔者在研究洪武年间苏州府的情况时指出的,与小农相比,地主阶层占有大量每亩税负很轻的民田和官田,在这种情况下,他们所需负担的加耗也相应减少。如同笔者在下一章将要指出的,大户阶层在日后成为论粮加耗方式的支持者。

在折征例下,每亩税负较重的部分可以用金花银代纳。这样,拥有大量税负较轻土地的大户阶层基本不用负担金花银。但是,以金花银折纳税粮对于任何阶层来说都是有利的。我将在下一章中介绍大户阶层踊跃缴纳金花银的情况。另外,综核田粮制的实施使逃亡户回到里甲组织,济农仓为小农阶层提供了无息的粮食,使他们可以回归原籍。这些,对于大户阶层来说也都具有同等重要的意义。这是因为,如果大户不是自己耕作,而是利用地主佃户关系,将自家土地委托他人经营,其前提条件就必须将自耕农的小民稳定在地域社会之中。

由上述可见,在加耗例刚刚制定时,大户阶层感到负担超过了以往,非法占有土地受到限制,而无息贷款制度又间接地限制了他们利用高利贷获得佃户。尽管如此,上述一系列改革在客观上是大户阶层可以接受的。

总而言之,15世纪前期江南三角洲官田地区各府进行的税粮征收制度的改革,起源于明朝政府认识到永乐北迁以后。此时国家已经无法有效控制纳粮户中的小农阶层,痛感有必要对造成上述情况的原因,也是上述情况导致结果的税粮征收制度进行改革,并着手付诸实施。以南直隶巡抚周忱为主导的综合性改革,是以维持纳粮户中,尤其是以确保负担重额官田税粮的小农阶层的生存条件为首要目的的。改革达到了这一目的。另一方面,这一改革也包括有改善同属小农阶层的乡居地主经营条件的内容。通过这些综合性的改革,大户阶层利用制度缺陷逃避负担、不正当获利的情况受到限制。同时,这一系列的改革在客观上也有利于大户阶层进一步扩展大规模地主土地所有,特别是地主佃户制度下的土地所有。这些改革有利于以各种形态对于通过获得他人劳动而实现的地主土地所有。这是因为,在一系列的改革中,由于向小农阶层提供无息贷款,导致了赋税的负担形态从劳役转为实物,从不定量、不定率转为定率,从谷物转为以银、布代纳。

从官田制度的侧面来看,通过改革,官田每亩税负被削减了 20%—30%,纳税形式从谷物转为以银、布代纳。在对洪武年间的征收水平和征收形态进行修正的同时,官田本身得以存续。尽管出现了小农阶层逃离里甲、新兴的大户阶层移居于城镇等情况,但是负担官田税粮的纳粮户的经济结构基本维持了洪武年间的状况。这样说是因为,官田税粮是由小农和地主两个阶层负担的,在改革中,通过对小农阶层进行积极保护,使该经济结构得以保留。

但是,这些改革制定的新的纳税条件,是建立在尚处于萌芽状态的商品生产和货币经济的基础之上的,为当地乡居地主的经营和地主佃户制下土地所有的发展创造了条件。正是因为如此,官田纳粮户的经济结构,以及地域社会中大户阶层和小农阶层的存在形态在 16 世纪前夜开始逐渐发生变化。

附记

关于周忱的年谱、文集及《况太守集》

一、关于《周文襄公年谱》及周忱的文集

本书,特别是本章和下一章中使用的《周文襄公年谱》(不分卷)为刊本,卷头有清光绪十五年(1889)九月常州府武进县人陆鼎翰撰《校补周文襄公年谱后序》。在上述序文之前,还收录了另外两篇序文。其一是苏州府籍吉安府儒学教授郑钢在天顺二年(1458)十月撰写的《周文襄公年谱序》,此时距周忱卒于景泰四年(1453)十月初三日(享年 73 岁)已经过去了大约五年。其二是距周忱去世后大约半个世纪,由松江府华亭县人顾清撰于嘉靖六年(1527)四月的《重刻周文襄公年谱序》。顾清还是本章中引用的《傍秋亭杂记》的作者,以及本书基本资料之一《(正德)松江府志》的编者。

根据上述各序可以知道该年谱成书和传世的概要。该年谱完成于

237

周忱之子周仁俊之手,因周仁俊委托郑钢撰写序文,故行于世。正德五年(1510),松江府知府陈威委托顾清编撰府志,后者在采访"故实"时得到了该书抄本,并且进行了校订和增补后,由家塾付梓普及。在经过了380年后的光绪十五年,常州府武进县在为芙蓉圩(跨武进、无锡、江阴县)编纂《堤录》时采访"故实"的过程,得到了顾清复刻本的抄本,随即委托陆鼎翰进行了校订和增补。关于顾清复刻该年谱的情况将留待下一章叙述。

1964年,一桥大学购得该年谱,日本学者才有机会使用这一史料。当时,笔者立即申请阅读和摄影,一桥大学社会学部已故增渊龙夫教授和该大学图书馆欣然准许,这令我至今难以忘怀。

提起《周文襄公年谱》,还必须提及与该年谱同样接近于周忱时代的资料,这就是在日本尚不为人知的周忱的文集。

1983年,在中国无锡召开的明代经济史学术讨论会上,天津师范大学历史系的贾乃谦在其提交的《欧阳铎与王仪及其在苏州的赋役改革》一文中首次以《双崖诗文集》之名,介绍了该文集。当时,正好笔者在中国留学,非常希望有能机会阅读该文集,但未能如愿。后来,在中国社会科学院历史研究所廖心一和复旦大学历史系樊树志的热心帮助下,在北京拍摄成胶卷。名古屋大学的同事津田芳郎于1985年9月将上述胶卷携回日本,并在名古屋大学还原。1986年,京都大学人文科学研究所明清班再次根据该胶卷还原。

据此可知,本文集"重镌"于光绪四年(1878),由《双崖文集》和《双崖诗集》构成。前者有明正统十一年(1446)"翰林侍读承德郎兼修国史兼经筵官宗人周叙"之序,后者有明正统十三年(1448)"翰林院检讨征事郎云间侍生钱溥"之序。双崖为周忱别号。《双崖文集》共四卷,除正文之外,附录中收录明人撰写的与周忱有关的文章。《双崖诗集》共六卷。

关于周忱诗文集的内容和特点,尚有待于今后的研究。届时,除了上述两篇序文之外,以下各文均有参考价值。其一是文集卷末所收光绪四年周忱十六代孙周继魁就重刻《双崖文诗二集》撰写的跋文。其二是文集附录中收录的庐陵县人刘杰撰于光绪四年的《双崖集附跋》。其三是诗集卷末的周继魁跋文,其中记载了重刻时各篇的构成及重刻时捐资者的姓名。

根据文集卷末的周继魁跋文可知,在《双崖文诗二集》之外,"当时",即周忱在世或去世不久(15世纪中叶)已有《年谱》、《思善录》、《遗爱录》和《山前周氏文献录》的刊本,光绪重刻时尚与抄本一起传世。但是,《奏议》若干卷、《归田稿》、《平反录》、《偶中录》则散逸无存。《双崖文集》、《双崖诗集》中直接涉及周忱在江南三角洲推行改革的内容很少,其原因或许在此。我认为,通过周忱文集中记载的他与乡里和官方的关系,可以清晰地了解周忱作为士大夫的形象,由此帮助我们了解到周忱作为巡抚关心改革问题的背景。

二、关于《况太守集》

本书,尤其是本章频繁引用另一史料为《况太守集》。况钟于宣德五年至正统七年(1430—1442)担任苏州府知府。该书原名《明况太守龙冈公治苏政绩全集》。

笔者有幸阅读过日本所藏的《况太守集》,其中主要使用的是京都大学文学部图书馆藏道光六年(1826)刊本,偶尔参考过内阁文库藏乾隆二十九年(1764)刊本和道光六年刊本。

上述两个道光六年刊本中有几处差异,如字体不同,卷首4篇"序"和"记"的排列顺序互异,京大藏本中有目录所无的卷十七,收录了专祠的碑文等等。但是,构成实质部分的卷一至十六的内容基本相同。乾隆刊本也是十六卷本,内容相同,另有续集十二卷(后述)。

在这些线装本之外,最近,在1983年11月,中国的江苏人民出版社出版了吴奈夫、张道贵、丁凤鳞三位的"校点",即校订、标点的《况太守集》。据说底本是道光二十八年(1848)苏州府照磨厅的刊本,校点时参考了光绪年间(1875—1908)的广仁堂刊本。以下,将该版本称为江苏人民出版社本。江苏人民出版社本的"前言"中,介绍了况钟及其担任苏州知府时的活动,还说明了该文集的内容及出版的背景,以及相关诸版本的重要内容,可资参考。

关于版本,必须说明的是日本内阁文库藏乾隆刊本。这是因为,道光年间出版的京大本,以及江苏人民出版社本都收录了乾隆二十八年的岳士景序。岳士景的祖母出于况钟长子况定观的支系。正是岳士景受其外公——况钟第九代孙生员况廷秀的委托编辑了流传至今的《况太守集》。因此,可以说内阁文库藏乾隆二十九年刊本保留着《况太守集》的原始面貌。江苏人民出版社本的标点者们也许未能目睹乾隆刊本,故在该书"前言"中对乾隆刊本只是约略言之。如上所述,乾隆刊本的特点是有续集十二卷,收录了《缙绅贻赠文翰》以及《缙绅贻赠诗》。

根据乾隆以来各刊本均有收录的"凡例"和岳士景序,构成《况太守集》基础是况钟家传的"原集",其第一要素是收录了"公哲嗣所汇辑之奏疏稿"的《忠贞录》。本书中多处使用的况钟的上奏和条谕的主要部分即出于《忠贞录》。此外,起到补充作用的是"苏先儒刻以纪载公事绩"的《膏雨集》。构成"原集"第二要素的是《传芳集》及《文献集》,为"公官礼部,守姑苏时,缙绅所贻赠之诗文"。内阁文库藏乾隆刊本中续集十二卷的内容,应该就是《传芳集》、《文献集》中的内容。乾隆刊本续集十二卷中收录了况钟担任苏州府知府时的重要史料。

江苏人民出版社本中的吴奈夫、张道贵、丁凤鳞三位的"校点"是关于《况太守集》最初始的文献研究,这一力作在今后的研究中将会被广泛应用。为此,笔者想在此指出如下两个问题。

其一,标点乖误。例如,卷八《再请减秋粮及抛荒粮抽取船只奏》中,应该为"民间应有事故人户抛荒田土",却误为"民间应有事故、人户抛荒田土"(81页);还有,应该为"丁力消耗人户田亩",而误为"丁力消耗、人户田亩"(81页);此外在《核减浮粮实数复奏》中应为"钦遵,行各县,照例扣减官粮七十二万一千二百三石九斗零",却误为"钦遵行。各县照例扣减官粮七十二万一千二百三石零"(86页)。笔者认为,这些不是偶然的误解,关系到对公牍文字的理解问题。

其二,版式问题。具体来说就是如何标示原书版式的技术性问题。

线装本《况太守集》对奏疏的版式十分讲究。以奏疏为例,该版本将各个奏疏的处理结果,即"准行"或"未准"在文末以小字注出。而在江苏人民出版社本中,该部分使用的字体和大小与正文完全一样,并且没有相应注明。这样会使人将奏疏原文之后的"准行"或"未准"误作正文。因此,我对此种版式处理感到遗憾。

也许因为我们是外国人,故对以上指出的几个问题过度敏感。但是,为了全面地理解史实,还是应该注意为好。

我们应该在充分吸取江苏人民出版社本优点的同时,使用日本国内所藏的诸版本。

第四章 15世纪中叶以来江南地区税粮征收制度的变革

前　言

前一章中已经详细论述15世纪30年代前期,即宣德后半期,在南直隶巡抚、总督税粮周忱的积极指导和苏州知府况钟的努力操持下,广置官田的江南诸府开始了税粮征收制度的综合改革,这从14世纪后期明朝建立以来尚属首次。此后大约过了一个世纪,到了16世纪30年代后期的嘉靖十六年(1537),当时的南直隶巡抚欧阳铎召集以苏州知府王仪为首的辖下各府州县知事,召开了关于税粮征收制度改革的会议。在此后的38年间,江南各府展开了继15世纪后明朝的第二次税粮征收制度大改革,这是下一章所要讨论的话题。

15世纪周忱领导的改革制定了加耗例,即任何一个纳粮户,在缴纳正粮时均需按一定的比率征收加耗,而在16世纪的改革中,则将所有耕地的正粮、加耗合计,按亩征收平米,实行了税粮总征收额均一化的均粮制度。另外,15世纪的改革实施了折征法,即对亩税粮征收额较高的耕地课以实际负担较轻的金花银或棉布,对亩税粮征收额较低的耕地课以实际负担重的上等精白米,而16世纪的改革则确定了按亩统一征收定额米、银的征一制度。

　　所谓"正粮",是按照政府规定的每亩征收额应征的税粮,与附加征收的"加耗"是相对的概念。"税粮"一词,明初以来一方面作为固有名词广被使用,另一方面又是夏税和秋粮的统称。第一章中已经提到,华中和华南地区以米谷为主的秋粮是税粮的核心,政府规定的亩税粮额,即起科等则,也是用秋粮来表示的。

　　15 世纪 30 年代前期周忱的改革虽然降低了官田的亩税粮额,但官田本身并没有采取行动,因此,官田民田的区别和税粮负担的差异,以及官田与官田之间、民田与民田之间的负担差距,依旧没有得到改观。而在 16 世纪的改革中,官田民田的区别、税粮负担的差异,以及上述各种差距,都通过均粮政策一扫而尽,过去冠以官田、民田之名的起科等则,仅在形式上存留于赋役黄册之中。

　　因此,16 世纪的改革,使江南地区的税粮征收制度和与之密不可分的官田制度发生了剧烈的转变。那么,发轫于 15 世纪 30 年代前期的改革,发展到这一步,又经历了一个怎么样的过程呢? 换句话说,其间的一系列改革又是如何被地域社会各阶层的纳粮户以及历代巡抚、知府们所接受并不断加以修改完善的呢? 本章即对此问南直隶苏州、松江二府和浙江湖州府税粮征收制度的变革进行追踪。上述三府均位于江南的官耕地带,三府的税粮征收制度改革虽然都朝着均粮或征一的方向发展,但又极富个性。对不同府县展开的个案考察,亦将为我们更具体地认识明代江南税粮征收制度和地域社会之间的关联提供重要的线索。

一、苏州府的"论田加耗"之路

1

　　从 15 世纪 30 年代的宣德后期到嘉靖十六年(1537)均粮、征一政策完成的前夜,苏州府税粮征收制度的变革与松江府、湖州府存在着一定的差异。它们之间的差异在地方志的记载中很难找出头绪来,但有一位名叫史鉴的苏州府吴江县在野士大夫(处士)留下了两篇文章,他所生活的宣德九年（1434）到弘治九年（1496）的 60 多年间，正属上述百年改革史的前半段，以他的文章作为线索，就能对十五世纪末以前的情况有一定的了解。第一篇是他在弘治二年到三年（1489—1490）间给苏州知府孟俊的上书，题为《论郡政利病书•上太守孟公俊》，尤其是其中的第五项《会征收》部分（见史鉴文集《西村集》卷五，以下简称"《上孟公书》"）叙述尤细，今特将第此项全文抄录，分段标号置于文末注中。[①] 史鉴关于这一问题的阐述，可以参考他弘治三年到六年（1490—1493）给南直隶巡抚倡钟的上书《上中丞倡相公书》（同上）。这一篇是后人录于乾隆十二年（1747）刊《吴江县志》卷十二《田赋•额征》中的，以"史鉴曰"开头，长约1740 字。这是他对明初以来苏州税粮征收相关问题的详细叙述（以下简称《史鉴备忘录》）。这一部分内容也全文抄录，分段标号置于文末注中。[②]

---

① 史鉴：《论郡政利弊书•上太守孟公俊》，《西村集》卷五《书》。

（A）五曰会征收。国家之初，正赋之外，舟车佣直，咸出于民，初无余米之说也。其后周文襄公以为粮长敛取无艺，定为加六之赠，悉输之官，官自给放。景泰七年，金都御史陈公以为官田粮重，民田粮轻，而一体增米，则轻者固少而重者愈多矣。故定正米一斗以下为一则，其一斗以上，每斗为一则，粮轻则增多，粮重则增少，其夏税丝麦、桑麻、马草、水马贴役、户口食盐钞贯，悉以余米包办。

（B）天顺元年，冢宰李公以金都御史总督粮储，以为夏税等项，皆富民之所多也，而令贫民一体增米包办，未得其平。乃著令夏税丝麦、桑麻、马草、户口食盐钞贯折米，并水马贴役米，悉令开写，其余正粮斗则，量为损益，一总填为由单，于其后总结曰已上平米若干，以革粮长另征多科之弊。其用意精密，立法详尽，最为得中。天顺六年，都御史刘公又定为四则，一斗以下为一则，一斗以上为一则，四斗以上为一则，五斗以上为一则，其余诸法，犹李公也。

（C）成化十年，都御史毕公以为金花银一两折米四石，时价米二石上下，剩利太多，将启粮长权豪侵牟之心，贫民不需其惠，乃减为三石，以余利一石，充为起运之费，减其赠米。米价就平，富无侵牟，贫需实惠。如米价丰贱，另行估计，务在均平，深得古人常平遗意，有非钱谷俗吏所能知也。又以三斗一则，有至三斗九升二合者，而混于一斗以上，计其赠米，反有多于四斗以上者，乃另立为则，通前为五则。

（D）成化十五年，今冢宰王公以都御史巡抚，虑斗则繁多，里书易于作弊，而细民目不知书，何由知之。乃著令不问官田民田、粮轻粮重，每田一亩，赠米一斗二升。其包办诸色，犹陈公也。金花银折米，犹毕公也。简易可知，不烦计算。然议者犹有损贫民之说者，谓包办诸色也。今当会计之秋，伏望阁下法李公之精密，用毕公之均平，遵王公之简易，斟酌损益，期于得中，庶几可以经久而无弊也。

② 史鉴的这段叙述，即本书所说的《史鉴备忘录》，见《（乾隆）吴江县志》卷十二《田赋一•（转下页）

（接上页）额征》成化三年条附载。史鉴的这段叙述，即本书所说的《史鉴备忘录》，见《（乾隆）吴江县志》卷十二《田赋一·额征》成化三年条附载。

（A）史鉴曰：皇朝夏秋税粮，既为定制，县分都，都又分区，区置粮长。岁以七月，赴部入状，开写合征税粮，谓之供单。户部给据，誊照所供数目，谓之勘合。府县但坐派仓分，责其征输，略不复检察。而粮长率在乡，就船装收，人自为制，上下其手。民之弱者，所输视正额倍蓰，豪猾者反能持其短长，并正额不尽输。若征收夏税，尤为无艺，甚有至十数倍者。官府莫能较其盈缩焉。

（B）然国初天子在南京，道里近，民不堪者，多得上诉，辄枭首以令，或籍其家。故粮长皆畏法稍戢，不敢纵陵夷。至永乐间则极矣。时天子迁都于北，所输益远，而粮额未减，长又以倍数加之。虽竭其入，犹不足以供，民不能安生，往往窜去。又责其见在者代偿，名曰包荒。加以连年大水，通政赵居仁治水，耻受任无功，执不奏菑（同"灾"），征督如故。由是窜者愈众，田愈芜，税人愈不充。粮长因乘机侵匿，纳赂上下，以逭责，长与民交病矣。户部以输运不时，遣官署至县督之，榜笞残酷，凡道中帕首械手足者，皆粮长也。自度倾家莫能偿，乃相率虚张米数，妄报起解。使者据津要，以临其过，则雇米商之船，或用船载土，上覆以米伪应之。迍行一二日，则赂部粮官吏。部粮官吏亦知其非实，且欣于得赂，阴纵使间道脱回。皆苟纾目前，求其到仓者，十才一二也。自是人益玩法，习以为常，累年无有能清之者。官府亦无如之何，第上下相为掩匿，以避文法云。仁宗在东宫知其弊，逮临御天下，因诏赦永乐十九年十二月终以前拖欠税粮，及有报在官未曾送纳者，尽行蠲免。然以后者犹欠自若也。于是杨三卖通关事起矣。杨三者，嘉定人，能刻伪印，因虚出各仓通关，凡诸负欠者，竞买以塞责，官府追鞫辩验，莫能明。仓官坐系死者甚众。后事败，杨三亦诛死。

（C）宣德七年，敕减粮额，疲困之民稍苏息矣。而周文襄公以工部右侍郎巡抚南畿，谓粮长收粮，散在乡里，操纵自由，县官无从约束，以革其侵横之弊。乃先以户部坐下各府起运仓粮，分派各县，酌粮斗斛费、道里舟车费，总为数若干，然后验正粮，以起赠数，名曰平米。又以人户合纳米数，填帖印记给之，俾其查照，曰青由。然初尚加倍，久稍稍杀之，有至加六者矣。又以夏税农桑丝，散碎病民，用秋粮余米包办。惟马草则随粮征焉（原注：每斤折米一升八合，后亦渐减）。县各置水次仓场，一总收贮起运，官为监视，稽其出入。凡斛斗，皆较勘相同，烧铁烙之，以防其换易。遇有坐办，折粮银布。米贵则收折色，高价以利农人。米贱则收米，贵粜以平米价。由是权归于上，粮长无容售其奸，民皆乐输。而一时官属，有刑部谢郎中者，尤清谨爱民，尽心佐理，荣来不倦，民甚德之，无追逮笞系之苦，累年皆清，大小咸知有生人之乐。

（D）当此之时，年谷屡登，米丰价贱，家给人足，人人皆重犯法。然适于减粮会，故易为可集事。使当时仍旧额以征，虽立法之善，未必其所就能如是也。然则上之厚恩矣。又有起运所余，曰拨媵，支销所羡，曰积出，皆别贮以充公用。凡修理公廨，建造桥梁，赈济饥荒，陪补遭风粮之类，悉于是焉给之，皆直受巡抚官指挥，不关由户部矣。历年既久，所积转多。然而权要请求，典守欺匿，下至浮屠老子之宫，亦因时滥及焉。景泰元年，有彭守学者，告其事户部，尚书金公濂，从中发之，遣员外郎黄琛等钩较，务为深文。虽赦前不宥，操锲刻忍，虐焰可畏，自文襄公以下，皆遭其捃摭，惟势家则释不问也。由是破产者甚众。刑部尚书杨公宁，郎中王伟，交章论列，以为扰民生患，乃诏停之。而文襄公得致仕矣。（转下页）

　　史鉴①的文章不仅具有时代特征，而且他出生在曾祖父史仲彬（至正二十六年、1366—宣德二年、1427）、祖父史晟和父亲史珩（永乐十二年、1414—成化三年、1467）祖孙三代担任粮长的家庭中②，被时人誉为"如钱谷水利类，皆知其故"③，对税粮问题有着历史而具体的见地。正如他被称为"守祖训，不愿仕"一般④，他的一生都是以隐士（在野读书人）的身份度过的。他与同时代有着共同境遇的苏州长洲县人沈周和赵同鲁⑤一样居住于乡村，半步都不曾离开过，对于"农民"、"田野之民"和"江南"的

　　（接上页）（E）七年，巡抚直隶苏松等处都察院右副都御史邹公来学，又令别征夏税及农桑丝（原注：麦每石加赠三斗五升，丝每两折收铜钱三十五文）。是年，右佥都御史陈公泰代之，以官田粮太重，民田粮太轻，然富家多占民田，惟官田始为贫家有也。乃议以正粮六斗以上，免其加赠，自此下，每一斗次第而增，至一斗以下，则十倍之矣。又惩羡余之患，毂足以起运，即斥其余，以办马草，不更赋于民，民甚便之，而官无储焉。天顺元年，诏革各处镇守巡抚官，惟南直隶特设都御史，以总理粮储。时吏部尚书李公秉来，讲求前法，以夏税多富家民田所科，而使贫家以官田加米代偿，非理之所宜，别别征则又繁苦殊甚，乃令夏税农桑马草皆折米，与秋粮同纳，使民皆易晓，而粮里辈不能多科矣。四年，巡抚右副都御史崔公恭，仍照旧以一则加赠（原注：不论正粮斗则，俱加五斗），民嚣然不便之。五年，右副都御史刘公孜又以陈、李二公所定，酌为四则（原注：正粮六斗以上加赠一斗，四斗以上加四斗，一斗以上加五斗五升，一斗以下加一石二斗，后亦稍有增减），仍包办夏税之类。成化四年，左佥都御史邢公宥，又征税麦（原注：每石加赠五斗）。

　　（F）八年，左副都御史毕公亨，以折粮银官价一两准米四石，时价值二石以上，本以利农人，而为粮长富家所侵牟，小民多不得利，乃议减为三石。既平其价，又收其余羡，以补加耗，故赠米号为最轻，豪富不复争，民均受其惠矣。十二年，今左副都御史牟公，以折粮银仍准米四石。十三年，又令赋与贫民及田稻遭伤者。是年，知县冯衡朝京师，而豪党与吏为市，率视贿轻重为受银多寡，诡名巧取，其弊不可尽述也。十四年，仍令收米（原注：时正粮六斗以上止征正米，四斗以上加赠一斗六升，一斗以上加三斗五升，一斗以下加一石一斗），官自易银收其赢，以减赠米，视前为尤轻矣。今按明初百余年征解之弊，大吏剂量补救之法，备见于此录，以为论世者考云。

① 关于史鉴的生平，可参考吴宽撰《隐士史明古墓表》（《匏翁家藏集》卷七十四）、《西村集》原序（周用撰）、《西村集》卷首所收刊本不详的《吴江县志·隐逸传》、乾隆《吴江县志》卷三十三《隐逸传》。
② 关于史鉴的曾祖父史仲彬、祖父史晟和父亲史珩，除注3所引吴宽撰《墓表》外，还可参考史鉴撰《曾祖考清远府君行状》和《先考友桂府君行状》，均见《西村集》卷八《行状》。
③ 同注①吴宽撰《墓表》。
④ 同注①刊本不详的《吴江县志·隐逸传》。
⑤ 关于沈周，吉川幸次郎在《沈石田：市民性教养人的源流》〔沈石田——市民的教養人の系譜——〕（《吉川幸次郎全集》第十五卷）中有详细论述。关于赵同鲁，可参见王鉴撰《赵处士墓表》，《震泽集》卷二六。

"我民"、"我农人"的生产、生活利益有着深刻关怀。[1] 从他的自述"某东南一野人也,稼穑之暇,涉猎诗书,聊自娱"来看[2],史鉴没有把他所有的耕地都委托给他人佃种,而是拥有自家经营部分的自耕地主,这使他与"田野之民"往往会面对共同的问题。

根据《史鉴备忘录》和《上孟公书》的叙述,景泰二年(1451)周忱从巡抚之职离任后,直到弘治二三年(1489—1490)的大约 40 年间,苏州府的征税方法,极端地说就是随着南直隶巡抚的人事更迭而不断变化,特别是成化十五年(1479)王恕就任巡抚之前,这样的感觉尤其明显。但是,除了天顺四年(1460)的崔恭外,历代巡抚就任后设定的中心议题及解决方法,可以说几乎都是一致的。他们的中心议题就是在政府规定的亩税粮额,即起科等则之间,尤其是在官田民田起科等则存在严重不均的现状中,以不改变亩税粮正额的前提下,尽可能将每亩的实质性总征收额均等化。周忱为完成官田亩税粮额削减 20%—30% 的诏敕精神虽然付出了极大的努力,但依然无法改变其多样性和不均等性。解决的方向是这样的:基于国家规定的亩税粮额,把正额之外附加的各种负担——加耗(史鉴称其为"加赠")以统一标准向所有的纳粮户征收,这一点体现了其加耗例的精神。但是,亩税粮额的高低会如实地影响到每亩总征收额的高低,与其如此,不如改变扩大绝对差额的"统一论粮加耗"方式,对亩税粮正额高的耕地课以较轻的加耗,对亩税粮正额低的耕地多课加耗,以此来缩小每亩地总征收额的差距,这就是"分段论粮加耗"的方式。在周忱"统一论粮加耗"方式下,苏州府下正粮 1 石对应加耗 6 斗(《上孟公书》),表苏 1(指与苏州府相关的第 1 表,下同——译者)揭示了当时基于亩税粮正额之间的差距是如何反映到每亩总征收额差中去的。同样是一亩地,如果正粮的税额一个是每亩 4 斗,一个是每亩 0.5 斗(5 升),那么,他们之间的差额就是 3.5 斗,加上加耗后,两者之间总负担额的差距

---

[1] 所引之语均来自本文所及《西村集》的两篇上书。
[2]《上王三原司马》,《西村集》卷五《书》。

就会扩大到了5.6斗。正是为了纠正统一论粮加耗法的这种缺陷,才有了分段加耗的探索。

表苏1 宣德八年(1433)巡抚周忱的统一论粮加耗

亩正粮额	加耗比率	亩总负担额
6斗		9.6斗
5		8
4		6.4
3	每石6斗	4.8
2		3.2
1		1.6
0.5		0.8

这里必须说明的是,表苏1模式并没有能够涵盖由周忱本人创立并付诸实施的加耗例的全部特征。撇开这一点不说,其实还有一个遗留问题,就是与折征例有关的问题,亦即允许"重则官田"及"下户"以银或棉布折征,要求"轻则民户"提供白粮的指示等规定,在表苏1这一模式中也未能体现。也就是说,这个模式没有能够反映出折征例的适用对实际负担不均衡的修正作用。将折征例的适用状况数量化虽然相当困难,但"重则官田"的金银花折征和"轻则民田"的白粮折征,这两种情况是可以推算出来的,结合表苏1,推算结果可制成表苏2。我们将适用折征例后的实质性征收额用米来表示,并将其关系指数化。这里还有三个前提:第一,亩税粮额在5斗以上的视作"重则官田",1斗以下的视作"轻则民田",这是基于宣德七年官田亩税粮额降低后的平均税额和洪武以来民田的亩平均税额(参见第二章表4及第三章第五节I)而定的。第二,金花银对米(糙米)的换算率为一两=米四石,当时米的市场价为一两=米二石,在用金银花折征的时候,米一石相当于市场交易中的米五斗。[①] 第三,缴纳白粮一石,同时还必须

---

① 参见本书第三章第五节V及本章第一节3。

贴上运费、精米费等附加费 1 石[①],故而白粮 1 石亦换算成米 2 石。

表苏 2　宣德八年(1433)巡抚周忱所行统一论粮加耗和折征例之关系

亩正粮额	每石加耗 6 斗后的总负担额	适用折征例后的实际负担额		指数(以每亩正粮 3 斗的实际负担额为 100)
6 斗	9.6 斗	金花银	4.8	100
5	8		4	83
4	6.4	6.4		133
3	4.8	4.8		100(基准值)
2	3.2	3.2		67
1	1.6	白粮	3.2	67
0.5	0.8		1.6	33

　　表苏 1 只适用于加耗例下的统一论粮加耗,从中可以看出基于亩税粮正额之上的统一加耗,造成了实际总负担额之间的巨大差距,每亩正粮 6 斗的田,最后的实际负担竟然高达 9 斗 6 升之多,是 5 升之田的12 倍。但据显示折征例适用情况下的表苏 2,每亩正粮 6 斗之田,最后的实际总负担换算成米为 4 斗 6 升,是 5 升之田 1 斗 6 升的 3 倍。而民田中的 5 升之田,其负担依折征例换算成白粮后仍然是最轻的,与几乎全是官田的正粮 3 斗以上各等级的田比起来,他们之间的差距有了大幅度的缩小,后者被控制在前者的三到四倍范围之内。

　　折征例本身的调节作用无疑是巨大的,然而,自周忱离任南直隶巡抚一职约 20 年后,加耗作为中央直管的第二税粮的特征日渐浓重。于是,纠正统一论粮方式下总负担额的差距,成了以后历代巡抚及地域社会面临的当务之急。

---

① 如《(万历)嘉定县志》卷五《田赋·部派出差》中有如下记载:而所谓正米者,其间加耗多寡,输纳难易,远近绝殊,则有正米一石,用加耗二石一斗六升者矣(原注:内官监白粳糯是矣,今止该一石九斗六升)。

2

景泰七年(1456),巡抚陈泰首次施行了分段论粮加耗法。

在此之前的景泰元年(1450),也就是景泰二年(1451)三月周忱主动辞去南直隶巡抚一职的前一年,就加耗一事及加耗余米的用途,溧阳县民彭守学向中央户部揭发了周忱。① 其实在正统十年(1445),已经有一个叫尹宗礼的人向中央做过同样的揭发,这已经是第二次了。相关情况在前一章中已有简要探讨。自实行加耗例以来,所征加耗除用于作为税粮即实物米谷的运输费后,剩余部分被广泛用于减轻缴纳税粮农民的支出,帮助他们维持生计。② 但是,周忱被揭发时,作为局外人的史鉴也指出,成年累月积攒起来的余米,因"权要"、"势家"请求支出及仓库管理者的隐匿和建设佛寺道观等,开始出现了偏离"公用"的初衷,被恣意流用。这样的结果与加耗例本身及余米的用途之间并无因果关系,但彭守礼就是抓住这一点不放。且如史鉴所言,余米的管理和使用,本不在中央户部的管理范围内,而是由巡抚直接管理,这一条也成了他们揭发的理由。受理此事的户部主事黄琛、王澍和监察御史李鉴被派往苏州、松江、常州、镇江、湖州等江南六府,追征已支余米,户部尚书金濂、礼部尚书杨宁、六科给事中和十三道监察御史也严厉追究了周忱的责任。③

---

① 从正统九年(1444)对周忱的揭发到景泰二年(1451)周忱辞职这段时间中的相关问题,请参见本书第三章第五节Ⅳ、《周文襄公年谱》景泰元年四月《上执政书》(本书第三章第五节Ⅳ,注60),《明实录》正统十年八月丙寅、景泰二年五月庚申、景泰二年六月丙子,《史鉴备忘录》以及《明史》卷一百五十三《周忱传》等。

② 参照本书第三章第五节Ⅳ。

③ 本书第三章第五节Ⅳ正文及注67周忱自陈的部分录自《明实录》景泰二年六月丙子条,其中对当时户部、礼部、都察院等的动向有如下记载:

先是,遣户部主事黄琛、王澍、监察御史李鉴往苏、松、常、镇、嘉、湖等府,追征尚书周忱所费粮,以数十万计,皆远年耗用,于见在官吏粮里追陪。给事中、御史请暂停止。户部尚书金濂执奏不从。忱自陈云:……今因民人彭守学奏,户部差官,勘出前项过征妄费钱粮。……礼部尚书杨宁亦言忱通同官吏妄费钱粮,罪乃在忱,而粮于民间追征,民何以堪。况差官去,惟务催科,不为究实。……伏望圣恩准勘正统十四年以后侵欺者征纳,以前者蠲免。诏从之,召回琛、澍、鉴,令巡抚侍郎李敏俟秋成进完,果陪纳不前者,已之。既而六科十三道复勘忱自陈不实,观其意,似谓正粮既完,余粮既应得花费,此老奸巨猾之所为,情实难恕,乞治其罪。诏以忱年老,寘不问。

　　然而,景泰帝却在周忱遭受弹劾后同意了他的主动辞职,即使在公布了现场调查结果之后,仍然没有采纳中央官僚的意见,以周忱"年老"为由不予追究,同时还命令接任南直隶巡抚的李敏不得轻易改变周忱的政策,周忱的政策因此基本被继承了下来。不过,《明史·周忱传》却记载,自此以后加耗余米归中央户部管理,并且成了"公赋",地方上的余米积蓄则"储备萧然"①。

　　周忱统一论粮加耗中的加耗比率,是以国家规定的亩税粮额(起科等则)计算出税粮(正粮、正米)一石为基准,统一以斗为单位征收加耗的,加耗额绝不是固定不变的(第三章第五节Ⅳ)。换言之,随着加耗余米的不断增多,加耗也将在巡抚的自由裁定下逐渐减额,在此前提下,所谓"公用"也必须在不妨碍减额的范围内支出。这样一种具有弹性的加耗方法,却在周忱遭弹劾辞职后发生了改变,逐渐减额变得难以进行。也就是说,中央接手加耗以后,原来作为正税附加额的加耗,逐渐成了正税以外的加征,成了事实上的税粮。面对加耗变成正式税粮且占据税粮总额五成以上的这一现实,陈泰等周忱的后继者们不得不开始探索新的加耗征收方式。

　　陈泰是继周忱以后的第三任南直隶巡抚,在他之前还有景泰二年(1451)到六年(1455)在任的李敏,以及同年继任、死于景泰七年(1456)年正月的邹来学。② 据《史鉴备忘录》,陈泰以为"官田粮太重,民田粮太轻。然富家多占民田,惟官田始为贫家有也。乃议以正粮六斗以上,免其加赠(加耗),自此下每一斗次第而增,至一斗以下,则十倍之"(《史鉴备忘录》E)。又据史鉴《上孟公书》,"金都御史(巡抚兼任都察院御史)陈公以为官田粮重,民田粮轻,而一体增米,则轻者固少,而重者愈多矣。

---

① 这一段内容,除上页注③所引《明实录》的叙述外,还可参照《明史》卷一百五十三《周忱列传》和《史鉴备忘录》。

② 本文所称"南直隶巡抚"等职官,正式名称为"总督税粮兼巡抚应天等府"、"巡抚南直隶苏松等府"、"总理粮储提督军务兼巡抚应天等地方"等。该职官的人事调动,均依《二十五史补编》所收《明督抚年表》,并请参见本书第三章第一节第153页注①。

故定正米一斗以下为一则,其一斗以上,每斗为一则,粮轻则增多,粮重则增少"(《上孟公书》A)。

陈泰的方法是减少亩税粮额较高的耕地的加耗率,提高亩税粮额较低的耕地的加耗率,通过这一方法尽可能减少因正粮额的不均等原因所致加耗额的差距,从而尽可能使每亩的总负担额均等化。这一点,与周忱不顾亩税粮额的高低,统一对纳粮户的纳粮总额按每石多少斗的比例加征的方式迥然不同。表苏3是在史鉴上述两文的基础上,参考接任陈泰为巡抚的李秉在松江府实施加耗时的数值制成的,因此,是理解陈泰分段论粮加耗方式的一个模式。只要亩税粮额之间的差距不变,这一方式下每亩的总负担额也就必然存在着相当的差距,但是经过与表苏1中周忱的方式比较就可以看到,在国家规定的各种耕地的亩税粮额不变的前提下,总负担额之间的差距已经得到了相当程度的纠正。另外,表苏3—表苏6中的总负担额指数,是基于方便理解周忱统一论粮加耗方式而制作的,表苏1模式中与7个不同层次亩税粮对应的总负担分别定为100后计算得出的。如表苏3中,与亩税正粮额6斗对应的亩总负担额为6斗,若把表苏1同一栏的总负担额9.6斗算作100的话,那么,苏表3指数就是63。再如表苏3中亩正粮额3斗对应的亩总负担额为4.8斗,与表苏1同一栏的总负担额相同,其指数则为100。亩税正粮额在6斗到4斗的指数为60至80左右,而每亩正粮额在2斗到5升(0.5斗)的都在100以上,尤其是民田中多见的亩正粮5升的指数高达156,差距缩小的痕迹非常明显。

表苏3　景泰七年(1456)巡抚陈泰的分段论粮加耗

亩正粮额	加耗比率	亩总负担额	总负担额指数
6斗	无加耗	6斗	63
5	每石1.5斗	5.25	66
4	3	5.2	82
3	6	4.8	100

亩正粮额	加耗比率	亩总负担额	总负担额指数
2	8	3.6	113
1	10.05	2.005	125
0.5	15	1.25	156

陈泰的分段论粮加耗改革站在以"总督税粮"为己任的巡抚的立场上,极端地说,是作为稳定江南巨大税粮征收的一种手段而实行的。但不容忽视的是,陈泰和周忱一样,必须面对因税收负担而出现的纳粮户之间的矛盾。上述《史鉴备忘录》称,虽然官田和民田都被无条件视为私有或实质上的私有,但富户占有亩税粮额较低的民田,而贫民却只能耕种官田。因此当时存在这样一种情况,即同样是土地所有者,却因阶层的差异而承担着差异巨大的亩税粮额。此前,宣德帝曾应周忱和苏州知府况钟的请求,同意将官田的租税下调20%—30%,而当时的户部官员们却无视江南的实情,对这一政策采取坚决抵抗。如今在周忱一系列改革的实施过程中,他们对江南官田民田之间的各种问题已经有了更加现实的认识。具体来说,景泰四年(1453),景泰帝对陈泰的上任即周忱的继任巡抚李敏下令,"均定应天等(南直隶西部)府州之官民田(负担)",但又经历了以下的过程(参照第二章第三节及注20)。

> 诏巡抚直隶侍郎李敏均定应天等府州官民田。先是正统中户部会官议,令江南小户官田改为民田起科,而量改大户民田为官田,以备其数。既又因御史徐郁奏,令所司均配扣算,务使民田量带官田办粮,以甦贫困,俱行巡抚侍郎周忱清理。然民田多系官豪占据,莫能究竟,其弊仍旧。至是,郁复以为言。户部请从其议,命敏均定搭派,敢有恃强阻滞者执治其罪。从之。(《明实录》景泰四年五月庚申)

户部曾在宣德六年(1431)以"变乱成法"为名对削减官田亩税粮额的政策持反对态度,由于即使在总账不变(备其数)的大前提下将官田和民田的亩税粮额相互对调都难以实现,于是,户部此时想到通过对加耗米的操作,将官田税粮的一部分转嫁到民田中去,实现实质性的负担均等。户部考虑施行这一政策的现实基础是小户耕种官田,大户拥有民田,但受命调查的巡抚周忱却看到了真正的现实,即占有民田的主体是官豪。从而,陈泰所要面临的富户占有民田、贫家耕种官田这种现象,就不仅仅是财富数量上的差异,更是户部已经认识到的大户与小户、官豪与所谓小民的差异,这无疑是社会特权阶层与非特权阶层之间的巨大差异。

总的来说,陈泰施行的分段论粮加耗法,与15世纪30年代周忱按定额征收加耗的均耗法相比,朝着16世纪30年代以后平均亩税粮额的均粮法更进了一步。陈泰在不留加耗余米这一点上与周忱的方针有所不同,但是,据《上孟公书》所称,其除征收秋粮糙米为正粮外,不再征夏税等各种公课及官府水马驿站贴役,而是由官府通过加耗余米来支给。在这一点上沿袭了周忱的方针(《上孟公书》A)。

继任的巡抚李秉,虽然继承了陈泰的分段论粮加耗法,但为使每亩的总负担额更加趋于公平,对陈泰的分段加耗又进行了若干补正。李秉到任后,

> 讲求前法(陈泰的方法),以夏税多富家民田所科,而使贫家以官田加米代偿,非理之所宜,然别征则又繁苦殊甚,乃令夏税农桑马草皆折米,与秋粮同纳,使民皆易晓,而粮里(粮长、里长)辈不能多科矣。(《史鉴备忘录》E)

从史鉴的这一段叙述推断,周忱改革之前,民田的亩税秋粮较低,而小麦等夏税的征收额则比官田重。陈泰的分段论粮加耗法也好,周忱的统一论粮加耗法也好,都用按正粮石数加征的加耗余米来垫贴夏税及其他公课。李秉抓住了这一点,认为既然贫家耕种的官田也要一样加征秋粮耗米,那么,用它来贴补从富户民田中多征的夏税,这显然是不合理的,因此他要求把夏税及其他公课全部换算成米,与秋粮一同缴纳。据

《上孟公书》，其具体的课征方式如下：

> 乃著令，(一户所负担的)夏税丝、麦、桑麻、马草、户口食盐钞贯(户口食盐以纸钞缴纳)折米，并水马贴役米，悉令开写。其余正粮斗则，量为损益，一总填入由单(纳税通知书)，于其后总结曰已上平米若干(石、斗、升、合)。(《上孟公书》B)

换言之，对秋粮以外的公课即夏税以及马草、代役的水马贴役米等，亩税粮额高的官田可以轻减乃至免除，而亩税粮额低的民田则须分摊大部分，这些原则在周忱改革以前已经存在。[1] 李秉充分利用了这些原则，按户算出夏税、草马、水马贴役等征收额，填写不同于秋粮的税单。而对于秋税正粮，则按"斗则，量为损益"，对纳粮户的所有耕地，按照国家规定的亩税粮额严格运用分段论粮加耗法算出加耗，最后以"平米若干"的形式，算出纳粮户包括加耗在内的总征收额，填写"由单"(税单)。这里所说的"平米"，就是把秋税正粮、加耗、夏税等全部换算成米以后的纳税总额。

正如史鉴对李秉的征税方法所作出的评价，"其用意精密，立法详尽，最为得中"，这是一种期待彻底公平的方法。下文将会提到，这种方法在邻近的松江府只施行了一年，对于其税粮的处理，《正德松江府志》的主纂顾清在卷七《田赋中》中评价道：

> 按此法据文而观，最为平均。然聚数则之田于一户由帖之中，查算真注，不胜其烦。而里书之飞走，不复可稽质矣。不久复旧，盖知其行之难也。

也就是说，每一户所拥有的耕地往往由多片土地组成，不同耕地的秋粮亩税粮额各不相同，在这样的现状中若要严格按照分段论粮加耗法算出每一户的总负担额，程序太过复杂。就史鉴留下的资料来看，把秋

---

[1] 关于马草，可参见钱薇《均粮续议》，《皇明经世文编》卷二一五。关于水马贴役米，本节将有所涉及。

粮之外的公课与秋粮区分开来,另外填写税单,最后还要与秋粮一同缴纳,这种方法确实过于繁杂,因此这一方法仅李秉一代就终结了。但是,正如《明史》卷一百七十七《李秉传》所说:

> 初,江南苏、松赋额不均,陈泰为巡抚,令民田五升者倍征,官田重者无增耗,赋均而额不亏。秉至,一守其法。

李秉试图改革夏税等税目的征收方法,以期彻底实现负担公平化,不用说是对陈泰分段论粮加耗法精神的忠实继承。李秉之后,这种精神在苏州府并没有就此中断。天顺四年(1460),继任巡抚崔恭一时间在苏州府恢复了周忱的统一论粮加耗法。表苏 4 是基于崔恭在任时一石加耗五斗的比率制作的不同亩税额下的总负担模型。由于加耗的比率从周忱时的每石六斗变为五斗,因此,每亩的总负担指数无论哪一段都变成了 94。而表苏 2 所示陈泰(及继任李秉)的方法中,很明显可以看出,包括多数民田在内的税额较低的部分,其总负担指数在增加,而税额较高的那一部分,总负担指数在减少。与陈泰、李秉的政策相比,崔恭所行的统一论粮加耗法,其不公平性历然在目。对于崔恭的措施,"民嚣然不便之"(《史鉴备忘录》E),无法为当地人接受。次年即天顺五年(1461),继任的刘孜立刻"以陈、李二公所定,酌为四则,仍包办夏税之类"(《史鉴备忘录》E),马上恢复了陈泰、李秉的分段论粮加耗法,但对秋粮以外的夏税等一系列征课,并未按李秉的方法在秋粮之外别征,而采用了陈泰的方法,用秋粮的加耗米充当。根据《史鉴备忘录》E 相关部分的夹注,这种方法"正粮六斗以上,加赠一斗,四斗以上加四斗,一斗以上加五斗五升,一斗以下加一石二斗,后亦稍有增减"。对于亩税粮额六斗以上的耕地,例如亩税六斗的耕地,将六斗乘以单位亩积,计算出正粮的税额,再将计算出的税额按每石一斗的比率算出加耗,两者相加即为这片耕地总负担额。在这个方案中,亩税粮额被分为四段,亩税高的加耗就少,亩税低的加耗就多,这种方法此后一直用到了成化八年或十年(1472 或 1474)。表苏 5 是根据刘孜分段加耗法制成的模式。对于夏税系统的各种征课,刘孜和周忱、陈泰的做法一样,由官府对秋粮的加耗余米进行操作充当。但是,成化四年(1468),巡抚邢宥又回归到了以前那样的另行征收(《史鉴备忘录》E),其中的变动也比较多。

表苏 4　天顺四年(1460)巡抚崔恭的统一论粮加耗

亩税正粮额	加耗比率	亩总负担额	总负担额指数
6 斗	每石 5 斗	9 斗	94
5	5	7.5	94
4	5	6	94
3	5	4.5	94
2	5	3	94
1	5	1.5	94
0.5	5	0.75	94

表苏 5　天顺五年(1461)巡抚刘孜的分段论粮加耗

亩税正粮额	加耗比率	亩总负担额	总负担额指数
6 斗	每石 1 斗	6.6 斗	69
5	4	7	88
4	4	5.6	88
3	5.5	4.65	97
2	5.5	3.1	97
1	5.5	1.55	97
0.5	12	1.1	138

3

自成化七年至十二年(1471—1476)毕亨任南直隶巡抚以来,力保每亩税粮的实质性负担公平化成为历任巡抚的主导方针。在史鉴书写《上孟公书》的弘治二到三年间(1489—1490),税粮征收方式也是沿着这个方向进行的,但其中又出现了两个新的特征。其一是折征例的纳银方式,在周忱改革中与加耗例下的统一论粮加耗一同推行,以减轻每亩税粮规定征收额较重部分的实质负担。其二是在继承陈泰以来的分段论粮加耗思想,通过加耗米操作使实质负担均等化的同时,使加耗计算方法更简明化,负担更均等化。

关于上述第二点,在毕亨施行的政策中也表现得比较明显。毕亨首先把刘孜的四段论粮加耗法改为五段,其法如下:

> 以三斗一则,有至三斗九升二合者,而混于一斗以上,计其赠米,反有多于四斗以上者,乃另立为则,通前为五则。(《上孟公书》C)

分段论粮加耗的基本原则是,稍加提高原本亩税粮额较低的耕地的实际负担。站在这个原则上,亩税粮三斗九升二合的耕地,其实际负担会出现比亩税粮四斗还要高的现象。然而,因国家规定的亩税粮额之间的不公平性非常大,就像表苏 5 所示刘孜的改革模式中,亩税三升的耕地,其一亩的实际总负担额比亩税四升还是轻得多。无论通过什么样的方法使实际负担更加趋于平等化,只要国家规定的亩税粮额之间的差异不改变,那么上述模式中存在的差异也就具有一定的合理性,这也许是时人的普遍看法。而亩税粮三升九斗二合的耕地,含加耗在内,每亩的总负担额为五斗七升四合余,远在亩税四升、实际总负担每亩四斗六合五勺之上。毕亨正是在这一点上进行微调的。只是毕亨新定的含三斗在内的五段加耗法分别征收多少加耗,这一点因资料缺乏而无从知晓,从而其分段论粮加耗的模式表亦无法制成。

关于上述第一点,毕亨则针对作为实物米谷折征银的金花银,将其银、米的换算率从以往的银一两=米四石下调为银一两=米三石。因为有些复杂,特将史鉴对这一内容的不同表述引用于此。

> 左副都御史毕公亨,以折粮银官价一两准米四石,时价值二石以上,本以利农人,而为粮长富家所侵牟,小民多不得利,乃议减为三石。既平其价,又收其余羡,以补加耗,故赠米号为最轻,豪富不复争,民均受其惠矣。(《史鉴备忘录》F)

> 都御史毕公以为金花银一两折米四石,时价米二石上下,剩利

太多，将启粮长权豪侵牟之心，贫民不需其惠，乃减为三石，以余利
一石，充为起运之费，减其赠米。米价就平，富无侵牟，贫需实惠。
如米价丰贱，另行估计，务在均平，深得古人常平遗意，有非钱谷俗
吏所能知也。（《上孟公书》C）

金花银作为实物米谷的折征银，规定的换算率是银一两值米四石，
但当时的市价米是银一两值米二石多或两二石上下。换言之，一石米的
市价约为银五钱，而按折征银的规定换算率却仅为银二钱五分，即卖一
石米即可获缴二石税粮的银两。因此，"粮长、富家"或"粮长、权豪"等富
室大户尽管拥有大量亩税粮额较低的民田，却还可以利用不正当的金花
银换算率，进一步减轻税粮的负担。毕亨试图解决的也正是这个问题。

起初，纳粮户中的"小民"阶层耕种的大多是官田，官田的亩税粮额
非常重，小户贫民不得不缴纳实物米谷，周忱创立的折征例，目的就在减
轻这些贫民的税粮负担。周忱将金花银的换算率设定为银一两＝米四
石或四石以上，目的在于使税米比市价米低廉而银比现实的银价高昂，
想通过这个方法让基本上只耕种官田并承担高额税粮（"重则官田"）的
下户只需交纳少量的银两（第三章第五节 V）。可是，这一公定换算率与
时价之间的差额，却为富室大户恶意使用金花银折征制提供了机会。

因此，毕亨将金花银的公定换算率银一两＝米四石下调为更加接近
时价（银一两＝米二石左右）的银一两＝米三石，意在压低富室大户在金
花银中的份额比例。当然，这一政策调整也使另一部分人蒙受了损失，
那就是耕种官田并缴纳高额税粮的贫穷纳粮户，即"农人"、"贫民"这一
群体。因为同样是银一两，原来能够折算米四石，现在只能折算为三石，
平白无故地少了一石；同样是纳银一钱，原本可以折米四斗，现在只能折
三斗，少了一斗。为了补足这缺少的一份，纳粮户就必须准备更多的银
两。然而，从官员一方来看，所辖地区每年应缴的金花银总额未变，不仅
如此，而且还因银、米的比率变化额外获取的每两一石的秋粮米谷。毕
亨将因银、米比率的变化而获得的差额按时价进行换算，将之用于税粮

的转运(上引史料所见"加耗"、"起运之费"),仅此一项,即可减轻加耗(上引史料所见"赠米")米的总量,而前面谈到的毕亨新定五段论粮加耗法中,也应因加耗米总量的减轻而降低了加耗比率。

史鉴称赞毕亨的金花银换算率下调后"民均受其惠"(《史鉴备忘录》F),然而,到了成化十二年(1476)继任巡抚牟俸又重新将换算率上调为银一两=米四石,成化十三年(1477),又将能够享受金花银制度份额的对象限定为"贫民及田稻遭灾伤者"。但是,由于这一年吴江县知县冯衡上京,"豪党"贿赂胥吏非法获得金花银份额的弊端越发严重,鉴于此,次年(1478)牟俸"十四年仍令收米,官自易银收其赢,以减赠米",史鉴称其"视前为尤轻"(《史鉴备忘录》F)。将金花银的换算比率重新调回银一两=米四石,这一政策执行起来似乎相当困难,因此,牟俸采取了与毕亨相同的做法,提高实物米谷的征收比例,由官府把征收上来的米换成银两,充当税粮的运输费用。如表苏6中加耗比例栏所示,牟俸将论粮加耗分为四段施行(《史鉴备忘录》F),该表总负担额指数一栏显示,包含加耗在内的亩税粮总负担确实体现出了"视前尤轻"的特点。

表苏6 成化十四年(1478)巡抚牟俸的分段论粮加耗

亩税粮额	加耗比率	亩总负担额	总负担额指数
6斗	无加耗	6斗	63
5	每石1.6斗	5.8	73
4	1.6	4.64	73
3	3.5	4.05	84
2	3.5	2.7	84
1	3.5	1.35	84
0.5	11	1.05	131

在加耗的计算简约化和公平性上,成化十五年至二十年(1479—1484)任南直隶巡抚的王恕提出了具有划时代意义的方法。王恕一改陈泰以来的分段论粮加耗法,代之以统一的论田加耗法,即每亩统一征收加耗1.3斗(1斗2升)。同时,王恕还继承了陈泰将征收上来的秋粮加

耗米用于夏税等各课役,以及毕亨下调金花银折米率、多征实物米谷的方针。

　　冢宰王公以都御史巡抚,虑斗则繁多,里书易于作弊,而细民目不知书,何由知之。乃著令不问官田民田、粮轻粮重,每田一亩,赠米一斗二升。其包办诸色,犹陈公也。金花银折米,犹毕公也。简易可知,不烦计算。然议者犹有损贫民之说者,谓包办诸色也。(《上孟公书》D)

王恕的统一论田加耗法,与周忱此前在苏州施行的税粮每石统一征收六斗加耗的做法,在无视亩税粮额本身不均等却采取简明直接的加耗法这一点上是共通的。但是,两者之间却有着根本的差异。周忱统一论粮加耗的结果,将亩税粮额的差距因加耗进一步扩大,每亩实际负担额的差距也因此更大,因此只得将金花银的份额向负担额重的耕地倾斜,以期达到调整田税负担的不公。而王恕的统一论田加耗法,如表苏7模式所示,原本的亩税粮额之间的差距完全没有因加耗而扩大。周忱的统一论粮加耗法和陈泰以后的分段论粮加耗法,两者均建立在亩税粮额差距甚大的前提之下,因此加耗后每亩的总负担额差距更加显著。将表苏7与表苏3模式中的陈泰方式进行比较可以看出,总负担额的指数整体上没有大的分化,但民田中普遍存在的亩税五升之田的总负担,陈泰定为156,而王恕定为213,换言之,在王恕的统一论田加耗模式下,亩税五升的民田,总负担比周忱的统一论粮加耗模式提高了两倍以上,王恕的统一论田加耗模式,要求拥有大量民田并税额至轻的富室大户们缴纳更多的税粮。

表苏7　成化十五年(1479)巡抚王恕的统一论田加耗

亩税粮额	亩加耗额	亩总负担额	总负担额指数
6斗	1.2斗	7.2斗	75
5	1.2	6.2	78
4	1.2	5.2	87

续表

亩税粮额	亩加耗额	亩总负担额	总负担额指数
3	1.2	4.2	87
2	1.2	3.2	100
1	1.2	2.2	138
0.5	1.2	1.7	213

在始于15世纪30年代的均耗,到16世纪30至70年代的均粮这一税粮征收制度的改革过程中,王恕的统一论田加耗法具有以下两个重要意义。第一,这一方式不只限于苏州府一地,而是通过南直隶巡抚的推广波及到了南直隶所属各府,甚至对一直实施统一论粮加耗的松江府的税粮征收政策也产生了影响,正德六年(1511)松江府呼吁将论田加耗改回论粮加耗,即后文将要提到的"各处田粮多在田上加耗"①一句可以为证。第二,直接以亩为单位征收加耗,令各县分别计算出包括加耗在内的亩税粮平均总负担额,并将此作为新的公定亩税粮额,这就是此后均粮的雏形。同时,将不同田亩总负担额不均的现实公诸于世,这一点也为促进均粮政策的制定和实施提供了条件。

二、松江府论粮加耗与论田加耗的相克

1

松江府从15世纪30年代的均耗、折征,经16世纪30年代后半期的征一,再到16世纪60年代后半期的均粮,前后花了130年的时间,比苏州府长了大约30年。松江府实现征一之前的税粮改革过程,可见于正德七年(1512)刊行的《松江府志》卷七《田赋中》(本章以下简称《正德府志·田赋》),而征一政策的施行过程及以后的税粮征收制度改革,以及在这一过程中当地士大夫和官员的见解,则在崇祯四年(1631)刊行的

---

① 参见本章第二节。

《松江府志》卷十《田赋下》的"赋议利弊"中有比较详细的记载。除此以外，关于后者还有若干士大夫留下的记录，我们将在行文中加以利用。

在讨论松江府130多年的税粮征收政策之前，我们首先有必要关注一下当地的士大夫顾清这个人。顾清是正德七年（1512）刊《松江府志》的主纂，也是事实上的执笔人。了解这一点，有助于我们准确理解《正德松江府志》中的基本资料。不仅如此，顾清对周忱的政策、言行的介绍，以及他自己的著述，都对1560年代末期推行均粮制度前夜的当地士大夫阶层有着巨大的影响。

顾清①要比史鉴晚一辈，天顺四年（1460）生于松江府华亭县，弘治六年（1493）中进士后曾任南京礼部尚书，后辞职，在华亭县西乡农村一边精读《农桑辑要》，一边躬自与童仆们经营农业。辞官归第前他就不多与人往来，归乡后就更少与士大夫来往，即便有来往，也"皆清贫无位势"的"薄宦"。同时，他对天顺二年（1458）编纂的周忱年谱《周文襄公年谱》进行了增订，并于嘉靖六年（1527）在自己的家塾中刊行。② 何良俊对顾清增订的《周文襄公年谱》及其随笔《傍秋亭杂记》评价道："凡作吏于苏松而有与钱粮之责者，不可不人置一册于左右。"③从以上介绍不难看出，顾清与史鉴一样，是对农村地域社会的共同利益抱有深切关怀并深有造诣的士大夫。只是，在顾清的文章中时不时的可以看到关于田租的话题，也出现与自家税粮负担有关的记述④，这样的现象在史鉴的文章中是找不到的。顾清与史鉴之间之所以会出现如此的差异，似乎和苏州与松江、处士与官员等个人出身、仕宦经历有关，同时也与相隔一代人的士大夫地主的土地所有方式，以及参与地域社会的程度有关。

---

① 关于顾清的生平，除《明史》卷一八四列传外，何良俊《四友斋丛说》卷十七《史十三》中有详细记载。

② 据《周文襄公年谱》卷首顾清之《重刻周文襄公年谱序》，一并请参照本书第三章章末附记。

③ 前引何良俊《四友斋丛说》卷十三《史九》。

④ 顾清的相关言论可见顾清总纂《正德府志》田赋收载杜宗桓《上巡抚侍郎周忱书》后之编者评论，《傍秋亭杂记》卷上"松江岁比不登，辛巳风秕，壬午秋大风"条，以及顾清文集《东江家藏集》卷二十五所收《与翁太守论水患书》、《与翁太守论加税书》、《与陈太守论水后加税书》。

通过对以上资料的分析,我们将不难发现松江府在均粮法出台前130多年间的特征。尽管前后三任南直隶巡抚都在努力推行论田加耗法,但松江府的论粮加耗而且是统一论粮加耗却一直执拗地延续到了16世纪初期,虽然嘉靖十六年(1537)随着征一政策的开始松江府也实施了论田加耗,但当地对其的批判从未停息,"论粮加耗"和"论田加耗"这两个词汇本身也出自《正德府志》。再者,前文已述,江南官耕地带的各府中,镇江府的均粮政策是实行得最晚的。

2

那么,为什么松江府会执拗地坚持统一论粮加耗呢? 嘉靖二十八到三十二年(1549—1553),论田加耗法已经实施,此时,松江府华亭县的士大夫何良傅家有一"乡人"来访,席间话题涉及到了"论粮加耗事例",及"近有海滨穷民诉于抚公得行台下议处"。基于此,何良傅向松江府知府刘存德呈上了书信,信中也谈到了顾清的言行。①

夫松江加耗论粮,实出文襄周公独得之见。今人言其不便者,有二说焉。盖谓田额本有轻重,若论粮加耗,则重者益重,轻者益轻。此一说也。又谓,轻粮多在大户,重粮多在小户,今欲议复论粮加耗之例者,皆出大户之意。此又一说也。然其中实有不尽然者。且如苏郡吴江,则其田皆美,其粮皆重。嘉定,则其田皆瘠,其粮皆轻。一县之中,相去不远。至于吾松,如华亭一县,其附郭与在黄浦左右,谓之中乡,其田与税,皆均平,似无容议。其西傍湖泖者,则极其膏腴,每岁收米可得三石之外,取租者,每亩可得一石五六斗。又便于灌溉,一夫可种田二十五亩,计其所入,即每亩出税数斗,而自有余。故其额重。其东乡滨海塘者,则地势高亢而土脉瘠卤,民皆于田内凿沟,以求灌溉。竭一夫之力,所种不过五亩。收米常不及一石,或棉花四五十觔,或黄豆几斗而已。取租者,又半之,计其所入,其能有几? 故其额轻。一县之中,美恶利弊,相去

---

① 何良傅:《与郡守刘沂东》,《四库全书珍本》四集《明文海》卷二百七《书·吏治》。

悬绝如此。

与江南的其他府县如苏州府的吴江县、嘉定县相比,松江府下各县如华亭县的自然条件很不均衡,亩产量与田租额也极端不平衡,这是何良傅发出议论的前提。然后何良傅又说,正是自然条件所致生产力水平的不均衡,才是以前周忱创设论粮加耗,并允许以银和棉布折征的理由。何良傅接着说:

> 文襄公昔日巡抚江南,前后二十余年。每乘小艇循行篱落间,或遇乡之父老可与言者,即与抵足共卧,讨求利弊,其用心已勤矣。诚知吾松事体与他郡不同,故定为论粮加耗之例,而又以银布轻赍,专归重税以裨之。良法美意,至矣尽矣。

也就是说,周忱认为松江府的自然条件恶劣,生产力低下,包括很多亩税粮额较轻的地区,因此,在这样的耕地上实行基于正粮税额之上的论粮加耗法是加耗负担最轻的方式。不过另一方面,在论粮加耗的方式下,原本亩税粮额较重的耕地,负担则进一步加重,考虑到这一点,周忱将银两和棉布的折征份额全部给了这些“重税”的土地。

所谓“海滨穷民”,指的是松江府华亭县沿海地区的贫困农民。由于何良傅“仆产东乡,目睹其穷苦之状”,因此在给知府刘存德的信的最后,希望恢复论粮加耗法。

何良傅的这一见解,如对自然条件恶劣地区同一县内、同一府内的比重的评价,自然条件与亩税粮额之间的对应关系等,与同时代的其他论者如下文将要引用的徐献忠的见解相比①,很难说是完全正确的。但是,在官田、民田之外,耕地的种类极其复杂,亩税粮额也极其多样。在统一了亩税粮额施行均粮之后,其他府县,如第五章第三节叙述的那样,苏州府能够依照标准水稻产量设定一个县的亩税粮额,税额一旦设定,加耗也就自然消失。但松江府却无法做到像苏州府那样,如本书第五章

---

① 参见本章第二节 Ⅳ。

表 7 所示,即使在均粮之后,各个县内依然被分成两至三四个不同区域设定亩税粮额,并且保留了加耗,区域间的加耗额也存在着差异。因此,应该说何良傅的见解存在着一定的客观依据。然而,统一论粮加耗法的持续施行及其恢复的主张,其契机本身不仅仅是地域间自然条件的不均衡。这里必须首先认识到,主张论粮加耗法正当化的松江府的议论者们,他们并没有将个人利害关系的不均作为主张论粮加耗法正当化的依据,他们找到的有力依据是基于自然条件之上的地域间利害关系的不均。

3

宣德八年(1433)周忱创设的统一论粮加耗法(参照表松 1A、B 模式)在 15 世纪 30 年代到 16 世纪 30 年代的松江府并不是一成不变地持续着。据《正德府志》田赋,周忱辞去南直隶巡抚后的第六年即天顺元年(1457),首先由巡抚李秉推行了陈泰的分段论粮加耗法(参照表松 2 模式),但第二年就被巡抚崔恭废除,恢复了统一加耗(参照表松 1A、B 模式)。在此后三四十年间,这一方式基本被延续。崔恭恢复统一论粮加耗法在苏州府遭到了民众的普遍反对,这一点前文亦已提及,崔恭离任后苏州立刻恢复了分段论粮加耗。松江府的动向与苏州府形成了鲜明的对比。其间成化二十二年(1486)知府樊莹下令,加耗不仅征收米谷,还征收银两。这里的银两不同于金花银,而被称为"白银"(参照表松 3 模式)。弘治八年(1495)后,这一状况发生了很大的改变。

也就是说,成化十五年(1479)巡抚王恕在苏州推行统一论田加耗后的第 16 年,巡抚朱瑄也在松江府依不同县乡实施了统一论田加耗(参照表松 4 模式)。弘治十一年(1498),继任巡抚彭礼再次恢复了论粮加耗。然而四年后的弘治十五年(1502),就是这个彭礼,协同知府刘琬一起将官田与民田分开,对民田实施了论田加耗(参照表松 5 模式)。又过了五年,巡抚艾璞再次全面推行各县乡的论田加耗(参照表松 6 模式)。如此,松江府自弘治八年进入了以论田加耗为主导的时代,至正德五年(1150)止,前后持续了大约 15 年。

表松 1 宣德八年(1433)巡抚周忱的统一论粮加耗
及天顺二年(1461)巡抚崔恭的统一论粮加耗

A 华亭县

亩税粮额	加耗比率	亩总负担额
6 斗	每石 7 斗	10.2 斗
5	7	8.5
4	7	6.8
3	7	5.1
2	7	3.4
1	7	1.7
0.5	7	0.85

B 上海县

亩税粮额	加耗比率	亩总负担额
6 斗	每石 9 斗	11.4 斗
5	9	9.5
4	9	7.6
3	9	5.7
2	9	3.8
1	9	1.9
0.5	9	0.95

表松 2 天顺元年(1460)巡抚李秉的分段论粮加耗

亩税粮额	亩加耗额	亩总负担额	总负担额指数
6 斗	无加耗	6 斗	59
5	每石 1.5 斗	5.25	62
4	3	5.2	76
3	6	4.8	94
2	8	3.6	106
1	10.5	2.005	118
0.5	11	1.05	124

表松 3　成化二十二年(1468)知府樊莹的统一论粮加耗

（加耗为正粮每石征收米若干、银若干。华亭县米 3.2 斗,银 1 钱 5 分。按银 1 两＝米 2 石换算）

亩税粮额	加耗比率	亩总负担额	总负担额指数
6 斗	每石 6.2 斗	9.72 斗	95
5	6.2	8.1	95
4	6.2	6.48	95
3	6.2	4.68	95
2	6.2	3.24	95
1	6.2	1.62	95
0.5	6.2	0.81	95

表松 4　弘治八年(1495)巡抚朱瑄的各县乡论田加耗

A 华亭县西乡(亩加耗额最高)

亩税粮额	加耗比率	亩总负担额	总负担额指数
6 斗	每亩 1.5 斗	7.5 斗	71
5	1.5	6.5	76
4	1.5	5.5	81
3	1.5	4.5	88
2	1.5	3.5	103
1	1.5	2.5	147
0.5	1.5	2	235

B 上海县东乡沿海地区(亩加耗额最低)

亩税粮额	加耗比率	亩总负担额	总负担额指数
6 斗	每亩 1 斗	7 斗	61
5	1	6	63
4	1	5	66
3	1	4	70
2	1	3	79
1	1	2	105
0.5	1	1.5	158

表松5　弘治十五年(1502)巡抚彭礼、知府刘珫的官田论粮、民田论田加耗

A 官田

亩税粮额	加耗比率	亩总负担额	总负担额指数
6斗	每石6斗	9.6斗	94
5	6	8	94
4	6	6.4	94
3	6	4.8	94
2	6	3.2	94
1	6	1.6	94
0.5	6	0.8	94

B 民田(5斗、6斗的亩税粮额实际上基本不存在)

亩税粮额	亩加耗额	亩总负担额	总负担额指数
6斗	1.2斗	7.2斗	71
5	1.2	6.2	73
4	1.2	5.2	76
3	1.2	4.2	82
2	1.2	3.2	94
1	1.2	2.2	129
0.5	1.2	1.7	200

表松6　正德二年(1507)巡抚艾璞的各县乡论粮加耗

A 华亭县西乡(亩加耗额最高)

亩税粮额	亩加耗额	亩总负担额	总负担额指数
6斗	1.3斗	7.3斗	72
5	1.3	6.3	74
4	1.3	5.3	78
3	1.3	4.3	84
2	1.3	3.3	97
1	1.3	2.3	135
0.5	1.3	1.8	212

B 上海县东乡（亩加耗额最低）

亩税粮额	亩加耗额	亩总负担额	总负担额指数
6 斗	0.7 斗	6.7 斗	59
5	0.7	5.7	60
4	0.7	4.7	62
3	0.7	3.7	65
2	0.7	2.7	71
1	0.7	1.7	89
0.5	0.7	1.2	126

正德六年(1511)巡抚张凤再度恢复了周忱以来的传统模式,即统一论粮加耗和银、棉布的折征制,这种方式一直沿用到嘉靖十六年(1537),持续了 26 年。还有,松江府从天顺元年(1457)起就下调了一两金花银折算米谷四石的换算比率,这比苏州府始行的成化八年(1472)要早了很多,此后的成化十四年(1478)到弘治八年(1495)间时有变动,最低时达到了每两二石六斗。同时,松江府也和前一节中谈到的苏州府一样,积极采取措施,防止通过不正当手段占有金花银份额,并据金花银的多寡调整加耗米的征收量。此外,如前所述成化二十二年(1486)知府樊莹规定将一部分加耗米折征为银,并将这部分折米银称为"白银",所折银两交付粮长作为漕运费用(参照表松 3 模式)。在持续实行论粮加耗法的松江府,对金花银与米谷换算比率的人为操作,规定部分加耗米折征成银两,通过这一系列基于银两的调整政策,对公定亩税粮额高、亩总负担额重的耕地的税粮调节起到了重要作用。

以上,我们回顾了松江府百余年间统一论粮加耗的曲折历史,从中不难觉察到,与苏州府的情形一样,松江府为了追求亩税正粮、加耗以及总负担额的公平化,也曾经有过施行分段论粮加耗和论田加耗的意愿和实践。但是,探讨这一时期松江府税粮问题的唯一资料是《正德府志》田赋,而《正德府志》田赋中除叙述统一论粮加耗法外,对当时其他论者的主张却几乎未予收录,所以要想弄清这一问题已经非常困难。正德《松

江府志》之所以出现这种现象,这与主纂人顾清的立场不无关系。顾清
曾经高度评价周忱的统一论粮加耗法和银、棉布的折征制,称"守其法
治,紊之乱"(《(正德)松江府志》卷二十四《宦迹下·周忱》),又在自己复
刻的《周文襄公年谱》中,将正德六年附录了巡抚张凤下令恢复统一论粮
加耗的文命《复旧规便民案》收进了附录(前引何良俊文),可见顾清非常
赞同论粮加耗法,而对论田加耗法是采取批评态度的。不过,从《正德府
志》田赋的有关言论中,我们依然可以找到松江府的部分论者希望推行
论田加耗法的迹象。

迹象之一就是上述天顺元年(1457)顾清对巡抚李秉分段论粮加耗
法的评价(参照上节)。前文已经做过介绍,顾清本人也认为分段方法理
论上"最为公平",承认了它的公平性,可见统一论粮加耗法下每亩总负
担额出现的巨大差异,这种现象在松江府同样存在。事实上,即使是在
天顺二年恢复统一论粮加耗法后的 34 年间,尝试推行分段论粮加耗的
迹象也不是没有,如天顺四年(1460)在苏州府推行分段论粮加耗法的刘
孜,也曾于天顺六年(1462)在松江府尝试过同样的加耗法。也就是说,
虽然《正德府志》田赋中没有像《史鉴备忘录》那样明确列出每一段的加
耗率,但同样也留下了"按此时秋粮加耗,华亭每石始七斗至四斗五升,
上海每石八斗至六斗"的记载。

显示当地曾有要求停止统一论粮加耗而希望改行它法的另一条证
据,就是弘治八年(1495)后约 15 年间松江府是以论田加耗法为主导的
时期,以及《正德府志》田赋中对恢复统一论粮加耗法的记载。

自 15 世纪 30 年代以降,经 16 世纪 30 年代到 60 年代,以周忱为首
的南直隶巡抚的名字,作为改革领导人屡屡出现在有关税粮制度改革的
文献中。既然在松江府推进论田加耗的是历任巡抚,那么这就暗示着论
田加耗与当地的呼声不无关联。对于 1430 年为"总督税粮"而设置的南
直隶巡抚来说,从官田分布广泛的江南各府更有效更切实地征收巨额税
粮是职责所在,为了完成这一任务,他们自然需要自上而下努力地制定
更加合理的税粮政策。前文所引何良傅的书简中还提到,具有超群税收

能力的周忱亲自深入农村基层,与"乡父老"们"讨求利弊"这样略带传说色彩的故事。这不仅是周忱的个性使然,如果不联系他前后约 20 年这一异常漫长的任期,以及致使他能够在任 20 年这一时代背景,都是难以想象的。南直隶巡抚的政策不可能与当地的呼声毫无关系,这从恢复统一论粮加耗法的巡抚张凤的文命《复旧规便民案》言及亲自"延访民情",并详细引用华亭县耆民严泰等、上海县耆民朱裸等上呈意见,即可得以证明。虽然没有留下详细记录,但南直隶巡抚在决定推行论田加耗法时,必定是遵循了当地舆论的呼声。

在弘治八年(1495)巡抚朱瑄的《分乡论田加耗例》中,谈到了前一年即弘治七年"本县董知县(董钥),因与巡抚同乡,更变粮法,却于田上加耗"(《正德府志·田赋》载《复旧规便民案》中上海县耆民朱裸等言)之事,似乎给人一种巡抚通过知县将自己的方针政策自上强行贯彻下去的感觉。还有,正像上文在论述苏州府时所推断的那样,成化十五年(1479)苏州府推行的论田加耗法,经后来巡抚的推广,对松江府的论田加耗产生了影响。但是值得注意的是,这种论田加耗法一开始就受到了松江府下不均衡的地域条件的影响,因此,对府下各县不同地域的亩加耗额不得不作出了以下这样的极为细致的规定(参照表松 4)。

> 弘治八年,巡抚右副都御史朱瑄,始定分乡论田加耗例。
>
> 华亭县。东乡,每亩加耗斗一升。中乡,斗三升。西乡,斗五升。后中乡亩加斗四升,西乡加斗五升。东乡又分沿海不沿海,沿海亩加一斗,不沿海加斗一升。
>
> 上海县。东乡,亩加斗一升。中乡,斗三升。西乡,斗五升。后又分东乡沿海亩加一斗,不沿海加斗一升。中乡亩加斗三升,西乡斗六升。
>
> (《正德府志·田赋》)

如上述史料所示,针对最初划分为三个区域,后来又作出了调整,如将东乡划分为"沿海"部分和"不沿海"部分。虽然巡抚的政策与当地的实情之间确实存在着一定的距离,但从一开始就分成三乡并分别制定亩税粮额,此举具有重要意义。朱瑄的措施可以视作对当地论田加耗呼声的反应。

其次,引人注目的是,朱瑄的加耗方式不同于此前施行一年就废除了的李秉的分段论粮加耗法,而是持续了相当长的时间。从上文的叙述中也已看出,持续了三年的朱瑄分乡论田加耗法于弘治十一年(1498)被巡抚彭礼废除,重新采用了统一论粮加耗法。但四年后的弘治十五年(1502),彭礼与知府刘琬一起,将自己恢复起来的统一论粮加耗法加以修正,继续运用于官田中,同时在亩税粮总负担额甚轻的民田上实施了论田加耗法,与当时的苏州府一样,每亩课征一斗二升的加耗米(参照表松5)。彭礼的这一举措反映出当地确实存在施行论田加耗法的呼声,并且已经形成了一定的影响力,这种形势成为此后正德二年(1507)巡抚艾璞再度全面推行按县按乡论田加耗模式的基础(参照表松6)。此外,艾璞将各县不同区域的亩加耗额削减了二三升,可见他的论田加耗相比于朱瑄来说更加追求负担的轻减。

周忱的统一论粮加耗法,将加耗简明地规定为每石正粮加多少升,对因此而产生的亩税粮总负担额加重的耕地实行金花银和棉布的折征制,对总负担额非常轻的耕地则令田主承担向北京和南京运送白粮的义务。政策上的如此结合,一方面可以从每个阶层那儿都能无差别地征收到一定比率的加耗,另一方面也间接地为纳粮户中的贫困户减轻了负担。而排斥这种方式,促使亩税粮总负担额本身更加公平化的舆论呼声,不仅见于苏州府,也存在于松江府中,并且从巡抚的政策中反映了出来。

4

正如前文所提到的那样,正德六年(1511),巡抚张凤"复论粮加耗并银布折征旧例"。为什么松江府田主之间论粮加耗的呼声会超过论田加耗呢?

回答这一问题的线索,就在当时巡抚张凤下达给松江府要求府下各县（当时为华亭、上海两县）按"旧例"税粮的命文《复旧规革弊便民案》（以下简称《复旧规案》，《正德府志·田赋》）中。现全文抄录并分段标号置于文末注中。①

《复旧规案》由三部分组成：

---

① 正德六年，巡抚右佥都御史张凤复论粮加耗并银布折征旧例。

复旧规弊便民案

（A）据华亭县民严泰等呈。切照，松江地方不满二百里，粮储动盈百余万。宣德年间，巡抚侍郎周文襄公，因时处置为民便益，每秋粮一石，加耗六斗七升，金花银一两，准平米四石，细布一匹，准平米二石，粗布一匹，准平米一石，起运出兑、官军奉粮、师生廪禄不缺。尚有余粮、赈济饥民。弘治年间，始于田上加耗，分作三乡，又分沿海不沿海，等第不一。粮书乘机，紊乱作弊，以致民遭其殃，官受其累。自古国以民为本，民以食为天。连年灾伤疫病，饥馑相仍，死亡者众，存在者寡。幸蒙钦差都堂大人抚临整理粮法，深为民便。呈乞裁处等因。到院。本院先为廷访民情，以图治安事。

（B）据上海县耆民朱裸等呈称。闻之父老，各处田粮，多在田上加耗，惟吾松江，则不可行。有上中下三乡，有肥薄瘦三等，有升斗斛三科，俱系先朝秤土起粮，因地立法，非后人所可改易。宣德间巡抚周文襄公奏将东乡抛荒田土，召民开垦，三年之后，止取原粮，复奏折征金花银、粗细布。每银一两准平米四石，细布一匹准平米二石，粗布一匹准平米一石。于时起运不减今日，仓库有存留之富，闾阎有赈济之储，官不知劳，民甚称便。其后知府樊公，复念小民运粮之苦，奏将纲用耗米，折收白银，每两准米二石五斗，给与粮长，令其自运。官民两便，至今赖之。当时并是粮上加耗，每石不过六七斗而已。弘治七年，本县董知县，因与巡抚同乡，更变粮法，却于田上加耗，虽分三等，东乡终是不平。何也？西乡虽是粮重，每亩岁收米，或三石余者有之。中乡虽是粮轻，每亩岁收，或一石五斗不足者有之。若滨海下田，不过可种绵（原文如此）花五六十斤，绿豆五六斗。法既不平，日复多变，或亩加八升九升，或一斗、或一斗七升四合六勺。频年以来，率无定例。且如正德四年何等灾伤，朝廷准荒六分三厘，官司不与主张，听从粮长卖派，以致民心不服，输纳不齐，粮长又复瞒官，私收入己，所以因循至今拖欠。若当时照依钦准事例，派与六分三厘，小民安敢不典家卖产，依期完纳。老民正不知，先年何故金花银准米四石，布匹准米二石一石，却乃钱粮反多，今者金花银不过一石九斗，白银不过一石七斗，何故钱粮反少。若曰轻粮多在小户，不知大户亦有重额之田，未见其害也。只是以王道待天下，自然平正，若存大小户轻重田之心，则前人立法之意全无，而物之不齐之说，亦徒然也。田上加耗不可行也明矣。据此案候在卷。

（C）今据前因，参看得松江一府，大户多轻则之田，小户多重则之赋，论田起耗，若便小民，然斗则数多，书手作弊，虽精于算者，亦被欺瞒，况小民乎。本院已将万历一览，通行发府议处，正欲将金花银，每两准米四石，细布一匹，准米二石，粗布一匹，准米一石，先尽下户及陪贴之粮，有余，并将白银以次分与中户，又次及与上户，务使贫富适均，官民两便。今严泰又称，粮上加耗，与民便益。合准照粮征派相应。为此仰抄案回府，着落当该官吏，即行各县掌印官，今后派征钱粮，俱照先年巡抚周尚书所行则例，不分东西三乡，一概粮上加耗，金花银两布匹，先尽重则官田，每银一两，折米四石，粗布一匹，折米一石，细布一匹，折米二石，白银一两，随时定价，其上中高户，俱派与本色秔穤等米，务使民心悦服，而钱粮不至于有弊，国计充足，而官府不至于有累。仍翻刊告示，发镇店乡村凡有人烟去处张挂，晓谕知悉。

（A）巡抚张凤"整理粮法"——得知巡抚将要调整租税征收法后华亭县耆民严泰等人的上书（呈文）。

（B）接到严泰等人上书后，巡抚张凤咨询"民情"，上海县耆民朱禋等上书（呈文）。

（C）根据两份上书中要求恢复统一论粮加耗法的呼吁，巡抚张凤下达恢复统一论粮加耗法和金花银及棉花折征制的指示。

要想了解当地舆论要求恢复统一论粮加耗法的呼声，最引人注目的就是（B）这一部分。

（A）中所言周忱的加耗法原本是"为民便益"，但到了弘治年间却"田上加耗"，由于一县之中被分成了三乡，而且又分出沿海和不沿海，加耗的分段变得各不相同（"等第不一"），耆民严泰等向巡抚控诉粮书（粮长、胥吏）"乘机紊乱作弊，以致民遭其殃，官受其累"。

（C）的结尾部分，为减轻加耗负担，除此前出台的白银调整措施外，张凤还对恢复周忱的加耗法作出如下指示：

> 俱照先年巡抚周尚书所行则例，不分东中西三乡，一槩粮上加耗，金花银两布匹，先尽重则官田，每银一两，折米四石，粗布一匹，折米一石，细布一匹，折米二石，白银一两，随时定价，其上中高户，俱派与本色秔糯等米，务使民心悦服，而钱粮不至于有弊，国计充足，而官府不至于有累。

如果将《复旧规案》中的（A）和（C）分别视为该文的序论和结语，那么（B）就应该是正文了。（B）的主要内容如下：

第一，主张松江府不能像其他府县那样实行论田加耗，原因在于府内的自然条件（海拔和土质）以及与自然条件相对应设定的亩税粮额，它们之间都有着巨大的差异。

> 闻之父老，各处田粮，多在田上加耗，惟吾松江，则不可行。有上中下三乡，有肥薄瘦三等，有升斗斛（石）三科（亩税粮额的单位有升、斗、石），俱系先朝秤土起粮（明朝之先在土地条件的基础上制定

税粮额),因地立法,非后人所可改易。

第二,指出松江府自实施论田加耗法以来引发的种种问题。首先,对弘治六年以前的状况作了肯定性的回顾,亦即周忱基于府内各地域间公定亩税粮额存在的不均等性,认可金花银及阔白三梭布(细布)和阔白棉布(粗布)这两种棉布的折征,此后知府樊莹又认可加耗米中用于税粮运送的那一部分折征白银,与民方便,这个时期的"粮上加耗"(论粮加耗),一石加耗不过六七斗。然而弘治七年以后,随着松江府开始施行论田加耗(朱禩等人陈情中的说法与《正德府志》田赋不同,将这一年定为论田加耗的开始),不顾三乡之间原有亩加耗额的差距,"东乡终是不平"。其理由是,西乡税额虽重,但仍有亩产米三石多的人家,中乡税额虽轻,也有亩产米不满一石五斗的,而东乡"滨海下田,不过可种绵(原文如此)花五六十斤、绿豆五六斗"。在他们看来,制度本身不合理,加之每亩的加耗额又在不断变更,不成定例。以上是朱禩等人指出来的主要问题,是对第一点的具体展开。同时他们还指出了在施行论田加耗的那段时间里,灾害之间的征税,官府口惠而不实,粮长则行为不端,上下其手。

第三,对论田加耗论者的批判,尤其是对论田加耗的依据,即"大户多轻粮(亩税粮额低)、小户多重粮"的批判。

> 若曰轻粮多在小户,不知大户亦有重额之田,未见其害也。只是以王道待天下,自然平正。若存大小户轻重田之心,则前人立法之意全无,而物之不齐之说,亦徒然也。

朱禩等人对论田加耗的批判有两个显著的特点。第一,他们没有正面触及"小户多重粮"这一事实本身是否属实,而是摆出了大户中也有承担高额税粮的事实,进而强调大户中并没有因高额税粮而见其弊害,但却没有言及正因为是大户才有能力忍受高额税粮这一与小户截然不同的特征。第二,在"王道"和"物之不齐说"的名义下,也就是说把事物的不平等才是社会公理这一点作为大前提,对"大小户、轻重田之心"(大户多轻额之田,小户多高额之田)这种着眼于大小户社会地位的差异并将之与税粮负担挂钩的视角作出了严厉的驳斥,认为这种观点本身就是不恰当的。

总的说来,在上海县耆民朱裎等人看来,松江府内各县各乡之间因自然条件不同生产力水平也存在着明显的差异,旧有的公定亩税粮额正是基于这样的差异制定出来的,具有相当的合理性,在此基础上施行的论粮加耗,也顾及到了不同耕地之间税粮额的差异,因此是非常合理的加耗方式。他们还举出了实行论田加耗后东乡沿海地区民户陷入困境作为其不合理的佐证。另一方面,朱裎等人还非常热衷于强调大小户间社会地位差异的合理性,无视甚至否定这种社会地位的差异与税额轻重之间存在的关联。

前面我们对 1549—1553 年这一阶段何良傅就论粮加耗的相关见解进行过探讨,从中能够看出各地域的自然条件确实存在着差异,尤其是松江府东乡一带,自然条件相对恶劣。何良傅的叙述应该具有一定的客观性,在这个意义上,朱裎等人的相关主张同样也具有客观性。但是,朱裎等人的主张让我们感觉到,在他们的议论中,将因自然条件的恶劣而出现的东乡地域性利害关系,极度地凌驾到了大小户因各自所处阶层不同而产生的利害关系上去了,想通过谁都难以否认的东乡这个地域性利害关系,迫不及待地要求官府尽快恢复论粮加耗法。换句话说,他们高举着保护东乡地域性利益的旗帜,但实际上是想达到保护在论田加耗法中遭受冲击的、拥有轻税私田的大户阶层的目的。站在这个立场上,《复旧规案》(C)的开头部分,即巡抚张凤本人的见解就显得意味深长了。张凤说:"松江一府,大户多轻则之田,小户多重则之赋,论田起耗,若便小民,然斗则数多,书手作弊,虽精于算者,亦被欺瞒,况小民乎。"张凤也认识到了公定亩税粮额与大小户的社会地位差异存在着关联,对于耕种高税额土地的小户来说,论田加耗法本来是合理的。

张凤的这种朴素认识,在某种程度上可以得到具体的佐证。

从第二章表 2 中可以看到,当时松江府官田税粮每亩六斗以上的耕地十分有限,四五斗的耕地占 6.2%(官、民田合计面积,下同),而税粮

三、二、一斗的耕地各占 18.7％、25％和 19.35％,这三者在耕地面积上占据了大部分。另一方面,民田中税粮额在五升(0.5 斗)的占13.58％,成为税粮的基本额。表松 7 中将官田、民田分列,从亩税粮额的耕地面积分布来看,三斗、二斗、一斗和五升的耕地所占比例几乎相同,合计共占 88.33％。值得注意的是,属于轻额地的一斗和五升,合计43.77％,占全体耕地的四成多。但回到第二章表 2,税粮额一斗和五升的合计为19.66％,仅占约二成不到。针对论粮加耗还是论田加耗的问题,占到四成之多的一斗、五升的部分,其实才是深受论粮加耗法恩惠的。请看表松 4、5、6 中论田加耗法下总负担额指数一项,它反映了把周忱统一论粮加耗法中七段的总负担额指数分别化作 100 后,论田加耗法下各自对应的七段总负担额将达到一个怎么样的水准。一目了然,任何情况下论田加耗法中亩税粮额为五升(0.5 斗)、一斗的税额都高于 100,特别是五升的耕地,甚至达到了 150 至 200,换言之,负担加重了 1.5 倍到 2 倍之多。

表松 7　松江府每亩税收额别的面积分布

(据正德七年(1512)序《松江府志》卷七田赋中"各项田土并税粮科则"制成。不分官田、民田之别)

亩税粮额(税粮科则)	面积(顷亩)	百分比(％)
0.063 斗(6 合 3 勺)	0.83(8 分 3 厘)	—
0.1 斗(1 升)以上	47.44	0.12
0.2	71.92	0.18
0.3	1596.46	4.01
0.4	57.17	0.14
0.5	8895.05	22.32
0.6	17.67	0.04
0.7	11.21	0.03
0.8	33.65	0.08
0.9	9.35	0.02

续表

亩税粮额(税粮科则)	面积(顷亩)	百分比(%)
1 斗以上	8704.81	21.85
2	10140.44	25.45
3	7453.82	18.71
4	1426.76	3.58
5	1048.67	2.63
6	130.68	0.33
7	196.34	0.49
8	2.61	0.01
9	0.51	—
10 斗(1 石)以上	0.52	—
20	0.01	—
30	0.01	—
40	0.22(2 分 2 厘)	—
总计	3.9845.10	99.99

（分以下面积省略。总计不按原文数据,分以下省略后各项累计而得,但有 10 亩以下的微小误差。百分比在 0.009％以下四舍五入）

更值得注意的是,这些占总面积四成以上的轻额耕地,绝非集中在府下各县东乡的沿海部分。理由之一,如上海县耆民朱禋等人所说,松江府下正德以前并不是没有依据土地的高低和肥瘠而制定的税粮方案,即"秤(称)土起粮",但因国家对土地的籍没造成了税额的大幅度变动。15 世纪华亭县人张弼的《积荒粮议》中就提到,"秤土起粮,本非轻重,特籍没富家,因其租籍,着为定额。故同圩共里,或止隔田塍,地土无异,轻重顿殊"①。15 世纪末 16 世纪初华亭县人徐宗鲁的《均粮异议辨》中也写到:"其同圩共亩,轻重顿殊者,原非称量,而有是科则(人为设定起科

————————

① 张弼:《张东海集》卷三《议》。

等则)也。盖国初版册,悉因张士诚抄没租籍,故有是科额。"①由于明初对土地的大量籍没,松江府税粮征收额的分布未必都与自然条件和生产力水平相关。

另一个原因是,据对 16 世纪中叶松江府均粮前夜的观察,生产力水平极低的沿海地区,耕地面积是相当有限的。1549—1553 年,针对当时知府刘存德关于加耗法的咨询,华亭县人徐献忠写了两份题目相同的回信,其中一封这样写道:

> 今延海荒瘠之民,止于华亭之十四保十五保滨海里分、上海之十七保十九保边海里分。田粮虽轻,收数甚薄,不过麦豆五斗上下而已。又况天时一旱,则赤地弥望,诚可恤也。此外凡为民田者,尽皆沃土。岂得因此四保而并轻桀县之民田,尽于粮上加耗乎。

> (《明经世文编》卷二六八《复刘沂东加耗书》)

徐献忠书简的描述比较具有客观性,他对沿海地区困难的生产条件、低税收以及荒瘠之地面积有限等所做的观察是可信的。

通过以上探讨,我们基本可以明确,正德六年(1511)松江府全面恢复统一论粮加耗法,是在拥有占耕地总面积四成多、亩税粮五升至一斗的田主的强烈要求下实现的。但同时也能看到,松江府范围内期望推行论田加耗法的舆论动向,以及促使这一动向产生的客观条件都已具备。在地域社会相互对抗的两种呼声中,论粮加耗方式在松江府又持续了四分之一个世纪之久。但是,即便是在松江府,赋税制度也正朝着简便易行、负担均等的方向前进。

三、湖州府对负担均等化的追求

湖州府与嘉兴府同属浙江布政使,是江南官田地带的重要组成部分。明代湖州府下官田、民田面积的比率,仅见于嘉靖四十年(1561)序

---

① 《(崇祯)松江府志》卷四《赋议利弊》。

刊的《浙江通志》卷十七《贡赋志》，在本书第一章中，笔者利用这个资料制成表 1。正如第一章表 1 所示，湖州府全境除去地、山、荡、滩外，耕地面积为 27 287 顷，其中官田 6 619 顷，占耕地总面积的 24.62％。若将地、山、荡、滩等在内的所有在册土地全部算进来，那么，官田、官地等官有土地占到全土的 27.24％。湖州府官有土地的比重占到全土的 1/4 左右，足以称之为官耕地带了。据正德十五年(1520)知府刘天和的《请均派京库折银》疏，湖州府"正粮四十六万石有余"，而"抄没重租官田正粮乃二十六万石，盖居十之六也"①，可见官田税粮的比重高达全府正粮总额的 56.52％。如果用上文揭示的官田面积算出亩平均税粮额，则为三斗九升二合八勺。与宣德税粮减额后苏州府官田的亩三斗一升六合四勺相比，高出了七升六合多(约 24％)。与全境官田占 60％和 80％以上的苏州、松江各府相比，湖州府的官田比例相对较低，但正因为如此，人们更尖锐地认识到以官田为主体的高额税粮和以民田为主体的轻额税粮之间负担的不均等性。这一现象在嘉兴府也同样存在。嘉靖二十八年(1594)刊《嘉兴府图记》卷八《物土》所载该府的土地统计中，除去地、山、荡、滩，耕地中官田占到了 26.82％(参考第一章表 1)。与官田面积大致相同的湖州府相比，官田税粮的比重也超过了 50％，亩平均税粮额同样达到了近四斗。

从以上事实可以作出大胆的推测，湖州府在 15 世纪中叶的正统年间(1436—1449)，就已经很早对公定亩税粮额的不均等问题采取措施，进行了实质性的纠正。16 世纪 30 年代以后直至江南官耕地带全盘推行公定亩税粮额均一化(均粮)和税粮征收物品单一化(征一)等大规模改革为止，虽然历经了曲折，但湖州府却一如既往地在改革的方向上尝试着各种先进的政策。从这个意义上甚至可以说，与因加耗方式不断争论且不断反复的苏松二府相比，湖州府是更加先进的地区。以下将追溯这一过程，首先想弄清 16 世纪 30 年代走向改革的前提条件。

---

① 嘉靖二十一年(1542)刊《湖州府志》卷一《郡纪》正德十五年知府刘天和请均派京库折银条。

湖州府的治所位于由乌程、归安两县合并后的县乌程县中,因此乌程也成了湖州府的首邑。明末崇祯十一年(1638)序刊的《乌程县志》,简要记载了正统年间到正德十五年(1520)税粮征收制度的变迁过程,它不仅为下文的分析提供了启示,同时也可以作为湖州府整体动向的写照。

> 正统间,分别田轻重,四等起耗。除五斗以上田粮,全与折银,免派耗外,四斗以上,每亩加耗五升,米三、折七。三斗以上,每亩加耗七升,米折相半。二斗以上,每亩加耗一斗,米九、折一。一斗以上,每亩加耗一斗五升,俱征米不折。天顺间革,正德七年,复行四等。至十年革。十五年,知府刘天和议,官田一则,民田一则起科。事体画一,宿弊尽除,民为永便。

> (《(崇祯)乌程县志》卷三《赋役》)

为克服宣德年间江南官田体制的危机,就在以江南南直隶诸府为中心的税粮征收制度综合改革兴起后的正统年间,湖州府已经制定了"四等起耗"方案,对亩税粮额的不均等现象进行了改正。方案的实施虽然长期中断,但在创立后 70 年左右,也就是下一个世纪的正德七年得以重新恢复,进而成为湖州府税粮征收的固定制度。

"四等起耗"虽然保留了不均等的起科等则(公定亩税粮额),但将所有的起科等则分成了四等。首先对亩税粮五斗以上的最重者,不征收耗米,田粮全部折算成银两征收。五斗以外的税粮则分为四等,即亩四斗以上、三斗以上、二斗以上和一斗以上。在湖州府的规定中,第一,从四斗以上到一斗以上,随着正米(正粮)负担的减轻,每亩的耗米额递增,可以说这是一种分段论田加耗的方法。第二,从四斗以上到一斗以上,随着正米、耗米总额的减少,作为税粮本色米谷的比率呈递增趋势,而作为折征的银两,即折色银①的比率则呈递减趋势。

---

① 原文中"折"只是针对"本"而言,并未指明何种折征物品称为"折"。通观本章及下一章所用宣德至正德年间的文献中并未言及银以外的折征物品,故推断"折"是指折色银。

表湖 1　正统间创立的"四等起耗"法

等则	亩正米额	亩加耗额	正、耗合计额	本色米、折色银比率	换算为米的实际负担额
等外	5 斗	无	5 斗	0:10	2.5 斗
一等	4	0.5 斗	4.5	3:7	2.925
二等	3	0.7	3.7	5:5	2.775
三等	2	1	3	9:1	2.85
四等	1	1.5	2.5	10:0	2.5

　　表湖 1 是为帮助理解"四等起耗"原则制成的模式表。[①] 表中最后一栏是经推算后的实际负担额，用米来表示。如本章第一节 1 中所尝试的那样，当时米的市场价格为银一两＝米二石，而作为折征银的金花银，其折算率为银一两＝米四石[②]，银、米折征纳时的米，一石相当于现实中的五斗，表中的推算就是建立在这一基础上的。令人惊讶的是，在"四等起耗"方案下，不管是"四等"之外的五斗田，还是适用"四等起耗"四等田，其实际负担均在 2.5 斗到 2.9 斗之间，几乎没有差距。换言之，"四等起耗"方案，在不改变赋役黄册上起科等则的前提下，实现了实际负担的完全均一化，因此，早早具备了与 16 世纪 30 年代以后的均粮改革相似的内容。

　　"正统间"的"四等起耗"方案可能是宣德元年（1426）到正统七年（1442）这 17 年间任湖州知府的赵登创立的。正德十四年（1519），在谋求官田、民田亩税粮均一化的浙江巡按监察御史许庭光的上疏中有这样一句话："先年，照体知府赵登等所请，各均为一则。"[③]赵登将官田、民田和官地、民地等亩税粮额分别均一化的请求上奏给了皇帝，因为这一请

――――――――――

① 表湖 1 最左栏中的"等则"是笔者有意添加的。此表只是在原文基准上赋予的一个数值模式，而非原文内容的表格化。

② 正统年间湖州府的米价不明，但根据第三章第五节 V 中对正统年间江南地区的探讨，以及本章第三节对成化年间苏州府的叙述，可以计算制成此表。关于金花银对米谷的折算率，同样参照第三章第五节 V 和本章第三节。

③ 《（嘉靖）湖州府志》卷一《郡纪》在"正德十四年，都御史许庭光请均湖州府各州县粮耗，疏下，知府刘天和议均为官民两则"后，引录了许庭光上疏的全文。又请参照本书下一章第四节 I。

求同将亩税粮额事实上均一化的"四等起耗"方案有着相同的目的。赵登与起科等则相关的官民一元化提案，当时没有获得朝廷的认可，最终施行的恐怕是作为折中方案的"四等起耗"，即将耗米的征收额和折银的比率作了非常仔细的考量，对实质分为五段的各起科等则之间的实际负担作出了调整。

但是，这样的调整方式对征粮的官府和纳粮户双方来说都过于烦琐。之所以能够从正统年间一直维持到景泰年间(1450—1456)，推测与宣德元年到正统七年在任 17 年的赵登①的强力推行有关，同时很大程度上也与正统三年(1438)十一月受命兼管"浙西粮多府县"之杭州、嘉兴、湖州的南直隶巡抚周忱的支持有关。② 但是，因正统七年赵登的离任和景泰二年周忱的辞职，"四等起耗"方案变得难以施行。景泰七年(1456)九月，一石正粮加对应加耗这一统一加耗法，继南直隶的苏州、松江和常州三府后，也在浙江开始推行。《明实录》景泰七年九月甲戌条所称实施"浙江嘉、湖、杭官民田征收则例"指的就是此事。景泰七年的次年开始的天顺年间(1457—1464)，"四等起耗"方案被"革"，原因大概就在于此。现在，根据"则例"原文③整理成表湖 2，并以此为基础制成了亩税粮总负

---

① 《(嘉靖)湖州府志》卷三《古今守令表·郡守》宣德项中记赵登"元年三月二十七日视事，正统七年去任"。

② 《明实录》正统三年十一月戊戌。

③ 《明实录》景泰七年九月甲戌的相关内容如下：

定浙江嘉湖杭官民田征粮则例。先是浙江右布政使杨瓒奏，浙江起科粮额，则例不一，欲约量归并。诏镇守浙江兵部尚书孙原贞等查理并("并"当作"则")例以闻。至是，户部覆奏，原贞等定则("则"当作"所")征粮则例，起科重者，征米宜少，运纳宜近，起科轻者，征米宜多，运纳宜远。(以下段落为笔者所分)

官田每亩科米一石至四斗八升八合，民田每亩科米七斗至五斗三升者，俱每石征平米一石三斗。

官田每亩科米四斗至三斗，民田每亩科米四斗至三斗三升者，俱每石征平米一石五斗。

官田每亩科米二斗至一斗四合，民田每亩科米二斗七升至一斗者，俱每石征平米一石七斗。

官田每亩科米八升至二升，民田每亩科米七升至三升者，俱每石征平米二石二斗。

绍兴等八府重则官粮，各于本府县存留上纳。如仍不敷，于人户坍江田粮及中则官田、重则民田内拨补。

从之。

担额的模式。根据这一模式,正粮额每亩七斗或五斗的土地以及正粮额每亩八升或五升的土地,与苏松两府所见相同,约有十倍的差距。如本章第一节1中所见,若将折征例的折征加入其中的话,这一差距将大大缩小。其实,湖州府也如"四等起耗"方案中看到的那样,也许因为实行银两折征,这约十倍的差距就不那么容易被看到。尽管如此,与几乎所有田地的亩税粮额都接近均一的"四等起耗"相比,"则例"的不均等是很明显的。

表湖 2　景泰七年(1456)浙江杭嘉湖官田民田征收则例

耕地种类	亩税粮额(单位:斗)	加耗比例
官田 民田	10—4.88 7—5.3	每石 3 斗
官田 民田	4—3 4—3.3	5
官田 民田	2—1 2.7—1	7
官田 民田	0.8—0.2 0.7—0.3	12

表湖 3　浙江杭嘉湖官田民田征收则例下的负担额

亩税粮额	加耗比率	每亩负担总额
官田 7 斗	每石 3 斗	9.1 斗
民田 5	3	6.5
官田 4	5	6.0
民田 3	5	4.5
官田 2	7	3.4
民田 1	7	1.7
官田 0.8	12	0.96
民田 0.5	13	0.6

此后,湖州府依然不停地在摸索税粮征收均等化的改革道路,与江南其他府相比具有明显的先驱性。

与"浙江杭嘉湖民田征收则例"形成鲜明对比的是,天顺元年(1457)到成化元年(1465)长期担任湖州知府的岳璿①,上奏要求施行每亩耕地均等征收一斗耗米的论田加耗法。嘉兴府海盐县出生的官僚钱薇在一封书简中谈到了这件事,据钱薇书简的记载,这一方式持续了一段时间。

> 尝考湖州自天顺间郡伯岳公璿奏,每亩正粮不动外,其耗米不分等则,每亩通为一斗。乃借此界彼之法,此均耗不均粮也。
>
> (《皇明经世文编》卷二一四钱薇《均赋书与郡伯》)

在成化十五年(1479)巡抚王恕指导苏州府实施论田加耗的10年乃至20年前,湖州府已经开始按亩均等征收耗米,可谓是向均粮跨出了一大步。

不仅如此,成化年间(1465—1487)湖州府治下的七州县中,以武康县向湖州府发出提案为契机,官田亩税粮额和民田亩税粮额分别实行了均一化,并持续了相当长的年数。嘉靖六年(1527)十二月,吏部尚书桂萼专程上书,奏请南方亩税粮征收额的均一化和北方亩积的均一化。②桂萼举了一个例证,引用自己正德八年(1513)任武康县知县时③所作的调查结果,对湖州府的动向进行了介绍。④

> 臣治湖州府武康县时,尝查成化年间节该奏行田粮事例,官为一则,民为一则,申府。已而该府七州县,已行屡年,民甚便之。至今苏松常镇杭嘉六府各州县,又莫不欲取法于湖州府者。
>
> (《皇明经世文编》卷一八○桂萼《请修复旧制以足国安民流》)

所称"官为一则,民为一则",方案的具体内容不甚明了,不过朝廷曾一度否决了赵登的官民一则方案,此番承认成化年间武康县乃至湖州府

---

① 《(嘉靖)湖州府志》卷三《古今守令表·郡守·天顺》。
② 《明实录》嘉靖六年十二月癸丑。
③ 据《(嘉靖)湖州府志》卷十二《名宦列传上》桂萼赴任武康县知县为正德八年。
④ 引文据《明实录》中上述纪事简化而来,与湖州府有关的部分省略。

的方案,或许是为了保存官田和民田两系统。《康熙安吉州志》记载了弘治年间安吉州的税粮方式①,即将起科等则分为"官田重则,官田轻则,民田重则,民田轻则"四大类,各自按亩设定银米征收额。安吉州的这种方式,与赵登的"四则起耗"方式非常类似,或许就是桂萼所说的"官为一则,民为一则"的二则方法。桂萼在嘉靖六年上奏时,如上文所引,安吉州的方式对当时江南诸府产生了很大的影响。但在此之前,即在他赴任的正德八年,这种方式应该已经成为了过去。

也就是说,正如上文所引《(崇祯)乌程县志》中所说的那样,正德七年到十年(1512—1515),赵登的"四等起耗"方式,就像不死鸟一样完全复活了。

正德十四年(1519),巡按浙江监察御史许庭光在湖州知府刘天和呈文的基础上,上疏请求对官田、民田的亩税粮额实行均一化②,迈出了江南官田地带16世纪均粮改革的第一步。虽然这封上奏与上一世纪知府赵登的上奏一样,没有得到许可,但第二年知府刘天和"官田一则,民田一则"的"议",终于首次得到了朝廷许可③,成为江南税粮改革之滥觞。正如多次提到的那样,桂萼称"至今苏松常镇杭嘉六府各州县,又莫不欲取法于湖州者"。也就是说,成化年间湖州府推行的"官为一则,民为一则"方式与赵登的"四等起耗"一样,虽然一度中断,但最终被作为地域社会的传统而得以继承,并在条件具备时得以复活。

这里值得注意的是桂萼的上奏。桂萼列举了其任湖州府武康县知县时对该县亩税粮额均一化(官田均一化和民田均一化)改革传统的认识,以及任北直隶广平府成安县知县时对该县纠正亩积不均等实践的认知,由此针对南北其他州县为何不能像武康、成安两县一样推行改革,提出了以下的问题:

---

①《(康熙)安吉州志》卷五《田赋》。
② 同第283页注③。
③ 关于此间的细节,除《(崇祯)乌程县志》卷三《赋役》的上述部分外,还可参照本章前揭吴宽撰《隐士史明古墓表》与第五章第四节。

然而终莫能使之尽如两县者，南北各郡皆有官豪之家阻之故也。所以阻之者，北方官豪之家欲得独享广亩之社地，不肯为狭地屯民分粮，南方官豪之家，欲得独出轻则之田粮，不肯为重则里甲均苦。所以一遇有志州县正官，必欲通行均则量地，势家即上下夤缘，多方排阻，故民怨无时可息也。

桂萼指出，在南方阻止均则（亩税粮均一化），在北方阻止量地（亩积均一化）的势力，正是"官豪之家"。早在桂萼上奏的数年以前，湖州知府刘天和就在上奏中提到这样的事实，浙江省当局突然改变原本将京库折银（金花银）的份额给予特定"重租官田"的惯例，而把京库折银的份额无差别给予所有的官田和民田，对这种做法，刘天和提出了抗议：

> 且轻则民田，多归富室，重租官田，多系贫民。今一概均派，奸豪缘此请托，折银多归有力之家，小民不沾实惠，使朝廷轻赋爱民之意，徒为吏胥图利之媒。

与桂萼所言"官豪之家"同义，被称作"富室"、"奸豪"、"有力之家"的社会阶层，即包括官僚之家在内的大户阶层，在湖州府内占有着大量的"轻则民田"。与苏州、松江两府相比，湖州府内的官田比例相对较低，民田的数量如前所述占到了 3/4，大户阶层大量占有"轻则民田"的现象早已显著，与小民阶层所拥有的"重租官田"形成了鲜明的对照。也就是说，与苏州和松江两府相比，湖州府的纳粮户中，大户阶层和小户阶层的分化与"轻则民田，重租官田"的分布更加吻合，社会矛盾和税粮征收制度的矛盾更加白热化。也正因为如此，克服税粮负担的不均，成为地域社会无法逃避的课题。因此，从 15 世纪中叶正统年间以来，以赵登为首的地方官，在湖州府比苏州、松江二府更早一步，并且非常执着地尝试税粮征收额（起科等则）实质上的均等化乃至名副其实的均一化，这样的努力最终成为湖州府地域社会的一种传统，其产生的客观条件即如上所言。

固然，传统是无法自然维持的，需要历任地方官员在翻阅前任案牍和地方志,结合当地实情的过程中加以继承。但是,长期坚守传统的力量却来自纳粮户一方。其中,传统的最实际的担当者,就是那些身为大户阶层却居住在乡村且充当税粮征收徭役、每天都得与小农阶层打交道的粮长和里长。从洪熙、宣德年间的若干事件中都不难看到,湖州府下的粮长、里长,并不是只顾追求自我私利和阶层利益的群体,他们熟知税粮征收制度的沿革,在此基础上为解决当时面临的课题而费思劳神,苏州府的史鉴就是典型代表。正德十四年巡按浙江监察御史许庭光关于官田、民田一则化的上疏是基于湖州知府刘天和的呈文写成的,而知府的呈文则是根据府下"乌程县之粮(长)塘(长)里(长)老(人)"王元等人的联名呈文写成的。从正统年间"四等起耗"方案开始到正德年间,有关税粮实质均等化的知识和经验已经经历了半个多世纪的积累,如果没有地域社会所作的这些努力,"粮塘里老"王元等人的呈文、知府刘天和的呈文、监察御史许庭光的上疏恐怕都难以出台。

15世纪中期(正统年间)以来湖州府地域社会积累起来的有关税粮征收实质均等化的知识和经验,远远超出了桂萼上疏所及的范围,对16世纪后江南各府税粮征收制度的改革产生了具体且深远的影响。

小结

自15世纪30年代的周忱改革以来,苏州、松江、湖州三府的税粮征收制度在大约一个世纪的岁月里经历了上述的变革,以下简要阐述各府的改革到达终点时的特征,作为本章的结语。

苏州府的情况,由于史鉴的文章以后没有其他可资利用的史料,因此,想要一步一步厘清实行均粮之前加耗、折征的变化几乎是不可能的。不过,从松江府的有关动向中可以证实,苏州府的论田加耗法是在持续执行的,而且通过对苏州府吴县嘉靖十七年(1538)为均粮而制定的账簿的分析可以确认,每亩一斗二升的论田加耗,一直征收到这个时点(参照第五章第二节)。同时,在史鉴《上孟公书》与推行均粮的嘉靖七年之间,关于正德十三年(1518)到嘉靖二年(1523)间的税粮征收情况,在王鏊给巡抚李司空(李充嗣)的两封书简中阐述得比较明确。

王鏊在第一封书简《吴中赋税书与巡抚李司空》中,虽然提到了应将官田和民田分开来提高加耗额,但从下面的引文中可以看到,他的着力点在于官田、民田间起科等则(亩税粮额)的巨大差异,以及由此引发的土地买卖时官田向民田的性质转移、贫富纳粮户之间负担额差距的扩大,以及作为税粮和徭役征收基础的台账赋役黄册中各地块起科等则登记上的混乱等。

> 田之肥瘠,不甚相远,而一垧之内,只尺之间,或为官,或为民,轻重悬绝。细民转卖,官田价轻,民田价重。贫者利价之重,伪以官为民,富者利粮之轻,甘受其伪而不疑。久之,民田多归于豪右,官田多留于贫穷。贫者不能供,则散之四方,以逃其税。税无所出,则摊之里甲。故贫穷多流,里甲坐困。去住相牵,同入于困。……又官民之田,旧不过十余则,近则乃至千余。自巧历者不能算。唯奸民积年出没其中,轻重高下在其手。或以其税寄之官宦,谓之诡寄。或分散于各户,谓之飞寄。有司拱手听其所为而不去。非不欲去,不能去也。其弊起于则数之细碎故也。

> (《王文恪公文集》卷三十六)

于是王鏊请求,既然官田这一名称与一个地区的税粮总额是不变之"国法",那么就应该缩小各种耕地的亩税粮额差距。

> 然官田之税,国有定法,未敢轻议。昔宣宗皇帝亦尝敕减其数。因是再损削细碎之数,并为一二则或四五则,或如旧例十一则,其亦可乎。

从第二封书简《复巡抚李司空》中可以看出,事态的发展动向,超出了王鏊的预计:

> 又闻有均田之举。此吴下无穷之利也。百余年来,谁敢议及此

者。仰慕不已。然流俗易摇，大家势族，尤多不便，故多纷纷之议。亦愿俯顺群情，上下安之。此盘庚教于民，由乃在位之意也。如仆之愚，亦望少为增损，官民不相涉入。既已得之，尤愿民田仍为二则，官田为三则、四则。轻者增之，不至太多，则不怨。重者得少减分数，亦喜出望外矣。如是定为五、六则，削去奇零细碎之数，易于查考，吏胥无缘为奸。若山荡岁入，望仍其旧为宜。稍增则民难堪矣。

（《王文恪公文集》卷三十六）

王鏊在赞美巡抚的"均田之举"，亦即推进税粮均等化为"吴下无穷之利"的同时，也顾及到因"然流俗易摇，大家势族，尤多不便"，提出应慎重行事的希望，认为将民田和官田原来繁杂多样的税粮等则分别压缩为两种和三四种更为妥当。从其第二封书简中甚至可以感觉到，王鏊站在大家族势力（其本人即为吴中势家之一）的立场上，有牵制巡抚李充嗣大刀阔斧推进税粮均一化的意思。但从中也可以看出，税粮问题的焦点已不再是论田加耗，而明显地转向了均粮。

在松江府，巡抚张凤恢复统一论粮加耗法 26 年后，即嘉靖十六年（1537），再次推行论田加耗并逐渐稳定下来。青浦县是万历元年（1573）分置出来的新县，也是松江府下的第三个县。万历二十五年（1597）序刊的《青浦县志》是青浦县的首部地方志，其中卷八《艺文志》收录了同府华亭县乡绅陆树声上给某位巡抚的书简——《上抚台减粮额书》，这封书简涉及了嘉靖十六年后松江府推行论田加耗法的详细经过。这段资料与下一章将要讨论的内容相关，此处节取相关内容，分段标引如下：

（A）本府华上二县，旧额正粮九十三万余石，每岁户部劄付，坐派两京各衙门银米。该府遵照轻重加耗，算明造数，申呈抚台。会计覆算讫，发府派征。

（B）查自嘉靖十五年以前，俱粮上加耗，每正粮一石，或加耗四斗，或五、六斗，此系该部各年坐派不一，故加耗因之重轻。

291

（C）至嘉靖十六年，巡抚欧阳公，以粮上加耗，田有科则，轻重不同，民户病在不均，行令府县掌印官，带同书算，俱赴南京会议，悉照部劄坐派算定，改议田上加耗。

（D）除五斗以上重额田亩不加外，其五斗以下者，每田一亩，加耗米一斗二合，甚得均，民亦称便。共算正耗平米一百三十万余石。

（E）其往年派征金花、粗细布、白粳糯米各县名色，俱已削去，止派本折银米二项。庶官府易于稽查，里书难于隐弊，小民可以户晓。

如陆树声书简（C）中所说，嘉靖十六年南直隶巡抚欧阳铎召集管下各府县掌印官（即知府、知县）到南京会议，指出现行的粮上加耗（论粮加耗）法，因起科等则（亩税粮额）的差异，给纳粮户造成了负担的不均等，决定改行田上加耗（论田加耗）法。书简（D）叙述了这次论田加耗的具体做法，即亩税粮五斗以上的耕地一律免征加耗，亩税五斗以下的耕地一律征收一斗二合。在周忱制定加耗例后正好一个世纪，松江府也接受了周忱统一征收加耗的精神，并且采取了按亩统一加耗，改革的力度更加彻底。只是松江府彻底贯彻论田加耗法，要比苏州府晚了半个世纪以上。

在欧阳铎主持的会议上，不仅决定了管下普遍执行论田加耗的方法，而且还志在一并解决江南官耕地带长期以来税粮征收制度中存在着的各种悬案。从陆树声书简（E）中可以看出，同时还改革了周忱制定的折征例，决定一切税粮均按米、银征收，这对松江府也同样适用。如下一章所述，这场名为"征一"的改革，以苏州府为首，在南直隶巡抚管下的所有府中都推行开来了。

正当苏州府的王鏊向南直隶巡抚李充嗣递呈两封书简之时，湖州府则于正德十四年（1519）在江南诸府中率先制定了亩税粮完全均一的具体措施，但没有得到朝廷的许可。第二年即正德十五年（1520），江南地区首次实现了官田税粮的均一化和民田税粮的均一化（含不完整形式），以米和银作为税粮征收的唯一项目——征一。其间的具体过程虽是下一章的论述对象，但是，在此必须首先留意的是，苏州府于嘉靖十七年（1538）在江南诸府率先推行税粮完全均一化，在此基础上南直隶诸府推行了征一，而这些政策的具体制定，其实都是以湖州府为蓝本的。也就是说，税粮负担均等化这样的重大政策，既不是中央政府，也不是地方巡抚，而是由湖州府这样的州府首先出台的。地域社会寻求税役公平的这种能量，围绕着加耗问题，在各自探求的过程中，按照各自的节奏，不停地改订，不停地积蓄，最终被以苏、松二府为首的江南全境以不同的方式所接受。以15世纪周忱的综合改革为开端，百年的积蓄，掀开了16世纪江南税粮征收制度改革的新篇章。

第五章　16 世纪江南税粮征收制度的改革与官田的消亡

序言

万历十七年(1589),苏州知府石昆玉在南直隶巡抚周继的认可下,刊行了题为《经赋册》的税粮征收基本台账。[1] 半个世纪前的嘉靖十五年(1536)到嘉靖十七年(1538),当时的苏州知府王仪,如下文将要论述的那样,对作为税粮征收对象的土地展开了调查和重新登记,即推行了土地丈量和被称为"均粮"、"征一"的税粮征收制度改革。大约 40 年后的万历七年(1579),在内阁首辅张居正的强力指导下,在全国范围内展开了土地丈量。[2] 这样一来,本章将要论述的王仪具有划时代意义的改革

---

[1] 崇祯十五年(1642)刊《吴县志》卷八《田赋下》。

[2] 此处据《(崇祯)吴县志》编纂者对万历十七年所定《经赋册》的说明文字。关于张居正的土地丈量,川胜守《中国封建国家的统治构造——明清赋役制度的研究》〔中国封建国家の支配構造——明清賦役制度の研究——〕(东京大学出版会,1980 年)以万历八年(1580)张居正的建议和皇帝的认可诏书为起始;西村元照《张居正的土地丈量(上、下)》〔張居正の土地丈量(上)(下)〕(《东洋史研究》第 31 第 1 号及第 2,3 合并号,1971 年)认为实施于万历九年(1581);顾炎武《官田始末》(参照本书终章)也认为始于万历九年。但《(崇祯)吴县志》载:"万历七年,朝廷下丈量之令,吴田疆界稍清。"

成果是否会因此付之东流呢？石昆玉在任期间心里涌起了这样的忧虑，而《经赋册》的刊行正是为了消除这一忧虑。

崇祯十五年(1624)刊行的《吴县志》卷七《田赋上》中，收录了苏州府《经赋册》中吴县的相关部分。其"田粮斗则"一项，对吴县全境"实在官民田地山荡"，即登记在册作为税粮征收对象的 7 141 顷 29 亩 3 分 4 厘 5 毫土地，以及与之相应的 19 种亩平米征收额，与每种税额对应的土地面积及平米总征收额进行了摘录。这里所说的"平米"，可以理解为此时此地作为土地税的税粮。表 1 即据上文所说"田粮斗则"的内容整理而成。

表 1　万历十七年(1589)苏州府吴县"田粮斗则"

田粮斗则名	面积(单位:顷)	百分比	平米额(单位:石)	百分比
① 3 斗 4 升 4 合田	4 185. 977 91	58. 53	143 997. 640 1	91. 61
② 1 斗 7 升 2 合范庄田	10. 525 56	0. 15	181. 039 6	0. 12
③ 5 升山	321. 777 44	4. 50	1 668. 009 3(连耗)	1. 06
④ 3 升山	239. 680 3	3. 35	769. 373 8(连耗)	0. 49
⑤ 1 斗 5 合山荡	1 364. 118 02	19. 08	2 046. 177	1. 30
⑥ 6 升 1 合 5 抄科麦地	746. 964 26	10. 45	4 560. 2168	2. 90
⑦ 8 斗 5 升 6 合地	0. 045 89	0. 00	3. 928 2	0. 00
⑧ 3 斗地	25. 832 93	0. 36	774. 987 9	0. 49
⑨ 2 斗 8 升 4 合地	0. 010 62	0. 00	0. 3016	0. 00
⑩ 2 斗 5 升地	16. 589 23	0. 23	414. 730 7	0. 26
11 2 斗地	35. 754 67	0. 50	715. 093 4	0. 45
12 1 斗 5 升地	22. 568 74	0. 32	338. 521 1	0. 22
13 1 斗地	52. 509 01	0. 73	525. 090 1	0. 33
14 2 斗荡	14. 368 68	0. 20	287. 3736	0. 18
15 1 斗 5 升荡	12. 005 48	0. 17	180. 082 2	0. 11
16 1 斗荡	26. 210 85	0. 37	262. 108 5	0. 17
17 5 升荡	17. 047 15	0. 24	85. 354(连耗)	0. 05
18 3 升荡	33. 473 76	0. 47	100. 421 3	0. 06

田粮斗则名	面积(单位:顷)	百分比	平米额(单位:石)	百分比
19 科丝纱山荡	25.832 95	0.36	282.788 9	0.18
合　计	7 141.293 45	100.01	157 193.240 8	99.98

　　该表据《(崇祯)吴县志》卷八《田赋中》"万历十七年巡抚都御史周继、知府石昆玉详定经赋册",表示"吴县实在官民田地山荡 7 141 顷 29 亩 3 分 4 厘 5 毫"中不同"田粮斗则"的面积与平米额。田 4 200 顷左右,地、山、荡共计 7 000 余顷,这个数据与嘉靖十七年的统计(表2)基本相同。

　　"地"、"山"、"荡"在 19 种"田粮斗则"中占了 17 种之多,但比起"田"来,产量要低得多,所以每亩的平米征收额也轻得多。"田"指的是产量较高的水田,共有两种,一种是亩税"一斗七升二合"的"范庄田",指的是范氏义庄的 10 顷 52 亩余;剩下的一种其实是最重要的课税对象,即"三斗四升四合田",共 4 185 顷余,面积上几乎占了"田"的全部,在整个"田地山荡"中占 58.53%,平米额则在整个"田地山荡"中占了 91.61%。

　　距此 210 年前,即洪武十二年(1379)年,据《洪武苏州府志》卷十《税赋·田亩》所载,当时苏州府的"田土"共计 4 383 顷 45 亩,主要由三类不同性质的部分构成,其中官田 2 274 顷 39 亩余,民田 1 468 顷 33 亩余,抄没田 640 顷 72 亩余。[①] 距此 86 年前,《崇祯吴县志》卷七《田亩上》"巡抚都御史魏绅、知府林世远详定实征册"所载弘治十六年(1503)吴县的田地中,官田地等项 3 633 顷有奇,民田地等项 3 470 顷有奇。明初以来税粮征收制度中固有的官田、民田之别,在本次改革中被彻底废除,在地方府衙实际使用的征收台账中,官田和民田的名称都已经消失,到了顾炎武所生活的 17 世纪,官田已经处于如下的状态:

　　　　今存者,惟彼所屯田、学田、勋戚钦赐庄田,三者犹是官
　　田。……苏州一府,惟吴县山不曾均为一则,至今有官山私山之名。

　　　　　　　　　　　　　　　　　　(《日知录》卷十《苏松二府田赋之重》)

────────────

① 参见本书第二章第一节及表2。

如果说得更加周密一点就是,通过这一次改革,同一县域内水稻产量基本相同的耕地因官、民属性不同所致税粮的不均等性和多元性被消除,代之而起的是均一化和单一化。与此同时,徭役银的官轻民重规定也随之被废除。

这一章将主要探讨以下一些问题:16 世纪废除官田、民田之别时江南税粮征收制度改革的核心内容、与之连动的徭役制度改革、江南各府的改革进程,以及改革与地域社会之间的社会、经济之关联。在此基础上,进而与 15 世纪周忱主导下的税粮征收制度综合改革进行比较,同时回顾 14 世纪后半叶明初江南官田的存在形态,对 16 世纪江南地区的税粮征收制度改革进行总括。通过这些问题的探讨,应该不难看出 16 世纪江南地区的改革,在起自 16 世纪的一条鞭法止于 18 世纪前半期的地丁银制度这一全国性公课征收制度大改革进程中的重大意义。

16 世纪 30—70 年代的江南税粮征收制度改革主要有两个方面。第一,自 14 世纪后半叶洪武年间以来,因官府所有抑或民间所有这一土地所有制性质的不同,官田、民田的公定亩税粮额呈现出非常繁杂的多元性和不均等性,16 世纪的这场改革,目的就是要取消各种差别,实现税粮的一元化和均等化。改革之后,同一县域内土地再无官民之别,水稻亩产量基本相同的土地,其公定亩税粮额也完全统一,并以每亩实物米谷若干斗、若干升的形式统一表述。改革的这一侧面被称为"均粮",这场改革因此也被称作"均粮"。

第二,将税粮征收的种类和数量以每个征收单位米若干、银若干的形式统一了起来。在亩税粮不均等的时代,为了寻求负担的实质性均等,自 15 世纪前半叶实施折征例以来,各地片因亩税粮的轻重不同,所征物品的种类也不相同,有金花银、各种棉布、质量上乘的白粮、质量一般的米谷等等,而银棉对米谷的换算率也不尽相同,这些混乱的现象也是这场改革的对象。改革以后,同一县域中税粮征收的种类和数量得到了统一,均以米若干斗、银若干钱的形式统一表述,改革的这一侧面被称为"征一"。

另外,在推行均粮改革之际,原有的正粮(按公定亩税粮额征收的部分)和加耗(按一定比率附加征收的部分)被合并,并以此为依据重新计算出了新的公定亩税粮额。在推行征一改革之际,也是在原有的正粮与加耗总额中,规定出了实物米谷(本色)和银(折色)各自所占的比例。在均粮、征一的改革过程中,加耗一直起到了催化剂的作用,至此,加耗完成了它的历史使命,被纳入了正规的税粮之中。

南直隶的苏州、松江、常州、镇江和浙江的湖州、嘉兴六府,是明代江南官田广布的地区,虽属不同省份,但均归治所在南京应天府的南直隶巡抚管辖。① 六府中最早且同时完成均粮和征一改革的是苏州府。苏州知府王仪于嘉靖十七年(1538)实施这两项改革后,府下吴江县全境都出现了税粮征收的新形势,有三则简短的记载可以作为典型史料。第一则来自嘉靖二十一年(1542)补刊的《(正德)姑苏志》卷十五《田赋·税粮》条夹注中的吴江县一项,以下标记为(A)。第二则来自嘉靖三十七年(1558)编纂的《吴江县志》卷九《田土》所录《嘉靖十七年知府王仪勘定书册》中"秋粮八事"的最后一项,以下标记为(B)。第三则来自卒于嘉靖二十六年(1547)的吴江县人周用的书简《与魏庄渠论均粮书》(《周恭肃公集》卷十八)中的一句,以下标记为(C)。

(A) 吴江县。每亩摊征平米三斗七升六合。

(B) 以一定其则。每平米一石,派征本色米五斗三升,折色银二钱三分五厘。

---

① 据《明实录》正统三年(1438)十一月戊戌条,浙江杭州、嘉兴、湖州等"浙西粮多府县"由南直隶巡抚周忱兼管。《明史稿》志一六《食货志二·赋役》载:"浙西官民田赋,视他方倍蓰,苏最重,松嘉湖次之,常杭又次之。"杭州府也应一同论述,诚然,正像"嘉湖二府起运之数,几有杭、绍等九府三分之二"(《(嘉靖)湖州府志》卷一《郡纪》录正德十五年湖州知府刘天和《请均派官库折银》)所说的那样,对拥有民田 18 294 顷的杭州府来说,官田只有 1 528 顷 51 亩(地、山、荡等除外。见《(嘉靖)浙江通志》卷十七《贡赋志》),官田面积只占一成以下,全府"官粮"所占比重甚微,因而税粮总额也比"官田地带"的其他各府尤其是比浙江布政司下的嘉、湖二府相对要少。但杭州府下九县中,与湖州府相邻的仁和县的"秋粮米"中,除 4 300 余顷"民田"征收的 4.5 万余石"民田米"外,还有 2.2 万余石的"官田米"来自 602 余顷的"官田"(《(嘉靖)仁和县志》卷三、四《风土》)。鉴于这样的事实,有必要认识到杭州府也存在官田问题。

（C）今均每亩米二斗，银九分。

自周忱改革以来，"平米"一词指的是以秋粮为核算对象的正粮（即正米，基于公定亩税粮额即起科等则算出的正税）和基于正粮按一定比率征收的加耗（耗米）之和。（A）和（B）中所说的平米，在均粮和征一这两大改革的进程当中也是指正粮与加耗的合计。改革之后，两者完全合一，平米本身的含义也演变成了以秋粮为核算对象的实际税粮。这一点后文将有论述。

那么，史料（A）中"每亩摊征平米三斗七升六合"说的就是吴江县能够达到标准水稻亩产的土地在实施均粮后的亩税粮额，用平米即实际税额来表示就是每亩三斗七升六合。

史料（B）"以一定其则"的说法，在其他地方志表示相同内容的记载中往往写作"征一以定其则"，亦即按统一后的征收原则征收税粮的意思。[1] "每平米一石，派征本色米五斗三升，折色银二钱三分五厘"，即实施征一后，以米额表示的税粮平米，每石按一定的比率统一征收米谷和银两。

史料（C）中的"三斗七升六合"为实施均粮后吴江县每亩以米额表示的税粮额（即平米征收额），按史料（B）中"每平米一石，派征本色米五斗三升，折色银二钱三分五厘"这一征一实施后的米、银比率进行换算，实际缴纳时应为米二升、银九分（精确计算的话，应为米一斗九升九合二勺余、银八分八厘）。

---

[1] 关于"征一"这个特异的名称，请参见正文的论述。不过，《明史》卷七十八《食货志二·赋役》中称："征一者，总征银米之凡，而计亩均输之。其科则最重者与最轻者，稍以耗［米］损益推移。重者不能尽损，惟递减耗米，派轻赍折除之，阴予以轻。轻者不能加益，为征本色，递增耗米，加乘之，阴予以重。"这段话毋宁说是对苏州府最典型、最完整的"均粮"形态的具体说明。《古今治平略》卷一《国朝田赋》条"征一法，都御史欧阳铎抚南畿时督储法"中的"法"（制度）字，其实就决定了其作为制度的本质定义。另外，在二战结束后的明代赋役制度史研究中，尽管各位研究者都必须引用并解释这条史料，但其中的尖锐问题，具有深刻影响的鼇宫谷英夫《近世中国的赋役改革（上、下）》〔近世中国における赋役改革（上·下）〕《历史评论》第 1 卷第 2、3 号，1946 年）已经有所指出。

如上所述，就吴江县的事例而言，均粮时规定下来亩税粮（平米）额，按征一的要求，将每石平米按一定的比率分成实物米谷和银两缴纳，从而实现了"每亩米数斗、银数分"这样明快易懂的税粮征收制度。这就是16世纪30—70年代税粮征收制度改革到达的终点。①

① 江南各府虽有时间先后但无一例外地贯彻了这次改革，其改革进程过程本章第四节有较详细的探讨。从苏州、嘉兴、湖州三府的事例中可以确认改革的结果：南直隶苏州府万历四十八年（泰昌元年，1620）的亩税平米额显示了均粮的结果；浙江嘉兴府隆庆二年（1568）亩税粮中的本色米、折色银和徭役银，是对均粮、征一和徭役银的统一征收；湖州府万历十六年（1588）亩税本色米及基于本色米算出的税粮银、徭役银的银额，同样是均粮、征一及徭役银统一征收的结果。

〔苏州府〕据康熙三十二年（1693）刊《苏州府志》卷二十三《田赋一》所收万历四十八年条下的《田粮斗则》，均粮后各县按照实际情况进行了若干的修正。笔者将这一年的主要亩税平米额抽出后制成下表，由此可以确认官田民田一元化政策基本上得到了贯彻。另外，表中各征收额下所附百分比，表示相对于各县包括田、地、山、荡等土地总面积该米额所占的份额。例如，吴县3斗4升4合田为4 184余顷，仅占全县土地面积的58.54%，几乎等同于嘉靖十七年王仪制作的该县《摊耗丈量田地册》内登记的"该加耗肥瘠相等田"4 259顷，可见"田"的部分已经实现了亩税米额的一元化。其他各县的情况也应如此（有些县中，"田"仅占"地"的很少部分，统称为"田地"）。

州县名	亩平米征收额总数	典型亩平米征收额（单位：斗）	百分比（%）
吴	22	3.44 田地 0.15 丝山荡	58.54 19.36
长洲	56	3.75 官田 2.8 民田	85.34 4.23
吴江	14	3.66 余上上田	85.06
常熟	19	3.3 田 2.3 田 1.9 田	31.82 19.49 39.17
昆山	70	3.25 田 2.2 田	81.23 5.45
嘉定	11	3 田 2.77 田	87.48 6.80
太仓（州）	9	2.89 田	93.93
崇明县原资料中虽有记载，但与其他六县一州的状况存在差异，故略去。			

（转下页）

如此,均粮和征一构成了 16 世纪 30—70 年代改革中紧密相联的两个侧面,但又各自具有独立而复杂的操作。现实的实施过程中,均粮和征一不一定在苏州府中同时进行,存在先后顺序的情况也并不少见。江南三角洲官田地带的六府中首先统一实施的是征一,其标志就是曾经命令松江府采用论田加耗方式的南直隶巡抚欧阳铎,于嘉靖十六年(1537)召集辖下各知府所召开的会议。但是,给旨在税粮征收方式简明化的改革带来巨大刺激的,可能是正德十四年(1519)已在湖州府开始推行的均粮。

税粮征收制度改革中,均粮和征一既紧密相关,又各具固有的内容和历程,本章首先对均粮和征一各自的机理分别展开探讨,并对伴随均粮改革同时进行的徭役赋课制度改革进行概观。我们以这次改革中最具典型意义且实施最早的苏州府为具体对象,从征一开始谈起。

一、征一

如上所述,据嘉靖十七年(1538)苏州知府王仪刊行的《书册》,府下吴江县在税粮征收时运用了征一的原则,"每平米一石,派征本色米五斗三升,折色银二钱三分五厘",每石税粮按一定的比率统一征收米和银。其实,这一方针当时已经推广到了当时南直隶巡抚管辖下的各个府县。

(接上页)《(崇祯)吴县志》卷八《田赋下》所收《万历四十七年巡抚都御史胡应台知府沈萃祯定经赋书》下的"田粮斗则",与《(康熙)苏州府志》所载吴县的"田粮斗则"完全一致,可见府志所载来自万历四十七年的《经赋书》。

〔嘉兴府〕据万历二十八年(1600)刊《嘉兴府志》卷五《赋役》所载"隆庆二年(1568)奉布政使编定赋役成规额",该府派征扒平(与均粮同义,参照本章下文)田地山荡等项共 44 004 顷 40 亩(分以下单位略,下同)中,嘉兴县,田地合为一则,共 8 644 顷 50 亩,每亩本色米 1 斗 2 升 9 合(勺以下单位略,下同),税粮、(均)徭(均)平折色银七分六厘二毫(丝以下单位略,下同)。嘉善县,田地合为一则,每亩科本色米 1 斗 8 升 6 合,折色税(粮)银、(均)平(均)徭银 9 分 4 厘。可见各县都以县为单位实现了税粮的一元化(山、荡、滩部分省略)。

〔湖州府〕据崇祯十一年(1638)刊《乌程县志》卷三《赋役》载,万历十六年(1588)的规定为田 7 278 顷 53 亩,每亩科米 1 斗 3 升 8 合,银 5 分 2 厘 2 毫,地 834 顷 16 亩,每亩科米 1 升 7 合,银 3 分 1 厘 3 毫(山、荡部分省略),府下其他县的情况亦应大致相同。

嘉靖十六年（1537），也就是苏州知府王仪推行均粮和征一的前一年，当时的南直隶巡抚欧阳铎召集管下各府县知事召开了会议。如上一章最后所述，据松江府华亭县人陆树声书简中对此事的描述，当时欧阳铎下令对"田上加耗"，即一直以来在松江府难以推行的"论田加耗"展开讨论。但是，这次会议的主要目的似乎不在于单纯的田上加耗这一具体问题，而是对巡抚管下所有江南官田地带面临的税粮征收和徭役赋课制度展开讨论并设法找出解决方案。万历二十五年（1597）序刊的《镇江府志》卷五《赋役制·田赋》中"嘉靖十六年巡抚欧阳公赋役册"条下有一系列的叙述，最后还附有镇江同知韩克济的说明：

> 同知韩克济云，法久而弛，民受其弊。巡抚都宪欧阳公莅政之初，即通行讲求，三月进各官，面议其可因革损益，虚中以揆之。凡七月而书成。

可见会议对"赋役"制度中存在的弊端及其改革途径进行了透彻的分析，七个月后出台了《赋役册》。《赋役册》的内容可能是这次会议上商讨后确定下来的基本原则，即对当时税粮征收和徭役赋课制度进行改革的方案。当时欧阳铎管下的各府县留存至今的地方志中，仍有不少注有嘉靖十六、十七年《赋役册》或《经赋册》的记载，其中关于税粮征收的内容尤为详细。各方志中关于税粮征收的记载，由相同的八大项和各项下对各自府县具体情况的说明组成，这八大项正反映了税粮改革中的上述基本原则。现在，据《（崇祯）吴县志》卷七《田赋上》所载《嘉靖十七年知府王仪刊定经赋册》、《（嘉靖）吴江县志》卷九《田赋》所载《嘉靖十七年知府王仪刊定书册》、万历十六年（1588）刊《上海县志》卷三《田赋》所载《赋役册》等，将八项基本原则的内容简单归纳如下，每一项都以最基本的行政区划县为单位。

1. 原额稽始：对之前作为税粮征收对象的土地登记进行确认。

2. 事故除虚：将水淹、荒废或转用为公共用地的土地从登记中删除。

3. 分项别异：确定田、地、山、荡等不同类型土地的面积，确定与各起科等则相应的耕地面积及正粮、加耗征收额。

4. 归总正实：确定各县平米（合计正粮与加耗）征收总额及本色米、折色银的征收额。

5. 坐派起运：向府外各官仓输纳旧秋粮。

6. 运余拨存：输纳府外各官仓后旧秋粮的剩余部分，送纳府内各官仓积储。

7. 存余考积：确定输纳府外各官仓的旧夏税、杂派税粮及剩余额。

8. 征一定则：确定每石税粮（平米）中本色米、折色银的统一征收额。

在欧阳铎召集的会议上针对税粮领域改革作出的八项基本原则，从确认作为税粮征收前提的土地面积的登记开始，到所征税粮的运输与管理，几乎网罗了税粮征收和输纳的方方面面。但对纳粮户而言，影响最大的改革项目莫过于第8条"征一定则"，以及作为其前提的第4条"归总正实"。至此，改革方案中还没有出现旨在亩税粮均一化的"均粮"内容，对作为均粮前提的起科等则的整理，也只在第3条"分项别异"中有所提及。嘉靖十六年会议后，南直隶巡抚管下各府均在着手整理旧的税粮征收制度，为均粮作准备，首先实施的就是征一。

征一这项改革到底想要改变什么样的现状呢？上一章最后揭示的松江府华亭县人陆树声的书简（E）中，已经说到了征一的实施，其中一句为"其往年派征金花、粗细布、白粳糯米各项名色，俱已削去"。如第三章所看到的那样，这些物品的折纳，始于宣德八年周忱为纠正亩税粮额的不均所实施的折征例，实行征一以后，这些折纳物的名称也从税粮征收制度上消失了。陆树声书简（E）中还写道："止派本折银米二项。庶官府易于稽查，里书难于隐弊，小民可以户晓。"也就是说，正如陆树声所言，金花银、各种棉布和白粮的折纳，与其说起到了缩小亩税粮额不均的作用，不如说使征收的手续变得更加繁杂更加难懂了。正是为了克服这一缺陷，才推行了每个税粮单位按一定的比率征收定额的米和银这一政策。

也就是说，征一必须改革的就是，哪怕是同一亩地、同一石粮，因公定亩税粮额的差异，必须缴纳各种品种税粮的现状。

位于苏州府之西的常州府，知府应槚在嘉靖十六年的一段话说的最为详细：

> 常年会计，奉户部开坐税粮马草起存各衙门本折色数目到府，派属征运。原未立有法程，故轻可那重，重可那轻，奸弊百出，莫能查考。本府钱粮，有白细粳糯米，次等白粳米，有糙粳米，有金花，有白银，有官布。田地斗则有七斗、六斗以下，有五斗、四斗以下，有三斗、二斗、一斗以下。前周文襄公立法，七斗至四斗，则纳金花、官布轻齎折色，二斗、一斗则纳白银、糙米重等本色。因田则轻重而为损益，法非不善也。但法久弊生，官司以情奉金花，奸富以利买金花。书算以官田作民田，轻则改重则，巧于飞诡，非一人一日所能查理。贫寒小民，吞声忍重则纳本色。虽欲告理而难于悉达者，势则使然也。其夏税麦、丝，每年分各会计，于秋粮田上征办。

> （万历三十三年（1605）刊
> 《武进县志》卷三《钱谷一·额赋》）

当时常州府按户部的指定，纳粮户缴纳的"钱粮"中，品目繁多，仅米一项就有白细粳糯米、次等白粳米及糙粳米三种，银则有金花银和成化二十二年（1486）以来折纳部分耗米的白银两种，还有被通称为"官布"的棉布。周忱将如此多样的征收种类按亩税粮额的轻重分摊到不同的纳粮户，试图以此来调节纳粮户之间的实际负担。应槚对此给予了高度的评价，但他同时也指出，实际负担较轻的金花银分配不当，担任征税事务的胥吏恣意改变亩税粮额等现象愈演愈烈。这一认识与陆树声书简中所表达的完全一致。另外，这些物品中原本作为夏税征税的麦、豆、丝绵、户口食盐（钞）、马草等，自宣德八年（1433）南直隶巡抚周忱制定加耗例和折征例以后，各自按照一定的比率折算成米，放到秋粮正米的耗米中一并征收（参照本书第三章第五节）。如崇祯二年（1629）重刻的嘉靖二十七年（1548）刊《太仓州志》卷五《户田》所载"嘉靖十九年都御史欧阳

铎、知府王仪、知州林空清理田粮"条称:

> 夏税,即丝、麦、马草之类。原系耗米包补。清查之后,俱议平
> 米数内,多寡不究,是无数目。

宣德以后各地方志中出现的麦等名目的及数额,属夏税归入耗米一
并征收前的形式,因此与实际情况之间存在着一定的差异。浙江布政使
司管下的湖州府,直到嘉靖时期还将麦、丝等作为夏税来征收(参照本章
第四节)。

征收物品的种类之所以如此繁多,一个重要的原因就是明代江南的
税粮是以秋粮的核算为基础征收实物米谷的,因此任何其他征收物品
(即折纳物)都必须换算成米谷后缴纳。周忱的折征例就直截了当地指
明了这一点。在此后约一个世纪的岁月里,松江府上海县折征例开始后
征收的两种棉布也变成了折纳银两,不同的棉布以粮价为基准被换算成
了四种不同的折纳银。《(万历)上海县志》卷三《赋役志上·田粮》中有
以下记载:

> 嘉靖十五年会计。本县正粮,每石加耗米五斗二升五合六勺八
> 撮。金花银,每两连加火耗解扣银一分三厘,准米四石。白银每两
> 准米二石一斗。三梭布每匹价扛(银)共银六钱八分,准米一石四斗
> 二升八合。阔白棉布每匹价扛银共银二钱八分,准米五斗八升八
> 合,并于白银内征收。

"火耗"是锻造银锭时的损耗,"解扣银"和"扛银"是运输费用。从上
引史料中可以确认,嘉靖十五年(1536)上海县存在着金花银、白银、收购
三梭布(细布)用银和收购阔白棉布用银等四种折纳银,与这四种折纳银
相应的米谷折算比率又不尽相同。固然,收购两种棉布的用银这一年已
经变成了缴纳白银,从而也失去了调剂纳粮户实际负担的意义。折纳物
种类的多样性必然伴随着米谷折算率的多样性,如果折征例的初衷已经
丧失,其结果就意味着这一制度只能给税粮征收和缴纳带来无尽的
繁琐。

此外,关于征收过程中折纳物对米谷的折算率的复杂化,还有一个必须指出的事实,那就是随着中央户部分摊给各府税粮总额的变动,一县耗米(加耗,以米谷为计算标准)的总额每年都有不同,由此亦可判断各县折纳物对米谷的折算率也会产生变动。下面就以前一章最后提及的陆树声书简(A)、(B)两条为线索展开探讨。

本来,明代水稻区一县的税粮是以秋季征收的实物米谷即秋粮的正米额为基准的。也就是说,将登录于赋役黄册的各纳粮户的各个地块,按相应的起科等则(用秋粮表示的公定亩税粮额)乘以土地面积,算出各纳粮户秋粮正米额的总和就是该县的税粮基准额,即所谓的"原额"。但是,一县的实际税粮征收额与之不同,原因就在于每年户部下派给各府的征收税粮额都不固定。户部本应将府下各县原额的总和就此作为该府的征收原额,但据嘉靖十五年稍前松江府和该府华亭、上海两县的情况,户部分摊给松江府的税额确实年年都在变动,原因之一是中央财政的需要,从制度方面来看,如第三、第四章所见,周忱在任期间,耗米迥异于以往向中央输送的正规税粮,自始至终都留在地方上供地方官府灵活运用,且有年年减额的预期,但是周忱辞职后,原本留在地方上的耗米开始被中央政府吸走。在被中央吸走这一点上,耗米已与正粮无异,但它又不同于基于各地起科等则所算出的正粮,征收额能够自由地调整。陆树声论道,在嘉靖十五年前的论粮加耗时代,正粮每石征收耗米四斗、五斗乃至六斗,这是因为户部每年的坐派(分摊额)都在变动。理论上说,如果户部派给各府、各府派给各县的税粮额发生变动,耗米额也就随之变动,县里的耗米额也会产生增减,征收困难时还必须通过对金花银、白银、棉布收购用银或棉布实物等对米谷的折算率进行调整。纳粮户则不得不按照当年的征税要求,将自己所有地块与公定亩税粮额相应的物品,按照形形色色且年年变动的折算率折算后缴纳。

如上所述,税粮征收物种类的多样化,带来了对米谷折算率的多样性,进而导致亩税粮额的不均等性和多样性。被称作"征一"的税粮征收改革,其目的就是要克服这种在征收和缴纳过程中存在的复杂而繁琐的程序。

第一，以县为单位固定耗米征收额，将之与正米合计，得出新的"原额"，作为该县平米的总额。第二，对一县之内米谷以外的征物加以整理，统一以银两为单位计算，并将该银对米谷的折算率一元化，固定平米总额中实物米谷的总额和银两的总额。作为结果，第三，确定该县每石平米中实物米谷与银两的征收比率，依此统一向所有纳粮户征收平米。这种被称为"征一"的统一征收原则，可以直指上述的第三阶段，但为了实现第三阶段，又必须以第一、第二阶段为基础，所以广义上的"征一"可以是指包括三个阶段在内的一系列征税方式。从下列苏州府吴县的事例中，可以看出新税粮征收制度的具体执行过程。

关于嘉靖十七年苏州知府王仪推行的以均粮、征一为核心的一系列税粮征收制度改革，《（崇祯）吴县志》卷七《田赋上》提供了三条重要线索：(1)"嘉靖十七年知府王仪摊耗丈量田地册"，(2)"嘉靖十七年知府王仪归正会计册"，(3)"嘉靖十七年知府王仪刊定经赋册"。这三条相互之间存在着关联，其中(1)、(2)的内容主要为均粮，而理解征一不可缺少的是(3)《经赋册》。特别是上述第四项"归总正实"，如实反映了作为征一基础的上述第一和第二两个阶段。下面将该项全文抄出，各段落的标号为笔者所加。

（A）吴县原定实征正耗平米一十七万五千一百四十石五斗二升九合六勺六抄。验派本色米八万四千六十七石四斗五升四合二勺，折色银三万五千二百三两二钱四分六厘五毫。

（B）嘉靖十七年添入京粮耗脚、兑军木板，又南京菉豆及北运夫船米改折银，该减本色米一千四百五十三石六斗六升六合二勺，该加折色银一千四百二十七两三钱九分五厘二毫。

（C）议将金花等银，衰益扣算，每银一两，均准平米二石，减派米一万九千二百六十五石四斗五升八合二勺六抄，实用起存平米一十五万五千八百七十五石七升一合四勺，该派本色米八万二千六

百一十三石七斗八升八合,折色银三万六千六百三十六两六钱四分
一厘七毫。

(D) 奉例清覈,吴县今实征平米十五万六千四百二十三石七斗
五升五合二勺四抄,该本色米八万二千九百四石五斗九升二勺四
抄,折色银三万六千七百五十九两五钱八分二厘五毫。

(A) 段中"吴县原定实征正耗平米",可见无论户部每年的坐派(分
摊)如何变动,该县作为基准额实际征收的秋粮总额,即由正米(正粮)和
耗米(加耗)组成的平米总额固定在十七万五千石余。同时还可以确认,
其中征收实物米谷(本色)八万四千石余,其他各项合纳银(折色银)三万
五千二百三两余。

(B) 段中,"京运耗脚"(往南、北二京直接运送税粮的运输费)、"兑
军木板"(起运税粮时运粮官军所用木板费用)、"南京绿豆"(送纳南京的
绿豆)、"北运夫船米"(往长江以北官仓运送税粮的民运经费)四项,曾一
度由征物改为征银,但嘉靖十七年后,这四项折纳银合计一千四百二十
七两余正式加进了平米的折色银中。这四项折算成实物米谷相当于一
千四百五十三石余,即使折成银两缴纳,但账簿上却仍然被处理为平米
中的本色部分,可见折银部分正式转为平米以后,这个数额在本色米中
的份额有所减少。

(C) 段显示了正在进行的一场重要改革,即把金花银等一系列折纳
银的换算率,统一定为银一两=米二石。

那么,(A)段平米十七万五千一百四十石五斗二升九合六勺六抄中,
本色米为八万四千六十七石四斗五升四合二勺,余下的九万一千七十三
石七升五合四勺虽然没有明确说明,但实际上是折合成折色银三万五千
二百三两二钱四分六厘五毫征收的。正米之外的其他征收项目,以平均
银一两折算米二石五斗八升七合六抄余这个比率折纳银两。而此前苏
州府金花银换算率是银一两=米四石。

这次改革,一改以往杂乱无章的银米换算率,将之统一为"每银一

两均准平米二石"。换算率的下调和统一,给折色银对米谷的换算额
又带来了怎样的影响呢?(C)段最后,将折色银三万六千六百三十六
两六钱四分一厘七毫,以"银一两均准平米二石"的比率,换算得七万
三千二百六十一石二斗八升三合四勺。如前所述,在新换算率实行以
前,这一部分折色银可换算米谷九万一千七十三石七升五合四勺,两
者相较,减少了一万七千八百十一石七斗九升二合。加上(B)段所说
嘉靖十七年以后本色米减额一千四百五十三石六斗六升六合二勺,两
者相加,实际比从前减少了一万九千二百六十五石四斗五升八合二
勺。(C)段中"减派米一万九千二百六十五石四斗五升八合二勺六
抄",正是因为这个原因。

由于银米换算率下调为银一两＝米二石,包括正米、耗米在内的平
米额,"实用起(运)存(留)平米"也降到了"一十五万五千八百七十五石
七升一合四勺"。由于对换算率的操作,平米在额面上被削减了下来。
下文将要提到,这一措施在吴县对同时展开的均粮改革具有重大的
意义。

最后,(D)段中《经赋册》第一项"原额稽始"与第二项"事故除虚"之
间存在着关联,两者都与土地登记有关,后者还与水淹、荒废和公用地的
调查("清查覆实")有关。(D)段还显示,基于对土地登记面积的调查,对
平米额、平米中的本色米和折色银的数额进行微调,并最终确定登记在
册的各种地块的征收额。

嘉靖十七年苏州知府王仪刊行的苏州府吴县《经赋册》的第四项,与
上述内容吻合,从中可以看出征一这一新型税粮征收制度所具有的本质
性特征。

第一,一县的税粮总额及其实际负担,是基于原有的秋粮总额计算
出来的,一旦算出则基本固定。也就是说,基于明初以来的起科等则计
算出来的正米额,加上作为附加部分的耗米标准额,其结果就是征一制
度下的平米额。平米的数量一旦固定,以后该县的税粮就变成了平米
一项。

此前,耗米(加耗)的数量每年都不一样。正如创立加耗例的周忱在任期间反复言及的那样,当年的加耗比率必须考虑此前的耗米剩余额,也就是说需依据余额的多少制定当年正米的加耗率。周忱离任后,耗米的处置权被中央户部收回,虽然收回耗米处置权当时的固定额依然存在,但户部每年都会根据当年的财政情况进行调整,因此,一县的正规税粮只是基于起科等则算出的正米(正粮),而所谓的平米,不过是这一年中正米与浮动的耗米(加耗)相加的结果。但是通过《经赋册》第四项的操作,耗米标准额与正米额一同,完全被纳入到了平米之中。正米和耗米,是构成平米的两个要素,但平米额一旦算出,耗米之名虽然存在,但它已经形式化,失去了独立的功能。从而,平米代替了以往的正米,成为一县的正规税粮,基本固定,不再年年浮动。按新制计算出来的吴县的平米,就是"归总正实"项(D)段落中的"吴县今实征平米一十五万六千四百二十三石七斗五升五合二勺四抄"。

第二,就以往的各色折纳银而言,新制不问其沿革及不同折纳物对米谷的换算差异,统一以银一两=米二石的新换算率进行换算,然后纳入到平米中的折色银中。如上所述,这一新换算率还具有下调银对米换算率的重要意义,而从征收物品的整合这一角度来看,同样是实物米谷的折纳银,却因各自沿革的不同而产生了繁多的名目和复杂的折算率,经过这次改革,复杂多样的现象得到了合并统一。统一后的纳银部分总称折色银,对米谷的统一换算率为一两=二石,这一点尤为重要。

在征收品目的整合上,原本在本色米(实物米谷)中为了增加税粮额较轻土地的实际负担的白粮一项,这个问题怎么处理?对此,吴县《经赋册》中没有提及。但根据《经赋册》第五项"坐派起运",规定了运往北京和南京的白粮(白熟粳米、白熟糯米)加耗。为填补运输过程中的损耗,基本的做法是在正米之外加征三成作为耗米,但为了填补精白米在加工过程中的损耗(舂办),征收精白米的纳粮户又必须正耗总额之上再加征二成,然后一并换算成糙米缴纳。① 因此在本色米征收上,征收品种全部统一成了糙米。

经过以上的运作,嘉靖十七年吴县的税粮征收,据(D)段记载,已经统一成了本色米(糙米)和折色银(银)两种,数量也确定为本色米八万二千九百四石五斗九升二勺四抄,折色银三万六千七百五十九两五钱八分二厘五毫。把其中的折色银换算成本色米就是七万三千五百十九石一斗六升五合。在一十五万六千四百二十三石七斗五升五合二勺四抄平米之中,本色米占53%,折色银占47%。因此,就平米一石而言,征收的本色米为五斗三升,银为二钱三分五厘。

通过对嘉靖十七年苏州知府王仪刊行的吴县《经赋册》的第四项("归总正实")的分析,我们弄清了作为征一制基础的第一、第二阶段的具体情况。那么,与征一制直接相关的第三阶段,在嘉靖十七年的吴县又是如何推行的呢? 很遗憾,尽管现存江南地方志中所载的《经赋册》或《赋役册》多有涉及,但《(崇祯)吴县志》卷七《田赋》所载嘉靖十七年《经赋册》中却没有留下类似于第八项"以征一定其则"的相关记载,只留下了从第一项到第七项的详细记载。但是,如本章序言中所介绍的那样,《(嘉靖)吴江县志》卷九《土田》中却留下了嘉靖十七年王仪主导的改革记录。据"嘉靖十七年知府王仪刊定书册"的内容,其最后一项即第八项"秋粮八事"中,在"以一定其则"后附加了"每平米一石,派征本色米五斗三升,折色银二钱三分五厘"的说明,因此可以确定,在吴县《嘉靖十七年知府王仪刊定经赋册》的第八项中,本应有与吴江县上述第八项相同的

---

① 《(崇祯)吴县志》卷七《田赋上》所载《嘉靖十七年知府王仪刊定经赋册》第五项"坐派起运"记载了与北京、南京和德王府相关的白粮处理。其关于北京的部分,中心内容如下:

　　内官监白熟粳正米一百八十九石。供用库白熟粳正米九百四十五石二升,光禄寺白熟粳正米九百四十五石二升,光禄寺白熟粳正米八百八十二石、白熟粳正米八十六石五斗,酒醋面局白熟糯正米一百三十四石八斗八升,京仓白熟糯正米四石四斗。共白熟粳糯米二千二百四十一石八斗,准糙粳米二千四百六十五石九斗八升。每白正米一石加三,该耗米六百七十二石五斗四升,共正耗白米二千九百一十四石三斗四升,加二春办,该准糙平米三千四百九十七石二斗八合。……

记载。特别引人注目的是,上文笔者据吴县《经赋册》(D)段计算出来的平米每石中本色米和折色银的数量,与吴江县的数额完全一致。由此,可以将吴县《经赋册》的第八项复原如下:

> 每平米一石,派征本色米五斗三升,折色银二钱三分五厘。

这样的一致,若说是偶然也太过巧合了。

将一县旧制中的正、耗加起来作为平米,并将旧制中征收的多种实物米谷统一为糙米作为本色米,又将对米谷换算率各不相同的折纳银,按银一石＝米二石的换算率统一为折色银,运用新换算率削减平米的数额,将通过这些政策最终得出的平米额固定为该县今后的正规税粮额,通过一县的平米总额、本色米额、折色银额,制定出该县税粮一石本色米和折色银的比例,从今往后该县的税粮征收即按此简明且统一的标准进行,这就是征一制的核心内容。苏州知府王仪在制定这一系列方案时,同时推行征一与均粮,而吴县与吴江县的平米一石中米、银的比例完全一致,这说明了改革方案是依南直隶巡抚召开的会议精神统一部署,并在王仪的强力指导下稳步进行的。

通过征一,周忱创立的折征例可以说得到了扬弃。也就是说,一方面,周忱折征例的初衷,即在米谷之外设定银、布等物品折纳,在米谷之中设定特殊名目的白粮等等,试图通过这些运作来调剂各地块起科等则的不均以及纳粮户之间的贫富差距,这一系列的改革,至此打上了终止符。另一方面,由折征例开始的部分税粮用银折纳的做法,通过征一制固定了下来。所有缴纳的平米,都必须以石为单位缴纳一定数量的银两。

征一还与对周忱加耗例的扬弃有关。即使在周忱离任、耗米演变成中央户部征收的第二税粮后,耗米也一直处于与正米不同的范畴中。但通过实施征一,耗米与正米相加,形成了具有全新意义且相对固定的平米。因此,虽然正米(正粮)、耗米(加耗)的区别形式上仍然存在,但实际上耗米已经消失。确实,如上一章文末提到的那样,松江府嘉靖十六年在南直隶巡抚辖的推动下实施征一之时还在采用论田加耗,但正如在陆树声书简中所看到的那样,松江府此时似乎正在将正米和耗米结合并使之固定化,"算正耗平米一百三十万余石"(陆树声书简 D 项),这正是消除正、耗米区别的前提。这种区别的消除,意味着耗米被纳入到了税粮(平米)中,成为正规税粮的一部分,此后则半永久性地固定了下来。从这一点来说,加耗例并非被单纯地抛弃,而是在改革过程中得到了扬弃。

不过,积极推进征一制的王仪等地方官员,他们最大的目标是税粮征收方式的简明化和一元化,而这一目标必须通过均粮才能实现。

二、均粮

均粮①又是要改变怎样的现状呢? 如果再次重复说明的话,那就是江南地区被称为"起科等则"的公定亩税粮额,更确切地说,是秋粮——而且是用米谷为标准的正粮——的征收额因官田、民田之别而形成的极度不均等。早在15世纪前半期南直隶巡抚周忱推行改革的时候,松江人杜宗桓就已经向周忱提案将官田内部的亩税粮额均等化。② 15世纪中叶以后,地域社会的纳粮户和南直隶巡抚之间围绕着论粮加耗和论田加耗这两种方式展开了争论,虽然巡抚执着于加耗方式的改订,但两种

---

① 这一改革,就其内容而言则被称为"均则"(《明实录》嘉靖六年十二月癸丑吏部尚书桂萼上奏,天启四年(1624)刊《海盐县图经》卷五《食货上》)、"官名一则"(万历三十三年(1605)刊《武进县志》卷四《钱谷二·征输》,嘉靖二十一年(1542)刊《湖州府志》卷八《食货志》所载张铎呈文)、"扒平田则"(《(万历)嘉兴府志》卷五《赋役》)、"均派斗则"(崇祯二年(1629)重刻嘉靖二十七年(1548)原刊《太仓州志》卷五《户田》)、"均田"(《(天启)海盐县图经》)等等。最一般的称法依崇祯四年(1631)刊《松江府志》卷八《田赋上》所载隆庆二年(1568)条巡抚林润所说"江南诸郡,早已均粮",称其为"均粮"(参照本章第四节 V 嘉兴府钱薇和本章第四节 VI 松江府徐阶、徐宗鲁等人的言论)。而就其具体实施方法而言,则又被称为"均粮耗"(《(嘉靖)湖州府志》卷一《郡纪》载都御史许庭光的上奏)、"均耗"(嘉靖二十八年(1549)刊《嘉兴府图记》卷八《物土》)、"牵耗之法"(万历四年(1576)刊《昆山县志》卷二《田赋》)、"摊耗"乃至"摊耗之法"(嘉靖四十年(1561)刊《吴江县志》卷九《田赋》,《(康熙)苏州府志》卷二三《田赋上》,参照后述《(崇祯)吴县志》)、"牵摊法"(万历三十三年(1605)刊《嘉定县志》卷五《田赋考上》)等,请参照正文的叙述。

② 此间的详情,除本章小结中所言之外,在本书终章中也将提及。

意见的对立,其根底则显示了当时不同阶层的纳粮户对起科等则,即政府规定的亩税粮额不均等的尖锐对立,这一点在前面各章的论述中可以看得非常清楚。从 16 世纪前期到中叶,纳粮户和地方官都强烈地意识到了亩税粮额的不均,其具体情况将在下文论述。

本质上说,推行公定亩税粮额的均等化本身在操作程序上并不是什么困难的事。如果一县的正粮征收总额固定不变,那么只要用它去除以该县土地账册上能够代表当地标准亩产的那部分土地就可以算出来了。假设某县的正粮征收总额为十五万石,即一百五十万斗,而该县能够获得标准亩产的土地面积为五千顷,即五十万亩,那么用一百五十万斗除以五十万亩,就得出了每亩三斗的数值,然后只要把它公示为新的亩税粮额就可以了。

但是,现实中且不说地域社会内部的社会关系问题,就是地方官衙在征税技术上也存在着各种各样的困难。第一,赋役黄册是征收税粮(赋)和分摊徭役(役)的基本台账,对黄册中规定下来的起科等则的变更必须慎之又慎。明朝中央似乎存在着这样的认识,赋役黄册规定下来的起科等则,是洪武年间太祖创立的,后世必须遵守,轻易改变将会给国家的税粮征收带来影响。例如,宣德十六年(1431)周忱曾奏请下调松江府旧额官田的亩税粮额,与民田税粮额一致,但户部则以"已定册籍,征输有常"为前提,指责周忱"变乱成法",要求治其罪(第三章第五节)。

又如,嘉靖二十六年(1547)嘉兴知府赵瀛制定了由均粮和征一两部分构成、体系极为严密的改革方案,其中提到,即使改革改变了税粮征收的方法,民间买卖的土地,在十年一造赋役黄册时,仍须按该地块不均等旧科则登记(参照本章第四节Ⅳ及注 37(E)1)。

这与其说是知府赵瀛向上级机构作出了尊重赋役黄册的姿态,不如说是赋役黄册上传统的起科等则已经和各自的地片结合在一起难以分割,实际上起到了土地登录证明一样的作用。所以,从民间拥有土地的惯例上来看,赋役黄册上规定的旧起科等则也是不可轻易改变的。

因此,参与改革的官员们,只能在保证赋役黄册规定的旧起科等则不变,明确显示其与起科等则的关系的前提下,对每亩的实际负担额进行调整,以期实现均等。下文所要论述的征收技术上的复杂操作,就是在这样的情况下出现的。

关于亩税粮额的均等化和一元化,还有几个值得探讨的方面。一是上文已经谈及的加耗问题。自周忱改革以来,即使是采用正粮一石加征若干耗米的论粮加耗,加征耗米已然成为惯例,实际上已经成为正规的税粮。在制定全新而划一的亩税粮额时,如何将这一部分加耗纳入正税之中是无法绕过的问题。

其二是刚才在征一中详细论及的折征问题。折色中除周忱以来的金花银和棉布类外,还有成化二十二年(1486)从松江府起征的白银。不问每亩正粮的轻重,加耗部分都以被称作"白银"的银两来征收,苏州府和常州府也受到了影响。① 松江府、苏州府、常州府的部分县,折纳米谷的棉布也逐渐转变成了银。金花银等各种折色银和棉布对米谷的换算率各不相同,制定全新划一的亩征收额,必须先对如此多样的折征加以整理。

本章第一节中就已经指出,加耗和折征的整理其实是征一的基本主题。征一和均粮虽然都具有独立的一面,但征一又是均粮不可或缺的前提。

《(崇祯)吴县志》卷七《田赋上》"嘉靖十七年知府王仪摊耗丈量田地册"条下的内容共有八页,应该是对苏州府吴县县衙所用同名账簿的转录。这些内容,才是有关当年苏州知府王仪在府下各县,以及江南各府均粮改革不可多得的记录。《摊耗丈量田地册》一类的地册,正是知府王仪为实现府下各县亩税粮征收额的均一化而进行的账簿整理的成果,而

---

① 苏州府长洲县在改革之前,金花银(1两=4石)五万两和白银(1两=2.3石)五万二千六百两是分摊"摊耗"的重要媒介(《(康熙)苏州府志》卷二十三《田赋一》所载王仪《摊耗派征说》)。如第四章第二节及本章关于"征一"的叙述中所说,成化年间白银始于折纳部分耗米的分摊银,逐渐演变成了金花银以外折纳银的总称,当然在吴县也有分摊。《(崇祯)吴县志》卷七《田赋上》所载嘉靖十七年《经赋册》中作"金花等银"。

《（崇祯）吴县志》中的《摊耗丈量田地册》，则如实地反映了吴县的情况，我们先来考察它的内容。

表 2　嘉靖十七年(1538)苏州府吴县"科粮田"斗则表

	a 斗则 群名	b 面积 （单位:顷）	百分比	c 正米额 （单位:石）	百分比	d 平米量 （单位:石只 表示 B—H）	ed/b （单位: 斗）
A	只征正粮山荡	597.020 41	8.51	2 601.506 7	1.94		
B	6 斗以上田	13.243 91	0.19	969.618 7	0.72	455.590 5	3.440 03
C	5 斗以上田	728.667 68	10.39	39 948.218 2	29.81	25 066.1682	3.440 00
D	4 斗以上田	830.934 06	11.85	37 362.198 1	27.88	28 584.131 7	3.440 00
E	3 斗以上田	711.709 51	10.15	25 744.833 8	19.21	24 482.807 1	3.439 98
F	2 斗以上田	479.031 2	6.38	12 909.945 8	9.63	16 478.673 3	3.440 00
G	1 斗以上田	101.978 7	1.45	1 882.308 7	1.40	3 508.067 2	3.439 99
H	1 斗以下田	1 364.043 29	19.45	7 474.588 7	5.58	47 955.089 2	3.515 65
I	十四都 4 斗以上 重则 麦地	1.185 38	0.02	正麦 77.649 3	0.06		
J	麦　地	750.284 33	10.70	正麦 376.506 3	1.77		
K	丝钞 山荡	1 347.344 88	19.21	原折米 2 049.132 9	1.53		
L	科租 田地荡	87.221 19	1.24	租米 632.432 9	0.47		
	合　计	7012.664 54	99.99	134 028.941	100.00		

　　（据《（崇祯）吴县志》卷七《田赋中》"嘉靖十七年知府王仪摊耗丈量田地册"条。嘉靖十七年"科粮田"中，"该加耗肥瘠相等田"（表中 B-H 项）面积为 4 259 顷 60 亩 8 分 3 厘 5 毫，与万历十七年"三斗四升四合田"的面积 4 185 顷 97 亩 7 分 9 厘 1 毫基本一致）。

吴县"科粮田"指的是该县作为税粮最基本的部分——秋粮征收对象的土地(表2 A—H),合计4 856顷62亩8分7厘6毫。

此外,"科麦丝钞地山荡",即不宜水田耕作而免征秋粮、只征收夏税麦、生丝和钞(纸币)的土地(表2 I—K),合计2 098顷81亩4分5厘9毫。另外,"科租田地荡"是吴县贷给民间的官有土地(表2 L),计87顷22亩1分1厘9毫。"科麦丝钞地山荡"的面积占总面积的29.92%,约为三成。吴县西部,即今苏州市西南方到太湖东岸一带,在今天上海至苏州一带的平原中也是唯一一处被低山丘陵围绕的地区。只要考虑到这一自然因素,"科麦丝钞地山荡"的大量存在也就没有什么不自然的了。

均粮的对象是上述4 856顷62亩8分7厘6毫的"科粮田",计算的基准则是"只征正粮山荡"(只征收正粮的山荡。表2 A),也就是除因以往亩产量较低得以免除加耗的土地597顷2亩4厘1毫剩下的4 259顷60亩8分3厘5毫。(《摊耗丈量田地册》中的"科粮田"合计为4 856顷62亩余,与表2所示各项合计的4 826顷62亩余之间存在30顷的误差,因此除去"只征正粮山荡"后的土地总面积在表2中也为4 229顷余)这一部分是"该加耗肥瘠相等田",也就是说这部分土地以往的水稻亩产量只够承担加耗。"该加耗肥瘠相等田"相当于表2中的B、C、D、E、F、G、H,在当时吴县总计7 012顷66亩4分5厘4毫的各种税粮征收土地占60.31%(计算数值依据表2)。

这部分土地在生产条件上几乎相同,但明初以来在赋役黄册上却被分成了极其多样的起科等则,各地块的亩税粮不均十分显著。

苏州府吴县的4 259顷60亩8分3厘5毫"该加耗肥瘠相等田",此前基于起科等则征收的正米(正粮)为126 291石7斗7合,知府王仪在这一正米额上征收了一定额的耗米,正、耗相加的平米即为146 530石5斗2升7合2勺4抄,这就是吴县以后基本的税粮征收总额。由于平米一般是正、耗的总和,所以其中应该包括了126 291石7斗7合的正米和约占16%的20 238石8斗2升2合的耗米。

将这 146 530 石 5 斗 2 升 7 合 2 勺 4 抄平米分摊到面积 4 259 顷 60 亩 8 分 3 厘 5 毫"该加耗肥瘠相等田"中,平均每亩的平米负担额为 3 斗 4 升 3 合 9 勺余,约 3 斗 4 升 4 合,这在《摊耗丈量土地册》中表现为"每亩正耗米三斗四升四合",而这 3 斗 4 升 4 合,成为此后苏州府吴县水田中一般亩产量的亩税粮征收额。至此是制定均粮账簿的第一阶段。

这里必须加以探讨的是,到此为止的账簿制定过程中,耗米只占了正米(正粮)的 16%。如果加耗量有所减少,那么与正米相加所得的平米额也许就也会减少。这一点可以说是均粮账簿制定过程中的奥秘,这里必须要有所交代。

为了证明耗米的减少,首先请看《(崇祯)吴县志》卷七《田赋上》所载嘉靖十七年的账簿之一《嘉靖十七年知府王仪归正会计册》,其中有这样一段:

> 吴县清正田地山涂,每亩摊征平米三斗四升四合,内约正米二斗九升六合四勺八抄六撮,比旧减耗七升二合四勺八抄六撮,正加耗四升七合五勺一抄四撮。共减省米二万六百六十六石五斗八升二合四勺六抄。

均粮以后,新制下每亩平米征收额的构成如表 3(A)所示。

新制下的加耗为每亩 4 升 7 合 5 勺余,与以前相比减少了 7 升 2 合 4 勺余,因此,以前的加耗为每亩 1 斗 1 升 9 合 9 勺余,约 1 斗 2 升余(表 3(B)1),可见成化十五年(1479)南直隶巡抚王恕制定的每亩 1 斗 2 升的论田加耗法一直持续到了均粮的前夜。因此,与此前每亩 1 斗 2 升的加耗相比,均粮后每亩平米额 3 斗 4 升 4 合中的加耗 4 升 7 合 5 勺余,其实减少了 61%,相当于六成。由于正米(正粮)额与起科等则相关,因此通常不会改变,所以正米与加耗合计的平米额,必然随着加耗的减少而减少。如本章第二节所引《经赋册》第二项"归总正实"中所见,在征一的整合过程中,平米在额面上从 175 140 石 5 斗 2 升 9 合 6 勺 6 抄变为 155 423 石 7 斗 5 升 5 合 2 勺 4 抄,减少了 19 265 石 4 斗 5 升 8 合 2 勺余。经过土地登记对田土进行确认以后,最终的结果为 156 423 石 7 斗 5 升 5 合 2 勺 4 抄,减少了 18 716 石 7 斗 7 升 4 合 4 勺余。《经赋册》第四项中最终确定下来的平米额 156 423 石余中,加上先前"该加耗肥瘠相等田"的平米额 146 530 石余,再加上了从一般亩产的水田以外的土地上征收来的平米,绝对额上存在着误差。但是可以确定的是,一县"该加耗肥瘠相等田"是均粮账簿操作的前提,征一账簿中平米额的减少,正是以"该加耗肥瘠相等田"中平米额的减少为前提的。

表 3　吴县均粮前后每亩加耗额

(A)			(B)		
(1)	新正米	2.964 斗余	(1)	旧加耗	1.199 斗余
(2)	新耗米	0.475 斗余			≈1.2 斗余
总计	新平米	3.439 斗余	(2)	新加耗	0.475 斗余
		≈3.44 斗	(3)	新旧之差	0.724 斗余

通过以上的讨论我们认识到,在操作均粮账簿之际,随着加耗额的减少平米额也在减少。毋庸赘言,这一减额,即使是在征一账簿的操作中也是基于折色银一两＝平米二石的新换算率,即下调折色银对米的换算率而引起的。值得注意的是,下调折色银对平米的换算率而引起的耗米和平米的减额,乃是均粮账簿的操作,即均粮改革过程中的重要一环。

那么,在赋役黄册规定的起科等则一律不变的情况下,通过对账簿的操作实现亩税粮额的均一化和一元化,又需要具备哪些条件呢? 被起科等则紧紧束缚住的平米规定姑且放置一旁,那么,可操作的部分就只有正在走向准正税化但仍具浮动性和调整可能的耗米,或者因包含耗米在内而同样具有浮动性和调整可能的平米了。但是,在操作耗米或平米时,以金花银为中心的原有的银换算率成了障碍。因为周忱为减轻重税官田和贫困纳粮户的实际负担,在认可用银折纳米谷时设定了一个银贵粮贱的换算率,这个换算率要比实际的市价高得多,因此，一县的耗米、平米征收额非常高。在制定新规时，如果不改变旧有的银米折算率，即使实现了征一，税额也难免高位运作。因此，必须把折色银的对平米换算率（对耗米换算率）下调到与实际价格相近的水平，从而削减耗米和平米的征收额。

苏州知府王仪将其间的详情写入了《摊耗派征说》（康熙三十二年《1693》序刊《苏州府志》卷二十三《田赋一》）。以下为其中的一节①：

> 论折色者，当考夫银数之赢亏，不当较夫准米之多寡。盖米数可增可减，而银数则一定而不可移也。以长洲一县计之，本色平米二十四万五千一百十八石零。金花银五万两，白银五万二千六百四十三两零。若照旧例，则金花准四石，白银准二石三斗，共该本色平米五十六万零，每亩该米四斗五升六合。以今二石准之，正该平米四十四万（石）零，每亩该三斗七升五合。以米准银，多则耗米增之，少则耗米减之，或增或减，而金白银一十万二千六百之数则

---

① 王仪《摊征派耗说》的原文如下，内容由两部分组成，标为 A 和 B。与此处有关的是 A 部分。

（A）客有过仪而问曰：子郡主也，一方之休戚，于子寄之。金花银一两，旧准米四石，而子准米二石。米价三钱八分，而子准五钱，不有病于民与。

仪曰：子过矣。论折色者，当考夫银数之赢亏，不当较夫准米之多寡。盖米数可增可减，而银数则一定而不可移也。以长洲一县计之，本色平米二十四万五千一百十八石零，金花银五万两，白银五万二千六百四十三两零。若照旧例，则金花准四石，白银准二石三斗，共该本色平米五十六万零，每亩该米四斗五升六合。以今二石准之，正该平米四十四万（石）零，每亩该三斗七升五合。以米准银，多则耗米增之，少则耗米减之，或增或减，而金白银一十万二千六百之数，则自若也。毫厘丝忽，可以增减否耶。旧例金花准米四石，今议准米二石。盖旧日金花二石为实米，二石为虚数，仪止派实米二石，其二石之虚数则削之。则米虽二石，其实即旧日之四石也。论者不察耗米之减，而但欲准米之多，不审实数之如旧，但较虚数之减旧，何耶？

（B）客曰：子好异，无惑乎众论之纷纷也。轻之重之与。时合之人，将何言与？

予曰：岂好异哉，余不得已也。异时奸书愚弄官民，与婴儿无异。驾为支离之说曰，白银准若干，金花准若干，必如是而后有益于民。不知国有常赋，赋有定额，岂可以私智增之减之，不过于此参差不一之则，而为己侵渔之地耳。官府率为所罔而不知小民阴受其祸。予乃取其不一者，通而变之，而画至一之法，使奸书无以高下其手，富者不得以有利而就轻，贫者不得以无利而存重，为地方计，为穷民计也。客曰：唯谨受命。

《（康熙）苏州府志》卷二十三《田赋》"苏州府清理田粮录序"。万历四年（1576）序刊《昆山县志》卷八《遗文》也录有该文。

自若也。毫厘丝忽，可以增减否耶。旧例金花准米四石，今议准米二石。盖旧日金花二石为实米，二石为虚数，仪止派实米二石，其二石之虚数则削之。则名虽二石，其实即旧日之四石也。论者不察耗米之减，而但欲准米之多，不审实数之如旧，但较虚数之减旧，何耶？

通过上文的分析，吴县的均粮目标额设为每亩平米3斗4升4合，这一点已经基本明晰，下面我们来看均粮账簿操作的第二阶段。

就吴县的"该肥瘠相等田"而言，原本规定的起科等则和亩税粮额及其繁杂，如第二章所看到的那样，仅《（洪武）苏州府志》所载吴县的官田、民田、抄没田就已多达48种。即使是官府在账簿上进行操作，但要想把这些繁杂的科则税额统一调整为每亩3斗4升4合，并不是一件简单的事，甚至是不可能的。因此《摊耗丈量田地册》中将"该加肥瘠相等田"原本多种多样的起科等则大致分成了七段，按段登记土地面积并规定其正米额。表2B栏到H栏即为对其所作的整理。

接着，对七段中的每一段都根据正米额的多少对平米进行调整，尽管每段的平米额都由该段的土地面积所决定，但经过操作后平米额统一变成了每亩3斗4升4合。当然，这一操作中必须用到金花银和加耗米。

从六斗以上田到三斗以上田的四段中（表2中B-E），各段都分配了一定额度的金花银，通过一两＝四石的旧换算率算出对应的正米额，再将其以一两＝二石的新换算率换算成平米额。新换算率的运用，即"今改折银，每两准米二石"。

但是，各段所摊金花银对应的正米额，并不是以往该段正米额的全部。从以往该阶段正米额的总和中，除去按一两＝四石这一旧换算率算出的金花银所对应的正米额，剩余的部分表示为本色米若干石若干斗若干升。

下面以五斗以上田（表2C）为例说明：

　　　a 五斗以上田　　　　　728顷66亩7分6厘8毫

b 正米　　　　　　　　　39 948 石 2 斗 1 升 8 合 2 勺

c 验派京库金花银　　　　7 441 两 2 分 5 厘

　每两准米四石

　该准正米　　　　　　　29 764 石 1 斗 8 合 2 勺

d 今改折银

　每两准米二石

　实准平米　　　　　　　14 882 石 5 升

e [实]征本色米　　　　　10 184 石 1 斗 1 升 8 合 2 勺

f 共实派本折平米　　　　25 066 石 1 斗 6 升 8 合

以上各项的内容如下：吴县全县五斗以上田为 728 顷 66 亩 7 分 6 厘 8 毫（a）；以往所征正米为 39 948 石 2 斗 1 升 8 合 2 勺（b）；将金花银（京库金花银）7 441 两 2 分 5 厘按一两＝四石的换算率换算，可比定为正米 29 764 石 1 斗 1 升 8 合 2 勺（c）；正米中 10 184 石 1 斗 1 升 8 合 2 勺为本色米（e）；将所摊金花银对应的正米 29 764 石 1 斗 1 升 8 合 2 勺，按一两＝二石的新换算率换算平米，则减少了 50%，成为 14 882 石 5 升（d）；这 14 882 石 5 升（d）和前面的正米本色 10 184 石 1 斗 1 升 8 合 1 勺（e）相加，就得出了"共实派本折平米"25 066 石 1 斗 6 升 8 合（f）。再将这 25 066 石 6 升 8 合（f）除以五斗以上田的面积 728 顷 66 亩 7 分 6 厘 8 毫，就得出了每亩 3 斗 4 升 3 合 9 勺 9 抄余，即亩税平米 3 斗 4 升 4 合的目标值。

二斗以上田、一斗以上田和一斗以下田（表 2 中 G—H）这三段，每段都分摊一定额的加耗米，与各段的正米额相加即可得出平米额。

以二斗以上田为例：

a 二斗以上田　　　　　479 顷 3 亩 1 分 2 厘

b 正米　　　　　　　　12 909 石 9 斗 4 升 5 合 8 勺

c 加耗米　　　　　　　3 568 石 7 斗 2 升 7 合 5 勺

d 共平米　　　　　　　16 478 石 6 斗 7 升 3 合 3 勺

将正米 12 909 石 9 斗 4 升 5 合 8 勺（b）与加耗米 3 568 石 7 斗 2 升 7 合 5 勺（c）相加，所得 16 478 石 6 斗 7 升 3 合 3 勺，即为二斗以上田的平米额（d），用它除以这一段田地的总面积 479 顷 3 亩 1 分 2 厘，即可得出 3 斗 4 升 4 合的目标值。

在以上七段中，从六斗以上田到三斗以上田这四段的起科等则较重，正米的亩平均额几乎都在 3 斗 4 升 4 合以上，而从二斗以上田到一斗以下田这三段的起科等则较轻，正米的亩平均额都在 3 斗 4 升 4 合以下。前者分摊金花银，后者分摊加耗米，这样的方法使得各段的亩平米征收额都正好为 3 斗 4 升 4 合，于是得出了平米额。其结果如表 2 最右栏的 e 栏所示。不过为什么只有一斗以下田（表 2 H）是三斗五升一合余呢？这恐怕是操作中的失误。

将金花银和加耗米按以上方法整理为七段，任何一段的起科等则均调整为 3 斗 4 升 4 合。这样的操作正是《摊耗丈量田地册》中所说的"将各斗则，衰益扣算金花、田耗，每亩牵摊正耗米三斗四升四合"。"摊耗"一词即源于将耗米摊入，使每亩的平米均一。

至此，苏州府吴县实现了均粮的目标，作为一般亩产量的"该加肥瘠相等田"，其平米征收额全部均一为亩 3 斗 4 升 4 合。通过以上的探讨可知，这种均一化（均粮）是吴县县衙基于该县全境的登录土地面积和起科等则的分布、一县正耗米总额，以及金花银分摊总额等多种要素，在县衙中实施的纯粹的账簿操作。赋役黄册上起科等则、官田、民田等称呼，至少在这个时候还没有任何的改变。但均粮所得的一亩 3 斗 4 升 4 合，被定为全县统一亩征收额，纳入到了同时实施的统一征收方式（征一）之中，一举实现了吴县税粮征纳的简明化。

如上文所述，征一的结果，吴县每平米一石，征收本色米 5 斗 3 升，折色银 2 钱 3 分。均粮后的亩平米征收额为 3 斗 4 升 4 合，按照这个比率来核算，即为每亩本色米 1 斗 8 升 2 合，折色银 8 分 8 毫。

如果结合本章第一节文末均粮和征一实施后苏州府吴江县的事例来考虑，吴县一般登录在册的土地，其每亩所征米、银的指标，也必然是县衙当局下发给各纳粮户的指标。再结合吴江的事例,当时的指标可能除去了零数,表记为本色米 1 斗 8 升,折色银 8 分。

通过均粮,明初洪武年间以来江南税粮征收制度的显著特征,即官田税粮和民田税粮之间、官田税粮和官田税粮之间,以及民田税粮与民田税粮之间的亩税粮额的不均等性,到了嘉靖十七年(1583),在以吴县为首的苏州府中已经全部消失。虽然引起这些不均等的赋役黄册上的起科等则本身,与赋役黄册一同完整地保留了下来,但每亩的税粮,已由县为单位以平米若干的形式基本上实现了均一化和定额化。四年后的嘉靖二十一年(1524)补刊的《(正德)姑苏志》卷十五《田赋·税粮一》中,加入了正德元年原刊本所没有的小字夹注,那正是嘉靖十七年苏州府下各县均粮的记载。以"吴县每亩摊征平米三斗四合四升"为首,府下各县新的亩税粮额(平米额)可整理成表 4。(参照卷首照片)

表 4　均粮后的苏州府各县平米额

县(州)名	亩平米额
吴县	3.44 斗
长洲县	3.75
昆山县	3.35
常熟县　高乡	2.18
低乡	3.18
吴江县	3.76
嘉定县　一般田	3.0
卤薄田(盐碱地)	2.0
太仓州	2.8

(据嘉靖二十一年(1542)补刊本《(正德)姑苏志》卷十五《田赋·税粮》第八页正面第九行至背面第三行)

三、役银的统一征收

16世纪30年代,正当征一和均粮使江南官田地带的税粮征收制度发生巨大变革的时候,徭役劳动制度也同样发生着变化。早在15世纪后期,徭役中的里甲正役部门就开始了部分纳银的动向,这些代役的银两有"里甲银"等名称。[1] 在杂役部门,则更全面地推进了代役银制度,称作"均徭银"。实施征一和均粮这两大改革时,这些里甲银和均徭银的分摊也有了显著的变化。如第一章中所看到的那样,这是官田地带税粮和徭役的征收过程中内部关联的必然产物,或者可以说是所谓第二项税粮化在徭役领域的均粮和征一。如下一节将要提到的那样,苏州知府王仪通过操作被称为牵耗、摊耗的耗米而实现亩税粮额均一化的构思来自于湖州府,而正德十四年(1519)浙江巡按监察御史许庭光提案的湖州府税粮征收制度改革计划中,也早已包含了徭役制度的改革计划,这一点也将在下一节中提到。正德十四年许庭光在其上奏的文末写到:

> 务要通融损益,不失槑府每田一亩实米三斗之数。
>
> (嘉靖二十一年(1542)刊《湖州府志》卷一《郡纪》)

上奏的主旨就是建议通过对耗米和京库折银米(金花银)等项目的操作,使湖州全府每亩的"实米"(相当于苏州府的平米)都在每亩三斗。其后徐庭光又特别加上了这样一句话:

> 遇有均徭、丁田银两等项,一例审编。

也就是说,若把亩税粮额均一为三斗,那么,在分摊均徭银和丁田银时也都按"一例",即在征收这些银两时也要做到统一,不使再有差别。

---

[1] 以下所述"里甲诸负担"和"里甲银"主要是起源于"公费、上供物料"。严密地说在制度上并不是指里甲正役的全部劳动。

如下一节将要讨论的那样,由于当时湖州府还没有实现亩税粮的完全均一化,而是停留在官田和民田各自亩税均一化的时期,因此鉴于官田民田二元化的现实,按亩统一征收均一银和里甲银的议案也只好搁置了起来。但是,嘉靖二十年(1541),知府张铎再次上书,强烈要求对湖州府的土地实现官民一元化(即均粮),其中引用了担任地方粮长、塘长、里长、老人等职的邵钺等人的议论,希望在税粮均一的同时,也一并统一均徭银和里甲银等役银征收额。

> 每田一则,每地一则,每山一则,每荡一则,均派粮税、均徭、里甲等项。

(《(嘉靖)湖州府志》卷八
《食货志》载嘉靖二十年十二月湖州府申文)

由于亩税粮额的不均等,导致每亩徭役的分摊额——具体来说就是里甲银和均徭银的征收额——也变得不均等。如果税粮均等了,徭役银的分摊也就能实现均等。这一始终贯穿于湖州府税粮征收改革方案的要求,最早由苏州知府王仪在苏州推行的亩税粮均等化(均粮)改革中实现了。这一事实,在前文所引嘉靖二十一年补刊本《姑苏志》所载王仪均粮改革的小字夹注中已经说明。在《姑苏志》卷十五最后一段徭役条下,不仅记载了苏州府下一州七县各自的总人丁数、各丁编银数和该银数(总计),还记载了官民田地数、每亩编银数和该银数(总计)。表5"官民田地"一栏中,虽然称之为"官民田地",但并没有将官田和民田区别开来,而是将之作为统一的役银征收单位。由此可以判断,实行均粮后,赋役黄册的起科等则中规定的官田和民田,虽然其名称保留了下来,但亩税粮额已经均一了。

表5 苏州府各州县嘉靖十七年(1538)均粮时的役银征收

项目 州县名	人丁	每丁编银 (单位:分)	该银 (单位:两)	官民田地 (单位:顷)	每亩编银 (单位:分)	该银 (单位:两)
吴县	145 100	3	4 355	5 011	1.2	6 013
长洲	162 300	3	4 869	12 232	1.1	13 456

续表

项目 州县名	人丁	每丁编银 （单位：分）	该银 （单位：两）	官民田地 （单位：顷）	每亩编银 （单位：分）	该银 （单位：两）
昆山	69 940	1	699	11 192	0.77	8 618
常熟	70 100	1	701	14 821	0.77	11 412
吴江	95 660	3	2 870	11 459	1.2	13 751
嘉定	157 640	1	1 576	12 931	0.77	9 957
太仓（州）	45 550	1	455	9 406	1.1	10 347
崇明	5 020	1	50	1 972	1	1 972

万历二十三年（1605）序刊的《嘉定县志》卷六《徭役》中的一段资料，也可以说明嘉靖二十一年补刊本《姑苏志》中上述统计是王仪在徭役方面改革的结果。

> 嘉靖十六年，郡守王公仪曾为县令，深悉民所苦，通计一县里甲备用之数，为银一千一百七十二两，均徭以银差者，为银四千二百五十五两有奇，以力差者，为银五千一百六十八两有奇，乃计丁而编之，丁出一分，计田而编之，亩出七厘七毫，计滩池涂荡而编之，亩出四厘。凡得一万一千六百九十一两有奇，适当前数，载之于书，曰赋役册。

一丁一分、一亩七厘七毫等数字与嘉靖二十一年补刊本《姑苏志》所载嘉定县的数值完全一致，只是《（万历）嘉定县志》的总额 11 691 两中，省略了《姑苏志》中"租荡、涂、滩等项"的每亩四厘，代之以"滩池涂荡"（但即使包含省略部分，计算上仍有 101 两的误差）。

此外，嘉靖二十一年补刊本《姑苏志》卷十五所载嘉靖十七年各州县"田地等项"的面积，可以看作是均粮之前王仪对登记在册的土地的丈量结果。这个数字与上文的"官民田地"面积之间存在着一定的差异，但这可能是分摊役银之际计入"官民田地"时省略了零数等缘故造成的，因此依然可以将之视为完全同一的数字。另外,上述嘉靖十七年各州县"田地等项"的面积,与《(康熙)苏州府志》卷二三《田赋一》嘉靖十七年条下所载王仪征一、均粮后的"里甲均徭验则"所载各州县的数字完全一致。

崇祯二年(1629)重刻嘉靖二十七年(1548)刊《太仓州志》卷五《户田》中,也保留了有关王仪改革的珍贵记录,其中之一就是时任知州的万敏撰写的《太仓州清理田粮书册序》。本章第四节将会详细说到,这篇序文提到,南直隶巡抚欧阳铎和苏州府知府王仪制定了丈量和均粮的方针后,时任太仓州知州的林塈及其僚属认真执行巡抚和知府的任务,终于在嘉靖十七年五月完成了这项事业。序文在此后还附加了这样的一节:

> 圩有目,图有要,都有会,州有总。斗则一而赋平,由之而牵耗,又由之而差役,观者如指掌。

这句话的前半句说明,丈量首先始于圩,丈量的结果一步一步由图(相当于里)、都(州下的地方行政区划)进行综合统计,最后汇总到州。

这句话的后半句中的"斗则一而赋平",指的是实施均粮、征一之际制定出来的新的亩税粮额,像是苏州吴县基于"该肥瘠相等田"之上算出的每亩 3 斗 4 升 4 合这样的平米总额。接着"由之而牵耗"指的是通过对耗米和金花银的账簿操作,使原本不均等的起科等则都统一为 3 斗 4 升 4 合。进而"又由之而差役"一句,则是指以税粮征收均一化了的土地作为分摊徭役的对象,即征收均徭银和里甲银。最后以"观者如指掌"一句结束,表明以上全过程极为简洁明快且平实易懂。序文的言辞虽然简洁,但从中可以清晰地看出亩税粮的均一化与徭役银均一化之间的密切关系。附带提一下,当时太仓州的亩税粮额(平米)为 2 斗 8 升,本章表 4 中已经列出。

但是,为了证实王仪实施的税粮改革和徭役银改革两者之间的必然关系,换言之,就是均粮对徭役制度改革所起到的不可或缺的作用,仍需若干旁证。

首先必须确认的是,征收均徭银和里甲银等役银时,是按亩征收银两,还是按亩征收均等同额的银两这两者之间的差别,由此可以将役银的征收分成不同阶段。

如前所述,嘉靖十六年南直隶巡抚欧阳铎召集管下府州县官员召开会议,在这次会议上确定了征一的原则,并将推行这一政策所必须遵守的事项整理成被称为《经赋册》或《赋役册》的册子中。但根据《(康熙)苏州府志》卷二十三《田赋》,这些册子的内容中,除了税粮征收制度的改革外,同时还存在着与徭役制度改革有关的内容。关于这一点,从记载王仪徭役改革的《(万历)嘉定县志》卷六《徭役》中"这项改革结果见载于《赋役册》"一句也完全可以推测得出来。《(康熙)苏州府志》关于徭役制度改革与《经赋册》内容之间的关系说得更加完备。也就是说,在《康熙苏州府志》中,对苏州知府王仪的改革内容进行了一一列举,并在其中"巡抚都御史欧阳必进(欧阳铎之误——笔者)知府王仪核造经赋册"条下介绍了《经赋册》的内容。

首先是在"以八事考里甲"的主题下,记录了本章第一节中介绍的税粮领域改革八步骤,最后还论及税粮以本色米和折色银征收,徭役以折色银征收的统一征收方式。该节的最后部分原文如下:

> 自是民间输纳,止入本折二色。里甲及均徭应纳官者,并入折色银征之。

关于这一时期松江府的徭役改革,《(万历)上海县志》卷四《赋役志下》"徭役均粮里甲均平附"条下,记载了嘉靖十六年知府黄润"议以九事考里甲,以二事定均徭"。黄润所行改革的要点,《(万历)上海县志》作如下记载:

> 查县黄册人丁、田亩、里甲,虽官吏不得免,均徭则官吏至滨海灶丁,除例该免外,一槩派银。

相比《(康熙)苏州府志》,此处关于役银征收方式的记载更加具体化。役银征收的对象就是"人丁"一丁和"田亩"一亩。也就是说,自欧阳铎召开的会议结束后,江南各府在税粮征收中,都按征一的原则,将平米一石分成本色米若干和折色银若干进行征收。与之相同,在役银的征收上,也统一成每丁折色银若干和每亩折色银若干的形态,这可以说是在徭役征收系统也实行了征一。税粮采用了征一的同时,徭役也采用了相同的方式。但是,只要税粮的征一不与均粮同时实施,那么徭役中每亩的均一役银就不可能实现。这一点必须加以探讨,这里暂时搁置以人丁一丁为单位的征收,先来探讨田土一亩的情况。

嘉靖十六年时,松江府只实行了征一,虽然好不容易实施了论田加耗,但始终见不到均粮的措施。到了嘉靖末隆庆初,均粮的呼声不断高涨,士大夫之间为此展开了激烈的争论,这在本章的下一节中将有所论述。徐阶是当时的反对者之一,他提出了以下的论据:

> 而况均徭之编,五升田亩出银一钱,五斗田亩仅出银三分乎。
>
> (徐阶《世经堂集》卷二十二《与抚按论均粮》)

就是说,在这个阶段即使按每亩田若干银的形式直接征收役银,但也未必就是均一同额的征收。因为只要亩税粮额的不均等还存在,那就必然会出现税粮额重的土地役银负担轻,或税粮轻的土地役银负担重的现象。因此,徭役征收的改革必须与税粮征收改革紧密结合起来。

如下文所述,在嘉靖十六年欧阳铎会议的精神下,常州府也开始了税粮征收制度的改革。但是,由于改革停留在官田与民田各自的税粮均一化,即停留在官民二元化之上,因此面临着与松江府相同的事态。常州府因此制定了"通编里甲均徭法",将役银直接摊入人丁与田亩,但此时又不得不免除"优免"田、"利轻滩荡"和"粮重官田"的摊入(《(万历)常州志府》卷六《钱谷三·征输》)。

从以上的探讨已经可以看出,按亩统一征收统合各科目以后的役银,是与按亩统一征收统合各品目以后的税粮平米即征一是同时开始的,更简单地说,按亩征收统一的役银,与按亩征收统一的税粮,两者是完全同时进行的。可见,税粮的征收和徭役的征收,两者之间存在着不可分割的关联。在这里,我们必须考虑到税粮制度和徭役制度这两个领域在征收技术上相互关联的重要性,但同时我们又不能忽视徭役制度本身的矛盾在亩税粮均一化过程中的反映。

16世纪初期的正德年间(1506—1521)是徭役变化的一个转折点,这个时期,江南及其周边地区,不管是实际承担徭役还是折纳役银,官府对里甲正役和杂役的征发都突然增加,负担也随之剧增。万历二十一年(1593)序刊《应天府志》卷二《田赋》中所称的"国初杂徭亦稀"的情况,一变成为"正(德)嘉(靖)以来,事日增,役日繁"①。《(万历)常州府志》卷五《里徭》中记录了编纂人加入了自己的认识:"窃尝考,差役之繁,至弘(治)嘉(靖)间极矣。"②可见介于弘治(1488—1505)和嘉靖(1522—1566)间的正德时期是徭役增加的转折点。

松江府华亭县读书人何良俊的下述见闻非常著名。何良俊说:"正德以前,百姓十一在官,十九在田",也就是说,正德年间以前百姓专心于农业,很少从事官府所征发的徭役,但是"自四五十年来,赋税日增,徭役日重,民命不堪,遂皆迁业",正德以后赋税(税粮)和徭役的负担突然加重,与之前形成了鲜明的对比。③何良俊的这段话以百姓"在官"的时间变化为主题,对于作者来说,或许强烈地意识到了徭役的变化。

卒于正德四年(1509)的苏州府长洲县读书人沈周在其《客座新闻》中,记录了出生常熟并在府中任通判的桑民怿弘治年间作打油诗嘲讽富翁积蓄田产的事。桑民怿侍中揶揄那些一心积累田产的富翁,当田产达到二三百亩时,不出三四年,粮长、解户、马头那些徭役便会向你招手,那时想卖地都找不到下家。从中可以看出"近年"来官府向二三百亩土地

---

① 万历二十一年(1593)刊应天府《上元县志》卷二《田赋》:"国初杂徭亦稀。……十里轮年,照宇内通行事例,未始不安于法制之内,而正嘉以来,事日增,役日繁。"

② 万历四十六年(1618)刊《常州府志》卷五《钱谷二·里徭》:"窃尝考,差役之繁,至弘嘉间极矣,而里甲为甚。"

③《四友斋丛说》卷十三《史九》:"余谓正德以前,百姓十一在官,十九在田。盖因四民各有定业,百姓安于农亩,无有他志。官府亦驱之就农,不加烦扰。故家家丰足,人乐于农。自四五十年来,赋税日增,徭役日重,民命不堪,遂皆迁业。"

的田主摊派粮长、解户、马头等徭役的实况。①

以上这些资料的作者对状况的把握和表达方式未必完全相同，但他们无疑都感受到了正德以后徭役征收的急剧增加。其中，维持官田和重税田亩的杂役减免惯例，在 15 世纪前期的江南官田地带已属不易，如今难度就更大了。当然，第二章注 12 中列举的松江、嘉兴、常州三府的事例都发生在 16 世纪前半期，由此也可以知道这一惯例没有被轻易放弃。相反，根据松江府的事例以及嘉兴知府赵瀛在关于均粮的上奏可知（参照本章第四节Ⅴ），官田及重税田亩的减免惯例竟然也适用属于里甲正役系统的里甲银。从以上松江、嘉兴、常州等府的资料中都可看出，无论直接征收对象还是征收基准，徭役的征收比起人丁来更重视田亩。当田亩成为徭役征收的基准时，甚至会发生官田等享受徭役减免的惯例被地方官无视的事态。松江府华亭县人顾清的以下一段文章在本书第二章注 12A 中已有部分介绍，文中也涉及到了上述事态（关于顾清，请参照第四章第二节）。

> 近岁均徭并计丁产，甲首亦计田出钱。……而均徭官田亩取银四分，民田亩六分。甲首民田亩取分五厘，官田亩一分。皆十岁一输，亩岁钱四五文而止，犹未甚也。正德丁丑戊寅以来，乃以田随户，分九等，上户亩出银贰钱五分，甚者至五钱。盖尝有一户而输银七百两者（原注：其家二举人，一为知县。计田，并当免役者，应出二百两。因告免，加罚五百两）。嘻极矣。
>
> （顾清《傍秋亭杂记》卷上）

---

① 沈周《客座新闻》"桑民怿嘲富翁"条："弘治中，常熟桑民怿通判，尝过富家，见其碌碌置田产，戏为口号遗之曰：'广买田产真可爱，粮长解头专等待。转眼过来三四年，挑在担头无人卖。'近年民家有田二三百亩者，官司便报作粮长、解户、马头，百亩上下亦有他差，至被赔贴不继，以田典当输纳。再不敷者，必至监追，限期比较，往往瘦死者有之。往年田亩值银数两，今亩止一二两，人尚不愿售者。其低洼官田，愿给与人承种办粮不用价，人尚有不欲受者。其奈朝廷一应供需，岁增月益，皆取于民。……今民不堪命，以致伤生破业。民怿之言，虽曰嘲之，切中时病。呜呼惜哉！"

　　据顾清所说,其故乡松江府华亭县杂役系统的均徭银按人丁一丁和田一亩直接征收,而征一系统的里甲银(甲首)则按田一亩直接征收。均徭银在税粮负担较重的官田为每亩银四分,而较轻的民田为每亩银六分;里甲银则按官田每亩一分,民田每亩一分五厘。两者都是十年一征,所以每亩平均每年只要负担四五文铜钱。但是从正德十二、十三年起,依据各家的田亩数,分成从上上户到下下户九等。上户(或指上上、上中、上下三等户)每亩纳银二钱五分乃至五钱,因此甚至出现一户均徭银、里甲银高达七百两的现象。

　　也就是说,在以田亩为单位直接征收役银的时代,官田和民田的役银征收比率为官二民三,这多少考虑到了官田民田税粮的轻重问题,而且里甲正役及均徭役本来都是十年一征,平均到每一年,支出并不算多。但一旦依田亩的多少设定户等,并由此推行累进征收法,那么官田、民田的差异自然就被忽略,支出也大大增加了。除知县一人可以免役,本须缴纳二百两的上户至少拥有八百亩以上的田地。顾清的这篇文章虽然立足于剥削他人的地主的立场上,但从中可以看到,此前依官田、民田之别调整役银征收的惯例已经被破坏。

　　关于税粮问题,顾清还于正德六年(1511)针对时任南直隶巡抚的江西袁州府宜春县人张凤①的垂问给了答复,其中批评张凤的"论粮定户"方法"是欲以西江(江西)之法施之南畿(南直隶)"。据顾清所说,张凤曾考虑过"复文襄之法",但结果却大相径庭:

　　　　文襄以官田税重,而派以轻赍。检扣称量,至平允也。今乃以纳粮之多寡,定人户之高卑。官田额重而粮多,昔之纳轻赍者也,今反以为上户,皆纳白粮与白银(原注:是岁米贱,粜三石可纳银一两)。民田额轻而粮少,昔之纳本色与白粮者也,今反以为下户,皆纳轻粮与折色。当重者反轻,而当轻者反重,文襄之法,固

---

① 据吴廷燮撰《明督抚年表》卷四《应天府》,张凤任南直隶(应天)巡抚不足一年。正德六年二月张凤赴任,十二月即命王缜为南直隶巡抚。

不其然。

（顾清《答张宗周工部书》,《皇明经世文编》卷一一二）

与上文所述均徭银和里甲银的征收变化相同,税粮征收也曾试图通过户等的设置实现均等化,不顾官田民田的区别,机械地以税粮额的多寡作为区分户等的标准。周忱时代的户等是按缴纳物品的种类(米谷或折纳)、税粮输送仓库的远近、是否接受无利息的粮食借贷等方面来确定的(第三章第五节Ⅴ、Ⅶ)。至少在顾清生活的年代役银和税粮的征收似乎并没有采用户等制,但此时却出现了按户等征收役银和税粮的迹象。

出生于苏州府吴县的原内阁大学士王鏊也在正德十三年(1518)到嘉靖二年(1523)间向时任南直隶巡抚李充嗣投送了书函,在王鏊的书函中指出当时被视为重役的解户、斗库和粮长三项,就是在制定均徭法时依田亩多寡设定户等所导致的。王鏊将里甲正役系统的粮长和本属杂役系统的编审而设定的均徭法相关联,看来当时正役和杂役的区别已经不如明初那么明显了。王鏊关于这一问题的陈述如下文所引(这一部分在第四章末已经引用过)。

> 今之所谓均徭者,大率以田为定。田多者为上户,上户则重。田少则轻,无田又轻,亦不计其资力之如何也。故民惟务逐末而不务力田,避重役也。所谓重役者,大约有三:曰解户,解军须(需)颜料,纳之内府者也;曰斗库,供应往来使客及有司之营办者也;曰粮长,督一区之税,输之官者也。

（《王文恪公集》卷三十六《吴中赋税书与巡抚李司空》）

虽然王鏊的书函中没有直接表达出来,但在官田比重较高的江南地区,"以田",即以各户所拥有的田土面积为准设定徭役编审户等时,想把官田全部排除在外,这简直是难如登天,因此,正如前引顾清的文章所看到的那样,官田和民田的区别在这个时候往往就被忽视了。而嘉兴府嘉善县以亩税粮额为征役单位,通过对亩税粮的核算区别负担的轻重(本书第二章注12),这样的操作恐怕也不容易。

随着徭役赋课的急速增加,以及与之同时出现的农村服役人户的显著减少,以巡抚为首的地方官员试图激活以田亩为基准而设定的户等制,并依户等高低分摊重役,征收役银。这样一来,就得改变旧有的徭役征收惯例。也就是说,长期以来针对因官田民田的不同而产生的税粮负担的轻重,通过重税轻徭或轻税重徭这样的逆向调整,以期实现总体负担均等化的惯例,至此已经变得很难维持。在完全依照绝对税粮额的多寡设定户等的动向中,连原先税粮征收制度内部的折银、折布等调整手段也都已失去了功能。

面对这即将到来的新时代,为了继续维持徭役的赋课,唯有进一步推进正在江南逐步形成的向人丁和田亩直接征收役银的做法,依田亩征收完全等额的役银,并且彻底抛弃已经成为桎梏的传统的户等编制思想。作为前提,必须立即废除因官田民田的存在而导致的负担严重不均,实现亩税粮的均一,即均粮。从顾清的议论中也可以看出,与14世纪后半期洪武年间相比,依靠剥削他人劳动的地主型土地所有者中,愈来愈多的人向官田聚集,这样的现实也成了希望实现税粮、徭役负担均一化、单一化的底流。

四、改革的进程

所谓均粮,就是在一县之中基于水稻平均亩产量制定亩税粮额(平米)。所谓征一,就是在一县之中对每石平米按比率统一征收同额的米谷和同额的银两。而所谓役银征收的新制,则是在一县之中对每亩土地、每个人丁征收同额的徭役折纳银。这一章的前三节,我们对通常被称作"均粮"或"均征"这一16世纪出现税粮征收新制所具有的这些特征进行了阐述。

从16世纪30年代到70年代,即嘉靖十七年(1538)到万历三年(1575),江南实施的正粮征收制度改革兼具均粮和征一两个侧面,同时展开的还有役银征收的均一化。可以说,江南各府官田地带的官田制度以及官田与民田的各种差异,都在这场改革中消失了。这场改革在江南各地是如何展开的? 这一过程本身就能很好地说明改革的意义。

Ⅰ 湖州府(其一)——改革的起点

苏州知府王仪在该府实现了征一、均粮和役银的均一征收,同时也完成了全府土地的丈量。与这一次改革相关的"凡奏议移文、书呈问办得于上下者若干言"被整理成《清理田粮录》①,序中写道:

> 仪再守苏郡之三年,量田摊耗之议以行。……且夫量田之议,大臣疏于朝而得请,牵摊之法,邻守试于湖而有征,遵而举之,亦何难哉。

据此,王仪的"牵摊之法"应该来自湖州府。前一章已有所涉及,从15世纪中叶的正统年间到16世纪初的正德年间,湖州府旨在亩税粮额均一化的改革已走在了他府之前并持续了更长时间。嘉靖十五年(1536)再任苏州知府的王仪在上引序文中所说的湖州知府实行了有"征"(成效)之"试",指的是正德十四至十五年(1519—1520)湖州府知府刘天和与都察院右佥都御史、巡按浙江监察御史许庭光共同实行的改革,这一方式反映了湖州府改革的传统。②

正德十四年,湖州知府刘天和收到了该府乌程县粮(长)塘(长)里(长)老(人)王元等人的联名呈文,在他们的请求下,刘天和又撰申文送到了巡按浙江监察御史许庭光处。许庭光在体察其主旨后上奏皇帝,请求认可亩税粮额的均一化。③ 徐庭光的上奏希望使湖州府下的官民之田、地、山、荡按照先前(宣德—正统年间)知府赵登所申请的方式"各均为一则",恳请户部对此进行商讨。如后文所述,湖州府最终实现田、地、

---

① 关于苏州知府王仪的《清理田粮录》,参照本节Ⅱ苏州府正文及本章第344页注①所引原文。
② 这一节的相关内容,请参照第四章第三节。
③ 嘉靖二十一年(1542)刊《湖州府志》卷一《郡纪》载"正德十四年都御史许庭光请均湖州府各州县粮耗"条。

山、荡分别一元化大约是在 20 年后，即嘉靖二十年（1541）知府张铎在任期间，但许庭光的上疏在 16 世纪江南官田地带的税粮征收制度改革中，最先提出了"均则"或"一则"。

徐庭光的上疏中，对税粮征收中存在的现实问题有如下认识：

> 及查，该府秋粮田则，果有四千四百四十七则[1]。仰惟祖宗立国之初，所以分田授民，因土定赋，为万世生养安全之计者。其法令严明，规制弘远，至今犹可想见也。近年以来，民伪日滋，旧法寝废。富者田连阡陌而贪并之心未厌，贫者地无锤刭而征科之逼转甚。故迸亡渐众，狱讼繁兴，国赋亏倍，图籍变乱，而小民之受害，殆有不可胜言者矣。孔子曰，不患寡而患不均。今湖州之民所患者，岂但不均而已。艰贫至极，相聚亡耻，苟延性命，无所不至。如蒙伏念湖州系财赋所出重大地方，乞敕该部计议。

《（嘉靖）湖州府志》卷一《郡纪一》

正德十四年都御史许庭光请均派湖州府各州县粮耗

明初以来复杂的起科等则及其基于起科等则之上的旧制度（法令、旧法）的废弛，土地不均矛盾的激化，贫困阶层纳粮的困难，以及逋逃的倍增和税粮台账的混乱，这些都导致了小民阶层的生存困难，以致引发了暴乱。在抽象的文言中，知府刘天和和巡按许庭光等人面对税粮征收

---

[1] 据《（嘉靖）湖州府志》卷八《食货志·赋税》所载嘉靖二十年十二月湖州府知府张铎的申文，四千四百四十七则的内容如下：

秋粮每亩自六勺四抄三撮至八斗止，共计五百九十九则。其起运、存留共该加耗米一十余万石（未计占加耗米约半数的折银部分），于秋粮田亩上派征。夏税丝绵每亩自六厘至三十四两止，共计三千八百四十八则。小麦每亩自二升至二斗二升止，共计一百二十六则。其起运、存留共该加耗丝三十三万一千余两，于正丝绵上派征。此外又有一项马草，共三十六万八千七十七包，于官民田上土上派征。又有一项驿递马粮银，共九千五百六两，于民田上派征。俱每年夏秋二次。本府径自扣算，会计征运。缘系税粮科则，不胜浩繁，岁久弊多，难以查究。

张铎申文在上述内容之后马上言及要将刘天和正德十五年秋粮部分的五百余则改为官民二则。即使将为实现二则化而制定的《派耗小册》定为实际征收台账，只要赋役黄册还存在，旧课则数的计算就会很容易。值得注意的是，这四千多课则是府下一州五县的总计，只要去除各州县的秋粮部分，科则数就会减少几十甚至几百条。

制度的混乱,深刻感受到了旧有的国家行政和地方行政正面临着危机。这一系列事态的根本原因,就是起科等则的多样性和官田民田的税粮负担不均。前章第三节中已经提到,湖州府的官田比例占到全部田地的四分之一左右,比例相对较低,与苏州、松江两府相比反而更能明显地意识到不均的存在。湖州府官田的亩平均税粮额达到 3 斗 9 升 2 合 8 勺余,比宣德减额后的苏州府高出 24% 以上。第二年(正德十五年)知府刘天和在《请均派京库折银》上奏中有以下一节,这正是湖州府官田正粮总额的出处(官田正粮总额是官田亩税粮平均征收额的计算依据),其中也把不均视为亟待解决的问题之一。

> 本郡积年逋负,数累亿万,至烦部使督催,经年累月,犹不能偿。其间弊于桎梏,殒于囹圄,自投于沟壑者,不可胜数,追呼愁苦之声盈目。浙之诸郡言逋负者,莫如乌程、归安等东七千、西八千等圩,田土荒芜弥望。重以孝丰(县)大盗甫除,习俗未改,狱案繁兴,公私俱困,浙之诸郡言多事者莫先焉。夫以湖郡素称富庶,而其弊至此。臣尝博采民情,遍稽案牍,而知其故,曰粮税之繁重尔。何以言之?一府正粮四十六万石有余,而抄没重则官田正粮乃二十六万余石,盖居十之六矣。民田地利不殊,而官田租税倍蓰,以故率多荒包陪之累。

《(嘉靖)湖州府志》卷一
《郡纪》正德十五年知府刘天和请均派京库折银

刘天和上疏中的这一节比前引许庭光上疏中的章节做了更加具体的分析,其中举出了府下税粮逋逃最多的各县,特别是乌程、归安等县的东七千、西八千等圩,并指出其原因就在于"抄没重额官田"税粮的沉重以及官田民田之间税粮负担的严重不均。

许庭光请求均则不为其他,正是为了从根本上解决税粮负担的不均问题。当时,许庭光预测到赋役黄册规定的起科等则无法轻易改变,因此从一开始就将提案归纳如下。①

如果赋役黄册规定的内容难以改变，那么下一年即正德十五年税粮中轻额的夏税和秋粮正米就按赋役黄册中的起科等则固定下来，而与正米按不同方式征收的耗米及京库折银，则按官田、民田起科等则的轻重在摊派中加以损益，使所有田亩的税粮实际征收额都统一为实米三斗。

在此，首先将全府正粮469 119石6斗3升和耗粮278 841石8斗5升7合1勺相加，京库折银（金花银）按一两＝四石换算出纳米额为1 833，按照一两＝二石的新换算率，再次换算即为70 916石5斗，将之与正、耗粮总额相加，即为818 877石9斗8升7合1勺（升以下零数不完全吻合）。再把这一结果除以地、山、荡以外的官、民田总和27 296顷

① 为便于说明，下面将许庭光上疏中为亩税粮额均一化而设定的具体方案的结尾部分标注为A，将作为提案前提的湖州府正粮（秋粮）、耗粮、金花银数额及米谷换算额的叙述的开头部分标注为B置于其后。

（A）合无将该府官民田地山荡，照体先年知府赵登等所请，各均为一则，办纳税粮，则事体诚（"诚"，《嘉靖志》无，《顺治志》作"城"）为简易。小民实为便益。如果版籍已定，难论更改，合无行移浙江布政司，督同该府，自正德［十］五年会计，税粮，除夏税稍轻，与秋粮正米科则，一依黄册不动外，其秋粮额外耗米，照官民田则轻重，加减分派，俱以实米三斗为率。如每亩二斗起科者，派与本色正米二斗、加耗米一斗。三斗起科者，派与本色正米三斗，免其加耗。四斗起科者，派与本色正米一斗、京库折银米三（"三"，《嘉靖志》无，以《顺治志》补）斗准实米一斗五升、加耗米五升。若正米数少，则俱征本色而耗米递增，正米数多，则量派折银而耗米递减，银不足，则加之以米，米不足，则补之以银。其起科六斗以上，折银计数。出于实米三斗之外者，就将一斗上下起科田亩，照数兑减税粮。务要通融损益，不失粜府每田一亩实米三斗之数。遇有均徭、丁田银两等项，一例审编。仍攒造派耗小册在官，永为遵守。如此则正粮既有旧籍，耗粮又有成规。官府省每年算派之劳，小民知一定征纳之数，科赋均平，奸弊屏息，国赋自无不足，地方自无不安。诚万世之惠矣。缘系粮耗以甦民困事理，未敢擅便，谨具奏闻，伏候敕旨。

（B）臣查得，该府正粮四十六万九千一百一十九石六斗三升，耗粮二十七万八千八百四十一石八斗五升七合一勺。从中估计，每石值银五钱外，京库折银（米）一十四万一千八百三十三石，每石额银二钱五分，每折银米二石，可准实米一石。该米七万九百一十六石五斗，连前正耗米八十一万八千八百七十七石九斗八升七合一勺。若将原额官民田二万七千二百九十六顷一十一亩六分三厘九毫，扣算征米，每亩该实米三斗。或折银一钱五分，即鈠原额正耗之数。

《（嘉靖）湖州府志》中存在不少明显的错误，参考顺治六年（1649）刊《湖州府志》卷十一《赋役》补订，引文中的括注是其中一部分。

11亩6分3厘9毫,得出的每亩"实米"为3斗,或按一两＝二石的换算率亩纳银一钱五分。这就是均则,也就是亩税粮额均一化的基准。

另一方面,将复杂的起科等则分为一斗上下、二斗、三斗、四斗和六斗五段,每段按以下原则进行调节:

> 若正米数少,则俱征本色,耗米递增;正米数多,则量派折银,耗米递减。银不足则加之以米,米不足则补之以银。

这样调节的目的是:

> 务要通融损益,不失棐府每田一亩实米①三斗之数。遇有均徭、丁田(里甲)银两等项,一例审编。

为使这些调节原则固定下来,还制成了《派耗小册》,由地方官保管。

以上是许庭光提案的概要。提案的中心,即五段起科等则和各等耗米与京库折银米的分配方式,已按照原文内容制成表6。虽然因各起科等则中本色正米、本色加耗米和实际以银缴纳的折银米等,与正粮耗粮、本色折色的组合各有不同而略欠简明(a栏),但每种田的实米负担都实现了均一(b栏),各段中本色米和折色银的实际征收额是非常简明的(c栏)。许庭光在上奏文的结论中说:"如此则正粮既有旧籍,耗粮又有成规,官府省每年算派之劳,小民知一定征纳之数,科赋均平,奸弊屏息。"就是以此作为依据的。

---

① 许庭光上疏中所说"实米"不是指实物米谷。如下所示,包括其计算方法,都与苏州府均粮、征一时重新计算的"平米"有类似的含义,即换算为亩来表示的税粮。只是在苏州府的"平米"之前,正德十四年湖州府的改革方案中提出的"实米"的计算方法与"平米"不完全一致。"实米"是将旧有正米额、耗米额以及金花银对米谷换算率改为二分之一后重新算得的折银米额的三者之和。而苏州府的"平米"则是先算出旧正米额、耗米额的总和X,再算出旧金花银对米谷的换算率下折银米额和下调二分之一后新换算率下折银米额的差额Y,从X中减去Y,就是新的平米。"实米"是将旧有的正米、耗米与新换算率下的折银米相加,而"平米"是从旧有的正米和耗米中减去上述差额。从表面上看,"实米"比以前增加了,而"平米"较以前减少了。许庭光上疏中计算每亩实米的过程,其实就是本章注22的B部分。

表6　正德十四年(1519)许庭光均则案

起科等则	(a) 耗米或折银米的分配与正米额	(b) "实米"额	(c) 本色米与折色银征收额
6斗以上	均为折银米	不超过3斗	折色银1钱5分
4斗	正米1斗、耗米5升、折银米3斗＝"实米"1斗5升	3斗	本色米1斗5升折色银7分5厘
3斗	正米3斗	3斗	本色米3斗
2斗	正米2斗、耗米1斗	3斗	本色米3斗
1斗上下	负担6斗以上田的正米	不低于3斗	本色米3斗

(表中的正米、耗米,原文中分别作本色正米、加耗米,均缴纳实物米谷)

但是,许庭光要求官民均则的上奏并没有直接获得户部的认可。据《(崇祯)乌程县志》记载,上奏的下一年即正德十五年(1520),知府刘天和实行了官田民田二则化(参照本书第三章第三节)。关于刘天和的改革,康熙十年(1671)序刊的《安吉州志》卷五《田赋》中有如下说明:

> 正德十五年,知府刘公天和议将官民田轻重则例均省为二。轻者总为一则,不得于轻者之内更有参差。重者总为一则,不得于重者之中尚多分析。自正德十五年以后民甚便之。

可见,虽然没能实现理想中的均则化或和一元化,但湖州府转而追求彻底的二元化。这种二元化实际上又是如何实现的呢? 线索就在湖州府中位于太湖西岸、山地比例比乌程、归安二县更高的长兴县的地方志中,即同治十三年(1873)修、光绪元年(1875)刊行的《长兴县志》。据该志卷六《田赋》,正德"十五年知府刘天和奏均官民田则"时,除"山高地阜,田多沙瘦"的方、谢二区"沙瘦官民田"外,在"尚吴等十区并方、谢二区"的"平坦"部分,分别在官田系统和民田系统基本实现了均一。

> 尚、吴等十区并方、谢二区平坦官田、滩二十九则(a)。自八斗至五斗五升三合八则,仍随正米,照上折银,不起耗(b)。自四斗四升八合至一斗一升八合二十一则,每岁本色糙米、折色平银,通融一

则均派（c）。平坦民田九则，每岁本色白米糙米、折色平银，通融一则均派（d）。

"平坦"部分中，官田和滩的起科等则达二十九则（a），其中有八则不计耗米，按原有的起科等则分摊折银（b），而此外的二十一则官田和滩"每岁本色糙米、折色平银，通融一则均派"（c）。对于没有不计耗米（"不起耗"）大部分官田和民田，如许庭光在正德十四年上疏中设想的那样，将以往正米、耗米、折银米的合计额平均摊入田亩，重新算出亩税粮额。但与许庭光上疏中旨大破官田民田界线全部均则的理想相比，上述改革是在官田和民田上分别展开的。

正德十五年刘天和的改革虽然还停留在官田民田各自的均一上，没有实现完全的均则——均粮，但已经采用了征一的原则，即把一个征收单位的征收物品统一为米若干、银若干，这一点非常重要。以长兴县为例，官田的本色糙米和折色平银，民田的本色白米、糙米和折色平银，在任何一个地块上的征收比例明显都是一样的。虽然刘天和的改革尚止于官田民田的二元化，但他的最终目标应该是官田民田负担的均一化，由于向民田征收负担较重的本色白米，这反而在征一的框架下保留了官田民田之间的差异。

正德十四到十五年，湖州府虽然没有实现真正意义上的均粮和征一，但在江南官田地带首次实施了方向明确的改革，其具体的操作具有特别重大的意义。因为不仅官、民二元化因"事体画一，宿弊尽除，民永为便"（前引《（崇祯）乌程县志》），"自正德十五年以后，民甚便之"（前引《（康熙）安吉州志》），而在湖州府中固定了下来，而且许庭光和刘天和共同主张的改革方向和具体措施也陆续对其他州府产生了影响。

在新的体系下计算每亩的均一税粮时，各府乃至各县都将以往的正米和耗米相加，同时将金花银对米谷的换算率从一两＝四石下调至一两＝二石，通过银、米的折算率对正米和耗米的总额进行调整，并将每个税粮征收单位的征收品种统一为米若干和银若干。一方面，赋役黄册上规定的起科等则（明初以来纷繁复杂的秋粮正米公定亩税粮额）保持不变，另一方面，为展示新的亩税粮额的正当性，又将旧的起科等则整理为若干段，通过耗米和金花银的分摊，使各段都能转换为全新的均一税额。这些方法，最早都是由苏州知府王仪灵活运用的。

关于湖州府早熟的均粮、征一的发展进程，还有一个问题必须确认，那就是正德十二年（1517）甫任知府的刘天和以及正德十四年新任巡按浙江监察御史的许庭光，何以能在如此短的时间内制定出针对旧制度的具有划时代意义的改革方案，并在一定程度上将之付诸实施了呢？其实，前文的论述中已经基本解答了这个问题。如第三章第三节所见，改革的内容，很大程度上继承了 15 世纪中叶正统年间以来湖州府内部出现的税粮征收制度的改革传统，特别是为实现每亩实际负担的均一化而创立"四等起耗"方式。同一节中还能看到，这一传统在湖州府地域社会的纳粮户中得以继承，并通过充任税粮征收之役、代表纳粮户共同利益的粮长户、里长户之口主动向地方官请愿，这一点是不能忘记的。改革最根本的动因，在于正德末年湖州府现有的税粮征收制度与地域社会纳粮户中小民阶层的矛盾不断激化，这一现状触动了知府刘天和与巡抚许庭光的危机意识。本节所引许庭光的上奏中提到，苦于负担不均的小民"艰贫至极，相聚亡耻（叛乱），苟延性命，无所不至"。刘天和也在其申文中提到了田土的荒废和府下孝丰县民众的叛乱，不得不将"重以孝丰大盗甫除，习俗未改，狱案繁兴，公私俱困"作为改革的一个重要原因。

Ⅱ　苏州府

从本章的序言到第三节，已经多次提到了嘉靖十七年（1538）苏州府最终实现了以土地一亩、人丁一丁为对象的征一、均粮和统一征收役银等一系列具有划时意义的改革。作为征一的前提而展开的税粮征收额的整理，在该府的吴县被称为《嘉靖十七年知府王仪刊定经赋册》，而吴江县则称为《嘉靖十七年知府王仪刊定书册》，吴县的均粮记录则称为《嘉靖十七年知府王仪摊耗丈量田地册》。前文所引崇祯年间重刻的

《（嘉靖）太仓州志》，刊行于王仪离任后不到 10 年的嘉靖二十七年
（1548），其卷五《户田》所载知州万敏撰《太仓州清理田粮书册序》中，提
到了苏州府下太仓州于嘉靖十七年五月完成了南直隶巡抚欧阳铎、苏州
知府王仪制定并在他们指导下的丈量、均粮工作。

在进行征一、均粮和役银等一系列改革的同时，还有一项重要内容，
这就是土地的丈量工作。上文说到了太仓州在南直隶巡抚欧阳铎、苏州
知府王仪的指导下完成了丈量的工作，而吴县的土地丈量内容则保存在
《摊耗丈量田地册》中。对土地进行重新丈量，实际上同时也就是对作为
税粮对象的土地的类别、面积、科则以及田主等情况进行的调查与重新
登记。王仪本人也认为与均粮并行的丈量是克服税粮征收体制危机不
可或缺的条件：

> 仪再守苏郡之三年，量田摊耗之议以行。窃念苏州一府，其赋
> 当天下什二，赋既繁剧而田额渐失其初，伪弊滋蔓，际此而不知救正
> 之，则豪强擅其利而民立困矣。于是量田则事核而难隐，摊耗则赋
> 平而额足。二者补救之大本也。
>
> 《清理田粮录》序（A）①

"摊耗"与均粮可以同义互换，这一点已经反复提及。

---

① 《清理田粮录》已经失传，现仅存《清理田粮（录）序》和《摊耗派征说》（以问答形式解释改革的
内容和意义）两篇，保存在《（康熙）苏州府志》卷二十三《田赋一》中。以下将《清理田粮（录）
序》的内容分成 A、B、C 三个部分抄录于下：
　　（A）仪再守苏郡之三年，量田摊耗之议以行。窃念苏州一府，其赋当天下什二，赋既繁
剧而田额渐失其初，伪弊滋蔓，际此而不知救正之，则豪强擅其利而民立困矣。于是量田则
事核而难隐，摊耗则赋平而额足。二者补救之大本也。且夫量田之议，大臣疏于朝而得请，
牵摊之法，邻守试于湖而有征，遵而举之，亦何难哉。
　　（B）乃若所谓坍荒、公占无征之地，其赋凡十一万五千七百石有奇，谟求所以抵补之者，
盖亦尝窃有请焉。取其六于各邑所隐之田，取其四于两京裸税之内，则足以相准矣。擅减公
家之赋，所不敢也。使民世入无田之赋，吾独忍乎哉。
　　（C）既已谢客，因检阅官箐，凡奏议移文、书呈问办得于上下者若干言，悉使佐书录之，
类比条分，萃而成册，则敬序其前而刻诸梓焉。非以自伐也。有录则可考，可考则易知。使
世有厚誉我者，繙是录也，当知其非一人之劳，其或有罪我者，则当原仪也早夜不忘苏民之
意乎。

笔者在 1963 年的旧稿《十六世纪太湖周边地区的官田制度改革（下）》中曾有如下论述，在 16 世纪 30—70 年代江南官田地带的均粮改革中，田亩的丈量是最先进行的。首先是苏州府，紧接着是常州府、嘉兴府、松江府，各府都在均粮的同时对田亩进行了重新丈量。

关于这一时期苏州府的田亩丈量，1942 年清水泰次在其极具先驱意义的《明世宗朝苏州的丈量》中提示了基本的资料，也为旧稿的撰述带来了启示。1973 年又有西村元照的精深研究《关于明后期的丈量》。这里，笔者想以旧稿中关于丈量的研究为基础，参照西村元照所阐明的史实，对嘉靖十七年前苏州府的一系列改革和田亩丈量的具体情况做一个详细的介绍。

前引崇祯重刻本《（嘉靖）太仓州志》卷五《户田》"嘉靖十九年都御史欧阳铎、知府王仪、知州林塈清理田粮"条下，对当时重新确定税粮征收对象的田亩（"实在科粮田"）和税粮征收额（"正米"和减额的"耗米"，即平米）的过程有所述及。其内容应该是嘉靖十七年基本完成了的改革、丈量的成果，还有部分内容是此后对一些遗留问题处理的结果。在这些内容之后，还留下了亲身经历了这一系列改革和丈量的人员的见闻。这其中包括：一、10 年后的嘉靖二十七年负责编纂地方志的太仓州人、曾经是官员的张寅的评语（以下称"《张寅评语》"）；二、上述《太仓州清理田粮书册序》，撰者为亲自投身改革与丈量的继林塈为知州的万敏（以下称"《清理田粮书册序》"）；三、太仓州衙门判官郑寅所撰《太仓州清理田粮书册后序》（以下称"《清理田粮书册后序》"）；四，州人监生王世昌所撰《书量田均粮册后》。

从上述资料中，我们可以整理出苏州府太仓州在均粮和丈量之际所发生的以下一些事态。

> 太仓，东海之沃野，无弃土，赋之入官者，昔已重矣。世代屡迁，辟土制赋，不能不异。……多资者腴民以殖产，弱民受抑而代输，里胥舞智以乱额，有司无庸于诘问。豪宗巨蠹，凭窟城社，以赋为奸。

敝焉极矣。嘉靖间,知府王仪议请巡抚都御史欧阳铎行均粮之法,
丈量丘亩,均派斗则。由是欺隐者觉发,虚耗者摊("摊",原书作
"滩")补,积弊稍除,民困稍甦,为国家永久之利。

《张寅评语》

《张寅评语》和《清理田粮书册序》都指出,"资多"的"豪宗巨蠹"、"豪
右"等与担任田亩登记事物的"里胥"、"猾胥"勾结,通过对账簿的操弄谋
求私利,结果导致了税粮征收的极大混乱。丈量和均粮的出台与实施,
正是为了解决《张寅评语》中所说的"敝焉极矣",和《清理田粮书册序》中
所说的"赋法大坏"的弊端。《张寅评语》认为这是由苏州知府王仪立案
并得到南直隶巡抚欧阳铎的支持后实施的,而《清理田粮书册序》则认为
这是欧阳铎和王仪在任时为改革时弊经两个月的商讨后得出的方针。
《清理田粮书册序》中还认为,导致"赋法大坏"的"猾胥"(操弄账簿的不
法胥吏)与"斗则不同"(亩税粮额的不均)是密不可分的。均粮、丈量之
前的这些现象,与十几年前苏州府吴县的退休官员王鏊送呈当时南直隶
巡抚李充嗣的书函中所描述的情况基本一致。

但是,王鏊当时踌躇的彻底均粮和丈量,能够在嘉靖十七年一并实
现,并非只是依靠了巡抚欧阳铎和知府王仪的力量。还有一股力量不可
忽视,这就是源自"赋法大坏"的江南地域社会内部的强烈的改革运动。
出生于苏州府昆山县的官僚顾鼎臣,曾在嘉靖六年任左春坊左喻德、嘉
靖九年十月任翰林院学士,以及嘉靖十六年九月任礼部尚书时,总计三
次上奏,请求整治"东南",即"苏、松、常、镇、嘉、湖、杭诸府"税粮征收体
制中的乱象。[①] 从顾鼎臣三次上疏时的官职来看,他并没有担任户部等
与国家财政相关的职位,也不是地方的父母官,因此,他的上疏是以作为

---

① 将顾鼎臣的第一回上奏定为嘉靖六年,依据的是《顾文康公疏草》目录中的《陈愚见划积弊以
裨新政疏》下的小字夹注。第二回上奏定为嘉靖九年十月,依据的是《明实录》嘉靖九年十月
辛未条。该条以"是先"的形式并列记载了顾鼎臣的第一、第二回上奏,全文共计45行。第
三回上奏定为嘉靖十六年九月,依据的是《明实录》嘉靖十六年九月戊戌条。还有,顾鼎臣上
疏所涉及的地域,直接依据第二回上奏。

出生江南的官僚、站在地域社会的立场上、为解决赋役征收过程中的困境为目的的。关于顾鼎臣的三次上奏，清水泰次在论文中已阐明其概要，但还必须从当时江南地域社会面临的实际问题这一角度来加以重新审视。顾鼎臣在嘉靖九年十月的第二次上疏《申末议以裨国计拯民命之疏》中这样写道：

> 臣生长地方，目击弊蠹，每一兴思，辄叹诧愤塞。故往岁回籍省墓之时，曾言于抚臣。

《顾文康公疏草》卷一《申末议以裨国计拯民命疏》

又据第一次上疏《陈愚见划积弊以裨新政疏》文末顾鼎臣之子所作之注，顾鼎臣于嘉靖元年三月至五年十二月归省家乡昆山县，"家居者几四年，目击东南利弊，慨然欲振之"。此外，顾鼎臣还在嘉靖十六年九月的第三次上疏《恳乞天恩饬典宪拯民命以振举军国大计疏》中强调自己是士大夫的一员，应当与守令——地方官一同承担起解决地方的课题来，疏文如下：

> 臣闻，守令乃生民之父母，士大夫乃乡邦之领袖。为守令者，食君之禄，居人之上，自宜顾念职守，承宣德意，为百姓分忧。却乃因务送迎奔走，取办簿书，谀媚上官，以求荐举，图升迁而已。其于吏弊民隐，恬不经意，明于此，必暗于彼。故虽抗违圣旨，负莫大之罪，有不暇恤矣。为士大夫者，挂名仕籍，受国恩宠，尤宜表率齐民，奉公守法，输赋税以给公上。却乃瘠人肥己，效尤成风，坐享田租之利，而使无田小民，代其包赔税粮。及至官府清查，党恶怙非，妄行沮浇。盖任私情，而昧天理，虽干犯名义，触忤鬼神，贻殃祸于子孙而莫之顾矣。

《顾文康公疏草》卷二《恳乞天恩饬典宪拯民以振举军国大计疏》

顾鼎臣对部分地方官和士大夫的而行进行了严厉的批判：地方官虽为"生民之父母"，却不临政治民，只图自身荣华，士大夫则缺乏"乡邦领袖"的自觉，只为私情所动，不尊天理，亵渎了士大夫的本分，触怒鬼神、殃及子孙却全然不知。这些批判,从具体的方面来说是针对士大夫对税粮的态度的,即税粮不纳朝廷,专留自身享用,却让无田之小民来承担,遇有地方官衙的调查,就结伙前去扰乱,如此等等。

顾鼎臣在第一次上疏《陈愚见划积弊以裨新政疏》(《顾文康公疏草》卷一)就是以"敢以东南诸府田粮积弊关系大计者觊缕为陛下言之"为主旨的,言论的大前提就是对"赋法大坏"的认识,上疏的开篇即称:

> 祖宗以来,创制立法,田有定额,赋有常经,催办、征收、兑运、存留、赈济等事,皆载在令甲。……至正德间,法制大坏。

开门见山地阐述了税粮征收中"法制大坏"的总体认识。具体来说,"大坏"的集中表现就是府州县胥吏对与税粮征收相关的一切文书和账簿的不法操弄,亦即"府州县总书书手,通同贪污官吏,上下之间,关节相通,造作奸弊,无所不至",并在下文中详细列举了一系列的篡改行为。①

基于此,顾鼎臣将作为税粮征收对象的田亩称为"田",税粮称为

---

① 相关内容如下:

　　(A) 或私雕印信,诈领钱粮,或依访判笔(《(万历)上海县志》卷三所引同文作"依做利押"),套写花押(《(万历)上海县志》作"套守文字")。或将上司坐派增减数目,或将府州县案卷追改年月。或将宥免重复科征,或将暂征概作岁办。或总数与撒数不合,或官簿与底簿不同。或将已征在官支调侵分,或将私收入己申报民欠。

　　(B) 或将官田改作民田,或将肥荡改作瘦荡。或将蠲粮叩卖别区,或将正粮洒派细户。其泰甚者,城郭附近田涂,虚报坍江、坍河、坍海,膏腴常稔地土,捏作板荒、抛荒、积荒。

　　(C) 每年粮额亏欠,以千万计,负累瑷州县善良人户包补,日积月久,坐致困敝。奸顽得计,或有田无粮,或不耕而食,新旧要结,永享富贵。

　　(D) 虽间有聪明老练上司,搜求问发,终莫能得其要领,闯其藩篱,以破其巢穴。何况州县官员,初入仕途,百责丛萃,未及三年,陞迁交代,孰能勾稽磨算,以摘发其奸哉。加以催科不守旧法,抚字不下仁恩,贪暴诛求,豪强兼并。是以民农流亡,抛弃田土,聚为盐盗,诚有如明诏所言者。

　　文中具体指出总书、书手篡改文书、账簿的是 A 和 B 两部分。A 是对中央户部或巡抚下达的当年税粮指标及应由府州县保管的文书的内容篡改。B 中列举了对各类纳粮户土地登记内容的篡改事例。C 中指出,由于大肆篡改造成了税粮巨额欠亏的结果。一般纳粮户中的"善良人户"因被迫纳粮填空而变得穷困,而"奸顽"却通过不当手段获取利益,无需纳粮亦可享受富足安乐。D 中指出,即使经验丰富老到的巡抚、巡按等上级官员也无法看透总书、书手的不当行为,而知州、知县多为初次任官,三四年后就会升迁交代,也很难对此作出揭发。"贪暴诛求,豪强兼并",迫使一般纳粮户逃亡,甚至发生群体性暴乱事件。

"粮",两者合称"田粮",同时为纠正"大坏"的现状提出了四项对策:第一,针对该问题设置专门的官员("暂议差官综理");第二,基于登记在册的税粮田亩(地片)及其公定亩税粮额调查其该入的额数("查理田粮旧额");第三,通过地方官的介入,治理以往税粮督办及输送过程中的混乱("催征岁办钱粮");第四,激活用于灾害赈济的储备粮("查复预备仓粮")。其中第二项直接针对其上疏认为"法制大坏"的根本原因,即胥吏对各种文书账簿的篡改行为,从中可以看出顾鼎臣上疏的终极目标。而第二项"查理田粮旧额"①的主要内容就是所谓的"丈量"。在顾鼎臣的构

---

① 第二项"查理田粮旧额"全文分段标记如下:

查理田粮旧额。

(A) 检踏灾伤田粮。欺隐田粮,律有明条。如诏旨所载板荒、抛荒、积荒、坍江、坍海、坍河,并臣所陈前项弊病,若非检踏查理,何由明白。臣每闻,奸顽里书,愚弄踏荒官员,将邻界别州县荒田,一槩丈量,以足虚捏之数,其坍江等项,窵远四散,多被推荡影射,尤难根究。

(B—a) 乞敕巡抚、巡按,并议差前项官员(指上疏第一项中所言申请派遣协助巡抚"清查田粮,兼修水利"官员的抚州府知府林文沛)、督委各该州县正官,于农隙之时,责令各属里甲田甲业户,公同将本管轻重田地涂荡,仿照洪武正统年间鱼鳞风旗式样,攒造总撒图本,细开原额田粮字圩、则号段、坍荒成熟、步口数目。

(B—b) 府州县官,重复查勘的确,分别界址,沿圩履亩,检踏丈量明白,申呈上司。应开垦者,召人开垦,应改正者,照旧改正,应除豁者,奏请除豁,则事既易集,而民亦不扰,

(C) 田粮数目既明,然后刊刻成书,收贮官库,印行给散各该区图,永为稽考。

(D) 巡抚衙门备查祖宗以来军需岁办定数及近年多征加耗缘由,斟酌前巡抚周忱、王恕简便可行事例,立为定规,厘革奸弊。其每年实征起运、留存、加耗、本色、折色并处补暂征或带征、停征等项数目,会计已定,须明刻榜文,张挂城市乡村,通行晓谕。

(E) 如此,庶乎吏书不得以售其奸,而小民无包赔靠损,重复科扰之患矣。

A 陈述了土地登记的不法行为中,荒废田的虚实是点检中最困难的对象。B 的内容是为整治这种不法行为的两个阶段:(a) 以里甲为单位,在负责人和土地所有者在场的情况下绘制图册,对每一笔登记在册的地片的圩号、起科等则、四至、面积、是否荒废等情况进行确认。(b) 府州县官员在测量每片地块、检核登记内容的基础上,向上级申报登记内容中需要更改的部分。西村元照在前引论文中以丰富的资料阐明了丈量过程中的"自丈",即相当于 a,"覆丈"即相当于 b。C 要求地方官府必须将丈量的结果印制成册,散发到各区、各图。D 要求巡抚应该负起责任来,对明初以来(各县)基于起科等则的年税粮(文中表述为"军需")定额及其后(近年)的加耗详情进行调研,参照宣德年间周忱(创立论粮加耗)和成化年间王恕(创立论田加耗)的方式,制定税粮征收新规,明确规定每年输纳各官仓的额数、当地储备额数、加耗额、本色米额、折色银额,并对临时征收项目、附带征收项目以及停止征收项目等各种信息制成露布,于都市乡村张贴,广为告之。值得注意的是,D 中所述与 10 年后(嘉靖十六年)南直隶巡抚欧阳铎召集的管下府州县官员会议后各州县制定的《赋役册》、《经赋册》的内容有共通之处。

想中,丈量应该分成两个步骤,第一,以里甲为单位,在田甲(拥有资产并担任里长等职的乡村社会负责人)和业户(土地所有人)在场的情况下调查田亩和税粮。第二,将实地调差的结果申报地方官府,官府在此基础上"分别界址,沿垷履亩,检踏丈量明白"。

针对顾鼎臣嘉靖六年的第一次上疏,皇帝要求相关衙门进行讨论,最终得到认可,并指示各府州县实行。尽管如此,迫使顾鼎臣嘉靖九年不得不再次上疏的现实却是"今经四年,未曾查理出欺隐田一亩,粮一石,祇闻奸猾之徒愈益恣肆,作弊日甚尔"(《申末议以裨国计拯民命疏》)。

顾鼎臣在中央的上奏虽然未能得以实施,但其影响波及了整个苏州府。太仓州判官郑寅在《清理田粮书册后序》中写道:

> 苏之田赋,当天下十二,太仓当苏之十二。时极弊滋,田赋之法坏。重臣因疏请行量田之法,适兵宪肃菴王公守苏时,挺然当之,乃遍历田野,先劳不倦,首行之太仓。

据《明史》卷七十七《食货志一》,正德末年到嘉靖十年前后,唐龙、桂萼、郭弘化、简霄等人也与顾鼎臣一样上疏请求丈量。清水泰次认为,其中最具影响力的还是顾鼎臣的上疏,且基于苏州府的现状提出请求的也只有顾鼎臣。因此在以上诸人中,出现在郑寅《后序》中的不是别人,正是顾鼎臣。顾鼎臣上疏中提出的设想最终被王仪所继承。王仪自嘉靖五年起任嘉定知县有数年之久(《(万历)嘉定县志》卷八《官师志》),嘉靖二十年任苏州知府,不久因有人告发其任监察御史时曾弹劾皇室的不法行为而被迫辞职。重新启用后,先任抚州知府,嘉靖十五年再次任苏州知府(光绪九年(1882)刊《苏州府志》卷五十二《职官》)。可以说,在嘉靖十五年任苏州知府并着手改革田粮制度以前,王仪对该府的情况就已经有所了解。清水泰次据与王仪同时代的葛守礼文集中所录的王仪传记(《葛端肃公集》卷七《中丞肃菴王公传》)指出,嘉靖十二年王仪初次任苏州知府,正是顾鼎臣的推荐。清水泰次还指出,顾鼎臣推举其任苏州知府,这一举动本身就是对王仪嘉靖五年以来在苏州府嘉定县的治绩的肯定。

因此,以出生于苏州府的士大夫顾鼎臣为媒介,知府王仪着任后,随即展开了丈量等一系列与税粮、徭役征收相关的改革。前引《清理田粮书册后序》认为这些改革活动最先是从太仓州开始的,而《(万历)嘉定县志》却认为首先由嘉定县知县李资坤试行,进而波及了其他州县。① 不管怎么说,接下来的问题是王仪主导的税粮改革的第一步——丈量,究竟是始于王仪到任的嘉靖十五年,还是在巡抚欧阳铎召开全南直隶府县知事会议的嘉靖十六年之后? 能够直接给出答案的资料非常有限,但以下两则资料能够说明,丈量是在王仪到任后很快就开始了。这两则资料还揭示了土地丈量和各项改革与地域社会之间的重要关联。《清理田粮书册后序》中前引内容的后续部分即是其中之一。

> 然不利于豪右,胥动浮言,煽惑群听。乡大夫间有不便者,俱以纷更疑公。海内缙绅之士,亦感为公难之。公持之益坚。踰旬月,乡父老士人腾声称便,效劳奔役,阅二载而田得其平矣。循此而摊耗,而赋平矣。画一之法,絜矩之遗矣。

如果将嘉靖十七年视为丈量、征一、均粮以及役银等一系列改革的完成期,那么,公正而严密的田亩丈量以及通过对耗米的调节实现税粮征收的均一,其间经过了两年时间,这都在情理之中,因此嘉靖十五年就是田亩丈量的起始时间了。其间,由于太仓州被称作“豪右”的权势阶层煽动反对情绪,本地出生的官僚“乡大夫”们对知府王仪的政策疑窦丛生,其他地域的官僚“海内缙绅”也对王仪的行为展开了批判。但王仪毫不动摇地坚持自己的方针,在较短时期内就获得了乡父老、士人这一批

---

① 据《(万历)嘉定县志》卷八《官师考》,嘉靖十二年到十六年嘉定知县为李资坤。该志卷九《职官考·宦迹》中称其在苏州府中最早实施丈量和均粮,“时奉行均田法,大吏皆以资坤清严素著,檄先试之,其法既定,而后邻州县皆取则焉”。意为因“操守廉洁,治政严正”,李资坤受命于“大吏”,在嘉定县首先试行“均田法”。

地域社会的指导者的赞誉。王仪自己也为丈量的顺利开展而到处奔走，经由两年终于实现了预定的目标。

当时苏州府地域社会的动向，在顾鼎臣的第三次上疏也有涉及，其文如下：

> 近年止有苏州府知府王仪不畏强御，尽心竭力，督率州县正佐官员，清查坍荒虚实并产去粮存各项积弊，已有端绪。闾阎田野，闻之欣欣若更生。其流散四方穷民，亦有相率复业者矣。奈何本府官户大户，奸猾里书，扶同作弊，及计买民田，不收原额税粮者，切虑一旦查理明白，不利于己，百般讪谤，以挠其成，遂使癃残待尽之氓，暂喜而仍忧，逃亡归业之户，既来而复去，怨苦愁叹之声，彻于四野。自此之后，纵有贤能守令，亦必畏谗言，避势要，玩时愒日，以图苟免，将使民农日困，豺狼日肆。谁复展布四体，为之驱除也哉。
>
> 顾鼎臣《恳乞天恩饬典宪拯民命以振举军国大计疏》

清水泰次也注意到了这点，西村元照更是尖锐地指出，正是这样的情势使顾鼎臣的第三次上疏变得间不容发。

《清理田粮书册后序》中所言的"豪右"，在顾鼎臣的上疏中被称作"官户"、"大户"，即官僚家族及在当地具有社会影响力的家族。据顾鼎臣的上疏，他们唯恐土地的丈量和登记会对自己产生不利的后果，因而对王仪指导下的丈量工作百般阻扰，让对丈量充满期待的穷困纳粮户和返乡的逃亡户倍感失望，地域社会"满是怨苦愁叹之声"。

从语感上讲，被称为"豪右"、"乡大夫"、"官户"、"大户"、"势要"的社会阶层，就是家族中出有官员的特权官僚地主之家，而这些地主家庭，正是地域社会的中坚阶层，从整个苏州府来看，他们的规模和权势比太仓州判官郑寅《清理田粮书册后序》中所说的更为强大，且持续时间更长。顾鼎臣的上疏中只提到了他们对丈量的抵抗，而《清理田粮书册后序》在叙述太仓州地域社会的对立时，说到了"田得其平"的丈量工作与"赋平"即均粮这一结果之间的关联，从这一关联性上可以判断，特权官僚地主阶层不仅对丈量，而且对其后的均粮等一系列改革同样进行了抵抗。

但是，苏州府被称为"乡大夫"、"官户"的这一批官僚家庭中，也有像顾鼎臣这样能够代表地域社会舆论、提倡丈量的官员。顾鼎臣这批人的动向，不仅有着强大的影响力，尤其是在积极支持丈量的"父老"、"士人"（地域社会中民众的指导者及在野未仕的读书人）之间有着巨大的号召力。在崇祯重刻本《嘉靖太仓州志》所收《量田均粮册后书》中，可以看到在野未仕的读书人之一监生王世昌的立场：

> 按察肃菴相公昨守吾苏时，即求以田赋之计垂德于苏民……谓世昌可与言也。进之幕下曰，田非量不明，耗非摊不平。指示其略，审问其宜，推赤心而无间焉。世昌才虽庸驽，无过人之识，然将命不敢辞，则有夙夜不遑寝食者。务求有以副公之委而当民之心。但积弊既多，革之实艰。故吾州之民，见世昌之始事也，意颇疑而哗之。呜呼！田赋之计，乃一方事，非世昌一家之事也。……或又讥，予自承兹役，历四岁，不得顾其家，身留公所，出私财以自给，内示公于宗族，外获咎于交游，驰驱困顿而不惜者，非有所私，乃好名也。

王世昌虽为一介监生，却被王仪招入幕下，从事太仓州的丈量和均粮事务。包括事务告一段落后的嘉靖十七年在内，王世昌离家四年，栖身于公所。面对生活费自理、对同族秉公无私、对朋友不恤旧情以及世间"非为追名即为逐利"讥讽，王世昌为实现一般纳粮户的心声（"当民心"），将身心全部奉献给了税粮征收体制改革这一地域社会的共同课题（"田赋之计乃一方之事"）。

在苏州府以丈量和均粮为中心的一系列改革过程中，如上文所述地域社会内部也出现了两种势力的对抗，即反对并扰乱改革的势力和支持并亲身实践的势力。上文已经多次提到，知府王仪是推动丈量等改革的主要力量，而支持改革的势力的存在，也是这场改革得以成功的前提。

此外还要再次确认的是，王仪在苏州府中推行以均粮为中心的一系列改革之际,如第四章第三节所说,自觉学习和摄取了同为江南官田地带的湖州府的经验和方法。王仪自己就在《清理田粮(录)序》中说:"且夫量田之议,大臣疏于朝而得请,牵摊之法,邻守试于湖而有征,遵而举之,亦何难哉。"在提到顾鼎臣再三上疏请求丈量的同时,明确表示了以湖州知府所推行并成果显著的牵摊耗米法为榜样。对照本节Ⅰ的探讨,这位湖州知府就是正德十二年(1517)到十六年(1521)在任的刘天和。而所谓的牵摊之法,正是以刘天和的申文为起始、正德十四年浙江巡按监察御史许庭光以官民均则为核心,向中央奏请施行的方案。虽然湖州府的这一改革在次年以官民二元化的不理想形态展开,但其本身就具有划时代的意义。王仪将湖州府的这一改革极为简要地总结为"牵摊之法"。本章第一节到第三节所述王仪推行的征一、均粮和役银的按亩均一征收,无不是以湖州府的改革作为典范,这一点已无需赘言。

不过,王仪在苏州接受湖州府的方案时也加进了若干的修正。其一,为计算出均一的亩税粮征收额,湖州府的许庭光是以湖州全府为单位,将以往的正米、耗米及金花银按一两=二石的新换算率折算为米后,全部相加得出"实米"的总额,然后再分摊到田亩上去的,而王仪以苏州府下各县为单位,将正米与耗米相加,将之前以金花银缴纳的部分通过一两=二石的新换算率换算成米,三者相加得出"平米"的总额,然后再摊入到田亩之中。因此,苏州府各县新的亩平米征收额比旧制下的亩正、耗平均征收额有所减少。相反,在湖州府的改革方案中,新的亩实米征收额在额面上则有所增加。①

其二,王仪在改革中把以往的起科等则分成若干段,并将耗米和金花银换算成折银米后摊入其中,从而彰显了各段起科等则与新的亩征收额之间的对应关系。这些内容全都经由王仪之手,成为官府书案及账簿上的规定。而如本节Ⅰ所示,湖州府的改革方案中,将耗米、折银米摊入

---

① 关于湖州府许庭光改革方案中的"实米"和苏州府王仪改革中"平米"的差异,参照本章第340页注①。

被分为若干段的旧起科等则之中，这并非书案上的操作，而是与实际的征收方式相结合的。湖州知府刘天和官民二元化方案中的实际征收方式并非其原案中的改革方案，实际上已经采用了征一。从这一点上来说，刘天和官民二元化方案中耗米和折银米的分摊，也许已经转化成了书案上的操作。

总之，王仪所推行征一、均粮和按亩统一征收役银等一系列改革，其基本框架无不源自湖州府先行的改革方案。王仪将湖州方案最初的目标和方法，以最忠实的形态首次在江南推行实施，进而得到推广，对包括湖州府在内的各府改革都产生了巨大的影响。王仪的这一改革不仅局限于苏州府内部，与江南其他府县也是紧密关联的。

王仪推行的丈量和征一、均粮及役银统一征收的三大改革，在实施过程中都遭到了苏州地域社会内部以"乡大夫"、"官户"为中心的大户阶层的抵抗，但到了嘉靖十七年，丈量和三大改革都已完成，并如本章篇首所述均粮事例所见，成果得到了巩固。通过对丈量，土地的现状与官府登记在册的状况得以一致，这是征一、均粮、役银这三大改革的前提。而三大改革所体现出来的共通原理，就是使纳粮户缴纳税粮和役银的条件整齐划一。王仪在《摊耗派征说》中这样评价征一的意义：[1]

客曰：子好异，无惑乎众论之纷纷也。……

予曰：岂好异哉，余不得已也。异时奸书愚弄官民，与婴儿无异。驾为支离之说曰，白银准若干，金花准若干，必如是而后有益于民。不知国有常赋，赋有定额，岂可以私智增之减之，不过为此参差不一之则，而为己侵渔之地耳。官府率为所罔，而不知小民阴受其祸。予乃取其不一者，通而变之，而画至一之法，使奸书无以高下其手，富者不得以有利而就轻，贫者不得以无利而存重，为地方计，为穷民计也。

王仪在此直接讲到了实行征一契机，就是米谷的折纳物与米谷折算率之间存在着的差异(具体说就是金花银和白银间的差价),强调必须统一折算率来清除胥吏的不法行为,造福于贫困者。而王仪强调的"乃取其不一者,通而变之",其实用在亩税粮的均一上是最为妥当的,当然这也与按亩统一征收役银相合。王仪通过对缴纳条件的彻底均一,清除了胥吏的种种不法行为,由此维护了纳粮户中下层民众的利益,并把重建税粮和役银等公课体制作为此次改革的整体目标。顾鼎臣试图通过对田亩的丈量来实现这一目标,而在王仪看来,丈量的必要性源自土地登记的紊乱,土地登记的紊乱,起因于税粮和役银缴纳条件的不均,所以必须首先消除这样的不均。

王仪的言论中还有一处不容忽视的地方,那就是"为地方计"一句。王仪认识到,纳粮户中多数属于下层民众,也就是王仪所称的小民、贫者、穷者这一社会阶层,他们的利益其实就是地域社会本身的利益,关系到地域社会秩序的稳定。在《清理田粮书册后序》中,太仓州判官郑寅在完成丈量和改革后看到了这样的情景:

> 豪右以服,乡大夫以孚,凡缙绅之士,因公而知宇内无难事也。

地域社会的上层之所以最终能够接受丈量和各项公课改革,正是因为他们之中有着顾鼎臣那样的代表人物,权衡地方的利害,希望长期维持地域社会的稳定。可以想象,税粮和役银缴纳条件的均一化,对于拥有土地的他们来说,同样具有值得肯定的意义。

Ⅲ 常州府 附镇江府

嘉靖十六年三月,南直隶巡抚欧阳铎召集所辖各府县知事召开会议,决定推行征一法。而此时,湖州府已经通过对耗米和银两的操作实现了征收手续上的简易化,不难想象,湖州府的经验给会议的决策带来了很大的启发。正德末年湖州府为响应强烈的均粮呼声而制定的这一新法,经过发展,被南直隶运用到为响应更加强烈的征一呼声中去了。这么说,不仅是因为苏州知府王仪在《清理田粮(录)序》中提到了湖州府的"牵摊之法",还因为在欧阳铎召开会议的当年,太湖北岸常州府的知府应槚也做出了"照湖州府均耗事例,申蒙本院(南直隶巡抚)验粮均摊"的提案。据《(万历)常州府志》卷四《钱谷三·征输》,当时提出所谓"并征均则法"的改革方案,试图将完备的征一与湖州府的官民二元化结合起来。万历三十三年(1605)刊《武进县志》卷三《钱谷一·赋额》中有如下记载:

> 嘉靖十六年,知府应槚谨议,……近从民便,比照湖州府均耗事例,申蒙本院(批),验粮均摊,通算所属各县秋粮夏麦实在之数,随粮合用耗脚,并作一次会计,共该本色米若干,折色银若干。其白细粳糯、次等白粳糙粮,头绪虽多,然准米科数,皆谓之本色。其金花、白银、官布,名色虽异,然计银扣派,均谓之折色。撮烦就简,分为二项。每粮壹石,验派本色米若干,折色银若干,救弊之法,可谓要矣。

这段引文要言不烦地显示了征一的基本原则。[①] 引文中省略的部分在本章一《征一》中已经引用。如上所述,常州府的夏税实质上已经和秋粮一起征收,因此这里所说的夏税是指留在账簿上的。而关于一两＝二石这一新的银、米折算率,文中虽然没有明讲,但实际在"计银扣派"的表述中就暗示了各种旧折算率都已经转变成了新的折算率。

> 又各属田有多寡,则有轻重。欲将合用耗脚,将本府所属官民田地山滩塘荡等项,除魏国公徐义庄并冲成涧壑田地,止征原额米麦,俱免加耗外,其各属官民田地若干,原额米麦各若干,合用不等脚耗若干,各随多寡加减,分为官民二则,官民山滩塘荡淹圩埂正耗,另为一则。若正米数多,而耗米递减,若正米数少,而耗米递加。

[①] 以下为据府下各县"征一"的数字合计出来的常州全府的"征一"(省略零数),文见《(万历)常州府志》卷四《钱谷三·征输》:

嘉靖十六年,本府原额官民田地山滩塘荡淹圩埂五万七千七十三项四十亩,……实征起科官民田地山滩塘荡淹圩埂五万五千三百九十二项三十一亩,实征秋粮、夏税、马草、盐钞、义役等正耗平米一百四万三千二百一十三石,内除魏国公庄该纳,无锡、宜兴二县自运京库及存留外,实该均摊正耗平米一百三万九千七百二十九石,内该本色起存正耗平米三十九万五千九十七石,折色金、白布价银二十五万七千八百五十二两。

如某县官田地若干,正米若干,小麦若干,耗米若干,不论则数,每亩均科平米若干。民田地若干,正米若干,小麦若干,耗米若干,不论则数,每亩均科平米若干。官民山滩塘荡等项若干,正米若干,耗米若干,不论则数,每亩均科平米若干,通融损益。庶几官府易征,小民易晓,非惟可革里书增减那诡之弊,重则之田亦乐买,贫无不售之产,积荒之田亦乐种,野无不耕之土,计亩均输,税各归田,尤为均平,里甲无包赔之苦,官民两便。

与正德十五年湖州府所行的官民二元化相比,常州府实行的则是亩平米征收的二元化,这就是将税粮田亩分成两大部分,山、滩、塘、荡等这些基本农田以外的部分另行规定亩平米征收额,而对基本农田,则由原来复杂的起科等则走上了官田划一、民田划一的简易化道路。《(万历)武进县志》的编纂人唐鹤征在该志的卷三《钱谷一·额赋》万历三十一年(1603)条下加上了一段很长的评语,对应槚的这一提案在巡抚欧阳铎的认可下付诸实施作了如下的评价:

> 至欧阳抚公铎,始以本府应公槚议,衰多益寡,通融为一。惟官田民田,不容紊易,各为一则而已。正耗、本折,以时会计,虽在轻额者,不苦于顿增。然赋有定额,会有定时,吏胥不得低昂,贪暴不得横征矣。故吾常之民,无问知愚,至今颂烈焉。

《(万历)武进县志》卷三《钱谷一·额赋》嘉靖十六年条在记载了应槚的提案之后,还记录了该方案在武进县的具体实施情况,其内容摘录如下:

> 官田地一千三百一十一顷六十九亩七分三毫。……每亩一例均科平米四斗三升七合七勺,共征平米五万七千四百一十二石九斗七升九合。
>
> 民田地一万二千九百六十顷六十三亩四分八厘一毫。……每亩一例均科平米一斗九升七勺,共该平米二十四万七千一百五十九石三升五合九勺。

山、滩、塘、荡、圩、埂七百五十四顷七十八亩八厘四毫。……每亩一例均科平米三升九合九勺六撮，共该平米三千一十二石一升四合六勺。

实该平米三十万七千五百八十四石二斗九升九合五勺。内该本色米一十一万六千八百八十二石三升三合八勺，折色银七万六千二百八十两九钱六厘三毫。

在应槚的提案中，除前引官民二元化的内容外，还考虑到该府武进、无锡、江阴、靖江、宜兴五县各自不同的历史情况，还分别指定了所征本色米和折色银的输送、缴纳地点。由于每石平米的本色米和折色银比例由各县制定，因此，这一指定并不影响到征一的原则。

应槚在提案的最后说道：

如此，庶原额不失，均摊有定，均则无独累之苦，简则小民无欺蔽之私矣。

应槚的提案与许庭光的改革方案如出一辙，自始至终都是在确保赋役黄册起科等则下的税粮原额前提下，使亩税粮额趋于实质性的简化。应槚在提案最后所说的要防止小民再遭欺隐，指的就是本章的第一节所引提案开头部分所说因奸富不法分摊金花银而使贫寒小民陷入重额税粮的苦境。应槚与刘天和、王仪等人同为江南知府，他们有着同样的问题意识，但应槚在提案中关于官民二元化改革的部分中说道："重则之田亦乐买，贫无不售之产"，从改善土地买卖条件的视角来谈论税粮征收制度的改革，这与15世纪前半期周忱改革前后的情况迥然不同。

然而，常州府通往亩税粮完全均一化的道路并不平坦，旨在使亩税粮额完全均等的均粮制，在常州府下各县的推行前后花了几乎30年的时间。①（32）

---

① 关于武进县，参照《(万历)武进县志》卷三《钱谷一·额赋》，关于其他四县，参照《(万历)常州府志》卷四《钱谷三·征输》。

嘉靖十八年(1539)   **靖江县**

嘉靖三十三年(1554)   **无锡县**

嘉靖三十三年至四十一年(1562)间   江阴县

嘉靖四十二年(1563)   **宜兴县**

隆庆二年(1568)   **武进县**

万历十六年(1588),常州府知府谭桂这样概括该府税粮征收制的沿革:

> 嘉靖末,则以官民田并言之,无复差别,而止以平坦、极低、极高,分则派征,盖又法之变而加密者也。

> 《(万历)武进县志》卷四《钱谷二·征输》

也就是说,在持续到嘉靖末隆庆初的这一系列改革过程中,占各县田地大部分的"平坦田"实现了亩税粮征收额的均一,对"极高"、"极低"这样的特殊田地则另外制定了亩税粮额。这个做法,与苏州府将均粮的基本对象"该加耗肥瘠相当田"与其他部分区分开来的做法如出一辙。第一章中我们说到,《(万历)武进县志》的编纂者唐鹤征曾经对官田作为国有土地这一性质作了强调,其实这是针对隆庆二年武进县实行亩税粮均一后,在该志卷三《钱谷一·额赋》隆庆二年条下所作的评语。

> 是年,乡民比例均科,将官民田一万四千二百九十一顷一亩一分三厘,每亩均科平米二斗一升五合一勺,……民山荡如故。自是官田之则遂废,而民田每亩为赔米二升一合三勺矣。

唐鹤征在此对民田因官、民田的全面均则(亩税粮均一)而不得不每亩"赔"二升一合三勺,亦即官田税粮减额后的负担由民田来分担的做法表示了不满。在评语中还说道:

> 近为平、沙、高低,或三则,或六则矣。三则,六则,不苦其为奸,二则反苦之乎。

也就是说,唐鹤征通过与此前的官民二元化比较,认为全面均则后反而产生了三元化、六元化，由此对均则展开了批判。但据唐鹤征本人记录的万历十年（1582）丈量结果，武进县平田、沙田、高低田、极高低田、山、荡、埭合计面积为 17 234 顷 33 亩有余，其中平田 12 911 顷 96 亩，占 74.91％。唐鹤征不说占 3/4 的平田实现了亩税粮的完全均一，而只说亩税粮额出现了三种乃至六种，这样的议论是不公正的。因此，其先前的评述也是站在抨击均则化改革的立场上展开的。

> 将朝廷入官之田，无价而白与顽民。将原额所纳之租，无辜而重害平民。非理非法，殊为可惜。

常州府的官田占官民田总和 14.64％（见第二章表 1），而实行均则前一年的隆庆元年，武进县官田有 1 304 顷 69 亩余，只占官民田总和 14 290 顷 80 亩余的 9.13％，与官田占 50％以上的苏州、松江二府截然不同，与占 25％前后的嘉兴、湖州府也存在差距。常州府，特别是武进县的官田比率尤其低。尽管常州府亦属官田地带，但与其他任何一府相比，民田田主及民田数量的比例都要高得多。因此，虽然接受了嘉靖十六年的征一和官民二元化，但对隆庆二年的官民一元化政策却产生了强烈的反抗，这从一元化的最终实现前后花了 30 年的时间这一点上也不难看出。从隆庆二年算起，直到 40 年以后，唐鹤征竟然还在利用编纂地方志的机会对之进行严厉的批驳，其背景可能正是武进县的这一历史现实。为了弄清这一点，还有必要结合唐鹤征所生活的万历后半期江南士大夫的思想，对《万历武进县志》进行全面的探讨，本书的终章就对唐鹤征的言论进行了分析。

常州府自嘉靖十六年开始实行征一和官民二元化，到隆庆二年武进县最终实现官民一元化，即均则、均粮，其间约 32 年没有实行土地丈量。据《（万历）武进县志》卷三《钱谷一·额赋》的记载，万历十年（1582）该县"奉旨通县丈量"，这已经是张居正在全国丈量土地的一部分了。

镇江府东邻常州府，府下 31.65％的田土是官田（见第一章表 1）。该府之所以与明王朝草创时期的国都应天府，以及太平府、宁国府和广德州一同,承担起了那个时期的军费,是因为这些府荣受了朱元璋在税粮征收上的恩典,民田税粮全免,官田只征收规定额的 50％。[①] 从 15 世纪后半期开始,这些地区的民田也征收税粮若干,以减轻官田的耗米负担。虽然官田的亩税粮额相对较低,但民田的税粮却极低,因此持续存在着官民田税粮差异巨大这一特殊情况。

嘉靖十六年(1537),镇江府首先单独实施了征一。据《(万历)镇江府志》卷五《赋役志》嘉靖十六年巡抚欧阳公赋役册条,知府韩克济提出了具体的征一方案,其中关于秋粮一项,称:

> 撮烦就简,分为二项。每粮一石,验派本色米七斗四升六合,折色银一钱二分七厘,使人皆易晓,奸猾不得增减。

从常州知府应槚的提案经巡抚欧阳铎的认可后付诸实施这一点也可以看出,《(万历)镇江府志》卷五《赋役志》嘉靖十六年巡抚欧阳公赋役册条下所记镇江府知府韩克济的提议,应该也付诸实施了。但嘉靖十六年镇江府的改革仅止于征一,实现均粮是在 38 年后的万历三年(1575)在巡抚宋仪望的指导下进行的。此时,无论是江南中心地区的苏州、松江、嘉兴、湖州四府,还是东邻的常州府,早都在隆庆三年(1569)全部实现了均粮,[②]而《(万历)镇江府志》卷五《赋役志》万历三年条下才出现"将槜郡田土,不论官民,止照亩数,定为一则"。

Ⅳ 湖州府(其二)

正德末年湖州府改革中憧憬的完全均粮,和虽未成熟却包含在内的征一,由苏州知府王仪率先在江南官田地带以最完备且最彻底的形态加

---

① 参照本书第二章第三节。

② 应天府下各县的均粮,作为隆庆三、四年(1569、1570)应天府巡抚海瑞指令下的"条编"的一环与丈量同时实行。江浦县和高淳县于隆庆四年,溧阳县于隆庆三年分别实行,隆庆四年海瑞离职后由继任的朱大器继续推行。上元县在海瑞任职两年内实行了均粮,但具体年月不明。以上资料来自万历七年(1579)刊《江浦县志》卷六《赋役志·田赋》,《天下郡国利病书》原编第八册《高淳县志》、《溧阳县志》以及《(万历)上元县志》卷二《田赋》。

以推进,到嘉靖十七年时已在府下各州县完成。王仪的均粮与征一合为一体,成为此后官田地带新税粮制度的典型。继正德末年的第一次改革后,湖州府又于嘉靖二十年着手第二次改革,试图反过来引进以湖州府的第一次改革为模本的苏州知府王仪的方案。嘉靖二十一年刊《湖州府志》中,监修者张铎屡屡以"郡史氏曰"的形式论述自己的见解,其中卷八《食货志》有如下言论:

> 比者均粮之法,苏州已尝行之矣。夫湖与苏接壤者也,独不可均欤。两则之议,知府刘天和已尝行之矣。夫两则已非祖宗之旧也,独不可一则欤。

苏州府业已实行的均粮,为什么在相邻的湖州府就不能实现,既然刘天和的官民二元化已经改变旧有的传统,那么,官民一元化为什么就不可以呢!这是张铎对实施均粮的强烈愿望。而在"嘉靖二十年十二月湖州府申文"条下,还全文记录了张铎自己作为知府向巡按浙江监察御史所提呈的改革方案,题为《呈均摊税耗以为民从便》。

在申文的一开头,张铎就对苏州府三年前的改革内容进行了非常准确的概述。之所以张铎能对苏州府的改革事项如此了解,是因为自己遵守巡按浙江监察御史经由浙江布政司下达的指示,向苏州府索要了"均平田粮事例缘由并刻印清理田粮书册一部"。张铎接下来强调,正德十五年知府刘天和的官民二元化改革已经大大改善了秋粮的征收方法,现在应该向苏州府学习,开展更为彻底的改革。

> 先经陞任知府刘天和议,将官民均为二则。自正德十五年起至于今,较前颇便。但先年秋粮五百余则,既均为一则,即今官民二则,亦可均为一则。秋粮既均为一则,即今夏税与地山荡粮,亦可均为一则。

也就是说,张铎希望将刘天和以来的官民二元更推进一步,不仅是秋粮,而是要实现包含夏税在内的全部税粮项目的一元化,并且不只是基本农田的部分,地、山、荡部分也必须实行一元化。张铎还强调了自己与统括地方徭役的责任人粮长、塘长、里长和老人见解("民间私议")上的一致。

> 民间私议,不约而同。节据乌程县粮塘里老邵钺等呈,要不论官民,每田一则,每地一则,每山一则,每荡一则,均派粮税、均徭、里甲等项。正与苏州见行事体相同,诚为经久可行之法。

这里,张铎介绍了担任粮长、塘长、里长和老人的邵钺等人也请求按亩征收完全均一的税粮和役银,并且还强调这一请求与苏州府现行的做法是完全一致的。

张铎以以上言论为前提,提出了以下的方案:依据户部分摊给湖州府的秋粮、夏税的正耗额以及盐粮、马草、驿递马粮银等其他所有的公课,算出本色米、糙米、折色银、生丝这三大征收物品的总额,然后"一应岁办,俱该于各州县田地山荡上,不分官民,均摊派征包补"(所谓"包补",指归安、乌程、德清三县的"小绢"等特殊品目以全州县米、丝等余额即余米、余丝填补,实际上有派征之意)。计算过程中,为判断全湖州府的大势,首先是"通行算合一府总数",最终则以州县为单位算定亩税粮征收额,显示了"各州县又各自委曲通融摊派,一州自为一则,六县各为一则"的基本方针。考虑到湖州府各州县均为生丝的重要产地这一特征,张铎提出了以下这样的独具特色的均粮、征一模式:

> 每田一亩,该粮若干,该折银若干,该丝若干。
> 每地一亩,该粮若干,该折银若干,该丝若干。

对山、荡也一样。就田(水田)一种而言,完全实现了均一和征一。当然,也必须要顾及赋役黄册和赋役黄册规定的起科等则,对此,方案称"如遇十年大造,则官民悉遵版籍之额,每年实征,则彼此各依均摊之数",表示出了慎重的态度,但不难发现,此时的赋役黄册在税粮征收中实际上已被形骸化了。

张铎的提案参考了邻府苏州府实施均粮、征一后的数据,又依据粮长、里长等地域社会中统括徭役的责任人的请求,详细叙述了事情的原委。但这一提案在他任职的嘉靖十九年（1540）十月到嘉靖二十一年（1542）七月间，并没能付诸实施。嘉靖二十一年刊《嘉靖湖州府志》卷八《食货志》中，张铎以"郡史氏"的形式，在前引部分之外还如下一段：

> 所患者，尔我之见，不免异同，变乱之名，转生疑畏。余也自（"自"，原书作"目"）激于衷，辄尝建议。而因人成事，卒莫举行。诗曰，发言盈庭，谁执其咎。此古今举事者之通憾也。惜哉！

从前引部分中可以看出，就在正德末年试图将知府刘天和推行的官民二元化进一步推向均则之际，出现了"悖于祖宗之旧"的批判声。相关者的见解不乏龃龉之处，也有人高举作为"祖宗之旧"的赋役黄册，将改革诽谤为"变乱"，形势越发扑朔迷离。张铎迫于形势，亲自立案改革，但事情的成败恐怕取决于巡抚、巡按等上司的态度，这一提案最终无人接手，不了了之，而嘉靖二十一年正值编纂黄册之年。张铎改革案最终没能付诸实施的背景中，也包括了湖州府地域社会内部以官僚家族为中心的大户阶层的活动，这一点在苏州府和之后的嘉兴府都可以看到，这里不再详细叙述。

不过，康熙十年（1671）序刊的《安吉州志》田赋条下却有这样的记载：

> 嘉靖二十年，湖州知府张公铎申请均摊税粮，将官民轻重二则更均为一。赋无轻重之别，田无官民之分，起征之利，更极简易。……至今因之。

《安吉州志》却认为张铎在任时已经推行了均一，且当时制定的亩税粮额直到清初都在通行。另外，邻府海盐县士大夫钱薇在上呈嘉兴府知府请求实行均粮的书简《均赋书与郡伯》中，在言及湖州府"今嘉靖二十一年，郡伯张公铎，又据粮里邵越等呈告，申请上司，均为一则"（《皇明经世文编》卷二一四）的同时，还着眼于张铎的均粮计划。可见，张铎的提案，不仅在湖州府中历代传颂，还影响到了同时代的邻府。

《（崇祯）乌程县志》卷三《赋役》是湖州府税粮征收制度改革的重要

资料,其中简单记载了张铎离任后的次年(嘉靖二十二年)"通详(浙江)右布政(使)欧阳必进、巡按王(某),刊定赋册成规",可能出台了与湖州府有关的指示。张铎试图废除官田一则、民田一则,即废除官民二元化,实现均则的提案,在这样一种形势下,在继任的知府继承并修正后付诸了实施。光绪八年(1882)刊《归安县志》卷十四《田赋一》记载:

> 嘉靖二十六年额。……田三则起科,每亩征银二钱一厘至一钱三分、米二升三合至一斗七升。

在张铎离任后5年,乌程县与同是湖州府附郭县的归安县,基本农田的部分实行了"三则起科"。其做法大概和常州府一样,把税粮征收田亩分成平坦、高、低三种类型,针对不同类型的土地设定了不同的亩税粮额。但是,"三则起科"似乎也不稳定,一直到隆庆三年(1569),张铎的改革方针才被完全付诸实施,万历四年(1576)刊《湖州府志》卷十一《赋税一》称:

> 屡建议均平,率无能行。隆庆三年,始定官民田地山荡,各为一则起科,民甚便之。

湖州府在江南地区是最早制定均粮方针的,且早早地订立了实施的具体方案,但其完全意义上的实施,却还需要经过正好半个世纪之久的漫长等待。

V 嘉兴府

嘉兴府位于湖州府东部,前章也已提到,府内田土的四分之一是官田,这个比例与湖州府基本相同。嘉兴府的均粮,即官民田的一元化,于嘉靖二十六年(1547)由知府赵瀛提起并付诸实践。由出生于陕西三原县的赵瀛校定,出生于浙江鄞县的同年进士赵文华编纂,刊行于赵瀛离任的嘉靖二十八年的《嘉兴府图记》,卷八《物土三》中对均粮的过程作了详载:

嘉靖二十六年秋，知府赵瀛乃始定议，上于督储都御史欧阳公必进、监察御史裴公绅，悉均境内之税焉。议略曰：……顾其事方集，而瀛以迁去。嘉靖二十八年秋后，知府毕竟容至，兴利去害之心，与瀛较若画一，乃复博访利病，品节剂量而润泽之。于是赋税有经，而宿弊始顿革矣。

赵瀛于嘉靖二十八年向以总督税粮为中心任务的南直隶巡抚欧阳必进和浙江巡按御史裴绅提出均粮的申请，并获得了许可。此后，由赵瀛的继任者、嘉靖二十八年继任的毕竟容稍加补订后付诸实施。

自万历三十八年（1610）刊行的《嘉兴府志》（卷五《赋役》）以来，嘉兴府的地方志中就将赵瀛提案的均粮政策称为"扒平田则"。此外，地方志中还以《扒平田则议》为题，记录了对围绕税粮征税制度表现出来的社会矛盾的分析，以及赵瀛构思周到且颇具特点的奏议略文。不仅是嘉兴府内，出生于苏州昆山县的顾炎武，也在其《日知录》卷十《苏松二府田赋之重》中谈论明代江南官田问题时，甚至错误地将均粮的创立归功于赵瀛。

嘉靖二十六年，嘉兴知府赵瀛刱议，田不分官民，税不分等则，一切以三斗起征。苏松常三府，从而效之。自官田之七斗、六斗，下至民田之五升，通为一则。

也就是说，在苏州知府王仪推行均粮后的第10年即嘉靖二十六年，由嘉兴知府赵瀛立案，继任知府毕竟容所实施的均粮，在后世江南读书人中留下了深刻的印象。嘉兴府赵瀛的均粮，其实是在苏州王仪推行均粮后才真正付诸实施的，但它再次确定了江南税粮征收制度的改革方向，后世的评价也大多与此有关。

嘉兴府的均粮改革，是在排除反对者的强烈抵制后才得以实现的，这从《（嘉靖）嘉兴府图记》卷八《物土》的以下一节中可以窥见当时的情况。

顾其事便于细弱而绌于豪右，虑始而谤已兴，发端而哗者倾之取，多事而迄无所成。其间任怨惠民，靡所顾恤者，盖鲜也。

这一段文字被冠于前引赵文华《嘉靖嘉兴府图记》的文前,这不单是为称赞赵瀛的功绩而做的铺垫,而是接近事实的描写。天启四年(1624)序刊《海盐县图经》卷五《食货二》中也类似的叙述:

> 当赵公议均耗时,宦室富家,虑轻则田不免一例加税,蜚语挠之不置。先外王父方伯刘公言,邑孝廉尝旅见于公,有同侪某者,语嗫嚅,欲言斯议之未便,公嗔目视曰:子云何,吾手刃子矣。其强毅不夺,矢必举行若此。

拥有大量轻税田亩的"宦室"、"富家",即以官僚家族为中心的大土地所有者反对均粮,给赵瀛造成了各种压力。对此,赵瀛必须如 10 年前的苏州府王仪那样,要坚决地排除他们。

赵瀛接任嘉兴知府是在嘉靖二十四年。此前该府也受到了西邻湖州府许庭光、张铎的均则以及刘天和官民二元化的影响,屡屡试图实行均粮,但均因反对呼声过高而受挫,正可谓"事多迄无所成"。

嘉靖十年(1531)嘉兴府海盐县的"里父老"请求均则,嘉靖十六年至二十年,身为嘉兴府嘉兴县知县的卢梗也"建议均平",但都没能实现。关于海盐县的情况,《(天启)海盐县图经》卷五《食货篇二上·税粮》中如下记载:

> 嘉靖十年,里父老具呈御史端,愿比照湖州均田事例,悉以三斗起科。御史下檄本县知县夏公浚议覆矣,而未行。徐泰所云、上吏按籍、称故事、旋议旋罢者是也。当时不利于均者,借纷更名,箝制之。

湖州府的粮长、塘长、里长和老人们向知府刘天和提交请求税粮一元化的呈文,刘天和请示浙江巡按监察御史许庭光,许庭光又上疏皇帝申请亩税粮均一征收实米三斗。这一过程我们在前文中已屡屡提及。此后约 10 年,嘉兴府海盐县的"里父老"(或与湖州府粮长、里长同)请求当时的浙江巡按监察御史端某追随湖州府实行"均田"(即均则)。但巡按端某在下令海盐县知县夏浚进行探讨并再次申请后,就没有下文了。

《(天启)海盐县图经》的编纂者还暗示,因均则而遭损失的人们还以将会引发纠纷为口实,另立名目遏制事态的进展,巡按端某则在这些人的授意下将此事束之高阁。

关于嘉兴县知县卢梗的情况,《(天启)海盐县图经》写道:

> 按均则之议,始于湖州知府刘天和,先行于嘉兴县知县卢梗。

刘天和虽然在正德十五年实施了官民二则化,但在此前一年向许庭光提出的均则案却未能问世。与刘天和同样,卢梗的均则方案,虽然出自嘉兴府下的知县之手,但最具有先驱性,但终究也没有实现。崇祯十年(1637)刊《嘉兴县志》卷十一《官师》载:

> 卢梗字木伯,直隶昆山人,嘉靖乙未进士。丁酉令嘉兴,……每以田地多则,建议均平,为豪右所阻。至丁未年,知府赵瀛行之。盖卢为嚆矢云。

这里的"豪右"可比为《(天启)海盐县图经》(《食货二上》)中所说的"宦室富家"。嘉兴府推动均则、均粮的势力与反对势力之间的斗争,从嘉靖十年左右起一直持续着。

出生于嘉兴府海盐县、嘉靖十一年进士、曾任礼科给事中的钱薇,在社会层中虽然属于官僚之家的"宦室",但他却为促进嘉兴府的均粮而倾注了自己的热情。《皇明经世文编》中收录了他的三篇文章:《均赋书与郡伯》(卷二一四)、《均粮议》(卷二一五)、《均粮续议》(卷二一五),从内容上推测都写于嘉靖二十一年到知府赵瀛具体实施改革的嘉靖二十六年之间。钱薇的均粮提案都很具体而平实,但也有两个特点。第一,钱薇在书简中指出,税粮的不均不只是官田民田之间的不均,还有明初以来只种植冬麦的高地,即亩税粮额极低的麦地与官田、民田之间的不均。《均粮议》中说:

> 官田之粮,一亩之输有至五斗者,民田则五升至八升而止,麦地则三升至五升而止。故贸易之际,买者利粮之轻,宁多价以推粮,卖

者利价之重,宁存粮以增价。于是改官为民,改民为麦。

钱薇强调,随着生产力的发展,已经没有必要继续维持麦地的轻额税粮了。《均赋书与郡伯》中说:

> 国初兵燹之余,东南生齿未甚繁,田野未尽辟,当时水田虽可征税,而阜地犹未耕垦,是亦有不能为均者。……而今不然矣。官民麦地之田,无亩不岁耕,无耕不岁熟,无熟不岁获。独其征粮之则,反有重有轻。是时之不可不均者也。……况麦地者,以其仅止艺麦也。今一览皆为水田,而犹止麦地之税,是理之不可不均者也。

第二,钱薇强烈地意识到了邻府湖州府改革的存在,在三封书简中都反复言及。通过这些言论可以看出,钱薇对本书第四章第三节、本章第四节Ⅰ、Ⅳ所介绍与探讨的15世纪中叶湖州知府岳璿的改革和16世纪知府刘天和、张铎的改革,掌握的情报非常翔实而准确。在当时的江南诸府中,无论是知府之间还是民间士大夫之间,地域社会之间关于均粮的情报交换和交流都极为活跃,都为推进各府的改革进程带来了巨大的影响。而嘉靖二十年湖州知府张铎制定出完全均一的方案并向上级申请的行为,给钱薇留下了特别深刻的印象。因此三封书简中似乎都把张铎的提案当成了已经完全实施了的方案,在逻辑分析的关键部分,都强调了应该向他们学习。[①]

接下来要引用的一段,可能是钱薇嘉靖二十年代写给嘉兴知府王学礼或继任的郭应奎,甚至是再下一任的赵瀛这三人中某一位的《均赋书与郡伯》,信中钱薇强调在学习湖州府潜心改革的同时,为不重蹈正德末年湖州知府刘天和二则化的覆辙,必须实行官田、民田和麦地的完全均

---

① 比如,在《均赋书与郡伯》中,在介绍15世纪中叶湖州知府岳璿、16世纪20年代前后巡按浙江监察御史许庭光、知府刘天和的改革之后,围绕张铎的改革案,做出了如下评述:"今嘉靖二十一年,郡伯张公铎,又据粮里邵越等呈告申请上司,均为一则。盖粮存二则,是民田轻,官田重,犹立等差也。富者不利官田之重,而倍价以邀民田,贫者欲利民田之价,而改民以售官田。是故粮与田左,而荒粮岁积。此张公不得已而复建此议也。"

一。① 其中不仅浓缩了嘉靖二十年代钱薇均粮案的特征,还暗示了嘉兴府围绕均粮的争论焦点。

> 台下以刚明果断之才,为民除不均之患。宜取湖之能变为是,而以湖之存二为非。今吾盐邑之议,不欲以麦地均入官民田耳。但麦地岁收之利,既无异于官民,而麦地之粮,大异于官民。麦地既不起耗,又无马草,则岁纳不过三升或五升。在自私者计之,何乐均为。但本大公一体之心,立经常无弊之法,则不当以自私为念,而当以一则为准矣。

通过钱薇的言论我们可以看出,其家乡海盐县均粮上的主要对立存在于麦地与历来作为水田耕种的官民田之间。如今多数麦田已经完全水田化,其收益也与官民田无异,但依然在麦田的名义下每亩只须负担三升至五升,且可免除加耗、马草等附加征收,若要推行完全的均一,从麦地中获得私利的人肯定会反对。不仅官田、民田之间存在税粮不均的问题,就是官民田与麦地之间也同样存在着不均的问题,因此钱薇主张,要解决这些问题,消除田亩之间税粮的差异,唯有采用近年来湖州知府张铎创立的完全一则化。通过钱薇的这些言论,我们已不难想象,明朝自洪武年间制定起科等则以来,经过了 150 多年的岁月,生产力水平有了很大的提高,收获量也趋于均等,这些因素都成了实行均粮的物质条件。

但是,嘉兴县知县卢梗以及海盐县士大夫钱薇等均粮改革促进派的行动,动辄遭到反对势力的压制,反对势力甚至通过权力中枢的诏敕来对其进行制约。嘉靖二十六年,嘉兴府知府赵瀛在反对势力的强烈抵抗声中制定了内容完整的均粮方案,并且成功地付诸了实施。《(天启)海盐县图经》卷五《食货篇二上》中,继前引记录反对势力的动向之后,又记录了赵瀛有意避开上奏皇帝以期恩准的做法,而是上呈巡抚、巡按,在他们的认可下马上转入实施,这一睿智的做法使嘉兴府的改革取得了

---

① 这一节与注 35 所引原文相接。

成功。

　　至取上旨申饬,如会典所载六年九年诏令,一云不许改科立新
法,一云将则例更改者,通行禁革。此必有大力者为之主持矣。赵
公此举,更不奏闻朝廷,只申督院欧阳公必进、按院裴公绅,详允便
行,尤为有见。

　　在嘉兴府内激烈对峙中诞生的赵瀛税粮一元化方案,有着极其完备
的内容。这也说明为了封住反对势力的口,方案必须基于事实且具有无
懈可击的说服力。同时我们还必须认识到,赵瀛的方案是基于江南地区
均粮改革的历史经验上创立的。嘉兴府自嘉靖十年以来持续十余年的
改革尝试及经验教训,西邻湖州府在嘉靖二十年知府张铎制定一元化方
案之前的所有努力,以及被张铎方案所吸纳的嘉靖十七年苏州知府王仪
的改革,这些经验对赵瀛方案产生的影响,在其改革内容中处处可见。

　　赵瀛的方案,也就是他向巡抚、巡按申请许可的"议",由与嘉兴府税
粮征收制度现状相关的三个部分和改革方案总共四个部分组成。①

---

① 赵瀛议案的原文及其前后的说明文字,按《(嘉靖)嘉兴府图记》卷八《物土三·田赋》抄录如
下。A—D 的段落划分及各段中 i、ii 等记号皆为笔者所加。
　　嘉靖二十六年秋,知府赵瀛乃始定议,上于督储初御史欧阳公必进、监察御史裴公绅,悉
均境内之税焉。
　　议略曰。照得。
　　(A)
　　(i) 所属嘉兴等七县官民田地,粮自三斗起科至于七斗者,总计五百五十则。地、荡、山、
滩等项,轻者一升至一斗,重者三斗至五斗,总计二百七十六则。
　　(ii) 通府岁征正粮六十一万八千六百一十一石有奇,麦、丝、马草、户口盐粮,计总一十二
万一千二百七十六石。
　　(iii) 二项钱粮内,坐派北京者,有内府白银、京仓兑米、金花草麦折银、丝绵绢匹。坐派
南京者,有供用白银、各卫仓米、定仓草银。余拨徐州并附近府县沿海各仓。岁支官吏、师
生、军旗、局匠、孤老奉月军储等粮。其额运京师者,原议船夫车脚之需,拨给边储者,亦有脚
耗修仓之费。每年会计,不分官民田,验亩起耗。各县多寡不等,大约一斗上下之数。以七
县计之,共该耗米三十七万七千五十石有奇,以充前费。
　　(iv) 似于七斗、六斗官田,甚为繁重。所以原议将金花折银,每两准米四石,尽派重则,
少甦民困。其五升民田,似觉轻省,故以两京白银均派轻则,以分其害。此亦救偏补弊之意,
便能守而行之,未为不可。(转下页)

（接上页）（B）

奈缘田则太繁,法久弊滋,奸书派金花,则轻田改为重田,粮里收白银,则一斗量至数斗,征丁田,则指一科十,编徭役,则卖富差贫。卖田者,以官作民,存虚粮而遗累于里甲。造册者,收轻推重,飞正米以洒派于细民。间有不才有司,派送金花折银于势要,以为希恩之地。亦有奸贪下愚,召认他人存粮,为告骗户产之谋。每每有力者置田无粮,而追纳之夫,多无立锥之地。至今逋负蝟积而国赋日亏,讼狱频兴而卷案堆堵,地方之害,有不可胜言者。

（C）

（i）再如民间田地,每亩租米岁入约可八、九斗者,姑以六斗田额计之,该纳正耗七斗之数,此外尚有粮长之私增,则一年所获,尽输于官矣。虽免均徭、丁田,派以金花裨补,其实原则本重,弊孔潜移,未见末减。

（ii）彼五升则田,每亩该纳正耗一斗五升,所取之租,与重相若也。虽有白粮之征,徭役之编,而纳官之粮,甚为轻省。

（iii）如三升等则麦地、粮地,多系腴田住基,其收租获利,与轻田、重田相等也。纳官之粮,视诸五升者,尤为简易。

（iv）是田之利多者,蒙薄赋之恩,利少者,尽锱铢之取。故富豪多麦地、民田,益肆其贪并,贫民皆重额官田,日就于逃亡,往时科则本意,溃坏殆尽,苦乐不均,至此极矣。

（D）

（i）求今之所以便民而济时艰者,无如不动版籍,合官民田麦地,一例牵摊耗米,庶得衷益宜民之要。盖因其田之亩数,定以耗之若干,约彼此而平施,无复科则之繁,布方策而较然,无可推移之处。虽三尺童子,可以入官输赋,积算猾胥,不能左右其手矣。

（ii）及照,两京白粮,常年全派轻田人户输纳,缘会计议,加春折白耗等米,每正白粮一石,准除小民糙平米大约一石五斗之数。今议,官给糙米二石,与各运粮,自行春解,不必派民。其金花折银,原议每两准米肆石,尽派重田、贫民输纳。今议并入草麦银内,每两照依白银,准实米贰石,多出二石,概免于民。

（iii）合无统将各县轻重田亩、麦地、粮地,不分官民,算共若干,与诸额征,派正耗,通融斟酌,截长补短。如正米重者,耗米□轻,正粮轻者,耗米加重。若正米数少,则全征本色,正米数多,则量派折银。银不足,则加之以米,米不足,则补之以银。均一扣算,验亩派征,俱不出三斗之数,合为一则。山、荡、滩、滨、池、溇、水面等项,生意不相上下,亦验亩均征米五升,自为一则。户口盐粮,常规每口不分有闰无闰,均征米六升。市民盐钞,亦每口派银贰分上下。今议均平,不必分以盐粮、盐钞,俱验口量加米一升,共征米七升,则人丁不致独利,粮额亦籍以稍轻。

（E）

（i）其各县小民户下买卖田地,候至造册之年,各照古额轻重科则推收,每年本府会计,即从今议。各县田土,每亩均派平米若干,内本色若干,折色若干,派民输纳,定为成规。

（ii）中间瘠薄田土,亦合再与优处。如嘉善之胥五都区,秀水之零东、零西,海盐之十三等都,平湖之十七、东十九都区,果系滨荡高阜处所,及桐乡、崇德,亦有患区。行各掌印官覈实,常年于轮编均徭内,派与海塘、织造二项轻差银两,永示存恤。（转下页）

注中标记为（A）（B）（C）（D）的四个部分。各部分又可分成若干小节，如（A）可以分成（i）—（iv）节。为确认赵瀛的"议"在结构上的完整性，现将各部分与小节的要点概述如下：

（A）税粮征收制度概况

（i）嘉兴府下七县的田的起科等则 550 则，地、荡、山、滩等的起科等则 276 则。

（ii）全府秋粮（正粮）额 618,621 石，夏税 121,270 石。

（iii）嘉兴府下秋粮、夏税（"二项钱粮"）的指定纳入官仓和物品。据此各县官民田每亩加耗约一斗，全府加耗总额 377,050 石。

（iv）为调节实际负担的高低，亩税秋粮六七斗的官田分摊金花银，五升民田分摊白粮。

（B）税粮征收制度存在的问题

（i）由于起科等则非常沉重，导致胥吏在分摊金花银，粮里长在征收白粮、里甲银（丁田）、均徭编审，在土地买卖契约上出于私利篡改官田、民田、麦地的名目，制作赋役黄册制时对起科等则、田亩面积的操弄，等等，各种不法行为层出不穷。

（ii）以上各种不法行为，使得权势者拥有土地却能免征税粮，而仅有少量土地甚至没有土地的人户却被督责税粮，以至逋欠累积，诉讼频发。

（C）地主租米收入与起科等则之间的矛盾

通过（i）—（iv）可见，地主每亩收取的租额大致相同，而官田、民田和麦田的起科等则却大相径庭，因此在收入上产生巨大的差异。拥有麦地、民田的"富豪"和耕种重额官田的"贫民"，他们之间的社会不平等愈发显著。

（接上页）（F）

则轻重适均，不动版图，不亏额赋，而积习之弊，可清于一旦，因时之政，少裨于疲民矣。

于是巡抚都御史欧阳及巡按御史裴咸谓，本府推论悬恻，计算精详，真可谓刻意民瘼，心诚求之者也。虽豪右阴为阻挠，但法贵救弊，政右便民，苟通变之得宜，何浮议之足恤，皆如拟行之。

(D) 税粮征收制度的改革方针

（i）不改变赋役黄册规定的起科等则，通过对耗米的操作来调节官田、民田、麦地税粮的不均，制定简明易懂的亩税粮额及征收方法，使纳粮户便于纳粮而胥吏没有不法操作的余地。

（ii）停止摊派在白粮纳粮户轻额田亩上的高额加耗，停止以一两＝四石的折算率分摊在重额田亩和贫民身上的金花银。金花银、马草和小麦的折银部分一律与白银同价，所有地块均以一两＝二石的比率征收。

（iii）田地（麦地、粮地）不问官民，以县为单位通过加耗和折银进行调整，将原本多样不均的税额统一调到米三斗以内，即通过案头账簿的操作实现均粮。山、荡、滩、滨、池、溇的收入几乎无差别，故每亩统一征收米五升。与食盐支给有关的户口食盐和市民盐钞，统一每丁征米七升。

（iv）须明文规定，买卖的土地，遵先例在十年一制的赋役黄册上登记。但每年的税粮征收则据均粮的结果而征一，每亩分摊平米若干（斗），每石平米又按本色（米）若干和折色（银）若干征收。

（v）对土地贫瘠，水稻产量低的纳粮户，减轻徭役中的均徭负担，以示救济之意。

（vi）改革结果可不改动赋役黄册的登记内容，维持原有的税粮总额，却能实现负担的均一，一举扫除积弊。

（D）中明确显示了嘉兴知府赵瀛的税粮征收改革方针，但创始于湖州府的这一套改革方案却最先在苏州府实现，并非常忠实地遵从了均粮和征一的原则。虽然经历了难产，但基于这一方案在江南官田地带第二处实现了彻底改革的，如前所说正是由赵瀛的继任者毕竟容。自嘉靖十年海盐县里父老提案亩税三斗作为均粮红线以来，十六年间的悬案，包括海盐县士大夫钱薇反复强调的田与轻额麦地之间的不均问题，在此都一举得到了解决。值得注意的是，嘉靖十年以来一直反对均粮的势力，即以官僚家族为中心的大土地所有者，他们与其他纳粮户之间的矛盾，让我们清晰地认识到，这种矛盾一方面体现了地主佃户制型土地所有关系的存在,另一方面也成了改革必须面对的重大问题之一,这就是(C)中简单提到的地主的租米收入和起科等则之间的巨大差异。为确认嘉兴府在均粮问题上对抗双方的深层动向,我们再次对这一部分加以探讨。首先有必要将(C)全文抄录如下:

(i) 再如民间田地,每亩租米岁入约可八、九斗者,姑以六斗田额计之,该纳正耗七斗之数,此外尚有粮长之私增,则一年所获,尽输于官矣。虽免均徭、丁田,派以金花裨补,其实原则本重,弊孔潜移,未见末减。

(ii) 彼五升则田,每亩该纳正耗一斗五升,所取之租,与重相若也。虽有白粮之征,徭役之编,而纳官之粮,甚为轻省。

(iii) 如三升等则麦地、粮地,多系腴田住基,其收租获利,与轻田、重田相等也。纳官之粮,视诸五升者,尤为简易。

(iv) 是田之利多者,蒙薄赋之恩,利少者,尽锱铢之取。故富家多麦地、民田,益肆其贪并,贫民皆重额官田,日就于逃亡,往时科则本意,溃坏殆尽,苦乐不均,至此极矣。

通过分析,赵瀛最终想要指出的是,属于官田的每亩六斗田,属于民田的每亩五升田,以及被定性为麦地、粮地的每亩三升田,它们之间税粮负担存在着不均,尤其是官田和民田、麦地之间,税粮的不均更加悬殊。在分析过程中,赵瀛还将这些不均的税粮额与地主在任何情况下都征收几乎同额的租米进行对比。也就是说,赵瀛在分析比较每亩土地的税粮在总收益中所占的比例时,将地主出租并从佃户处收取地租的土地作为例子,并没有直接言及自耕农经营的土地。

赵瀛对收入和支出的对比也非常周到,同时也准确地把握到,一亩六斗的重则田分摊金花银,减轻了均徭和里甲银等徭役系统的负担,而一亩五升的轻则田则分摊白粮,且全面征收徭役。不过若与一亩八斗乃至九斗的租米收入相比,一亩六斗的税粮负担并不算多,一亩五斗的税粮负担则显得非常之轻,一亩三升、五升的麦地、粮地的税粮负担就更轻了。但由于赵瀛的分析仅限于租米的收入,这样一来,税粮负担的不均就被集中体现到了地主与佃户之间的不均上去了。所以,如果继续用(i)—(iii)的逻辑来分析的话,那么(iv)中所说的占有大量麦地和民田的富豪与承担重额官田而被迫逃亡的贫民之间的对比,就成了地主中的富豪与中小地主乃至下层民众之间的对比了。

15世纪以来,在身负江南官田地带税粮征收制度改革的巡抚、知府等官僚的文章中,将每亩的私租与国家的税粮额进行直接比较的,赵瀛的"议"是第一次。即使15世纪前期推行过大规模改革的周忱和况钟,在他们的文章中都没有言及地主=佃户关系下的私租问题。这是国家的税粮制度与民间的土地关系两者之间相对独立所导致的结果,正因为如此,赵瀛将税粮征收制度的改革与体现地主=佃户关系的私租关联起来进行分析,才显得格外的史无前例。赵瀛的分析,可以说是土地所有关系发展变化到一定程度的产物。所谓变化,一是基于以某种形态剥削他人劳动而形成的土地所有制在量上的扩大趋势,而且这一量上的扩大趋势在将土地出租给佃户经营的地主=佃户土地关系中表现得尤为显著。二是在这种地主=佃户土地关系的扩大趋势,"富家多麦地、民田,益肆其贪并",特定的阶层开始了大规模的土地兼并。

上文已经指出,以官僚家庭为中心的富裕阶层,他们在政治上的操作,大大延缓了嘉兴府的均粮步伐。其根本原因在于,这一阶层一方面在地主=佃户关系下集聚了大规模的土地,同时又要尽可能避免因均粮带来的税粮加重,阻止因此而造成的私租减少。值得注意的是,在当时江南的小农民中,还存在着一边经营着自己的土地,同时也佃种他人土地的现象(小结中以苏州府常熟县为例进行说明),嘉兴府也不可能存在小农民全无自己的土地,即完全不存在自耕农的情况。(iv)中用来与富豪进行对比的承佃重则官田的贫民,若将之完全视为为受地主私租剥削的下层民众,这当然也是不自然的。赵瀛举出苦于一亩六斗的地主,可以说他们的存在既象征着地主=佃户关系的土地所有制正在普及,同时也反映了在地主=佃户关系的大土地所有制下,为税粮负担而倍感压力的全体中小地主的境况。《(嘉靖)嘉兴府图记》简要地叙述了嘉兴府均粮的过程,其中卷八《物土三·田赋》中的以下一节暗示了其间的情形:

> 乃今禾郡土田之利,纷不同焉。奸偷黠猾者,从而低昂诡欺,弊孽皆瘋,狱讼纠错。才官能吏,往往缘此阻郁治效,而谨愿淳朴之民,至不能岁月保有其田宅。悯民瘝者,议以为履亩均税,则害孔始塞,民安而治办矣。

因复杂的起科等则造成的税粮征收制度的混乱,不仅使地方官无法做出好的政绩来,民众也难以长久拥有自己的田宅。这里的民众("谨厚淳朴之民")不仅是拥有小规模土地的中小地主,字里行间应该还包含了拥有少量土地,凭自家的劳动力进行耕作的小农民。此处赵瀛不是直接问自身从事农业经营的农民家庭是否能够生存下去的问题,而是问是否能够保得住田宅的问题,这一点,在 15 世纪的一系列相关资料中,不能不让人有种异样的感觉。

还有,几乎找不到同时代关于嘉兴府实施丈量的资料,只能从上述引文中"履亩均税,则害孔始塞"一句进行推测,赵瀛和毕竟容两代知府在推行均粮的同时对府下的田地进行了丈量。

Ⅵ 松江府

松江府接受了嘉靖十六年(1537)南直隶巡抚欧阳铎在南直隶各府县知事会议上所作出的决定,采用统一的论田加耗法,亩税粮额除五斗以上田全免外,其余统一定为一斗二合。15 世纪中叶以来不同加耗法的运用,尤其是弘治八年(1495)到正德六年(1511)间关于论粮还是论田的反复论争,至此终于画上了句号。另一方面,此时西邻苏州府正在前一年(嘉靖十五年)到任的知府王仪的指导下实行丈量,同时准备推行亩税粮额的均一(均粮),并于次年的嘉靖十七年付诸了实施。这些内容,上一章与本章的前几节均已作了探讨。

同是嘉靖十六年,松江府就新规下计算出来的平米(正粮加耗米),

规定每一石按一定的比率统一征收米若干,银若干,实现了征一。通过论田加耗和征一,松江府的税粮制度在质与量上都迅速趋于简易。但是,松江府此后的改革步伐却很缓慢,这与论粮加耗还是论田加耗的争论经久不衰不无关系。上一章第二节已经提到,自该府嘉靖十六年采用论田加耗法十多年后,嘉靖二十八至三十二年(1549—1553)在任的知府刘存德,与本地士大夫何良傅、徐献忠之间书信频繁,甚至就论粮还是论田的利弊交换了意见。① 镇江府于万历三年(1575)推行均粮,属江南最晚的一封府,而在苏州、松江、嘉兴、湖州四府中,松江府是最迟的。崇祯四年(1631)序刊《松江府志》卷十《田赋四·赋议利弊》所收徐宗鲁《侍御南湖徐公宗鲁均粮异议办》称:

> 况昔苏嘉湖三府,今杭州等郡,皆已均粮。

---

① 第四章第二节已经论述,即使在地方士大夫高声疾呼论粮加耗法可行的松江府,请求实施论田加耗法的呼声也早已存在,这与小户的利害相互关联。第四章小结所引陆树声书简中,也称论田加耗"甚得均,民亦称便",看来论田加耗是受欢迎的。只是这里需要注意的是,15 世纪后期因论粮加耗法的施行不当而采用论田加耗法,并在持续实行几十年后迎来征一改革的苏州府,与在论粮加耗法的持续之中采用征一的松江府,两者情况不同。

　　也就是说,在松江府实施征→废除折征例→废除论粮加耗→实施论田加耗的过程中,论田加耗可以说是实施征一带来的迫不得已的结果。因此,论田加耗是在与加耗法是否得当这一议论不同的次元下,由上而下迅速实施。这可能也是采用论田加耗后反对论田加耗的议论长期存在经久不衰的起因。以下,对松江府从实施征一到实施论田加耗的过程再做若干说明。

　　论粮加耗法在将不定量的加耗定率化,并由众人来平等承担这一点上具有划时代的意义。但在这一方式下,基于起科等则的不同各地片的总负担差异非常大,为调整这一差距就不可避免的要采用折征。通过折征,重则田缴纳金花银和棉布,轻则田缴纳白粮,分摊实物米谷(糙米),从而调整了因起科等则而引起的不均,缩小实际负担之间的差距。

　　但是,随着征一中银、米的换算率被下调至接近市场价格的一两＝二石,无论各地亩税粮额的高低,平米一石对应征收物品的种类和数量都被完全均一为米若干、银若干。于是,一两＝四石、一两＝三石左右等有利于纳粮户的换算率消失了,又不可能据亩税粮的轻重来制定征收物品,这就意味着折征例的废除。在缺少折征例调节机能的统一论粮加耗法中,各地每亩的正粮、加耗总负担差异十分显著。既然因采用征一而废除折征例,那么论粮加耗法自然也被废除,代之以差异较小的论田加耗法。因此,此后主张恢复论粮加耗的人也同时主张恢复折征例。陆树声在书简中陈述南直隶巡抚欧阳铎召开的会议的内容时,是按论田加耗到征一这个顺序展开的。但可以推测,会议上学习了湖州府的改革方案,首先决定实行旨在使税粮征收方式简易化的征一,其次才决定与之相关的论田加耗法的。

出生于松江府华亭县的士大夫徐宗鲁,站在促进均粮的立场严厉驳斥了对均粮的反对意见,其中就反映出了松江府均粮进展的缓慢。在晚于苏州府31年的隆庆三年(1569),松江府终于实施了均粮。根据《(崇祯)松江府志》卷八《田赋一》,隆庆二年到三年之间的情况如下:

> 隆庆二年戊辰,巡抚右佥都御史林润奏言,江南诸郡,久已均粮,民颇称便,惟松郡未均,贫民受累,势不能堪。请乞暂设专官,丈田均粮,以重国赋,以苏民困。吏部题,以原任本府同知转员外郎郑元韶,升湖广按察司佥事,领敕专管华上二县,沿垟履亩,逐一丈量,均章斗则。

> 三年己巳,佥事郑元韶,尽数清丈,悉去官民召佃之名,分作上中下三乡定额。田有字圩号数,册有鱼鳞、归户,至今田额以是为准。

隆庆三年的均粮首先从丈量开始,然后废除官田、民田、召佃(亩税粮额与官田同)三种田地的目名,根据土地的肥瘠分成上中下三等,每等制定新的税粮标准。关于松江府新规的税粮特征留待下文再述,毫无疑问的是,在延续数年的高精准丈量的前提下,以官民田的不均为首以往复杂的科则至此从根本上得到了简化。由于松江府30年前已经实施了征一,加耗额随之固定,金花银也以一两=二石进行折算,因此用来调节税米轻重的耗米和金花银也完成了使命,新的亩税粮额是通过各县的平米额和田土面积计算出来的。

如果仅从前引隆庆二年的记事来看,松江府的均粮似乎完全是南直隶巡抚的强求,府内全然没有推进的迹象。但是,自正德十四五年(1519—1520)湖州府的首次改革以来,嘉靖十五至十七年(1536—1538)苏州府的改革,嘉靖二十年(1541)湖州府第二次改革,嘉靖二十六至二十八年(1547—1549)嘉兴府的改革,以及嘉靖十八年(1539)到隆庆二年(1568)常州府的改革,也就是说在江南税粮征收制度的改革中,始终贯穿地方主导的特点,这一点其实在松江府也一样。

据下引松江府人范濂《云间据目抄》卷四《记赋役》中的一节，均粮依然是松江府内发性要求的结果：

> 隆庆三年，生员张内蕴建为清丈均粮之说，请于当事者。当事者是其议，请于朝。乃简命佥事郑元韶董其役。元韶即本府同知也。于是广询舆论，分上中下三乡，以定斗则。华亭每亩科正米二斗四升五合。上乡加耗一斗二升，中乡七升五合，下乡三升，护塘外者免。上海每亩科正米二斗二升五合。上乡加耗一斗，中乡六升，下乡三升，护塘外者免。

可见，松江府丈量和均粮的提案出自府下生员张内蕴之手。张内蕴向当事者申请实施提案，当事者再向朝廷申请。这里所说的当事者，就是前引府志中提到的巡抚林润。朝廷派往松江府担任丈量和均粮之责的湖光按察使司佥事郑元韶，原本就在松江府任过同知，应该洞察松江府的动态。郑元韶在"广询舆论"的基础上，最终制定了颇具该府特色的均粮方案。生员张内蕴的建议在《云间据目抄》中被作者范濂列在丈量和均粮完成后的隆庆三年，但实际上可以追溯到巡抚林润上疏的隆庆二年以前。

松江府隆庆三年（1569）均粮的决策过程，与是否采用论田加耗一样，在松江府的士大夫阶层中展开了激烈的争论。争论的内容与嘉兴府均粮时知府赵瀛分析的现状一样，清晰地反映出了 16 世纪影响税粮征收制度改革的社会动向以及当地土地所有关系的特征。

被称为徐华亭的松江府华亭县著名乡绅徐阶，在给南直隶巡抚和巡按南直隶监察御史的书简中这样写道：

> 近闻郡中为均粮之举，百姓骚然病之。
>
> 《世经堂集》卷二十二《与抚按论均粮》

这封书简经节略被收进了记录松江府论粮争论的《崇祯松江府志》卷十《田赋三·赋议利弊一》中，前引笔者 1963 年的旧稿《十六世纪太湖周边地区的官田制度改革》正是依据这一府志展开的。1971 年，为探讨丈量问题,西村元照对《世经堂集》所载书简的原文进行了细致的披阅,从书简原文中断定作于嘉靖二十五年(1546)前后。① 也就是说在隆庆三年松江府实施均粮前20年,亦即赵瀛在嘉兴府实行改革的前一年,松江府内就已经出现了均粮的动向。而嘉靖二十四年到二十六年任南直隶巡抚的就是欧阳必进,也正是他,认同了嘉兴知府赵瀛的改革方案。

徐阶在书简中设计的均粮计划中有以下一段:

> 又况今之均粮也,上乡亩四斗六升,中乡亩三斗二升,下乡亩一斗八升,并昔之所谓五升者,不复见乎。

苏州府的均粮,原则上是各县将正米和耗米相加,制定出均一的平米征收额,而隆庆三年松江府实施的均粮却与之不同。据《云间据目抄》的记载,松江府在华亭、上海各县设定均一正米额后,又在上中下三乡分别设定每亩的耗米额,两者同时征收,这种方法与苏州等府相比略有不同。正、耗合计的亩税粮额,就徐阶的家乡华亭县而言,上乡三斗六升五合,中乡三斗二升,下乡二斗七升五合,尽管有徐阶的反对,但嘉靖二十五年均粮方案的基本方针依然得到贯彻。依据《(崇祯)松江府志》卷八《田赋一》的记载,我们将隆庆三年均粮6年后万历二年(1574)各县亩税粮额整理成了表7。其中,亩税粮额继承了隆庆三年均粮时所定的数额,同时将万历元年割华亭、上海两县之地新设的青浦县的数字也记入了其中。

表7　隆庆三年(1568)佥事郑元韶实施均粮后
万历二年(1574)松江府各县乡全熟田税粮额

县、乡		亩正粮额	亩加耗额	亩总负担额
华亭县	上乡	2.45斗	1.2斗	3.65斗
	中乡	2.45	0.75	3.2
	下乡	2.45	0.3	2.75

―――――――――――――

① 前揭西村元照《关于明后期的丈量》。

续表

县、乡		亩正粮额	亩加耗额	亩总负担额
上海县	上乡	2.05	0.9	2.95
	下乡	2.05	0.3	2.35
青浦县（华亭割出部分）	上乡	2.45	1.2	3.65
（华亭割出部分）	中乡	2.45	0.75	3.2
（上海割出部分）	上乡	2.05	0.9	2.95
（上海割出部分）	中乡	2.05	0.6	2.65

（根据《（崇祯）松江府志》卷八《田赋一》）

此前松江府反对论田加耗的人，常常将因自然条件的差异而导致的水稻产量及作物品种的不同作为主张论粮加耗的依据，嘉靖二十五年全面推行均粮计划时，在松江府全境设定了上、中、下三个等级，按不同等级设定平米和加耗，这应该是对自然条件、亩产量、作物品种等话题做出的回应。尽管如此，徐阶依然对均粮方案持发对意见，反对的理由是方案没有能够顾及到不同地区地租的差异。这个论据，在此前的论田加耗还是论粮加耗的争论中还没有浮出水面。

以下是徐阶所发议论的核心部分：

（西村元照在前引论文第 23 页第四表中，利用徐阶的文章和《云间据目抄》的记载，揭示了嘉靖二十五年均粮计划与隆庆三年实施均粮后一亩的收租额、税粮额、剩余额是否存在变化及其变化的比率，通过数据将徐阶的观点清晰地表达了出来，敬请参考。）

（A）盖松之田粮，其在西乡，亩自三斗至五斗，而其收租亦自一石三斗至一石五斗。间有一石七八斗，如金泽镇者焉。故粮五斗而租一石三斗者，西乡之下田也。其在东乡，亩自一斗至五升，而其收租亦自七斗至五斗。间有以花荳代租，如十四五保者焉。故粮五升而租七斗者，东乡之上田也。

（B）今姑以西乡之下田言之，租一石三斗，除纳正粮五斗，加耗一斗，其赢尚七斗。以东乡之上田言之，租七斗，除纳正粮五升，加耗一斗，其赢不过五斗五升。是五升之赢租，比五斗之赢，反不足一斗五升也。

（C）而况均徭之编，五升田，亩出银一钱，五斗田，亩仅出银三分乎。又况近例五斗田，不加耗乎。以东乡之上田比西乡之下田若此，则以西乡之上田比东乡之下田可知。如是而欲均之，可不可也。

（A）是说，在松江府的西乡，公定税粮额每亩三到五斗，应该说是很高的科则，但其收租量也高，可达每亩一石三升至一石五升。而东乡的税粮额为每亩一斗到五升，应该说是很低的科则，但收租量也仅为每亩七斗到五斗。

（B）是说，西乡生产条件差的田，每亩的租量为一石三斗，东乡生产条件好田，每亩的租量为七斗，两者形成了鲜明的对比。前者每亩税粮五斗，加耗一斗，后者每亩税粮五升，加耗一斗，从缴纳税粮后的剩余来看，前者比后者多出了一斗五升。

（C）是说，东乡亩税粮五升的田，所课役银即均徭银为一钱，而西乡五斗田的均徭银只是前者的三分之一即三分，且近年来后者的加耗也已免征。

也就是说，徐阶将嘉靖十六年（1537）以来的论田加耗法作为既定的前提，用论田加耗额来计算每亩的税粮总负担，强调现实中各地税粮的不均，与各地田租的不同密切相连，认为这原本是一种合理的存在，从而拿这一点来作为反对上中下三乡各自确定税粮征收额的根据。徐阶的见解与巡抚张凤《复旧规案》一样，都把东乡下田在采用新规后出现的不利作为反对新法的依据，而徐阶把东乡下田收租量之低作为论据则尤为醒目。徐阶在谈及税粮时，经常怀着将税粮与租粮作对比的想法，这在他作于嘉靖二十四至二十六年（1545—1547）间上呈巡按南直隶监察御史吕光洵的旱灾救济册进言中也可以看到：

盖松之田税，视天下独重，每租一石，率以十四输官，又以其四具衣食,给婚丧,应有司之役。其余者二耳。

《世经堂集》卷二十二《复吕沃洲》

与徐阶一样,何良俊在其《四友斋丛说》卷一〇《史十》中,对各地因生产条件的差异而引起的租粮的不均作出更详细的说明,并由此对均粮提出了反对意见。[1] 此外,第四章第三节介绍的其弟何良傅恢复论粮加耗的主张,也是以各地租粮的不均以及造成这一现象的生产条件差异作为论据的。

针对徐阶等人以各地租粮不均为理由反对均粮的言论,主张实行均粮的人展开了反驳。前引崇祯《松江府志》卷十《田赋四·赋议利弊》所收徐宗鲁的《侍御南湖徐公宗鲁均粮异议辩》中有如下一段,很明显,全篇都将徐阶的主张置于对立面展开了批判。

(A) 夫今丈量均粮之举,乃足国安民之策。但大家不乐,多立异议,欲阻良图,敢按其说办之。盖西乡之田,利于概均,东乡之田,利于各均。大户之田,利于不丈不均。此大率人情之私也。

(B) 故闻议者有曰,东乡田亩取租七八斗,西乡金泽镇田,亩取租一石五六斗。若一概均粮,则东乡不堪,是故不可均也。然不知东乡高亢下田果有此租? 若十二三等保,亩取租一石二斗者,数亦不少,岂尽皆下田也。西乡金泽镇田,果间有此租,若沿河(低)窊下等田亩,取租七八斗者,亦未尝无,岂尽皆上田也。若专指东之下田,以较西之上田,则太偏而非通论矣。

(C) 况二十年来,虽金泽镇田,贱卖无主,租虽大减,民不肯佃。此其故何也? 盖因重粮追并,民多逃亡,在他区更可知矣。东乡上区田,增价趋买,租虽逾石,民且乐耕,此其故又何也? 盖轻粮易办,动称下区,凡征派更稍减矣。

(D) 今议者不念民困已极,当变通以宜时,而乃执租之多寡,论

---

[1] 第二章第三节中引用了他对租粮和生产条件差异的阐述。

385

田之难均。独不思苏郡先尝概均,民减利赖。岂其租皆一等而无多寡乎,岂其田皆一等而无高下乎。合彼此观之,则其说不攻自破矣。

徐宗鲁批判的中心部分是(B)。徐宗鲁首先对徐阶所说的松江府东乡高地的租粮低达每亩七八斗一事提出了质疑,并且指出,十二保、十三保等地租粮一石二斗的也不在少数。反过来,徐宗鲁又对松江府西乡金泽镇租粮每亩高达一石五乃至六斗的说法提出了疑议,指出西乡沿河低湿地中也存在着租粮每亩七八斗的现象。因此,在徐宗鲁看来,徐阶独将东乡的下田与西乡的上田进行对比,这有失偏颇,违背情理。其实徐阶首先是东乡的上田与西乡的下田进行对比,然后又用东乡的下田与西乡的上田进行对比的,徐宗鲁的批判,虽然在方法论上未必公正,但他确实找准了徐阶反对均粮的最本质的一面。在(C)部分中,徐宗鲁尖锐地指出了徐阶没有发现的问题,那就是金泽镇的"重粮"田,价格虽低却无人购买,也无人承佃,反而东乡的"轻粮"田,价格高却买者众多,租粮虽然高达一石以上,却依然有佃户前往耕种。[①] (D)部分指出,最先在一县之内实施均粮且成果显著的苏州,也并非各地租粮均等,由此得出结论,徐阶以租粮多寡为依据来反对均粮是没有根据的。徐宗鲁的论断还有一个特征,那就是从一开始就已经认识到,与丈量同时并进的均粮改革,对大户、大家是不利的,因此才会遭到他们的反对。

16 世纪 30 年代晚期以后,松江府部分人士以租粮的不均为主要的依据反对均粮的实施,徐宗鲁的批判也将重点之一放在了过分夸大各地租粮不均这一点上。这也说明在当时的纳粮户(即土地所有者)中,靠出租土地获取利益的比重相当大,也就是说地主=佃户关系非常稳固。此外,徐宗鲁批判的对象主要是被称作"大户"、"大家"的社会阶层,他们大量拥有的土地,而地主=佃户关系是这些土地得以经营的前提。关于这

---

① 这里耐人寻味的是,徐宗鲁认为税粮确实与私租之间存在着关联,且佃户厌恶税粮之重,但是,第一,税粮重并不一定私租也重,也有反过来因税粮重而下调私租以招来佃户的事例;第二,佃户一方也有不想开成为重粮田佃农的选择权。

一点,徐阶本人也在此前给吕光洵的书简称"盖松之俗,大家有田不能耕,必以属佃户",证明了"大户"、"大家"这一社会阶层,其所拥有的土地在自己无暇经营时常常是出租给佃户耕种的,这样的现象非常普遍。

另一方面,关于"大户"、"大家"之所以反对均粮,徐宗鲁在《均粮异议辩》的下文中还指出,正德年间(1506—1521)以后,"里书"(里长与制定并管理税粮徭役账簿的胥吏)利用各地片税粮的不均,上下其手,将重则变轻,轻则变重,由此"利归大户,害归小民","重粮多在小民,轻粮多在大户"的现象非常突出。徐宗鲁所批判的,与王鏊所说正德末年苏州府"大家势族"反对均粮,以及轻则民田集中于"豪右",重则官田集中于贫民如出一辙。

此外,松江府华亭县人徐献忠还告诉了我们另一种现象,这就是当时"西乡之田,大抵尽属士大夫之家,而册籍类寄于东乡田多征缓之处。而东乡之田,少有寄籍于西乡者"(徐献忠《复刘沂东论加耗书》,《皇明经世文编》卷二六八)。士大夫拥有西乡的大部分土地,却在税粮较轻的东乡登记造册。可见徐宗鲁的批判是颇具客观性的。

将以上几点综合起来考虑,就能对均粮前夜松江府的赞否争论有一个明确的认识。资料上出现的大户、大家、士大夫、势族、豪右,他们属于以官僚家族为中心的大户阶层,在地域社会中拥有特权和地位,在地主=佃户制土地所有关系的框架下,他们为了尽可能多地截留佃户们上缴私租,竭力反对均粮。不难看出,当时大户阶层的地主=佃户制土地所有关系与均粮之间的矛盾,亦即14世纪后期明初以来因官民田并存而造成的同一县内税粮的严重不均这一江南税粮征收制度与税粮均一化之间的矛盾,非常尖锐。

但是,这样的认识只是事物的一面。松江府地域社会内部的均粮呼声到底来自纳粮户中的哪个阶层呢? 他们又与均粮议论中可以确认的地主=佃户制土地所有关系的发展有着怎样的关系? 他们中是否有自行从事生产劳动的自耕农民呢? 就考取功名成为进士、踏上仕途、谈论乡里这几点来看,徐宗鲁和徐阶是同时代别无二致的士大夫,但他为什么要批驳徐阶提倡均粮呢? 生员张内蕴又何以成为丈量和均粮的推动者呢?

16 世纪江南社会内部的动向决定了税粮征收制度改革(均粮)的进退,为了把握这一点,必须将以上提出的这些问题一并解决。这些问题的解决对弄清 15 世纪中叶以后分段论粮加耗、论田加耗出台的背景也是必不可少的。这些问题都是本章及本书想要概括的课题,可以推测,其线索就在于对纳粮户中被称为小户、小民、贫民这一阶层的土地所有形式的认识和把握上。

均粮是明朝的国家政策,对它的评价,只有在深入探讨了以下两种关系以后才有可能进行。这两种关系就是:一、既然纳粮户是由大户和小户这两个阶层共同构成的,那么,这两个阶层之间是一种什么样的关系? 二、不断发展壮大的地主=佃户制土地所有形态,与依附于它的自耕农土地所有形态,这两种土地所有形态之间又是一种什么样的关系?

小　结

I

均粮。作为均粮前提的征一。与均粮同时实施的以田土、人丁为单位的役银统一征收。16 世纪江南税粮征收制度以及与之相关的徭役赋课制度的改革,经历了漫长的岁月,这也成为这场制度改革的重要特征。从正德十四年(1519)湖州府制定出了将官民田纷繁复杂的亩税粮征收额(起科等则)"均为一则"这一极富创意的改革方案计划,到万历三年(1575)镇江府实行官民一元化,其间历经 56 年,时间跨度达半个世纪之久。即使从嘉靖十七年(1538)苏州府最先实现均粮算起,到万历三年也经历了 37 年的岁月。历时漫长这一特征,是在通览整个江南地区苏州、松江、嘉兴、湖州、常州、镇江六府以后得出的结论,但这个结论并不违背事实,如本章各节所论,湖州、松江、嘉兴、常州各府的改革从启动到最终完成,无一不是都经历了很长的岁月,作为殿后的镇江府的情况应该也是一样的。即使是在王仪的强力推行下不到两年就实现了一系列改革的苏州府,据上一章小结中所引王鏊的话,由巡抚主导的"均田"议论早在正德十三年(1518)到嘉靖元年(1522)间就已经出现,到嘉靖十七年实现均粮,其间也经历了十几年的时间。改革进程缓慢这一特征说明,以均粮为轴心的本次改革,是以16世纪地域社会土地所有关系与社会关系的矛盾激化下产生的税粮征收制度的危机为对象的,化解这一矛盾决非易事。这一特征还说明,这场改革并不是来自明朝政府的自上而下的改革,而是江南各府地方上渴望改革的阶层触动说服地方官,在各种条件成熟的情况下才得以实现的。下面我们对这些问题再次进行简要的回顾,作为本章的结语。

Ⅱ

巡按浙江监察御史许庭光在湖州知府刘天和申文的基础上撰写的奏折中,称湖州府"近年以来,民伪日滋,旧法寖废",太仓州知州万敏也在《太仓州清理田粮书册序》中留下了"积渐乘所,赋法大坏"的认识。16世纪前期,江南的税粮征收法的制度本身,都已全面濒临危机。危机的表现形式,有许庭光上疏中指出的逃亡增加、诉讼激增、国赋缺损等等,也有嘉兴知府赵瀛在提案中陈述的逋逃日增、国赋缺损、诉讼激增、案卷堆积等诸多问题。出生于苏州府昆山县的士大夫顾鼎臣,在嘉靖六年的第一次上疏中,也指出了粮额缺损增加、民众逃亡及随之而来的耕地遗弃等问题。但是,16世纪江南地域社会意识到的税粮征收制度的危机,与15世纪面对同样现象所达成的危机意识并不一定完全相同。15世纪前期推行改革的南直隶巡抚周忱和苏州知府况钟,无非是将税粮滞纳、纳粮户逃亡、耕地荒废等危机问题归咎于税粮负担的沉重及因税粮的远距离输送所造成的附加征收的繁多。周忱和况钟都认识到,滞纳、逃亡和荒废的原因是税粮本身的沉重,纳粮户中大户与小民之间因社会地位的不同而导致的实际负担不均,以及粮长、里长的徇私舞弊等等。然而,

16 世纪推行改革的地方官和地方士大夫却认识到,滞纳、逃亡、耕地荒废等现象的背后,却隐藏着 15 世纪所没有的危机。那就是,地方衙署的胥吏在税粮征收事务上对地册账簿的篡改现象日趋严重,明初以来以税粮征收为主干的成文法和惯行法都遭到了破坏。太仓州知州万敏概括的"赋法大坏"说的正是这种现象。顾鼎臣在嘉靖六年请求丈量的第一次上疏中所谓"东南诸府田粮积弊大计关系者","至正德间法制大坏",可以说是对真实现状的总括。浙江巡按监察御史许庭光在列举"旧法寝废"现象时还提到了"图籍变乱",这样的认识也非空穴来风。

随着地册账簿篡改现象的日趋严重,面对危机的江南地方官员认识到,只有实行均粮及其基于均粮之上的征一和役银的统一征收,才是克服危机最根本且最有效的方法。本章第四节Ⅱ中说到,顾鼎臣认为胥吏篡改文书时最看中的就是土地登记册,因此,通过对土地的丈量,重新制定地册才是第一要义。苏州知府王仪忠实地接受了本地出生的中央高官顾鼎臣上疏中的精神,可见地方官员也已经充分认识到了丈量的必要性。不过,地方官员认识到,胥吏们之所以能够上下其手,对地册等与税粮征收相关的文书进行大范围的篡改,其根本原因就在因国家的起科等则引起的亩税粮额的不均,以及与之相关的各种各样的差异。因此,在均粮改革中,他们把整治税粮的不均和征收物的多样性视为当务之急。下文还将提到,无论各府还是整个江南地区,均粮都是持久而艰难的改革,因为它是 16 世纪 20—70 年代税粮征收制度所面临的最大的危机。

通过均粮和征一,一县中的税粮征收额无论是名目上还是实质上都实现了完全的一元化,且按亩征收的役银也一并实现了一元化。税粮的一元化,有均一平等和简易单纯两个侧面,前者意味着税粮负担额的差距被彻底废除,后者则意味着税粮征收事务中的复杂性完全消失。这场改革的核心即亩税粮的均一化和征税事务的简易化之所以有其必然性,其起因不用说就是始于宋元时期并一直持续到明初洪武年间因土地的籍没所引起的起科等则的不一性和多样性,16 世纪 20 年代开始,江南地区之所以会掀起这样一场改革,正是这一起科等则引发的亩税粮不均和各种差异给当时社会各阶层的纳粮户带来了诸多难以解决的困难，而纳粮户们迫切希望解决税粮征收制度中各种问题的结果。改革的契机当然是多方面的，有些是所有纳粮户所共通的，有些则对纳粮户中的特殊阶层产生了影响。

Ⅲ

可以举出的第一个契机就是，针对因官田、民田的不同而造成的税粮负担的不均，现有制度与惯例中所采取的调剂方法其效果均已接近极限。

15世纪前期周忱改革的一项重要举措就是加耗，通过论粮加耗，正粮一石所对应的加耗额得以统一。然而，只要亩税粮的起科等则不变，那么，包括加耗在内的税粮总负担绝对值之间的差额反而扩大了。为改变这一缺陷，从16世纪初开始，苏松二府陆续尝试了分段论粮加耗和论田加耗，其中论田加耗模式还波及了江南其他府县，每亩总负担额之间的差距也得以逐渐缩小，但大幅度的修正依然困难。松江府的论田加耗模式也没有能够持续下去，大大延迟了政策的稳定执行。

推行加耗例的意图在于让纳粮户中的大户阶层也须平等加耗，从而间接地减轻了纳粮户中小户阶层的负担。而起到缩小每亩税粮额差距的则是折征例。折征例在重则官田上分摊折纳银和各种棉布，在轻则民田上分摊上等精白米，最终达到了预期的效果。然而，相对于银一两＝米四石这一折算标准下纳粮户们的纳银愿望，中央分摊下来的征银（基本上是京库金花银）份额却相对较少，因此，富裕阶层为获取纳银的权利展开了激烈的争夺。为压制这样的争夺，官府甚至采取了下调银米折算率以确保纳粮户利益的措施。此外，棉布的折纳也转换成折银，耗米的一部分也以白银的名义转换为折银。各种银米折算率的并存，使税粮征收事务日趋复杂，这是折征例在运用中必须面对的难题。

再者，从14世纪后半期的明初起就存在着官田减免徭役的惯例，这一惯例的效用至此也最终到达了极限。早在15世纪前期，这一惯例就已很难维持,进入 16 世纪后,在正役杂役徭役赋课激增的形势下,试图从徭役赋课的角度对税粮的不均做出调整亦已非常困难,虽然各府到最后都还保留着在官田和重则田减轻杂役系统的均徭银和正役系统的里甲银的惯例,但有时甚至连巡抚都不把这一惯例当回事了。

从 15 世纪前期改革以来到彻底实行均粮为止,加耗例和折征例并没有名存实亡,而是在不停地修订中得以运用,明初以来税重役轻、税轻役重的原则也没有轻易放弃,但是,这些措施却没有能够解决税粮不均的问题。嘉兴知府赵瀛以每亩正粮六斗的田地为例,依论田加耗法每亩征收一斗耗米,但他认为"该收正耗七斗之数","虽免均徭、丁田(里甲银),派以金花(银)裨补,其实原则(起科等则)本重,弊孔潜移,未见末减",与每亩五升的水田和每亩三升的麦地的轻则田地之间形成了鲜明的对比。赵瀛的论证中明显有夸张之处,对所举事例中实际负担的陈述也未必准确,但却鲜明地反映出时人对起科等则下税粮负担的不均有了充分的认识。

时人不仅尖锐地认识到了税粮的不均,而且还意识到了这种不均绝非只是因为官田、民田的性质不同,它是政府将每亩田地的税粮规定到斗,甚至规定到升这一复杂的起科等则的必然产物。不均的同时必然会引起多样性,折征例下的各种折纳银和白银,其与米谷的折算率又各不相同,同时还存在着缴纳白粮的田地,等等,不一而足。作为税粮对象的每个地块,不仅地块的位置、田主、面积各不相同,就连各自的起科等则、征纳品种、各品种的银米折算率,等等,无一不充斥着多样性。本章第四节中已经介绍,苏州知府王仪借用胥吏利用金花银和白银对米谷折算率的差价而图谋不轨的事例,对以往的税粮征收方法展开了批判,这正是对多样性所造成的弊害的批判。

嘉兴知府赵瀛在均粮改革议中,对现状做出了这样的分析:"往时科则本意,溃坏殆尽,苦乐不均,至此极矣。"看来,无论是地方官还是纳粮户,这一认识已经成为时人的共识。

Ⅳ

税粮的不均等和多样性给纳粮户造成的切身问题,不仅仅是因为制度本身的设定以及运作过程中的技术性缺陷造成的。这里,第二个契机就在于因土地所有权的买卖使得土地在纳粮户之间的频繁移动。关于15世纪前期的税粮征收制度改革以及该世纪末的江南社会经济状况,我们能够使用的资料并不多,以地方志为中心的资料在数量上出现飞快的增长,是进入16世纪以后的事。因此,要想弄清15世纪前期的改革和16世纪前期均粮改革起始阶段的细节,以及这两个时期之间的情况并不是一件容易的事。就本书在论述15世纪前期周忱改革时所使用的资料中而言,其中几乎没有发现与纳粮户之间的土地买卖有关的内容,不管是大户买入还是小户卖出或者是其他情况,都没有发现。可见,纳粮户之间因土地买卖而引起的土地所有权的转移,与周忱的改革之间未必存在紧密的关联。相反,在论及16世纪税粮征收制度的现状及其改革的资料中,如上一章或本章第四节所引用的那样,纳粮户之间的土地买卖却屡屡见诸文字。如上一章所引苏州府吴县士大夫王鏊在正德末嘉靖初给巡抚李充嗣的书简中,就有这样一段话非常典型的描述:"细民转卖,官田价轻,民田价重。贫者利价之重,伪以官为民,富者利粮之轻,甘受其伪而不疑。"这段话给我们描述了地域社会内部纳粮户之间土地买卖的实情,以及买卖过程中对官田、民田价格差异的认识。本章第四节Ⅲ所引常州知府应槚于嘉靖十六年(1638)在官民二元化改革提议中的一段话则与王鏊的认识互为表里的,这是应槚对改革成果的期许。

> 庶几官府易征,小民易晓,非惟可革里书增减那诡之弊,重则之田亦乐买,贫无不售之产,积荒之田亦乐种,野无不耕之土,计亩均输,税各归田,尤为均平,里甲无包赔之苦,官民两便。

也就是说,期望通过这场改革,下调重则田的税粮额,使富者有购买的意愿,贫者则能因重则田税粮的降低,出卖土地也变得容易起来,长期荒废的田地也因减税而得以重新耕垦。将土地买卖置于改革的第一要义上展开论述,在某种意义上是令人吃惊的。还有,嘉兴知府赵瀛在均粮提方案的总结部分,就今后的税粮征收提出了各县"每亩平米若干,均派内本色若干,折色若干"的均粮、征一方针,同时特别针对土地买卖问题加上了以下一句:"其各县小民户下买卖田土,候至造册之年,各照古额轻重科则推收。"这句话表明,实行均粮、征一以后伴随土地买卖出现的所有权转移,登记时照旧使用黄册。也就是说,包括官田、民田之别,以及起科等则的轻重差异,依然作为该地块的身份信息在地册上登记,维持了明初以来的惯例。尽管如此,在厉行均粮改革的嘉兴知府赵瀛的意识中,如何应对土地买卖的问题已经深入心底,这一点尤其令人感兴趣。

V

考察 16 世纪的税粮征收制度,必须从它与土地所有权的买卖以及与地主=佃户土地所有制的关联处着手。纳粮户敏感地察觉到了亩税粮的不均等性和多样性,这就是引发这场改革的第三个契机。

在本章第四节 V 探讨的嘉兴知府赵瀛的均粮提议,和第四节 IV 介绍的松江府士大夫关于均粮的争论中,都将税粮额与地主向佃户收取的私租额进行对比,将税粮与私租相提并论,这是进入 16 世纪后才出现。

如前所述,在现存的资料上,15 世纪与 16 世纪有着很大的差异。除去这一点不论,在 15 世纪前期周忱的改革中,并没有涉及与之相关的话题。无论是第一章、第二章所引宣德五年(1430)松江府人杜宗桓给巡抚周忱的上书中,还是第二章、第三章所引苏州府长洲等县的粮长、老人徐璱等人给知府况钟的呈文中,在谈到税粮额的问题时,与之相关的都是纳粮户中直接从事生产且自行向官府缴纳税粮的"小民"或"人民"。从第三章的论述中可以发现,纳粮户中被称为"小民"的阶层,并非全部都是直接从事生产的自耕农民,其中也包括一部分向佃户收取私租的地主。但是,包括这批地主在内,就当时税粮征收制度改革中最紧迫的课题,仅资料中所见,并不是为了最大限度地获取私租与税粮之间的差额,而是农业生产本身。

这并不意味着 15 世纪前期的江南地区就不存在着地主＝佃户关系,宣德十年(1435)刑科给事中年富在上书中这样说道:

> 江南小民,佃富人之田,岁输其租。今诏免灾伤税粮,所蠲特及富室,而小民输租如故。

《明实录》宣德十年五月乙未

年富上书中的"江南",不是本书特指的长江下游南岸的"江南",应该是指长江以南的广阔地域,但从其上书中可以看出当时地主＝佃户关系已经广泛存在。这里还应该注意的是,灾年朝廷只减税粮,对民间的私租减免却未置一词。也就是说,人们对税粮与私租之间的矛盾已然有所认识,但两者的矛盾关系还没有成为重大的社会问题。

年富的上书,正值周忱推行改革的 15 世纪前期,私租和税粮之间的矛盾关系这时已经受到人们的关注,这一点意味深长,这促使我们不得不关注这对矛盾在 16 世纪初头的情况。正德七年刊《松江府志》卷七《田赋》收录了前引杜宗桓的上书,对杜宗桓的上书,《松江府志》的编纂者顾清特地附加了以下评论:

> 方今俸粮浩大,国用不敷,则宜将南直隶并浙江布政司府州县内,除养马去处及上元、江宁二县系高皇帝之肇基,其余不等起科官田地粮额,均作一则,无少重轻,于官无损,于民则均。均则之后,其苏松之逃民,争先而回。

杜宗桓上书的主题,是要求均一官田中纷繁复杂的税粮等则,顾清称其为"宗桓均额说",可以说杜宗桓的上书就是均粮提案。为什么这一提案没有被周忱接受,顾清给出了以下的猜测。周忱大概是这样认为的,当时已经削减了亩税粮额,如果在此基础上再推行均粮,这或许是行不通的。并且如果推行税粮的均一,那么重则被消除的同时轻则也就会消除,税粮额就会被平均到某一个标准上去,这样一来就再也无法回到原来的税粮额上去了。周忱大概是这样想的,"民间租例",即民间的私租一定比国家的税粮重,将来如果再次发生明初那样的籍没,那么,籍没田的税粮额自然就会以原来的私租为准进行计算,因此会变得更加沉重。[①] 16 世纪初的顾清认为,周忱所在的 15 世纪 30 年代,民间的土地为地主所有,佃户承租后向地主缴纳私租,在这个前提下,顾清认为周忱已经意识到税粮和私租之间的密切关系。如前章所述,顾清对周忱的各方面都非常了解,且对非常钦佩,因此他的见解非常值得倾听。然而,顾清做出这一番评论,是在苏州府即将着手推行均粮改革、湖州府的均粮方案即将出台的 16 世纪初,因此已经蒙上了 16 世纪的特征,是站在批判均粮政策立场上发出的评价。正如年富上书陈述的那样,在 15 世纪周忱改革的前后,中国南方的地主=佃户关系已经有所发展,但还没有看到将私租与税粮结合起来论述税粮征收制度改革的视角。

16 世纪改革的对象限于官方的税粮征收制度,因此,在有关各府改革动向的资料中,提到私租的地方并不多,但是,积极推进均粮改革的地方官之一的嘉兴知府赵瀛,和反对均粮的徐阶以及赞同均粮的徐宗鲁这两位松江府士大夫的言论中,都涉及了私租、税粮的轻重问题,这一点不容小视。赵瀛在其改革方案的核心部分,也就是在痛陈亩税粮额不均的一节中,将每亩八斗乃至九斗的私租与六斗官田、五升民田、三升麦地等三种田地的税粮进行了对比。赵瀛的均粮议论,不是从税粮的轻重对农业生产产生影响这一点出发,而是就地主尤其是在地主=佃户这一土地所有关系中依靠私租维持家计这个角度出发的。这一论证方法之所以有效,是因为与 15 世纪前期相比,赵瀛生活的年代,地主=佃户式的土地所有关系在量上已经有了很大的发展,纳粮户中靠私租立家的地主数量上有了大幅度的增加。

---

① 《(正德)松江府志》卷七《田赋》顾清按语如下:

    按宗桓均额之说,恳切如此,而文襄不行,必有深意。盖时方减税,复议均粮,其事有难行者。且粮额既均,无复旧则,而民间租例必重于官,将来复有籍没,复照租起粮,则重而益重矣。

刊于弘治元年(1488)的《吴江县志》,是15世纪中期刊行的为数不多的地方志之一,因其对江南特定地域生产关系的描写而广为所知。该志的卷五《风俗》中包含了两项内容,一是关于吴江乡村直接从事农业生产的人们的生存形态,以及他们从春耕到秋获的生产生活状况;二是关于乡村中的租佃关系和债务关系。现分别将其开头部分抄录如下:

> 四民之中,惟农最劳。而吴农又劳中之劳也。无产小民,投顾富家力田者,谓之长工。先借米谷食用,至力田时,撮忙一两月者,谓之短工。租佃富家田产以耕者,谓之租户。此之三农者,所谓劳中之劳也。……

> 每田一亩,起租一石至一石八斗。每岁仲冬,租户以干圆好米,纳还田主,田主亦备酒食以劳之,谓之租米。其小民乏用之际,借富家米一石,至秋则还二石,谓之生米。其铜钱或银,则五分起息,谓之生钱。……

《(弘治)吴江县志》刊行后73年,嘉靖四十年(1561)再版的《吴江县志》卷十三《风俗》基本上继承了以上这两项内容,但对租佃和债务关系的有关内容进行了补订,除将“租户”改为“佃户”,“小民”改为“贫民”外,还叙述了当时贫民向富家借钱却故意不履行还债义务,以及佃户故意不缴纳田租的现象,针对这样的现象,编纂者发出了“时不同如是”的感触。(参考前揭拙稿《明清时代的土地制度》)。

如以苏州府吴江县的这些记载为依据,不难看出在15世纪80年代的农业生产关系中,地主＝佃户关系已经占据了相当大的比重,到该县实行均粮后约30年的16世纪60年代,随着地主＝佃户关系的固定,佃户的社会力量也在不断强大。

同时还需要注意的是,在同样以地主＝佃户关系为基础的土地所有关系中,我认为从周忱改革到16世纪30时代后期的均粮,其间出现了一个重大的变化。那就是,在地主＝佃户关系中,土地所有者的主体从农村向都市转移的现象非常明显。如第三章第三节所见，15世纪30年代后期苏州府知府况钟和巡抚周忱就已经意识到了城市富民和以城市为中心的"缙绅大族"、"绅士之家"的动态，以及"附郭豪右兼并之家"的谋利手段，这些富民、大族都是居住在城市，而将其农村的田地委托给他人经营的地主。但是，我们在第四章再三引以为据的史鉴《上孟公书》（书于弘治二至三年，1489—1490）中却指出，当时城居者所占的土地份额还比较少，《上孟公书》的第四项中甚至还要求调整苏州府吴江县的"城郭之民"和"田野之民"徭役负担上的不均。史鉴的相关言论见本章注（43）。①

据史鉴《上孟公书》，宣德年间（1426—1435），除正规税粮外，时常还有来自宦官的临时征发及其输送。由于"田野之民在远，未能遽集，又城郭之民，彼时田少"的状况，于是周忱"酌为中制，今城郭之民，专充夫役，田野之民，代其运粮"。但自景泰年间（1450—1457）知府汪公（汪浒）再次将夫役摊给田野之民后，城郭之民不承担运粮之役，也不再承担夫役。在这种政策的长期影响下，田野之民为躲避徭役，开始向城郭聚集，以城郭居民的名义登记自己的土地，由此导致了"城郭之民之田之粮日增，田野之民之田之粮日削，以日削之民而运其日增之粮"的现象。

这一变化确实源自15世纪50年代徭役征收方式的改变，乡村的土地所有者逐渐向都市集中，变更身份和土地的名义以躲避徭役。但是，史鉴确实感受到了周忱改革时"城郭之民彼时田少"的状况发生了变化，"城郭之民之田之粮日增"的现象不仅停留在账簿上，而且还存在于现实

---

① 史鉴《西村集》卷五《书·论郡政利弊书·上太守孟公俊》，本书略作《上孟公书》，正文的论述所据《上孟公书》第四项原文如下：

　　四曰均劳役。夫城郭之与田野，均为王民也，其于徭役，不宜有偏在。宣德年间，中使纲运相继，轴轳相衔，调集民夫，动喻千百。而田野之民在远，未能遽集，又城郭之民，彼时田少，故周文襄公之巡抚南畿也，酌为中制。今城郭之民，专充夫役，田野之民，代其运粮。其后景泰年间，知府汪公复令田野之民为夫，而城郭之民既不运粮又不为夫。行之既久，户无无田之家，而田野之民，侥悻其得计，乃更窜名城郭之中。故城郭之民之田之粮日增，田野之民之田之粮日削。以日削之民，而运其日增之粮，是岂大中至正之道也。

中,因此他向苏州知府孟俊提案,让"城郭之民有田有粮者"分担与田野之民同样的徭役。从周忱赴任后的宣德后期(1430—1435)到知府孟俊在任的弘治二、三年(1489—1490),其间都市中土地所有者的增多,意味着居住在都市中的地主使用佃户耕种土地的现象有所增加。

16世纪40年代嘉兴知府赵瀛的议论,正是基于以上这样的土地所有关系的变化而提出来的。

但是不能忽视的是,在地主=佃户土地所有关系和收租地主及地主城居者的比重增大的趋势下,纳粮户中直接从事农耕的小规模经营农民却保持了自己的土地所有权。在地主=佃户土地所有关系得到发展的16世纪前期,苏州府实施均粮后,嘉靖十八年(1539)刊行的《常熟县志》卷四《风俗志》中有如下记载:

> 大抵邑民之受田以资不以口。民有资力者,占田以顷计,其贫弱者以亩计。富民任小户以治田,小户出力为人以耕,而后治其田。大率亩之所入,上农以二石计,中农以石有赢计,下农以石计。田之所入有多寡,而无不得也。

首先可以看到的是,县民拥有土地的多少是由"资力"的多少决定的,而不是由劳动力的多少决定的,因此田主拥有的土地多者以顷(580公亩)为单位,少者以亩(5.8公亩)为单位,贫富分化严重。但值得注意的是,佃种富民土地的"小户出力为人以耕,而后治其田"。也就是说,小民一面耕种着富民的土地,一面又经营着自己拥有的小规模土地,这应该是当时的一般情形。

在嘉兴知府赵瀛认识到的嘉兴府的土地状况中,似乎也有与苏州府常熟县共通的地方。赵瀛在批判一亩六斗官田、五斗民田、三斗麦地之间的税粮不均时,都是在与一亩八斗乃至九斗的私租进行比较的基础上展开的,但他似乎也没有忽视税粮的不均对佃种他人土地并同时经营自己小土地的小户的影响。赵瀛在批判税粮不均后这样说道:

> 故富豪多麦地、民田,益肆其贪并,贫民皆重额官田,日就于逃

亡,往时科则本意,溃坏殆尽,苦乐不均,至此极矣。

这里所说的"贫民",应该包括靠收租维持家计的小地主、完全的自耕农以及部分佃种他人土地的半自耕农等多个阶层。认识到地主＝佃户土地所有关系日益扩大的赵瀛,确实看到了标准相对统一的私租,并在此之上指出了税粮不均的弊端,但赵瀛真正关心的是,税粮的不均,将使大规模的地主＝佃户土地所有关系、小规模的地主＝佃户土地所有关系,以及其他一些地主、自耕农之间的收益差距进一步扩大。

Ⅵ

如果我们可以这样来理解赵瀛所关心的问题的话,那么这就暗示着我们还有必要来探讨另外一个问题,这就是16世纪的江南,亩税粮额的不均等和多样性,对于纳粮户中属于社会弱势阶层的那部分人来说,同样也是非常急迫的问题。这和以上列举的各种改革契机相互关联,成为另外一个层面上的社会契机。

如第二章所述,纳粮户中的富裕阶层拥有着轻则田、民田,而贫困阶层则耕种着重额田、官田,这一倾向从明初就已经出现了。从出生于苏州府吴县的退休高官王鏊的书简中可以看出,由于土地买卖的盛行以及税粮的不均而引起的各地片土地价格不一等经济状况,到了16世纪变得更加显著。而这一倾向的加剧,正是这一时期固有的社会契机,这就是反对以均粮为核心的一系列改革的社会阶层的存在。

前文出现过的苏州府太仓州"豪宗巨蠹"、"豪右"、"乡大夫"和被称为"海内缙绅之士"的各地官僚阶层;苏州府吴县"大家势族";嘉兴府与"细弱"形成对比的"豪右"、"宦室富家",与乡里有着密切联系的中央权势官员以及"豪富";松江府中包括退休宰相徐阶在内的被称作"大家"、"大户"的,就是这样社会阶层。

以上列举的这些阶层,在苏州府太仓州抵制与丈量并行的均粮,在松江府也对这样的计划表现出反对的立场,他们相当于顾鼎臣所斥责的在苏州府反对知府王仪实行丈量的"官户"和"大户"。本章第四节Ⅱ中已经介绍,顾鼎臣在嘉靖十六年九月关于丈量的第三次上疏中指出,苏州府已经开始丈量并取得了初步的成果,并且受到了"闾阎田野"和"四方穷民"的欢迎,同时强烈指责"本府官户大户,奸猾里书,扶同作弊,及计买民田,不收原额税粮者,切虑一旦查理明白,不利于己,百般诋谤,以挠其成"。从"官户大户"并称也可以看出,阻扰改革的阶层并非全部是被称为"官户"的官僚家庭,但是,拥有免役特权的官僚家庭依然是反对改革的核心势力。顾鼎臣在第三次上疏中还指出,"守令乃生民之父母,士大夫乃乡邦之领袖",换句话说就是,官僚不仅在中央要承担起治国平天下的任务,而且在自己的家乡,也要在中央任命的知府、知县的领导下,承担起地方社会指导者的任务来。在日本学术界,始于 20 世纪 50 年代宫崎市定、酒井忠夫,60 年代以后因重田德的研究而取得重要成就的明清乡绅研究显示[1],官僚家庭在地方社会上的这一定位,反映出他们当时在家乡府县政治和社会影响力的不断扩大。[2] 顾鼎臣在同一份上疏中还指出:

> 为士大夫者,挂名仕籍,受国恩宠,尤宜表率齐民,奉公守法,输
> 赋税以给公上。却乃瘠人肥己,效尤成风,坐享田租之利,而使无田

---

[1] 参照前引拙稿《日本明清史研究中的乡绅论(一)(二)(三)》〔日本の明清時代史研究における郷紳論について(一)(二)(三)〕。

[2] 如拙稿《宋代以后的士大夫与地域社会——课题的探索》〔宋代以後の士大夫と地域社会——問題點の模索——〕,载谷川道雄编《昭和五十七年度科学研究费补助金综合研究 A"中国士大夫与地域社会关系的综合研究"研究成果报告书》〔昭和五十七年度科学研究費補助金総合研究 A「中国士大夫と地域社会との関連についての総合的研究」研究成果報告書〕,1983 年。

　　补注:本章所论 16 世纪江南以均粮、征一为核心并涉及徭役征收方式的税粮征收制度改革,中国方面与之相关的研究有梁方仲《一条鞭法》(《中国近代经济史研究集刊》四——一,1936 年)以及前引周良霄《明代苏松地区的官田与重赋问题》、陈恒力《明代苏松地区农业经济的若干变化》等。在日本,二战结束后不久有岩见宏《明代嘉靖前后赋役制度的改革》〔明の嘉靖前後における賦役改革について〕,《东洋史研究》第 105 卷第 5 号,1949。后载其《明代徭役制度研究》〔明代徭役制度の研究〕,同朋舍出版,1986 年。岩见宏在文中将"征一法"定性为"具有划时代意义的赋役综合改革"。本章在学习这些研究成果的同时,尝试了从起点开始的全面探讨。

小民,代其包赔税粮。及至官府清查,党恶怙非,妄行沮挠。

可见,官僚家庭在税粮征纳中的不法行为早已非常普遍,只是因为他们阻扰苏州知府王仪16世纪在江南的首次丈量而一下子表面化了而已。导致"赋法大坏"、"法制大坏"的元凶,可以说就是这些以官僚家庭为中心的大户阶层。

顾鼎臣在上疏中对各地胥吏篡改官府簿籍的现象非常重视,指出了其中一系列的不法行为,如把官田、重则田的起科等则篡改为民田、轻则田,把税粮田地篡改成免税田地,或把自己名下的田地转入他人名义,等等,面对各种不法现象,顾鼎臣坚决要求对田亩进行重新丈量,以确保土地账册的准确性。可以说,顾鼎臣的目的,是要排除以官僚家庭为中心的大户阶层的不法行为给税粮征收制度带来的影响。对此,推动均粮改革的地方官,一方面意识到因起科等则而引起的税粮不均是诱发以官僚家庭为中心的大户阶层不法行为的最大契机,同时也看到了为改革税粮不均而采用的折征例所引起的负担差异。另一方面,地方官还认识到,以大户阶层的不法行为为媒介的胥吏,他们之所以能上下其手,其原因就在于起科等则和折银中银米折算率的多重性。对地方官来说,他们甚至意识到了作为调整起科等则的不均而采取的徭役减免惯例,尤其是在这一时期亩役银额的多重性,都成了大户阶层和胥吏不法行为的诱因。

以均粮为轴心的一系列改革,以及苏州府、嘉兴府、松江府与均粮同时推进的丈量在各地遭到的阻扰,如苏州府太仓州和嘉兴府海盐县所看到的那样,出现在起科等则所设定的单位县或州,同时,也见于每年经由巡抚接受中央户部所下税粮单的单位府。通过前文的叙述我们不难看出,尤其是与均粮改革相关的基本方针,都出自知府。由于掌握的资料有限,我们目前还无法对江南所有的府以及各府下所有的州县因均粮而产生的对抗关系及其酿成这种关系的形势做出全面的认识。仅就目前所掌握的资料来看,这种对抗关系常常表现在知府、知州(仅太仓州)、知县(仅海盐县和嘉兴县)与以官僚家庭为中心的大户阶层之间。这些情况,我们在本章第四节Ⅰ—Ⅵ中已有论述。通过这些有限的资料可以看出,各地的对抗,即使表现为地方官与大户阶层之间的对抗,但其实质其实都是围绕均粮问题产生于地域内部的纳粮户之间的对抗,即以官僚家庭为中心的大户阶层与小民阶层之间的矛盾。嘉靖二十五年(1546)左右松江府士大夫之间围绕均粮方案的争论,即鲜明地反映了该府大户阶层与小民阶层之间的利益纷争。在嘉兴府十余年间的均粮改革过程中,海盐县士大夫钱薇、嘉兴县知县卢梗等人的均粮活动与试图阻止均粮的豪右、权势者和宦室富豪等之间的动向,就是十分明显的对抗关系。该府最早的均粮提案出自海盐县的里父老,从中也不难看出大户阶层与小民阶层在均粮问题上的对抗。在知府赵瀛的提案中,拥有民田、麦地的富豪与包括部分承佃重则官田的"收租"地主在内的"贫民",他们之间形成的利益差也与这种对抗完全对应。正德十四年(1519)给整个江南带来巨大影响的湖州府均粮案,其提案者是该府乌程县担任粮长、塘长、里长、老人的王元等人,在隆庆三年(1569)之前的半个世纪中,该府阻扰均粮的社会势力虽然在资料中没有明示,但王元等人请求均粮的背景,无疑是因起科等则的不均而出现的拥有大量土地的富者和几乎没有土地的贫者之间的阶层分化。王元等湖州府的粮长、塘长、里长、老人也和16世纪前期嘉兴府海盐县的里父老一样,他们的意图是站在小民阶层的利益上,抑制被称作"豪右"、"宦室富豪"的大户阶层的利益。

苏州府太仓州嘉靖十五到十七年(1536—1538)推行丈量和均粮过程中所反映出来的社会阶层的动向,与当时顾鼎臣对苏州府现状的指摘相互照应,集中体现了当时江南各地围绕既有税粮征收制度的对抗关系。同时推行均粮与丈量,早在十几年前就成为该府士大夫之间的话题,同时也预见到了这一改革势必会遭到大家势族的反对,而最终将丈量和均粮付诸实施的,是刚到苏州赴任的知府王仪,也就是说是地方官将之付诸实施的。但是,当太仓州出台了明显侵犯豪右利益的丈量、均粮方针时,豪右首先煽动反对,感到利益将遭损害的乡大夫和各地缙绅也对此提出了批评和疑议,而另一方面,相当于父老和生员阶层的士人则对此政策给予了支持和协助。可以说在苏州府全境,丈量和均粮,官户和大户对其进行诽谤中伤,试图阻扰,而同一个地域社会中被称作"闾阎"、"田野"的农民以及中小地主和逃户等贫民则对此表示欢迎。

对消除旧起科等则的不均性和多样性,制定均一简易的新的税粮制度,江南各地的大户阶层和小民阶层虽然同为纳粮户,但却表现出了截然不同的态度。可见,对大户以外的小民阶层来说,旧起科等则的不均性和多样性,在 16 世纪前期给他们带来的负担是多么沉重。

在均粮问题上,各阶层的利益并不是单一的。同时实施均粮、征一和役银的统一征收,将一县的税粮缴纳条件均一化、简易化,消除了土地价格的不均和不稳定,使得土地的积累变得更加便利,这对基于地主=佃户关系的收租者来说通常也是有利的。换言之,与上述均粮的三个契机相关的问题得以解决,对占纳粮户绝大多数的小民阶层,即自耕农和不享受社会特权的一般地主来说,税粮负担大大的减轻了,役银的征纳也变得简单易行,因此具有重大的意义,同时客观上也给大户阶层在地主=佃户土地关系下的土地积累带来了有利的条件。但是在实施均粮的前夜,与农民阶层将要出现的新的阶层分化这一可能性相比,从现实的负担不公中获得纾解,才是小民阶层的紧急课题。而大户阶层则试图通过继续拥有轻则土地,或勾结胥吏篡改簿籍不法获得免税土地来维护自己的既得利益。正是以官僚家庭为中心的大户阶层与小民阶层之间在税粮问题上的这一矛盾的激化,才迫使了各府的地方最高长官——知府雷厉风行地推行了均粮改革。

Ⅶ

以均粮为中心的这场改革,各府大户阶层与小民阶层之间的矛盾激化是其起因,而解决这一社会问题则是其目的。也就是说,这是一场起于地方并在地方的主导下实现的改革。通过与 15 世纪 30 年代后期南直隶巡抚周忱指导下的一系列综合改革进行比较,这一特征将更为清晰。

　　周忱的改革，是朝廷面对14世纪后期洪武年间以来的税粮征收制度陷于半瘫痪状态这一现实而展开的。洪熙元年（1425），朝廷遣官往江南展开调查，依据调查的结果，任命最值得信赖的官员担任地方巡抚和知府，着手税粮制度的改革。在下调官田起科等则的问题上，积极推进改革的南直隶巡抚周忱、苏州知府况钟与中央户部的消极态度之间确实存在着尖锐的对立，最终通过宣德帝下诏的方式，轻减税粮的改革才得以实现，也就是说，周忱和况钟的背后有宣德皇帝的支持。以下调官田起科等则为目的的这一系列改革，虽然是周忱、况钟等人基于对江南现状的详细调查提出来的富有创意的方案，并且在周忱、况钟等人巨大热情下才得以实现的，但同时必须认识到，这一改革又是在洪熙元年以来朝廷的一贯方针下作为国家事业加以推进的。改革是在宣德年间的中后期即1430到1434这四年间集中推行的，此后，为巩固改革所取得的成果，周忱在南直隶巡抚的任上任职20年，其他知府也连续任职十多年，这一现象也表明了朝廷对这场改革所持的态度。

　　16世纪以均粮为轴心的改革，以一县为单位，将公定亩税粮额基本均一，改革内容本身就具有划时代的意义。但是，这场改革对明朝中央政府而言，并没有意识到其与国家的生死存亡有关，因而也没有有目的地动员国家的一切机构，将最优秀的人才配置到最需要的岗位上去，可以说它不是作为国家事业而展开的。正如改革之际将旧的田土面积和官民田起科等则原封不动地保留在"赋役黄册"上那样，在整个改革进程中，朝廷只是了一个权威乃至象征性的存在。从16世纪20年代前后到70年代前后的半个世纪中，朝廷对江南官田地带的税粮征收制度的相关改革方案，可以说完全没有积极地介入并加以指导。

　　例如出生于苏州府昆山县的中央官员顾鼎臣，在嘉靖六年首次上疏陈述去"东南诸府田粮积弊"，请求实施丈量时，嘉靖帝虽然许可了他的方案，但皇帝、内阁和户部都没有主动地区促进丈量工作。顾鼎臣为此三次上奏，最终还是被经其推荐而赴其故乡苏州府担任知府的王仪所接受的。

如第三章所述,在顾鼎臣首次上疏的嘉靖六年十二月,曾任湖州府武康县知县的吏部尚书桂萼上疏请求通过"量地"和"均则",消除北方"广亩小亩"和南方"轻则重则"的差异。但是,皇帝似乎将桂萼奏文中所说的"官豪之家"反对"均则"视为理所当然,以"若南北粮土,版籍既定,姑已之"(《明实录》嘉靖六年十二月癸丑)为由加以了拒绝。

其后的嘉靖十一年,刑科给事中徐俊民上奏请求包括官民一元化在内的"均粮限田",但户部在复议中亦以"疆土异则,民俗异宜,卒难更改"(《明实录》嘉靖十一年二月戊戌)为由拒绝有所行动。

江南的税粮征收改革,是独立于明朝中央政府之外的行动,改革的开展,依靠的是地方官的判断力和执行力。

正德十四年(1519),在江南地区最早制定具体的均粮方案,并向巡按浙江监察御史许庭光提出申请,遭到否决后于次年的正德十五年开始实施官田、民田分别一元化(官民二元化)的,是湖州知府刘天和。

嘉靖十五年(1536)到十七年(1538),以田亩的丈量为前提,在江南首次实现完全均粮和征一的,是苏州知府王仪。

在常州府,嘉靖十六年与征一同时实施的官田、民田分别一元化(官民二元化)的,是知府应槚。

在嘉兴府,嘉靖二十六年继苏州府后第二个实现完全均粮和征一体制的,是知府赵瀛。

在湖州府,为进一步改革官民二元化的现状,制定了旨在实现完全的均粮计划,并对后来的湖州府改革起到深远影响的,是知府张铎。

嘉靖十六年召集管下知府、知州、知县召开会议,确定以征一和论田加耗为中心的税粮征收制度的改革方针,并协助苏州府实行丈量和均粮的,是南直隶巡抚欧阳铎。

正德十四年,支持湖州知府刘天和提出的江南最早的均粮方案,并亲自撰文上奏朝廷期盼实现的,是浙江巡按监察御史许庭光。

嘉靖二十六年,全盘认可嘉兴知府赵瀛均粮计划的,是南直隶巡抚欧阳必进和巡按浙江监察御史史裴绅。

以上列举的这些巡按、巡抚、知府，他们都不是在朝廷的指示行事，而是基于管下税粮征收制度的现状和地域社会内部的请求而构思立案，推行改革的。他们多数情况下都不是上奏中央户部寻求支持，而是在南直隶巡抚（嘉兴、湖州二府则是巡抚和巡按浙江监察御史）认可和支持下推进改革方案的。这并不是说江南的这场改革就不需要明朝中央的许可，而是被有意识地回避了。比如嘉靖二十六年嘉兴府的改革，知府赵瀛已经预料到若上奏朝廷请求许可，权势者必定会据行政法典《会典》中的相关诏令加以阻挠，因此赵瀛采取了仅向巡抚、巡按申报以期获得认可。

至于改革方案的制定，也没有采用由中央下达精神，各地展开讨论，最终汇集到中央，然后以政令的形式颁行的形式。嘉靖十六年南直隶巡抚欧阳铎召集的会议上，即确定了在南直隶管下统一实施征一的改革方针。这场在南京召开的会议，参会者有南直隶管下的各府县的长官知府、知县，还有担任会计事务的书算，因此，会议同时也具有针对税粮征收制度的各种问题进行情报交换的性质。据苏州知府王仪和常州知府应槚的文章，已经初具均粮、征一以及按亩统一征收役银的基本框架的正德十四年湖州府方案，也正是在这次会议上为南直隶各府县官员所知的。此后，江南最早实施均粮的苏州府的改革方案，亦由巡按浙江监察御史传到了浙江各府当局，民间士大夫也将所掌握的其他府县的改革情报提供给各府当局。江南地区内部就是这样通过情报的交换和经验的学习，制定出各府的改革方案的。在制定方案时，各府虽将湖州府正德十四年的方案和苏州府王仪的施行结果作为基础，但也依各府的现状进行调整，尽可能选定可实现的范围。因此均粮的结果，既有官民二元化也有官民一元化，均粮与征一的组合中，也有征一、征一二元化以及征一一元化等多种形式。

江南税粮的改革方案，自15世纪以来即萌芽于江南地域社会，此后经过不断的修订和完善，被人们所继承下来，最终形成了行之有效的方案。均粮，是在首创于15世纪中叶的湖州府、并断断续续实施到16世纪初的四等起耗方式,以及与创立四等起耗有关的知府赵登的官民田一元化构想的基础上发展而来的。而征一则是结合了多种征收方法的产物,其中既有湖州府的四等起耗方式和正德十五年均粮方案中按比率征收米、银的方法,也有 15 世纪苏州、松江二府南直隶巡抚下调金花银对米谷的折算率,使之接近实际价格的做法,甚至还有周忱、王恕推行的会计整理的简便方法。

包括苏州府太仓州知州林堡、嘉兴府嘉兴县知县卢梗等一批州县长官在内的地方官,在 16 世纪江南展开税粮征收制度改革之时,他们都无法依靠明朝中央的政策立案和指示,只能依据当地的形势与要求,在地方上自创方案,凭自身的执行力来推进改革。

明朝国家的税粮征收制度,以及在税粮征收制度中发挥功能的国家土地制度,并不是在作为权力中枢的中央的主导下维持的,而是在地方官的主导下依据当地的形势和舆论,即通过地方的力量得以维持的。

这里还必须注意的是,明朝中央在均粮的问题上,对赋役黄册所规定的各地片的起科等则,即形成于明初洪武年间、经 15 世纪前期宣德年间适当轻减官田税粮后一直继承下来的、以秋粮为准的亩税粮额(正粮额),采取了一丝一毫不得更改的态度。因此,即使在改革以后,以米谷容量为单位的一县及各县相加后的一府的正粮额完全没有改变,且 15 世纪中期周忱辞官后征收权管理权就收归中央、事实上已成为税粮一部分的耗米额也得以维持。而正粮与加耗相加所得的平米额,其中纳银的部分,由于其对米谷折算率统一下调为银一两＝米二石,平米额表面上似乎有所减少,但纳米部分和纳银部分的实际数额并没有改变。原本作为调节正粮负担的轻重而制定的加耗米,现在完全与正米一体化,成为税粮的组成部分,这一点非常值得注意。因为原来平米中的正粮部分才是国家的正规税粮,而今后由正粮和耗米这两部分构成的平米却成为国家的正规税粮。还有一点需要注意,这就是以往在江南各府县的平米额中占据相当大比重的官田税粮,改革之后也理所当然地保持了下来。以上的这些现象,用一句话来说就是,经过均粮改革,明朝江南地区的税粮征收总额没有发生任何变化，原封不动地继承了原有的基准。

众所周知，从16世纪后期的明朝嘉靖末年到18世纪前期的清朝康熙末年至雍正时期，税粮征收制度也好，徭役赋课制度也好，都日趋简易，最后两者合二为一，实现了前近代中国最后一次赋役制度大改革。从本章的探讨来看，横跨了明末清初的这场大改革，就江南而言，其实从均粮、征一、按亩统一征收役银，即总称为均粮的改革就开始了。从一条鞭法到地丁并征，这场全国规模的改革，其先驱正是江南的均粮改革。

终　章

一、顾炎武论江南官田和土地私有

1

　　16 世纪 70 年代的万历初年实现均粮以后,江南的田赋负担又出现了哪些变化呢? 顾炎武著《官田始末考》,又谈论"苏松二府田赋之重",正是 17 世纪后期明朝灭亡后清朝前期,也就是均粮之后。[①] 顾炎武在这两篇论文中提出的见解,至今对我们认识明代江南的官田有着深刻的影响,为了从根本上理解顾炎武的见解,我们必须首先将目光集中到明代均粮以后的江南田赋问题上。

　　在明朝灭亡前 20 多年的天启元年(1622)七月,南直隶巡抚王象恒向皇帝提呈了名为《东南赋役独重疏》的上疏,此文今仅存于顾炎武编集的《天下郡国利病书》中(《天下郡国利病书》手稿本,原编第六册《苏松》)。王象恒上疏中的"东南",指的是苏州、松江、常州和镇江四府。而

[①] 关于《官田始末考》和《日知录》所收《苏松二府田赋之重》,参见前引拙稿《从〈官田始末考〉到〈苏松二府田赋之重〉》〔"官田始末考"から「蘇松二府田賦之重へ」〕,1980 年。

赋役,顾名思义,是田赋(税粮)和徭役的合称,而上疏中为陈述观点所列举出来的数据,则指以土地为对象征收的一切公课,其中包括 16 世纪均粮改革后亩税粮,即均一化以后的亩税米、亩税银税粮,以及按亩统一征收的役银。

王象恒在上疏中,已经不再提及明初到 16 世纪中叶万历初年这二百年间因官田民田的不同而产生的同一县中亩税粮额的不均和多样性这一江南税粮制度的痼疾。上疏中首先陈述了四府向南、北二京所纳实物米谷的种类、数额和银两的种类、数额,然后对每亩的税粮负担做出了如下的概述:

> 以地亩言之,苏松四府田地山荡共止二十三万三千五百八顷六十八亩零。以亩计之,上等之田,每亩该纳本色米一斗八升二合,仍纳折色银一钱二分七厘五毫。中等田,每亩本色米一斗三升六合,仍纳折色银一钱四厘零。下等田,每亩本色米六升三合七勺,仍纳折色银六七分。而一切使费起剥之苦,又难计算。此四府每亩田租之槩也。

> 夫宇内之赋,多者每亩八九分,少者四五分,甚有止二三分者。有如四府之重乎。人止知江南钱粮之多欠,而不知江南止完及七八分,已而宇内之重者相等矣。江南止完及五六分,已与他处之轻者相等也。况夫织造之传奉,卫运之更番,水陆之冲眘,江海之防御,种种烦费,不胜驿骚。乃辽饷之供,犹一例派征,加而又加,故重而又重。自今不为斟酌,将何底止。臣所以为民请命者,不敢诳见年惟正之数,但就中量为减省,有三焉。

这是东南四府的总体情况,当然,各府、各县乃至一县之中,亩税粮额都不是完全没有差异,但是,在经历了均粮、征一和按亩统一征收役银之后,王象恒在上疏中已经不再关注亩税粮征收额之间的差异。虽然上疏中还有上等田、中等田和下等田之别,但这并不是以往官田、民田那种因人为因素产生的差异,而只是表示土地的贫瘠,亦即自然条件的差异。

因此,王象恒提出来的就只是东南四府亩税粮的绝对额的问题。

这里,我们将王象恒上疏中所说的上等田的亩税粮负担(米一斗八升二合,银一钱二分七厘五毫)与第五章所见嘉靖十七年(1538)均粮后苏州府吴江县的亩税粮负担进行比较。当时吴江县的情况是,每亩米一斗九升九合二勺,银八分八厘,加上按亩征收的役银一分二厘,合计米一斗九升九合二勺,银一钱。也就是说,天启元年苏州、松江、常州、镇江四府上等田的税粮负担,与嘉靖十七年吴江县的税粮额相比,米增加了一升七合多,银增加了二分七厘五毫。接下来,我们利用嘉靖十七年改革时规定下来并适用于江南全境的银一两=米二石这一折算比率,将嘉靖十七年吴江县的亩税粮额与天启元年四府上等田的亩税粮额全部折算成银两加以对比,则可以得出前者为一钱九分九厘六毫,后者为二钱一分八厘五毫,增加了一分八厘九毫。可见,每亩的税粮负担基本上没有太大的变动,米谷的征收虽然略有减少,但银两的增量却超过了米谷的减量。

王象恒从三个方面陈述了天启元年之时的负担之重。第一,因税粮的长途漕运,缴纳税粮时不可避免地出现了附加征收。第二,与其他地区相比,江南的税负相对较重。王象恒指出,江南以外的地区,每亩的税银约为八九分到四五分,少的只有二三分,而江南仅上等和中等田的税银就超过了一钱。言外之意,如果加上米谷的话,税负必然更高。此外,王象恒还提到了江南地区的民众还要承担提供特产品以及漕运、交通通信、防卫等各种徭役负担。第三,为防卫满洲的入侵而征发的辽饷。

基于以上几点,王象恒要求蠲免逋欠,将以米谷为主的实物征收部分改成折纳银两,并强烈要求削减正规税粮以外加征的辽饷。

> 一则加派之当渐减也。自辽事起,加派三次,共每亩银九厘。海内皆然,江南岂敢独少。独是他处赋轻,即稍加,犹不觉。若江南,即不加而额已数倍他省矣。乃又从而增益之,苏州则八万三千六百六十余两矣,松江则三万八千二百二十余两矣,常州则五万七

千八百三十余两矣,镇江则三万四百余两矣。其加与他省同也,而原额之重,则与他省异,所谓不揣其本而齐其末者也。故加派当亟减也。

崇祯元年(1628)李自成起兵后,明朝又加征剿饷和练饷用于镇压叛乱。据《明史》卷七八《食货志二》,剿饷为每亩一分四厘九毫,练饷为每亩一分,分别于崇祯十年(1637)和崇祯十二年(1639)在全国范围内征收。江南地区公课的纳银部分,在王象恒上疏的十几年后进一步增加。但需要注意的是,这一时候江南同一县中已不存在亩税粮不均的问题,按照王象恒的观点,相比其他地区,加派越是繁多,加派前的负担之重就越成为问题。

如上所见,王象恒在上疏中并没有将税粮的沉重与农业经营、土地所有等问题结合起来,但顾炎武在编集《天下郡国利病书》时,为什么要将这篇写于17世纪第21个年头即天启元年的疏文收录其中,理由或许是他认为这篇上疏集中体现了16世纪70年代至万历年间江南均粮后税粮和徭役负担的重要特征。

顺治元年(1644),清军在李自成率领的华北民众推翻明朝政权后越过山海关,将李自成赶出北京城,占领了北京。顺治二年,江南也纳入了清朝的统治之下。康熙三十二年(1693)刊《苏州府志》卷二十五《田赋三》国朝篇篇首载:

> 顺治二年,平定江南。其土田科则,悉因前朝之旧,赋额以万历中为准。仍诏蠲本年税粮十分之七,兵饷十分之四,其明末无艺之征,尽永除之。

该志该篇所载康熙五年(1666)巡抚韩世琦《请减浮粮疏》中亦称:

> 今我皇清肇造,万化聿新,凡故明蔽政,莫不犁然革除。而田赋则一照万历年间之例以为准,其末季冒滥浮加之项,固已一切删去。

清朝统治初年,辽饷、剿饷、练饷等明末附加征收的部分被全部废

除。《(康熙)苏州府志》该篇顺治四年(1647)条下称:

> 复征九厘地亩银三万三千六百六十三两六钱五分三厘九毫四
> 丝八忽。(原注:即万历四十六年以后递增边饷。)

可知明末的辽饷是以"九厘地亩银"进行征收的。上引《(康熙)苏州府志》该篇顺治二年一节中已经提到,除蠲免该年税粮外,"兵饷"已废除了十分之四,只征原额的 60%,可见明末加派的余波依然存在。顺治时期的加派,后来被全部废除,因此康熙五年巡抚韩世琦的上疏中才出现了"固已一切删去"的文句。在这一道旨在减除浮粮(超出原额的课征)的上疏中,已经完全没有提及明末的加派。可见,此时江南每亩的正规税粮额已经回到了天启元年(1621)巡抚王象恒所论苏州、松江、常州、镇江四府的水平。

这里让我们再次想起了 16 世纪的均粮先驱——嘉靖十七年(1538)苏州府的改革。作为均粮改革的结果,这一年吴江县的税粮数额与天启元年的数额基本相同。均粮在江南全境实施后,经万历八年至十年(1580—1582)内阁首辅张居正主导推行的全国性田亩丈量,改革的成果得以巩固,这就是传至清初的所谓"万历中"或"万历年间"的数额。

顾炎武所讲的苏州、松江二府田赋之重,依据的其实就是这个数额。

2

顾炎武生活在 17 世纪前期万历末年到这一世纪后期康熙中叶,即所谓的明末清初。他在《官田始末考》和《苏松二府田赋之重》的篇首都以"韩愈谓,赋出天下而江南居十九"这一丘濬的见解。丘濬(1418—1495)生于明初永乐年间,卒于明中期的弘治年间。顾炎武所引的一句是丘濬任吏部尚书时所著《大学衍义补》卷二十四《治国平天下之要·制国用·经制之义上》中的一节。在这一节中,丘濬论及苏州、松江、常州、嘉兴、湖州五府的粮额(秋粮额),其中洪武年间苏州府的粮额竟高达二百八十万九千余石,并以"其科征之重,民力之竭,可知也"作结语。顾炎武以丘濬的这一节为始,通过大量的文献征引严谨地展开了自己论述。而在《苏松二府田赋之重》中,则更加重视导致苏、松二府"田赋之重"的两个原因。一是从南宋尤其是景定年间(1260—1264)到明初洪武年间(1368—1398)设置了大量的官田,税粮征收额高达南宋绍熙年间(1190—1194)的十倍之多;二是 16 世纪 40 年代的嘉靖二十六年(1547),嘉兴知府提议将府下所有田土不分官田民田每亩统一税粮三斗,此后苏州、松江、常州诸府相继效仿,在府下各州县依据官田的多少轻重,制定了全新的亩税粮额。本书第五章对各府的均粮改革已经进行了深入的探讨,16 世纪的均粮其实是从苏州府知府王仪于嘉靖十七年(1538)开始的,因此顾炎武称其始于嘉靖二十六年嘉兴知府的说法并不符合史实。这个问题先放在一边,这里需要注意的是,顾炎武对造成"田赋之重"的前一个原因(南宋至明初大量设置官田)和后一个原因(嘉靖年间的均粮)采取了截然不同的态度。对于前者,顾炎武写道:

> 此固其积重难返之势,始于景定,讫于洪武,而征科之额,十倍于绍熙以前者也。

在慨叹的同时也认识到了这一问题积重难返,不可逆转。在文章的其他地方,顾炎武对南宋末年的公田设置也有类似的评论。

> 四百余年之后,推本重赋之繇,则犹其遗祸也。

顾炎武对公田、官田虽然给予了强烈的否定,但他同时也认为这一事实无法改变。与之相比,顾炎武对嘉靖年间的均粮却给予了极其严厉的批判。顾炎武的批判,是基于他对官田、民田性质的认识上展开的。

> 然而,官田,官之田也,国家之所有,而耕者犹人家之佃户也。民田,民自有之田也。各为一册而征之也。犹夫《宋史》所谓一曰官田之赋,二曰民田之赋,《金史》所谓官田曰租,私田曰税者,而未尝并也。

顾炎武非常明确地说,官田是国家所有的土地,民田是民众所有的土地即私田,两者是截然不同的。从这一认识中可以看出顾炎武非常强烈地希望通过土地所有人的不同来定义土地所有制的性质。

顾炎武正是基于这样的见解,把嘉兴知府赵瀛创立并推行的均粮,作为 17 世纪江南各府县税粮大增的契机而大加鞑伐。

> 嘉靖二十六年,嘉兴知府赵瀛创议,田不分官民,税不分等则,一切以三斗起征。苏松常三府,从而效之。自官田之七斗六斗,下至民田之五升,通为一则。而州县之额,各视其所有官田之多少轻重为准,多者长洲至亩科三斗七升,少者太仓亩科二斗九升矣。

> 国家失累代之公田,而小民乃代官佃,纳无涯之租赋。事之不平,莫甚于此。然而为此说者,亦穷于势之无可奈何。而当日之士大夫,亦皆帖然而无异论。亦以治如乱丝,不得守二三百年纸上之虚科,而使斯人之害,如水益深而不可救也。(原注:惟唐太常鹤征作《武进志》极为惋叹。)

顾炎武认为,由于均粮的对象是所有的官田和民田,给上自每亩七斗或六斗的官田下至每亩五斗的民田设定均一的税粮额,如苏州府长洲县为三斗七升,太仓州为二斗九升,这样一来,国家丧失了历代相续的公田(官田),本来向官田征收的高额税粮都被转嫁到了作为民田所有者的小民身上。换言之,顾炎武认为均粮否定了官田和民田原有的土地性质,对均粮给出了"事之不平,莫甚于此"的最严厉的批判。而且,当时的士大夫都无意反抗,老老实实地接受了均粮,唯有万历三十三年(1605)刊常州府《武进县志》的编纂人、原任太常少卿的武进人唐鹤征对此发出了感慨。顾炎武还批判道,在当时混乱的政局中,均粮改革没有能够阻止将两三百年来并无征收之实的官田税粮转嫁到民田之上的结果。

16 世纪 80 年代的万历十四年(1586)左右,出生于苏州府常熟县的青年官员赵用贤已经在《议江南平粮役疏》中简要地论述了江南税粮和徭役现状的改革,其中也提到了税粮改革的创始人。① 赵用贤将改革的始创归于嘉兴知府赵瀛,并指出这一改革"是概一府皆官田矣"。

顾炎武批判均粮的事实依据可能是依据了赵用贤的见解,而批判均粮的观点则可能来自上引唐鹤征的见解。

唐鹤征在其编纂的《(万历)武进县志》卷三《钱谷一·赋额》和该志卷四《钱谷二·征输》两处,记载了常州府武进县的均粮,并在每处都附上了自己几乎相同的评语。顾炎武则将包括这两处评语在内的《(万历)武进县志》中关于税粮和徭役的主要内容都详细地收进了《天下郡国利病书》中,手稿本第七册《常镇》篇武进县志条中的很多部分即源于此。在《(万历)武进县志》征输篇中,引用了万历十六年(1588)常州知府谭桂的议论。谭桂对嘉靖三十二年(1543)实施于常州府无锡县并于隆庆二年(1568)波及武进县的改革进行了极其客观的介绍:

> 嘉靖末则以官民田并言之,无复差别。而止以平坦、极低、极高分则派征,盖又法之变而加密者也。

但其中以夹注的形式附加的唐鹤征的评语确实慷慨激昂的:

> 唐鹤征曰,官民一则之说,殊为可恨。何也? 官田者,朝廷之有,而非细民之产。耕之者,乃佃种之人,而非得业之主。所费者,乃兑佃之需,而非转籴之价。所输者,乃完官之租,而非民田之赋。惟奸究之徒,则据以为业,良民不敢有也。不揣其本而齐其末,以租为赋而病其过重,俾民田均而任之,是上夺朝廷之田以惠奸究,下又苦纯良之民代任其租也。是遵何说哉! 藉令可行,何应公之智不及此也。又藉令有宣里竖(竖)勋者起,朝廷将锡之土田,于何取给乎? 即不能遽复其赋额,而其田额终不可使之澌灭也。

唐鹤征的观点可整理如下:

---

① 赵用贤《松石斋集》卷二《奏疏二·议平江南粮役疏》。

	官田	民田
所有主体	朝廷之有	细民之产
经营主体	佃种之人	得业之主
权利的对价性质	兑佃之需	转鬻之价
租赋性质	完官之租	民田之赋

唐鹤征通过对官田民田不同性质的分析,站在拥护官田的国家的立场上,认为官民一元化(均粮)的做法,是将国有土地无偿地归入了"奸究之徒"的名下,以至国家丧失了官田;站在民田所有者的立场上,原本应由国有土地官田的耕种者承担的官租,变成了与私有土地的赋(税粮),这无疑是一种负担的转嫁。

唐鹤征在评语的结尾处写道,若是有人为国家立下大功皇帝想要赐土封疆,而今却因均粮(官民一元化)连可赐之田都没有了。于是他主张,即使无法恢复官田原有的税粮额,但至少应该恢复官田的名义。

从议论的展开来看,唐鹤征是站在担忧官田消亡的立场上对均粮(官民一元化)展开批判的。但是,这里必须注意的是,唐鹤征的立论是以私人土地所有制的普遍存在为前提的。唐鹤征称之为"朝廷之有"的国有土地,并不是基于"普天之下,莫非王土"的理念对国家土地所有制的表述,也就是说,这里所说的国家土地所有制并不是凌驾于私人土地所有制(细民之产)之上的,因此在承认国家土地所有制的同时,不会对私人土地所有制带来造成制约。所谓"朝廷之有",其前提是私人土地所有制的普遍存在。换句话说,所谓"朝廷之有",就是土地私有制框架下归国家所有的那一部分,反过来说就是"国家拥有的私有土地"。唐鹤征的议论,正是站在民田的立场上展开的官田论。

唐鹤征写下这一段"官田论"时,距离江南经历 16 世纪 30—70 年代最终完成改革,而 14 世纪 60 年代以来持续了二百年的明代官田退出历史舞台已有几十年,因此,他的"官田论"未必能够准确地把握江南官田的实际状况。不过,唐鹤征不仅是《(万历)武进县志》的编纂人,还是万历四十六年(1618)所刊《常州府志》的编纂人,他至少对 16 世纪嘉靖、隆庆年间到万历中期的地方历史进行了详细的记载，不可能对客观事实和经过缺乏认识。其实，正如本书第五章第四节Ⅲ所引《（万历）武进县志》卷三《钱谷一·额赋》所见，唐鹤征在他编纂的地方志中，正文记录了客观的事实经过，又如本章依据该志卷三《钱谷四·征输》所论述的那样，唐鹤征所提示的资料也是客观的，但在正文的夹注中，则完全是编纂人自由激越的评述。顾炎武关注并汲取的，正是唐鹤征在夹注中自由吐露心声的这一部分。换言之，唐鹤征关于官民田所有制性质的分析及对官民一元化的看法，对明清鼎革之际顾炎武对江南官田的认识，即江南官田论产生了重要的影响。顾炎武的江南官田论，主要体现在顺治十五年（1661）开始执笔的《官田始末考》以及后来写成的《苏松二府田赋之重》中。①

在《官田始末考》中，顾炎武认为官民田一元化是在张居正实施丈量的万历九年（1581）实行的。他在《官田始末考》上卷中说：

> 万历九年，大均天下之田，遂举官田与民田而合之为一则。于是八升、七升之田，无非三斗以上之田。朝廷坐失累代相传之公田，而平民乃代官佃纳无穷之租赋。事之不平，莫甚于此。

唐鹤征将官田称为"朝廷之田"，民田称为"细民之田"，《官田始末考》分别以"朝廷"和"平民"加以了继承。而顾炎武其后写成的《苏松二府田赋之重》中，则将前者称为"国家所有"，后者称为"民自有"，即采用了更加一般化的表达方式。同时，上文所述唐鹤征将官民之田截然区分，对均粮后的官民田一元化表现出强烈的愤怒，以及他实际上站在民田的立场上对官田进行定位，这些见解在《苏松二府田赋之重》中都被发展得更为明确。

然而，顾炎武之所以汲取唐鹤征的观点并将之发展成《官田始末考》，其后又撰写《苏松二府田赋之重》来议论江南的官田，是因为他也认识到这一问题已经成为地域社会急需解决的现实问题。顾炎武在《官

---

① 参照第 410 页注①所引拙稿。

始末考》篇首尽管引用了丘濬《大学衍义补》中的一节来阐明江南重赋的历史,但他又接着说道:

> 按文庄此轮甚明悉,特未考五府税粮所以偏重之故。即今五府之人,久而莫详其本矣。因为论次如左。

江南重赋久而有之,但苏州、松江、常州、嘉兴、湖州五府民众却不知道自己所在的地域为什么田赋如此之重,这就是顾炎武执笔的动机。在展开论述之前,顾炎武又一次揭示了当时五府田赋在全国之中的位置:

> 天下租赋之重,至浙西而极,浙西之重,苏松常嘉湖五府为甚,五府之中,苏尤甚。

顾炎武首先将历史追溯到了宋朝。宋初的浙西租税只有中、下两等,中等为秋米八升,下等为秋米七升四合。北宋熙宁年间到南宋建炎年间虽有增加,但都没有加倍,而现在,长州县每亩三斗七升,吴江县三斗六升,吴县三斗四升四合,昆山县三斗三升五合,常熟县三斗二升,太仓州二斗九升。对此,顾炎武认为:

> 视宋初之额,几四五倍。民日穷而赋日敝有来矣。

接着,顾炎武对宋以来的田赋沿革进行了简要的叙述,然后就到了前引万历九年的那一段。顾炎武对官民一元化提出严厉批判之后,虽然也觉得这是当时无可奈何的选择,但是,他的话锋一下子转向了几十年后的今天,指出问题在于如今的人们都将每亩三斗以上的税粮视为理所当然的事了。

> 然而积弊之后,不能分别官田,申定疆界,姑以此为变通之计。今且数十年。而后之人,遂以三斗以上为苏州田赋之常额,岂知国初之民田,本不过宋元之旧额哉。今将减而仍八升、七升之额,固必不能。而复立官田,亦难卒办。有王者作,必有能为此邦经久之画者。著其始末,俾后之人有以考焉。

官民田实现亩税粮均一化几十年后,人们已经把每亩三斗以上的税粮作为苏州府正常的数额了,却不知明初的民田原本是沿袭宋元时期的轻额税粮的。现在,想恢复到明初民田每亩七八升的水平自然是不可能的,恢复官田从而减轻民田的负担也很困难。若有朝一日出现继承明朝衣钵的"王朝",一定会为东南五府制定出永恒且合理的税粮制度,为了这一天的来到,有必要弄清事情的来龙去脉,以便于后人的判断。

顾炎武这样论道,因均粮而实现官民田一元化以来,家乡苏州府的任何一县,亩税粮额都远远超过了明初民田的水平,达到每亩三斗以上,而且这样的做法亦已固化。这一现状必须改变,税粮必须有所削减,正是出于这个目的,顾炎武才对均粮以前的历史进行了详细地论述。顾炎武从《(万历)武进县志》的夹注中发掘出了唐鹤征的评语,并将之发展,希望通过他的论述来促使人们认识到,国家所有的土地(官田)和民众自有的土地(民田)原本是不同性质的土地,是均粮政策下的官民田一元化以及随之而来的民田税粮的激增,才是苏州府各县亩税粮固定在三斗以上的直接原因。在此,顾炎武重视唐鹤征的评语,力图论证官田乃"国家之所有"这一意图非常清楚。在顾炎武看来,国家设置官田,并不是因为国家自己非要拥有土地,其实是为了江南的民田而设置的,目的在于保证民田的税粮负担处于一定的合理范围内。换言之,官田其实是保护民田的一道堤坝。虽然顾炎武对官田的设置和规模的扩大也持有批判意见,但他还是想强调,正因为官田与民田并存,因此官田才具有了"国家之所有"的性质。

顾炎武对明代江南官田的见解是建立在唐鹤征的评语之上的,从中可以看出,顾炎武在世时对如何才能削减江南的田赋负担这一课题,倾注了非同寻常的关注。这一关注的核心就是田赋必须削减这一强烈的意识,详细情况容后文再说。这里想要确认的一点是,顾炎武的这一见解,是经历了16世纪的均粮及17世纪前期明朝衰亡终至亡国的江南读书人构建起来的,并在此后成为有清一代江南读书人之间"减赋论"的重要依据,也对当代日本和中国的学术研究产生了重要影响。①

二、明代江南官田和税粮征收制度的演变

如上所述,17 世纪后期即清初的顾炎武,本着对江南田赋削减问题的关心,以常人难以企及的缜密性收集史料,在此基础上论证了延续到明代的江南官田,其性质乃国家所有的土地。

但是,通过本书各章的讨论不难看出,明代江南官田的实际情况,与顾炎武设定的纯理念之间并不一致。

明代的江南确实置有大量的官田,但这些官田自 14 世纪后期的明初洪武年间起,就已经被纳入了与民田完全相同的税粮征收制度中去了。

受到顾炎武强烈批判的 16 世纪的江南均粮改革,也是自 15 世纪30 年代的大改革以来,历经 15 世纪中叶到 16 世纪初期的波折,直至 16世纪 30 到 70 年代才在地方和地域社会的祈愿下得以实现的,整个过程充满了曲折。

在此,让我们把顾炎武在 17 世纪所关心的问题和基于这一关心所引发的明代江南官田论作为前提,再次对本书第一章到第五章的主要内容进行整理,就包括规模巨大的官田在内的明代江南税粮征税制度,阐明其发展过程中的特征与结局。②

---

① 康熙年间(1662—1722)苏州府昆山县周梦颜撰、道光九年(1829)昆山县周蕙田重刻《苏州财赋考图说》,道光十年(1830)邵吉甫撰《苏松田赋考》,以及同治五年(1866)刘郇膏撰《江苏省减赋全案》等,都收有清代江南读书人的相关著作。在日本,西岛定生撰《中国初期棉花产业的形成与结构》〔中国初期棉业の形成と構造〕(初载《东洋学报》〔オリエンタリカ〕二,1949 年。后载其著《中国经济史研究》,第三部第三章)中首次受到重视。中国则于 1957 年周良宵在《明代苏松地区的官田重赋问题》中加以引用。最近 1982 年伍丹戈在《明代土地制度和赋役制度的发展》中亦给予了重视。

② 本节以下的行文不作特殊说明者,皆以本书第一至第五章的论证为据,也有若干新资料、新文献的引用。

1

15 世纪 30 年代税粮征收制度综合改革开始之初,松江府的一位读书人杜宗桓上书南直隶巡抚周忱,杜宗桓在上书中称,据宣德五年(1430)诏敕,官田税粮每亩减额 20%—30%,即使如此松江府仍须征纳约 102 万石的税粮,由于税粮数额庞大,逋欠部分也越来越多。杜宗桓上书的目的之一,就是恳请南直隶巡抚能够设法帮助地方解决逋欠日益增多的困难局面。杜宗桓在上书中并未要求削减官田的亩税粮额,而是在保证 102 万石这个总额不变的前提下,请求亩税粮额的公平均一,理由则是"方今俸粮浩大,国用不敷"(参照第五章小结)。从杜宗桓的上书中可以看出,在时人的观念中,官田税粮的主要用途就是供给官僚的俸禄和军队的军饷。因此也可以再次确认,作为中央集权的统一国家明朝,正是出于满足数额巨大的官俸和军饷的财政需要,在 14 世纪后期通过继承宋元时期的公田或通过新的籍没,在江南一带设置了大规模的官田,而这些官田所承担的亩税粮额要比民田高得多。

但是,规模巨大的明代江南官田形成于特定的历史条件下,因此,其存在形态也受到当时条件的制约。

首先需要认识到的历史条件是,明代在江南设置官田之时,宋代以来的私人土地所有观念在中国社会中已经根深蒂固。然而,明朝建国伊始,原封不动地继承宋元时期的官田,同时又以私人土地为对象进行大规模的籍没,这与根深蒂固的土地私有观念之间看似矛盾,其实不然。

确实,从国家法规中规定的所有权来说,官田无疑就是国家的土地。因此,在税粮征收制度上,也要求将官田和民田明确地区别开来。如洪武年间太祖朱元璋在给到地方赴任的地方官制定的《到任须知》中就做出了以下指示:

> 版籍、田粮,政事之大。故于祀神理狱之次,即须报知。此件中间,须要分豁军民匠灶僧道医儒等户各若干官田地若干民田地若

干,每岁民间夏秋二税该粮若干,官田租粮若干,各分款项开报,以备度量支用。

《(万历)大明会典》卷九《吏部八·开给须知·授职到任须知》

《到任须知》中明确将民田的征收称为"民间夏秋二税该粮若干",而将官田的征收称为"官田租粮若干"。换言之,民田征收的是税,官田征收的是租,两者是不同的范畴。但同样是在《到任须知》中,朱元璋对新任地方官又做出了指示,地方官在掌握各曹胥吏上报的"田粮"时,官田也必须与民田一样,必须上报夏税和秋粮的数额,此外,还必须上报官田和民田的总面积以及官田和民田的夏、秋税粮总额。通观《诸司职掌》和正德、万历年间《大明会典》户部条的全文,不难看出,站在法制的角度上,国家所有的土地(官田)和民间私人所有的土地(民田),在国家税粮征税制度中其实是被同等看待的。

官田与民田的分布错综复杂,都处在由粮长、里长总括的里甲组织管理之下,都登记在按里甲组织所制成的赋役黄册的户名之下,并各按其地块规定的起科等则(用秋粮表示的公定亩征收额)向国家缴纳总称为税粮的公课。官田与民田一样,均被置于与中央户部——布政使司——府(直隶州)——县(散州)——里甲这一行政系统相对应的税粮征收制度之下。

从税粮征收制度上来说,缴纳官田纳税粮的人和缴纳民田税粮的人,都被称为国家的纳粮人户,本书自第三章后将其称为纳粮户。从徭役征收制度来看,完全耕种官田并缴纳官田税粮的"全种官田户"中,和户下拥有若干民田并缴纳民田税粮的人户,均被编入里甲组织,承担里甲正役的义务。由于"全种官田户"耕种的土地在法制上属于国家的土地(官田),因此在这个意义上他们是纯粹的官田承佃户,也就是说他们是国家的佃户。尽管如此,这些"全种官田户",与自耕农或将自己的私有土地(民田)委托他人经营的民户一样,都是有义务向国家承担税粮和徭役的甲首户,也就是说他们都是所谓的国家公民。

夏税和秋粮中,以秋粮额来表示的官田起科等则,即公定的官田亩税粮额,也具有以下一些特征。

一、官田的亩税粮额,如 14 世纪后期到 15 世纪 30 年代的洪武至宣德前期的苏州府,既存在着每亩六斗多乃至更高的数额,但同时也有亩一斗多乃至更少的情况,其间的差异大大超过了耕地自然条件本身的差异。

二、虽然官田的亩税粮额要比民田高得多,但其平均额还不到民间佃户交给田主的私租额的一半。同样是当时的苏州府,官田所课的税粮为每亩平均四斗三升六合九勺,而民田则为四升三合三勺,两者之间相差十倍之多。但税粮四斗三升六合九勺这个税粮额,是在米谷亩产量二石的情况下设定的,税率只占到亩产量的 21.5%,而当时佃种民田的民间佃户,交给田主的私租一般为收获量的 50% 左右,官田税粮与民间私租之间的差异之大可见一斑。何况松江府同一时期的官田税粮额推定为每亩平均二斗九升七合三勺。

还必须注意的是,官田和民田之间存在着的税粮差异,还可以通过徭役课征来加以调整。前文提到,里甲正役是不分户种的,"全种官田户"也须承担,但同时对官田耕种者又存在着减免或全面杂役的惯例。在以土地为徭役赋课的基准或对象的华中、华南地区,形成了国家通过对每一亩土地所征税粮和徭役的总负担中谋求均衡的惯例。

从以上分析中不难看出,江南官田并不是顾炎武和唐鹤征所强调的那样是国家所有、由国家佃户佃种并向国家缴纳官租的土地。

与此相关,还有两点也很值得注意。第一,洪武三年(1370)松江府的一家平民户帖中,官田被登记为该户的"事产"。第二,赋役黄册是国家税粮、徭役征收的台账,《诸司职掌》所列与赋役黄册相关的内容中,规定不论官田还是民田,一经买卖,其田主变更等信息必须如实登记。可见官田的承佃权和民田的所有权一样,可以成为自由买卖的对象。

因此,从税粮征收制度,以及与之相关的徭役赋课制度中的里甲正役来看,尽管官田民田之间的亩税粮额存在着很大的不同,但是,佃种官田并缴纳官田税粮的民户与拥有民间私田的民户,他们之间并没有什么太大的区别。如果再考虑到官田的亩税粮额与民间私租之间的差距,虽无明文却按惯例执行的官田削减或全面杂役等各种要素,可以说官田与民田之间的差异并不是那么绝对的。

明代江南官田的这些特征,大约从第二次编造赋役黄册的洪武二十四年(1391)到制定《诸司职掌》的洪武二十六年之间就已基本定型了。由于洪武元年前后开始的对宋、元两代官田的继承,明初多次籍没后产生的新官田,以及对因元末动乱而产生的荒田的再开垦,等等,此时江南各府黄册上登记的田土面积几乎已经达到了有明一代的基准额。太祖朱元璋先后三次下诏下调官田亩税粮额,针对的主要也是这个地区。其他地区以民田为基本对象设定的税粮征收制度,在江南,却是以与民田基本匹敌的官田为对象设定的。由苏州、松江、嘉兴、湖州、常州、镇江六府所的构成江南之中,官田面积占到了全部田土的四成半之多,尤其是在官田面积占六成的苏州府和占八成的松江府,所谓税粮征收制度,其主要对象就是官田。换言之,在明代的江南,官田并不是一种特殊的田地,而是作为税粮征收对象的一般性田地,也可以说就是普通的田地。

不过,形成明代江南官田和税粮征收制度的历史条件还不止于此,这里还有第二个历史条件我们也必须有所认识。如前所述,明代官田的一部分是对宋元两代公田的继承,而宋元两代的公田则是国家在不同的历史时期籍没部分大土地所有者的私田,或通过强制收购,或通过国家干预的荒地开垦获得的。明朝在此基础上继续扩充,形成了规模庞大的官田。

顾炎武所撰《官田始末考》的下卷,几乎所有篇幅都用来摘录汉代以来与官田相关的资料,与宋代官田相关的资料也占了相当的篇幅。《日知录》卷十所录《苏松二府田赋之重》,几乎是《官田始末考》的节略和部分增订。在增订部分,关于官田的沿革,在第一句"官田,自汉以来有之"之后,第二句就是"《宋史》建炎元年,籍蔡京、王黼等庄以为官田",事实上是把宋、元、明初作为主要内容来叙述的。特别是利用了《官田始末考》没有收录的正德七年（1512）刊《松江府志》卷六《田赋上》的记载，充实了有关元代籍没的内容。顾炎武为阐明官田本为"国家之所有"的土地，将与宋元两代官田设置过程有关的史料呈现给了读者。

苏州知府况钟于15时期前期宣德年间的上疏中，与14世纪后期的"洪武年间抄没官田"相对，使用了"古额官田"这一说法，可以说这是宋元两代设置官田的铁证。况钟在上疏中还提到，在他生活的年代，"古额官田"的亩税粮额要重于"洪武年间抄没官田"的三斗乃至四斗，这给纳粮户增加了不小的负担。从14世纪后期刊行的《苏州府志》（洪武十二年序）所录起科等则表中，也同样可以看出为明朝所继承的宋元两代官田的这些特征。江南地区宋元两代官田的亩税粮额重于明代新设的官田，加上官田设置的当初政府屡屡设置专门的机构来进行管理，官田作为国家所有这一色彩非常浓厚。官田的这一性质，也影响到了明代江南的官田以及这一地区的税粮征收制度。

第三个必须认识到的历史条件是，前文也已提到，在14世纪后期明初洪武年间增设官田之际，实施了大量的民产籍没（抄没）。据当时及15世纪的史料，元代至明初，江南被称为"大家富民"、"豪民巨室"、"兼并之家"、"土豪"、"巨姓"等社会阶层，即地方上在社会、经济上占据主导地位的富民阶层，正在进行着大规模的土地兼并。明代洪武元年前后在江南开始的籍没，主要是针对元朝官员、张士诚政权的部下、抵抗朱元璋进军者，以及对皇帝朱元璋的集权造成障碍者在经济活动中的不法行为而实施的，这是基于政权的稳定和社会秩序的维持而有选择地展开的，因此，不是对以上所说的全体大土地所有者的剥夺。

但正如《明实录》洪武三年（1370）二月庚午条中所说，为掌握富民的资产而进行的税粮征纳调查此时早已展开，太祖朱元璋对地域社会中富民的动向是十分关注的。方孝孺、史鉴、吴宽等15世纪的士大夫都指出，对大户的籍没与朱元璋的这一关注不无关系。最终在明初洪武年间形成了可与宋元两代旧官田相匹敌的大规模的籍没田，富民阶层的土地兼并也因此遭受了巨大的打击，从而切断了被籍没的富民阶层与小农民之间的生产关系。原本作为这些富民阶层的佃户并向他们缴纳私租的众多的小农民,转而成为籍没田——新型官田的纳粮户,被编入里甲组织,与国家结成了直接的关系,由此形成了一种实质上拥有一部分土地、在这些土地上自行从事农业经营、自行向国家缴纳特别高额的税粮这一特殊的自耕农群体。承佃官田,向国家缴纳官田税粮的民户,就像下文中将要提到的那样,尽管不全部是这一群特殊的自耕农,但是,促使他们作为国家的纳粮户登上历史舞台,改变了以往的大土地所有形态,这正是明代江南官田和税粮征收制度背负的第三个历史条件。

2

14 世纪后期明初的江南,在以上这些历史条件下形成了大规模的官田,作为江南官田不可分割的构成要素,明代江南的税粮征收制度也迎来了新的起点。但是,应该说这一制度从一开始就隐藏着危及自身的结构性问题。

其一,同一县内亩产量基本相同的田地之间,起科等则(用秋粮来表示的公定亩税粮额)却存在着各种差异,税粮的不均从一开始就如影随形。第一,官田的亩税粮,通常都低于民间高达产量 50%左右的私租,甚至在私租的一半以下,但却是民田亩税粮额的十倍之多,因此在时人的眼中,官田税粮是高额的。加上各府中官田的面积在田地总面积中至少占四分之一以上,因此人们对官田税粮和民田税粮之间的巨大差异感受得非常强烈。第二,官田之间因其设置的背景不同,税粮的不均现象也十分严重。第三,由于起科等则过于复杂,亩税粮额因此也呈现出了非常强烈的多样性。由于不同地块之间的起科等则如此复杂,亩税粮额如此多样,因此,通过买卖等手段拥有土地的条件也就复杂多样。

其二,在同一税粮征收制度下,缴纳税粮的纳粮户并不是单一的阶层,大致由小规模经营的农民和地主这两大阶层构成。

小规模经营的农民多数为承佃元代官田缴纳官租(官粮)的民户,

他们不仅被称为贫佃户,而且多半是遭受籍没的元代大土地所有者的旧佃户,耕种的虽然是同一块地块,但却已转变为新型官田税粮的纳粮主体。从税制上说,他们是自耕农的一种,构成了官田纳粮户中的最大多数。

另一方面,通过洪武年间的籍没,尽管被称作富民的元代大土地所有者丧失了相当多的土地,但依然保留着少数的大土地所有者,在这些大土地所有者之下,还广泛存在着拥有中小规模土地的地主阶层。

拥有土地的地主阶层,他们或者将土地委托佃户耕种,从中收取私租,或者带领奴仆、雇工等劳动者从事农业经营,或者采用出租和自家经营并用的方式。据 15 世纪前期苏州府知府况钟的上疏中所引该府知县们的言论,14 世纪 70 年代纳粮 500 石以上的富民已大幅减少。同样依据况钟上疏中有关 14 世纪后期洪武年间的言论,也有承佃官田多达110 亩而自主经营的地主。可以推断,与以往那种拥有大量民田缴纳大量税粮的富民型地主阶层相比,承佃官田缴纳官粮自行经营的地主的比例在不断地提高。

当然,即使上面的推断是合理的,这也很难通过史料对自行从事经营的地主的土地、经营规模等一般状况作出定量的分析,同样也无法对官田纳粮户中的主体即小规模经营农民阶层和地主阶层的分化作出明确的判断。所以,基于数量不多的零星史料,把 14 世纪后半期到 15 世纪前期洪武到宣德年间江南官田税粮的主体仅限定为作为自耕农的小农阶层,或者仅限定为自行经营比重不断升高的地主阶层,都难切中要害。

总之,明代的官田,在法制上无疑是属于国家的土地,与民间私人拥有的土地(民田)有着截然不同的性质,但它们又被纳入了统一的税粮征收制度,尤其是在江南地区,官田税粮还成了税粮征收的主要对象。但正因为如此,隐藏在江南地区亩税粮额以及纳粮户之间的不均和差距等矛盾才会不断显现并日趋激化。

3

15世纪前期,江南的税粮征收体系迎来了第一次重大的危机。造成这次危机的契机,仅从江南都市的奢侈化倾向,或运河沿岸都市的工商业日趋活泼等与社会生产力的恢复和发展这一角度是无法完全说明的,这里还存在着一个重要的外在的契机,这就是明朝的迁都。随着15世纪初国都从南京迁往北京,以及北疆边防的需要,税粮中占压倒性多数的官田税粮,其运输距离一夜之间变得无比漫长,致使运输劳动及其相关费用也急剧上涨。如果从税粮的本质乃是中央集权国家明朝用来维持财政支出的公课这一点来看,运输距离的极度拉长,是导致税粮征收制度出现危机的极其内在的、根本的原因。这个原因还激化了原本就隐藏于江南税粮征收体系中的矛盾。15世纪30年代后期,在南直隶巡抚周忱的强力指导下实行的税粮征收制度的综合改革,应对的正是这场危机,改革的结果也一度克服了危机。

但是,江南的税粮征税体系却无法以周忱改革之际所制定的模式长期维持下去。15世纪中期以后,以苏州、松江、湖州三府为中心,对周忱改革的核心之一加耗例(税粮的附加征收)又进行多次整改。进而在16世纪30—70年代,在各府知府的推动下,废除了官田和民田的区别,实现了亩税粮额的均一(均粮),江南的税粮征收制度才勉强得以维持。唐鹤征和顾炎武对之展开猛烈批判的均粮(官民田一元化),其实背负着税粮征收制度第一次出现危机以来以及15世纪前期以来历次改革的历史,是解决江南税粮问题的最后一个手段。

如果把15世纪前期周忱的改革置于14世纪后期洪武年间因各种籍没促使官田规模持续扩展,到此后三次官田税粮的削减,再到16世纪的均粮改革这一江南税粮制度的改革进程中进行考察,那么,至少可以看出以下两个侧面。

第一,维持以小农阶层为中心的纳粮户的生计和经营,实现使其持续缴纳税粮的目标。规定耕种重则官田的民户以及下户以银、布代缴税粮的折征例,通过在里甲组织中设立田甲,维持逃亡纳粮户土地的可耕状态,以促使逃亡户的复业,通过济农仓在青黄不接时期进行粮食借贷,使纳粮户免于债务,等等,这些政策都是以维持作为纳粮户的小经营农民阶层的生计为目标的。此外,在宣德五年二月诏敕基础上展开的官田亩税粮额的削减,缓和了包括自行经营的自耕地主和委托佃户经营的收租地主在内的纳粮户的纳粮条件,其最终目标都是力图对承担重则税粮的小经营农民阶层的进行保护。

第二,它与15世纪前期洪熙、宣德年间初见端倪的因社会地位的差异而出现的地域社会的阶层分化,即大户与小民或小户这两个阶层之间日益显著的差异有着密切的关系。在地域社会中,承担组织税粮征收和徭役征发的粮长户、里长户,以及在科举上获得功名甚至踏入仕途的缙绅、绅士之家,与其他民户之间的差异和矛盾日益暴露。这样的阶层分化,与剥削他人劳动的地主和小农民的阶层分化虽然有重叠的部分,但又不完全一致,地主阶层中既有属于大户阶层的民户,也有属于小民阶层的民户。

15世纪前期的乡村大户阶层中,粮长和里长,尤其是粮长占有很大的比例。在城市,当时所谓的"附郭豪右兼并之家"、"缙绅乡官"、"缙绅大族"、"绅士之家"等拥有社会地位的大土地所有者和官僚阶层的势力也有了显著的发展。据苏州府吴江县处士史鉴的书简,与15世纪后期相比,15世纪前期,大户阶层拥有的佃户数、土地面积和税粮额还不算太多。这个时期的小民阶层,主要还是指承佃官田并缴纳官田税粮的小经营农民。但是,从"椎髻秉耒良善小民"这一史料用语中不难看出,在乡村自行从事经营的自耕地主,也有一部分应该归入小民阶层。在江南,从15世纪前期开始,大户阶层将自身的纳粮义务转嫁给小民阶层的不法行为,在地域范围内就已经成为严重的社会问题。

16世纪前期,大户阶层主要是由"豪宗巨蠹"、"豪右"、"乡大夫"、"缙绅之士"、"宦室豪富"、"官户"、"大户"等以官僚家庭为中心的大土地所有者构成。15世纪前期史料中作为大户阶层的一份子出现的粮长户、里长户,到了 16 世纪的史料中,毋宁说已经成为小民阶层利益的代言人。也许当年担任粮长的民户,大多是资产不多的地主。在 15 世纪后期到 16 世纪的史料中,税粮征收与土地买卖、私租收入相互关联的记载多了起来,而类似的记载在 14 世纪后期到 15 世纪前期的史料中是找不到的。可见,土地所有权转移的加速和地主佃户关系,在数量上都有了明显的发展,其中就有大户阶层的大规模的土地兼并。与此同时,税粮征收过程中大户阶层的不法行为变得越来越普遍,激化了纳粮户中大户和小户之间的矛盾。

15 世纪前期周忱改革的第二个侧面,具体地说,就是以解决 15 世纪初国都北迁以来因加耗的激增所带来的负担,以及因大户、小民的社会地位差异所造成的不均不断扩大等问题为目标的。作为方策,实行了在每石税粮之上加征若干斗耗米的定率征收模式,这是应对大户与小民之间矛盾激化的最早的重大改革。不过,在 15 世纪前期的改革中,我们还必须留意到,就这个侧面而言,迫切希望改革的小户阶层,与最广大的官田税粮户小经营农民是基本重合的。

加耗例的原案是统一论粮加耗,进入 15 世纪中期以后,苏州府、松江府依据本府的实际情况,先是采取了分段论粮加耗,再到论田加耗,不断摸索新的加耗方式。湖州府则一直在执着地探索着亩税粮的实质性负担趋于均等化的道路。

进入 16 世纪以后,江南各府为了彻底消除府下诸县官田与民田、官田与官田之间亩税粮的不均等和多样性,在知府的主导下展开了均粮政策的筹划和立案。各府县根据本地的实际情况,或者选择具有预备性改革的官田一元化、民田一元化方式,或者选择更为彻底的官民田一元化,实施的过程历经曲折。

与均粮同时实施的是征一和按亩统一征收役银。

自 15 世纪前期周忱实施折征例以来,秋粮即由正粮和加耗两部分组成,实施均粮之际,正粮和加耗被合二为一,其合计后的数额就成了税粮的征收单位平米。征一就与平米的征收方式有关。也就是说,同样是平米,也会因各地块的亩税粮额的差异,以税粮一石为单位,按比率征收种类不同的物品,由此引起的银、米折算率的不均等也很突出。即便将各种征收物品全部统一为银,那么其对米谷折算率依然五花八门。征一就是为了解决这一乱象,以平米一石为单位,将征收物品限定为米和银,按一定的比例征收米若干,银若干,并将数额固定。

通过徭役的减免来调整亩税粮额不均的传统惯例至此已难以维持,随着均粮的展开,在徭役银征收领域,也出现了统一按田亩的多少分摊役银的要求,亦即徭役银的均一化。

综上所述,均粮和征一,基本上消除了一县之中亩税粮负担的一切不均等性。作为均粮和征一的终极目标,不仅要解决制定于明初的起科等则本身的不均,而且还要从根本上纠正此后为调整起科等则的不均而日益繁杂化、并成为税粮征纳过程中不法行为温床的各项政策的漏洞。按亩统一征收役银,则是消除亩税粮不均的必然结果。

16 世纪的均粮以及其他的一系列改革之所以显得非常紧迫,主要原因是地域社会内部阶层间的矛盾激化。被称为“缙绅”、“乡绅”、“宦室富豪”、“官户大户”等这些以官僚家庭为中心构成的大户阶层,与结县衙门的胥吏相互勾结,在税粮征纳过程中上下其手,致使大户阶层之外的地主、自耕农、自耕农兼佃户等拥有土地的小民阶层深受其害。

16 世纪的改革,是 15 世纪前期改革的第二个侧面的延伸。也就是说,16 世纪的改革与 15 世纪前期的改革有着一个明显的共同点,两者的目标,都是为了解决大户阶层和小户阶层之间因社会地位的不同所造成的税粮负担的实质性不均。但是,16 世纪大户阶层的主体部分已不是 15 世纪前期的粮长和里长,而是以官僚家庭为主,因此地域社会中大小户之间的差距进一步扩大。这是 16 世纪所要面对的新形势。

另一个值得注意的区别在于,16 世纪的税粮征收制度改革并不直接伴随 15 世纪前期改革的第一个侧面,即维护以小经营农民为主的农户的生计和经营。本书将 15 世纪前期的改革视为带有综合性质的改革,这样的观点与这一侧面也许不无关联。然而,15 世纪前期的改革也有与税粮征收直接相关的内容,比如折征例的创立。折征例依据不同纳粮户的土地性质和经营方式,规定只有承佃亩税粮特别沉重的官田种植户和纳粮户中被指定为下户的贫困阶层才有资格将税粮折纳银两或棉布,从而减轻他们的实际负担;同时将上等米白粮按亩分摊到亩税粮较轻的民田中去,从而增加其实际负担。这可以说是税收制度内部的一种调整和改革,与税收制度外部的其他制度设定,如设置济农仓,对"中下二等户"依其"种田"(经营面积)的多寡在青黄不接时提供粮食上的无息借贷等,共同维护小民阶层的生计和经营。这样的意图,在体现 15 世纪前期改革第二个侧面的加耗例中,同样也可以看得出来。

此外,按加耗例的规定,一县之中必须依据各地块面积的不同和亩税粮额不同,以各县新定的每石正粮的加耗额为基准,计算出各纳粮户的税粮总额。这里就存在着一个前提,就是对各纳粮户的土地所有情况必须有一个极其细致的把握。

15 世纪前期的改革,是基于社会现实而展开的税制上的的改革而非法制改革。简单地说,改革之际,遍及江南各地的官田,相当大的一部分实际上是为小经营农民及自行经营的自耕地主所有并经营的,因此,这一改革其实深入到了每个纳粮户的经营领域。

明朝政府对江南这个特定的地区展开社会调查、设置与全国其他重要地区并重的南直隶巡抚之职、选择有能力的官员长期担任南直隶巡抚及管下各府的知府,从这些现象中不难看出,国家在这场改革中是积极的。15 世纪前期税粮征收制度改革,之所以是一场综合性改革,就是因为国家已经认识到了税收制度面临的深刻危机。但另一方面,如前所述,此时的纳粮户和经营主体往往是一致的,因此,国家能够通过干预每个纳粮户的经营来保证税粮的征纳,这也是当时社会现实的反映。

而在 16 世纪的改革中,国家不再干预纳粮户的经营领域,追求的只是亩税粮额的均等化和简易化,这与 15 世纪后期到 16 世纪随着地主佃户关系的发展,拥有土地的纳粮户和土地上的实际生产者的日益分离不无关系。直到 20 世纪中期的土改时期,在江南地区,土地的所有和生产经营之间依然没有完全分离。据 1952 年的一份统计,作为江南地区主要部分的江苏省南部,中农和贫农所拥有的土地占整个土地面积的 50.51％。① 小经营农民拥有的土地和自耕部分不断被用于再生产,这正是纳粮户中大小户之间不断产生矛盾的根本所在。但是,在 16 世纪纳粮户与经营主体的分离潮流中,国家权力只关注是否能够从纳粮户那儿征收税粮,并未渗透到各不相同的农业经营领域之中。因此,地方与地域社会的问题,必须通过地方与地域社会自己的手来加以解决。

16 世纪的改革,虽然南直隶巡抚的支持和以之为媒介的信息交流不可或缺,但基本上都是在各府知府的主导下进行的。这也反映出纳粮户中数量远远超出 15 世纪前期的大户阶层之间,尤其是官僚家庭之间的意见分歧以及解决分歧的方法,各府都是存在着较大的差异。意见分歧是指,在税粮问题上,是采用体现包括小民阶层在内的所有纳粮户利益的征收方式,还是遵从旧有的体现大户阶层乃至特殊利益群体的传统方式。面对这样的意见分歧,一个迫切的课题就是,为了制定出能够适用于最广大的纳粮户的征收方式,确保税粮征收的顺利进行,既要顾及到各府各具特色的税粮征收传统,同时又要准确把握各府的舆论动向。国家权力中枢自不待言,即使是 15 世纪有效介入各府改革的南直隶巡抚,都很难起到这一作用。能够担此重任的,唯有地方官,而且是制度上直接对中央户部负责的各府知府。知府,是所辖各县共同利益的代表。

另据滨岛敦俊的研究,16 世纪 20 年代以后,为保障一个个小经营农民再生产顺利进行的水利事业,不是由地方里甲组织,而是由国家权力进行维持的。② 从中可以看出,16 世纪明朝政府不是针对一个个的农民的经营,而是对地域社会共同的农业经营基础抱有持久的关注。滨岛又

---

① 据复旦大学图书馆藏《江苏省农村调查》(1952 年 12 月刊)之《苏南农村各阶层所有土地状况》。
② 滨岛敦俊:《明代江南水利的考察》〔明代江南の水利の一考察〕,初载《东洋文化研究所纪要》第四十七册,1969 年;后载前引滨岛敦俊著《明代江南农村社会研究》〔明代江南農村社会の研究〕,1982 年。

指出，在 16 世纪后期，江南各地的水利事业，已不依靠中央特派官员到地方进行主持，府州县等下级官员主持的水利事业有所增加，纵观整个 16 世纪，官吏对河道的浚治甚至波及了小河小川。这一点非常有意思，因为从中可以体会到，水利事业，必须在不同于里甲组织的地方和地域社会的共同关心下才能得以维持，这也对应了税粮征收制度的改革从中央主导到地方主导的变化。

4

以上，我们对 14 世纪后期到 16 世纪后期包括官田在内的明代江南税粮征收制度的演变过程进行了概括。如果立足于这一系列的改革进程，对 16 世纪均粮后取消官民田之别的举措（顾炎武在 17 世纪曾经严加批判）进行定位的话，这就是：官民田之别的取消，是 14 世纪后期、15 世纪前期、15 世纪后期到 16 世纪初期，以及 16 世纪 30 年代到 70 年代，不同时期为解决面临的难题，维持江南地区庞大的税粮征收所采取的制度改革的最终结果。15 世纪前期以前的主要课题是维持以小经营农民为中心的纳粮户的生计和经营，因此改革的宗旨在税粮实际负担均等化。从这一时期到 16 世纪，因地域社会内部地主的比例快速增加，因此主要课题变成安定纳粮户中小民阶层的纳粮环境，改革的宗旨也集中到了亩税粮额的均等上。作为最终结果，到了 16 世纪 70 年代，江南所有府中，以辖县为单位，在基本亩产的基础上实现了亩税粮征收额的均一。纳粮户之间，亦即税粮征收制度上有义务向国家缴纳税粮的土地所有者之间，实现土地所有的条件得以均一。

此后经历了约一代人的时光，17 世纪 10 年代，顾炎武诞生了，此时距离他的出生地苏州府昆山县 16 世纪 30 年代的均粮改革已经过去了约 80 年的时间。也就是说，顾炎武是在一县范围内亩税粮额的不均已基本消除了的时代，开始重新思考税粮沉重的问题的。顾炎武在《官田始末考》和《苏松二府田赋之重》中对削减田赋所表现出来的关心，也只有在亩税粮的不均业已消除，只需探讨均等负担额的时候，才能更加具体更加明快。也就是说，只有在解决问题的条件已经具备了的时候，问题才会被提出来。

也许可以这么说，如序章中所言，10 世纪宋代以后，在中国历史上前近代固有的私人土地所有制较之以往有了进一步的发展，推测王朝的税粮征收制度就是在此基础上确立起来的。明代江南的税粮征收制度，原本也应该是建立在私人土地所有制之上的。但是，就江南地区而言，从明朝建国之初，就设置了规模巨大的官田，而官田在法制上又属于国有土地，因此，官田的土地性质与税粮征收制度的理念之间从一开始就存在着矛盾。在这一矛盾下不断孕育的明朝税粮征收制度，经过 16 世纪 30—70 年代的改革，第一次以鲜明而纯粹的形式，表现出了"民自有之田"，亦即私人土地所有制，才是国家土地制度的根本。这一制度被清朝继承了下来，因此才有了顾炎武对税粮（田赋）现状的批判。顾炎武对田赋现状的批判，本身就是明代江南税粮征收制度改革及其结果的产物，否则是难以成立的。

不过，当时的顾炎武还有一个更大的课题。为了解决这一课题，顾炎武才提出了税粮（田赋）之重的问题。

三、顾炎武的江南官田论与地主佃户关系

1

刊于清康熙三十四年（1695）的《日知录》三十二卷本所收《苏松二府田赋之重》一文中，"吴中之民，有田者什一，为人佃作者十九"一句，尤其受到人们的关注。特别是在日本，二战结束后由北村敬直、古岛和雄首倡的明末清初江南地主制研究中①，这句话更是备受瞩目，被用作明末清

---

① 可参见前引北村敬直《关于明末清初的地主》〔明末・清初における地主について〕（1949 年）、古岛和雄《明末长江下游地区的地主经营》〔明末長江下流地帯における地主経営〕（1950）及本书序章。

初不自行从事生产、靠出租土地收取地租的地主大土地所有制占绝对优势的明证。

例如,1957 年小山正明就因此指出:"明末清初,江南地区的耕地大部分集中在大土地所有者的手中,依靠佃户进行耕种。"小山还援引了 18 世纪末 19 世纪前期的两则清代的史料,指出这些大土地所有者"多为居住在县城、市镇中的地主"。[1] 1971 年,重田德也引用了这句话,将之作为"明中期以后大土地所有制的发展达到了极限"的"江南证言"。[2] 同一年,我自己也将这句话作为顾炎武对 17 世纪当地"地主=佃户关系普遍化的指证"。[3]

《苏松二府田赋之重》中的这句话,之所以给人留下了如此深刻的印象,是基于其中的"吴中之民","有田者什一","为人佃作者十九",即土地所有者和租种他人土地的佃农之间的比例竟然高达一比九,由此形成了鲜明的对比。在顾炎武的理解中,他所生活的 17 世纪的江南,"有田者"只占居民中的一成,他们是地主而非直接从事生产的农民,这就是我们从这一对比明显的表述中得到的印象。

这样的印象不只是基于以上一句 16 字。据国学基本丛书本《日知录集释》,以该句起首的一节共 14 行,每行 40 字,是《苏松二府田赋之重》的最后一节。后文还将提到,在这最后一节中,顾炎武描述了占"十之九"的"为人佃作者"的困苦现状,建议必须削减造成如此困苦的高额"私租"(佃租),并对坦然收取高额"私租"的地主展开了批判。

宋已下,则公然号为田主矣。

这是最后一节的最后一句话。地主,汉代董仲舒称之为"豪民",唐

---

① 前引小山正明《明末清初的大土地所有——尤其是以江南地区为中心(一)(二)》〔明末清初の大土地所有——とくに江南デルタ地帯を中心にして(一・二)〕,1957、1958 年。
② 重田德:《乡绅统治的形成与构造》〔郷紳支配の成立と構造〕,岩波讲座《世界历史》十二・中世六,1971 年。
③ 拙稿《明清时代的土地制度》〔明清時代の土地制度〕,岩波讲座《世界历史》十二・中世六,1971 年。

代陆贽称之为"兼并之徒",都带有贬义,但到了宋代以后,却公然称作在价值观上具有可定意义的"田主"。表现了顾炎武对这一事态的沉痛哀叹。

对照《苏松二府田赋之重》最后一节的全文,我们从"吴中之民,有田者什一,为人佃作者十九"一句中获得如此的印象与认识,可以说是极为自然的。

那么,这一句以及由此开头的最后一节,和《苏松二府田赋之重》一文中前面的文章,即本章第一节中提到的约130行的官田论之间,又有着什么样的关联呢?

这里需要注意的是,在可视为《苏松二府田赋之重》一文母体的《官田始末考》下卷的最后,在冠有"附"字的《减科议》标题下,收录了一篇全文20行(抄本行数),每行22字的单篇。"减科"的"减"是削减的意思,"科"是指税粮征收额,因此"减科"就是"削减亩税粮征收额"的意思。顾炎武沿着《官田始末考》上卷中表达的写作意图,立足于上下卷中列出的与官田相关的详尽资料,在"议"中提出了削减税粮征收额的具体方案。在将《官田始末考》改订为《苏松二府田赋之重》时,顾炎武删去了《减科议》这个标题,经过增补,将内容的绝大部分融进《苏松二府田赋之重》的最后一节。也就是说,这里所说的《苏松二府田赋之重》的最后一节,其实是在《官田始末考》的附篇"减科议"的基础上撰写而成的。因此,想要探讨《苏松二府田赋之重》最后一节所要表达的问题,首先应该对其前身《减科议》的内容展开研究。

我们首先将《减科议》的内容分段抄录如下。

Ⅰ. 吴中之田,弓口甚窄,岁收亩率米二石,其上农或至三石,下者亦或不满二石。其自佃者少,召佃者多。而私租往往至一石一二斗,或至一石四五斗。夫农人竭一岁之力,粪壅耕作之费,亩以银一两为率,而收成之日,所得不过数斗。日者官粮愈急,而私租转苛。每至凼谷之日,罄其家而取之。今日完租,明日乞贷。人又何乐为农。夫至人不乐为农,而天下事,遂不可言矣。

Ⅱ. 欲求八十年前失陷之官田,既不可复得。而使民长为官佃代无穷之租,又必有时而诎。有王者作,咸则三壤谓,宜遣使案行吴中,逐县清丈,定其肥瘠高下为三等,上田科二斗,中田一斗五升,下田一斗,山塘塗荡以升计者,附于册后。至于私租,一切从减,为之禁限,不得过一石以上。如此则民乐业而赋易完,上下均利之道也。

Ⅲ.《元史》至正十四年,诏民间私租太重,以十分为率,普减二分,永为定例。是前代已有行之者。《元史·成宗纪》至元三十一年十月辛巳,江浙行省臣言,陛下即位之初,诏蠲今岁田租十分之三,然江南与江北异,贫者佃富人之田,岁输其租,今所蠲特及田主,其佃民输租如故,则是恩及富室,而不被于贫民也。宜令佃民当输田主者,亦如所蠲之数。从之。元人尚有能言此者,今则官粮既重,私租之输,富人遂为当然而不复诘矣。

与以"吴中之民"开始的《苏松二府田赋之重》最后一节 14 行相比,以"吴中之田"开始的《减科议》有一个完整的理论。

第Ⅰ部分讲述了江南农家经营的现状。

1. 每户的经营规模零碎,与之相比投入的劳动量却很大,土地狭隘(弓口甚窄)。

2. 平均亩产量为二石,上限三石,下限在二石以下。

3. 经营农业的农户中,"自耕农"("自佃者")少,佃户("召佃者")多。

4. 私租从每亩一石二三升到一石四五升。

5. 投入的劳动力成本及其他费用,一年每亩为银一两。

6. 每亩的收成中上缴私租,扣除生产费用后的实际所得仅剩数斗。

7. 随着国家对田主税粮的苛责,田主对私租的追求也不断苛刻。佃户完租的同时,用于再生产的费用亦基本枯竭。

8. 直接生产者对农业经营失去积极性。

9. 以农业生产为基础的社会由此出现危机。

第Ⅱ部分是削减税粮和削减私租的提案，以此作为复兴农家经营的对策。

1.《官田始末考》写作前80年的官民田一元化就废除了官田，这项政策成为当地税粮负担加重的契机，但重新恢复官田是不可能的。

如前所述，顾炎武在《官田始末考》上卷中，将万历九年（1581）视为张居正在全国实行丈量的开始年，并认为全国性的官民田亩税粮额的均一也是这一年确定的。另外，若以这一年为准，《官田始末考》应作于顺治十五年（1658）前后。

2. 自官民田亩税粮额均一以来，以往官田的沉重负担转嫁给了"民长"，使得"民长"生活困苦（"民长"或许是指农户的家长。《官田始末考》此处作"平民"）。

3. 圣君贤王应以县为单位对土地进行重新丈量，制定与土地生产率性相对应的税粮额，上田每亩二斗，中田一斗五升，下田一斗。这就是顾炎武削减税粮负担的提案（还包括山、塘、涂、荡等水田之外的课征对象）。

4. 私租全部按当地税粮的削减率确定限度，其上限为每亩一石。

5. 通过实施以上措施，期望农民的生产积极性将会提高，税粮的征纳也会变得容易。

第Ⅲ部分为从历史中证明削减税粮和私租提案的正当性，介绍了元代的私租削减令和削减私租的提案，使之与明末以来的现状形成对比。

1. 元朝至正十四年（1354）颁布的削减私租二成的诏令。

2. 元朝至元三十一年（1294），税粮临时削减令颁布后，以长江以南佃户（"佃民"）为对象的私租削减提案。

3. 对现状的分析，即由于税粮（"官粮"）的整体负担加重，富裕的地主将佃户的高额私租视为理所当然，但却无人对地主的这种行为加以非难。

如上所见。顾炎武首先着眼于直接从事农业经营的农户，指出，与自耕农相比，佃户承担着比例更高的私租，其生产经营因此受到了严重的压迫。接着又指出，由于国家对地主在税粮缴纳上极尽苛责，必然导致地主对佃户私租征收的严苛。然后，又以私租之高源自官民田一元化后当地税粮负担大增这一判断为前提,提出了削减税粮和私租的要求。也就是说,在《减科议》中,顾炎武基于《官田始末考》正文中所阐明的税粮负担大增的历史过程,在与之紧密相关的逻辑关系下做出了以上的提案。

那么,附于《官田始末考》之后的《减科议》,其内容在《苏松二府田赋之重》的最后一节中又是怎样展开的呢? 首先,将《苏松二府田赋之重》中与《减科议》I—III相对应的部分标记为 I′—III′抄录如下:

I′. 吴中之民,有田者什一,为人佃作者十九。其亩甚窄,而凡沟渠道路,皆并其税于田中。岁仅秋禾一熟,一亩之收,不能至三石。(原注:凡言石者,皆以官斛。)少者不过一石有余。而私租之重者,至一石二三斗,少亦八九斗。佃人竭一岁之力,粪壅工作,一亩之费可一缗。而收成之日,所得不过数斗,至有今日完租而明日乞贷者。

II′. 故既减粮额,即当禁限私租,上田不得过八斗。如此则贫者渐富,而富者亦不至于贫。

III′.《元史·成宗纪》,至元三十一年十月辛巳(原注:时成宗即位),……(省略部分与前引《减科议》III 的对应部分相同)(原注:明朝宣德十年五月乙未,刑科给事中年富亦有此请。)大德八年正月己未诏,江南佃户,私租太重,以十分为率,普减二分,永为定例。前一事为特恩之蠲,后一事为永额之减。而皆所以宽其佃户也。是则厚下之政,前代已有行之者。

汉武帝时,董仲舒言,或耕豪民之田,见税什五。唐德宗时,陆贽言,今京畿之内,每田一亩,官税五升,而私家收租,有亩至一石者,是二十倍于官税也。降及中等,租犹半之。夫土地王者之所有,耕稼农夫之所为。而兼并之徒,居然受利,望令凡所占田,约为条限,裁减租价,务利贫人。仲舒所言,则今之分租,贽所言,则今之包租也。然犹谓之豪民,谓之兼并之徒。(原注:《食货志》:"豪民侵陵,分田劫假。"师古曰:"分田,谓贫者无田,而取富人田耕种,共分其所收也。假亦谓贫人赁富人之田也。劫者,富人劫夺其税,侵欺之也。")宋已下,则公然号为田主矣。

2

《官田始末考》附载的《减科议》,其内容在《日知录》的《苏松二府田赋之重》最后一节中基本上得到了体现。引用部分已经加上了说明,《减科议》中削减税粮的提案,作为内容总结,就此被移到了《苏松二府田赋之重》中讨论官田的长文之中。此外,还在最后一节插入了"既减粮额"一段(Ⅱ′),主张削减税粮额乃是削减私租的前提条件。

但是,也有一些不容忽视的变化。这就是与《减科议》相比,《苏松二府田赋之重》的最后一节更加强调削减私租的紧迫性。

《减科议》开篇的主语"吴中之田",到了《苏松二府田赋之重》中变成了"吴中之民",随后的句子也从"自佃者少,召佃者多"变成了"有田者什一,为人佃作者十九"。首先值得注意的是,"为人佃作者十九"这一全新的表述方式给了读者一个强烈的印象,即"吴中之民"(苏松地区的农民)自身拥有土地的比例非常之低。由此,《苏松二府田赋之重》最后一节中的这 16 个字,就将作为直接从事农业生产的农民大部分丧失了土地,靠佃种他人土地维持生计这一印象,强烈且准确无误地传达给了读者。

对佃户农业经营过程的叙述则更加犀利。首先,通过新增的"沟渠道路,皆并其税于田中"一句,唤起了人们对接下来的事态的关注,即与公共用地相应的税粮,都在当地的田亩中课征,也就是说所有的公课负担,全部都要分摊到当地的田亩上去。由此读者就不难想象,所有的公课负担均出自私租,亦即佃户的劳动。

接着是对亩产量和私租额的叙述。这里的叙述与《减科议》相比不仅数据上有所变动,而且三石至一石余的亩产量与一石二三斗至八九斗的私租额之间,形成了强烈的对比。

《减科议》中以银两来表述每亩的生产费用,而《苏松二府田赋之重》中则以铜钱来表述,这与小经营农民日常生活中使用的货币更加相符。

与《减科议》一样,《苏松二府田赋之重》也指出,佃户辛苦一年,纳完私租后自己的所获不过每亩数斗,完租后马上就会陷入借贷的窘境。

还有一个明显的区别,就是对私租上限的设定。《减科议》中设定为一石,而《苏松二府田赋之重》设定为八斗,降低了二成。之所以发生这样的变化,也许是因为作者想更加强烈地表达,现行的私租额给佃户的农业生产造成了巨大的障碍。

顾炎武通过《苏松二府田赋之重》最后一节Ⅰ′、Ⅱ′中表达出来的对佃户境遇的认识和同情,更加提升了他对地主佃户土地所有制批判的力度。

这样的批判,与《减科议》Ⅲ相比,《苏松二府田赋之重》最后一节与之对应的Ⅲ′中表述的更加详细。

自己不参与劳动的收租地主,汉代董仲舒称其为"豪民",唐代陆贽称其为"兼并之徒",唐代颜师古注《汉书》时,将董仲舒所说的豪民侵陵,分田劫假,即收取私租的行为称为"劫夺"(强夺)或"侵欺"(霸占)。顾炎武通过介绍前代诸家的见解,表达了他对地主及其收取私租行为的强烈否定与批判。《减科议》中表达因税粮的重压使富人收取私租的行为正当化的结句,在《苏松二府田赋之重》中改成了"宋已下,则公然号为田主",同样表达了顾炎武对地主佃户土地所有制的深刻批判。顾炎武对地主佃户土地所有制的批判极其严厉,这一点,从同时代同地域的其他读书人、士大夫的尖锐批判中亦可见一斑。苏州府吴县生员黄中坚,生于顺治六年(1649),卒于康熙五十八年(1719),虽与顾炎武同时在世几十年,却要比他晚了一辈人。[①] 黄中坚在其《蓄斋集》卷四《议·征租议》中有这样一句评论:对被认为是顾炎武的前辈儒者这样说道:

> 因念儒先动以田主为豪强之徒,而偏袒耕农者,亦非通达治体者也。

---

① 关于黄中坚的生平及其与顾炎武的关系,请参照本章第410页注①。

　　文中的"儒先"，指的就是前辈儒者顾炎武。通过与《官田始末考》所附《减科议》的对比，《日知录》所收《苏松二府田赋之重》的主旨已经很明晰。《苏松二府田赋之重》对官田的长篇论述，其实是最后一节主张削减亩税粮（田赋）额的前提。可以确认，《苏松二府田赋之重》与《减科议》，同为逻辑严密的改革方案，其最终的课题，是如何才能解决17世纪占江南直接生产者相当比重的佃户面临的经营困难。顾炎武的构想是，为解决这一课题，首先国家必须削减每亩的税粮额，由此消除田主收取高额私租的根本原因。《苏松二府田赋之重》中所展开的江南官田论和江南地主佃户制论，表达了17世纪，确切的说是明清鼎革后不到40年的清初，出生于江南的一介读书人顾炎武的心声，促使他去深刻思考这些问题的，是他对地域社会紧要问题的判断和志在解决这些问题的强烈的实践性关怀。

　　以上通过对《日知录》中《苏松二府田赋之重》和可以称之为习作的《官田始末考》的分析，我们可以感受到，作为十六七世纪江南农村棉手工业形成的前提，西岛定生强调了田赋和佃租之间的紧密关系，波多野善大等人也很重视佃租之重，在顾炎武的这两部作品中已经完整地表达了出来。在这里，我还希望大家注意以下两点。

　　第一，田赋和佃租的关系以及租额的合理与否，是在17世纪中期以后清初的历史条件下才提出来的，这一课题的出现，本身就是这一历史时期的产物。从本书的论述中也可以看到，这一课题是无法追溯到15世纪或14世纪后期的明朝前期的。

　　第二，本章第一节中亦已提到，顾炎武认为是税粮（田赋）之重加大了佃租的增幅，而税粮之重，直接源自16世纪的官民田一元化（均粮），因此对其展开猛烈的批判。而税粮之重的远因，顾炎武则认为是13世纪后期的南宋末年以来到14世纪后期官田在江南设置，对此，顾炎武也给予了温和的批判。

　　顾炎武认为，佃租之重，以及造成佃租之重的税粮（田赋）之重，这些都不是本源性的，而是有始有终的，即"始末"。也就是说，这是都是人为造成的结果，因此也就有改变的可能性。顾炎武对与江南官田有关的基本史实进行了大量的发掘，但如前如述，对比本书内容，不得不说他对 16 世纪均粮的认识和评价都未必准确，对 14 世纪后期明代在江南设置官田的解释也并不完整。然而，从中不难看出一个力求改变现状，改变历史的实践者的观点和立场。

西岛定生和波多野善大之间的争论，成为二战结束以后日本学界关注江南官田问题的契机，对此，笔者也曾于 1980 年对西岛定生强调田赋过重和波多野善大强调佃租过重的观点进行了评述，认为他们的观点都触摸到了中国前近代社会的民族固有特性，因此给予了肯定性评价。[1] 笔者的这一评价至今没有改变。1970 年代中期，日本的明清史研究对乡绅论展开探讨时，同样也表现出了对民族的固有特征及其上层构造的中央集权国家，以及小农经营长期存在等问题的关注。[2] 这一想法至今也没有改变。

不过，例如为了追求历史的个性，屡屡将眼光集中到被称为集权统一的专制主义国家上去，将这种形态的国家视为天生的，并且是一味地通过持续而残酷的压迫来实现其对土地的所有，这样的理解并不是没有。

确实，在宋代以后的中国社会中，私人土地所有制的发展也不是无条件的。如果基于所有权的绝对性、排他性、观念性等现代观念，其间国家对民田的籍没，正是私人所有权尚未完全确立的最佳佐证。官田的亩税粮负担比民田重得多，不问官田民田一概课征正役，以及本来由民田

---

[1] 前引拙稿《从〈官田始末考〉到〈苏松二府田赋之重〉》〔"官田始末考"から〈蘇松二府田賦之重〉へ〕。

[2] 前引拙稿《关于日本明清史研究中的乡绅论》〔日本の明清時代史研究における郷紳論について〕。

　　补注：

　　本章第一节 2 的内容，笔者在 1987 年 1 月原稿完成后，将其扩展为拙稿《顾炎武官田论中的土地所有思想及其背景》〔顧炎武の官田論における土地所有思想とその背景〕，载《名古屋大学文学部研究论集》101，1988 年，敬请参考。

承担的杂役负担,等等,都给土地所有者加上了大量支出的义务。

但是,14 世纪后期江南实施的籍没还具有另外一个侧面,这就是通过籍没,减少了元末以前大规模的土地所有,将之作为国有土地设置官田的同时,实际上创造出了大量的小规模的勤劳的土地所有者。同时,这些官田又被纳入到了以私人土地所有为前提的税粮征收制度之中。相比民田的佃租(佃金),官田的亩税粮负担保持了较低的水平,并通过税重役轻、税轻役重的惯例平衡官民田之间的实际负担。16 世纪后期,以官僚家庭为中心的大户阶层不断兼并土地并逃避税役负担,为了克服这样的现象,实施了每亩田地的税粮负担完全均一的均粮政策。前文已经多次指出,江南的这些税粮政策的改革,是由建立于 16 世纪 60 年代的高度集权的明朝政府推动的。

这里不由令人想起,不仅是依靠剥削他人劳动的所谓地主阶层,即使是自行耕种的小经营农民,他们的土地所有观念都是一样的根深蒂固。如前所述,他们所拥有的土地,在一定比例上是 14 世纪后期明初通过籍没所扩充的官田最终被实质上私有化的结果。而在地主阶层的大土地所有再次明显壮大的 16 世纪以后,佃户也因拥有少量的土地成为纳粮户中小民阶层的一分子。在顾炎武所生活的 17 世纪,用他的话来说,出现了"自佃者少,召佃者多","有田者什一,为人佃作者十九"的状况,但是,小经营农民自身拥有的小块土地,并没有从原理上遭到否定。毋宁说,正是将小经营农民和自己拥有的土地相结合作为参照,顾炎武对当时的现实才有了以上的认识,并加以了批判。前文已经提到,在 20世纪 50 年代前后,苏南地区中农和贫农所拥有的土地,占到了全部土地的 50.51%。由此亦可想见,17 世纪以后的江南地区,自佃农型的小经营农民也一定占据了相当大的比例。

综上所述,从明朝江南税粮征收制度的发展过程来看,集权型的专制国家,对私人的土地所有并非一味地采取抑制的政策,反而是以私人土地所有的存在为前提,来面对与土地所有相关的种种历史性课题。保持小经营农民存在的土壤,也是这些课题的重要组成部分。顾炎武之所以在 17 世纪提出了以上这样的实践性课题,与王朝显示出来的这种动力不无关联。可以说,这就是近代以前中国社会的个性或民族固有特性的一种表现。

　　不过,对这种个性或特性的充分把握并非易事。事情当然必须沿着中国社会的发展进程去进行深入的考察,行动则必须与现代人的关注和推动相结合。这将是笔者今后的课题。

附篇一　论元代浙西地区的官田贫佃户

　　在最近的研究中,笔者意识到,单纯从地主与佃户这一对关系出发来探讨 14—19 世纪,即明清时期的土地关系是不全面的。[①] 随后,笔者撰文认为,基于当时中国社会的实际情况,"即使将'最基本的生产关系是通过土地所有关系表现出来的'这一立场贯彻其中,甚至将讨论范围限定在华中、华南,但在以土地为媒介的各种生产关系中,单纯地将地主与佃户这一对关系不加限定地抽出并用于土地关系的研究是欠妥的"。[②]20 多年前,中国的土地改革轰轰烈烈,当此之时,旗田巍就指出,这种将地主与佃户的关系不加限定地抽出并以之为依据的土地关系研究,正是导致"中国封建制问题一直悬而未决"的主要原因。[③] 笔者接受旗田巍的这一说法,并进一步认为,"我们甚至尚未弄清鸦片战争爆发之前的中国

---

① 拙稿《明清时期的土地制度》〔明清時代の土地制度〕,岩波讲座《世界历史》12,中世纪六,1971 年。
② 拙稿《关于明末清初奴仆地位的札记——与小山正名先生商榷》〔明末清初の奴僕の地位に関する覚書——小山正明の所論の一検討——〕,《海南史学》第 9 号,1971 年。
③ 旗田巍:《中国土地改革的历史特征》〔中国土地改革の歴史的性格〕,《东洋文化》第 4 号,1950 年。后载其《中国乡村与共同体理论》〔中国村落と共同体理論〕,岩波书店,1973 年。又,此处所言"二十年多前",是以本文发表于《名古屋大学文学部研究论集》第 56 卷的 1972 年为起点来计算的。

社会到底处于一个什么样的历史发展阶段,这依然与地主与佃户关系研究中存在的片面性有关。"①基于以上这样的认识,笔者曾表示,"我们既然能够从土地所有制中抽出地主与佃户这对关系,那么,我们就应该对包含在土地所有制及各种生产关系中的各个方面展开探讨,弄清它们的性质特征及相互关联。这项工作虽然庞杂,但我们至少应该做出尝试"。② 本文即为上述问题的一个小小的尝试,意在对 13 世纪后半叶到 14 世纪前半叶元代浙西地区租种官田的贫困佃户展开研究。所谓租种官田的贫困佃户,他们是官田的第一承佃人,也是直接从事耕种的农民,但在性质上却不同于地主与佃户这对关系中的一般佃户。

在撰写本文之初,笔者的意图是首先在元代以浙西为中心的江南地区的普通地主=佃户关系*中,对作为直接生产者的佃户,其与地主之间的隶属关系如何,具有多大的自立程度,等等,亦即围绕佃户的性质特征,针对近期出现的各种新见解,③通过具体的事例来展开探讨;在弄清元代江南地区一般佃户性质特征的基础上,将同样作为直接生产者的官田贫佃户与之进行比较;最后,基于这些结论,再对当时包括奴仆、佣工等在内的所有从事直接耕作的农民,对其性质以及维持再生产的基本手段等问题进行总括性的评述。然而,由于本文实在无法对普通佃户的性质特征做出充分的讨论,因此,只能将租种官田的贫困佃户"无限定地抽出",将焦点集中在他们身上。此外,关于贫困佃户的生产场所,即以浙

---

① 同上页注②。

② 同上页注②。

* 包括笔者在内,以往一直使用"地主=佃户关系",但在本文中,笔者更多地用"田主=佃户关系"来替代了"地主=佃户关系"。笔者在此并无意改换某些概念,也不意味着往后就放弃使用"地主=佃户关系"一词。之所以使用"田主"一词,是因为在 13 世纪后半段至 14 世纪前半段的史料中,除"富民"、"富户"、"富人"等词外,"田主"也常被使用。《日知录》卷十"苏松二府田赋之重"所言"宋已下则公然号为'田主'矣"一句,更让人真切感受到了私田田主与佃户之间的关系,因此本文特别使用了"田主=佃户关系"一词。

③ 宫崎市定、周藤吉之等宋史研究者长期以来围绕佃户的特点展开了探讨。近来的研究中值得关注的有相田洋《"元末叛乱"及其背景》〔"元末の反乱"とその背景〕(《历史学研究》第361 号,1970 年)一文,该文对当时佃户对地主人身依附关系的松弛,走向自立化的契机等问题给予了很高的评价。

西为中心的元代江南地区的官田,前贤业已指出了许多研究中的不足①,关于这些问题,本文也未能做出很好的补益。因此,本文对官田贫佃户的尝试性探讨,依然是局部的。

一、官田贫佃户的生存状态

反映 13 世纪后半叶到 14 世纪前半叶浙西地区直接从事官田耕种的贫困佃户(以下简称"官田贫佃户"——译者)生产、生活状态的资料并不多,作为史料之一,《(正德)松江府志》卷三《水下·治绩》中有如下记载:

　　大德初,立都水庸田使司。寻罢。复立行都水监,开江,置木闸。

　　立司。

　　A.〔大德〕二年(1298)春二月,中书省奏立浙西都水庸田使司,三品衙门,于平江路设置,专一修筑围岸,疏浚河道,务要田农得济,水道流通,围岸坚固。

　　B. 内一事。浙西淀山等湖,已有定立官湖界畔,诸人不得似前侵占,复为民害。违者,庸田使司就便追断。

　　C. 又,浙西海水,昼夜两潮,随带泥沙入港,渐成壅遏。亡宋时,另设撩清军人,专一撩洗。今仰庸田司,于二八月内,依时督责,如法疏浚,毋致壅遏,与民为害。据浚治河道,修理堤岸闸坝,合用人工,如何措置,可以常久,通行行省,更为从长议拟。

　　D. (1) 又,浙西官田数多,俱系贫难佃户种纳。春首阙食,无田主借贷,围岸缺坏,又自行修理。官司不为存恤,以致逼临在逃,荒废官田,深为未便。

　　(2) 今后官田佃户,若委无己业,亦无请讨田主,贫难下户,止种

① 爱宕松男:《元朝对中国的统治与中国社会》,岩波讲座《世界历史》九,中世三,1970 年。

官田,自赴官仓,送纳租者,管民官司,并不得将此等佃户,差充里正、主首,杂当一切催甲等役,妨废农务,失悮官租。如违,仰庸田司究治

E. 又,淀山、练湖,诸人占湖为田,岁纳租粮,所在官司,另行收贮。若有合行修浚,人工物科,从庸田司,募工支用。(所见史料中"寻罢"以下至"置木闸"部分省略)

在上引史料中,首先如史料 A 所总述,元朝在平江路(宋为平江府,明称苏州府)设置了浙西都水庸田使司,设置的目的在于修筑围岸(保护围田〔即圩田〕的堤岸)、疏浚河道(疏通沟渠),以达到"田农得济"(维持直接生产农民的再生产)、水道流通、围岸坚固的目的。其次,史料 B 述及维护淀山湖等官湖的界畔(国有湖泊水面的界线),史料 C 述及防治海潮带泥沙入港,史料 E 述及将违法围垦淀山湖、练湖等湖面为田的土地登入朝廷的台账,基于官田税粮或民田税粮的额度征税,所征税粮用以圩堤的修理及沟渠的疏浚,等等,表明了水庸田使司的具体职责。而史料 D 则与直接耕种官田的贫佃户的生存状态密切相关,与史料 A 中的"田农得济"相对应。具体说来,作为都水庸田使司的职责之一,就是为维持田农,即直接从事生产的农民,尤其是这一地区众多的官田贫佃户的再生产,对地方行政机构进行监察,确保其免除一切形式的劳役。

史料 D 的内容可分为两个部分,(1)是官田贫佃户的生产状况分析,(2)是其维持再生产的方式。通过对(1)(2)两部分内容的分析,朝廷眼中官田的直接生产者,即所谓的官田贫佃户,其生存状态又是如何呢?

首先,在朝廷眼中,官田贫佃户"种纳",即耕种土地并向官府纳税,而且还是"自赴官仓,送纳租者",这表明他们是官田的直接耕种者或朝廷设想中的官田耕种者,在生产过程中,他们不仅是直接生产者,而且还是承佃所耕官田并直接向朝廷缴纳官田税粮的第一承佃人。当然,在官

田的第一承佃人中,有的并不是直接生产者,而是以自己的名义将官田承佃下来,然后转佃与他人的田主,关于这一方面的内容,本文第二节将会述及。

其次,在朝廷眼中,他们"春首阙食,无田主借贷,围岸缺坏,又自行修理","亦无请讨田主",从中可以看出,他们游离于当时地方上常见的田主=佃户关系之外,既无法在青黄不接时从自己的田主那儿借贷粮食度过难关,也无法倚仗田主来帮其修理圩堤。从而,官田贫佃户们不得不全凭己力来实现所佃官田的生产和经营,并维持和更新必须的劳动力,即自力实现官田的再生产。正像朝廷认识到的那样,"官司不为存恤,以致逼临在逃,荒废官田,深为未便",如果朝廷方面不采取任何保护和救济措施,那么官田贫佃户再生产的维持便难以为继。

第三,从"若委无己业,……止种官田,自赴官仓,送纳租者"这一句可知,官田贫佃户并不拥有当时税役制度上承认的私人土地(己业)。所以理论上说,官田贫佃户不会担任里正、主首的职务。当时的里正、主首,"按照田地赀产的多寡摊派,依制应由上户充当"①,例如浙东地区即"以田地多寡……加以摊派"②。里正、主首除"将共同传达政令、督催赋税、维持乡里秩序作为首要任务"③外,还要负担许多"杂务",正因为如此,"必须是乡村中颇有势力者才能够充分担负起此类任务"④,如果不拥有很多"己业",恐怕难以承受这样的徭役。如果我们认同"元代的'杂泛差役',即诸种差役,全部由里正、主首来承担"这一见解,那么史料D(2)中的"杂当一切催甲等役"也本应由担任里正、主首的富户来承担。"止种官田"的官田佃户与担任里正、主首及其他诸役的富户自然属于不同的农户。然而值得注意的是,这些耕种官田的佃户,在官府的眼中也有"差充里正、主首,杂当一切催甲等役"的现象。

---

① 杨讷:《元代农村社制研究》,《历史研究》1956 年第 4 期。
② 梅原郁:《元代差役法小论》〔元代差役法小論〕,《东洋史研究》第 23 卷第 4 号,1965 年。
③ 同上。
④ 同上。又,"元代的'杂泛差役'"云云,亦出自梅原郁此文。

不管是从他们不拥有私田这一点来说,还是徭役会妨碍他们的再生产这一点来说,各种各样的徭役按理是不应该摊派到他们头上的。即便如此,他们还是被迫与拥有私田的田主一样,"自赴官仓送纳租(官田的税粮)"。从官田贫佃户在当时赋役制度中的特殊性、前文所及他们在维持再生产时与一般佃户的差异,以及下文将要论及的官田贫佃户所占的比例等各方面来看,地方官府强加在他们身上的杂役负担恐不在少数。这样的现象,只要联想一下 14 世纪后半叶即明初的情况就不难理解了,当时,只承佃官田的佃户,也被编入里甲制下的正管户,被迫担任里正、甲正,承担相关徭役。而且当时的浙西地区,自耕农被迫承担里正、甲正等徭役的情况也不少见。①

第四,既然他们被称为"贫难佃户"或"贫难下户",可以想见,他们的生产规模较小,生活困苦,是非常贫困的耕种者。

第五,如上所述,作为官田第一承佃人的贫困佃户们,他们生活贫困,不拥有私田,没有特定的田主,完全凭己力维持自身的再生产,而且还必须自行承担向官府输纳官田税粮的徭役。从"浙西官田数多,俱系贫难佃户种纳"一句不难想象,在 13 世纪末颇具规模的浙西官田中②,这一类的官田贫佃户在承佃官田的人户中所占的比例非常高。

《(正德)松江府志》所载与浙西都水庸田使司的设置相关的史料,揭示了 13 世纪末元朝政府对浙西地区官田贫佃户生存状况的认知。官田贫佃户的这些特征,在 14 世纪前半叶的史料中也可见到一二。

一是袁介的《踏灾行》诗。③ 袁介时为松江府属官,某年担任检田吏

---

① 拙稿《明初江南地区的官田——以苏州、松江二府为例(下)》〔明初江南の官田について——蘇州、松江二府におけるその具体像——(下)〕,《东洋史研究》第 19 卷第 4 号,1961 年。又可参考本书第二章。鹤见尚弘:《明代的乡村管理》〔明代における郷村支配〕,岩波讲座《世界历史》12,中世纪六,1971 年。

② 关于 13 世纪末元朝直接继承南宋末年公田的官田规模,请参见第 456 页注①。

③ 据陶宗仪《辍耕录》卷二十三《检田吏》,袁介此诗原题《踏灾行》,《(正德)松江府志》卷六《田赋上》中引该诗时题为《袁介检田吏》。

时遇见了一位在延祐七年(1320)前后耕种过松江府官田的年老乞丐,袁介曾对之加以询问,并以其回答为蓝本写成了《踏灾行》。以下是诗的一部分:

> 我是东乡李千五,家贫无本为经商。只种官田三十亩,延祐七年三月初。卖衣买得犁与锄,朝耕暮耘受辛苦,要还私债并官租,谁知六月至七月,雨既绝无潮又竭。……田家争水如争珠。数车相接接不到,稻田一旦成沙涂。官司八月受灾状,我恐征粮吃官棒。相随邻里去告灾,十石秋粮望全放。

农民李千五一家非常贫困,没有本钱经商,只能耕作官田三十亩。亩纳三斗,合计须向官府自行缴纳十石税粮。不知何故,他们连犁(翻耕用)、锄(除草用)这样最基本农具都没有,因而在延祐七年(1320)三月初春耕开始时,一家人只得典卖衣物,购买农具,辛苦劳作。从袁介《踏灾行》的描述中可以看出,李千五一家正是前文所及朝廷眼中浙西官田第一承佃人中官田贫佃户的典型。李千五一家,连犁、锄这种维持再生产的最基本农具都无法仰仗别人资助,必须自行置办。

另外值得注意的是,在这一段不长的诗歌中,我们不难发现与官田贫佃户的再生产相关的另一个侧面。承佃官田,输纳税粮,在朝廷眼中,他们似乎生活上一时间有了着落,然而,正如"要还私债及官租"一句所言,他们还身负个人债务,也就是说,他们承佃官田,在交税纳粮的同时,偿还私债似乎也是他们生产活动的一大目的。据大德八年(1304)江浙行省的报告,包括浙西在内的江南一带,在遇到青黄不接以及水旱灾害时,处于民间普通田主=佃户关系下的佃户,从"田主之家""借债贷粮,接阙食用",以此维持再生产的现象非常普遍。① 与之相比,从前引设置浙西都水庸田使司的相关史料中可以看出,当时朝廷所了解到的情况是,官田贫佃户因没有特定的田主,因此他们无法

---

①《元典章》卷十九《户部五·种佃》佃户不给田主借贷条。另可参见前引拙稿《明清时期的土地制度》〔明清时代の土地制度〕。

获得相应的支助，只能自力维持再生产。如《踏灾行》所示，他们孤立无援，没有固定的田主给予稳定的贷粮，不得已时则向当地的住户（未必是自己的田主）借贷，欠下了私债。这应当是官田贫佃户生存状况的一个重要特点。

有关官田贫佃户的生存状态，还有另一段宝贵的资料。皇庆二年（1313）八月，监察御史认为"公田租额太重"，于是通过江浙行省命令镇江路对其下辖的丹阳、丹徒、金坛三县的公田展开调查并及时汇报。这些公田设置于南宋末年的景定四年（1263），并为元朝所继承。其中，金坛县经过"会集耆老"，"询访"事由而作成的上诉文书，被收进了至顺三年（1332）刊行的镇江路地方志——《（至顺）镇江志》中，前文所言"宝贵资料"即其中的一部分。由于这篇上诉篇幅较大，在此仅引出其中与本节论题相关的部分。为方便讨论，笔者在引文中标注了一些记号。此外，不仅是镇江路，元朝浙西地区的官田中，被元朝政府接受的南宋旧公田也占有重要的地位。①

> 皇庆二年（1313）八月，〔镇江路〕镇江路奉江浙行省札付（原文作"扎付"）准中书省咨御史台呈监察御史言：镇江路公田租额太重，仰照勘回申行。据金坛县申，会集耆老，询访得……且以金坛一县

---

① 可参见顾炎武《日知录》卷十《苏松二府田赋之重》、宫崎市定《宋代以后的土地所有形式》〔宋代以後の土地所有形態〕（初载《东洋史研究》第 12 卷第 1 号。后载其《亚洲史研究》四，东洋史研究会，1964 年）、周藤吉之《南宋末年的公田法》〔南宋末の公田法〕（初载《东洋学报》第 35 卷第 3、4 号及第 36 卷第 1 号，1953 年。后载其《中国土地制度史研究》〔中国土地制度史研究〕，东京大学出版会，1954 年）等。又，据拙稿《明初江南地区的官田——以苏州、松江二府为例（上）》〔明初江南の官田について——蘇州、松江二府におけるその具体像——（上）〕《东洋史研究》第 19 卷第 3 号，1961 年。又可参考本书第二章）的附表一（即本书第一章表 1），在继承宋元代官田之外，加上 14 世纪后半叶明初以来通过籍没私田所增置的部分，通过对十六世纪各地方志的记载加以合算可知，明代苏州府、松江府、嘉兴府、湖州府、常州府、镇江府的官田面积总计为 136 206 公顷。13 世纪后半叶南宋末期，该地区的公田面积总计为 35 000 公顷，假如南宋与明代一公顷的单位面积大致相等的话，那么明代这一地区的官田是南宋末年的 3.89 倍。可知明代官田中有四分之一的土地是南宋末年行公田法时创设的，它们为元朝政府所继承，后又转至明朝政府。还有，据前文所及明代各地方志统计出来的 136 206 公顷官田，约占当时这一地区全部耕地面积的 45.02%，私田面积则占 54.98%。

公田言之,亡宋元卖户止二百余家,抱田输纳。归附以来,各家消乏逃亡,累及官府。

A. 大德辛丑(五年〔1301〕)、乙巳(九年〔1305〕),两蒙本路并宪司体知其害,申奉省札,委官挨问,撒佃计一万五千余户,皆系农田细民,本自贫窭,又作公田。初非见其有利,情愿请佃开耕。

B. 官司因租粮无所归着,挨究得此人,或见种其田,或元种其田,或曾受其田,或典卖其田,勾追到官,置局监禁,日夜拷打,逼勒承认。亩纳五斗之上。及至秋成催租勾扰,赴仓送纳,又有船脚加耗仓用,得米一石上下,方可输纳正米五斗。

C. 况本县田土硗瘠,水旱易灾,车救费工,所收微薄。佃户终岁勤苦,尽田内所得,子粒输官不敷。拖欠无纳,父子妻女,累累禁系,枷扒拷打,抑逼追征。十户九空,无可陪纳,上催下并,遂将家业变卖。无资产者,卖子鬻妻。或弃生就死者有之,抛家失所者有之。水旱之年,又有告灾不免之数,受罪陪纳之苦。

D. 言及公田,孰不怨恨? 言及公田,谁肯耕作? 佃户逃移,田土荒白,租额亏缺,有科无征。

正如史料 A 的末尾及史料 B 表述及的那样,自至元十二年(1275)元朝统治统治该地区以来,镇江路金坛县的公田承佃人中,有些一直在佃种公田,有些曾经佃种过公田,还有一些被授予公田完粮纳税,有些则典卖公田,情况各异。但是,他们并非自愿申请佃种公田,只是在朝廷追捕、拘禁、拷问之下发现他们曾与公田佃种有关,便强迫他们耕种公田,征收高额税粮,每亩正额五斗以上,再加上多种附加税,实际每亩要缴纳税粮一石。如史料 C 所述,在纳粮不足、拖欠税粮时,地方官府会催征不停,即便是灾年,税粮也无所减免。因此,公田的第一承佃人或实际耕种公田的农民自然对公田制度强烈不满,正史料 D 所云:"言及公田,孰不怨恨? 言及公田,谁肯耕作?"金坛县的长篇上诉,从各个方面批判了公田制度,从一个侧面体现出了朝廷对官田征收高额官租(官田税粮)等一系列的剥削手段和制度,也集中体现了浙西地区官田佃种者的生存状态。[①] 上一个事例中谈到的松江府李千五一家,前引袁介《踏灾行》诗句的后续部分,即描述了佃种官田的李千五后因官田受灾却无法全额免税,以至于卖儿帖女一家离散的惨状。

此外,史料 A 中"撤佃计一万五千余户,皆系农田细民,本自贫窭"一句也非常值得注意。结合史料 B、C、D 一并考虑,金坛县官田上的实际耕种者,大多数就是这些"贫窭"的"农田细民"。正像前述有关浙西设立都水庸田使司的史料中所见到的那样,在朝廷掌握的情况中,作为浙西官田重要组成部分的公田,其直接向朝廷输纳官租(官田税粮)的第一承佃人,大多数都是跟金坛县的公田佃种人一样,是贫穷的小农户。很明显,金坛县公田上的"农田细民",与朝廷语境中的"贫难佃户"或"贫难下户",两者的生存状态基本一致。据《至顺镇江志》卷三《户口》的记载,当时金坛县的民户中,金坛县的直属民户为 28 848 户,而身居金坛县却隶属于江浙财赋府和江淮财赋府的"财赋户"有 1 437 户。当时的官田由县府与财赋府分管,那么,能够承佃官田的户数自然在 30 000 户以内,而作为公田第一承佃人兼耕种人的"农田细民"就有 15 000 户,不得不说官田承佃人的数量在金坛县总户数中所占的比例相当高。

从《踏灾行》和金坛县的上诉文中我们不难看出,浙西都水庸田使司设置时朝廷所掌握的浙西官田贫佃户的情况,与这一地区官田贫佃户的实际生存状况非常接近。这些贫佃户在初次承佃官田后并没有转租给他人,而是自行耕种,举步维艰。也就是说,日本学界以往惯用的"地主=佃户关系"这一范畴,无法涵盖"田主=佃户"之间的关系。浙西地区的官田贫佃户并没有以土地所有权为媒介结成的特定的田主,从这个意义上来说,官田贫佃户不得不"孤立"地维持再生产。官田贫佃户的这种

---

① 关于这一方面的问题,本文未能涉及。

生存形态,出现在生产力发展水平最高的浙西地区,这一点让我们有了一个重新的认识。

二、官田贫佃户与总佃、主户——官田贫佃户维持再生产的实态

1

上一节中,通过对一些史料的分析,我们不难发现耕种官田的贫困佃户孤立无援,动辄陷入生产困境,再生产的维持非常艰辛。但是,这些官田贫佃户们维持再生产的原有状态又应该是怎样的呢?拥有私田的田主,通常是将私田中的大部分出租给自己的佃户耕种,或者可以作为第一承佃人租下官田后,再转租给自己的佃户——第二承租人耕种,而耕种官田的贫佃户与这样的田主之间并没有因为土地结成上述关系。就这点来说,官田贫佃户是孤立无援的。然而,他们难道真的从一开始就这样完全孤立,在没有任何援助的情况下独自劳作的呢,还是本应和一般佃户一样,在青黄不接或遭受水旱灾害时从他处获得某种物质援助,并非真正孤立地维持再生产的呢?从上一节所引《踏灾行》诗句中我们已然发现,没有固定田主、单纯租种官田的李千五一家却背负着私人债务。这样的债务应该是与粮食借贷有关的,并且这样的债务关系似乎也并非仅见于李千五一家。此外,要讨论官田贫佃户维持再生产的应有状态,圩田水稻种植的劳动特色也必须加以考虑。前引《踏灾行》中,包括李千五一家在内的诸多农户,在天遭干旱时"田家争水如争珠,数车相接接不到",这表明贫困佃户采取的是各家独自劳作的形式,且相互排斥。同样,从上节所引金坛县上诉文中"田土硗瘠,水旱易灾,车救费工,所收微薄,佃户终岁勤苦,尽田内所得,子粒输官不敷"的记载中,也不难看出贫困佃户是以户为单位展开生产的,所谓"车救费工"这一类排灌设施的费用,应该也是由各家各户单独承担的。然而,以圩堤的修筑、排灌设施的维护为基础的水稻农业,其生产活动过程均需众人的集体参与,

绝非单个农户能够独立完成。① 事实上元朝的部分官员已经认识到，贫困佃户的再生产模式本不应该是孤立无援的。

《(正德)松江府志》卷三《水下·治绩》载：

> 至大初(至大年号共使用四年〔1308—1311〕。周藤吉之引《浙西水利书》以为此事在至治二年〔1322〕②)，江浙行省督治田围。
>
> A. 行省以去岁水旱灾伤，田禾不收，物价踊贵，百姓艰食，虽曰天灾流行，亦因人力不至。即今春首农作将兴，各处田园高下不等，合修陂塘、围岸、沟渠，晓谕农家，须要依法修置，遇旱车水浇拨，遇潦泄水通流。
>
> B. 会集行都水监官李都水讲究得。③ 修浚之际，田主出粮，佃户出力。系官围田，若无总佃，贫穷无力不能修浚者，量其所须，官为借贷，收成日抵数还官。事有成效，劝农正官，定拟陞赏闻奏，失误者治罪。
>
> C. 其抛荒积水田土，多因租额太重，无人承佃，劝谕当乡富上

---

① 参见周藤吉之《宋代浙西地区围田的发展——与土地所有制的关系》〔宋代浙西地方の囲田の発展——土地所有制との関係——〕(《宋代史研究》，东洋文库，1969年)以及柳田节子《乡村制的展开》〔郷村制の展開〕(岩波讲座《世界历史》9，中世纪三，1970年。后载其《宋元乡村制研究》〔宋元郷村制の研究〕，创文社，1986年)。

② 据上注所引周藤吉之论文第398页，《浙西水利书》及《吴中水利全书》卷一五皆作"至治二年(1322)江浙行省督治田围"。然静嘉堂文库所藏弘治十年(1497)十月朔旦提督水利工部主事姚文灏序《浙西水利书》原刊本中(第六十二页正面第九行第六十三页背面第四行)该条标题作"至大初督治田围"。又，《四库全书珍本》第十一集所收明崇祯七年(1634)至十三年(1640)任南直隶巡抚的张国维所撰《吴中水利全书》中(卷一五，第七页背面第二行至第八页正面第四行)，该条标题作"江浙行省督治田围"。可见，以上两书并未记载"督治田围"为至治二年之事。在《吴中水利全书》中，"江浙行省督治田围"条之前的两条分别为"毛庄浚筑练湖申至治二年"和"马荣修筑练湖呈文至治二年"，周藤吉之或许是根据这两个标题中的小注认为"江浙行省督治田围"亦在至治二年。笔者以为，既然《浙西水利书》作为《正德松江府志》卷首所言"参据旧志并引用诸书"中的一种，就应当采用它的说法，"督治田围"的时间在至大初年。

③ 原书该处并未独立成段，"讲究得"的内容与史料C属同一段落，此处为便于讨论，故将之分为两段。

人户，自备工本，修筑成围，听令本户佃种为主。抛荒官田，止纳原租，初年免征，次唯半，而三甫全。积荒则三年后第依民田输税，诸人不得争夺。

上引史料中的 A，是包括浙西地区在内的江浙行省下令所辖各地在春耕前按规定修理陂塘、圩堤、沟渠的命文。即使是在生产技术先进的江浙地区，也很难避免水旱灾害的危险，因此，春耕前的水利整治工作，对水稻种植具有重要的意义，这也是维持包括贫困佃户在内的众多农民再生产所不可或缺的工作。A 是江浙行省所颁命令的一个总体精神，B 则是行省当局召集设置在平江路的都水监长官李某进行商讨的一个施策方案。① 这个方案首先指出，春耕前水利设施的整治工作，通常应由"田主出粮，佃户出力"的方式来组织展开，亦即必须在田主＝佃户这对关系的框架下来组织设施。周藤吉之也曾引用了元代的这条史料对南宋时期的同类问题进行了探讨，指出："南宋时，耕种圩田的佃户大多生活贫苦，无力独自修缮圩田，当圩堤需要修理时，作为一种惯例，田主出钱出米，佃户出劳力，这与当时修筑陂塘时田主出钱出米，佃户出力的组织方式一致。"②周藤吉之的观点表明，在 12、13 世纪江南地区普通的田主＝佃户关系下，直接从事耕作的农户的再生产活动，来自田主的物质支持是不可或缺的。从江浙行省所颁命令中"田主出粮，佃户出力"即可看出，直至 14 世纪前半叶，当地的情况依旧如此。③ 从周藤吉之、柳田

---

① "大德初，立都水庸田使司。寻罢。复立都水监，开江，置木闸。立司。……八年夏五月，中书省准江浙行省咨，任仁发言，吴淞江故道淤塞，奏立行都水监，仍于平江路设置，直隶中书省，及命行省平章彻里，提调疏浚。"引自《（正德）松江府志》卷三《水下·治绩》，其中一部分与本文第一节所引史料有所重复。

② 见前揭周藤吉之《宋代浙西地区围田的发展——与土地所有制的关系》〔宋代浙西地方の囲田の発展——土地所有制との関係——〕。

③ 滨岛敦俊曾指出，"佃户提供劳动（佃力），地主提供工食（业食）的机制"的形成，在明代后期江南一带还具有补偿佃户们因修筑水利工程而耽误的从事手工业生产时间的性质。滨岛还强调，明代前期"田主出粮、佃户出力"的惯例，与后期出现的这一机制尽管表面上看起来具有共通性，但其历史内涵却不尽相同。见其前引《明代江南社会研究》第三章《明末以来的水利惯例》。

节子等人的相关研究中所引宋代史料来看,在修筑圩堤等一系列与水稻种植相关的水利设施整治过程中,实际的体力劳动皆由田主＝佃户关系下的直接生产者即佃户来承担。① 不过,这些工程所需的钱粮费用皆由田主支出,人员的组织也由田主负责召集。由此看来,13世纪后半叶至14世纪前半叶浙西地区官田圩堤修筑过程中也存在着类似的分工。实际承担官田圩堤修筑的是耕种官田的佃户,其中自然包括数量庞大的官田贫佃户。那么,贫佃户也会从某处获得粮食,并在他们的组织下参与到修治圩堤的劳动中来,这应该是官田贫佃户修治圩堤的应有状态。

了解了普通佃户再生产的应有状态后,再看史料B中涉及的耕种圩田、生产方式与之完全相同的官田贫佃户,就令人颇足玩味了。这就是"系官围田,若无总佃,贫穷无力,不能修浚者,量其所须,官为借贷,收成日,抵数还官"一段。这些春季从官府处获得无息贷粮、秋后按数偿还的人,就是一家一家的官田贫佃户。这一条史料还表明,官田本应有总佃,他们也是官田的第一承佃人。总佃应该拥有一定的财力,对于那些同样作为第一承佃人但却不得不自行耕作的贫佃户,总佃有义务在青黄不接或春耕前修缮圩堤等集中用工时对他们实施必要的粮食借贷,而且这种借贷还是朝廷加给他们的义务。也就是说,理想状态下,在江浙行省官田贫佃户的再生产活动中,贫佃户们就算没有特定的田主,他们也并非完全是孤立无援。所谓"若无总佃,贫穷无力,不能修浚者",表述的只是如果因某些原因没有总佃,官田贫佃户自身又无力筹措修缮圩堤所需粮食的特殊情况。当然,我们也能领会到上文的言外之意,这就是,当时在官府所有的圩田上,原本应有的维持再生产的条件已不复存在,不仅没有来自田主的支援,甚至因某些原因完全处于孤立状态,但又不得不展开再生产活动的官田贫佃户大量存在。

---

① 见前揭周藤吉之《宋代浙西地区围田的发展——与土地所有制的关系》〔宋代浙西地方の囲田の発展——土地所有制との関係——〕及柳田节子《乡村制的展开》〔郷村制の展開〕。

那么,作为官田承佃人的一部分,且与维持贫佃户的再生产有着重大关系的总佃,他们又是一种什么样的存在? 肩负总佃任务的这一部分人,他们在浙西乡村中又具有什么样的地位? 这些问题,上引史料 C 中"当乡富上人户"一句已经给了我们很大的提示。不过我们暂且将这个问题搁置一边,先从其他角度来对官田贫佃户再生产活动的应有状态进行进一步的探讨。

2

《(正德)松江府志》卷六《田赋上》卷末所附《江浙行省所委检校官王艮议免增科田粮案》(下文简称《议免增科田粮案》),也为我们提供了若干的参考资料。当时,徐缙、潘文贵等人上书中书省,状告某些"松江富民"①隐瞒官府,非法占有大量必须纳粮的田地和必须纳钞的沙荡。于是,中书省遣检校官王艮亲赴当地加以调查。经过调查,王艮在给中书省的呈文中,认定徐缙、潘文贵所述不实,不必增收赋税。中书省完全接受王艮的调查结论,并于至元五年(1339)二月通过江浙行省将此报告下达至松江府。② 在《元代社会阶级制度》一书中,作者蒙思明对该报告进行了介绍,并认为这是反映元朝政府在平定江南后竭力"保护富室"的绝好例证。③ 蒙思明设定的"富室",从其著作的行文来看,指的是拥有相当规模土地的大土地所有者。蒙思明对王艮呈中书省文的评价,以及蒙氏所列相关史料的内容,虽然还有一些商讨的余地,但他至少关注到了王艮《免增科田粮案》中的一个重要特征,即王艮对当时松江府"富豪"的兼并现象并未作过多的言论。正像《(正德)松江府志》卷三《水中·治策》、《水下·治绩》所载宋元时期的许多事例那样,对于"富豪"们肆意修建圩

---

① "松江富民"这个称呼、王艮撰写《议免增科田粮案》的前后经过,以及被中书省认可的这篇长篇报告,可参见《元史》卷一九七十二《王艮传》。
② 《议免增科田粮案》的卷末记曰:"至元(后至元)五年二月,本府(松江府)奉省备,中书可其议。"
③ 同上书,第21页。

田,导致水利系统失衡的现象,官府却几乎未加追责。① 但是,《议免增科田粮案》还有一个重要特征,这就是文中不仅普遍拥护"富豪"、"富室",而且还非常强烈地呼吁必须对松江府乡村那些担任里正、主首的富裕阶层主户的地位进行保护。

据王艮《议免增科田粮案》所言,进入 13 世纪后半叶,就松江府而言,自南宋晚期景定四年(1263)贾似道实施公田政策以来,②经过元朝前至元年间(1264—1294)的"括勘"以及延祐年间(1314—1320)的"经理"这两次课税田地的检括、登记,③加上没收朱清、张瑄等富豪的田地新置官田等措施,④至 14 世纪前半叶,松江府的官田、民田的课税总量较南宋末年翻了一番。然而王艮同时也指出,实际进入官仓的税粮要比账面上的数字少得多。从天历二年(1329)至后至元四年(1338)这 10 年间,除去向江浙、江淮两财赋府纳入的部分外,松江府应向朝廷缴纳的税粮,正、附额总计当为 4,528,700 余石,然而实际纳入的只有 1,769,900 余石。接着,王艮对导致这一现象的原因进行了简要的分析,并提出了保护当地主户地位的建议,从中可以看出与本节主题相关的内容。

> A. 考之簿书,粮额则多,稽之仓廪,实收则少。盖因民力有限,
> 水旱为灾,以致如此。其里正主首,陪闭官粮(王艮此处所言"官

---

① 有关元代"权豪势要"、"权豪"、"富豪之家"、"豪势之家"、"势家"、"势豪"等富豪之家恣意围湖垦田,造成水利系统毁坏之事,《正德松江府志》卷三《水中·治策》所记《潘应武言决放湖水》、《大德间都水庸田使麻合马集议吴淞江堙塞合拯治方略》以及《元史》卷六五《河渠志二》中关于练湖、吴松江、淀山湖的条目中,皆有详细记述。此外还可参见前引周藤吉之《宋代浙西地区围田的发展——与土地所有制的关系》〔宋代浙西地方の囲田の発展——土地所有制との関係——〕。

② 关于公田法的实施,参见宫崎市定《宋代以后的土地所有形式》〔宋代以後の土地所有形態〕及周藤吉之《南宋末的公田法》〔南宋末の公田法〕。

③ 关于"括勘"、"括田"与"经理",参见藤野彪《元代的行大农司——世祖朝的经理》〔元の行大司農司について——世祖朝の経理——〕(《爱媛大学历史学纪要》第一辑,1953 年)及《元朝的经理》〔元朝の経理〕(《爱媛大学历史学纪要》第五辑,1957 年)。

④ 关于籍没朱清、张瑄等富豪土地之事,参见植松正《元代的江南豪民朱清与张瑄——围绕其被诛杀及财产没官》〔元代江南の豪民朱清・張瑄について——その誅殺と財産官没をめぐって——〕,《东洋史研究》第 27 卷第 2 号,1965 年。

粮"，并非单指官田税粮，是指所有官田、民田应向官府缴纳的税粮。陪闲之"闲"为"闲纳"之略称。陪闲是指由他人代为缴纳税粮缺额。详细请参看附记)，往往消乏。以此观之，官田租重者，尚宜优减，水道淤塞者，所以疏通以求实效。

B. 今徐瑶所陈曹梦炎等霸占淀山湖田，则官粮与主户俱已上仓。乌马儿平章等元置赵平原郡公田土，部拟即同已业卖出者，已照民田则例，收纳官粮。潘文桂所告牧马草地，拨属财赋府营，围、沙、职等田，官额已重，主户虽有所收，缘此等田地，以己钞过佃，经官给据纳租。兼之出备工本，修筑围岸，应付贷粮，折科白粮、秈稻，和雇和买，皆出主户。遇有饥荒，官司劝率上户赈济。是主户者，得此小利，为朝廷惠养小户，办纳官粮，应当杂役，其劳亦略相当。

C. 所谓荡租，已皆拨属鲁王位下管办，输纳官钱。借曰富豪兼并，朱〔清〕、张〔瑄〕则断没，曹梦炎田土已皆入官，朱国珍、管明又已全籍其家，余无几矣。其所言者，止有灶户崔时学等虚包沙涂田粮。奉使宣抚所委官元问已招数内，天历二年，已撤佃造册，三千六十一顷七十六亩二分，收科粮二万二千一百一十六石六斗二合。外有陈诉虚包八百五十余顷，该粮八千五百余石。缘所委官原拟，以别无条段四至，及钦奉泰定二年闰正月初一日诏赦一欸，延祐二年，三省经理土地，所差人员，徼名生事，威迫官府，抑逼人户，虚增田粮，除自实顷亩依例科征，其无田虚增之数，仁宗皇帝常谕有司，体覆所辖。迁延至今，与民为害。其在官已有文案，即仰廉访司，体覆明白，就便除辖。

在史料 A 中，王艮认为实际征收上来的税粮远少于账簿上的规定数额，其原因在于民力有限，水旱为灾。而这一部分亏空又不得不由里正、主首负责填补，这又导致了他们的衰微。为了突破这种困境，王艮认为官田税粮过重则应特恩减额，河道淤塞时则须及时清淤，以期提高其利用效率。王艮在考虑"民力"的问题时，尤其着眼于里正、主首的"民力"问题，减征官田税粮，整修水利设施这两项举措，正是其在主张恢复里正、主首的"民力"时再三强调的。

史料 B 和 C 是王艮对此案展开调查的一部分,通过逐个判明,他认为当地富豪非法占有土地的控告无法成立。在史料 B 中王艮提出,应当着重保护私田主或作为官田第一承佃人的主户们的利益。考虑到史料 A 所体现出来的恢复里止、主首"民力"的主张,可见在王艮心目中,主户与里正、主首,同属于松江府乡村中的同一阶层。在宋代,"村中持有私田者,皆作为主户入籍,依财产多寡确定户等",并且"但凡有一亩私田,皆视为主户"。① 本文上一节中也曾提到,充当里正、主首之人,本应是拥有较多土地的富农。因此,这里王艮所指的主户,自然也是主户中中等以上的富裕人家,他们是充任里正、主首的理想人选。

王艮的这一部分论述中,最核心的内容就是"潘文桂所告……其劳亦略相当"这段话,其大意如下:潘文桂所告牧马草地以及财赋府的营、围、沙、职等田,官租(官田税粮)较重。确实有些主户作为第一承佃人承佃了一些土地(这些土地往往又转租给了别户,因此其实际耕种者为第二承佃人,下文有所涉及)并有所收获,但是,他们已经出资获得了承佃权,经得官府许可,手续齐全,也在按章纳租(官租、官田税粮),而且还要筹集资金,修筑圩堤,应对贷粮,官府白粮、籼稻的折纳,和雇和买,等等诸多名目的官府杂征,无一不由主户承担。遇到饥荒,官府还会要求上户对饥馑人家进行救济。也就是说,主户们虽然因承佃官田获得一定的利益,但是作为代价,他们其实不得不为朝廷养育下户,缴纳税粮,分担杂役,所获得的利益与付出的劳动基本相当。

主户也是当时官田的第一承佃人,王艮在其呈文中,不仅重视主户作为私田田主的一面,也很重视他们作为官田承佃人的一面。官田的第一承佃人,并不仅仅是那些获得承佃权并自行耕作的官田贫佃户,也有许多这样的主户。当然,史料 B 中涉及的土地中也有民田,例如赵平原郡公的田地,就是按照民田征收税粮的。史料 C 称曹梦炎的田地被籍没

① 前揭柳田节子《乡村制的展开》〔郷村制の展開〕。

入官成为官田,史料 B 中主户们承佃并缴纳官租的("官粮与主户俱已上仓")正是曹梦炎等人霸占的淀山湖田。此外,史料 B"牧马草地"以下所涉及的土地显然也都是缴纳官租(这里的"官租"专指官田之租,即官田税粮)的官田。因此,王艮在这里讨论的,很明显是承佃官田的主户的问题。其实对于《议免增科田粮案》C 所说的那些通过查没朱清、张瑄、朱国珍、管明等富豪的田产而设立的官田来说,主户作为第一承佃人恐怕也是不可或缺的。前引《江浙行省督治围田》中的史料 C 也明确提到朝廷希望作为地方田主的"当乡富上人户"作为第一承佃人,积极承佃抛荒、积水的官田,自行出资修筑圩堤,使之成为可耕之地。"富上人户"成为官田的第一承佃人,这样的现象在官府提出劝谕之前其实就已经普遍存在,因为官府劝谕"富上人户"积极承佃这一举措本身,即已表明富裕主户成为官田第一承佃人的现实。

那么,主户作为第一承佃人承佃了官田后,他们又是如何经营的呢?这些主户,可以将之设定为那些本来就应该充任里正、主首的中等以上的富裕户,如前文白话译出的史料所示,从出资获取承佃权开始,主户们需要支出一系列的巨额费用。如果所佃官田仅够自家耕种,这显然无法收回成本,因此他们必须一口气承佃大量的土地,然后再转租给佃农,向佃户收取私租,以此支付开销,获取"小利"。也就是说,与第二承佃人即实际从事耕作的佃户相对,主户才是真正意义上的第一承佃人;同时,他们与同为第一承佃人、承佃官田并自行展开生产的官田贫佃户相比,是一种不同的存在。作为官田第一承佃人的主户,他们承佃的虽然是与私田性质不同的官田,但只要将承佃的官田转租给了佃户,那么,他们事实上就具备了与私田田主相同的一面,同样需要"修筑围岸,应付贷粮",以维持第二承佃人即自家佃户的再生产。

那么,王艮是否只看到了作为第一承佃人的主户,事实上视所承佃的官田为私田,出资维持自家佃户的再生产,并向佃户收取私租这一与普通田主无异的一面,才强调必须扶持和保全主户的利益的呢?本文第一节曾提到,当时租种官田的贫佃户,因没有以土地佃租为关系纽带形成的特定田主,因此不得不"孤立"地从事再生产。此外我们也确认过,中书省的奏文中"浙西官田数多,俱系贫难佃户种纳"这一朝廷的认知基本属实,那么,承佃官田的贫佃户与承佃官田的主户,他们两者之间究竟有无关系呢? 如果先说结论的话,王艮之所以倾向于扶持、保护主户,主要理由就在于这些主户不仅能够帮助自家的佃户维持再生产,也能够帮助周边与自己没有直接租佃关系的官田贫佃户,藉此保证官田经营的持续展开和税粮的按时缴纳。其实,如果将王艮呈文中"是主户者,得此小利,为朝廷惠养小户"一句中的"小户"替换为"贫难佃户",即"为朝廷惠养贫难佃户",恐怕也什么太大的问题。

得出这一结论证据又是什么呢? 本文第一节所引设置浙西都水庸田使司之际的中书省奏文中曾提及,浙西地区官田贫佃户所面临的境况是"春首阙食,无田主借贷,围岸缺坏,又自行修理"。从中不难看出,官田贫佃户为了维持再生产活动,原本都必须借助于他人的贷粮来进行圩堤修缮的。在《议免增科田粮案》中,王艮之所以积极主张扶持主户,正是因为他看到了主户在官田经营过程中"出备工本,修筑围岸,应付贷粮"的作用。正如中书省奏文所示,13世纪末的大德二年(1298),元朝政府掌握的情况是,这些官田贫佃户没有特定的田主,处于完全孤立无援的境地,其生产经营濒临危机。而在14世纪40年代前后,即至元五年(1339),江浙行省检校官王艮在呈文中却一再强调主户对维持小户农民的生产经营所具有的重要作用。仅仅相隔40年,两份文件强调的重点却不尽相同,乍一看甚至让人觉得两者相互矛盾。不过值得注意的是,两者在谈及官田的生产经营时,都强调了借贷粮食与修筑圩堤的重要性。那么,如果王艮呈文中的"主户"为中书省奏文中的"贫难佃户"提供贷粮,助其修理圩堤的话,那么,处于"孤立"状态的官田贫佃户,其维持再生产条件就基本能够得到满足。这两种史料所体现出来的具体的对应关系,就应该是官田生产经营的实态或理想状态。也就是说,作为第一承佃人的主户的存在,对制度上同样作为第一承佃人的官田贫佃户的再生产活动,有着重要的意义。反之,假如主户无法起到这样的作用的话,那么这些经营规模零散的贫困佃户从一开始就面临着孤立无援的局面,自然也就不会作为第一承佃人去租种官田。退一步说,即使王艮在呈文中描述的承佃官田的主户惠养小户并非当时松江府的实情,只是为了保全主户(尤其是那些充任里正、主首的富户)而歪曲了事实,但至少也道出了这些主户本应负起支援佃户的责务。或许当时的主户中确实存在着无法履行或不履行他们应该担负起来的责务,以至于官田贫佃户陷入了完全孤立的窘境,并影响到了官田的再生产,从而出现了打击主户的舆论,但是,王艮在呈文中却反对彻查土地、增加赋税,他之所以这么主张,恐怕正是担心主户如果在经济上遭受打击,就更加无法履行这些职责,因此主张保障主户们的"小利"。王艮的这层意思,在《议免增科田粮案》的结尾部分表现了出来:

> 国家藏富于民,民富则国富。徐瑨所言,盖如贩夫鬻妇,屑屑校锱铢之利,岂知为国之大体,是见其末而不见其本,知其细而不知其大者也。万一则动摇亏课,则失大利。

保全富裕阶层主户的地位,这一主张虽然具有明显的阶级性,但可以说是找到了维持当地再生产结构,尤其是数量庞大的官田再生产结构的一个杠杆。

3

让我们再次回到总佃的讨论上来。

众所周知,浙西地区围田(圩田)的水稻种植一直非常发达,尤其是自 12 世纪的南宋以来。[1] 在前代发展的基础上,13 世纪后半叶到 14 世纪前半叶的元代,围田的水稻种植仍然是当地最主要的农业生产方式。

---

[1] 前揭周藤吉之《宋代浙西地区围田的发展——与土地所有制的关系》〔宋代浙西地方の囲田の発展——土地所有制との関係——〕;西山武一:《中国水稻农业的发展》〔中国における水稲農業の発達〕,初载《农业综合研究》第 3 卷第 1 号,1949 年。后载其《亚洲式的农业技术与亚洲社会》〔アジア的の農法とアジア社会〕,东京大学出版会,1969 年。

元代浙西地区围田经营的盛况，在元朝灭亡后不久的 14 世纪前半叶即明初编订的《(洪武)苏州府志》卷十《赋税·田亩》中有所涉及：

> 元则有田围，二县四州(元平江路、明苏州府所辖州县，但不含明崇明县)共八千八百二十九围。吴县九百一十七围，长洲县一千七百八十八围，常熟一千一百一十一围，吴江三千二百六十八围，昆山一千六百四十五围，嘉定一百围。延祐四年(1317)行经理之法，悉以上中下三等分则计亩，起科苗税。

由此可见，作为税粮征收对象的田土，就元朝而言是以围为单位的。本文所关注的元代官田当然也是围田，这从本文的行文中已不难看出，[1]甚至不排除一处围田全部属于官田的可能性。[2] 本文第二节开头所引《江浙行省督治田围》中"系官围田，若无总佃"云云，提到了修缮围田等事宜，这正表明江浙行省管辖下的"系官围田"不在少数。而在《元典章》新集《户部·契本》、《买卖契本·赴本管税务司投税》中，保存一条至元三年(1321)江浙行省上呈给中书省的咨文，其中引用了两浙运司的呈文，该呈文表明在当时的嘉兴路崇德州也存在着"系官围田"：

> 芦沥场灶户张浩告，用工本钱二千三百七十余定，兑佃到崇德州濮八提领等原佃系官围田二千三百余亩。

前引王艮《议免增科田粮案》的史料 C 曾言及曹梦炎的田地没官后成为官田，这里也一样，某处围田整体上全部变成了官田。《农田余话》

---

[1] 尽管是众所周知的史实，但笔者在此还想稍提一下。周藤吉之在《宋代浙西地区围田的发展——与土地所有制的关系》〔宋代浙西地方の囲田の発展——土地所有制との関係——〕中指出："南宋时有不少围田属于官府。"此外，正如本文注 14、26 所引宫崎市定、周藤吉之的研究所言，官田中占有重要地位的南宋公田，在南宋灭亡后为元朝政府所继承，其他官田亦应如此(《元典章》卷十九《户部五·官田》影占系官田土条)，周藤吉之因此认为，南宋地方官府所掌握的围田到了元代自然亦为元朝代政府继承。很明显，元代官田中有一定量的围田。

[2] 上注所引周藤吉之论文中提到，"系官围田"是指属于官府的围田，为元朝政府继承的都应该在其范围内。

卷上记载了元贞至大德年间（1295—1307）的一件事，揭示了曹氏家族拥有大量私田，而这些田地都是以围为单位计算的：

> 海隅曹宣慰，其先起农家，至富强。……曹宣慰，其父知县，前宋福王府管庄田人也。至宣慰，日益盛大。时淀山湖为潮沙湮（原作"漂"）塞大半，曹氏占为湖田，九十三围，凡数万亩（数百顷）。①

当然，并不是所有的官田都占据着一处完整的围田。正如前引《议免增科田粮案》史料 C 所显示的那样，13 世纪后半叶到 14 世纪前半叶，官府通过一系列的行动，籍没民田，设立官田，而籍没的对象都是那几个特定的"富豪"。就曹梦炎案而言，官府籍没的曹家土地，有些是整块的围田，有些只是某块围田的一部分。因此可以想见，新立的官田与民间私田同处一围的现象并不少见。南宋末年在浙西地区强行设置公田时，一开始的计划是向拥有五百亩以上的地主购买土地，但后来那些只有两百亩甚至一百亩私田的也成了官府强行收购的对象。② 13 世纪后半叶到 14 世纪前半叶的元朝浙西官田中，直接来自南宋公田的部分占有相当大的比例，因此，这些官田与民间私田犬牙交错的现象完全可以想象。《（至顺）镇江志》卷二《地理·乡都》所言"润（镇江路的别称）官民田土错杂，而贾似道公田，尤为民害"一句，揭示的就是这种状况。

经过上面的分析，我们可以将浙西官田分成整个圩区全为官田的"系官围田"，和官民田土错杂其间这两种情况。但不管是哪种情况，富裕阶层的主户只要成为官田的第一承佃人，那么，他们应该承担的职责就不会有变化。他们作为第一承佃人，不仅要对实际从事官田生产的第二承佃人即自家的佃户负责，而且还对周边同为第一承佃人但自行耕作的所谓官田贫佃户负责，为了维持再生产的顺利进行，修筑圩堤，应付贷粮等应该履行的职责均得履行。

---

① 据《宝颜堂秘笈》广函本。
② 前揭周藤吉之《南宋的公田法》〔南宋の公田〕。

主户们之所以必须承担起这些责务来,首先是基于圩田的种植特色、圩田的再生产结构,即当时浙西地区农业生产力发展水平的客观要求。

在官田承佃及经营中,之所以会出现无法纳入第一承佃人与第二承佃人所结成的生产关系,即事实上的田主＝佃户关系的官田贫佃户这样的现象,仅用农业生产力发展水平的客观要求这一个理由当然是无法解释的,这与十世纪以前的中国社会传统、历史上形成的生产关系、社会结构的特征、政府对生产模式的干预等等均有关联,是一种复合性的产物。再者,南宋以来在浙西地区设置众多的官田,藉此直接向贫佃户征收税粮,这种做法与当时国家政治之间的关系,也是必须考虑的一个问题。本文对圩田直接耕种者的再生产问题的论述是粗浅的,只是希望从其维持再生产的过程中,找出其与生产力发展水平的关联以及富裕主户在这一生产过程中所起到的作用。

此外还有一点,对于因"出产米粮丰厚"而成为"朝廷数百万米粮"供给基地的"浙西数郡"①,即"东南五省租赋之地"的核心地带②,维持官田的正常运作,则是朝廷主观上的要求。

通过对承佃官田的富裕主户的探讨,结合本节第 1 部分对《江浙行省督治田围》相关问题的探讨,可以说,所谓总佃,是官田第一承佃人并承担起上述各种责务的富裕主户,他们在官田尤其是"系官围田"的再生产结构中处于核心位置。在当地的生产力发展水平及再生产结构特征下,他们必须承担起维持所有官田生产者再生产的责务,同时又要确保通过再生产向朝廷输纳官田税粮。作为官田承佃人之一,同时又要统括所有承佃人的"总佃",这种制度上的称呼及其地位,不用说是官方授予的。周藤吉之在引用《江浙行省督治田围》的相关记载来探讨"围田佃户

① 《(正德)松江府志》卷三《水中·治策》潘应武言决放湖水条。
② 《元史》卷四十一《顺帝纪四》:"〔至正〕七年(1347)十一月甲辰,……两淮运使宋文瓒上言。"

的水利负担"时,非常简洁地将"总佃"解释为"管理者"。① 不过,周藤吉之理解的"管理者",其内涵与本文所设定的总佃的各项责务之间到底是一种什么样的关系,目前还无法判明。

如果本文对于总佃的责务设定大致无误,那么可以推断,总佃应该是每年都会积储大量余粮并不断积累财富的大土地所有者,是拥有一定数量的私田并以此为基础大量承佃官田的第一承佃人,是富裕阶层中的富裕层。《元史》卷三十六《文宗纪》至顺三年(1332)三月庚午条中就有相关记载:

> 燕铁木耳言,平江、松江淀山湖圩田,方五百顷有奇,当入官粮七千七百石。其总佃者死,颇为人占耕。今臣愿增粮为万石入官,令人佃种,以所得余米,赡臣弟撒敦。从之。

此事在《元史》卷一百三十八《燕铁木耳传》中也有记载:

> 至顺二年(1331)十一月辛酉,以燕铁木耳兼奎章阁大学士,领奎章阁学士院事。……又赐平江、松江、江阴芦场、荡(原作"簜")、山、沙涂、沙田等地。因言,平江、松江圩田五百顷有奇,粮七千七百石,愿增为万石入官,以所得余米,赡弟撒敦。诏从之。

如上所见,横跨平江路与松江府的淀山湖,当时已经造成了五百顷系官圩田。时任中书右丞相的燕铁木耳,借朝廷赏赐其平江路和松江府芦场等诸多田产的机会,还打算从淀山湖圩田中获得利益。他上奏皇帝,称原总佃死后,这处系官圩田被人非法占耕,②因此希望能够包下这批官田,雇佣佃户,收取私租,并将每年本应缴纳的七千七百石税粮增至一万石(每亩二斗),而前后税额之间不菲的差额收益,则用于救济自己

---

① 前揭周藤吉之《宋代浙西地区围田的发展——与土地所有制的关系》〔宋代浙西地方の围田の発展——土地所有制との関系——〕。
② "当入官粮七千七百石"的"官粮"在当时未必就是"官田税粮"的意思,故不能仅凭断定淀山湖的圩田全属系官圩田。笔者将这些圩田判断为系官圩田的是"其总佃者死"这句话,因为总佃只存在于官田中。

的弟弟撒敦。皇帝同意了他的请求。

这里值得注意的是,这多达五百顷即五万亩的系官围田,原本都归一个总佃管理。在这五百顷官田上,除了总佃外,是否还存在着其他第一承佃人,史料中没有直接说明。但是,如果这处官田的第一承佃人只有这个总佃一人的话,那么,就不应该出现"总佃"这个称呼,因为"总佃"这个称呼的出现,是以同时存在着其他第一承佃人为前提的。因此,尽管史料中没有明言,但可以肯定,还有其他一些主户及贫佃户从官府处承佃了淀山湖官田。对这个总佃来说,每年光是督促佃户按期缴纳七千七百石税粮就已经是非常大的负担了,而如前文所言,他还必须负责修治漫长的圩堤,将粮食借贷给数量众多的自家佃户(第二承佃人)或官田贫佃户(其他第一承佃人)。这么多的支出,即使其他主户也会分担一些,但恐怕唯有家产殷实的大室富户才能够担任总佃之责。为了确保收支平衡,总佃承佃的官田面积应当不少,在五百亩这个总数中肯定占有相当的比例。然而,即使总佃能够通过官税和私租之间的差额获得利润,并支出各种费用,但假如他没有其他来源的收益——如作为田主从私田获得地租收入——作为保障,想要承包如此广阔的官田终究是困难的。显然,总佃是"系官围田"及圩田广泛分布地区的地方富户,而且还是富户中的富户。另外,尽管上述史料告诉我们,燕铁木耳可能成了这一处曾经有过总佃的"系官围田"的第一承佃人,但是,这位远离浙西身在大都的中书右丞相,显然只是形式上的承佃人,实际生产中必须依靠类似总佃这样的人物。《元史》卷三十五《文宗纪》至顺二年(1331)三月戊子条称:

> 浙西诸路,比岁水旱,饥民八十五万余户。中书省臣请,令官、私、儒学、寺观诸田佃民,从其主假贷钱谷自赈。

从上述史料可见,当遭遇水旱灾害时,耕种私田(普通民田)的佃户,因有着稳定的田主=佃户关系,因此由田主负责赈济,耕种学田、寺田的佃户也各有"其主",那么,官田佃户的"其主"是何人呢?官田的田主从理论上来说当然是朝廷，但是，私田、学田、寺田佃户的田主都是实际存在的真实人物，而朝廷却是一个太过遥远的抽象概念。在官田，或者说在"系官围田"中，有能力向作为第二承佃人的自家佃户以及周围作为第一承佃人的官田贫佃户"假贷钱谷自赈"的，难道不就是总佃吗？下引杨瑀《山居新话》有关延祐年间（1314—1320）松江府下沙人瞿霆发的记载，尽管没有直接提及总佃，但完全可以证明当时浙西地区的大室富户，在拥有大量私田的同时，还作为第一承佃人从官府处承佃了相当规模的官田，其中必然有人担任着总佃的职责。

> 松江下沙场瞿霆发，尝为两浙运使。延祐间，以松江府拨属嘉兴路，括田定役。榜示其家出等上户，有当役民田二千七百顷，併佃官田，共及万顷。浙西有田之家，无出其右者。此可为多田翁也。
>
> （据《知不足斋丛书》第十二集所收本）

瞿霆发拥有私田二千七百顷（二十七万亩），数量庞大，同时承佃的官田约七千三百顷（七十三万亩），数量大大超过其所拥有的私田。尽管浙西地区的富室大户未必拥有瞿氏这样大规模的私田和承佃官田（即事实上拥有的田地），但值得注意的是，在这些"有田之家"的田地构成中，承佃的官田占有很大的比重，而承担总佃职责的富室，在其事实上拥有的田地总数中，私田、官田的比例可能也与之接近。据《（正德）松江府志》卷二八《人物二·名臣》，瞿霆发之父曾经拥有承信郎这个武官头衔，其本人以下沙盐场副使起家，最后官至两浙都转运盐使。瞿氏家族自宋室南渡以来一直世居松江府上海县，宋元之际，瞿霆发本人率领乡人归顺元朝，可见这个家族具有相当浓厚的地方豪强色彩。尽管在土地占有形式上瞿氏与当地的其他"有田之家"之间未必有什么不同，但《松江府志》中这一条关于瞿氏的记载，至少让我们看到了担任总佃的富室大户承佃官田的一些具体情况。

以上，我们以富裕主户尤其又以承担总佃的富室大户为重点，讨论了"系官围田"上包括贫佃户在内的直接生产者的再生产以及税粮征纳问题。然而另一方面,很多圩区中官田、民田往往交错分布,也就是说,在官田只占圩区一部分的情况下,又是哪些人在起着与"系官围田"的总佃相似的作用呢? 我认为他们应该是当地较为富裕的主户。在王艮《议免增科田粮案》中主张保护的主户当中,当然包含着"系官围田"总佃那样的富室大户,但是,更多的应该是一般的富裕主户。这些富裕主户,在"系官围田"的耕垦中,他们协助总佃展开工作,在官田私田混杂的圩区,他们组织自家佃户以及周边的官田贫佃户修筑圩堤,应付贷粮。这就是浙西地区官田经营中富裕主户们的实态。

代结语

以上,本文从几个不同的侧面对 13 世纪后半叶至 14 世纪前半叶元代浙西地区的官田贫佃户展开了尝试性的探讨,内容可归纳为以下几个方面。

一、13 世纪后半叶至 14 世纪前半叶元代浙西地区的官田贫佃户,他们是官田的第一承佃人,按规定缴纳官田税粮,但他们并没有像官田第二承佃人那样的事实上的田主,全凭己力自行耕种。在官田直接生产者中,他们所占的比例并不少。

二、这样的官田贫佃户,并不一定能够纳入到普通的田主＝佃户关系中去,也就是说,他们没有佃种民间私田或事实上成为田主私田的官田,不缴纳私租,因此游离于田主＝佃户关系之外。由于他们没有能够帮助他们维持再生产的特定田主,因此从这个意义上来说他们必须"孤立"地维持再生产。

三、但是,官田贫佃户的再生产活动并非完全孤立无援,他们通常能够得到同样作为官田第一承佃人且拥有私田的富裕主户的庇护,获得贷粮及修筑圩堤等支助,由此维持官田再生产活动。

四、在"系官围田"的经营中,官府会指定作为第一承佃人的富室大户为总佃,负责征收官田税粮,并维持贫佃户的生产经营。在应付贷粮、修筑圩堤等事业上，总佃不仅是最大的出资人，也是最重要的组织人，起到了关键性的作用。同时，其他主户也会出资出力，分担和协助总佃的工作。在官田民田混杂的圩区，则由属于富裕阶层的主户承担维持贫佃户的再生产。

五、在 1339 年（至元五年）的一项记录中可以看到，主户在对包括官田贫佃户在内的小户的再生产活动中起到了重要的作用。然而，1298 年（大德二年）的一项记录中，则提出了官田贫佃户完全处于孤立无援，无法维持再生产的境况。要想正常维持支援官田贫佃户再生产的机制并非易事，13 世纪后半叶，这种机制已经显示出了颓废的征兆。在田主＝佃户的关系下，田主向佃户的贷粮是惯例，通常是"候至收成，验数归还"（《元典章》卷十九《户部五·种佃》佃户不给田主借贷条），不想让佃户背上高利贷。然而现实情况却是"必勒令多取利息才方应付"（同前），以至于朝廷不得不下令劝谕田主，希望他们仅"照依元借的实数目"（同前）收回贷粮。类似的现象，在官田总佃、主户向贫佃户贷粮时也会出现。《踏灾行》中李千五一家不得不"要还私债"，或许就是身负高利贷所致。

仅通过以上几个方面的考察，既无法完全弄清 13 世纪后半叶至 14 世纪前半叶元代浙西地区官田贫佃户的生存状态，也无法判断他们的历史地位。而有关贫佃户再生产的实际情况，也只有将之与基于浙西地区农业生产结构的自然、社会诸条件，以及朝廷对官田税粮等一系列税收体系加以综合考察后才能明了。当然，对于 12 世纪尤其是 13 世纪中叶南宋晚期以降浙西地区的官田，其与当时土地所有制之间的关系，尤其是与当时既是民田佃户又作为官田第二承佃人耕种官田的佃户等各个层次的生产者之间的关系，这些问题的究明，也是进一步探讨官田贫佃户问题不可缺少的环节。

既然如此，仅就几个有限的侧面，且在资料相对不足的条件下，笔者又何故非要对这个问题做一些推论呢？

无论是资料上①还是最近的研究中②，地主＝佃户关系（即本文所谓田主＝佃户关系）在13世纪后半叶到14世纪前半叶的元朝以浙西为首的江南地区成为最主要的生产关系，这一点已经得到了确认。然而，广布于浙西（江南）地区的官田，作为第一承佃人并自行耕种的农民，即使在制度上可以把朝廷视作田主，在生产经营上也可模拟普通田主＝佃户关系下的佃户，但是否马上就能将之比拟为普通佃户呢？恐怕不行。因为他们不处在以租佃私田缴纳私租为纽带所结成的地主＝佃农关系的框架之中，明显具有日本中国史学界惯用的自耕农的一面。

不过，处于田主＝佃户关系框架下的普通佃户，与官田的第一承佃人并自行耕种的佃户，两者之间有着许多相似之处。他们均在围田内从事水稻生产，都是相对独立的直接生产者，在维持再生产的方式上，例如在青黄不接或遇上水旱灾害时，都需要从别处（对普通佃户来说是田主，对官田贫佃户来说是主户或总佃）获得贷粮，等等。

有关当时奴婢、佣工的生产情况，笔者打算将之作为今后的课题。目前来看，在13世纪后半叶到14世纪前半叶的浙西地区，田主＝佃户关系框架下的普通佃户和官田贫佃户，这两类直接生产者，至少是构成当时生产关系的重要要素。从而，弄清两者之间的异同和关联，是我们整体理解当时生产关系的重要课题。而且这个问题的解决，也是探讨16、17世纪生产关系变革意义的重要前提。之所以这么说，是因为既具差异性又具同一性的这两类农民，其实在14世纪后半叶到15世纪前半叶明朝初年的生产关系要素中依然存在。

对于14世纪后半叶明初浙西地区的地主＝佃户关系，笔者曾做过

---

① 在此举一段众所周知的史料。《元史》卷十八《成宗纪一》："至元三十一年（1294）八月辛巳，江浙行省臣言：陛下即位之初，诏蠲今岁田租十分之三。然江南与江北异，贫者佃富人之田，岁输其租，今所蠲特及田主，其佃民输租如故，则是恩及富室而不被于贫民也。"
② 前引相田洋《"元末叛乱"及其背景》〔"元末の反乱"とその背景〕第三部分《元代的土地制度》〔元代の土地制度〕。拙稿《明清时期的土地制度》〔明清時代の土地制度〕第二部分《十四世纪至十六世纪的地主＝佃户关系》〔十四世紀から十六世紀にいたる地主＝佃戸関係〕之1《十四世纪这一阶段的存在形态》〔十四世紀段階の存在形態〕。

如下的概括："明显存在着地主＝佃户这对关系,而且国家权力也强烈地意识到了这一点。这样的关系盘根错节,非常牢固,以至于政府在许多政策的推行上不得不借助于这种关系。"①另一方面,14世纪后半叶到15世纪中叶,即正统、景泰年间,包括浙西在内的江南地区,作为第一承佃人耕种官田的农民依然广泛存在,他们往往被称为贫民、小户、小民。②具体的事例如苏州府"洪武年间,人民布种官田,别无远运,年岁成熟,止勾纳粮"③;松江府有"种朝廷田……纳朝廷税"的"百姓"④;浙西各府都则存在着有别于"大户及巾靴游谈之士"的"椎髻秉耒,善良小民"纳"粮"(官田税粮占绝对多数的税粮)过多的记录⑤。这些记载都显示了农业生产者中承佃官田农民的广泛存在。据记载,当时苏州府的耕地中62.98%为官田⑥,松江府则为84.52%⑦,尽管这是15世纪以后的记录,但我认为这些记载反映了14世纪后半叶到15世纪前半叶的实际情况。在数量如此众多的官田上,既有从第一承佃人田主手中转佃官田,向田主缴纳私租的佃户,也有与13世纪后半叶至14世纪前半叶元代官田贫佃户一样的佃户,作为第一承佃人,他们直接从官府手中承佃官田,自行耕种,向朝廷缴纳税粮。也同样存在着春耕或修筑圩堤时向当地富室大户贷粮的现象。⑧

　　笔者在不同的场合下,站在不同的角度,对13世纪后半叶到15世

---

① 拙稿《关于十四世纪后半叶浙西地区地主制的札记》〔十四世紀後半浙西地方の地主制に関する覚書〕,《名古屋大学文学部研究论集》四十四。旧稿中的"地主—佃户关系"这里改为"地主＝佃户关系"。
② 前引拙稿《明初江南地区的官田——以苏州、松江二府为例(下)》〔明初江南の官田について——蘇州、松江二府におけるその具体像——(下)〕。
③ 《况太守集》卷九《再请夏税折布奏》(宣德七年(1432)九月)所引长洲县粮老徐璿状文。
④ 顾清:《傍秋亭杂记》卷上。
⑤ 《周文襄公年谱》景泰元年(1450)上执政书。
⑥ 参见前引拙稿《明初江南地区的官田——以苏州、松江二府为例(上)》〔明初江南の官田について——蘇州、松江二府におけるその具体像——(上)〕,本书第二章。
⑦ 同上。
⑧ 拙稿《十五世纪前半叶太湖周边地区的国家与农民》〔十五世紀前半太湖周辺地帯における国家と農民〕,《名古屋大学文学部研究论集》三十八,1965年。本书第三章。

纪前半叶浙西地区私田佃户和官田贫佃户这两类农民的差异性和同一性及其生产模式等问题展开了探讨,当然目前还很难说形成了什么统一的论点,今后这个课题仍将持续下去。

附记

[1] 本文 1972 年发表后,植松正于 1974 年在其《元初江南税赋制度》〔元初江南における徴税体制について〕(《东洋史研究》第 33 卷第 1 号)中对本文所引用的两条史料提出质疑并有所补正。

一条是本文第一节所引用《(至顺)镇江志》卷六《税赋·秋租》末尾所附金坛县的呈文。史料 B 中的"此人……曾受其田,或典卖其田"一句,笔者认为此处的受田、典卖是南宋末年公田创设以前的事情,植松正以为"没必要特意将公田创设前后划分为不同的阶段"。笔者考虑后认为植松正的见解有一定的道理,故利用此次本文被收入附篇的机会,依照他的说法进行了修改。又,植松正还指出笔者对金坛县呈文的定义有些模糊。在笔者看来,自己的定义与植松正的定义并无太大区别,不过确如他所言,在某些地方的表达不够清晰,此次亦按照他的说法对相关文章作了修改。

另一条是本文第二节—2 所引《(正德)松江府志》卷六《田赋上》所收《江浙行省所委检校官王艮议免增科田粮案》中"陪闭官粮,往往消乏"一句。笔者参考了稍后刊行的《(崇祯)松江府志》中的相同记载,将"陪闭"改作"陪贩","往往"改为"在在",对此植松正也提出质疑,并援引"揭借闭纳"等元代事例,认为应当依照《(正德)松江府志》的文本。笔者赞同植松正的意见,据此对相关部分作了修改。

[2] 在本文 1972 年发表之前,长濑守也发表了《元代江南佃户论序说——以农业水利集团的组织化为中心》〔元代江南佃户論序説——農業水利集団の構造化を中心に——〕(《若杉研究所纪要》9,1970 年)、《元朝江南的佃户(其二)》〔元代における江南の佃户(其二)〕(《本州女子短期大学纪要》1)等与本文主题相关的论文。另,长濑守在稍后出版的《宋

元水利史研究》〔宋代水利史研究〕（国书刊行会，1983 年）第五章《元朝统治下江南税役体制的一个侧面》〔元朝の江南支配における税役体制の一侧面〕中，对《元史》卷一百三十八《燕铁木儿传》所见"总佃者"展开了讨论（该书第 665 页）。长濑守采用了本文注 16 所引周藤吉之论著（《宋代史研究》第 369 页）中将"总佃"理解为"管庄"的观点，认为他们是官田从事"某种庄园经营"的管理人，并对笔者的观点提出了异议。关于周藤吉之对"总佃（管理人）"的简要叙述，本文在当初发表时就已论及。在笔者看来，问题在于本文第二节见到的"至大初，江浙行省督治围田"这段史料，它表明当时维持官田第一承佃人再生产活动的已不再是总佃的职责。关于这个问题，今后还需做出更加具体详细的探讨。

附篇二 15 世纪前半期苏州府的徭役制度改革

前言

　　笔者在前稿——《十五世纪前半期太湖周边地区的国家与农民》[①]中,分析了明朝洪熙、宣德年间(1425—1435),江南巡抚周忱与苏州知府况钟实施的以税收制度为中心的各项政策,并尝试着解明该时期国家与农民的关系。由于篇幅所限,该文只是稍微涉及与徭役制度相关的政策。因而,即使不考虑方法论的问题,该文在通过国家税赋体系的角度考察国家与农民的关系方面尚留有很多值得充分讨论的问题。本文研究的时间范围为宣德五年至景泰二年(1430—1451),即周忱的在任期间。况钟的在任期间亦包括在内,即宣德五年至正统七年(1430—

[①]《名古屋大学文学部研究論集》38,1965 年(请参看本书第三章)。此外,在本文中,除将该文称作"拙稿三"之外,还涉及以下两篇旧文:即"拙稿一",《明初江南の官田について——苏州松江二府におけるその具體像——上・下》(《東洋史研究》19 卷 3、4 号,1960,1961 年,即本书第二章)和"拙稿二"《十六世紀太湖周辺地帯における官田制度の改革上・下》(《東洋史研究》21 卷四号,22 卷 1 号,1963 年,即本书第五章)。

1442)①,研究的对象地域为苏州府。笔者希望能揭示出明朝徭役政策的特点——本文的研究主题就限定在这一点上。

一、徭役制度改革的必要性

从15世纪中叶开始,江南地区在编审徭役(包含了杂役以及正役之一部分)时,田土受到了前所未有的重视。这就是说,田土成为评定户等的基准,或者是编审役夫的直接对象。② 16世纪前半期,在太湖周边的松江府、嘉兴府以及常州府,虽然官田与民田都成了金发徭役的基准或直接对象,但与民田或者轻额田相比,官田或者税负较重的田土在实际操作中享受着减负的优待。③ 在16世纪,这种情况不仅存在于太湖周边的官田地区,而且也存在于浙东、福建、江西、湖广等地。④ 纵观整个明代,很多证据显示,只要有官田与民田的区别,便存在着上述徭役负担不一的情况。例如,《明实录》中记载的洪武年间编审徭役的数例,或者松江府华亭县人陆深(死于嘉靖二十一年,即1542年)在《溪山余话》中论

① 关于周忱和况钟的受命经过、在任期间,以及双方的亲密关系,请参看"拙稿三"第1节和第五节的1、3。
② 编审杂役时重视田土的倾向始于15世纪中期,关于这一问题,可以参照山根幸夫《十五、六世纪中国における赋役劳働制の改革——均徭法を中心として》(《史学雑誌》60编11号,1951年。后收入《明代徭役制度の展开》,东京女子大学学会,1966年。而且,"包含正役的一部分"的观点,不是山根幸夫的意见,而是笔者的看法,意思是指那些里甲正役形式承办的上供物料和公费。"官田与民田都成了金发徭役的基准或直接对象"也是笔者根据本文第三节中引用的史料B提出的观点。史料B言及了弘治十二年(1499)的"今例",根据该规定,杂役的一部份是以"官民田每亩出银若干"的形式出现的,即以田土为单位折银。笔者据此推断,在15世纪后期,上记的上供物料和公费的一部分以里甲银的形式折银,并按照田土编审。正如注(26)中所说,苏州府吴江县为了支办上供物料而设置了义役仓,该仓在成化六年(1470)时储存了米和相当数量的银两。此外,本文中对于明代徭役制度以及杂役的论述,除参考了山根幸夫关于上供物料和公费的研究外,还参考了山根幸夫《明代里长の職責に関する一考察》(《東方学》三,1951年),以及岩见宏《明代地方财政の一考察——広东の均平银について》(《研究》三,1953年。后收入《明代徭役制度の研究》,同朋舍出版,1986年)等文章。
③ 拙稿一,上,注(13)。参照本书第二章第二节及第116页注①。
④ 拙稿一,上,注(13)。参照本书第二章第二节及第116页注①。我认为,由于从15世纪已经开始按照田土编审折役银,故在16世纪出现了平均每亩税役总负担量的强烈要求。我们在评价这一点时,必须考虑不同时期的特殊性。

及的"官田轻而民田重"的情况。① 这就是说,虽然明朝自成立以来就规定了官田的每亩税负高于民田,但是通过减免官田的徭役负担(主要是杂役),保持着国家控制下每亩田土负担总量的平衡,并且还主动为此设定了一定的界限。

但是,在本文研究的 15 世纪前半期,明朝政府是如何减免官田承担的杂役的呢?

在此,我们必须把从洪武初年至本文研究的 15 世纪前半期为止的时期,与此后的时期进行比较。在后一时期,由田土负担的徭役在一定程度上进行了折银(即变为直接赋课对象的役银)。因此,我认为,在 15 世纪中期以后,减免官田杂役主要是指减轻役银的编审数额;而在此之前,则是在编审户等时的减免。

从永乐初年起,编审户等时的减免开始出现了部分的瓦解。明朝政府不仅将民田所有者,而且将"承佃"官田的粮户亦置于里甲制(征发税役的基础)之中加以控制,并以此编审里甲正役。可见,政府不仅没有否定向官田承佃人征发杂役的权利,反而保留了这一权利。②

不过,在明初编审里长户时,由于其判断标准是"丁产相应",故必然要考虑该户所有田土中的官田与民田的比率或者有无的问题。例如,当完全耕种官田的粮户被"编入图内轮当"时,也被登记为甲首户。对于里长分派的杂役,他们或许可以利用这一理由获得减免。

此外,在太湖周边地区,特别是苏松地区,由于官田的比重非常大,自明初设立官田以来,要想全面实行减免杂役是非常困难的。③ 正是由于这一点,减免官田徭役负担的习惯做法开始瓦解,政府在明初设定的每亩田土总征收量的界限被突破。例如,南直隶的苏州府、常州府、镇江府、松江府,以及浙江的杭州等六府,原本只有民田税额是编审杂役的标

---

① 拙稿一、上、二。参照本书第二章第二节。
② 拙稿一,下,注(24)。参照本书第二章。
③ 拙稿一、上、二。参照本书第二章第二节。

准。但是从永乐初年开始，为了编审前往北方的"买马当站"的杂役，政府不得不改变既存的做法，将官田税额也做为编审的标准。① 又如，笔者在拙稿三·2(见本书第三章第二节)中所述，在洪熙、宣德年间的苏州府，运送税粮等项杂役日趋繁多，通过正役征收的各种杂派也在增加。这些徭役负担甚至已经动摇了农民生活与生产的基础。这一事实表明，创立于十四世纪后半期的明朝，正在不断地突破自身曾经设定的每亩田土总征收量(包含税、役两者)的界限。而且，永乐初年苏州府编审标准的变化最终将以官田制度为核心的国家税粮征收体系引向了崩溃。

　　通过里甲正役而征收的各种杂派(主要是上供物料)之增加，以及其带来的具体问题，待后文详细论述。② 对于缴纳官田赋税的农民而言，原本不需要他们承担的杂役，到这时也被派给了他们，而且他们也清楚地意识到了这种变化。例如，宣德七年(1433年)苏州府长洲等县的粮长、老人徐璇等在"状告"知府况钟时称③：

　　各县田地低洼，粮额浩大。洪武年间，人民布种官田，别无远运，年岁成熟，止勾纳粮。……至宣德四年……与各处民粮一般拨派远运，加耗对支。

　　官田税粮的庞大漕运，是永乐北迁这一事态所带来的结果——这一点是洪武年间未曾预料到的。虽然这并不意味着其他的杂役会立刻增多，但官田在负担本身税粮之外，还需要负担远运。相比之下，民田则没有这一负担。宣德六年，由每户征派一人参与远运。况钟在目睹这一情况后指出："人户中单丁者，一身运粮，则一户之田粮谁任。"④并说："别项杂泛差使，比于别处，尤为重繁。"⑤

---

① 参考拙稿一，上，注(12)。拙稿三，2。以及本书第三章第二节。关于这一问题的论述参考了收录于《况太守集》卷七《请免借马及派买物料奏》。系于《明实录》宣德七年六月戊子朔条下况钟的上奏中，也提到了这一事实。
② 参照本稿第二节，2。
③《况太守集》卷九《再请夏税折布奏》，宣德七年九月十五日。
④《况太守集》卷八《丁少粮多请免远运奏》，宣德六年三月八日。
⑤ 同上。

在此后的 16 世纪,虽然必须考虑当时的特殊情况,但习惯上依然是普遍减免官田的杂役。从这一点来看,我们可以认为,在本文研究的 15 世纪前半期,明初以来的习惯做法依然发挥着作用。事实上,宣德七年(1432),苏州府常熟县的"粮里人长陆完等连名状告",称该县在"二十余年"之前,已经将荒芜官田"照数召佃成熟",与民田一并"应当水、马驿站之重难差役"。[①] 这一事例表明,当地的"粮里人"似乎认为官田与民田不同,不能作为负担"重难差役"的标准。同时,这一事例恰恰表明,在当时的苏州府,官田已经是远运,乃至其他轻微杂役编审对象了。

在这样的历史条件下,周忱、况钟等实行的与税粮征收制度相关的诸项改革,是希望通过削减 20%—30%的官田税负,从税粮的方面来防止明初所设立的税赋总征收额的日益膨胀。不过,改革势必涉及到徭役制度。长洲县老人在天顺二年至四年(1458—1460)之间提交的某项呈文[②]中,记载了周忱在这方面的改革,还论述了他"均徭役"的动机:

> 先蒙巡抚周公念苏松税粮繁重,百姓艰难,深惟民情,均其徭役。

笔者在拙稿三(本书第三章)中,已经论述了周忱对远运的部分改革,即由出力变为按照新标准交纳一定量的附加税。这其实是对于杂役负担方法的一项重要改革。其后,这种交纳附加税的方法逐步扩展到正役、杂役等其他方面。

二、况钟的改革

(一)

从宣德五年(1430)到正统四年(1442)的 13 年间,苏州府知府况钟

---

①《况太守集》卷八《请军田仍照例民佃奏》,宣德七年三月。
②《(正德)姑苏志》卷十五《田赋·徭役》。另请参照本文第三节。

实施了多种徭役政策,详见注释。① 本文将主要探讨与编审杂役方法相关的政策,以及征发上供物料——正役之一部——的相关政策。这些都是这一时期徭役政策中最为重要的部分。

关于徭役的编审方法,况钟实施了新的政策。《况太守集》中所载的同时代人的言论就反映了这一点。

_____

① 况钟自宣德五年(1430)至正统七年(1442),在苏州府担任了13年知府,实施了一系列的徭役改革。如果《况太守集》卷七至卷九的《兴革利弊奏》,以及卷十二、十三的条谕逐条深入探究的话,未免太过繁杂。他的同时代人,以翰林院修撰致仕的苏州府吴县人张洪撰写了《况钟传》,其中论及了况钟在宣德五年到宣德九年之间推行的政策。我们据此摘出一些与徭役制度有关的条目。该文收录于《况太守集》卷四,并附有翰林院侍读周述于宣德十年撰写的跋文。两文都属于与况钟同一时代的史料。需要指出的是,《况太守集》卷一至卷三的《列传》的形成时间较晚。
　　一、择民之谨厚者,轮充馆夫、里胥,不得免差。
　　二、请免洪武三十五年借拨兵州县驿马若干匹。
　　三、罢平江伯岁取民船五百艘,免买船米十五万八千石。
　　四、因转输有远近之殊,……得减运临清粮六十万石。
　　五、(宣德)七年正月,公再至,禁……赋役里中贫富不均者。
　　六、奏免阔白三梭布七百匹,免费银数千两。(宣德八年以后,朝廷允许当地在纳税时以阔白三梭布折纳米谷。而在此所指是作为里甲正役的赋课。)
　　七、均其徭役,民不怨嗟。
　　八、民以接递官物,终岁在官,不得贩负。公验丁轮差,岁不过三次,罢其在官者。民始遂其生理。
　　九、置纲运簿以防运夫浸盗,馆夫簿以防非礼需索。
　　在张洪该文中未能言及的内容,则根据《况太守集·条谕》补充如下(另请参看本书第三章第二节)。
　　十、免除修造捕倭船只木料费。
　　十一、削减铜铁、金箔、颜料、油蜡、牲口等项物料的数额。然而,根据《况太守集》卷七《请免借马及派买物料奏》(宣德五年十一月),卷八《再请免放荒粮及夏税科派奏》(宣德六年二月)的小注,两次上奏都遭到否决。根据《明实录》宣德七年六月戊子朔条可知,况钟在当时要求"凡有科征,或以民粮,或以户口为度",得到了批准。
　　十二、根据《况太守集》卷十三《条谕》下中收录的《定巡拦革弊示》记载,苏州府税课司和长洲、吴二县税课局,"每年四季,额设巡拦,收办商税、门摊等项课钞,按季送纳"。巡拦属于都市坊厢里甲之役,按照规定通常按里甲轮流充当。文后附有"坊厢里甲"轮充巡拦的年次,即"宣德八年巡拦,十二、十六年复应当,宣德九年巡拦,十三、十七年复应当。"可见是按照每四年轮当一次的方法分派于各里甲。文中还说,"附近浙江杭州府司局巡拦,止是坊厢当年里甲轮流,五年一次应当,实为均平"。总之,是以"坊厢里甲"为对象,使之"排定年份轮当"。杭州府的事例与上述每四年轮当一次是同样的。所谓"五年一次",估计是指包括服役年度在内,在第五年担当下一次。

（宣德）七年正月，公再至，禁词讼之株连者，民无业而游惰（原书作"情"）者，以供办名色聚敛财贿实不供官者，以官田作民田盗卖者，赋役里中贫富不均者。（《况太守集》卷四《张太史（洪）赠太守况公前传》）

再明年（宣德七年），又奏二十六事，榜禁又十六条。其间如参拿指挥盐徒，及均徭役，修圩岸，建义役仓，以剩余米折纳民麦绢诸税，又皆他人所畏避，所筹划不到，因而不言者。（《况太守集续集》卷五《缙绅贻赠文翰所收之忠贞录序》。宣德甲寅（九年）苏州府儒学教授何横恭撰）

以上是其中两例。自然，这些表述，就像任命况钟为苏州知府的敕谕中所称"察其休戚，均其徭役，兴利除害，一顺民情"（《况太守集》卷五《特赐任苏州玺书》）一样，并没有跳出套话的范围。但是，根据上面引文中同时代人所称"禁赋役里中贫富不均者"以及"均徭役"的表述，我们可以看出，这些绝非装饰性的词汇。更正确地说，况钟的"均徭役"是有具体内容的政策。宣德十年（1435）八月九日，吏部依据"抚民侍郎周忱、巡按直隶监察御史赵奎咨呈"而起草了《经进优异政绩显看一宗》（《况太守集》卷十六《民情部案录》），其中列举的"本官前后奏疏及政绩"中，有如下记载：

宣德七年八月，为除奸革弊事。行属县，将十年坊、厢里长应当巡拦，乡村（里长）应当库子、斗级、馆（夫）、膳（夫）、防夫等役。小户甲首，应当夫差。编定册籍，周而复始。赋役始能均平。

这一记载直接关系到杂役编审方法的基本原则，故必须加以重视。在此，我要指出，这一政策有如下特征：

第一，巡拦属于坊厢的杂役，而库子、斗级、馆夫、膳夫、防夫等杂役则属于乡村的杂役，两者均由里长户充当。而夫差则派给小户或甲首户。这就是说，杂役中相对主要的、而且负担较重的任务通常被派给称为十年里长的里长户。而对于小户和甲首户来说，他们充任夫差，通常只需提供劳动力，并被置于辅助性的位置。

第二，"周而复始"指在编审杂役时，采用了与里甲正役相同的轮番制。而且，轮番是以各里长所率领的一里十一户为单位的。这一推测大致不差，但尚不清楚轮番的相隔年数。①

第三，编制了用于编审杂役的册籍。

如上所述，这一制度的要点在于，其根植于里甲制中里长户与甲首户的区别。在编审杂役时重视里长户阶层，并导入了里甲制中固有的以里甲为单位的轮番制原则。换言之，改革杂役编审原则的意义就在于根据里甲制的原则进行重组。关于这一政策的具体实施期间，本文将在第三节中进行讨论。

（二）

在况钟推行的诸多改革徭役编审的政策中，留下了最详细记载的是与上供物料——里甲正役之一部——有关的部分。在本文研究的时段内，各种上供物料的赋课，以及当地豪强在征收过程中的榨取，都严重地影响到农民的生活。②

以工部为首的中央六部，以各行政单位的税粮总额为基准，向其科派上供物料。因此，拥有巨额税粮的苏州府势必要负担大量物品（或者

---

① 清代乾隆年间在编辑《况太守集》时，收集了形成于况钟生前的原始资料以及形成于后代的资料，并且"以列传为其弁首"（《况太守集续集》卷十二，乾隆二十九年甲申夏五上瀚日熏沐敬跋）。《列传》中（《况太守集》卷二）对况钟编审杂役的方法有如下记载："里民苦于差役不均，公编定册籍，每十年轮转，凡坊厢里长应当巡拦，收办商税、门摊等项；乡村里长应当库子，斗级、馆、膳、防夫等役；小户甲首应当夫差，而役始无偏枯之弊。"

　　这一记载显示杂役是十年一役。不过，正如上注中所引况钟在《条谕》中明确指出巡拦是四年一役。故我认为列传的记载有误。后人编撰《列传》"十年轮转"的说法，大概出于对"十年坊厢里长"和"编订十年里役"的误解，并混杂了日后实施的均徭法的某些要素所致。"编定十年里役"出于宣德十年的《经进优异政绩显著看一宗》。该文前半部分叙述了况钟从赴任以来的施政情况，其中简单介绍了他推行的徭役政策。对于编审杂役的方法，文中也确实提到"编定十年里役"（见下）。这也许是《列传》作者的依据之一。我认为，此处所言"十年里役"是指"原本十年一次的里甲之役"，重点在"里甲之役"。该文后半部分列举政绩都十分具体。基于这些原因，我更加重视该文的后半部分。

　　七年二月再至。……行各县，编定十年里役。大户居城市者轮当巡拦，居乡村者轮应当库子、馆夫等役，甲首小户应当夫差，周而复始，赋役均平。

② 参照拙稿三、2，以及本书第三章第二节。

相应数额的米、布、银两)。① 况钟在上奏中将这种情况称为,"买办军需颜料等件繁多"、"坐派铜铁、金箔、颜料、油蜡、牲口等项数多"、"部派本府采办物料,与浙江同"、"各项军需颜料科差、重并繁多"。② 这种强制征收,与征收过程中种种形态的中间榨取一起,共同破坏了农民的生产与生活,使农民的劳动再生产成为不可能,并且动摇了国家对农民进行统治的基础。因此,为了削减征收项目以及征收总量本身,况钟自然要付出极大努力。终于,朝廷于宣德七年六月宣布免除苏州府的若干征收项目。相比之下,民田的 15 万石税粮仅占苏州府税粮总额的不到 40%,而且每亩税负相对较低。最终,朝廷允许苏州府以上述民田的税负总额,或者以户口总数为基准编审"凡百科征"。③ 不过,这一政策似乎也只是部分的、临时性的措施而已。以苏州为中心的生产力极高的太湖周边地区,一直是朝廷征收各种物料的中心。这一状况,并没有得到根本改变。例如,在宣德九年七月初六日,朝廷向况钟颁发了《遣赐采办物料玺》,④其中对所需物料的质与量都有严格规定。苏州奉"上司明文有合供者,又不可废"。⑤ 在这种状况下,况钟等仅能做到:废除"收解役户、揽头人等"和粮长、里长、府县官吏等的从中榨取,阻止因负担不均导致"小民日

---

① 关于这一点请参看拙稿三、2,以及本书第三章第二节。此外,还需要注意况钟的以下上奏:

　　　节次奉到工部等部勘合,坐派铜铁、金箔、颜料、油辣、牲口等项数多。着将本府田粮,照依别省布政司民粮一体科派,委的租繁粮重,民贫艰难(《况太守集》卷七《请免借马及派买物料奏》,宣德五年十一月)。

　　　窃,浙江十一府六十八县,今部派本府采办物料与浙江同,愈见民难。臣已具情奏知,未赐明降。如蒙准言,乞敕大臣该部计议,一应科派,请照民田粮,免户内重额粮派办,民生庶稍苏矣。(《况太守集》卷八《再请免抛荒粮及夏税科派奏》,宣德六年二月)。

② 见《况太守集》卷七《请减秋粮奏》,宣德五年七月二十六日;卷九《再请夏税折布奏》,宣德七年九月十五日。并请参看上注。

③ 参照第 487 页注①之十一。

④ 《况太守集》卷五《遣赐采办物料玺》,宣德九年七月初六。

⑤ 张洪《义役仓记》,见《(弘治)常熟县志》卷二《叙宫室・仓库・义役仓》。

加贫苦"的趋势，从而达到使"军需颜料易完，官民两便"的目的。①

况钟根据常熟县知县郭南的请求，在咨询府下各县里老之后设立了义役仓，对里甲正役中征派军需和颜料的方法进行了改革。② 况钟在《请建立义役仓奏》（《况太守集》卷九，宣德九年五月十三日）中首先引用了常熟县里老周伯琦等人的"连名状呈"：

> 为民情事。据常熟县申，里老周伯琦等连名状呈，……如蒙准呈，乞将本县五百三十里于秋成时，每甲出米五十石。如甲内内实有事故贫乏者，于各甲首并该管里长均办。布货之类折米五十石。本县置立支收文簿二扇，用印钤记，着令各仓场总收，并管区粮长收掌。每区选服众里长一名，眼同现数收贮。本县另置总簿一扇，遇有坐派军需颜料等项到县，照依时估，合用价钞，明白将所收米及货物支拨买办。合用解人，于各区现役里长内选取，挨次轮流解纳。如有多余，下年支用。不敷，另行均办。庶得军需颜料易完，官民两便。
>
> 具申到府。臣问得各县里老，俱称利便，民无科诈。如蒙准言，乞敕大臣该部计议，着令每县皆置立义役仓及簿，管印正官收掌，明白出纳，……如此，则科派均平，奸弊顿革矣。缘系切实民情，谨具题请旨。

---

① 《况太守集》卷九《请建立义役仓奏》，宣德九年五月十三日。该上奏提及这一时期具体情况：

为民情事。据常熟县申，里老周伯琦等连名状呈，本县近年以来，蒙上司坐办军需、颜料等项，均派本县五百三十里应办。每被收解役户、揽头人等，加倍计价。及收料之时，又将时值货物，刁难折半收受。有侵收费用不行解纳者。又有解部只纳一半、回县捏告被盗遭风失水重复科征者。粮里在县，为因差来官员人等催并紧急，着令借办纳足，后于里甲处取讨，以一科十者。及府县该吏，倒批指诈取财物者。以致军需、颜料，经年不完。差官坐并，又复行县重派科办。近体得每年甲首一名，有使用米麦二、三十及五十石以上者，有甲首自家道殷实，通同粮里作弊，全不办纳者。每里计算，使用米麦至四、五百石，以此小民日加贫苦。

② 义役仓应常熟知县的申请而设立的。请参看上注所引《请建立义役仓奏》。此时知县是郭南，详见《（弘治）常熟县志》卷二《叙宫室·仓库·义役仓》。但是，同书所收张洪《义役仓记》则作"郭公世南"。《（嘉靖）常熟县志》卷二《徭役志》以及卷五《历官志》、卷九《义侠志》均作"郭南"。

为了更加清楚这一改革中现役里甲的情况,请看况钟的同时代人、苏州府张洪的记载(《(弘治)常熟县志》卷二《叙宫室·仓库·义役仓》):

> 上虞郭公世南为常熟知县,深知其弊,……乃询其民曰,吾欲令见役里甲每里均出米五十石,邑五百里,计米二万五千石,申达上司,公同支用,庶免以一科十之弊。于若等为便耶?众曰,昔时甲首应役一年,腿无完肌,家业荡尽。今助米五石,则有十年之安。政之善者,莫善于此。

《(弘治)常熟县志》对义役仓还有如下说明:

> 宣德九年,知县郭南乃议,每里米五十石,五百里计米二万五千石,奏立义役仓,收贮支用。里甲以十年轮转,一年出米,九年无差。民咸便之。乃于济农仓北买地七亩,置仓二十间。今废。

我们依据这些资料可以知道,宣德九年(1434),况钟根据常熟县的提案,对军需、颜料等上供物料的征收方法进行了改革,并推广于苏州府所属各县。综其特征,有如下数点:

第一,原本属于"坐办"的军需和颜料的临时性课征由此变为固定的上供物料,按照每年每里出米五十石的比率分摊于各里。

第二,在各里中具体负担上述五十石的是每年的现役里甲,即十年担当一次正役的里甲。这样,由各里甲负担的上供物料被重新定期化和定量化,即十年一次,每次负担五十石。与此同时,各里甲内部的甲首户负担也随之定期化和定量化,即十年一次,每次出米五石。

第三,在现役里甲之内,各甲首户每户需出米五石。而对于甲内丧失成年男子劳动力、陷入贫困状态的甲首户,则由里长户与其他各甲首户一起,通过缴纳布、货等形式代纳。此外,除了负责征收该里甲的五十石之外,里长户还要负责办理采办上供物料,以及运输和缴纳事宜,这些又是一项沉重的负担。

这样,义役仓的设置导致了上供物料征派的定量化(即在一定程度上固定了长期以来作为里甲正役进行科派的上供物料的负担量)和定期化(即以现役里甲为单位进行征收)。同样,其中含有按照里甲制固有的里长户和甲首户的区别分担上供物料的意图。最后,从这一政策也能看出,徭役编审方法的改革是围绕里甲制展开的。[①]

三、周忱的改革

通过周忱的政策,首先对15世纪前半期太湖周边地区的徭役制度改革进行分析的,是鳖宫谷英夫的《近世中国的赋役改革(一)(二)》(《历史评论》1—2,3.1946年)。他在第二篇文章中写道:

> 宣德十年(1435)或者之前,均徭法便已实施。……江南巡抚周忱在推行了田赋的折银改革之后,便针对苏州、松江地区繁杂的徭役及其分派不均的状况,开始推行均徭法。每户三年轮当一次,同时改为折银缴纳。被派充均徭役之人无须亲身服役,而仅需每人纳银一两。……宣德十年之后,周忱的均徭法虽然被后任江南巡抚废止并代以旧法,天顺年间(1457—1464),又根据地方民众的要求,再次实行了均徭法。

以上是鳖宫谷英夫对于周忱改革的介绍。他强调,将部分徭役折银在赋役改革史上具有重要的意义。周忱的均徭法最早实施于15世纪前半期的苏州和松江,是全中国范围内最早的赋役折银改革。

与此相对,山根幸夫发表了《十五·六世纪中国における赋役劳働制の改革——均徭法を中心として》(《史学杂誌》60编11号,1951年)一文。山根幸夫在文中指出,鳖宫谷英夫在研究周忱改革时,利用的主要是后世编纂的地方志,即清代的《(乾隆)江南通志》与《(光绪)嘉定县志》,故将这一改革的特征归纳为徭役折银,并称这一改革创始了均徭

[①] 我认为,通过设置义役仓承办上供物料的政策,至少实施到正统七年(1442)况钟病逝于任上时为止。成化六年,该义役仓中还储存有米13,080石,银10,206两。见嘉靖四十年(1561)刊《(嘉靖)吴江县志》卷五《公署》。

法。可见,山根幸夫认为,鳖宫谷英夫将周忱的改革看做均徭法未免过于轻率。随后,山根幸夫引用了距周忱较近的弘治十二年(1499)修《(弘治)常熟县志》,阐述了如下观点:

> 宣德年间(1426—1435),江南巡抚周忱为了解决苏州、松江地区的繁重徭役,以及科派不均的问题,采取了如下措施。"岁以各都图十里正内,除见役并催粮里正外,其余里长定立年分,轮拨差役。……其各衙门隶兵等类,照前例里正领充,甲首均贴。众轻易举,民不知难。其水马站夫等重役按产富实者充当。"这样,便形成了如下制度,即除现役里长之外,其他里长按顺序轮充与各自财力相应的徭役,甲首则给予协助。这是对于徭役制度进行大致整理的尝试。其结果据说是"民不知难"。但是,周忱的这一改革实际上在多大程度上得到彻底实施呢,却还是疑问。

而且,山根幸夫在同一篇论文中,还论述了天顺年间(1457—1464)巡抚崔恭在江南地区实行的均徭法。山根幸夫指出,均徭法的特点是,将长期以来不定期科派的杂役,变成了与里甲正役同样,固定为每十年一次,以"甲"为单位进行科派。而为编审均徭法而设立的户则,其判断基准完全取决于田土的多寡。

关于研究中使用史料的当否问题,在此先暂且不论,留待下文再作辨析。在此,笔者尝试对二者的观点进行整理。鳖宫谷英夫的出发点是重视"旧中国封建农业社会"中的赋役折银。因此,他对于15世纪前半期周忱在苏州、松江地区的改革,是按照"均徭法=徭役折银"的思路进行研究的。而山根幸夫则是将15世纪中期到16世纪看做是中国赋役制度的变革期。在这一时期内,明初相对平均的土地所有变得集中,贫富悬殊开始表面化,根植于明初"社会经济构造"的徭役制度开始发生动摇,而均徭法是为应对这一变化而出现的。山根幸夫从这一观点出发,将周忱的杂役定期化政策,视为均徭法成立的前因之一并加以重视的。

为了解答本文的课题,不能不对两者的见解加以评价。而要做到这一点,则首先必须根据为数不多的资料,来解明周忱徭役改革政策的实态与特质。

从宣德五年(1430)至景泰二年(1451)的大约二十年间,周忱作为南直隶巡抚,管辖着太湖周边的三角洲地区诸府以及应天等府。据笔者管见,与周忱徭役制度改革相关的主要史料有以下六种。其中,清代的史料除 E、F 外,估计还有许多。不过,由于那些属于相对晚期的资料,因此不妨将鳌宫谷英夫与山根幸夫所用的 E、F 看做是清代史料的典型。

A. 弘治十二年(1499)　跋　《常熟县志》卷三《叙官治·差役》

B. 正德元年(1506)　序　《姑苏志》卷一五《田赋·徭役》

C. 嘉靖十八年(1539)　序　《常熟县志》卷二《徭役志》

D. 万历四十五年(1617)　叙　《常熟私志》卷三《叙赋·徭役》

E. 乾隆元年(1736)　序　《江南通志》卷七六《食货志·徭役》

F. 光绪六年(1880)　序　《嘉定县志》卷四《役法沿革》

在上述六种史料中,史料 A 与其他五种分属两个不同的系统。史料 A,即山根幸夫所用的史料从叙述方式与范围来看,与其他各种明显不同。但是,史料 A 形成于周忱离任后约半个世纪,是在《琴川新志》(琴川是常熟的雅名,该书有宣德九年序文)之后编写的常熟县志。《琴川新志》由张洪编纂而成,他与周忱、况钟为同时代之人,还撰写过况钟的传记。《琴川新志》附有曾在况钟属下担任常熟知县的郭南的后序。因此,我们可以推测史料 A 沿袭了《琴川新志》中关于周忱改革的记载。事实上,史料 A 中包含有丰富的内容,其中还有张洪为况钟、郭南设置的义役仓所撰写的文章,这一点大概也可以支持上文的推测。此外,史料 A 中,在与赋役的"今例"进行对比时,所采用的叙述形式是"先抚臣周文襄公忱时役法",从这一点来看,也是有力的证据。

史料 B 等其他五种史料的叙述方式与基本内容,都是相互一致的,用词本身也相同。这就是说,从史料 C 以下的各种史料,都源于史料 B、即《(正德)姑苏志》卷十五的徭役部分的双行夹注——《巡抚都御使崔恭札付》——中的一部分内容①。史料 F 是在论述自明初已有均徭的银力二差（这其实是错误的）之后，在"宣德十年巡抚周忱复定均徭法"这一标题下扼要地转述了史料 B 的内容。鳌宫谷英夫关于"均徭法的出现与实施不会晚于宣德十年"（1435）的论断即出于此。史料 E 虽然是对史料 B 的最为详细的征引，但也将史料 B 中论述的周忱推行的徭役改革看做是均徭法，以"天顺间巡抚都御使崔恭仿前巡抚侍郎周忱遗法编定均徭"为根据展开进行论述，这也成为了鳌宫谷英夫关于"周忱改革即是创始均徭法"的论据之一。此外，山根幸夫同样根据上述史料 E，得出"天顺年间，巡抚崔恭在江南地方施行均徭法"的论断。

为了追溯到周忱徭役改革的原型，必须重视史料 C—E 的出发点、即史料 B 的记载。史料 B 即《（正德）姑苏志》，刊行于 1506 年，比史料 A 只晚了数年。因此、史料 B 与 A 史料一样，都形成于周忱离任后约半个世纪。由此可见，可信度较高，值得重视。而且，构成史料 B 全部内容的《札付》乃崔恭所作，他本人是在天顺二年（1458）六月，即周忱离任七年之后继任江南巡抚的，直至天顺四年（1460）十二月卸任。② 而且，在《札付》中引用了长洲县老人的呈文，其中将汪浒视作周忱政策的破坏者，而汪某其人是况钟之后的第四任苏州知府，在任期间为景泰四年（1453）到六年（1455）。③ 虽然尚不清楚《札付》本身是否完全保留了原始内容，但

---

① 其他史料如下：

[史料 C]周文襄公巡抚，悯苏民赋重，凡里长差役，每名俾出银一两轮当，人得停役二年。

[史料 D]国朝，巡抚侍郎周忱念吴下税重民艰，均其徭役，将乡都排年里长，编成一应差役，每名出银一两，轮当一年，歇息二年，酌量重轻，多寡朋合，犹如轮转，民咸便之。

[史料 E]天顺间，巡抚都御使崔恭仿前巡抚侍郎周忱遗法，编定均徭。按（原文如此，意为按语）周忱法，将乡都通县排年里长编成定次，一应差役，每名（原书作"石"）出银一两，轮当一年，歇息二年，酌量轻重，多寡朋合，造册在官，犹如车轮。而胥吏无那移之弊，百姓便之。后知府汪浒，编作上中下九则之法，胥吏得上下其手。至是，崔恭以长邑老人之请，照忱之旧制均徭。

[史料 F]（宣德）十年，巡抚周忱复定均徭法。力差轻重不等，金役不均，忱令通县里甲排年，均编一应差役，每名出银一两，轮当一年，歇息二年，力役之困稍苏。

②《明代督抚年表》。

③《（正德）姑苏志》卷三《古今守令表中》。

是其中出现的官僚都是周忱、况钟的同时代人。因此,史料B也和史料A一样有着极高的可信度。

那么,以下便依据史料A和史料B,对周忱徭役改革政策进行分析。

> A. 差役。……国朝。先抚臣周文公裏忱时役法。
>
> 岁以各都图十里正内,除见役并催粮里正外,其余里长定立年分,轮拨差役。该运粮者,验里甲丁力俱相应,或二里,或三里,领运远粮一船。里正充梢夫、纳户,各甲首合力同运。内丁力少者,听出贴备,免往。其运船次远者,里甲内亦以次领运,粮长分令部运而已。
>
> 其各衙门隶兵等类,照前例里正领充,甲首均贴。众轻易举,民不知难。其水马站夫等重役按产富实者充当。今例,岁按籍选差,不分里甲,将轮该年分内,上户、上次,充京师远难科解之类;中户、中次,充隶兵、斋夫、门禁之类;惟下下户免役。其拨不尽人户每丁出银若干,官民田每亩出银若干,轻重如额,纳官以应一岁公用。
>
> 南北运船,俱系粮长领运。①

史料A是将周忱时的"役法"与"今例"进行直接对比,将周忱"役法"记载成了明朝成立后唯一的政策。这一周忱的"役法",即编审杂役的特点大体如下:

1. 对于现役里长②之外的其他里长(即排年里长),设定其担当的年次,轮番分派杂役(即引文中所言的"差役")。

2. 具体编审杂役时,除去必须考虑杂役的种类与各里——如后所述实际上是各里的劳动力——之间的均衡外,更重要的是区分里长户和甲首户的负担方法。这就是说,里长户负责较重的杂役,甲首户和劳动力较少之户,或者提供辅助,或者"贴备"。这种里长户与甲首户

---

① 【译注:作者原文中使用的是汉文史料的日语译文,并在注释中转引了史料原文。翻译过程中将史料原文移至正文之中,故删除原注。但为了读者便于核对原文,故保留原注号码】。
② 我认为,"见役并催粮里正"所指为"见役里长"。因为"催粮"就是"见役里长"职掌。

之间的关系,自然是一个里甲之中长期存在的关系,这就意味着以"里甲"为单位编审杂役。与"不分里甲"的"今例"相比,周忱的方法恰恰是"分里甲"。

3. 水站夫、马夫等负担较重的杂役是"按产"由"富实者充当"的。

4. 与周忱时的"役法"不同,"今例"的特点是,"岁按籍选差,不分里甲,将轮该年分内",人户按照上、中的户等为基准编审相应的杂役(下下户免除),而不是"分里甲",即不是以里甲为单位进行编审。

在这些特征中表现出来的周忱"役法"——即编审杂役的方法——所具有的意义是,重视里甲制,以及由里长户、甲首户所构成的里甲内的阶层。在重视"里甲"的基础上,将其作为编审杂役的基本单位。当然,我们也不能忽略,周忱在任时曾将一部分重役分派给了资产丰厚之户,故编审杂役并非完全依据"里甲"单位。

此外,史料 A 中"其水马站夫等重役,按产富实者充当"这一点,也许正与宣德七年三月,况钟的《请军田仍照例民佃奏》(《况太守集》卷八)中所载的内容相互关联。《请军田仍照例民佃奏》中记载,常熟县里人陆完等"状告","本县已将前项田亩(即照民田例起科的官田)照数召佃成熟,至今二十余年,二次造册,应当水马驿站重难差役"。如果真是如此,那么考虑到"产富实者"大致属于民田所有者的情况,则可以认为,其间存在惯例。即资产富实者或民田所有者按照惯例充当水马站夫的重役。

史料 B、国朝役制。

里长、甲首黄册造定。巡栏、斋夫、膳夫、馆夫、粮夫、库子、斗级、门子、防夫、皂隶、祇候、弓兵、检钞夫、马夫、水夫、铺司、铺兵,俱均徭佥点。(以下为双行夹注)

巡抚都御使崔恭札付。据长洲县老人呈,先蒙巡抚侍郎周公念苏宋税粮繁重,百姓艰难,深惟民情,均其徭役。将乡都通县排年里长编成一应差役,每名出银一两,轮当一年,歇息二年。酌量轻重,多寡朋合，造册在官。犹如车轮而转，吏无那移之弊，民得轻鲜易完。① 至今。民有去思之念。

后蒙本府知府汪浒编作上中下九则之法。上户重役，中户中役，下户轻役。然其中以病民者有四。

九万人户付在吏胥之手，年月无拘，名数不定，难以稽考，易生奸弊。一也。

数年之内，消长难期。二也。

直部隶兵正副出银一十二两，尚有往回使用不计。中等之家，率难收集。三也。

今本县以从九则之册点选户役。其丰盈库子并各仓斗级，俱应于九则册内点选，今又着里长保选。非惟重迭错乱，而且奸弊复生。假如，本区人户王韦关，里长保殷实人户，纳红花价银二两九钱，则册内载出贴隶兵银四两，上下难以相照。重役多难者。四也。

如蒙，乞照侍郎周公所立良法，及吊本县原造文册详看，仍旧实施行。

参照所呈，有理合行，札付本府。转属县从公查勘，计议停当，开立前件，定夺施行。

根据史料B的记载，苏州知府汪浒在景泰四年（1453）至六年（1455）间实行了"上中下九则之法"，由此带来了编审徭役时的"病民"问题。为了纠正这一情况，"长洲县老人"等要求实施"良法"，其内容便是直至景泰二年担任江南巡抚的"周忱所立之法"。在此，将这一"良法"的特征，与"上中下九则之法"的特征放在一起进行考察。

1. 在一县的农村地区，以所有排年里长为对象编审徭役。（由于他们负担的是"一应差役"，故可以视为"杂役"）。

2. 决定轮当年次，即每三年担当一次徭役。除了承担实际役务之外，另要出银一两。

---

① 【译注：本条注释处理方法同第497页注①】。

3. 在编审徭役时,根据项目考虑负担的轻重("酌量轻重"),指定相应的里长人数,令他们一起从事该项役务("多寡朋合")。

4. 而与周忱的"良法"不同,有着"病民"缺点的"上中下九则之法"的重要特征是:将全县人户都列入上中下九则之中,依此编订"九则之册",由县衙门的胥吏支配,不以里甲为媒介,也不根据里长户和甲首户来调整里甲内的负担,而是由县当局直接向各户分派徭役。在史料 B 的后半部分,提到同时存在着"里长保选"与根据"九则之册点选户役"两种编审方式。虽然史料 B 中将此种情况列为弊病,但是"里长保选"之法是否就是周忱时"良法"的遗存呢?

从以上诸特征来看,史料 B 中所言周忱"良法"的意义,就是在于以里长为对象来编审劳役,明确了里长的责任所在。从这一点来看,笔者认为,这种"良法"其实是在里甲制中,以里长户与其他甲首户之间的区别以及"里甲"这一单位为依据,而从理论上加以演绎得到的方法。

在史料 B 中有如下记载,即"将乡都通县排年里长编成一应差役,每名出银一两,轮当一年,歇息二年"。对于这一部分,我解释为排年里长每三年承担一次徭役劳动(杂役),他们在从事种种役务之外,还要出银一两。与此相对,鳌宫谷英夫则解释为"不科派实际的徭役,而代之以每人出银一两"。鳌宫谷英夫认为,根据周忱实施的"均徭法",并非全部改为折银。但是,对于史料 E 中抄录的史料 B 的内容来看,只能得出全面折银的结论。不过,实际问题在于,长洲县有九万人户,按照一里 110 户的规定,则有 818 里,有 8 180 名里长。每年其中三分之一,即 2 720 人的里长需纳银 2 720 两。这 2 720 两,能否维持上级衙门乃至长洲县相关业务的所需支出,尚属疑问。① 而且,学界对于江南地区徭役折银问题,一直以来都有研究。根据现有研究,虽然可以设想从很早就有过多种形式的徭役折银,但要证明在 15 世纪前半期就实行了全面折银尚属困难。

---

① 如下注所述,宣德年间向长洲、吴县二县科派"捕倭船只木料"的置办费用达到 3 000 余两。这虽然不能直接证明 2 720 两为数较少,但是至少可以由此做出大致的估算。

另一方面，也许会有这样的解释，即"上述银一两是充当上供物料和公费的支办费用，是其后的以里甲银为代表折银的先驱"。不过，从同时代的况钟和郭南等设立义役仓（义役仓与上供物料相关）的过程来看，该"银一两"明显是作为正役的现役里长的负担，而不是排年里长的负担。还有，从史料B来看，由于是将周忱编审"一应差役"的方法与上中下九则之法作比较，故可知这一解释难以成立。史料B中"银一两"，大概是用于当时某项徭役——这种徭役正在出现折银的趋势，或者也可能是在宣德年间偶然出现的向排年里长科派的临时性银两①。无论如何，史料B中排年里长的负担，都应该不限于缴纳"银一两"，还应该包含有各项杂役。

那么，在史料A和B中所记载的周忱的政策有何种相互关系呢。在这两组史料中，对于周忱之"法"本身的叙述，史料A比较详细，史料B则略显简略，乍一看好像内容完全不同，没有任何关联。不过，正如上文分析，只要能跳出叙述的表象，就能发现两种资料所叙述的周忱之"法"存在着如下重要的共同特征。第一，无论是"上户、上次，充京师远难科解之类；中户、中次，充隶兵、斋夫、门禁之类；惟下下户免役"，还是被称作"上中下九则之法"的三等九则的户则，都是"不分里甲"或者"九万人户，付在胥吏之手"。这些方法都是不以里甲为媒介，采用直接向各户编审杂役的方法。而在两种资料中的周忱之法，都是与此明确不同的。第二，在任何一种资料中，对于排年里长都是通过决定轮役年次，从而在轮番制度下定期承担杂役。由此可见，史料A和B在表面上的差异，产生于对同一个"法"的不同叙述方式，实际上不妨视为可资相互补充的史

---

① 《况太守集》卷七《备倭船及开浚河道奏》，宣德五年十年九日。

　　一件为倭船事。据长洲等县顾荣等状告，本府坐派直隶苏州等卫所捕倭船只木料，各卫皆差百户李让等，带领旗军，到县坐催。为因本处不系出产，用价买到木植送纳，故作不堪，刁蹬百端，不收本色，每名排年里长，勒要银两布绢。……今思，捕倭船只，不过三四百艘，且如长吴二县排年里长计该一万余名，每名要银三钱，共该银三千余两，造船一只，作何费用，却将船拖延，经年不造。

料。基于这一考虑,我们继续分析周忱之"法"的特点。第三,由一个里长户代表里甲,成为一个承担杂役的单位。杂役的项目和负担是根据里长户和甲首户的具体情况分派的。里长户承担杂役的主要责任,而甲首户则处于辅助的地位。第四,在编审具体的杂役时,要考虑各项杂役的具体种类与各里(亦即各里甲)的劳动力之间的均衡。第五,对于水站夫和马站夫等负担较重之役,例外地按照资产"富实"与否的标准进行编审。第六,排年里长在轮当之年,除了要从事所定杂役之外,还必须缴纳规定的"银一两"。第七,排年里长每三年轮当一次。①

可见,周忱政策的基本内容是,以里甲(一里甲=十一户)为媒介,并以此为基本单位,在重视里长户的前提下,要求其定期地承担杂役。由此可以认为,该政策的特点在于,通过对里甲制度的灵活运用,改革编审杂役的方法。这一特点与况钟推行的编审杂役方法有相通之处,也与况钟对上供物料承办方法的改革有着共通点。如果提到编审杂役的方法,况钟的政策,或许是以周忱的政策为原型,亦或是以周忱的政策为基础的。不管是哪种情况,两者至少在实施的时间方面是相同的。

周忱的政策,至少始于苏州知府况钟推行改革杂役编审方法的宣德七年(1432),一直实施到汪浒担任苏州知府的景泰四年至六年(1453—1455)。随后,由于推行"上中下九则之法",周忱的政策被暂时废止。但到天顺二年至四年(1458—1460)崔恭担任巡抚时,由于长洲县老人的进言,又以某种形式得以复活。崔恭"巡抚苏、松诸府。按部,进耆老言利病,为兴革"②。史料 B 中记载到,崔恭收到长洲县老人的呈文后,认为"所呈有理",于是札付苏州府,令其指示属县筹划之后付诸施行。估计当时曾将"周忱所立良法"根据实际情况加以改定。不过,现时笔者尚不

① 所谓每三年轮当一次,其根据为史料 B。当然,从日后的均徭里甲的事例来看,所谓十年轮当一次确实毫无疑问。但如第 487 页注①所记,当时都市巡拦的是四年轮当一次。故我认为,在农村地区完全有可能实施三年轮当一次的制度,而并非拘泥于十年轮当一次。
②《明史》卷一百五十九《列传四十七·崔恭》。相关部分可参阅以下史料:《皇明名臣言行録》卷三十一;《国朝京省分郡人物考》卷八;《明史稿》卷一百五十二《列传四十七·崔恭传》。

清楚史料 A 中所言周忱"役法"时何时转变为"今例"的。

　　在上文的论述中,鳌宫谷英夫认为周忱改革的本质是徭役折银,亦即实施了鳌宫谷英夫指出的均徭法。对于这一观点,虽然确实有从担当杂役的里长户那里征收银两这一重要的事实,但是明显还是有很大的疑问。此外,山根幸夫基于史料 A,扼要地说明周忱的改革内容主要是由排年里长轮当徭役。这些虽然是正确的,但不管山根幸夫的疑问如何,根据史料 B 可以明确地看出,"周忱的改革"具有现实性,并且确实实施了一段时期。更大的问题在于,山根幸夫利用属于 B 系统的史料 E,在无意识中,认为天顺年间(1457—1464)崔恭在巡抚江南地区所实施的"均徭法",与史料 B 所述周忱的"良法"有着相同的内容。[①] 根据山根幸夫的见解,"均徭法"特征之一是,户则取决于田土的多寡,并记入均徭册中,根据户则高下编审杂役。但是实际上,崔恭是根据长洲县老人呈文中的描述,恢复了周忱的"良法"。周忱之"法",无论是参照史料 B 还是 A,都与"上中下九则之法"完全不同。至少在长洲县老人呈文中,"周忱所立良法"本身,就不同于山根幸夫在上文所指出的均徭法。[②] 相反地,若均徭法确是源于周忱之"法"系谱中的政策,那么本应该有这样的特征,即定期以甲(承担徭役的一里甲)为单位承担杂役。

　　由此可见,在研究 15、16 世纪以苏州府为首的江南地区徭役制度改革时,我们必须在重视山根幸夫集大成式的成果的同时,重新进行检讨。

结论

　　如上所述,周忱和况钟在 15 世纪前半期的苏州府推行的徭役制度的特点在于,依据里甲制度改革徭役编审方法。他们面临的问题是——

[①] 山根幸夫《十五、六世纪中国における赋役劳働制の改革——均徭法を中心として》。

[②] 岩见宏《明代における杂役の赋课について——均徭法と九等法》(《東洋史研究》24 卷 3 号,1966。后收入《明代徭役制度の研究》,同朋舍出版,1986 年)也对学界对均徭法的传统理解提出质疑。

每亩田土赋税总量超出了明初的规定,而农民生产和生活遭到破坏。不过,他们的改革并没有直接触及明初的规定,也没有着手解决减免官田杂役的习惯作法因征派杂役而遭破坏的倾向。他们是从包括杂役与正役在内的徭役征发制度的层面入手,对于官田地区的甲首户阶层(多数由全种官田户或者主要种植官田的农民家族构成),在实质上减轻他们的负担,间接地保存减免官田杂役负担的习惯作法。他们所实行的政策,以削减官田每亩税负 20%—30% 为中心。我认为,这种与税粮征收制度相关的改革,也是有意识地限制这样一种倾向,即属于甲首户层的农民家庭的负担被无限加重的倾向。

在国家以当地的社会关系为基础创设的里甲制度之下,属于统治层的里甲户与属于被统治层的甲首户之间形成了安定的从属关系。而周忱、况钟等正是以这一关系为前提,同时重视长期存在的十一户的里甲制,将其作为承担徭役的基础单位。并将里长户作为承担徭役的主要对象,依据其对于甲首户的统率力,来实施新的政策,

在十世纪,自从"宋的统一带来了中央集权的强化"以来,一般都认为"人民的差役,实际上是农村地主以役的形式来维持地方财政"。① 而且,成立于 14 世纪后半期的明王朝编审"赋役"的基准是"丁粮多寡"或"产业厚薄"。因此,在农村,拥有较多土地的农民要承担大部分重役,其中体现着"均其力"这一明初国家制度上的原则。同时,根据这一原则,编定了"上中下三等"民户,并且载于"赋役册",官府负责收掌并用于编审徭役,这也是明初制度的规定。② 徭役制度在 10 世纪以后的中国社会(补注)中,或者说以 14 世纪后半期明王朝为代表的中国社会中的变革过程正如前文所述。周忱和况钟在 15 世纪推行的徭役改革就发生在这一

---

① 宫崎市定:《宋代州县制度の由来とその特色》(《史林》36 卷 3 号,1953 年,后收入《アジア史研究》四,東洋史研究會,1964 年)。
②《(万历)大明会典》卷二十《户部七·户口二·赋役》。
　　洪武十七年令。各处赋役,必验丁粮多寡,产业厚薄,以均其力,违者罪之。
　　洪武十八年令。有司第民户上中下三等,为赋役册,贮于厅事,凡偶徭役取验,以革吏弊。
　本段中对赋役一词加以括号的原因是,因为在上述《(万历)大明会典》将"徭役"表述为"赋役"。

变革的过程之中。他们的改革是以里甲制度为中心，以里甲单位为基础，重视里长户这一阶层及其与甲首户阶层之间的关系，其最为明显的特征是，徭役编审的定期化和徭役负担在一定程度上的定量化。当然，被分为上中下三等的户等制度也存在于当时。周忱和况钟在借贷济农仓米之时，便利用了户等制度。不过他们在编审正役与杂役时，却正如前文所论述的那样，是以里甲制度为基础，而没有利用户等制度。① 不过，假如这一观点可以成立，但立刻会派生出一个新问题，即为何会有这样一个特征呢？要解答这一问题，已经超越了本稿的范围。在此，只能附记如下几点。

笔者在拙稿三中论述到，周忱与况钟所推行的诸政策的中心是征税制度，他们旨在强化国家对农民劳动力的控制，试图将其固定在以官田为主体的土地上，从而获取赋役。我认为，这一改革的本质在于，国家改变了统治农民劳动力的方式（不过，笔者也指出，这一政策同时也具有损害这种统治方式的客观意义——即推进了地主佃户制度）。那么，这种统治农民的方式是否就意味着明朝国家在实际上直接统治各个农民家庭呢？事实并非如此，前近代中国社会中专制国家对农民的统治，以及由此而来的国家对农民的诸多榨取，都必须以农村内部——即农民通过共同组织来从事生产劳动的场域——的社会关系为媒介，才有可能实现。即使在十四世纪后半期成立的明朝国家之中，这一状态也没有改变。这一阶段，利用当地的社会关系而组成的国家进行统治和收取赋役

---

① 关于济农仓，可参照拙稿三·5·Ⅶ或本书第三章第五节·Ⅶ。成化二十至二十一年（1484—1485）担任江南巡抚的彭韶（《明督抚年表》）撰有《巡抚文襄公周公碑》（载《（万历）嘉定县志》卷四《营建考下》），该文属于周忱传记中出现较早者，故可信度较高。文中对借贷济农仓米有如下记载：

> 其赈济农民，每岁插莳之际，于中下二等户内，验其种田多寡，每家给与二石或三石，一齐给之，秋成随粮还官。

此外，小山正明在《明代における税糧の科徴と戸則との関係》（《文化科学紀要》，7，1965）中指出，周忱等废除了依据户等（户则）科征税粮的政策，但小山正明并未否认户等制度存在和延续。

的机构就是所谓的里甲制，以及与此有密切关系的粮长制度。在 15 世纪前半期的太湖周边地区，当地社会关系中的统治层（即徭役体系中的里长户或者粮长户），超越了国家权力所期待的安定的统治和从属关系，成为"豪横粮里"与"土豪大户"。他们突破了原有规定，拥有大量的土地与劳动力，通过高利贷的债务关系不断地积蓄着"财富"。这些"豪横粮里"，在执行自身负责的徭役中，对国家取自农民的种种生产物进行中间榨取，威胁到农民的生产与生活的基础，动摇了国家对农民的统治。因此，洪熙元年（1425）以来，国家的官僚以各种各样的形式对"豪横粮里"与"土豪大户"进行了限制和镇压。然而，在另一方面，为了实现对农民的统治，国家又不能不依靠这种包括有"豪横"在内的当地统治层。换句话说，国家在自己规定的范围内，不得不积极地维持着并且再生产这种统治从属关系。在当时，国家正是在这个意义上强化里甲制。对于粮长，也是在警戒和限制的同时，还要依赖其统治力。①

在评价周忱、况钟的徭役政策时，也必须重新检讨他们是如何控制里甲制度，以及如何控制里长、粮长阶层的。

但另一方面，周忱不仅能与"农夫、饷妇"亲切交谈，还将在苏州府常熟县穿山地区拥有数千亩田地的大地主，同时又是"长乡赋"的粮长刘橓

---

① 关于本段叙述，可参照拙稿三·3 或本书第三章第二节。从明初开始至 15 世纪，江南地区的里甲制度与粮长制度之间的关系是一个重大课题。笔者尚未有成熟的结论。不过，国家统治农民的最基本单位，以及随之而来征税科役的基本单位，无疑应该是里甲制度下的里或者甲首。例如，在较晚的史料中有如下记载（《（嘉靖）吴江县志》卷十《徭役·大明役制·役册》）：

> 每十年一造黄册，每里差其丁粮上户十家，编为里长，次百家为甲首，轮年应役，里中催征、勾摄、供应之事，皆责焉。又岁输一人，为经催，以专催征，书算二人，以掌税额，皆预造定外。又岁金老人一人，以断乡曲。而又按区设置粮长，以收税粮，扇书以稽出纳，塘长以修水利。别有县总书算，以主起存之数，而粮长之中又复审其上者役之。虽非定制，然皆与里长从事贡赋之间，故总名之曰册役云。

况钟曾就粮长因受贪官逼迫，向各村榨取银两之事上奏（《况太守集》卷十《提取贪赃逃避官员奏》，宣德七年五月二十七日）：

> 粮长杨旭等科取本区十二里，每里花银三两三钱，共银三十九两六钱。……是旭与副粮长高真保、顾常果，不合将本区里长杜福寿等共十二名，科银三十九两六钱。

等数人招至书院，"不通谒，周卧榻上与语，若家人然"①。这显示了他与当地的统治层——即徭役的主要承担者——有着密切的关系，并以此来控制徭役的编审分派。

在《况太守集》卷七至卷九中，有一系列的"兴革利弊奏"，即况钟的上奏。其中频繁引用了各种出自民间的具体意见。这些意见来自苏州府下各县的里老、里老民人、民人、粮里人、粮里长、粮里、粮老、粮长、老人里长、耆民老人、粮里老人等，通过呈报或者是直接送交给况钟的。我们由此可以看出，当时的里甲制经过里长、老人、粮长等当地统治层之手确实发挥着机能。

当然，正如前文所述，在当时为了能让里甲制真正发挥机能，不是以一里110户为单位，而是以更小的一里甲11户为单位——甲原本就是里甲制之中内在的基础单位——进行灵活运用。笔者在拙稿三·5·Ⅱ（本书第三章第五节Ⅱ）中指出，为了恢复向抛荒田地征税，周忱在苏、松、常地区实施了综核田粮制（田甲制）。而与这些地方接壤的应天府，则实施了分催税粮制。值得注意的是，在这些制度中都能看到这一特征，即对里甲这种小单位的存在价值进行再确认（有些场合下是重新设定）以及灵活运用。

而且，况钟非常重视里老粮长等人的所谓"服众"的能力。例如，长洲等县由于"盖因下等水乡，艰难区分，原无殷实大户，俱系一般小民编充粮长，不能服众"，无法完纳税粮。在这种情况下，他从临近区域中选择"殷实服众"大户，令他们交替充当粮长，期待他们"庶使人民信服，税粮办集"，为此上奏申请许可。（《况太守集》卷九，请禁妄动实封及冒军籍冒船户金充粮长不符定例诸奏，宣德九年五月。）此外，宣德七年四月初十日颁布的"严革诸弊榜示"（《况太守集》卷一二）中有如下规定：

团内十年里长，从公取勘，除丁产相应人户照旧不动外，其余产去税

---

① 《（嘉靖）常熟县志》卷九《义侠志》。《明史》卷一百五十三《列传四十一·周忱》。

存,及有人丁不能服众,并老幼残疾及事故死绝等项名数,务要于团内推选丁产相应人户补充。如团内委无相应人户,许即于本都邻近团内从公推补。

此处强制命令从"丁产相应人户"中选择里长,正是意味着对"服众"能力的重视。因此,在宣德七年四月十六日的《查核户役示》(《况太守集》卷一三)中,当"攒造黄册。推收户口田粮"时,况钟特别指示必须选择"丁产相应,服众人户"之人,来充任"每都图内十年里长"。周忱和况钟的这种政策,正如本稿所述,是与以里甲制度为中心的徭役制度的重组密切相连的。因此,若要将这种徭役政策置于历史之中进行研究的话,就必须从考察这一时期产生于该政策之下的里甲制的存在形态入手,在与村落共同体规则的关联中,探寻作为里甲制度基础的当地社会关系的特征。

跋

　　1960 年至 1966 年，我发表了一系列有关明代江南官田的论文，这些构成了本书的基础。1967 年之后，由于无法抑制对近代史问题的关心，我开始过去六年未曾涉足的领域——明清时期的地主土地所有制及其相关问题。此后十多年间，我先通过对明朝的形成过程、荒政、抗租、奴仆的劳动形态等方面来探讨地主土地所有制问题，同时，又逐渐转向对于乡绅、民众叛乱、风俗、地域社会的构成原理等社会史的研究。不过，即便如此，我自身依然关注着江南官田问题。对我而言，这是与国家和土地所有相关联的明代史研究的基本课题之一。1972 年，我尝试着考察元代江南官田，虽然尚构不成对这一问题的全面研究。进入 1980 年代之后，我再次回到江南官田问题上，开始探索与这一主题相关但之前无法研究的领域。基于这一工作，我对以前就官田问题研究发表的论文进行了全面增修，其成果便是本书。在这一意义上，可以说本书是我对江南官田进行再研究之后的一次大致总结。自 1967 年以来十几年间的"彷徨"，使我得以重新认识到江南官田研究的意义、研究的成绩和缺点，并且再次给予我重新探讨这一主题的契机。不过，如何总结此前十多年中对于其他诸领域的研究，以及如何将其与本书的主题联系在一起，这将是我今后的研究课题。

如上所述,研究虽然结集出版,但是远未成熟。需要说明的是,倘未曾得到他人的指导与帮助,即便这样的成果也是难以出现的。

首先,令我无法忘记的是我在京都大学文学部史学科的岁月。升入四年级后不久,我在宫崎市定先生的演习课上,开始阅读李鸿章的传记。其中提及清末苏州府、松江府、太仓州等地方超过一般水平的重赋——浮粮,并说其原因在于沿袭了前代官田的租额。当时,先生就此向学生提问。由于学生中无人能作出让先生满意的回答,于是先生解释所谓"租额"是指国有土地的佃租。在这一地区,由于清代的田赋延续了明代的国家佃租额度,因此负担极为沉重。这一说明深深地打动了我,并随之产生了疑问。这就是,先生认为宋代以后的中国社会实现了划时代的发展,那么,在生产力如此先进的地区为什么会产生如此重赋呢?明代江南官田的情况究竟如何呢?这就是我当时的幼稚想法。在这个疑问的推动下,我在翌年(1958)1月份提交了毕业论文——《明代江南官田杂考》。其后,在1960年1月份提交的修士论文《明代江南官田小史》中,我继续研究这一课题。本书的直接出发点便是该毕业论文和修士论文。

先生担任了这两篇论文的答辩审查。我至今也无法忘怀的是,在两次答辩时,先生都以简洁、明确的表述指出了两篇论文的缺点,并就这一主题表达了自己的看法。其中,先生指出,研究官田问题的重要线索之一是必须注意其中的徭役制度。这一点给予我极大启发。当然,先生的意见中也有让我难以接受的部分,例如先生对于《(万历)武进县志》编者唐鹤征的观点所作的评价。本书终章第一节便是我就这一点对先生的回应。此后,在我研究生涯的许多关键时刻,先生对于我这个最不肖的学生,都给予了最及时最适当的帮助。其中之一便是推荐本书作为东洋史研究丛刊的一册出版。

在学部生与大学院的时代,我还从东洋史研究室的田村实造、佐伯富、佐藤长三位先生那里,得到了很多指导。我至今记得,当我向其中佐伯富先生报告本科毕业论文题目时,先生告诉我《日知录》卷十中收有《苏松二府田赋之重》。顾炎武这篇文章,至今仍然是我一直在学习与讨论论辩的对象。

自 1963 年从大学院结业至今已经有 25 年了。在此期间,我大部分时间都供职于名古屋大学东洋史研究室,从中获得的帮助不可胜数。招聘我担任研究室助手的是宇都宫清吉先生,在他以自由为第一的作风之下,我不受拘束地度过了 30 岁前后这一段多愁善感的时期。先生对于学问和人类永不停息的关心,是与另外两位先生——波多野善大和谷川道雄先生所共有的。从研究室这三位先生广博的讨论中,我受到了非常多的启发。虽然 1970 年代以后,是由我与波多野善大、谷川道雄两位先生,以及重松伸司、江村治树两人一起负责相关课程,但一直延续着宇都宫先生时代形成的"名古屋学风",与同僚的切磋讨论成为我研究不可或缺的支柱。特别是从谷川道雄先生那里,我得到了数不清的有形无形的叱咤与激励,直至今日依旧如此。在名古屋大学的东洋史研究室中,无论是过去还是现在,研究室的助手、大学院生、学部生以及研修生的诸君,都在交往中宽容了像我这样麻烦而又任性的教师,并且坦诚地提出问题。这是在其他任何场所都难以获得的财富。其间,曾在名古屋大学教养部担任东洋史课程的久村因,以及现在担任该课程的津田芳郎,还有网野善彦、三鬼清一郎等,我从以他们为代表的名古屋大学文学部史学科的同僚们那里,受到了各种不同性格的学问的刺激。在 1967 年到 1970 年间,从高知大学教育学部的先辈与友人们那里,我则体会到了超越专业的对于研究本身的激励,至今记忆犹新。

此外,在人数不多的京都明清史研究的先辈之中,做出了开创性工作的是岛田虔次、北村敬直、岩见宏三位先生。从这三位先生那里,我长年间得到了各个方面的教益。在京都大学文学部东洋史研究室,我也经常得到担任助手的里井彦七郎(已故)、间野潜龙(已故)以及寺田隆信等人多方面的照顾。1960 年前后在大学院学习的五六年间,在东洋史研究室中,由大学院的前辈、后辈等组成的大学院会,围绕着中国史研究的各方面问题以及当时日本和亚洲研究者相关的各方面,开展了活泼的讨论,酿成了蓬勃开放的新氛围。这种变化也存在于当时京都大学文学部史学科的其他研究室等处,尽管形式有所不同。这种学术气氛与同年同学的密友谷口规矩雄历久不变的厚情一起,直至今日依然是我研究的原动力之一。值得一提的是,当时的明代史学习会仅有我与谷口规矩雄两人而已。此后,在1970年代后期成立的京都大学人文科学研究所的明清班上,通过定期研究会的活泼讨论,我从长期担任班长的小野和子以及众多班员那里得到了很多启发。而且,我无法忘记的是,在1975年我担任京都大学文学部集中讲义的时候,东洋史研究室大学院的诸位(他们其后结成了中国史研究会)对于构成本书基础的诸篇旧稿,从理论与概念等方面提出了很多经过深入思考的问题。

我还从全国各地的先学和友人那里获得了很多帮助。1957年秋天,我初次前往东洋文库明代史研究室,幸运地拜访了山根幸夫与田中正俊两位先生。从此以后,我从两位先生那里得到很多照顾,即充满厚爱的严厉批评。在研究问题上有着类似关心的西岛定生与藤井宏两先生,也每每对我的研究提出他们的看法。鹤见尚弘两次特意针对我的江南官田的文章,写出介绍与批评的书评,给我提出了恳切的意见(第一次是在我写出最初论文后的1961年,第二次是在今年)。而且,山根幸夫、田中正俊、鹤见尚弘三位先生还在1976年给我提供了一个宝贵的机会,让我能以日本学术振兴会流动研究员的身份到东洋文库学习。始终关注着明代史基本问题的小山正明立足于基于具体史料而形成的体系化见解,一直对我提出尖锐的批评与建议。从小山正明的同事重田德,与我同岁的畏友滨岛敦俊,以及同学川胜守、西村元照、足立启二、夫马进、森纪子、檀上宽、阪仓笃秀、岸本美绪等人那里,我也通过各种机会得到了学问上的恩惠。此外,曾在名古屋一同生活过的沟口雄三、小林一美两人也关注明清与近代的历史,我从他们那里经常受到启发,至今记忆犹新。东京大学东洋文化研究所的田仲一成、东洋文库的铃木立子在使用史料等方面为我提供了极大的便利。

1980年,我在上海很幸运地遇到了复旦大学已故经济学教授伍丹戈先生,那时候他刚开始进行江南官田的研究。这次在中国与进行同样研究的学者的偶遇,引起了我的兴趣,希望借此对自己的研究作一个总括式的梳理。1983 年 4 月以后,我作为日本学术振兴会的长期派遣研究员,在中国逗留了十个月。其间,我同伍丹戈先生以及复旦大学历史系的樊树志先生三人,除了每周开一次共同研究会之外,还得到了去各地进行交流的机会,相互畅所欲言地就明代土地制度研究交换了意见,收获颇大。这次交流之后,我与中国的很多学者都有了交流的机会。不过,非常遗憾的是,在 1983 年的长期逗留期间接待过我的诸位学者中,伍丹戈先生和北京大学的陈庆华先生已经于 1984 年辞世。而就在今年(1988),厦门大学的傅衣凌先生也离去了。

在我的学部生与大学院阶段,京都基本没有明版的史籍。而蓬左文库所在地的名古屋也缺少方志类的史籍。因此,我经常去内阁文库、静嘉堂文库、东洋文库、尊经阁文库、旧上野支部时代的国立国会图书馆等地阅览和复制这些史籍,在此非常感谢这些机构的帮助。在蓬左文库,我得到了关于明代政书等方面的宝贵知识。此外,在 1965、1966 年的两年间,在宇都宫清吉先生的关照下,名古屋大学文学部特意购置了以江南三角洲地区为主的明版地方志复制本,为我之后的研究提供了极大的方便。

在此,对于所有支持帮助过我的学术研究的师友以及相关人员,不管是否在此提及他们的姓名,我都郑重地向他们表示衷心的感谢。

本书在最终整理时,除了完全重写的部分以及附篇收录的部分外,对原载的论文也进行了大幅度的修改。誊写稿件的时候,我得到了名古屋大学多位友人的帮助,她们是村手畅子、山田香穗里、横地ひとみ、以及竹内田美子。此外,校对的时候,还得到了名古屋大学文学部东洋史研究室的稻田清一、井上彻,以及江南女子短期大学的吉尾宽等人的帮助。索引的制作,我委托给名古屋大学教养部的津田芳郎,还得到了东洋史学研究室稻田清一、井上彻、户田裕司、伊藤正彦、内田晚穗、加藤正树等人的帮助。此外,英文和中文的概要,则分别由上智大学社会学部教授 Linda Grobe、名古屋大学经济学部大学院博士生伍继寿(中国华东师范大学经济系助教）担当。

同朋舍出版编辑部的木村京子、长友真由美则为本书付出了巨大的辛劳。

以上各位都在百忙之中挤出时间来为本书承担了非常繁杂的工作，在此谨向各位致以深深的谢意。

最后，我要感谢我的母亲森房子，自从父亲在战败那年早逝之后，是母亲独自养育我长大的。我还要感谢我的妻子森节子，她在婚后继续作为普通市民辛勤工作，支撑我们的家庭。

1988 年 6 月 23 日

于名古屋大学文学部东洋史学研究室

解　说

　　1983年春,我为撰写本科毕业论文,第一次进入校图书馆古籍部查找清代赋税蠲免的相关资料,喜出望外的是,见到了也在阅读的日本名古屋大学文学部教授森正夫先生,知道他正在从事明代江南土地制度的研究。同年11月,由中国社会科学院历史研究所主办、南开大学历史系和南京大学历史系协办的明代经济史学术讨论会在无锡召开,森正夫先生作为访问学者也莅临盛会,我得以再次拜见他,向他请益。1985年10月,首届明史国际学术讨论会在黄山举行,森正夫先生与田中正俊教授等日本学者也出席盛会,森先生取道南京,执意入住南大八舍简陋的房间,其情其景,至今如在眼前。1987年秋天,森先生带领名古屋大学文学部和教养部的高桥芳郎、稻田清一、海津正伦、林上、石原润共6位学者前来南京大学,商谈合作研究江南市镇事宜,先师洪焕椿先生以中方主持人身份,召集了南大历史系罗仑、张华、范金民和地理系地理学家宋家泰、庄林德等人与他们会谈,商定在今后两年中选择江苏、浙江若干典型市镇作历史学和地理学方面的实地调查研究。自此以后,我与森先生的学术联系日益增多,而且常能得到他的学术指点和助益。1989年5月,森先生再次到南大,带来他在同朋舍出版的新著《明代江南土地制度研究》(《明代江南土地制度の研究》,1988年,以下简称《研究》),日元近2

万元一本,分送洪先生、罗老师、张华师兄和我人手一本,其自奉俭约,而待人之诚,于学术交流不吝所有,于此可见。

拜读森正夫先生的《明代江南土地制度研究》,对于像我这样刚刚有心于研究江南社会经济史的初学者来说,真的是获益良多。

明代江南,社会经济发展进入了新的阶段,田制复杂,税则繁复,税粮负担和田税总额大幅度飙升,形成历史上有名的重赋区,随后展开的地方性赋税改革,二百年间始终不绝如缕。对于这一于江南社会经济发展极为重要的基础性问题进行全面深入探讨并取得里程碑式成果的,就是森正夫先生。森先生自上世纪六十年代起即致力于江南社会经济史尤其是江南土地制度和赋役制度史的研究,先后发表了相关专题的十数篇论文,本书就是其集成式的研究成果,学术开拓和创新之处甚多,富有特点。现将多年来通读该著的心得简要介绍如下。

一、主线突出,循序深入探讨江南重赋与土地制度变化的关系。《明史·食货二》袭用嘉靖时大学士昆山人顾鼎臣所说,"苏、松、常、镇、嘉、湖、杭七府,供输甲天下"(中华书局,1974年,第1900页)。江南区区七府的税粮,洪武末年占全国税粮2945万余石的22%。江南如此独重的赋税,是与其地官田独多紧密相联的。除了杭州,明初上述六府的官田占总面积的45%,官田的亩税额又是民田的数倍乃至数十倍,因此税粮的绝大部分是由官田提供的。研究江南土地制度,官田问题理应首先引起人们的重视。森正夫先生紧紧抓住这一特征,以官田为主线,全面研究明代江南土地制度的演变。在《研究》全书的五章正文中,即十四世纪后半叶明代江南官田的形成、明代江南官田的存在形态、十五世纪前半叶江南官田的重新编成、十五世纪中叶以后江南地区税粮征收制度的变化、十六世纪江南地区税粮征收制度的改革和官田的消失,森先生依照时间顺序,系统而又详细地论述了官田产生及增加的具体过程、官田的种类、官民田不同的亩税额,江南地方政府为维持以耕种官田为主的小民阶层的经营而作的削减官田亩税征收额及减低官田经营者实际负担的一系列举措,各府围绕官田的不同存在形态和纳粮户的不同身份而实施不同的耗粮征收方式,因实施均一和征一的赋税征收制度而使官民田的区别最终消失,这一江南官田从产生到消失及其相伴而行的赋税征收制度变化的全过程。这样的论述,线索清晰,较为合理。

二、展开论题时前后时时比较,历史的动态感很强。森先生不但在论述江南土地制度与赋税制度段的主题时就事论事,细致分析,而且不时作纵向和横向的比较,以总结出不同时段、不同地区土地与赋税制度的特点。如将十五世纪前半期改革与以后的历次改革进行比较。作者指出,在方法上,十五世纪前半期改革是在明朝中央政府的一贯方针指导下,可以说是作为国家的事业在短期内集中实施的;而16世纪的改革是以知府为主体的地方官接受地方的要求,针对各府情形,根据自己的判断和执行能力,花费了较为时间才实施的。所要解决的问题,十五世纪前半期以前是维持小民阶层中以小经营农民为中心的一部分农民的生计和经营,因此必须将每石税粮的实际负担均等化;十五世纪中叶至十六世纪是使包括中小地主在内的全体小民阶层的纳粮条件得到相对稳定,因此,当时的目标是将土地的税粮额均等化。影响改革进程的大户,其基干部分,十五世纪前半期是粮长、里长,而十六世纪是官绅之家。这些简明而又切合当时实际的结论,是在对江南二百余年赋役制度前后演变的情形作了较长时间深入研究而得出的,具有充分的说服力。再如对于江南各府改革的不同做法和不同进程的比较,森先生既探讨了各地因地理、社会以及经济发展的差异而采取的不同措施,又分析了这些措施在各地之间的相互影响,指出各府都借鉴并活用了邻近府县的经验。由这些论述,我们可以看到江南各府为了共同的目标,采用不同的方法而最后终于取得一致完成赋役改革的发展趋向。其他如官民田的不同比例不同科则、地租的高低、论粮加耗与论田加耗等,作者都作了比较,甚至作成表式,以清眉目,以省篇幅。

三、在一些重要论题上,均获得了令人信服的新看法。试举三例。

1. 关于明初的籍没富豪田产。有关江南重赋的由来,历来说法颇多,纷歧时见。有谓朱元璋愤怒苏松之民依附张士诚,因而平定后大规模籍没以示惩罚，从而形成了重赋；有谓江南重赋在于官田赋重，官田比例又高，故赋税总额就重；也有谓江南生产力水平较高，商品经济发达，衡诸经济发展程度，所谓重赋其实并不重。籍没论者多以沈万三为例，以论证明初籍法富豪规模之大，打击之烈。而持相反看法者则认为与朱元璋发生关系的是沈万三的儿孙辈，沈万三之例不足凭信。涉及明初籍法富豪的材料大要有两类，一是当地人的文集和当地及周围地区的地方志，二是明初的法律令典文书。以往的研究，文集中的材料几乎搜罗殆遍，当地方志材料也反复引用，而江南周围地区的方志材料尚少见引用，律例文书的有关内容更未引起足够的重视。森先生在《研究》的第一章中探讨籍没问题时，既没有拘泥于沈万三事例，也没有泛论它是否是重赋的原因，而是联系明初政治特点，充分利用了《大明律》、《诸司职掌》和《御制大诰》初、续、三编中的诸多事例，结合当地方志、文集的分析，认为籍没的痕迹清楚地留在《诸司职掌》、《大明律》等令典中，而如果根据《御制大诰》各篇，明朝国家利用郭桓贪污案的发生，对江南地方据有统治地位的富民、各区的粮长实行了各种诛杀、苛酷的籍法。又根据嘉靖《宁波府志》卷十一所载洪武年间起科等则表中有粮长没官田、改正田、党逆事官田、（鱼鳞）图册事官田、篮（玉）党事官田等名目，联系洪武十八年的图册之役，认为洪武中后期籍没可以肯定，其籍没过程清楚地刻划出来。作者涉猎既广，用心又细，从籍没法的规定和起科等则的名称探讨籍没的可能性，在理论和实际两方面都有极强的说服力。森先生不但以此为出发点，详细阐明了洪武时期各个阶段的籍没原委，而且还从洪武后期抄没官田数量的激增这一点进一步论证了明初的大规模籍没。如苏州府洪武十二年前抄没田土为 16 638 顷，其他官田为 29 906 顷，总计官田为 46 544 顷，可到洪武后期官田增为 60 094 顷，增了 13 550 顷，新增的官田显然是洪武十二年以后新抄没和断入官田，加在之此之前的抄没田土，应共为 30 188 顷，占了该府全部官民田 95 417 顷中的 31.64%。又因为在洪武十二年的官田中已包含了断入官田部分，因此明初新设官田要凌驾于明以前的宋元官田，如果大胆一点，近额官田大概要占四成以上。至此，无需再说一句话，明初籍没富豪田产规模之大已昭然可见，作者认为籍没不容否认也跃然而出。这样的比勘、计算，无疑是可靠的，结论也是能够成立的。

2. 关于官田的性质和经营状况。官田特别是籍没官田由谁耕种，长期以来无人专门探讨。以往论者大多根据实录和有关地志，以为包括籍没而来的官田，耕种者仅为贫难佃户。森先生在《研究》的第二章中，根据苏州知府况钟的奏报和应天巡抚周忱《与行在户部诸公书》中所提到的"验丁授田"、"见丁授田"，以及"每户税粮，多者四五十石，少者亦不下十石"的说法，依照官田的平均亩征税粮额和每个劳动力的实际耕种能力，计算出交纳税粮的田亩数。由此而得出结论道：在江南农村，经营官田并交纳税粮的是两个不同的阶层，即可视为一种自耕农那样的小经营农民阶层和地主阶层，而官田税粮较重的部分大多由小经营农民负担，地主阶层则负担较轻部分。免除籍没的地主阶层或通过役使奴仆—佣工获得收入，或委托佃户生产收取私租并以其多余交纳官田税粮。而对于全种官田的小经营者来说，由于耕种官田可以免除乃至减轻杂役劳动，在保障维持经营的同时，将官田与民田同时进入自己经营的内部，与佃作地主的土地具有同样的意义，实际上成了对国家交纳特别高额税粮的自耕农。这样的探讨分析，不仅厘清了官田的实际耕种者的身份，而且定义了官田耕种者的所身份属性。

至于官田的性质，以往不少论者多从法制角度，认为是一种国有土地。已故经济学史学家伍丹戈先生就认为明代江南官田是从宋代以前经过长时期延续下来的封建国家的土地所有制。但是森先生注意到，经营官田的人户和民田的人户几乎一样被编入作为明代税粮徭役制度的里甲制度中，分摊着徭役中的正役。在里甲制下，官田与民田一样，被看作"事产"即私有财产登录在赋役黄册上，并都通过里甲交纳税粮。在《诸司职掌》的规定中，民田与官田不加区别，官田的承佃权与民田的所有权同样可以自由买卖。森先生举例分析了收录在天启《平湖县志》中载有官田事产的孙氏户帖后，参考《续文献通考》的编者将没官田、断入官田按语为"名为官田,实为民田",认为江南官田具有两重性:税制上具有私人土地所有的一面,而法制上具有国家所有的土地的一面,前者是税制上的土地制度,后者是法制上的土地制度。就税粮征收而言,官田比民田要重,而比民间私租要轻,实际是交纳重税的民间私有土地。就这样,森先生通过考察分析税粮征收制度而把握土地制度,透过形式而注重实质,对江南官田不但作法制上的理解,更作税制上的考察,避免了以往仅作单一考察的缺陷,所得结论更为圆通,更具说服力。

3. 有关均一和征收赋税改革的地方性。十六世纪江南赋役由繁到简、由上下悬殊到一律平均的改革经历了半个世纪。森先生在《研究》中,不但概括性地论述了江南均一、征一和役银平均征收的一般过程,而且以将近一百页的篇幅分别探讨了各府赋役改革的具体过程。在此基础上,作者得出结论,认为改革之所以历时如此之久,是因为在任何地方都遭到了当时掌握了大量以民田为主的税粮负担较轻的土地的大户阶层的激烈反对,各府之所以在时间上参差不齐,是因为十六世纪的改革与明中央的动向不一致,各地从事税粮征收制度改革的地方官,并不能依赖明朝中央政策的立案和指示,而只能根据地方的具体情势和要求,依据自身的判断和执行力,编定相应方法,以推进改革。即或方面大员如巡抚,在十五世纪是有效地介入改革,而在十六世纪则完全是各府自行其事。因此十六世纪的改革从某种程度上说是以地方的力量维持进行的。这实际上体现出税粮征收制由中央向地方主导的变化。作者在逐一考察了各府官田的不同比重、各阶层对改革的态度、各地的不同做法后得出的这些结论,指出了明后期江南各地各自的赋税改革特点,较为真实地反映了各个地域的社会、阶级关系,同时也为读者提出了一个饶有兴味的问题,即当时江南在赋役改革中的鲜明的地方性倾向。这一点,是迄今为止的江南研究者在冠以"江南"一词时所未曾予以足够重视的。

森正夫先生的《明代江南土地制度の研究》一书出版已达 25 年以上,学界对于江南社会经济的研究,总体上说已前进了很多,但若仅就明代江南土地制度的研究而言,似乎至今未见深化拓进之作,可谓止步不前,也许丰碑在前,已臻相当高度,能够攀登已属不易,遑论超越。这也说明本书的翻译出版,自有其重要学术价值存在。

森正夫先生在出版此力作后,由名古屋大学文学部长升任副校长、爱知县立大学校长等职,公务繁忙十倍于前,而仍孜孜不倦,始终钟情于明清江南社会经济史的研究,撰写了一系列论文,相关成果汇为其近著《森正夫明清史论集》(汲古书院,2006 年)。近年来,中国学界于海外学人尤其是欧美学人的著述,译介多多,而且速度之快数量之大令人应接不暇,而惟如此类江南社会经济史研究的里程碑式著作,仍缺中文译本,流播不广,不无遗憾。幸运的是,老友大阪经济法科大学教授伍跃先生和本系同事张学锋教授,在教书育人科研著述十分忙碌之际,仍不忘组织翻译这一煌煌巨著,江苏人民出版社将其纳入海外中国研究系列丛书,遂我二十余年之心愿。此译著的出版,化身千万,相信于国人了解日本学者的研究、推进明清江南社会经济史研究必定有所裨益。

顺便说一下,《研究》原著编有事项索引、书名索引、人名索引和研究者姓名索引,考虑到日文表述与中文表述的不同语意,征得作者同意,译著未予翻译;原著注释多数章节是篇末注,第三章是节后注,译著统一改为页下注,注释序号发生了较大变化,注录形式也有所改动,敬请读者注意。

译著具体分工:初译:序章、第一章,张雯;第二章,申斌;第三章,申斌、杨培娜;第四章、第五章、终章,马云超;附篇一,陆帅;附篇二、跋,凌鹏。终译:第一章、第二章、第三章,伍跃;第四章、第五章、终章、附篇及中文版序,张学锋。审校:范金民、夏维中。

南京大学历史系　范金民

2014 年 8 月 24 日于金陵龙园北路寓所

"海外中国研究丛书"书目

1. 中国的现代化 [美]吉尔伯特·罗兹曼 主编 国家社会科学基金"比较现代化"课题组 译 沈宗美 校
2. 寻求富强:严复与西方 [美]本杰明·史华兹 著 叶凤美 译
3. 中国现代思想中的唯科学主义(1900—1950) [美]郭颖颐 著 雷颐 译
4. 台湾:走向工业化社会 [美]吴元黎 著
5. 中国思想传统的现代诠释 余英时 著
6. 胡适与中国的文艺复兴:中国革命中的自由主义,1917—1937 [美]格里德 著 鲁奇 译
7. 德国思想家论中国 [德]夏瑞春 编 陈爱政 等译
8. 摆脱困境:新儒学与中国政治文化的演进 [美]墨子刻 著 颜世安 高华 黄东兰 译
9. 儒家思想新论:创造性转换的自我 [美]杜维明 著 曹幼华 单丁译 周文彰 等校
10. 洪业:清朝开国史 [美]魏斐德 著 陈苏镇 薄小莹 包伟民 陈晓燕 牛朴 谭天星 译 阎步克 等校
11. 走向21世纪:中国经济的现状、问题和前景 [美]D. H. 帕金斯 著 陈志标 编译
12. 中国:传统与变革 [美]费正清 赖肖尔 主编 陈仲丹 潘兴明 庞朝阳 译 吴世民 张子清 洪邮生 校
13. 中华帝国的法律 [美]D. 布朗 C. 莫里斯 著 朱勇 译 梁治平 校
14. 梁启超与中国思想的过渡(1890—1907) [美]张灏 著 崔志海 葛夫平 译
15. 儒教与道教 [德]马克斯·韦伯 著 洪天富 译
16. 中国政治 [美]詹姆斯·R. 汤森 布兰特利·沃马克 著 顾速 董方 译
17. 文化、权力与国家:1900—1942年的华北农村 [美]杜赞奇 著 王福明 译
18. 义和团运动的起源 [美]周锡瑞 著 张俊义 王栋 译
19. 在传统与现代性之间:王韬与晚清革命 [美]柯文 著 雷颐 罗检秋 译
20. 最后的儒家:梁漱溟与中国现代化的两难 [美]艾恺 著 王宗昱 冀建中 译
21. 蒙元入侵前夜的中国日常生活 [法]谢和耐 著 刘东 译
22. 东亚之锋 [美]小R. 霍夫亨兹 K. E. 柯德尔 著 黎鸣 译
23. 中国社会史 [法]谢和耐 著 黄建华 黄迅余 译
24. 从理学到朴学:中华帝国晚期思想与社会变化面面观 [美]艾尔曼 著 赵刚 译
25. 孔子哲学思微 [美]郝大维 安乐哲 著 蒋弋为 李志林 译
26. 北美中国古典文学研究名家十年文选乐黛云 陈珏 编选
27. 东亚文明:五个阶段的对话 [美]狄百瑞 著 何兆武 何冰 译
28. 五四运动:现代中国的思想革命 [美]周策纵 著 周子平 等译
29. 近代中国与新世界:康有为变法与大同思想研究 [美]萧公权 著 汪荣祖 译
30. 功利主义儒家:陈亮对朱熹的挑战 [美]田浩 著 姜长苏 译
31. 莱布尼兹和儒学 [美]孟德卫 著 张学智 译
32. 佛教征服中国:佛教在中国中古早期的传播与适应 [荷兰]许理和 著 李四龙 裴勇 等译
33. 新政革命与日本:中国,1898—1912 [美]任达 著 李仲贤 译
34. 经学、政治和宗族:中华帝国晚期常州今文学派研究 [美]艾尔曼 著 赵刚 译
35. 中国制度史研究 [美]杨联陞 著 彭刚 程钢 译